Lola Culsán & John Weller

Hidden Beaches
SPANIEN

450 VERSTECKTE STRÄNDE AN SPANIENS KÜSTE UND AUF DEN BALEAREN

Aus dem Englischen von Juliane Zaubitzer

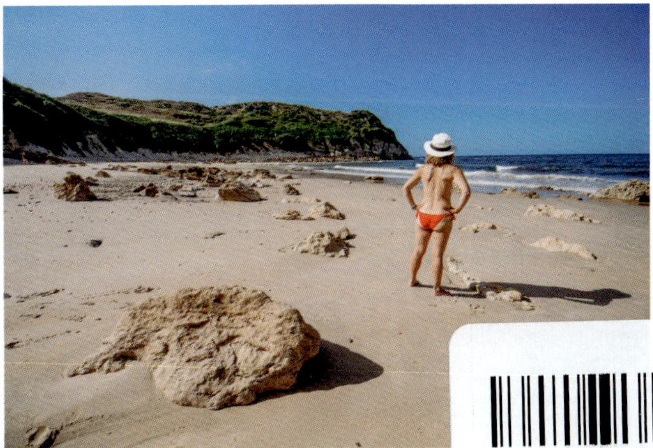

HAFFMANS TOLKEMITT

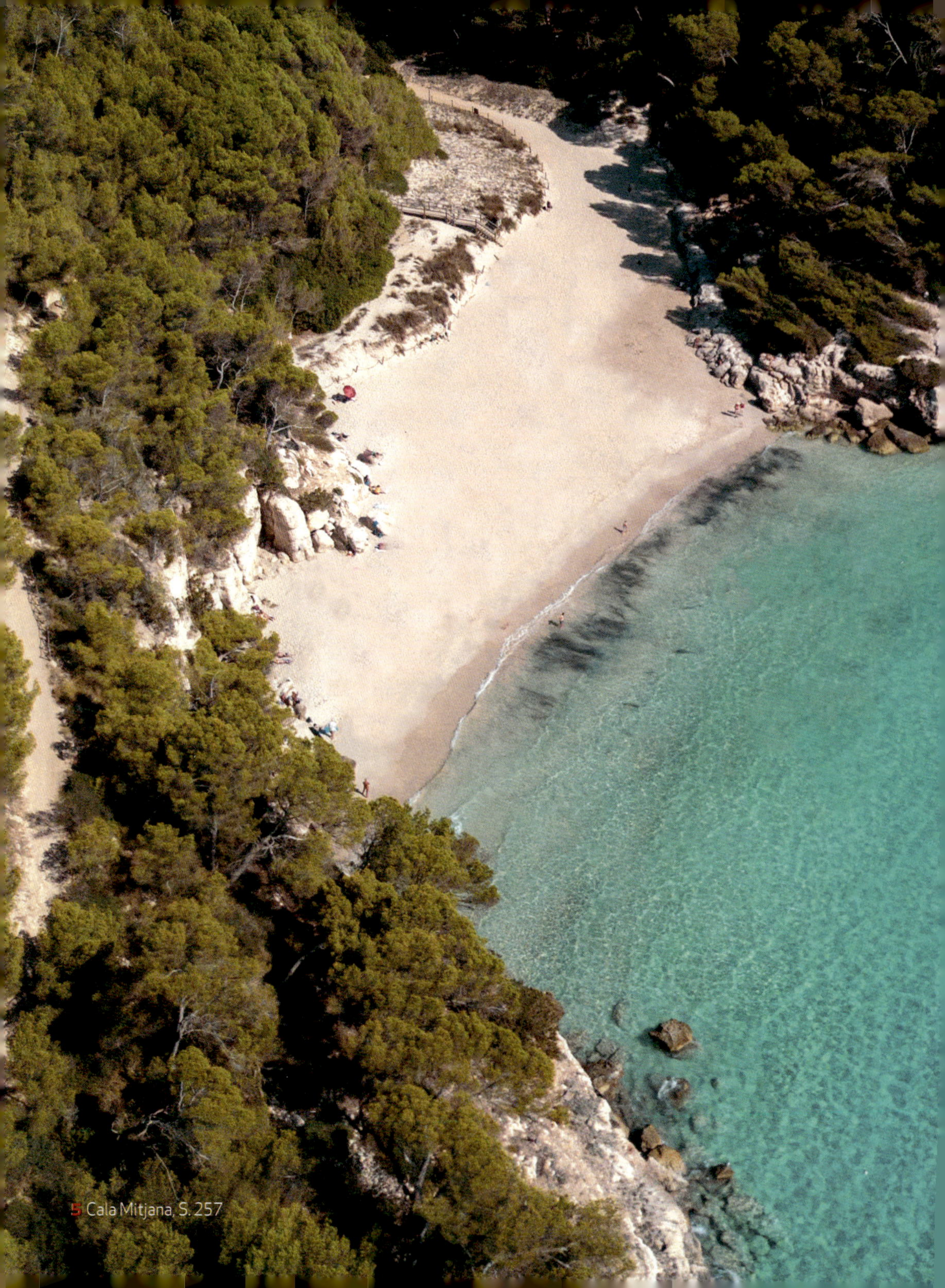

5 Cala Mitjana, S. 257

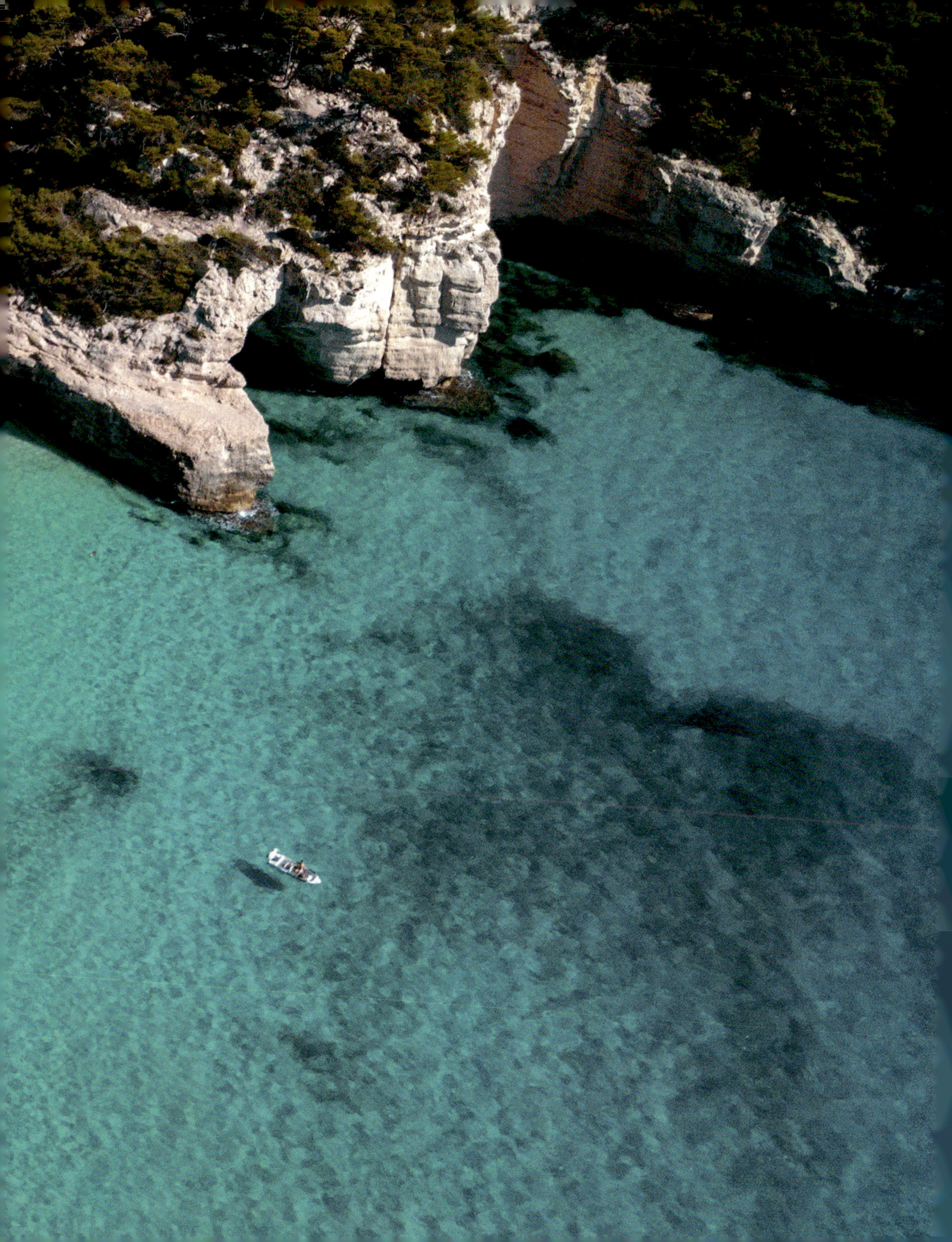

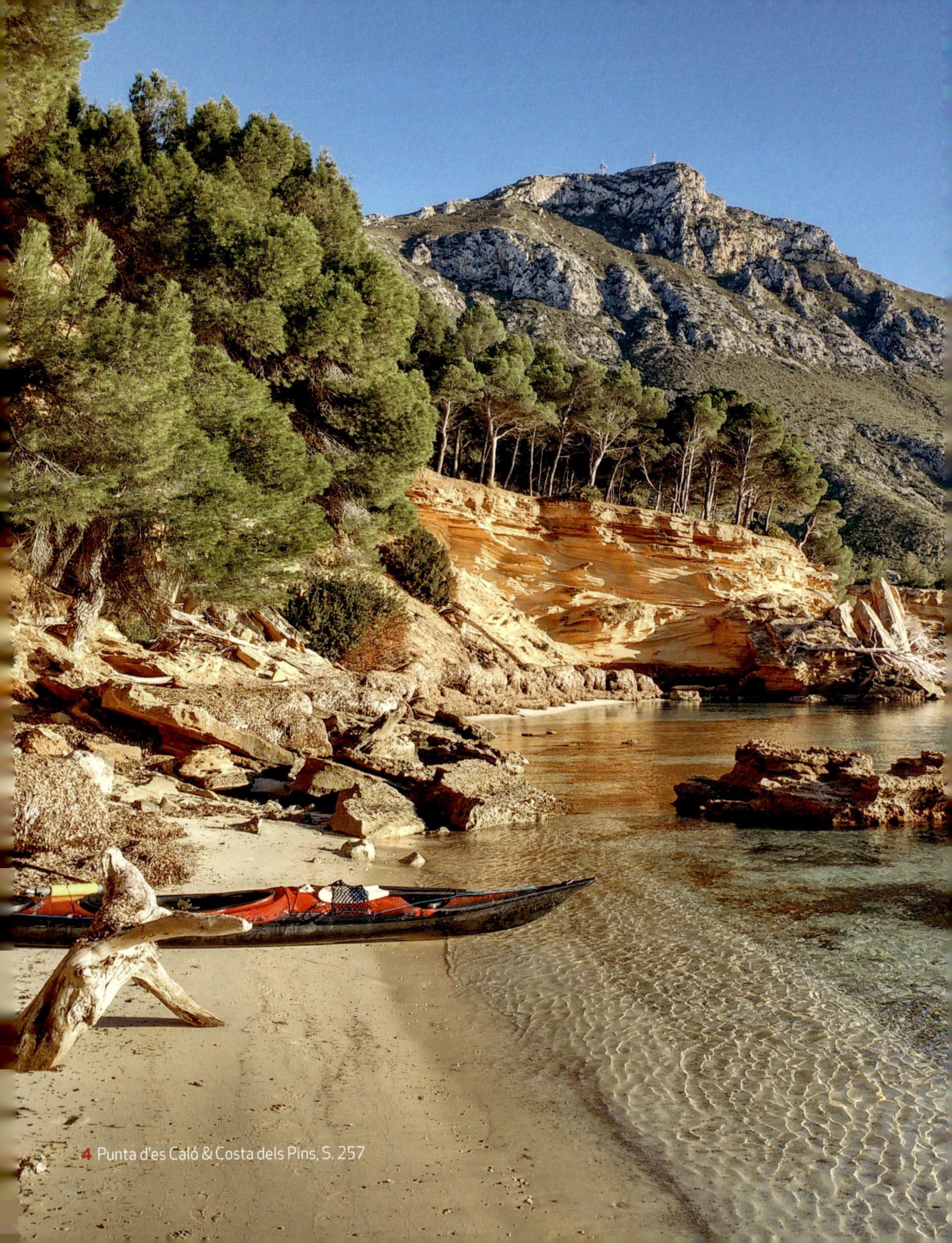

4 Punta d'es Caló & Costa dels Pins, S. 257

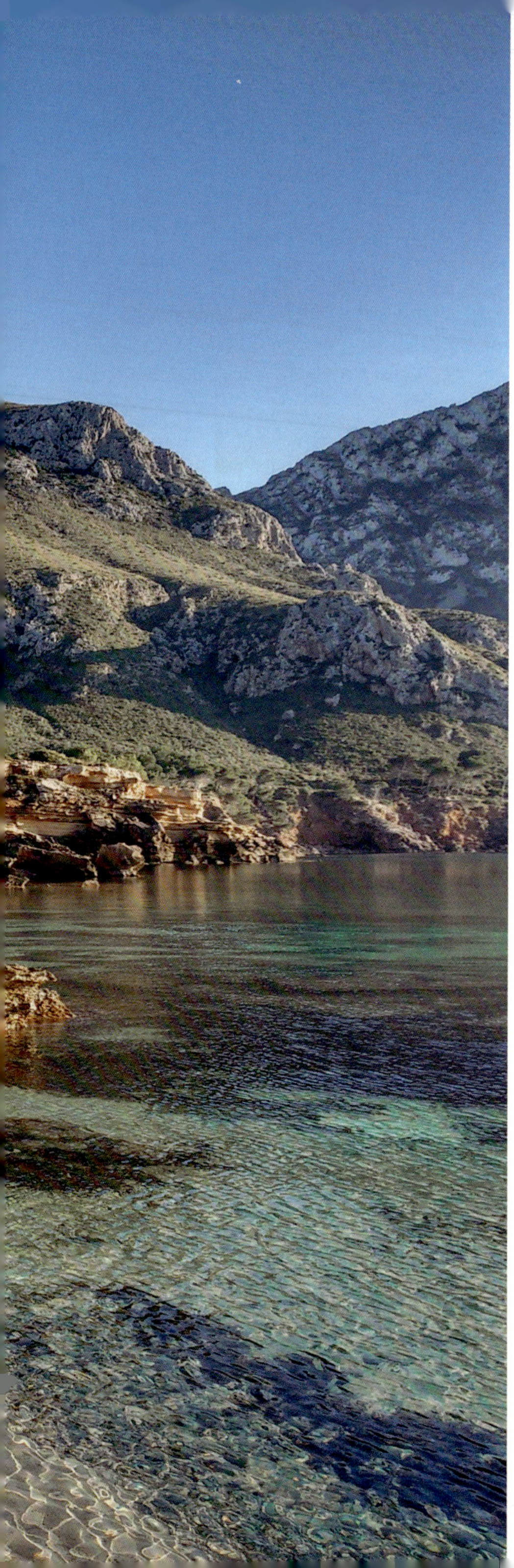

Inhalt

Strände nach Regionen

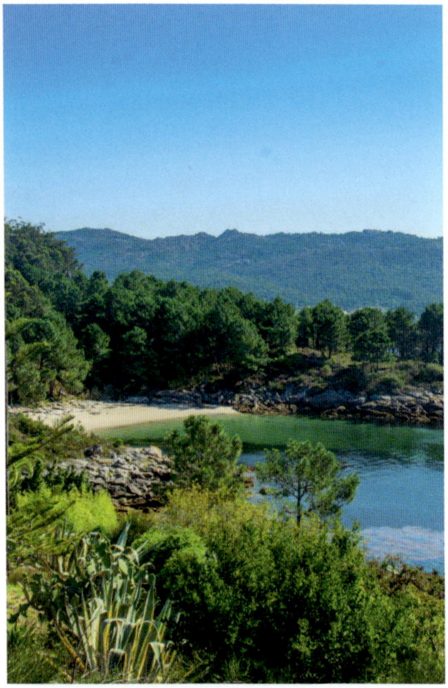

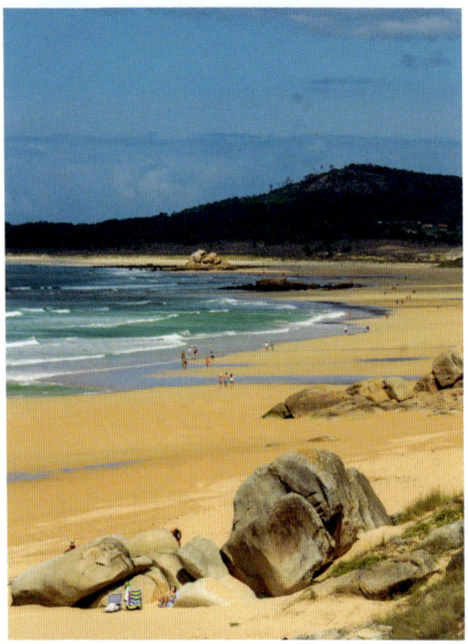

Unsere Entdeckungsreise beginnt an einer Flussmündung in einer der wenig besuchten Ecken im Nordwesten Spaniens. Galizien rühmt sich einer 1.500 Kilometer langen Küste, zahlloser einsamer Buchten und einiger der schönsten Strände Spaniens. An der Costa da Morte, vor deren Tücken blinkende Leuchttürme warnen, finden wir verlassene Buchten und sehen flammend rote Sonnenuntergänge über dem Atlantik, während die westliche Costa Verde atemberaubende Strände vor hohen Klippen und Berghängen bietet. An der Costa Verde Asturiens entdecken wir fossile Abdrücke von Dinosauriern und ziehen durch die Sidra-Bars. In Kantabrien surfen wir mit den Einheimischen und springen von den Felsen ins Meer, bevor wir uns an der Costa Vasca auf die Suche nach einem magischen *Game of Thrones*-Drehort machen.

Während wir durch Pinienhaine zu den einsamen Stränden der Costa Brava wandern, staunen wir über die surrealistischen Felsformationen, die schon Salvador Dalí inspiriert haben. An der Costa Dorada schlendern wir an breiten Sandstränden entlang, die an Europas größtes Sumpfgebiet grenzen – Heimat einer Vielzahl von Vogelarten, darunter auch der klassische rosa Flamingo. Entlang der Costa Barcelona schmiegen sich idyllische Buchten an Olivenhaine; Orangenhaine und Blüten zieren die Costa del Azahar. An der Costa Blanca findet man abseits vom Touristenrummel goldene Sandstrände und tempelartige Höhlen. Die Costa Cálida (dt. warme Küste) bietet beeindruckende Klippen aus Vulkangestein, gespickt mit versteckten Buchten, und die einsamen Strände von Almería sind umgeben von gelben versteinerten Dünen und Lavaformationen. Sogar an der überfüllten Costa Tropical und Costa Sol finden wir abgeschiedene Ecken und sehen zu, wie sich der Himmel rosa färbt, bevor die Sonne über einem silbernen Meer untergeht. Die Costa de la Luz ist stolz auf 320 Sonnentage pro Jahr, malerische Küstendörfer und lange goldene Strände, an denen man endlose Spaziergänge machen kann.

Last, but not least, besuchen wir auf den Balearen die verwunschene Bucht von Atlantis auf Ibiza und schwimmen im leuchtend türkisblauen Wasser von Espalmador auf Formentera. Wir erkunden die stillen Buchten Mallorcas, begegnen den herzlichen Menschen, und entspannen uns auf Menorca an paradiesischen weißen Sandstränden.

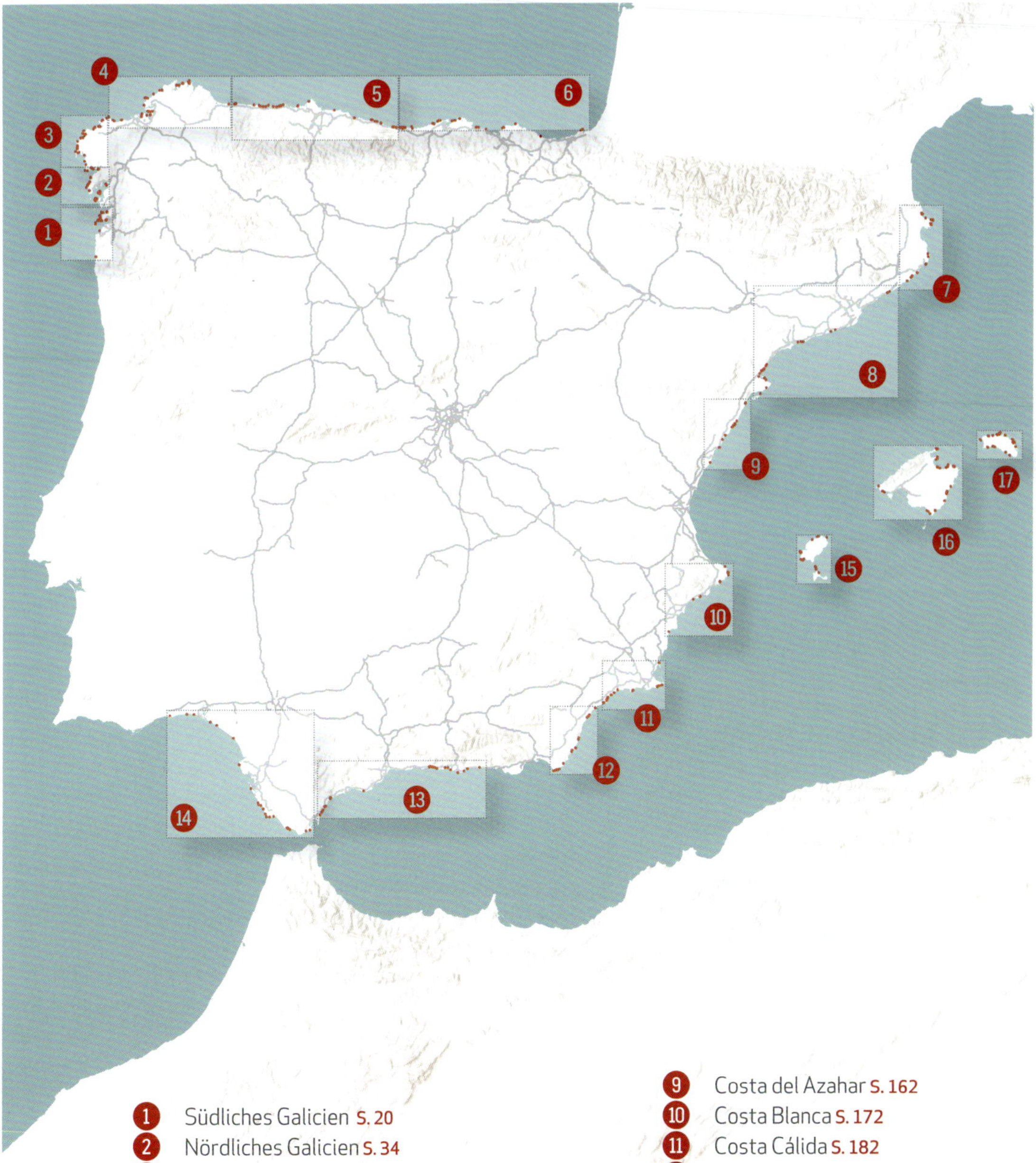

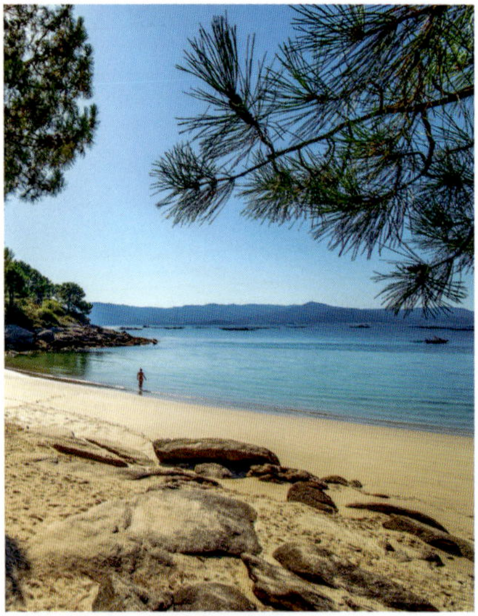
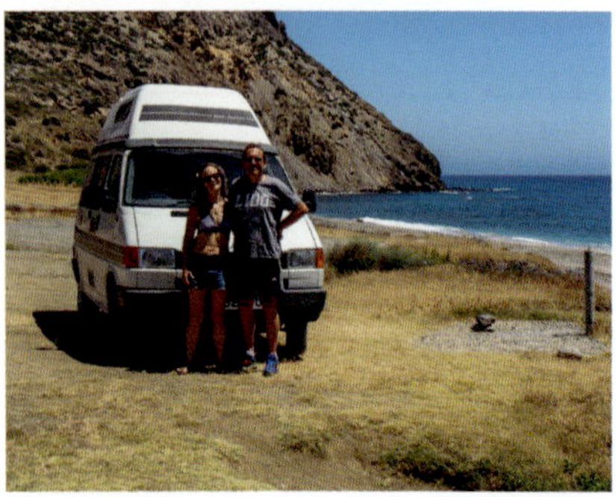
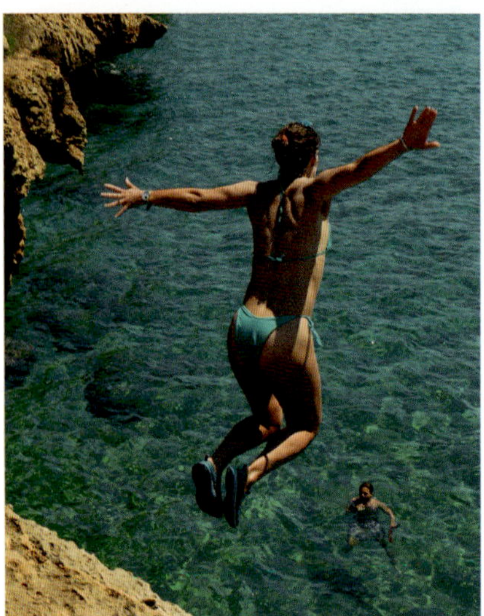

Vorwort

Begleiten Sie uns auf einer Entdeckungsreise in unserem Wohnmobil *Federica* auf der Suche nach einsamen Orten an Spaniens wunderschöner Küste. Wir reisen im Uhrzeigersinn um die iberische Halbinsel zu Stränden, Buchten, Inseln und Meeresgrotten – alle wild und unberührt und manche so versteckt, dass sie nicht einmal einen Namen haben. Vergessen Sie alle Vorurteile, die Sie über diese oder jene Costa hegen, und lassen Sie sich auf die vielfältigen Landschaften und Regionen Spaniens ein – vom wilden Galicien über das grüne Kantabrien bis zum warmen Katalonien, von der ausgedörrten Halbwüste Almerías bis zu den weiten Sanddünen der Costa de la Luz. Zuletzt widmen wir uns den Balearen, deren Inseln jede für sich einen ganz eigenen Charakter, eine eigene Kultur besitzen.

Wir lassen uns Zeit, nehmen Umwege über wenig befahrene Straßen, besuchen Dörfer, die im Lauf der Jahrhunderte von Mauren, Römern, Kelten und dem Spanischen Bürgerkrieg geprägt wurden. Wir geben Tipps für Restaurants mit frischem Fisch und namhaften Weinen, allesamt beeinflusst von Geschichte, Klima und Küste der jeweiligen Region. Unterwegs begegnen wir einem bunten Haufen internationaler Abenteurer, „Wohnmobilisten", Surfer, Pilger und verloren geglaubter Verwandter, die ihre Geschichten mit uns unter dem spanischen Sternenhimmel teilen. Folgen Sie uns ins Blau des Mittelmeers für unvergessliche Bäder bei Sonnenaufgang und *últimos baños* (letzte Bäder) vor flammenden Sonnenuntergängen über dem Atlantik.

Wir hatten eine wundervolle Zeit bei der Entdeckung all dieser Strände. Falls Sie ebenfalls Lust auf wilde Abenteuer abseits ausgetretener Pfade haben oder einfach nur auf der Suche nach einem ruhigen Strand für die Familie sind, folgen Sie uns. Und wie so oft bei einer unvergesslichen Reise kehren Sie vielleicht als neuer Mensch zurück – so wie wir.

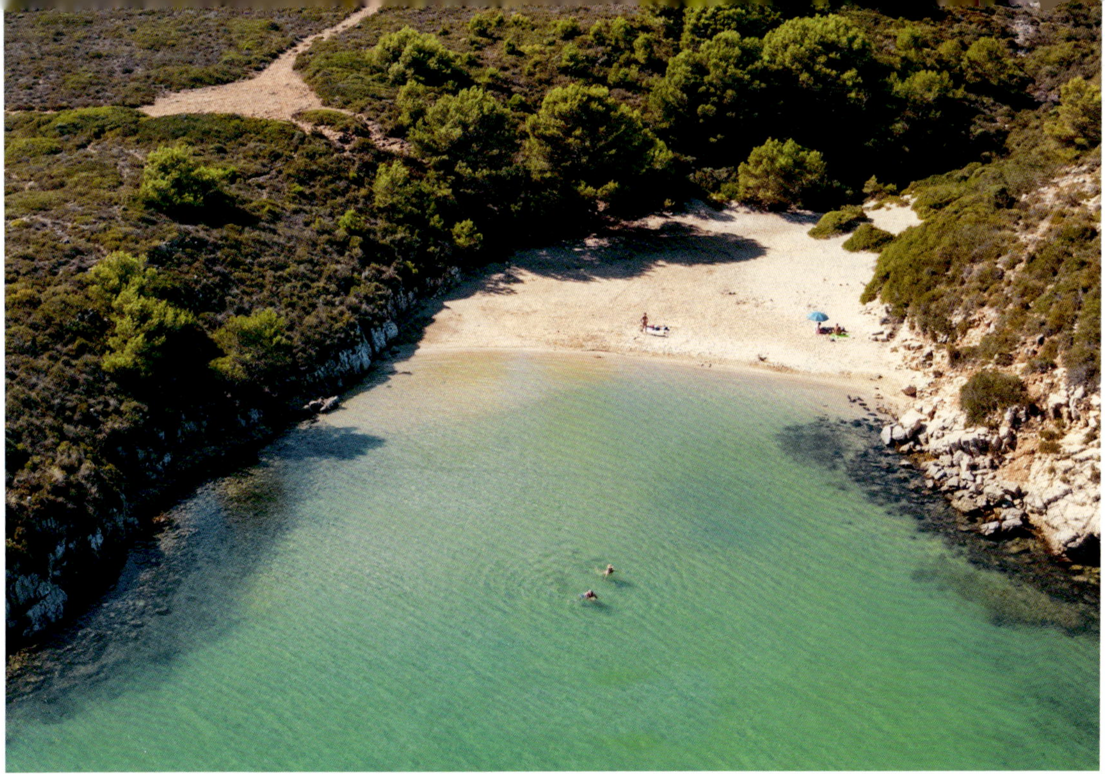

Glossar

Wo geht es zum Strand?
¿Cómo se llega a la playa?
Links/rechts/geradeaus
Izquierda/derecha/todo recto
Öffentlicher Strand
Acceso público a la playa
Ist das Wasser tief genug zum Springen?
¿Es el agua bastante hondo para tirarse?
Ist es sicher, hier zu schwimmen?
¿Es seguro nadar aquí?
Baden verboten
Prohibido bañarse
Gibt es hier Strömungen?
¿Hay corriente aquí?
Ist der Strand für Kinder geeignet?
¿Está bien la playa para los niños?
Gefährlicher Strand
Playa/praia peligrosa
Hast du Sonnencreme?
¿Tienes bronceador?

Ich habe mich verlaufen.
Estoy perdido/a.
Ich brauche Hilfe, bitte.
Necesito ayuda, por favor.
Welches ist der beste Strandabschnitt zum Schwimmen?
¿Cuál es la mejor parte de la playa para nadar?
Ist FKK hier erlaubt?
¿Se puede practicar nudismo aquí?
Kann man hier parken?
¿Puedo aparcar aquí?
Ist Zelten hier erlaubt?
¿Se puede pernoctar aquí?
Ich möchte ein Kajak/SUP-Board/Surfboard/Fahrrad mieten.
Me gustaría alquilar un kayak/tabla de paddleboard/tabla de surf/bicicleta.
Was kostet das?
¿Cuánto cuesta?
Haben Sie etwas Vegetarisches?
¿Tienen comida vegetariana?

Strand – *la playa*
Unberührter/versteckter Strand – *una playa virgen/escondida*
Ufer/Küste – *la orilla*
Sand – *la arena*
Fluss – *un río*
Flussmündung – *una ría*
Bucht – *una cala*
Weg – *un sendero*
Meereshöhle – *una cueva marina*
Welle – *una ola*
Wasserfall – *una cascada*
Schwimmen – *nadar*
Springen – *tirarse*
Einen Kopfsprung machen – *tirarse de cabeza*
Salzwasser – *agua salada*
Natürlicher Pool – *una piscina natural*
Norden/Süden/Osten/Westen – *norte/sur/este/oeste*
nördlich/südlich/östlich/ westlich – *al norte/al sur/al este/al oeste*

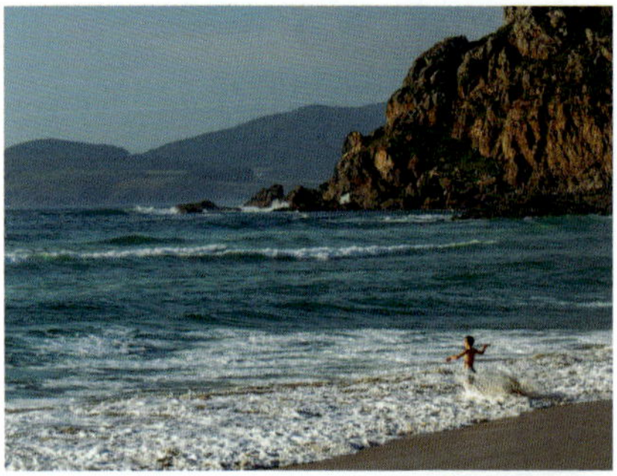

Wild, aber sicher – 10 goldene Regeln

1. Nie allein schwimmen und stets ein Auge auf schwächere Schwimmer haben.
2. Keine Luftmatratzen u. Ä. auf dem Meer, da sie abtreiben können.
3. Nicht dort in Brandung und Wellen schwimmen, wo Brandungsrückströme entstehen können.
4. Falls man in eine ablandige Strömung gerät, nicht dagegen anschwimmen, sondern parallel zum Strand und mit der Brandung zurück.
5. Bei hohen Wellen steil abschüssige Strände meiden.
6. Bei hohen Wellen nie in Meereshöhlen oder in der Nähe von Felsen schwimmen.
7. Nur ins Wasser springen, wenn man es auf Tiefe und Hindernisse geprüft hat.
8. Immer im Schutz von Buchten schwimmen, es sei denn, man kennt sich mit den örtlichen Gezeitenströmungen aus.
9. Im Atlantik immer einen Neoprenanzug tragen, wenn man mehr als 15–20 Minuten im Wasser ist, sogar im Sommer. Kaltes Wasser schwächt die Kraft, und Unterkühlung ist lebensgefährlich.
10. Beim Baden im Sommer immer wasserfeste Sonnencreme benutzen, vor allem im Süden, wo die Temperaturen auf 43°C steigen können.

Für mehr Informationen siehe *Strömungen, Gezeiten & Sicherheit* (S. 282).

Los geht's

Was muss ich mitnehmen? Badesachen, Wanderschuhe für längere Strecken und Kletterpassagen über Felsen und steile Hänge, Wasserschuhe für steiniges Ufer, ein leichtes Handtuch und Abenteuerlust. *Tow Floats* und wasserdichte Taschen sind nützlich, um Ihre Habseligkeiten trocken und sicher aufzubewahren, während Sie im Wasser sind. Sonnencreme ist ein Muss: Im Sommer sind die Temperaturen hoch, und man kann sich während des Schwimmens verbrennen, ganz besonders an den stürmischen Atlantikstränden, und ein ärmelloser Neoprenanzug hält Kinder im kalten Atlantikwasser warm. Immer Wasser und Snacks dabeihaben, vor allem auf längeren Wanderungen, damit man nicht dehydriert oder unterzuckert. Nehmen Sie etwas zu essen mit, wenn Sie einen ganzen Tag am Strand verbringen wollen, da die meisten Strände in diesem Buch sich weitab von Läden und Restaurants befinden. Packen Sie ein Ladegerät für Ihr Handy oder Ihre Kamera ein, und denken Sie daran, dass es in Spanien verboten ist, mit Flipflops Auto zu fahren.

Ist Wild Camping in Spanien verboten? Unser Rat lautet, nach eigenem Ermessen zu handeln. Zu den offiziellen Bestimmungen bietet thespanishbiker.wordpress.com/travel-planning/camping/free-camping nützliche Informationen. Wenn Sie beschließen, wild zu campen, beachten Sie die goldenen Regeln: Keine Spuren hinterlassen. Spät kommen, früh aufbrechen, nichts mitnehmen außer dem eigenen Müll (und am besten auch noch den der anderen). Zwischen Mai und Oktober niemals Feuer machen. Bedenken Sie die Gefahr von Überschwemmungen, wenn Sie in der Nähe von Flüssen campen.

Ein Wort zur Nacktkultur. In Spanien sieht man an einsamen Stränden viel nackte Haut, da es kein Gesetz dagegen gibt. An Stränden mit Hotels und Bars ist FKK dennoch unüblich. Wir haben FKK-Strände mit einem Symbol Ⓝ gekennzeichnet, aber man trifft in der Regel auf eine bunte und unbekümmerte Mischung aus bekleideten und unbekleideten Menschen.

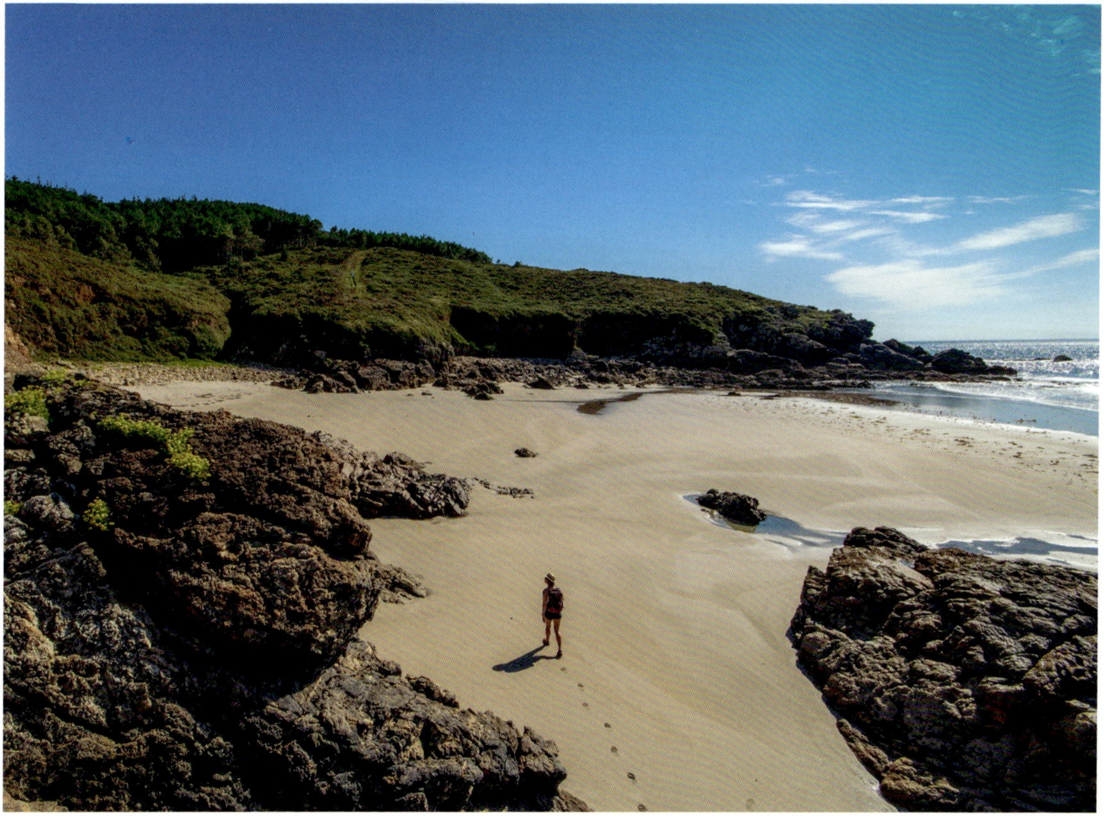

Strände finden – so funktioniert's

Karten, Apps und Koordinaten: Jeder Strand in diesem Buch lässt sich mithilfe von Übersichtskarten, Wegbeschreibungen und geografischen Koordinaten finden. Die Koordinaten können in jedes Handy, jedes GPS, jede Karten-App oder -Website eingeben werden (z. B. Google Maps). Viele der Strände in diesem Buch haben nur eingeschränkten oder gar keinen Handy-Empfang, weshalb wir empfehlen, Google Maps für den Offline-Gebrauch auf dem Smartphone herunterzuladen. Man kann auch topografische Karten von Spanien aufs Smartphone laden – mit der App Topo GPS. Um Wanderwege zu erkunden, empfiehlt es sich, Wikiloc runterzuladen, wo man seine Aktivitäten auch teilen kann. Nehmen Sie einen Kompass und einen großen Straßenatlas mit, falls die Technik einmal versagt. Es sind die Zeiten für den Hinweg angegeben sowie dessen Schwierigkeitsgrad. Symbole verweisen auf Campingplätze, Restaurants und Bootsverleihe. Himmelsrichtungen beziehen sich auf Kompassangaben, links und rechts an der Küste beziehen sich auf die Perspektive mit Blick aufs Meer. Die Strände um die Küste sind fortlaufend nummeriert.

Parken und Zugang für Menschen mit Behinderungen: Wenn Sie mit dem Auto unterwegs sind, benutzen Sie bitte die Parkplatz-Koordinaten und nicht die für den Strand, da manche Navigationsapps nicht immer den besten Ausgangspunkt für den Zugang zum Strand wählen. Neben den besten Parkmöglichkeiten geben wir auch behindertengerechte Parkplätz an P. Behindertengerechte Strände sind ebenfalls gekennzeichnet.

Highlights Kinder & Familien

Für schöne Tagesausflüge mit Kindern

26 Praia a Coviña, S. 33
5 Praia dos Franceses, S. 39
17 Praia des Espiños, S. 41
15 Praia do Ariño, S. 65
1 Praia de Seaia, S. 75
25 Playa el Portillu, S. 103
6 Playa de Berellín, S. 115
13 Platja sa Conca, S. 139
9 Cala Romana, S. 153
10 Cala Vidre, S. 155
1 Platja del Riu de la Sénia, S. 167
16 Playa de Mónsul, S. 207
19 Playa de la Chullera, S. 223
22 Playa Ciparsa Mazagón, S. 237
28 Platja d'Alcanada, S. 267
15 Cala Mitjana, S. 277

Highlights Schnorcheln

Idyllische Strände mit klarem, türkisblauem Wasser

1 Praia de Canelas, S. 39
6 Praia do Barreiriño, S. 39
6 Playa de Taurán, S. 95
29 Playa de los Frailes, S. 125
20 Cala Cap de Planes, S. 141
17 Platja de la Llenya, S. 157
6 Cala de Ambolo, S. 179
29 Playa del Pino, S. 195
13 Cala del Embarcadero, S. 205
18 Cala de la Media Luna, S. 209
21 Arrecife de las Sirenas, S. 211
19 Playa de la Chullera, S. 223
10 Cala es Canaret, S. 249
5 Cala Mitjana, S. 257
26 Cala Murta, S. 265
10 Cales Coves, S. 275

Highlights Sprünge

Tiefe Badestellen zum Hineinspringen.
Aber bitte nur, wenn die Einheimischen es vormachen!

32 Praia de Área Pequeña, S. 69
7 Praia de Canabal, S. 77
19 A Cova do Varadeiro, S. 81
21 Playa San Julián, S. 123
23 Piscina Natural, S. 123
29 Playa de los Frailes, S. 125
22 Cala Maset, S. 145
25 Cala Futadera, S. 145
4 Punta Gavina, S. 151
6 Cala Jovera, S. 153
2 Cala Blanca, S. 177
9 Platja Racó del Conill, S. 181
15 Playa Tarzan y Piedra, S. 221
15 Punta Prima, S. 251
20 Cala en Brut, S. 277
26 Cala Pregonda, S. 281

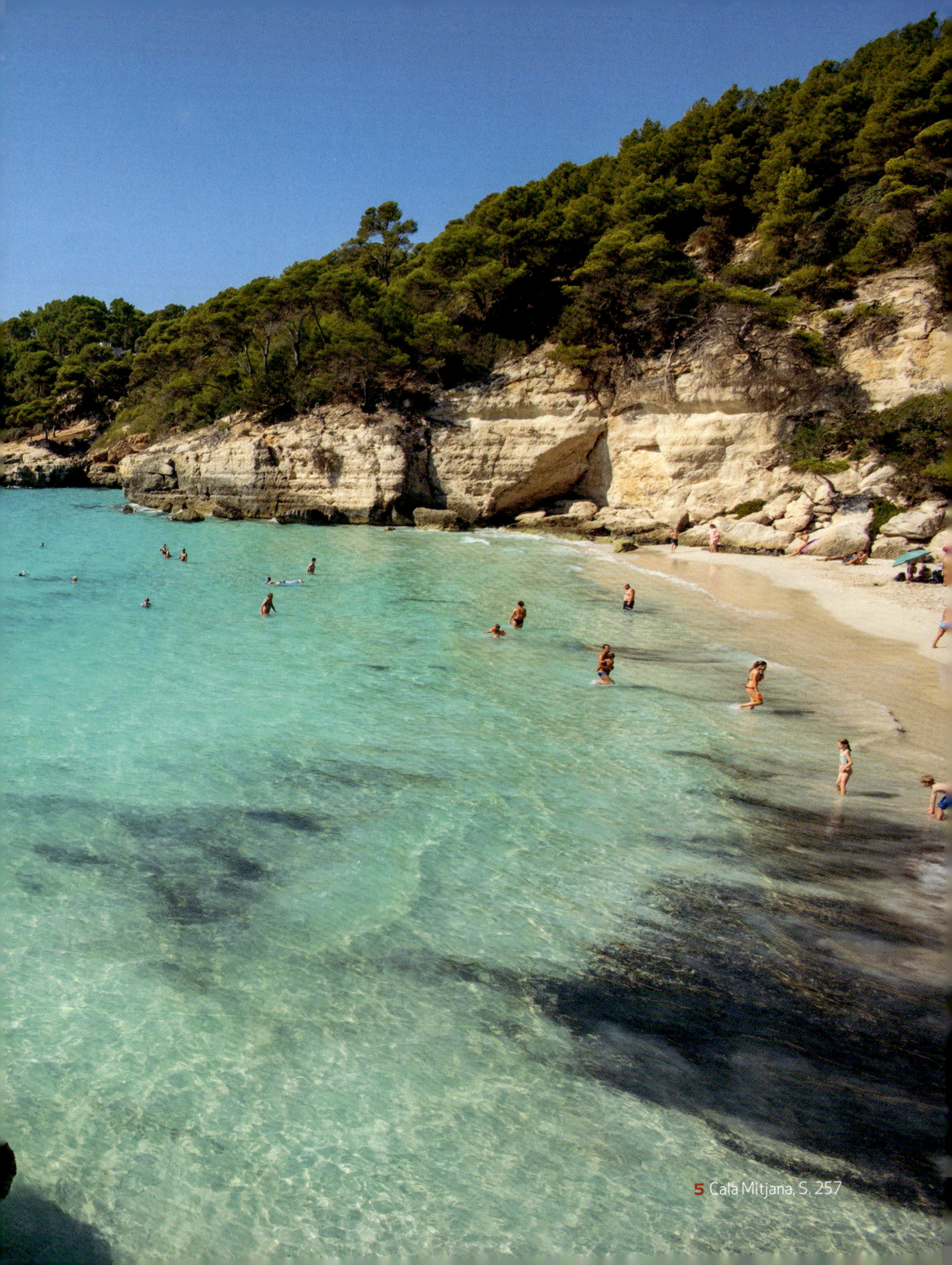

5 Cala Mitjana, S. 257

Highlights Wanderungen & Spaziergänge

Alte Pilgerpfade führen zu unendlichen goldenen Stränden

- 15 Praia de Couso, S. 31
- 1 Praia de Carnota, S. 57
- 26 Praia de Mi Señora, S. 83
- 26 Playa San Martin, S. 103
- 21 Playa San Julián, S. 123
- 14 Cala Sa Sabolla, S. 139
- 8 Cala Fonda, S. 153
- 9 Platja d'Irta, S. 169
- 12 Dunes de Pinet, S. 181
- 12 Cala Salitrona, S. 189
- 11 Cala de Enmedio, S. 205
- 21 Playa de Sotogrande, S. 223
- 2 Playa de Arenillas, S. 229
- 25 Cala en Gossalba, S. 265
- 2 Cala Tortuga, S. 273
- 24 Platja des Bot, S. 279

Highlights Boards & Kajaks

Aktive Strandtage

- 9 Praia de Temperáns, S. 29
- 33 Praia da Coviña, S. 49
- 2 Praia de Insuela, S. 57
- 14 Playa de Vallinas, S. 97
- 19 Playa de Langre La Grande, S. 121
- 18 Cala Estreta, S. 141
- 27 Platja del Trabucador, S. 161
- 6 Cala de Ambolo, S. 179
- 7 Playa Negrete, S. 187
- 21 Arrecife de las Sirenas, S. 211
- 5 Playa Cabo Gilla, S. 219
- 10 Playa del Faro, S. 231
- 25 Estuário del Río Guadiana, S. 237
- 15 Punta Prima, S. 251

Highlights FKK

Schöne, einsame FKK-Strände

- 7 Praia das Figueiras, S. 27
- 12 Praia de Barra & de Viño, S. 29
- 13 Praia Porto das Mulleres, S. 41
- 9 Área Grande, S. 61
- 1 Playa Mexota, S. 93
- 22 Playa de Sonabia, S. 123
- 15 Platja de L'Illa Roja, S. 141
- 2 Cala de Sòl de Riu, S. 167
- 9 Platja Racó del Conill, S. 181
- 27 Playa del Charco, S. 195
- 17 Playa del Barronal, S. 207
- 18 Playa Costa Natura, S. 223
- 18 Playa de Santibáñez, S. 235
- 13 Platja de la Torreta, S. 251
- 21 Caló d'en Monjo, S. 265
- 33 Cala Pudent, S. 281

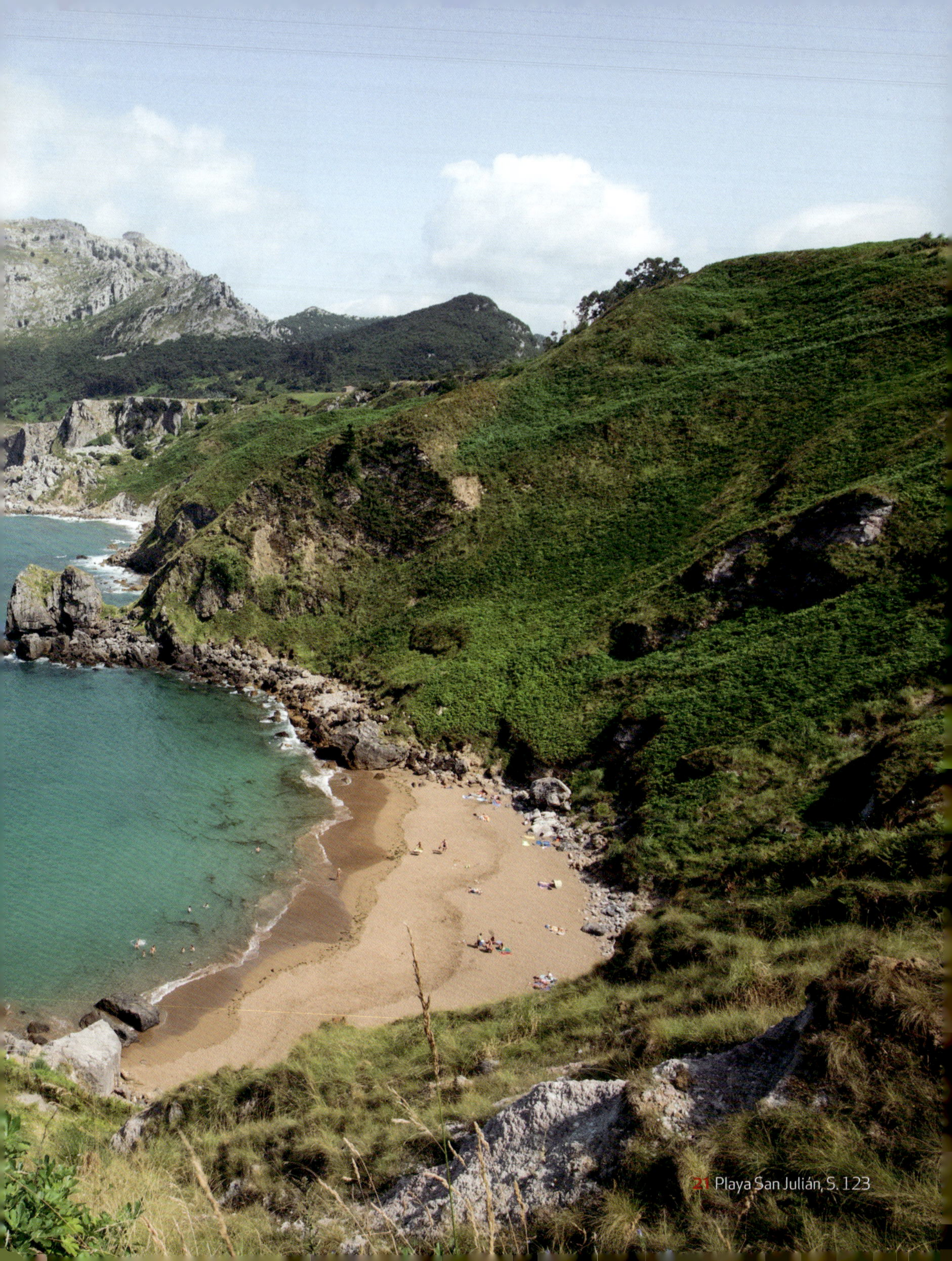

21 Playa San Julián, S. 123

Highlights in Bahnhofsnähe

Strände, die zu Fuß weniger als eine Stunde vom nächsten Bahnhof entfernt sind

31	Praia do Sarridal, S. 85	14	Playa de Vallinas, S. 97
34	Praia de Vilela, S. 87	25	Playa el Portillu, S. 103
35	Praia Castro Pequeño, S. 87	26	Playa San Martin, S. 103
5	Playa de Castell, S. 93	27	Playa de la Almenada, S. 103
6	Playa de Taurán, S. 95	28	Playa de Buelna, S. 107
9	Playa Plumineru, S. 95	1	Playa de Pechón, S. 113
11	Playa de Pumarín, S. 97	3	Platja del Borró Gran, S. 133
12	Playa del Silencio, S. 97	12	Cala Xelin, S. 155

Highlights für Menschen mit Behinderungen

Strände mit Rampen, Fußwegen oder Behindertenparkplätzen

6	Praia do Barreiriño, S. 39	6	Playa Larga, S. 187
1	Praia de Carnota, S. 57	17	Playa del Baño de las Mujeres, S. 191
23	Praia de Ponzos, S. 81	1	Playa de las Palmeras, S. 201
28	Praia de Fornos, S. 85	16	Playas/Dunas de Artola, S. 223
19	Playa de Merón, S. 99	13	Cala del Puntalejo, S. 233
14	Playa de Portio, S. 117	20	Parque Nacional de Doñana, S. 235
12	Cala Xelin, S. 155	1	Platja Cala Camps Vells, S. 257
6	Platja del Pebret, S. 169	8	Cala Mesquida, S. 273

Highlights Höhlen & Inseln

Buchten und Strände mit spektakulären natürlichen Features und Formationen

26	Praia A Coviña, S. 33	3	Cala del Pirata, S. 201
20	Illote Guidolro Areoso, S. 45	4	Sa Pedrera (Atlantis), S. 243
31	Praia do Sarridal, S. 85	7	Sa Figuera Borda, S. 247
15	Playa de Covachos, S. 117	15	Punta Prima, S. 251
17	Isla de Jorganes, S. 121	10	Puente Natural, S. 261
19	Illot de L'Àliga, S. 157	19	Platja d'es Carbó, S. 263
1	La Cova Tallada, S. 177	6	Arenal d'en Moro, S. 273
29	Playa del Pino, S. 195	21	Pont d'en Gil, S. 279

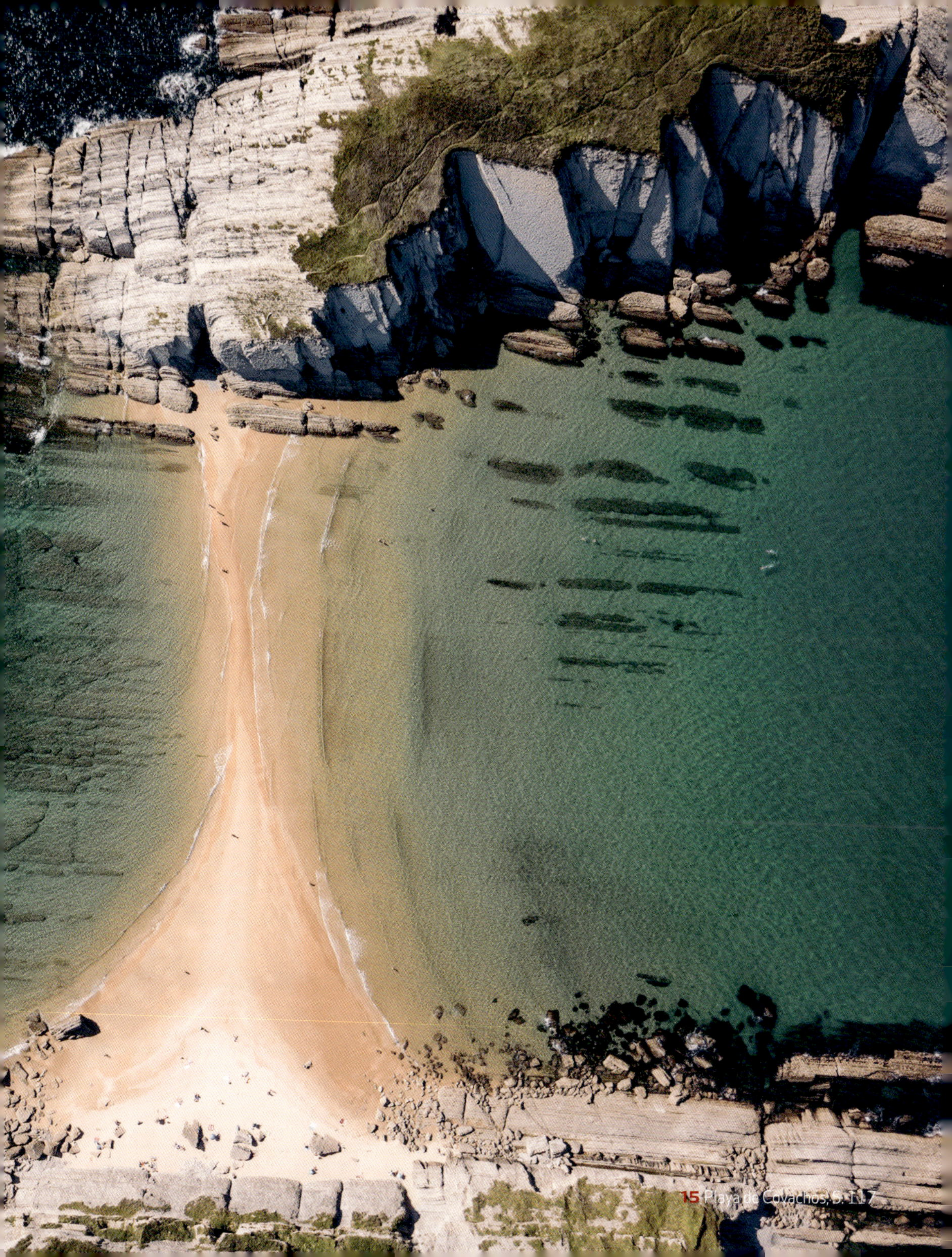

15 Playa de Covachos, S. 117

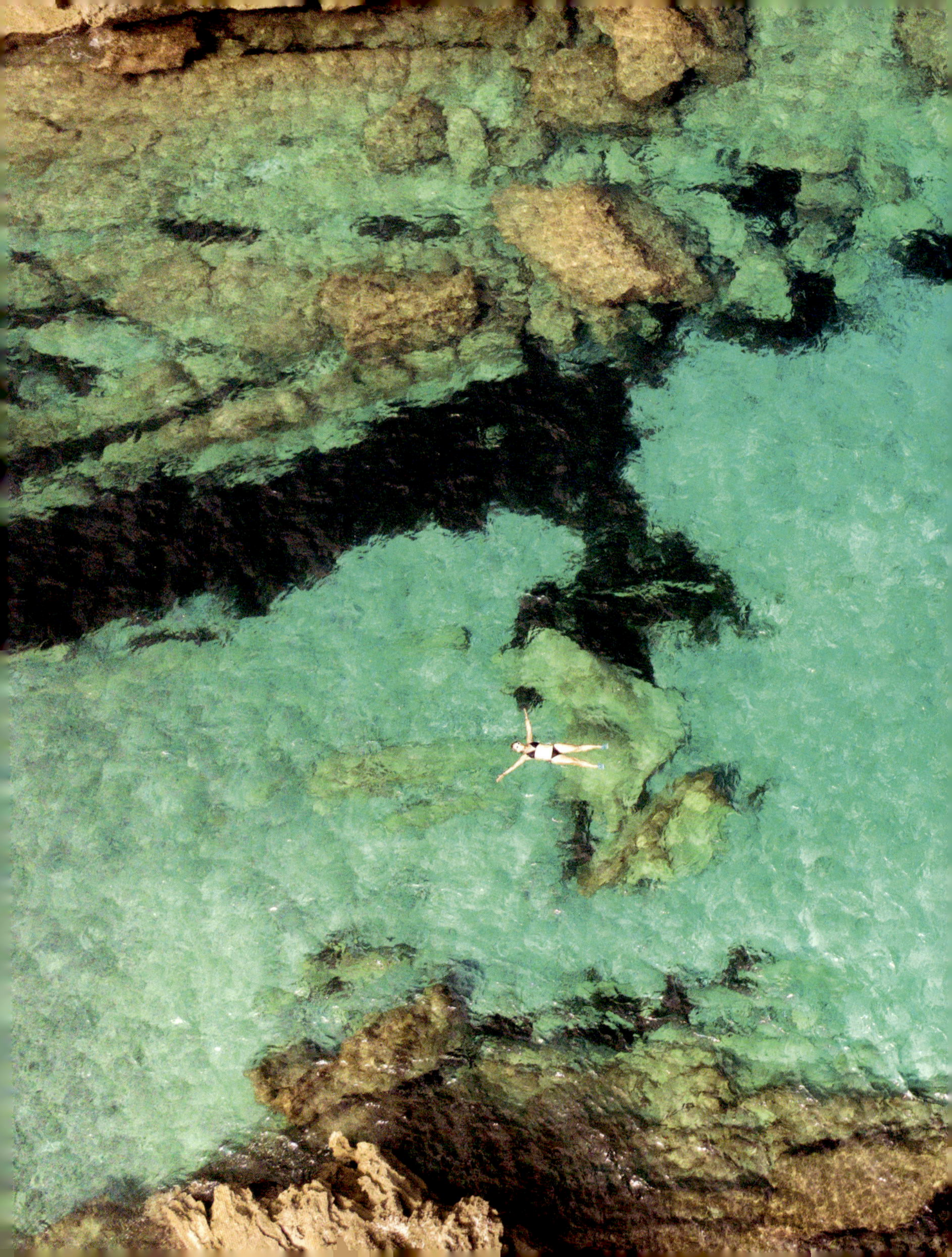

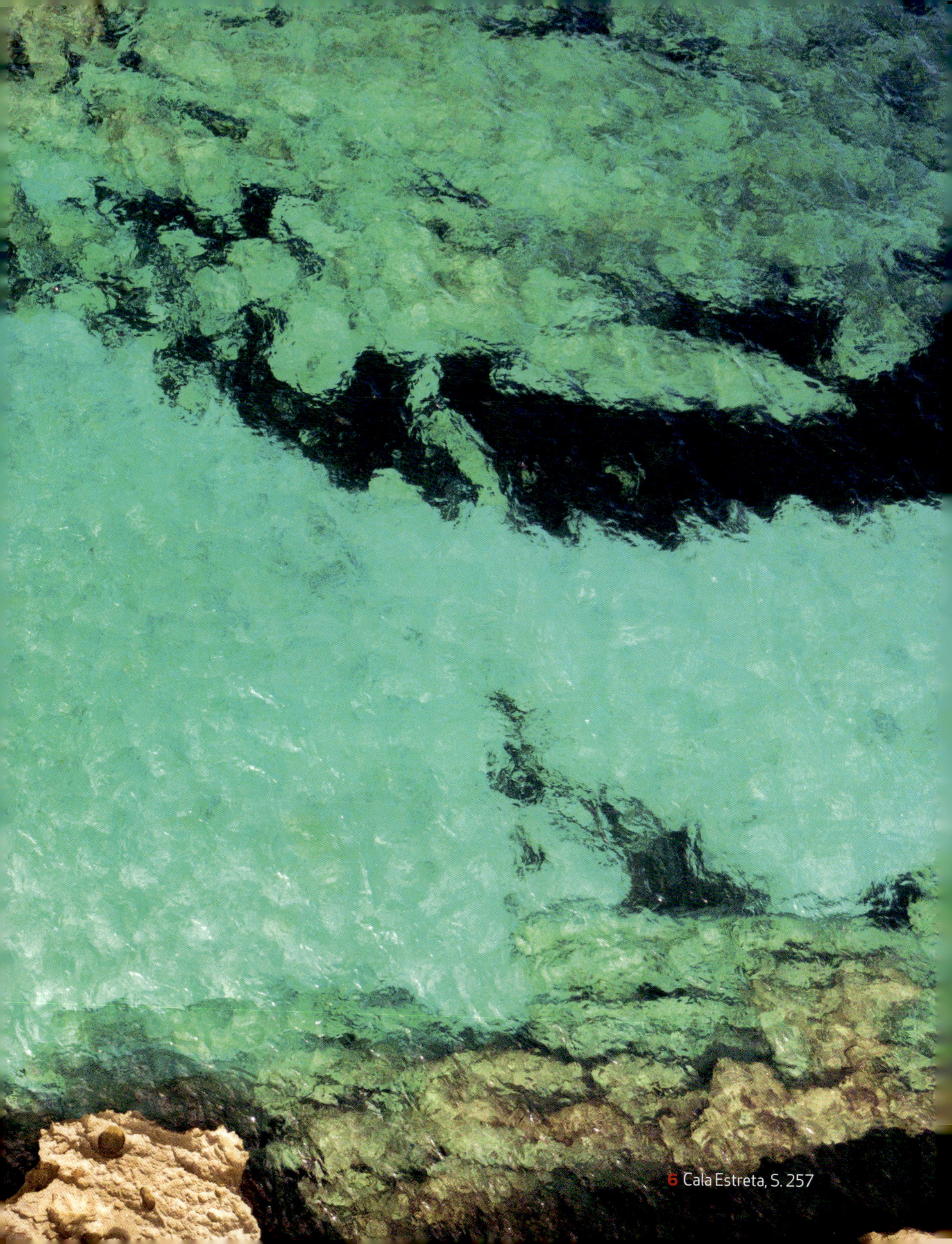

6 Cala Estreta, S. 257

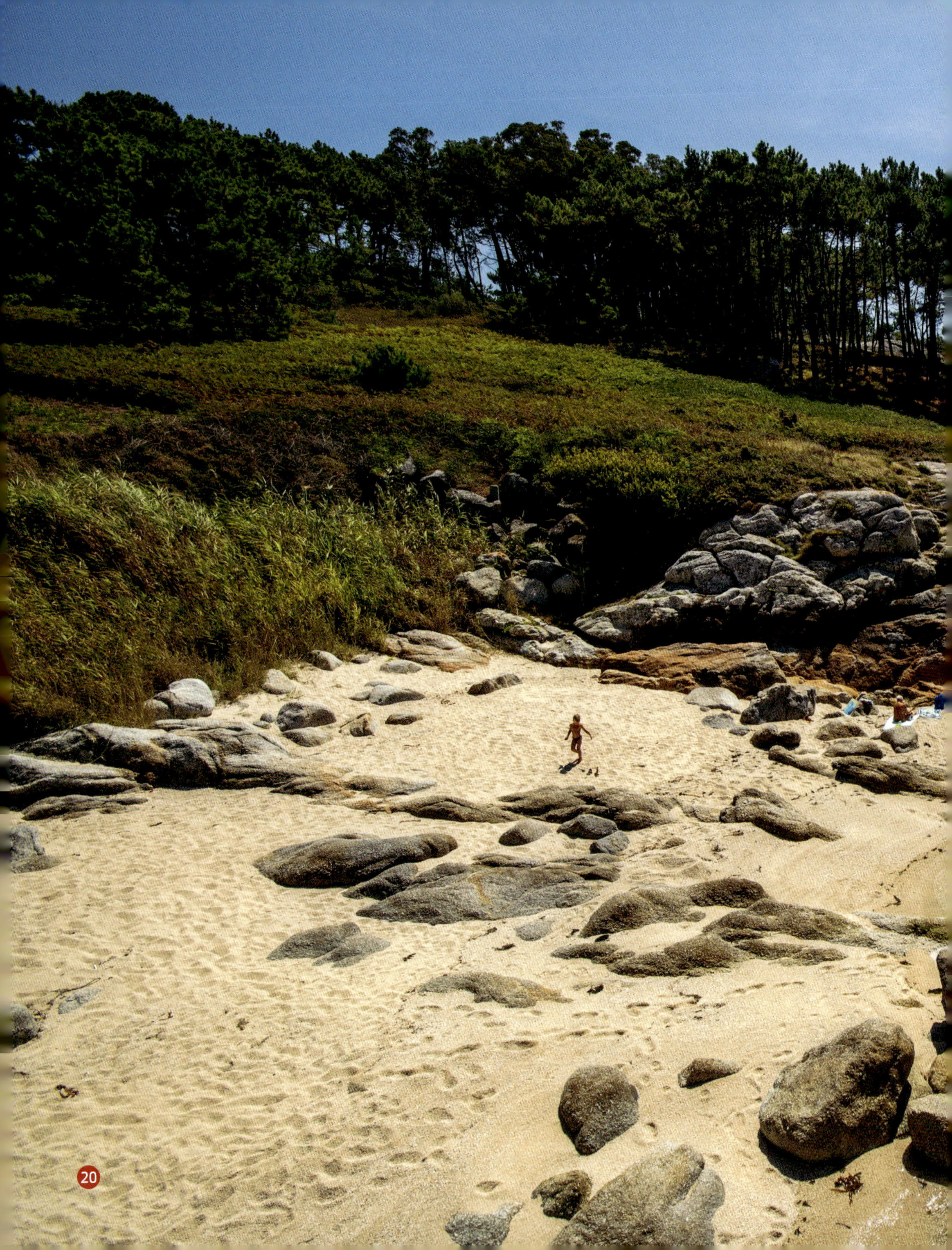

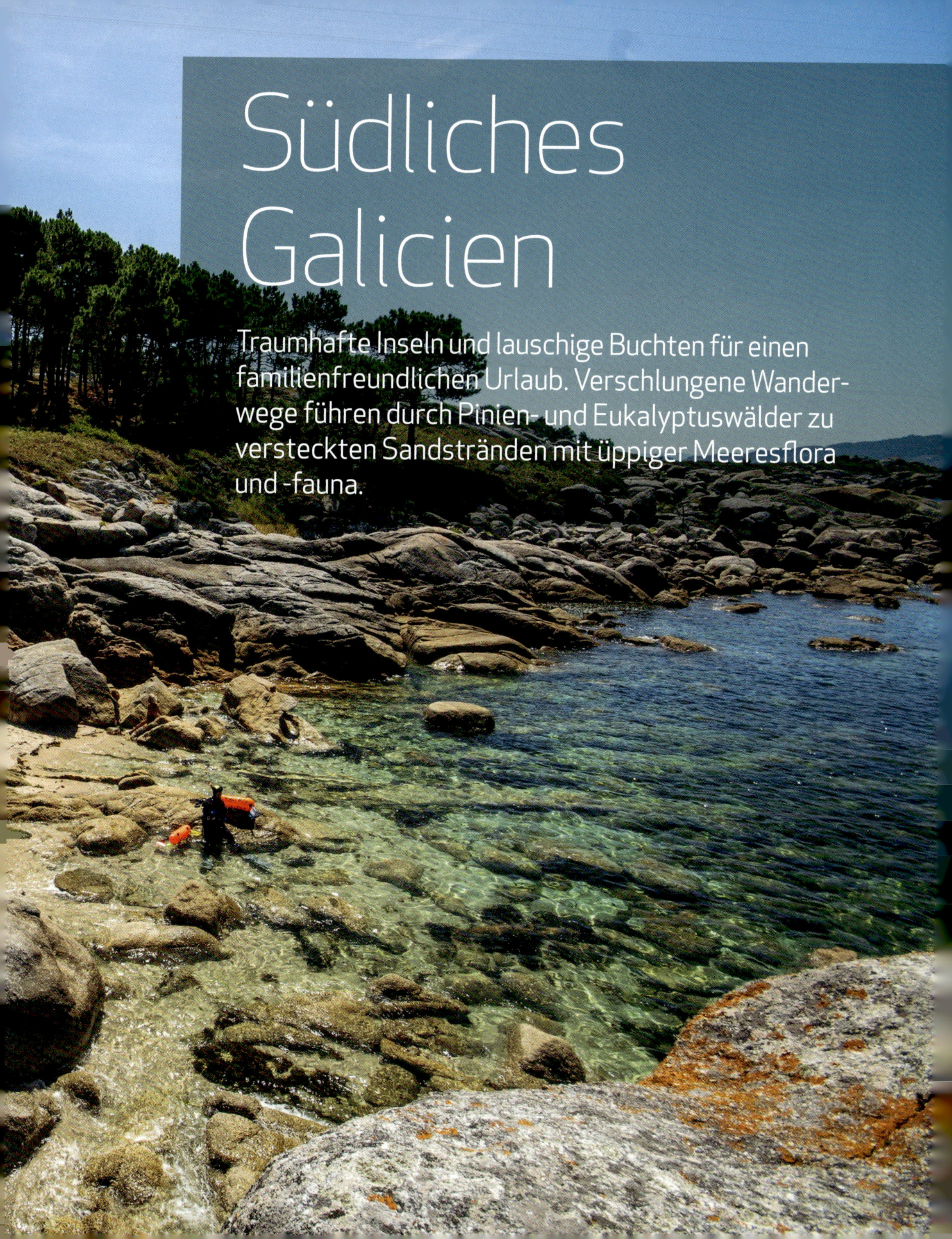

Südliches Galicien

Traumhafte Inseln und lauschige Buchten für einen familienfreundlichen Urlaub. Verschlungene Wanderwege führen durch Pinien- und Eukalyptuswälder zu versteckten Sandstränden mit üppiger Meeresflora und -fauna.

Highlights Südliches Galicien

Unsere Lieblingsstrände:

1 Praia do Muiño – Sandstrand an der Miño-Mündung

5 Praia do Canabal – mit einem alten Angelsteg zum Springen

6 Praia de Nosa Señora – einsamer Inselstrand mit türkisblauem Wasser

15 Praia de Couso – ein alter Waldweg führt zu einem wenig besuchten Strand

19 Praia de Arneles – einsamer Sandstrand mit schönem Blick über die Flussmündung

26 Praia a Coviña – familienfreundlicher Strand, bei Ebbe mit Gezeitentümpeln

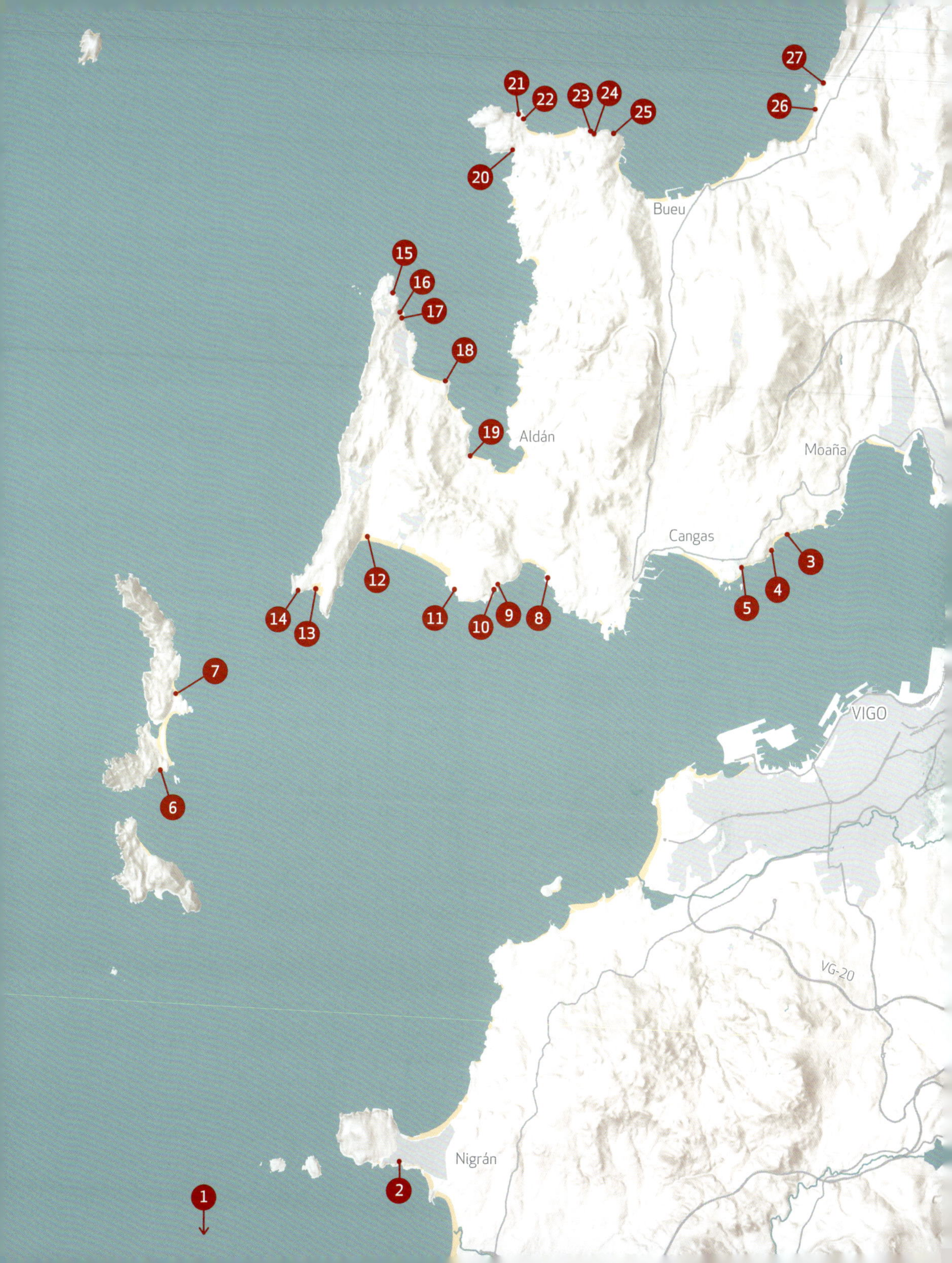

Bueu
Aldán
Moaña
Cangas
VIGO
VG-20
Nigrán
1
2
3
4
5
6
7
8
9
10
11
12
13
14
15
16
17
18
19
20
21
22
23
24
25
26
27

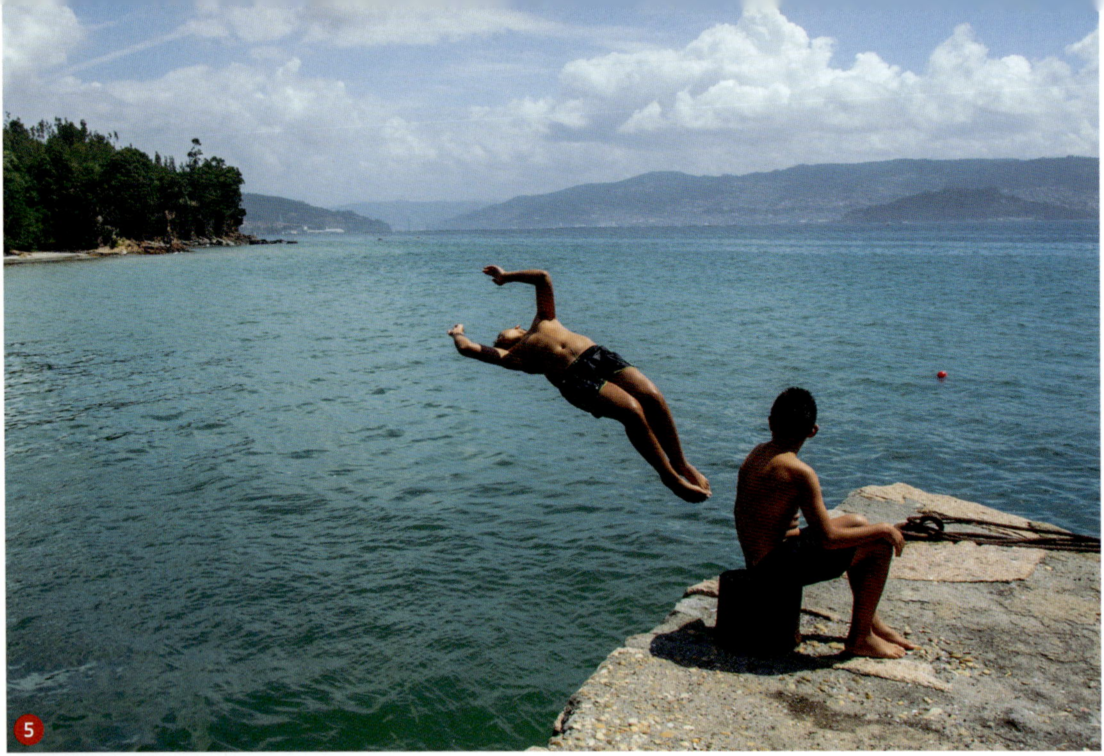

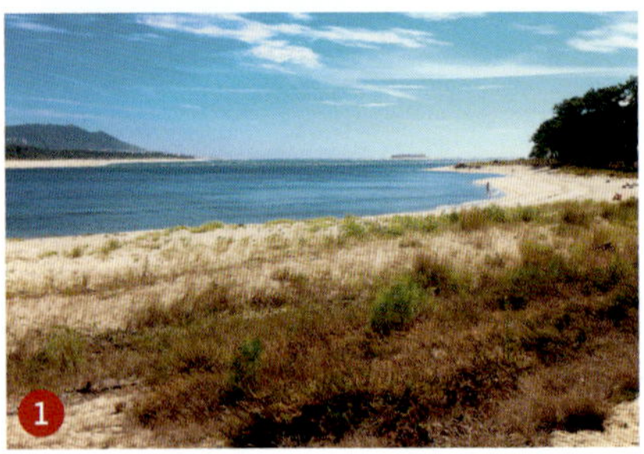

Im wilden, magischen Galicien mit seinem an Mysterien und Legenden reichen keltischen Erbe herrscht ein moderates ozeanisches Klima mit perfekten Bedingungen für dichte Wälder und Wildblumen.

Unsere Reise beginnt an einem einsamen Strand, Praia do Muíño (1), an der Mündung des Río Miño. Von hier, wo der prächtige Fluss in den Atlantik fließt, blickt man auf die nördlichste Spitze Portugals. Über den unablässigen Wechsel der Gezeiten wacht das Castro de Santa Trega, eine der unzähligen keltischen Ruinen, die man in ganz Galicien findet. Noch älter sind die neolithischen Felszeichnungen ganz in der Nähe.

Wir kehren Portugal den Rücken zu und bewegen uns Richtung Norden durch die Rías Baixas (vier schmale, tief ins Land reichende Meeresbuchten), vorbei an der Hafenstadt Vigo, und entdecken unberührte Strände, die selbst im Hochsommer menschenleer sind. Muscheln und Schnecken kleben an den Felsen, während Strandläufer geschäftig pickend umherrennen. Scharen erschöpfter Pilger wandern auf dem Jakobsweg nach Santiago de Compostela. Wir besuchen den historischen Fischerhafen Baiona an der Südspitze der Ría de Vigo. Hier wurde die Neuigkeit der „Entdeckung" Amerikas 1493 von ▶

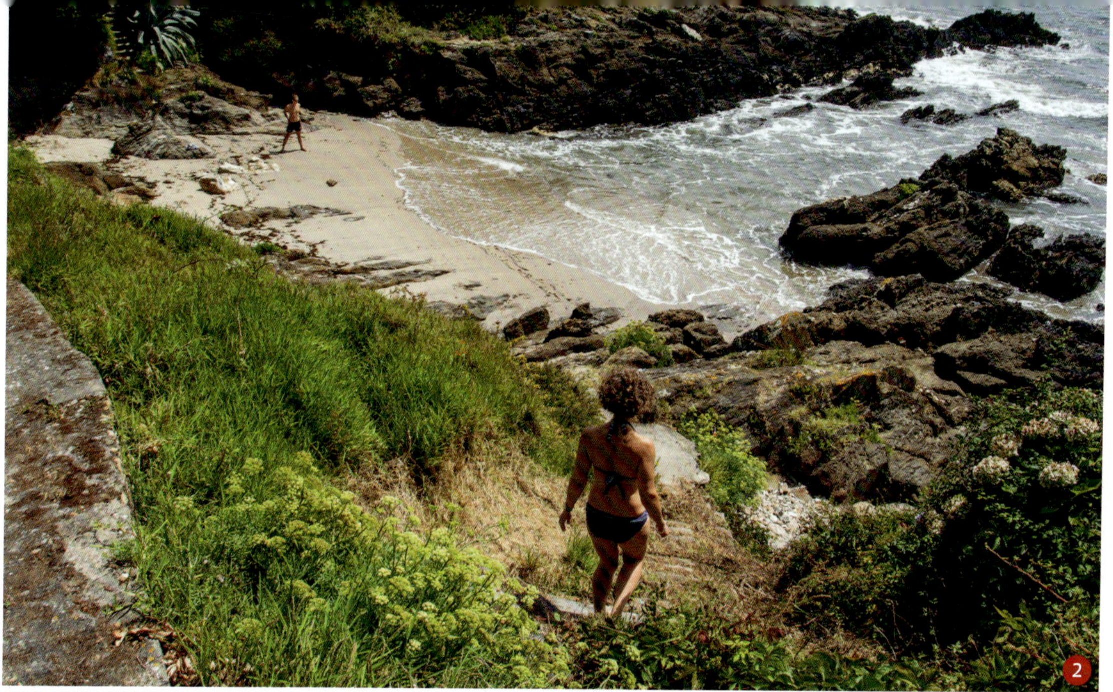
2

Von A Guarda bis Moaña

1 PRAIA DO MUÍÑO, A GUARDA

Mühlenstrand. **Unberührter Gezeitenstrand an der Mündung des Río Miño mit Blick nach Portugal, geschützten Pinienwäldern und Uferwanderwegen. Von hier kann man entweder dem portugiesischen Jakobsweg oder dem Camino de Norte nach Santiago folgen. Camping Santa Tecla: Restaurant, Pool und Kinderclub.**

→ Von A Guarda auf der Carretera de Camposancos durch Camposancos, dann links Richtung Praia a Lamiña, Praia a Armona. Am Ende der Straße rechts, dann die erste links zum Parkplatz und zum Strand. Parken 41.8780, -8.8621
Leicht 2 Min. 41.8782, -8.8610

2 PRAIAS DE ARRIBAS BRANCAS, NIGRÁN

Weiße Höhen. **Zwei kleine Strände zu beiden Seiten einer kleinen Landspitze in einer Wohngegend. Camping Playa Samil, Vigo (campingplayasamil.com): kleiner Stadt-Campingplatz mit Restaurant und Supermarkt.**

→ Von Vigo die VG-20, dann auf die PO-325 Richtung Nigrán. Vor Panxón rechts auf die Rúa Bouzavella, die zur Rúa de Monteferro wird, dann wieder rechts auf den Camino Arribas Brancas. An der Straße parken und zu Fuß weiter auf die Landzunge. Links hinter dem Strand entlang zu den Holzstufen zum ersten Strand oder rechts die Steinstufen zum zweiten Strand (42.1484, -8.8347).
Parken 42.1489, -8.8344
Leicht 3 Min. 42.1488, -8.8341

3 PRAIAS DE TIRÁN, MOAÑA

Tyrannenstrände. **Die kleine Landspitze Punta da Mona trennt zwei versteckte Sandstrände mit Blick auf die Ría de Vigo. Der Strand zur Rechten ist 200 m lang, der zur Linken kleiner, mit einer Höhle. Ein stylischer Bohlenweg führt an den Felsen entlang.**

→ Von Cangas auf der PO-551 für 9 km Richtung Osten, dann rechts auf die Av. José Costa Alonso bis zum kleinen Parkplatz nach 2 km links. Auf der Avenida José Costa Alonso Richtung Westen gehen, dann rechts Richtung Kirche (Iglesia Romanica de San Joan). Rechts von der Kirche entlang zum Bohlenweg oberhalb vom ersten Strand. Je 20 Holzstufen führen zu den Stränden. Zweiter Strand 42.2688, -8.7489.
Parken 42.2699, -8.7477
Leicht 10 Min. 42.2684, -8.7495

4 PRAIA NIÑO DO CORVO, MOAÑA

Der ***Krähenkindstrand*** **befindet sich an der Ría de Vigo. Ein Schwingseil baumelt von einem Baum, der über den goldenen Sand ragt, und die Skulptur eines Kormorans sieht aus, als wollte sie jeden Augenblick losfliegen.**

→ Von Cangas auf der PO-551 für 2 km Richtung Osten und neben Lidl parken. Auf der PO-551 zurückgehen und direkt hinter Lidl rechts, nach 200 m die zweite rechts und der Straße folgen, bis sie zu einem Weg wird, links halten zu einem Bohlenweg oberhalb vom Strand, zu dem Stufen hinunterführen.
Parken 42.2656, -8.7577
Leicht 5 Min. 42.2653, -8.7532

5 PRAIA DO CANABAL, MOAÑA

Feinkörniger 300 m langer Sandstrand, der von den Islas Cíes vor den Wellen des Atlantiks geschützt ist. Keine Menschenseele an einem sonnigen Samstagnachmittag im August. Rechts davon liegt ein verlassener Fischerhafen, wo die einheimischen Kids vom Anleger ins Wasser springen.

→ Von Cangas auf der PO-551 für 2 km Richtung Osten, dann hinter dem Kreisverkehr rechts auf den Camiño Vello de Rodeira. Nach 90 m links in die Rúa do Canaval, die nach 220 m nach links führt. Nach weiteren 100 m parken.
Parken 42.2612, -8.7612
Leicht 5 Min. 42.2618, -8.7605

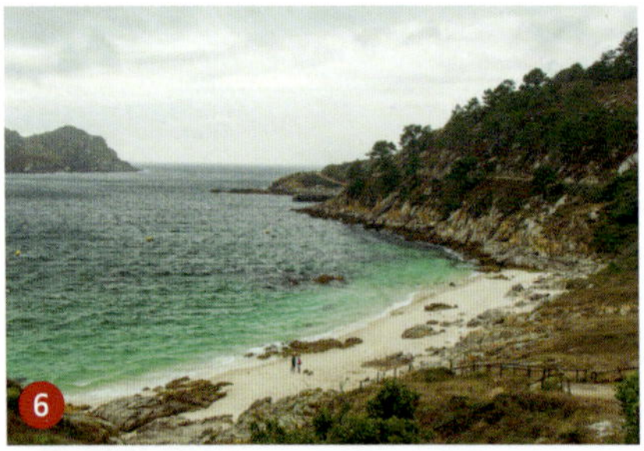

6

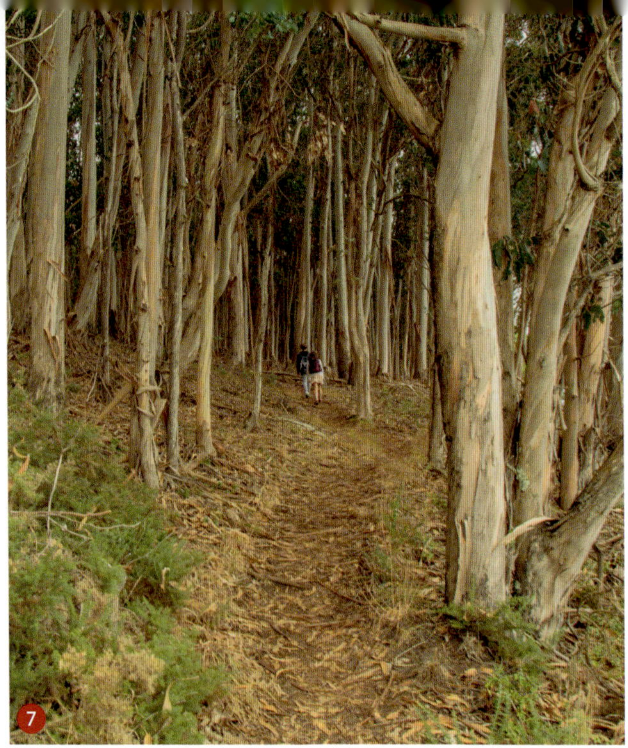

7

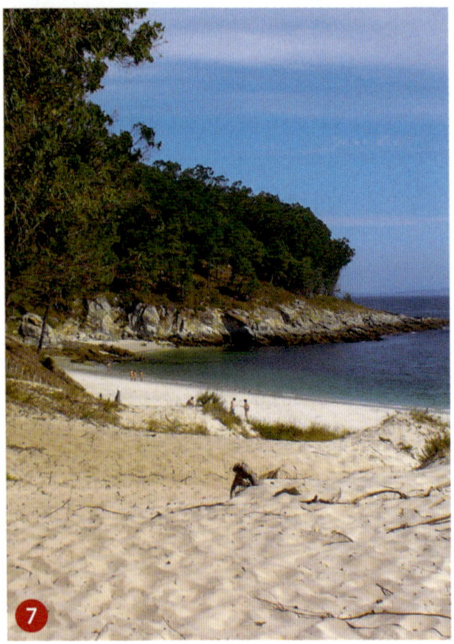

7

der *Pinta*, dem schnellsten Schiff in Kolumbus' Flotte, erstmals überbracht. Ein Nachbau dieses Schiffes schmückt stolz den Hafen. Doch warum nach Südamerika fahren, wenn man in Spanien selbst tropische Inseln hat? Die Römer tauften sie treffend Las Islas Cíes, *Insel der Götter*, vielleicht wegen des leuchtend türkisfarbenen Wassers, das sanft an den makellos weißen Korallensand schwappt. Inzwischen stehen die Inseln als Teil des Parque Nacional de las Islas Atlánticas de Galicia unter Naturschutz. Die Spannung steigt, als wir die Meeresbucht überqueren und uns Cíes und der weitläufigen Playa de Rodas nähern. Nachdem wir von Bord der kleinen Fähre gegangen sind, folgen wir einem Weg durch Eukalyptusbäume zur Praia de Nosa Señora (6), eine herrlich einsame Bucht mit dem typischen weichen weißen Sand. Hier machen wir Rast, die Einsamkeit nur von neugierigen Trottellummen gestört, und beobachten Hunderte glänzend schwarzer Krabben, die über die feuchten Felsen krabbeln.

In den reichen Ökosystemen des Meeres gedeiht eine vielfältige Fauna – Krebse, Krabben, Tintenfische, Entenmuscheln, Seeigel und ganze Teppiche von Seeanemonen. Eingedenk der Heldentaten von Jules Vernes Kapitän Nemo in *20.000 Meilen unter dem Meer* suchen professionelle Taucher bis heute ▶

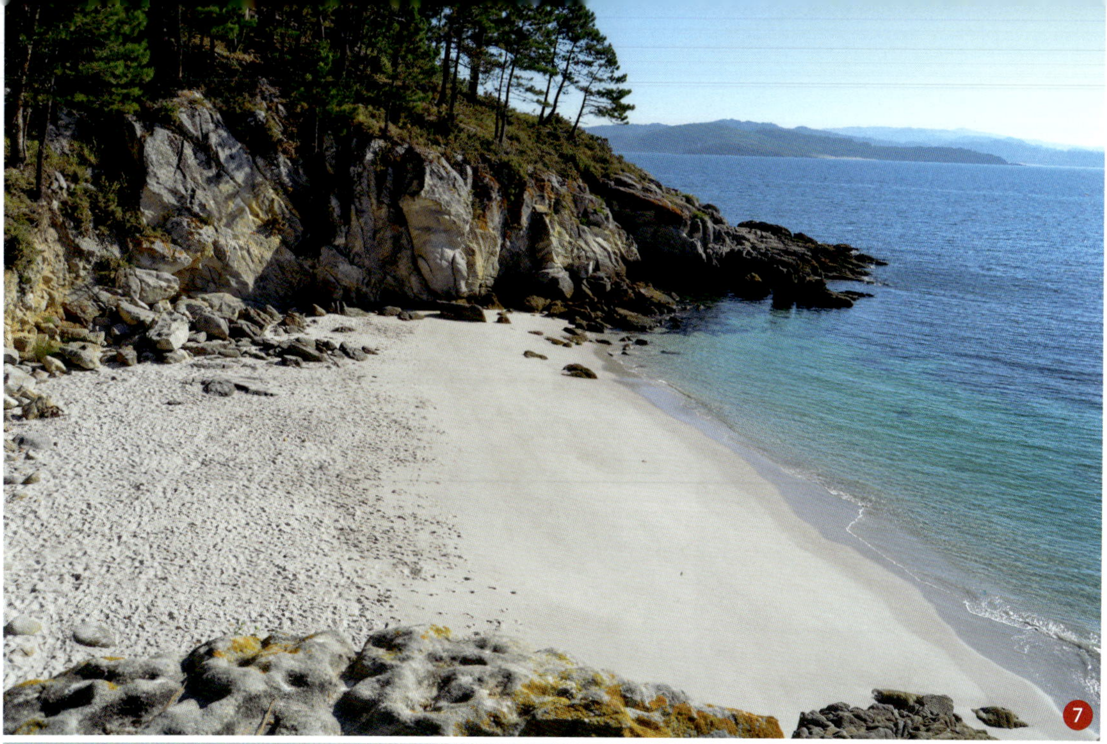

Las Islas Cíes

Der Zugang zu diesem Naturschutzgebiet (*Parque Nacional Marítimo-Terrestre das Islas Atlánticas de Galicia*) in der Ría de Vigo wird von der spanischen Regierung strikt reguliert – pro Tag höchstens 2.200 Besucher, keine Fahrzeuge. Beantragen Sie rechtzeitig eine Besuchserlaubnis für einen Tag (autorizacionillasatlanticas.xunta.gal), oder reservieren Sie einen Stellplatz oder ein Zelt auf campingislascies.com – die einzige Übernachtungsmöglichkeit auf der Inselgruppe. Las Islas Cíes sind berühmt für ihre Vogelwelt, und Sie werden u. a. Silbermöwen, Heringsmöwen und Weißkopfmöwen sehen.

Kaufen Sie Fahrkarten für die Fähren von den Häfen in Vigo, Cangas oder Baiona (piratasdenabia.com oder mardeons.es) zu den beiden Hauptinseln Monteagudo und Montefaro. Die Fähren verkehren in der Osterwoche und von Juni bis September täglich, sowie an den Wochenenden im April, Mai und Oktober. Nehmen Sie etwas zu essen mit sowie Wasser, Mülltüten, Sonnencreme: Der Supermarkt hat nur ein begrenztes Angebot, und die Restaurants sind nicht gerade billig. Feste Schuhe, um die Wandermöglichkeiten auszuschöpfen, und Schnorchelausrüstung. Die dritte Insel, San Martino, kann man mit Boot oder Kajak von den Hauptinseln aus erreichen. Wir empfehlen den kostenlosen Parkplatz gegenüber vom Camping Playa Samil in Vigo, dann Bus oder Taxi zum Hafen.

6 PRAIA DE NOSA SEÑORA

Marienstrand. Herrliche Bucht mit dem für die Islas Cíes typischen weichen weißen Sand und leuchtend türkisblauen Wasser zwischen felsigen Landspitzen. Wandern Sie nach dem Schwimmen zum 2 km entfernten Leuchtturm Faro de Cíes, und genießen Sie die atemberaubende Aussicht.

→ Auf dem Camiño do Camping am Campingplatz vorbei nach rechts und dem Schotterweg durch die Pinien folgen, vorbei am empfehlenswerten Bar Restaurante Serafín (rechts). Nach 125 m rechts auf den Camiño do Cementerio de Cíes, dann nach 100 m links auf den Camiño do Faro de Cíes und weitere 260 m zum Praia de Nosa Señora.

Leicht 10 Min. 42.2161, -8.9025

7 PRAIA DAS FIGUEIRAS

Feigenbaumstrand. Dieser Strand zwischen Hügeln und jungen Pinien- und Eukalyptuswäldern beheimatet Meersenf, Salzkraut, Meerknöterich und Otanthus maritimus sowie die seltene Staude camarinha – Portugiesische Krähenbeere. Figueiras ist ein FKK-Strand und deshalb ruhiger als die unweite Praia de Rodas. Wenn man über die Felsen weiter Richtung Norden geht, findet man weitere kleine Sandbuchten. Oder man wandert zum Alto do Príncipe hinauf für eine schöne Aussicht auf die Inseln und die galicische Küste.

→ Vom Hafen rechts und 300 m den Camino do Faro do Peito entlang bis zu einem Wegweiser zur *Praia das Figueiras.*

Leicht 10 Min. 42.2302, -8.9002

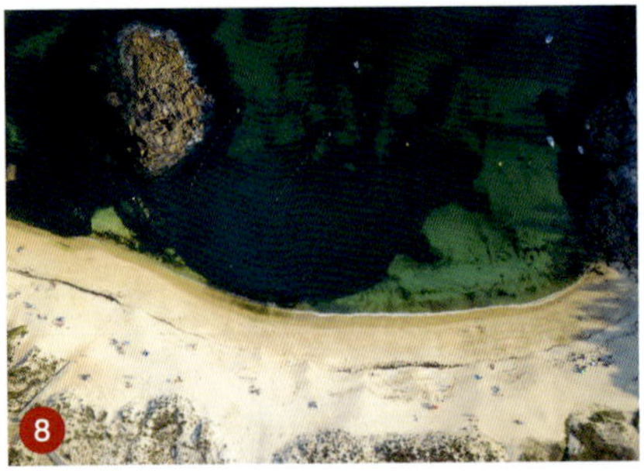

8

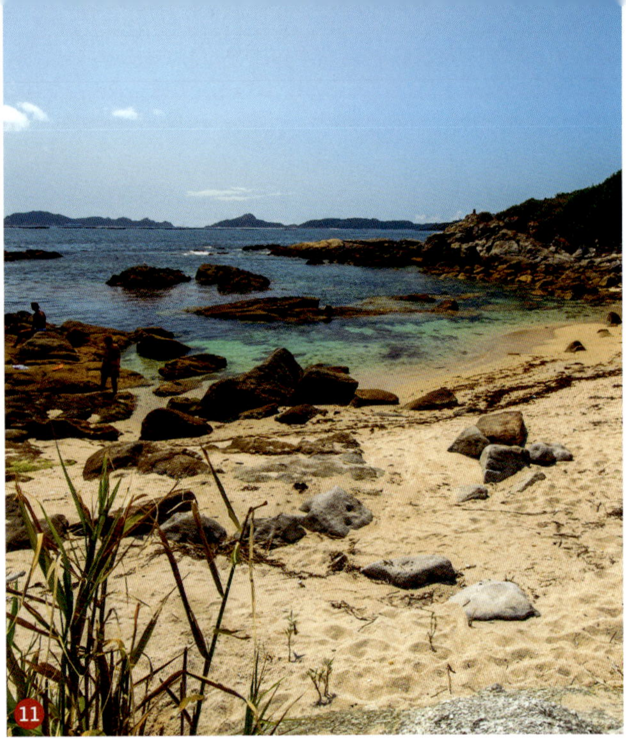

11

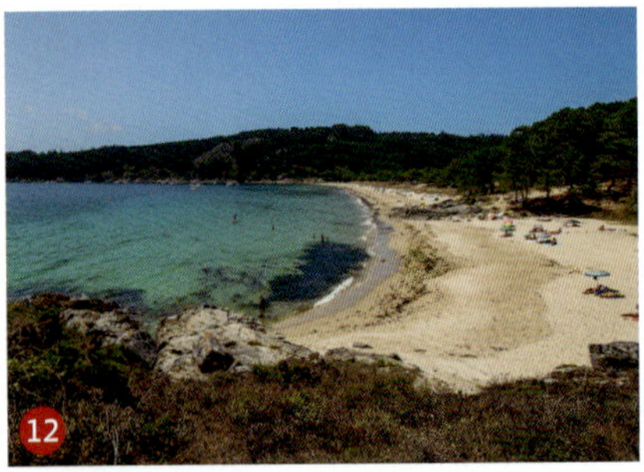

12

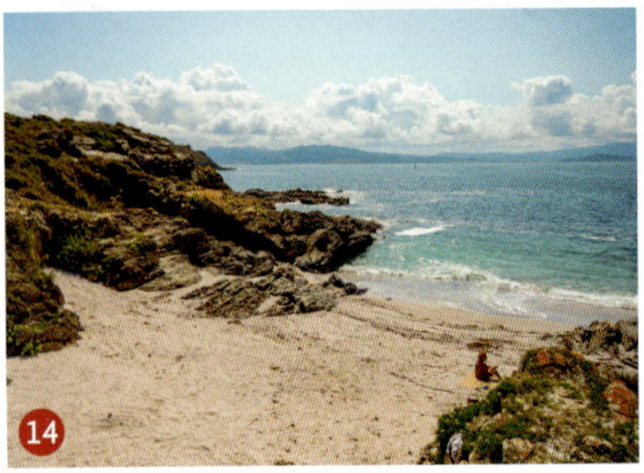

14

auf dem Meeresgrund der Ría de Vigo nach Gold, Silber und Edelsteinen, die sich angeblich an Bord der spanischen Galeonen befunden haben sollen, die 1702 bei der Seeschlacht von Vigo gesunken sind. Tauchschulen in Vigo und Cangas statten Sie mit der nötigen Ausrüstung aus und begleiten Sie in die Tiefen des Meeres. John hat sich bei einem unserer Tauchgänge von der Truppe entfernt, um einen Babytintenfisch aus seinem Unterwasserkäfig zu befreien.

Eukalyptus- und Pinienwälder säumen die Bergstraßen auf der Halbinsel O Morrazo, die Ría de Vigo und Ría de Pontevedra trennt. Wir erkunden die vielen Sandstrände entlang der Küste, an der sich Salz- und Süßwasser mit den Gezeiten vermischen. Am südlichen Ende der Halbinsel liegt *Cabo de Home*, wo in schattigen Wäldern Farn und saftige Brombeeren wachsen. Familien lieben den feinen Sand und die sanften Wellen der makellosen mit der Blauen Flagge ausgezeichneten Praia de Melide (13). Wir machen einen schönen Spaziergang durch niedriges Gebüsch und mit Flechten bewachsene Felsbrocken zum Ende der Halbinsel. Die zwei Leuchttürme dort geben ein ungleiches Paar ab – Robaleira ungewöhnlich gedrungen und rot; Home groß, weiß und schlank. Unter dem Faro de Punta Robaleira liegt Praia da Robaleira (14), ein diskreter Strand ▶

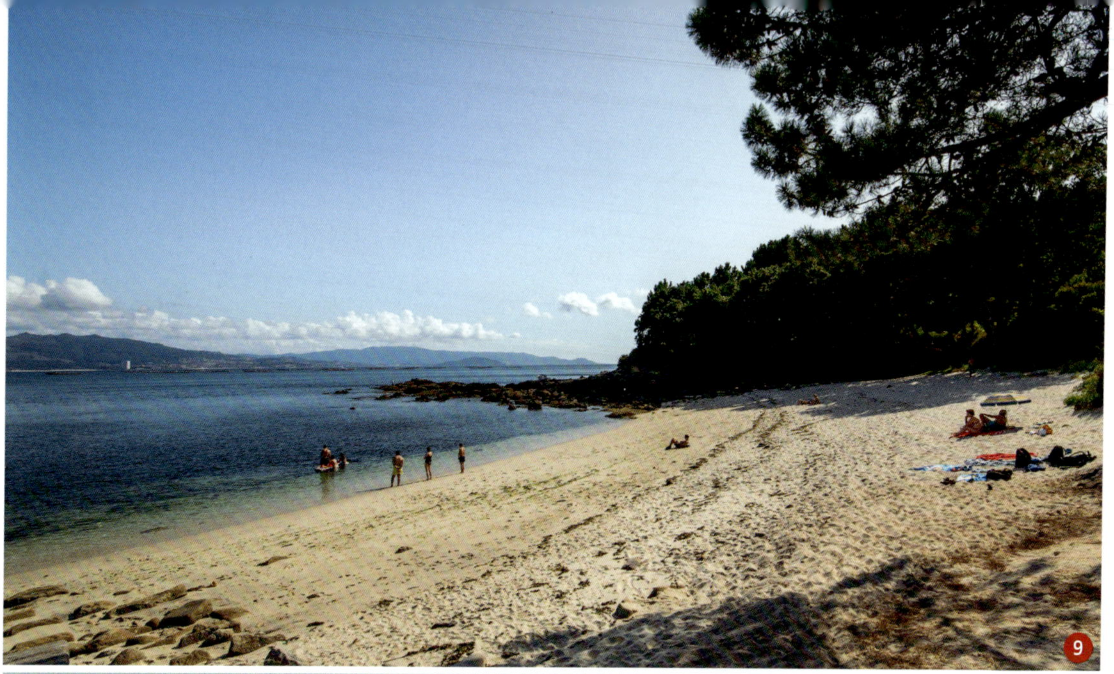

9

Cangas (Süden)

8 PRAIA DO PORTO

Familienfreundlicher Strand zwischen Felsen, die vor Wind und Wellen schützen.
Camping Limens - campinglimens.com

➔ Von Cangas auf der PO-315 Richtung Westen, nach 3 km links auf die EP-1010, dann wieder links auf die Rúa Santa Marta. In der Nähe der Bushaltestelle parken und auf der Rúa do Cantón 300 m bis zum Strand. Parken 42.2571, -8.8071

Leicht 2 Min. 42.2569, -8.8091

9 PRAIA DE TEMPERÁNS

Friedlicher Sandstrand in großer Bucht. Gut zum Schwimmen, Stand-up-Paddeln und Schnorcheln.

➔ Von Nerga auf der Rúa da Pedralta 50 m Richtung Osten, dann links, um auf der Rúa da Pedralta zu bleiben, und nach 60 m rechts, um auf der Rúa da Pedralta zu bleiben, nach 170 m weiter auf der Rúa da Lapiña für weitere 400 m. Dann rechts auf die Rúa de Temperáns für 300 m und nach einer Rechtskurve in der Nähe der Miradoiro do Bouceiro parken. Um das Haus herumgehen und auf den Weg mit dem Schild *Propiedad privada. Acceso público*. Parken 42.2566, -8.8184

Leicht 5 Min. 42.2549, -8.8215

10 PRAIA DE MOSCAS

***Fliegenstrand.* Still und einsam. Im Sommer ab 17 Uhr im Schatten.**

➔ Vom westlichen Ende der Praia de Temperáns (9) führt ein schmaler Pfad zum Strand.

Leicht 10 Min. 42.2540, -8.8224

11 PRAIA DE AREA DAS PATAS

Halbmondförmiger Strand zwischen felsigen Landspitzen mit hohem Gras. An einem heißen Sonntagnachmittag im August herrlich ruhig.

➔ Von Nerga 180 m auf der Rúa dos Castros Richtung Südwesten, die dann nach rechts führt. Weitere 50 m, dann rechts auf die Rúa Area das Patas. Nach 400 m rechts halten, um auf der Straße zu bleiben und parken. Zu Fuß zum Strand hinunter. Parken 42.2536, -8.8321

Leicht 3 Min. 42.2534, -8.8323

12 PRAIA DE BARRA & PRAIA DE VIÑO

Klares Wasser und weißer Sand. Durch die Halbinsel Punta Robaleira windgeschützt. FKK.

➔ Von Nerga auf der EP-1007 für 1 km nach Nordosten, dann links auf die Rúa Estrada a Donón/EP-1006, nach 1 km links auf die Rúa Baixada a Viñó. Nach 600 m links auf die Rúa do Coto, dann sofort rechts abbiegen und gegenüber parken. Der Rúa do Coto bergab zum Meer folgen. Praia de Barra liegt rechts. Parken 42.2647, -8.8433

Leicht 6 Min. 42.2616, -8.8553

13 PRAIA DE MELIDE

Familienfreundlicher Strand mit Blauer Flagge. Toller Blick auf die Islas Cíes. Fantastisch zum Schnorcheln.

➔ Von Donón auf dem Sendeiro de Cabo Home 1,5 km Richtung Südwesten, dann leicht links auf die Baixada á Praia de Melide, nach 690 m rechts auf den Sendeiro de Cabo Home und rechts parken. Dem Weg auf der Westseite vom Parkplatz folgen und durch Pinienwald zum Strand. Parken 42.2524, -8.8630

Leicht 10 Min. 42.2514, -8.8671

14 PRAIA DA ROBALEIRA

Kleine geschützte Bucht unterhalb vom Leuchtturm Faro de Punta Robaleira. Hauptsächlich FKK.

➔ Wegbeschreibung siehe Praia de Melide (13), aber dem Sendeiro de Cabo Home bis zum roten Leuchtturm folgen. Kurz vor dem Leuchtturm sieht man links einen Weg. Über die Felsen zum Strand hinunterklettern.

Mittel 30 Min., 42.2508, -8.8714

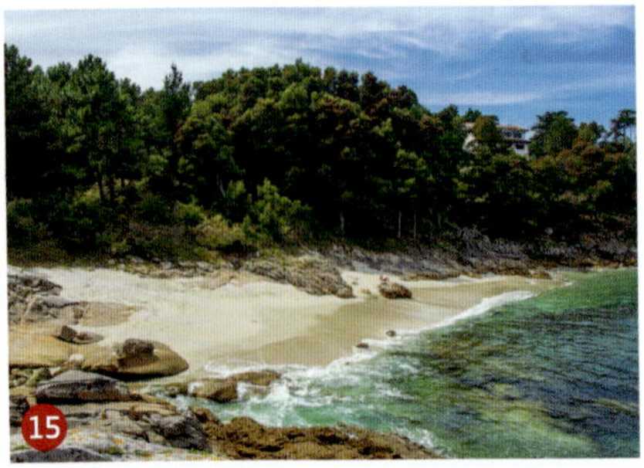

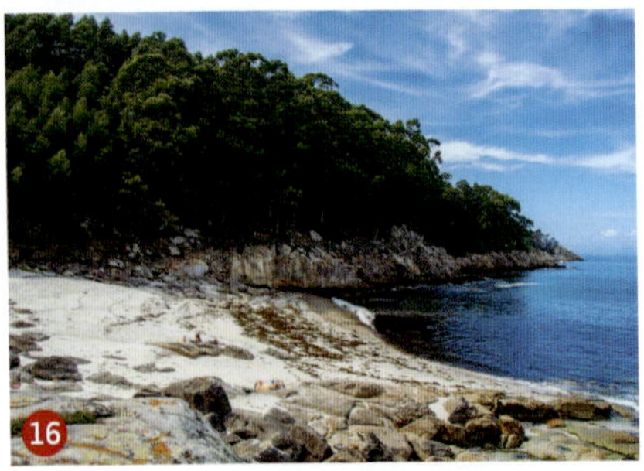

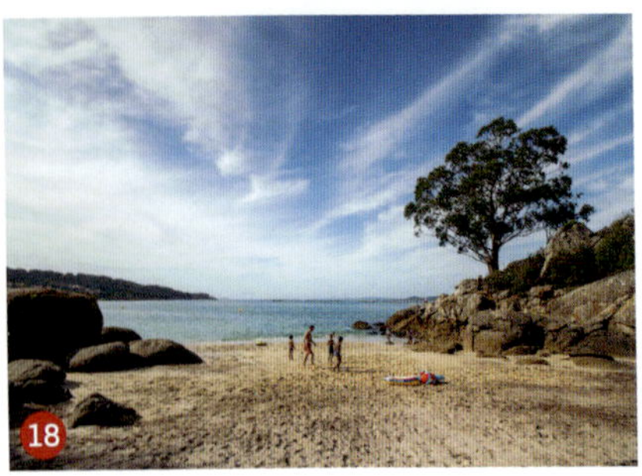

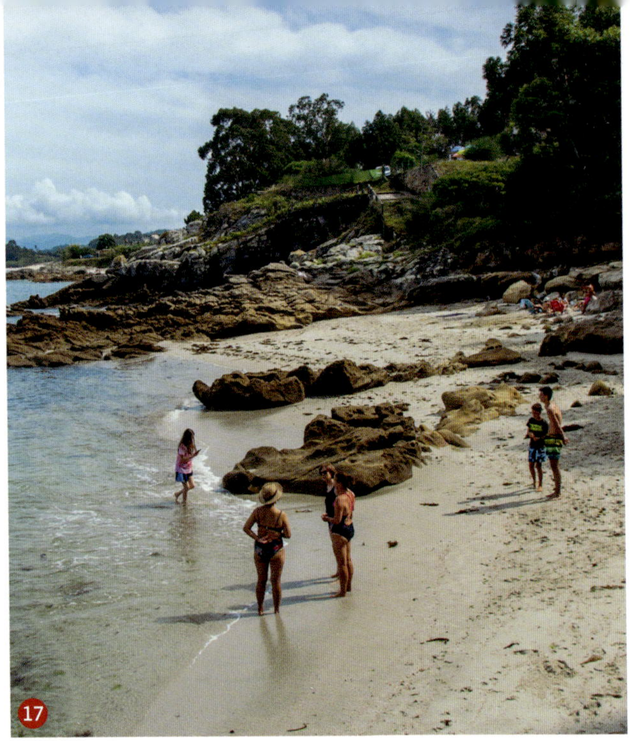

in einer Felsbucht, an dem man nur sehr wenig Badeanzüge sieht.

Nach einem Spaziergang auf einem alten Waldweg am Ende der Halbinsel Punta de Couso werden wir mit einem idyllischen Nachmittag an der Praia de Couso (15) belohnt. Der Zugang zu diesem Strand wurde erstritten und 1988 mit dem Ley de Costas gewährt, das die gesamte spanische Küste der Öffentlichkeit zugänglich macht. Seltsame Felsformationen und Feldspatkristalle verwandeln den Strand von Cabo de Udra in einen Skulpturenpark.

Der autofreie Hafen Pontevedra ist von Bergen umgeben und besitzt ein historisches Viertel, mittelalterliche Plätze, Architektur von Gotik bis Jugendstil und ein Museum mit Ausstellungsstücken von der Urzeit bis in die Moderne sowie Kunstwerken hiesiger Künstler. Galiciens Seefahrertradition ist allgegenwärtig, in den Fischerdörfern wie Bueu und Beluso ebenso wie in den Restaurants, die in großzügigen Portionen frischen Fisch servieren. Auch für Vegetarier und Veganer ist gesorgt: Probieren Sie unbedingt *pimientos de Padrón*, *empanada gallega*, *queixo de Tetilla* und *tarta de Santiago*. Wenn Sie Wein mögen, sind Sie hier richtig, folgen Sie einfach der ▶

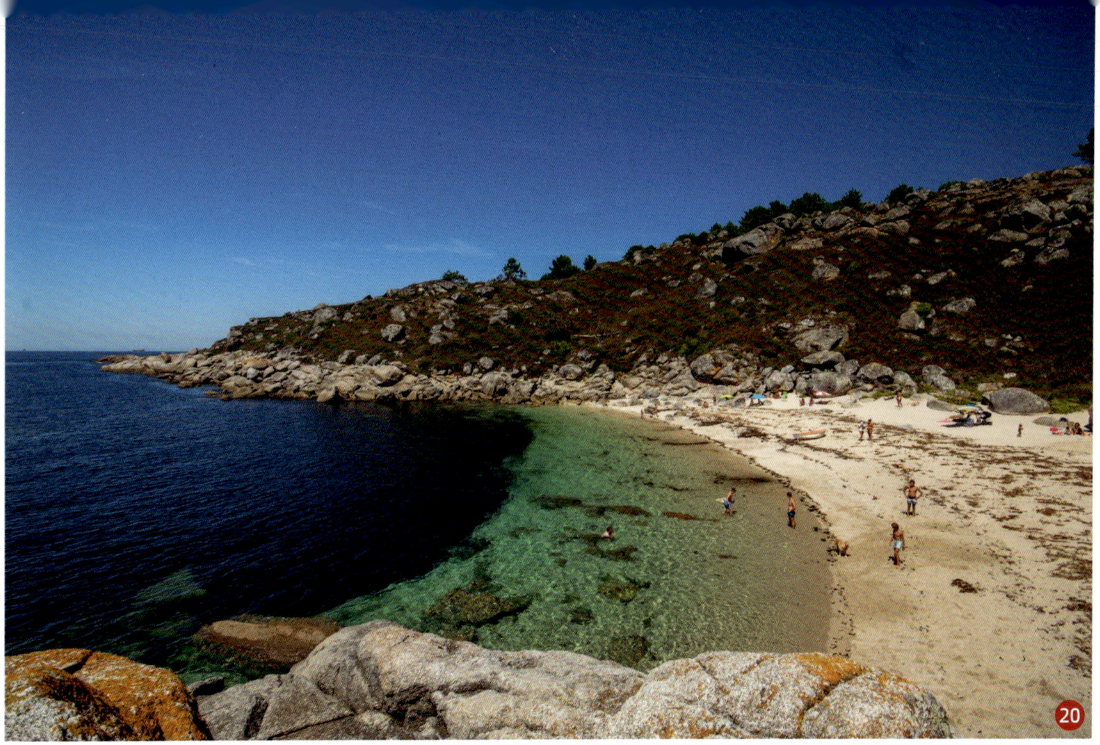

Cangas (Norden)

15 PRAIA DE COUSO

Von Felsen flankierter, einsamer weißer Strand, den man über einen alten Waldweg erreicht. Nur wenige wagen sich so weit vor. Toller Blick über die Ría Pontevedra.

➔ Von Vilanova auf der Rúa Estrada de Vilanova nach Nordwesten Richtung Rúa As Barreiras, dann links auf die Rúa Subida a Couso und rechts auf die Rúa de Rabans bis zu einer Lichtung zum Parken nach 150 m. Zu Fuß dem Camiño Vello de Couso parallel zur Küste folgen, nach 700 m rechts zum Strand (150 m). Parken 42.3001, -8.8514

Leicht 15 Min. 42.3062, -8.8541

16 PRAIA DO PORTAL

Unberührte Bucht vor Praia de Couso, umgeben von Pinien- und Eukalyptuswald. Zugang vom Weg zur Praia de Couso. Mäßige Brandung.

➔ Wegbeschreibung siehe Praia de Couso (15), aber bei 42.3021,-8.8518 rechts und dann links zum Strand hinunter.

Leicht 10 Min. 42.3027, -8.8518

17 PRAIA DO ATRANCO

Mäßige Wellen und weißer Sand. Toller Blick über Punta do Bon. Rechts weitere Buchten. Bei Einheimischen beliebt.

➔ Wegbeschreibung siehe Praia de Couso (15) aber bei 42.3021,-8.8518 rechts, dann wieder rechts zum Strand.

Leicht 7 Min. 42.3018, -8.8512

18 PRAIA DE PUNTA CORVEIRA

Familienfreundlicher Strand mit Riesenschilf, das in der sanften Brise wogt. Ideal am späten Nachmittag.

➔ Von Vilanova auf der Rúa Estrada de Vilanova Richtung Südosten, weiter auf die Rúa Estrada de Pinténs, dann links auf die Rúa dos Carballos, wieder links auf die Rúa Baixada a Castiñeiras und parken. Bei Chiringuito Arnau rechts, nach 2 Min. beim Campingplatz links zum Strand. Parken 42.2897, -8.8405

Leicht 3 Min. 42.2910, -8.8390

19 PRAIA DE ARNELES

Herrlicher, familienfreundlicher Strand an der Ría de Aldán. Restaurante O'Pereiro, Rúa do Igrexario: schmackhafte galicische Küche, Pimpientos de Padrón, Chipirones und Steinbutt mit Tomatensauce. Camper Car Area (campingcarareaplayaarneles.com): guter Strandzugang.

➔ Vom Parkplatz in O Hío auf der EP-1005 zu Fuß 350 m nach Norden Richtung Rúa do Geo, dann rechts auf die Rúa Baixada a Rioesteiro, nach 74 m links auf die Rúa Baixada a Arneles bis zu deren Ende. Über eine Holzrampe geht es zum Strand. Parken 42.2705, -8.8297

Leicht 20 Min. 42.2778, -8.8312

20 PRAIA DO ANCORADOURO

***Ankerstrand*. Sandbucht im Naturschutzgebiet Cabo Udra, umgeben von erodierten Felsformationen. Passionsblumen, Brombeeren und Heckenkirschen zieren die Heckenlandschaft. Ideal für Naturliebhaber. Klettern Sie rechts über die Felsen zu einer kleineren, ruhigeren Bucht.**

➔ Von Montemogos auf der EP-1302 für 300 m Richtung Nordwesten, dann links halten, um auf der EP-1302 zu bleiben, und nach weiteren 1,5 km beim Aparcadoiro da Praia do Ancoradouro parken. Den Schildern folgen und über Steinstufen zum Strand. Parken 42.3349, -8.8251

Leicht 2 Min. 42.3339, -8.8269

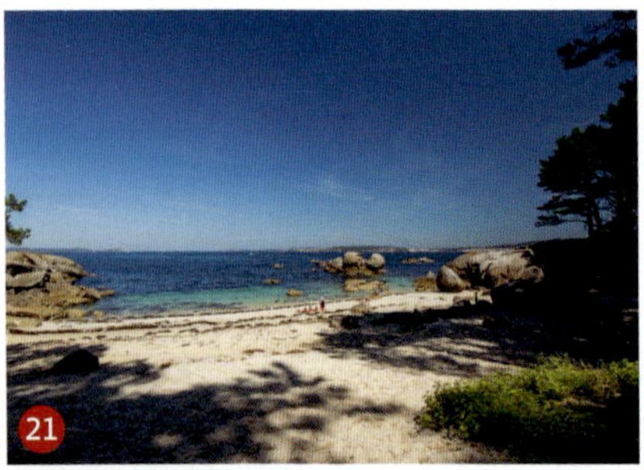

21

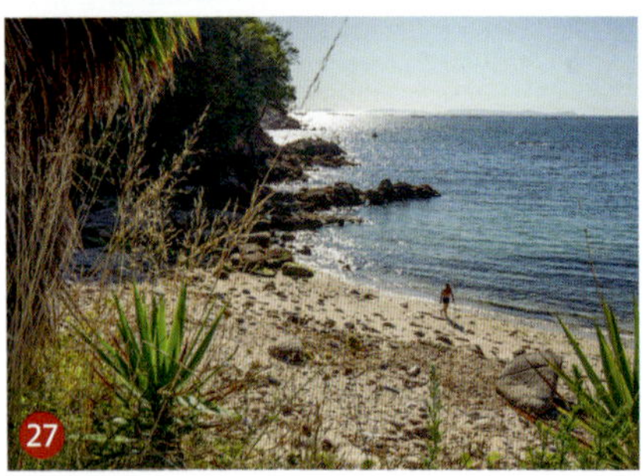

27

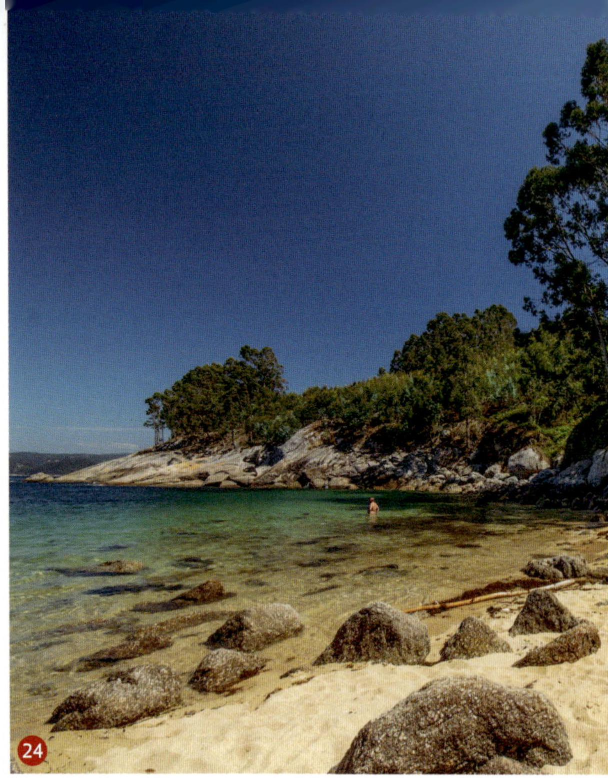

24

Ruta do Vino Rías Baixas. Das hiesige Bier erster Wahl ist Estrella Galicia, ein glutenfreies Premium-Lager.

Galicien zieht hauptsächlich spanische Besucher an, doch inzwischen verschlägt es auch Camper, Radsportler und Naturliebhaber aus anderen Teilen Europas hierher, die von der besonderen Landschaft, den unberührten Stränden und dem keltischen Vibe angezogen werden. Das Meer ist kalt, das Wetter unberechenbar, doch die Kulisse einfach grandios.

Cando chegues, rio galego
ás costas de Portugal,
rolando en limpas marérias
volta ás praias galicións

Wenn du, galicischer Fluss,
die Küste Portugals erreichst,
kehrst in sauberen Wellen du zurück
an galicische Strände.

Aus *O Poeta de Meira* (Der Dichter von Meira),
Avelino Díaz (1870–1961)

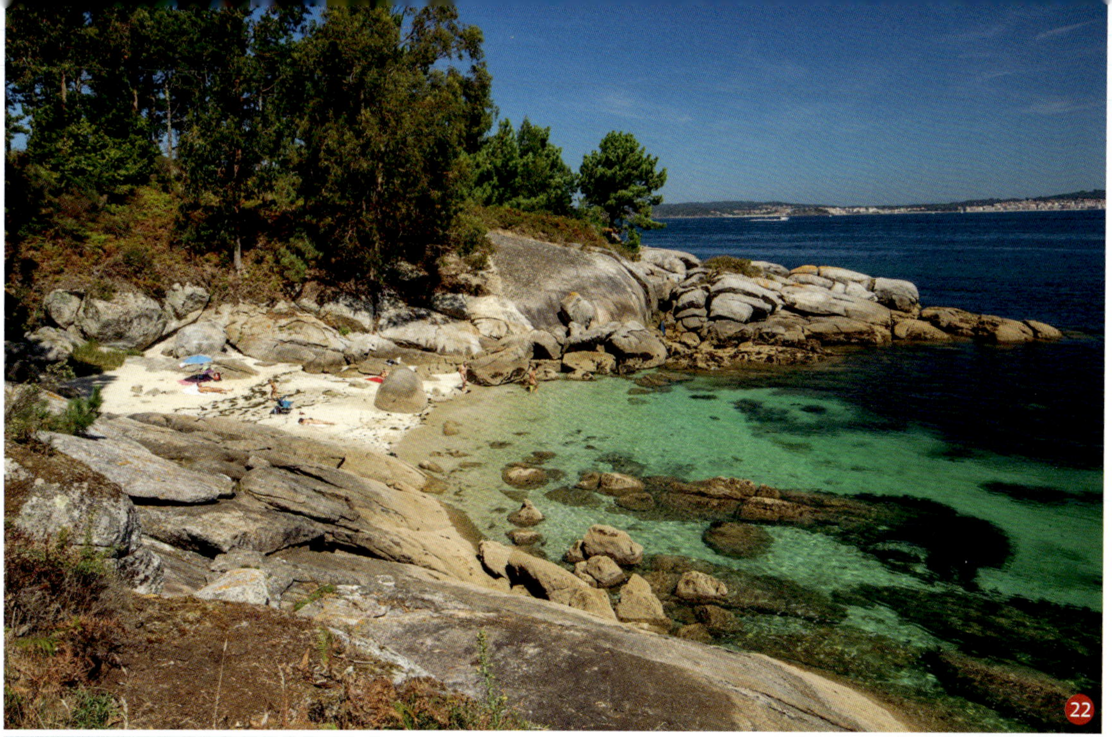

Von Bueu bis Marín

21 PRAIA DE PEDRÓN, BUEU

Unberührte Bucht. Ideal für Sonnenanbeter und Wasserratten. Zona Nudista.

➜ Von Montemogos auf der EP-1302 für 300 m Richtung Nordwesten, dann links halten, um auf der EP-1302 zu bleiben, und nach 1,5 km beim Aparcadoiro da Praia do Ancoradouro parken. Links an der Praia Mourisca entlang zum anderen Ende vom Strand, dem Weg um die Landspitze folgen, vorbei an der Praia de Mediabril (22) zur Praia de Pedrón. Parken 42.3369, -8.8224

Leicht 10 Min. 42.3405, -8.8262

22 PRAIA DE MEDIABRIL, BUEU

Kleine, bei FKKlern beliebte Bucht. Große Felsen bieten Schatten vor der Nachmittagssonne.

➜ Wegbeschreibung siehe Praia de Pedrón (21). Medibril liegt 175 m hinter Praia Mourisca.

Leicht 5 Min. 42.3397, -8.8248

23 NO NAME 1, BUEU

Wild, winzig und namenlos. Ideal für ein einsames (Sonnen-) Bad.

➜ Von Sars 350 m Richtung Norden, an der Praia de Tulla parken. Zur rechten Strandseite gehen, dem Weg durch die Bäume um die Landspitze folgen bis zum Strand nach 300 m links. Parken 42.3378, -8.8116

Mittel 10 Min. 42.3385, -8.8077

24 NO NAME 2, BUEU

Einsamer Strand, umgeben von Riesenschilf. Vor der Küste nilpferdförmige Felsen. So ruhig, dass Lola nachmittags im Schatten eingeschlafen ist.

➜ Wegbeschreibung siehe No Name 1 (23), aber dem Weg weitere 100 m folgen.

Mittel 12 Min. 42.3381, -8.8067

25 PUNTA TRIMIÑO, BUEU

Einsamer, wilder Sandstrand. Wenn man dem Küstenweg weiter folgt, gelangt man in den Hafen von Beluso.

➜ Wegbeschreibung siehe No Name 1 (23), aber weitere 450 m den Küstenweg entlang, dann über die Felsen zum Strand klettern.

Mittel 20 Min. 42.3385, -8.8018

26 PRAIA A COVIÑA, MARÍN

Entspannter, familienfreundlicher Strand, an dem die Kinder der Einheimischen in Gezeitentümpeln planschen und Jugendliche unter Sonnenschirmen Karten spielen. Vom Praia Santo do Mar auf der anderen Seite der Landspitze führt rechts bei Ebbe ein Weg zur Illa do Santo do Mar, mit Strand und Überresten einer Einsiedelei.

➜ Von Pontevedra auf der VG-4.4 Richtung Südwesten und nach 13 km beim Kreisverkehr die zweite Ausfahrt auf die PO-551. Nach 1 km rechts auf die Carretera 1307 und nach 350 m parken. Nach links/Richtung Süden gehen und nach 200 m rechts zum Strand.

Leicht 6 Min. 42.3460, -8.7515

27 PRAIA DA RIBEIRA, MARÍN

Kleiner Sand- und Kieselstrand, versteckt hinter Häusern.

➜ Wegbeschreibung siehe Praia A Coviña (26), aber vom Parkplatz 300 m nach rechts/Richtung Norden gehen. Zwischen den Häusern links und nach 150 m einem Weg hinter Häusern entlang folgen, bis links Stufen zum Strand führen. Parken 42.3474, -8.7498

Leicht 5 Min. 42.3509, -8.7499

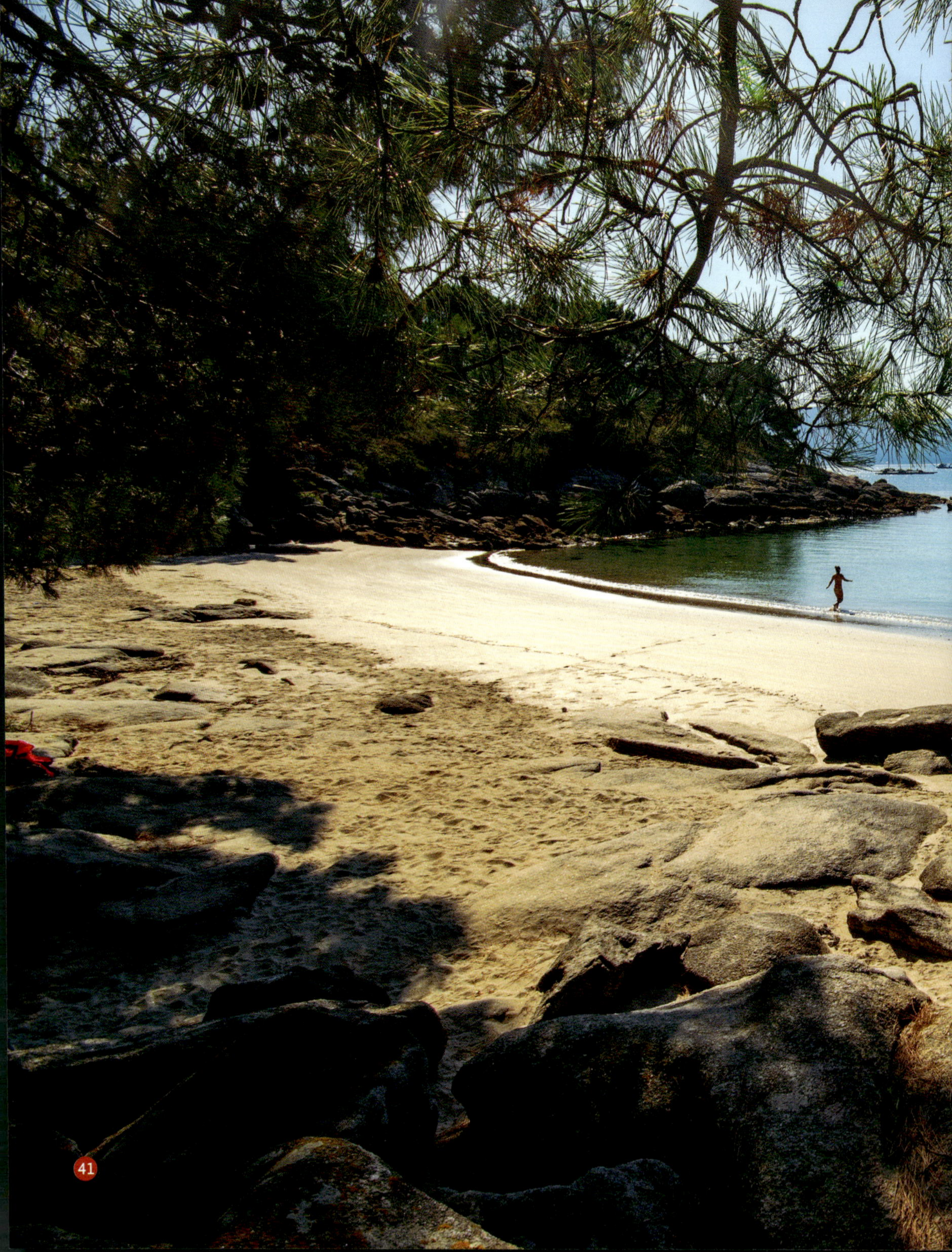
41

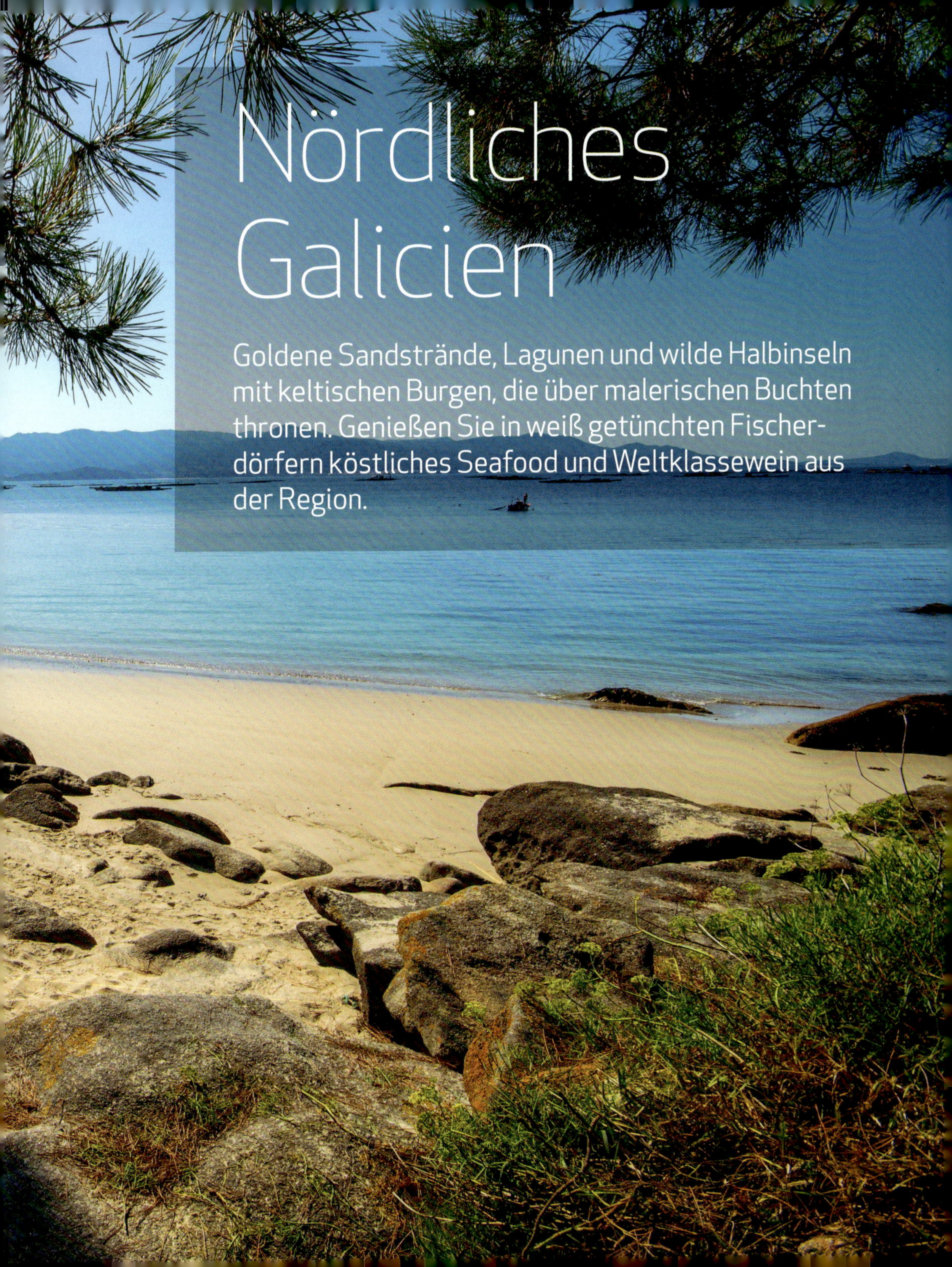

Nördliches Galicien

Goldene Sandstrände, Lagunen und wilde Halbinseln mit keltischen Burgen, die über malerischen Buchten thronen. Genießen Sie in weiß getünchten Fischerdörfern köstliches Seafood und Weltklassewein aus der Region.

Highlights Nördliches Galicien

Unsere Lieblingsstrände:

4 Praia de Pateiro – fantastische Sonnenuntergänge über der Ría de Arouso

13 Praia Porto das Mulleres – im Parque Natural de Carreirón ist Kleidung kein Muss

23 Praia Mallón – familienfreundlicher, windstiller Strand mit guten Vibes

27 Praia do Porrón – ruhiger, von Bäumen gesäumter Strand, ideal für Kinder und Familien

34 Praia do Dique – einsam, geschützt und einer unserer absoluten Lieblingsstrände in Galicien

42 Praia de Goday – familienfreundliche Bucht in schöner, ländlicher Umgebung

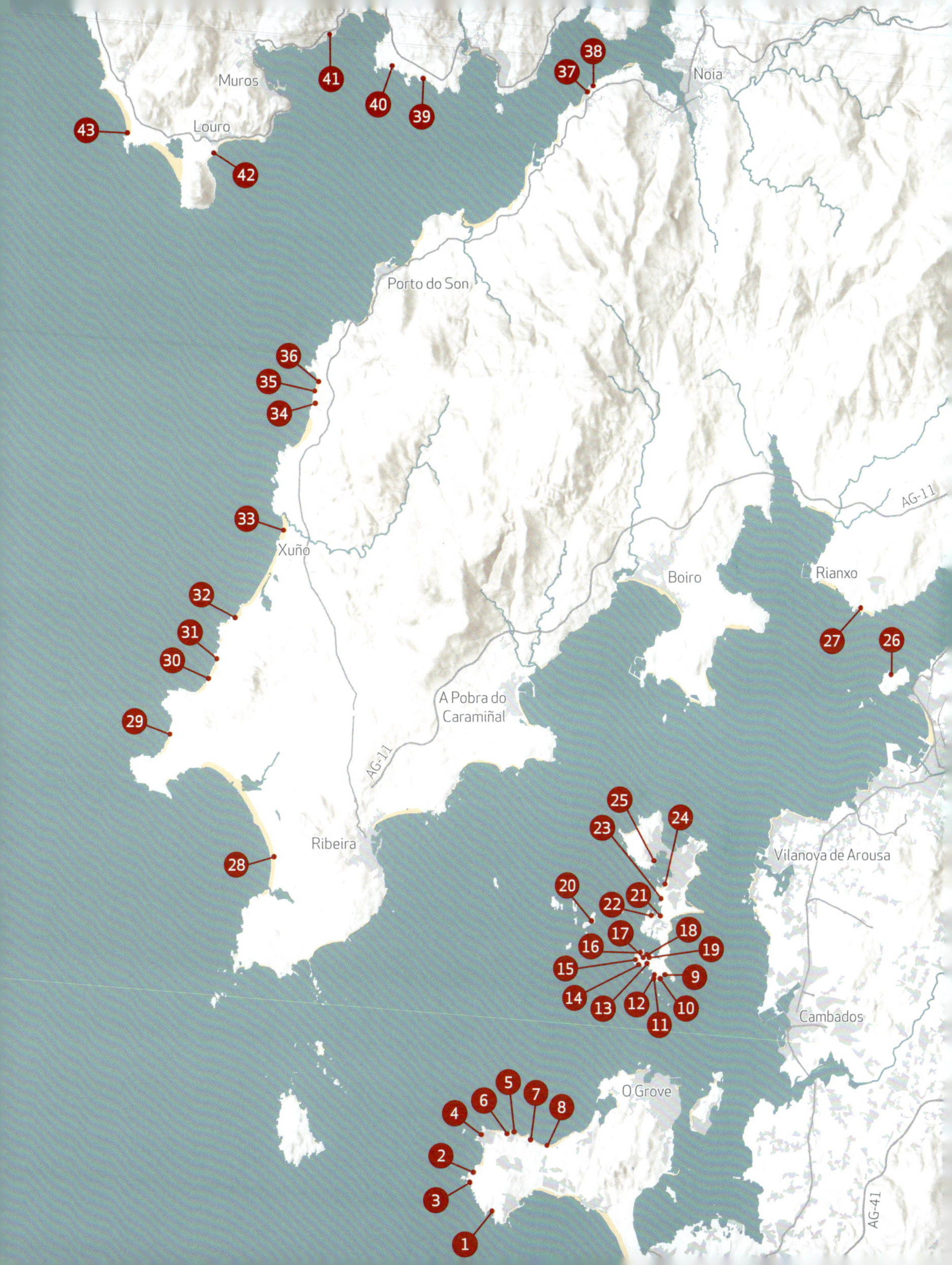

Muros
Louro
Noia
Porto do Son
Xuño
Boiro
Rianxo
AG-11
A Pobra do Caramiñal
Ribeira
Vilanova de Arousa
Cambados
O Grove
AG-41

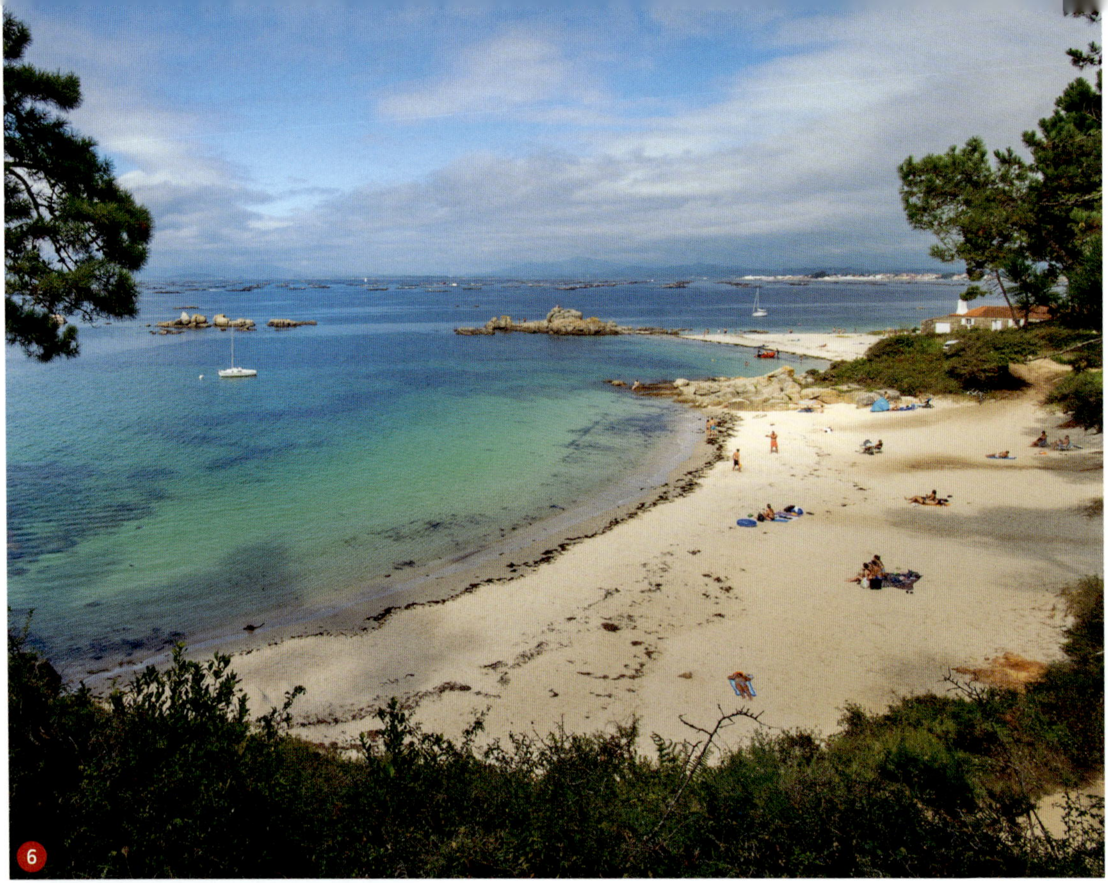

6

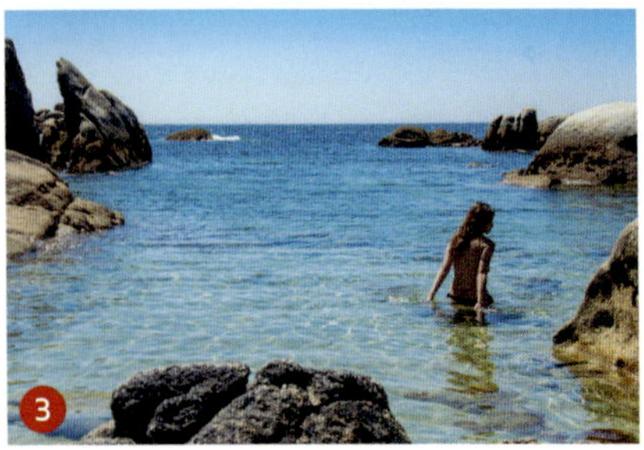

3

Je weiter nach Norden wir kommen, desto wilder, grüner und prächtiger wird die galicische Küste. Wir besuchen den Parque Natural de Carreirón auf der südlichen Halbinsel der Illa de Arousa, in dessen Vogelschutzgebiet Graureiher, Enten und Zugvögel Zuflucht finden. Bei einer Radtour über Waldwege entdecken wir idyllische Atlantikstrände, die mit den Launen der Gezeiten auftauchen und wieder verschwinden. An der anspruchslosen Westküste der Illa de Arousa verbringen wie einen perfekten Tag an der Praia Gradín (24), wo eine lockere, familiäre Atmosphäre herrscht.

Die kleine Halbinsel O Grove in der Ría de Arousa ist durch eine 2,5 km lange Landenge mit dem Festland verbunden. Während wir immer weiter nach Westen fahren, führen immer wieder verlassene Straßen durch dichten Wald zu einsamen Stränden und Buchten. Fasziniert von dem farbenprächtigen Sonnenuntergang machen wir es uns zwischen Schilf, gelbem Leinkraut und lila Strandflieder bequem, um uns die abendliche Licht- ▶

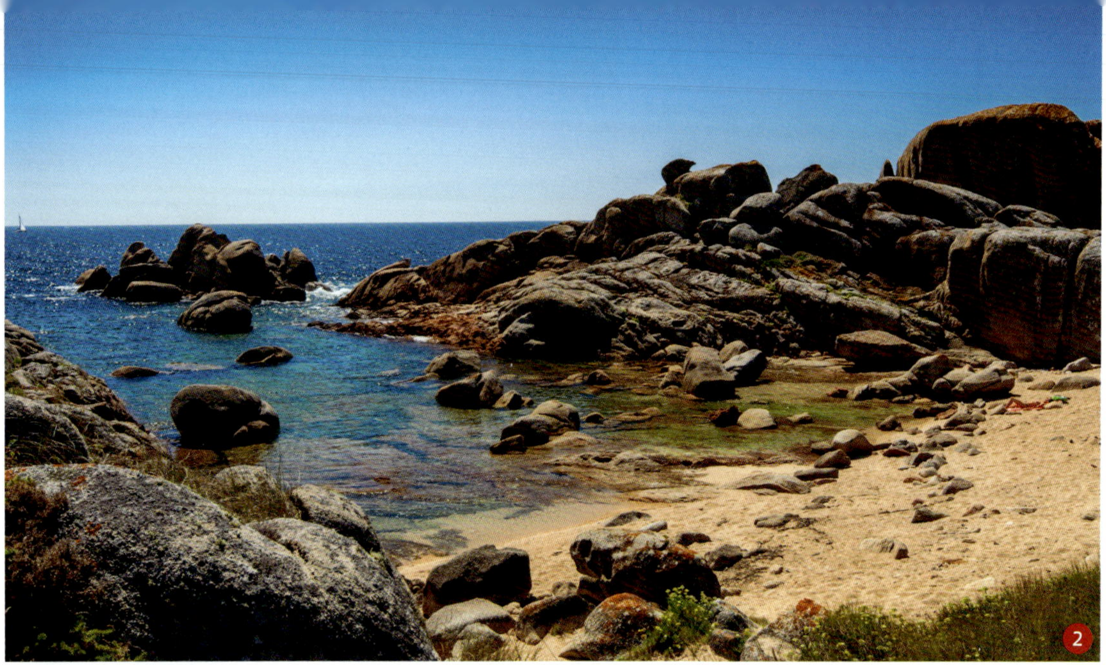

O Grove

1 PRAIA DE CANELAS, SANXENXO

Zimtstrand. Halbmondförmiger Strand mit Bänken, auf denen man die Aussicht genießen kann. Gut zum Schnorcheln. Weingut Attis (attisbyv.es): Führungen und Weinproben.

➔ Von San Vicente do Grove der PO-317 Richtung Südwesten folgen, vorbei an der Rúa Illa de Arousa, dann links Richtung Camping Siglo XXI und der Straße bis zum Strand folgen. Parken 42.4552, -8.9300.

Leicht 1 Min, 42.4548, -8.9304

2 PRAIA DA AGUIEIRA

Zwei Sandstrände in einer hübschen Felsenbucht. Weitere Buchten findet man entlang des Küstenwegs (GR94). Grandiose Sonnenuntergänge.

➔ Von San Vicente do Grove auf der EP-9101 für 1,2 km Richtung Rúa Barrosa, dann links Richtung Concello de O Grove und der Straße 1,2 km bis zum Parkplatz folgen. Rechts zum Strand.
Parken 42.4639, -8.9402

Leicht 3 Min. 42.4656, -8.9392

3 PRAIA DO CON

Langer, geschlängelter FKK-Strand. Klares, ruhiges Wasser, in dem es von Meeresgetier wimmelt. Gut zum Schnorcheln.

➔ Wegbeschreibung siehe Praia da Aguieira (2), aber links die Küste entlang.
Parken 42.4639, -8.9402

Leicht 5 Min. 42.4626, -8.9402

4 PRAIA DE PATEIRO

Herrlicher, geschützter Strand zwischen Miradoiro do Carreiro und Castro de Carreiro. Der Leuchtturm warnt vor den Gefahren, die unter den Wellen lauern. Romantische Sonnenuntergänge über der Ría de Arousa. In den frühen Morgenstunden sieht man oft Harpunen-schwingende Tintenfischjäger.

➔ Vom Camping Paisaxe II 450 m Richtung Norden, weiter auf dem O Carreiro, nach 900 m links parken. Links führt ein Weg zum Strand.
Parken 42.4765, -8.9369

Leicht 1 Min. 42.4767, -8.9373

5 PRAIA DOS FRANCESES

Der *Franzosenstrand* liegt in der Nähe einer alten Fischsalzerei. Eine Felsformation, die aussieht wie ein Fisch, ragt ins Meer – gut zum Klettern.

➔ Von Os Campos 750 m Richtung Norden, hinter der Kirche Igrexa de San Vicente. Der Straße zur Salzerei folgen und an der Straße parken.
Parken 42.4778, -8.9252

Leicht 5 Min. 42.4783, -8.9244

6 PRAIA DO BARREIRIÑO

Abgeschiedener weicher, weißer Sandstrand in ländlicher Umgebung. Schön für Familien und zum Schnorcheln.

➔ Wegbeschreibung siehe Praia dos Franceses (5), dann links den Küstenweg entlang.

Leicht 3 Min. 42.4776, -8.9270

7 PRAIA DO PIÑEIRÓN

Pinienstrand. Der frische Duft des nahen Pinienwalds liegt über diesem idyllischen Strand. Die Felsen bilden einen ruhigen Meerwasserpool, ideal zum Schwimmen und Schnorcheln.

➔ Wegbeschreibung siehe Praia dos Franceses (5). Parken, dann rechts an der Praia de Área Grande vorbei.

Leicht 7 Min., 42.4764, -8.9173

8 PRAIA MEXILLOEIRA

Sanddünen und Vegetation prägen den Muschelstrand. Die Stille wird nur durch das sanfte Schlagen der Wellen und den gelegentlichen Klagelaut einer Babymöwe unterbrochen. Schön zum Kitesurfen, Stand-up-Paddeln und Kajakfahren. Kiteschule CKG (kitegalicia.com/playas/a-mexilloeira)

➔ Von Balea 800 m Richtung Norden bis zum Strand. Parken 42.4744, -8.9103

Leicht 10 Min. 42.4752, -8.9103

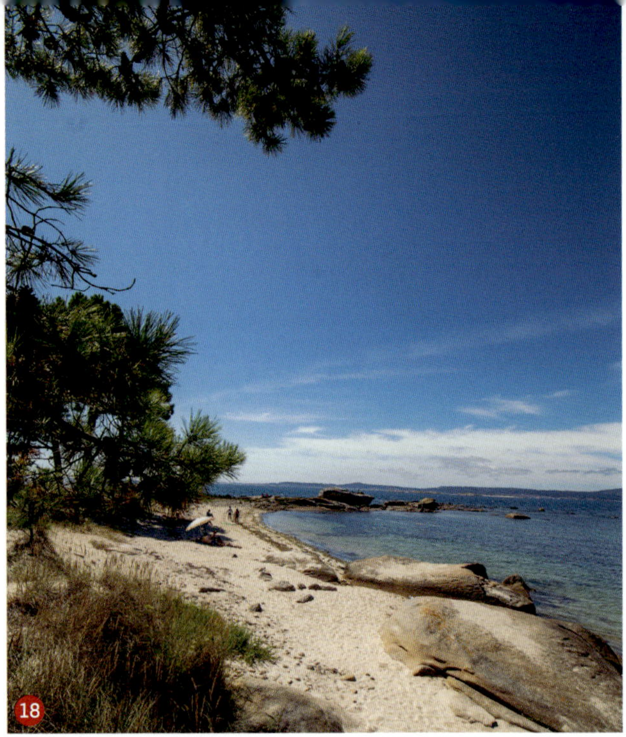

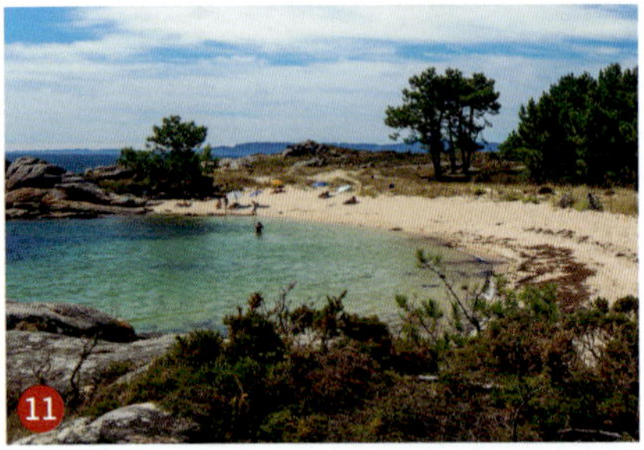

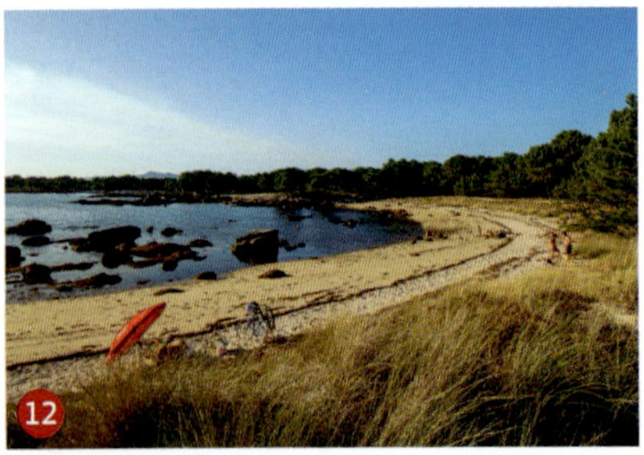

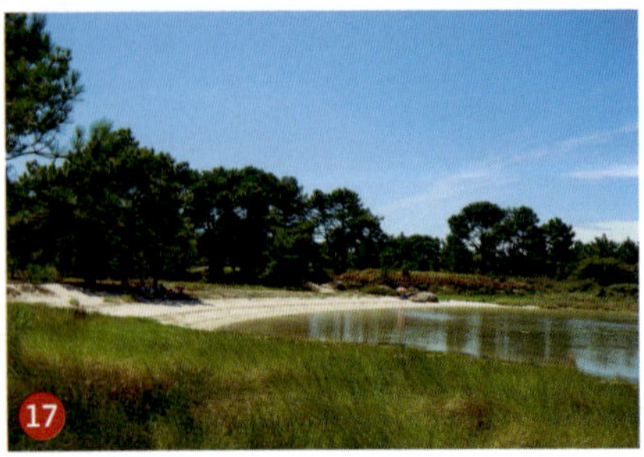

show an der Praia de Pateiro (4) anzusehen. Riesige Felsen ragen aus dem Meer, die von Wind und Wellen zu Henry-Moore-artigen Skulpturen geformt worden sind. An der Ausgrabungsstätte Adro Vello neben der besser besuchten Praia do Carreiro sind die Überreste einer römischen Villa, eines Friedhofs und einer westgotischen Kirche sichtbar. Im Norden Galiciens sieht man eine Vielzahl von Vogelarten, darunter Löffler, Wiedehopf und Weißkopfmöwe, die von Feuchtgebieten, Klippen und unbewohnten Inseln angezogen werden. An manchen Stränden begegnen wir Surfern aus aller Herren Länder, die wegen der mächtigen Atlantikwellen kommen. Familien vergnügen sich mit Kanus, Kajaks und SUP-Boards. Kinder spielen in den warmen, flachen Lagunen der vielen Archipele der galicischen Küste.

Der Fischfang spielt in der Region traditionell eine wichtige Rolle, und in der historischen Stadt Porto do Xufre bekommt man hervorragende Muscheln, Tintenfisch, Garnelen und Krebse. In den Rías (Meeresarme) waten lizensierte *mariscadoras* (Muschelsammlerinnen) durch Sand und Schlamm und fangen nach traditionellen Methoden Schalentiere, Herzmuscheln, Kammmuscheln und die berühmten Carril-Muscheln. Galiciens Entenmuscheln sind in ganz Spanien begehrt, und Messer- ▶

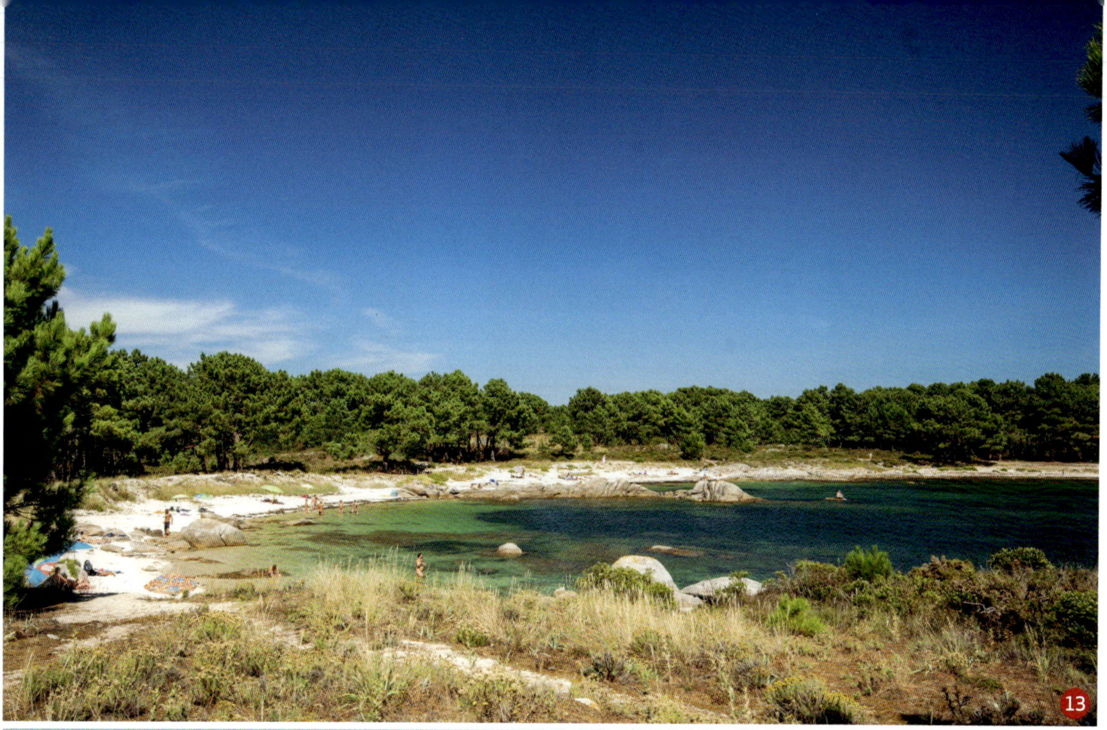

Illa de Arousa 1 – Carreirón

Die folgenden Strände liegen im Parque Natural de Carreirón auf der Illa de Arousa, einem international anerkannten Vogelschutzgebiet, gern als galicische Seychellen bezeichnet. Zugang nur zu Fuß oder mit dem Fahrrad. Es erwarten Sie unberührte Sandstrände mit glasklarem Wasser. Man erreicht die Insel über eine spektakuläre Brücke, die Ponte da Illa de Arousa. Für die Wanderung an der Küste des Naturschutzgebiets entlang braucht man ca. 2 Std.

9 PLAYA DE A LAMEIRA

Sumpfstrand. Dieses von einem Pinienwald geschützte galicische Paradies bietet 500 m feinen Sand. Eine der schönsten Buchten des Parks.

→ Vom Hauptstrand Praia de Xastelas dem Weg entgegen dem Uhrzeigersinn folgen. Links zum Strand.

Leicht 42.5275, -8.8683

10 PRAIA DENTE DE CAN

Hundezahnstrand. Kleine Felsbucht mit Gezeitenstrand. Oft menschenleer.

Leicht 42.5262, -8.8702

11 PRAIA LONTREIRA

Otterstrand. In dieser hübschen Bucht können Sie nach Belieben nackt oder bekleidet zwischen den Felsen schwimmen. Ein kleines Paradies.

Leicht 42.5261, -8.8728

12 NO NAME

Halbkreisförmige Sandbucht, die sanft ins Wasser abfällt. Am schönsten bei Flut. FKK optional. Kein Schatten.

Leicht 42.5272, -8.8726

13 PRAIA PORTO DAS MULLERES

Frauenhafenstrand. Feiner Sandstrand, am schönsten bei Flut. Felsen teilen den Strand in zwei Hälften. Links sind die Nackten, rechts die leicht Bekleideten. Kein Schatten.

Leicht 42.5303, -8.8760

14 PRAIA A CRUZ

Der *Kreuzstrand* ist klein, aber fein. Das Wasser ist fast ganz von Felsen umschlossen. FKK.

Leicht 42.5297, -8.8795

15 PRAIA PORTIÑA DA REVELLA

Zwei herrliche Strände an der Südwestspitze des Naturparks. Am ersten gibt es im Wasser viele Felsen, die nur bei Ebbe zu sehen sind. FKK.

Leicht 42.5312, -8.8808

16 PRAIA PETÓNS

Ruhiger Familienstrand. Sanfte Wellen und feiner Sand. Blick auf Illote Guidoiro Areoso (20).

Leicht 42.5334, -8.8791

17 PRAIA DES ESPIÑOS

Weißdornstrand. Halbrunde Sandbucht. Willkommener Schatten unter Pinien. Ideal für Familien. Flacher Gezeitentümpel für kleine Kinder.

Leicht 42.5320, -8.8777

18 PRAIA DES ESPIÑOS PEQUEÑOS

Kleiner Weißdornstrand. Zu beiden Seiten dieser schönen abgeschiedenen Bucht an der Nordküste des Naturparks wachsen Langgräser und Pflanzen bis ans Wasser. Am schönsten bei Flut.

Leicht 42.5329, -8.8764

19 ALTO DE CARREIRÓN

Zwei namenlose feine Sandstrände. Sanftes Gefälle in ruhiges Wasser. Schöner Blick auf traditionelle Fischerhäuser auf der anderen Seite der Bucht.

Leicht 42.5322, -8.8753

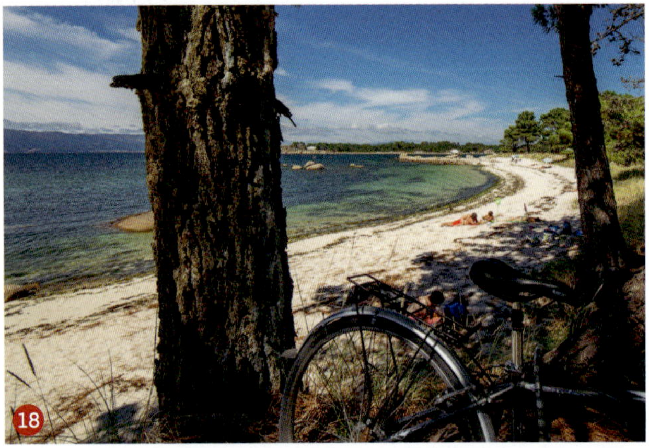

18

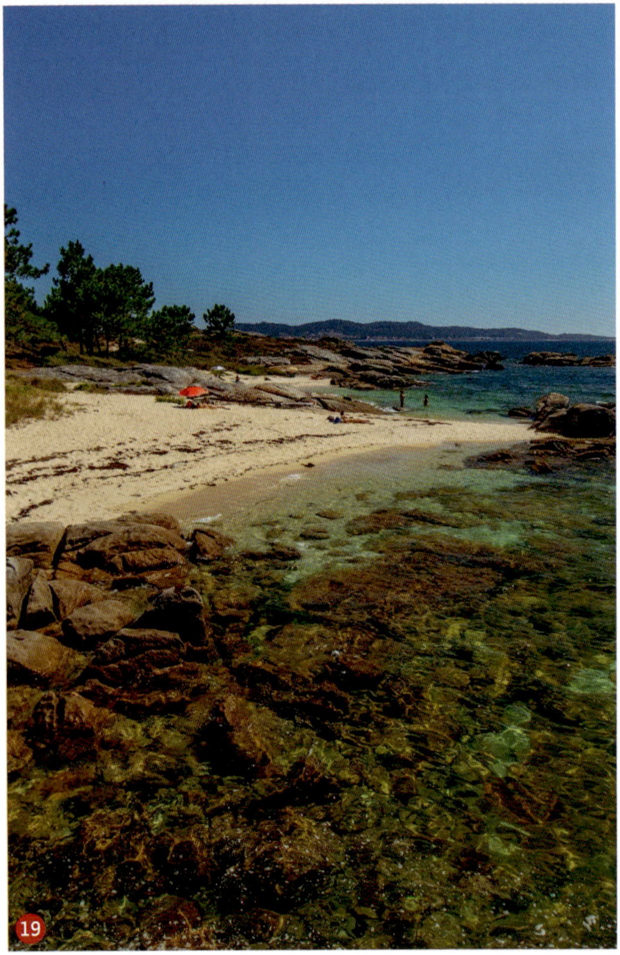

19

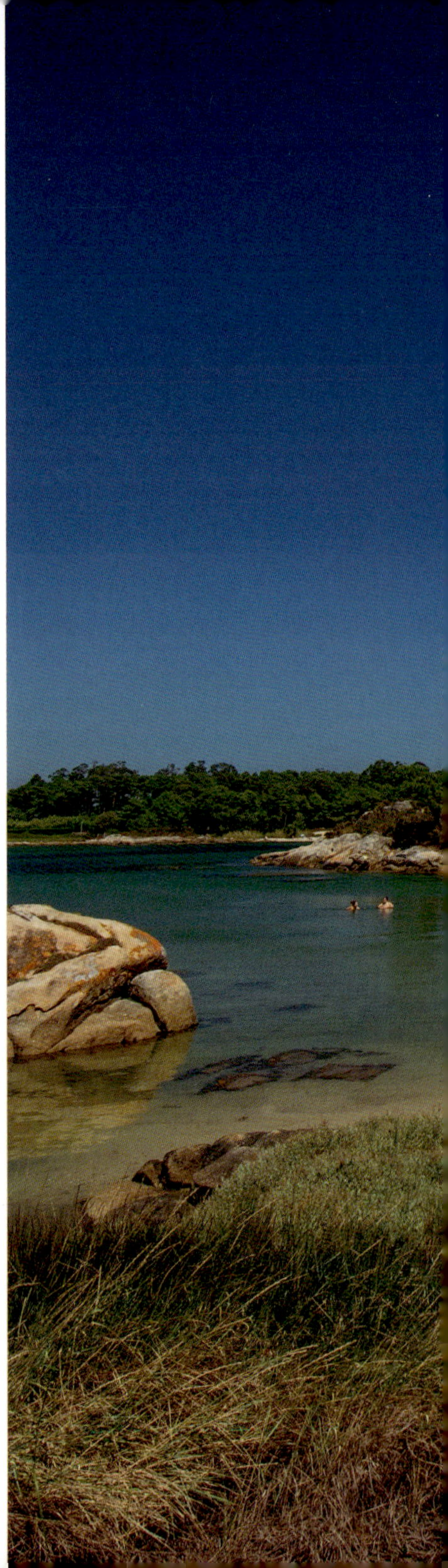

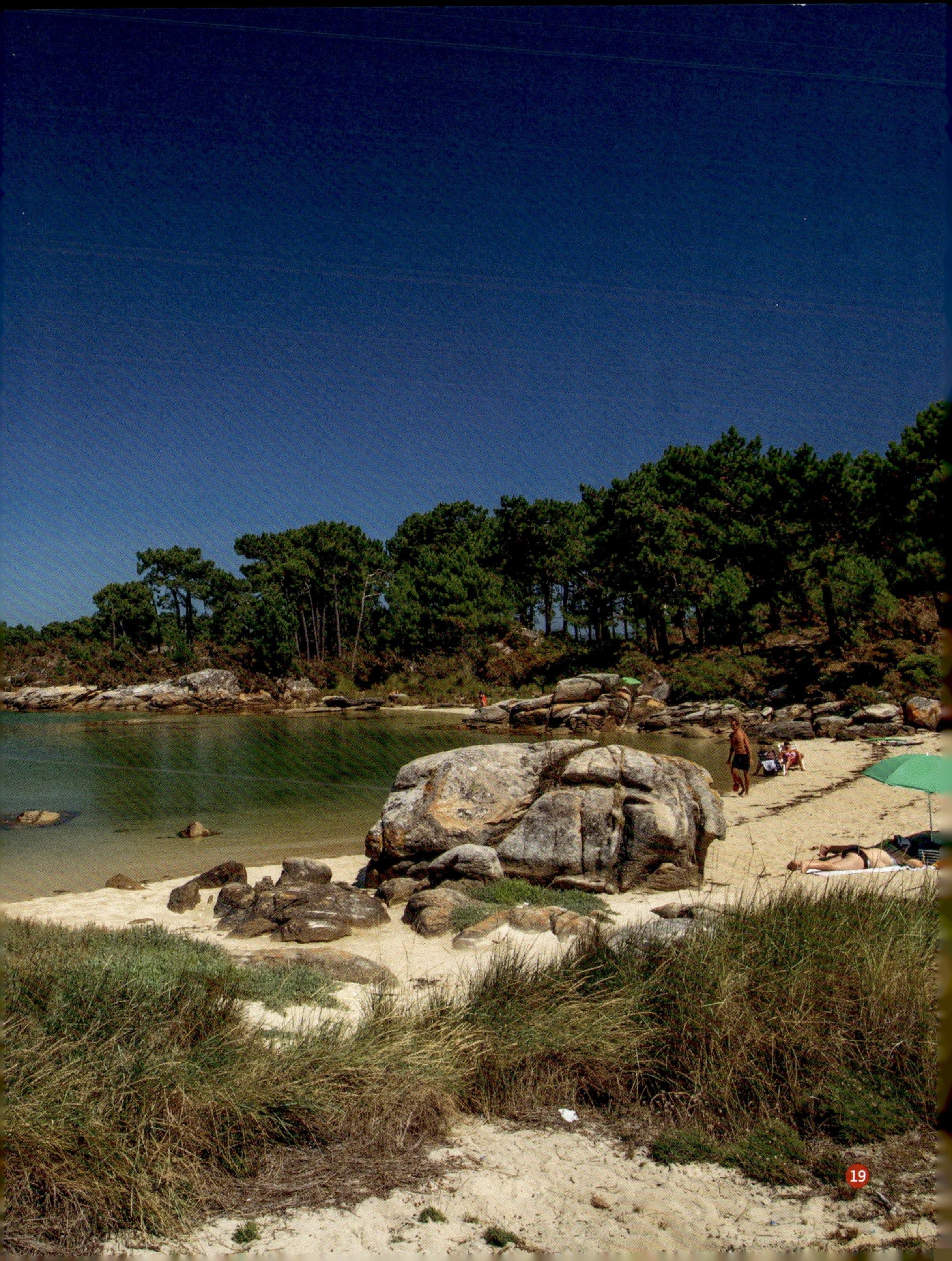
19

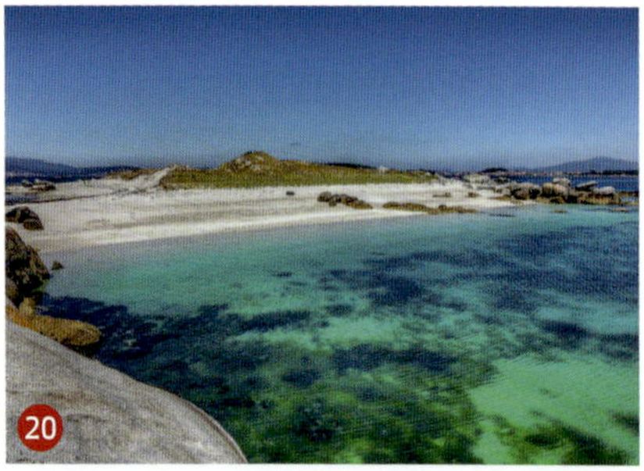

20

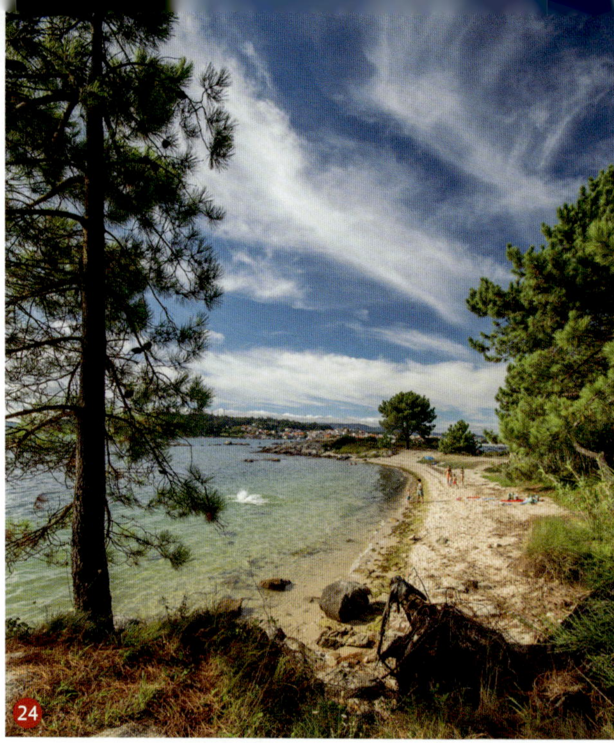

24

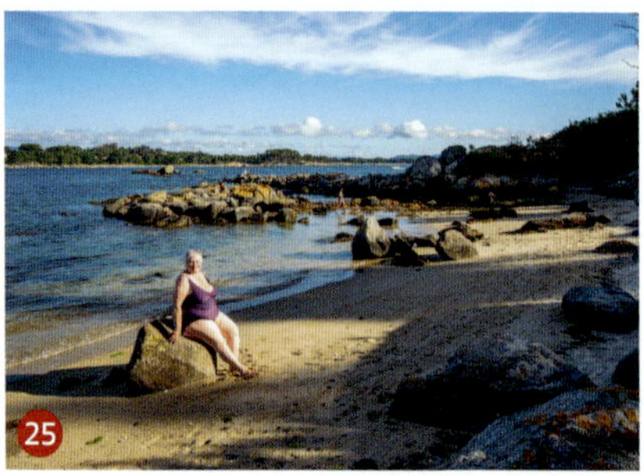

25

muscheln eine Delikatesse. Fischauktionen haben eine lange Tradition, und jedes Jahr im Oktober findet in O Grove eine zehntägige Festa do Marisco statt. In den malerischen kleinen Fischerdörfern der Bucht wird der Tagesfang noch immer an Privatpersonen und Restaurantbesitzer versteigert. Noia und Muros lohnen einen Besuch wegen ihrer historischen Mittelalterarchitektur und der frischen *caldeirada* (Fischsuppe). Die Tradition, Fisch mit Salz zu konservieren, reicht bis in die Eisenzeit zurück und wurde von den römischen Besetzern verfeinert.

Die Weingüter der Region Rías Baixas produzieren hochklassige Weine wie den Albariño, und der Weintourismus in Galicien ist auf dem Vormarsch. Wir besuchen eines der vielen Weingüter, wo wir gegen ein kleines Entgelt eine Führung mit Weinprobe bekommen. Während wir über das Val de Salnés blicken, erklärt uns der Gutsbesitzer, dass die meisten Familien hier, wie in vielen Teilen Spaniens, früher kleine Grundstücke besaßen. Nachdem diese unter diversen Nachkommen aufgeteilt worden waren, lohnte sich die Bestellung wegen der geringen Größe irgendwann nicht mehr, und die Menschen gaben ihr Land auf, um in den Städten zu arbeiten. Manche, wie die Brüder vom Weingut Attis, verschrieben sich dem Weinanbau und kauften oder pachteten die kleinen Weingüter in der Umgebung. ▶

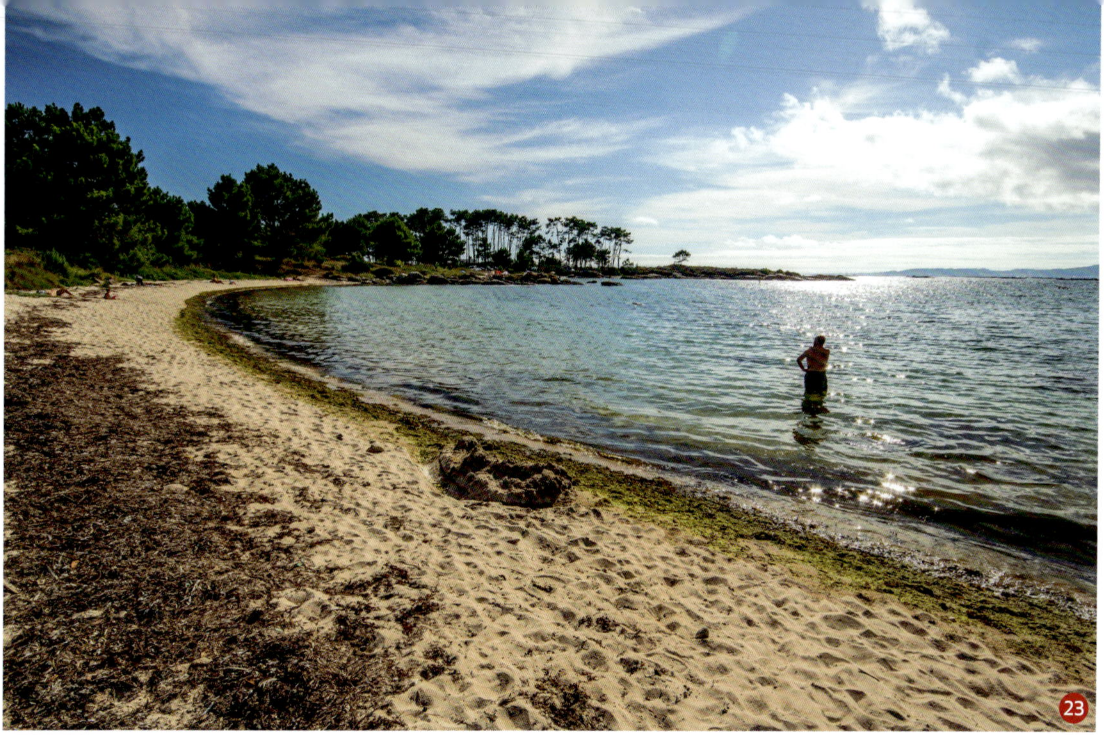

Illa de Arousa 2

Die folgenden Strände liegen außerhalb des Parque Natural de Carreirón auf der Illa de Arousa.

20 ILLOTE GUIDOIRO AREOSO

Kleines einsames Inselparadies, 1,4 km westlich von der Illa de Arousa. Fast ausschließlich von Sand bedeckt und von einem Riff umgeben. Nur mit dem Kajak erreichbar. Wegen der steinzeitlichen Hügelgräber von den Einheimischen oft *Insel der Toten* genannt.

Leicht 42.5414, -8.8997

21 PRAIA ESPIÑEIRO

Pinienstrand – sanft abfallend, entspannt und familienfreundlich. An der schmalsten Stelle der Illa de Arousa.

→ Von der Ponte da Illa de Arousa auf der Ctra. Po-M/PO-307 Richtung Westen. Beim zweiten Kreisverkehr die dritte Ausfahrt auf den Barrio as Aceñas/EP-9802. Nach 1 km scharf rechts auf den Barrio as Aceñas und links parken. Der Strand liegt direkt vor Ihnen.
Parken 42.5440, -8.8719.

Leicht 1 Min. 42.5444, -8.8722

22 PRAIA ARRUDA

Sandbucht mit fantastischem Blick auf die Berge auf dem Festland. Gelbe Bojen schützen den Badebereich vor Booten. Schön, um den Einheimischen beim Muschelsammeln zuzuschauen.

→ Wegbeschreibung siehe Praia Espiñeiro (21), aber weitere 350 m auf der Küstenstraße und vor dem Strand parken.
Parken 42.5443, -8.87598

Leicht 1 Min. 42.5443, -8.8760

23 PRAIA MALLÓN

Wunderschöner, halbrunder Strand mit cremefarbenem Sand und ruhiger See. Lässige, familienfreundliche Atmosphäre. Am Wanderweg *Ruta dos Cons*.

→ Wegbeschreibung siehe Praia Espiñeiro (21), aber rechts in die Rua A Gradín und nach 650 m an der Straße parken. Weg zum Strand.
Parken 42.5503, -8.8720

Leicht 3 Min. 42.5495, -8.8724

24 PRAIA GRADÍN

Wilder Strand in großer, abgeschiedener Bucht, die sanft zum Wasser abfällt, und kleineren Buchten zu beiden Seiten. Vielleicht der schönste Strand der Illa de Arousa, trotzdem auch am heißesten Wochenende im August wenig los. Grenzt an Gras und Pinien.

→ Wegbeschreibung siehe Praia Mallón (23), aber weitere 270 m auf der Rua A Gradín. Auf Halteverbotszonen achten, dann dem Weg zum Strand folgen.
Parken 42.5512, -8.8712

Leicht 3 Min. 42.5537, -8.8713

25 PRAIA CON RETELLADO

Winziger, urbaner Strand mit Blick über die Ría de Arousa zu den Booten in Muelle de Pau. Einheimische kommen hierher, um die nachmittägliche Ruhe zu genießen. Versteckt hinter einer alten Fischfabrik.

→ Von Muelle de Pau auf der Rúa Valle Inclán Richtung Westen und nach 160 m links in die Rúa Semuíño. Nach 190 m weiter geradeaus auf den Barrio Con Retellado bis zum Parkplatz nach 90 m rechts. Von hier um das Gebäude herumgehen, links halten und rechts über die Felsen zum Strand. Parken 42.5610, -8.8762

Mittel 3 Min. 42.5602, -8.8767

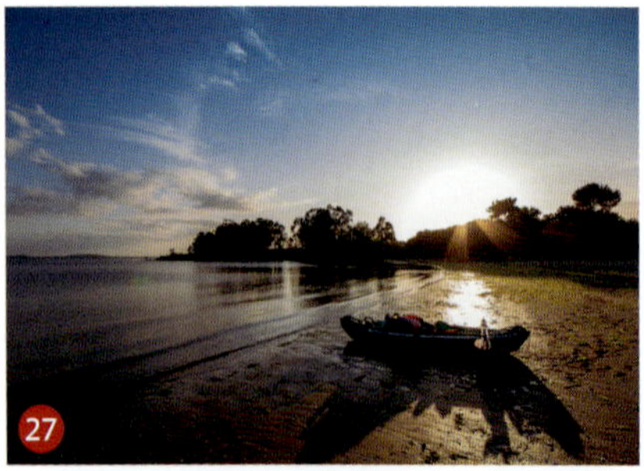

27

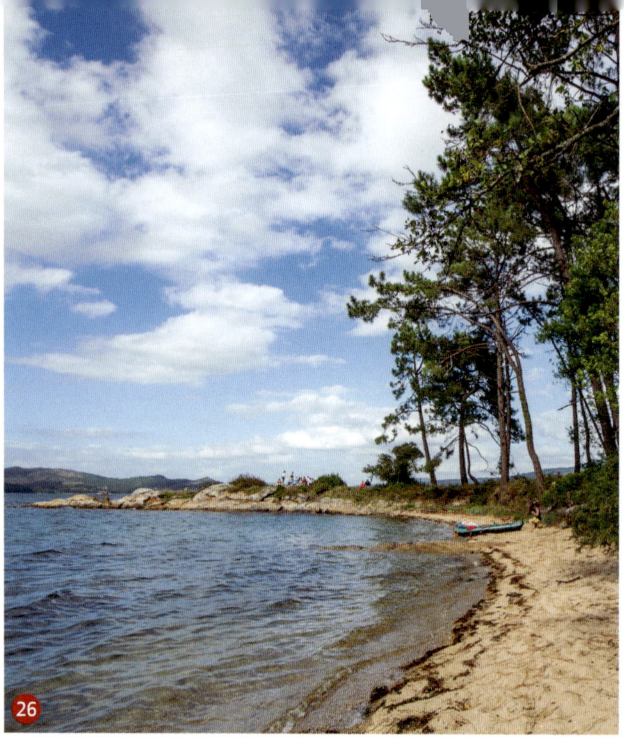

26

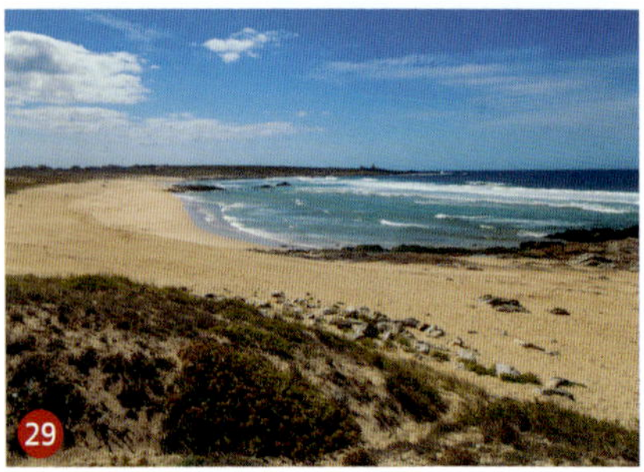

29

Zwischen glänzenden Gärtanks und Holzfässern probieren wir eine Auswahl köstlicher Weißweine.

Nachdem wir den Río Ulla überquert haben, der in die Ría de Arousa mündet, kommen wir an Padrón vorbei, das viele Jahre Heimat einer der berühmtesten Tochter Galiciens war – Rosalía de Castro (1837–1885), Autorin, Dichterin und Schauspielerin. *Gallego*, die galicische Sprache, wurde viele Jahre ausschließlich von der armen Bevölkerung gesprochen (und war während Francos Diktatur ganz verboten), während Mittel- und Oberschicht Kastilisch sprachen. Castro hinterfragte diese Spaltung, indem sie ihren ersten Gedichtband, *Cantares Gallegos*, in ihrer Muttersprache verfasste. In ihren Romanen und Gedichten beschreibt Castro den Heldenmut der Fischer im alltäglichen Kampf gegen den segensreichen, aber unberechenbaren Atlantik. In Padrón kann man das Haus besichtigen, in dem sie gewohnt und gearbeitet hat.

Auf einem Campingplatz in Rianxo frönt man dem latenten Heidentum der Region und lädt regelmäßig eine meiga (weise Frau oder Hexe) zum Abendessen ein, wenn eine Touristengruppe die neue Kajakroute des *Camino de Santiago* bewältigt hat. Höhepunkt der Feierlichkeiten ist die rituelle Zubereitung ▶

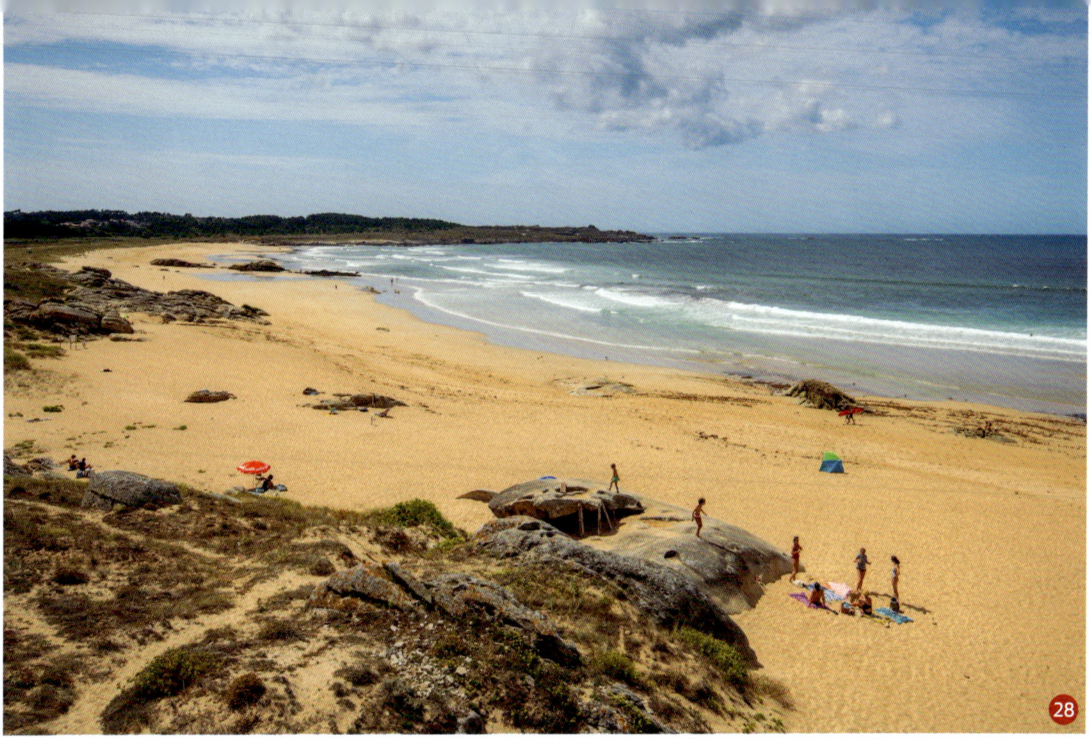

Von Vilagarcia de Arousa bis Ribeira

26 ILLA DE CORTEGADA, VILAGARCIA DE AROUSA

Kleiner Sandstrand auf einer geschützten Insel im Parque Nacional Illas Atlánticas de Galicia mit Europas größtem Lorbeerwald sowie Pinien und Eukalyptusbäumen. Man kann auch die Ruinen eines Klosters und alter Siedlungen besichtigen.

➔ Man erreicht die Insel von Porto do Carril gegenüber und braucht eine Genehmigung. Organisierte Touren: visitacortegada.com. Schöner Blick vom Mirador da Rosa auf dem Festland.

Leicht 42.6200, -8.7856

27 PRAIA DO PORRÓN, RIANXO

***Lauchstrand*. Flacher, breiter, halbkreisförmiger Sandstrand. Drumherum schulterhohes Riesenschilf und Bäume. Geschützt von felsigen Landspitzen, daher schön für Familien. Oberhalb vom Strand befindet sich eine Festungsanlage aus der Eisenzeit, Punta do Castro, und auch der malerische Fischerort Rianxo, Heimat vieler galicischer Literaten, lohnt einen Besuch. Camping Rianxo (campingrianxo.com): entspannter Campingplatz und Bar mit leckerem Essen. Sehr zu empfehlen sind die frischen Sardinen und die Pimientos de Padrón. Der Besitzer Álvaro, früher Ruderer im spanischen Nationalteam, hat sich mit seinem Unternehmen Turnauga Turismo Activo auf Wildwasser-Rafting, Kajaktouren und Klippenspringen spezialisiert. Sehr zu empfehlen.**

➔ Von Rianxo auf der DP-3301 für 500 m Richtung Osten, dann rechts in die Aldea Brión und wieder rechts in die Rùa Praia de Tronco. Nach 600 m auf dem flachen Gelände am Straßenrand parken. Der Straße gegenüber zum Strand folgen. Parken 42.6396, -8.8002

Leicht 3 Min. 42.6387, -8.8005

28 PLAYA DO VILAR, RIBEIRA

Weiter Strand im Parque Natural de Corrubedo, wegen seiner Wellen bei Surfern beliebt. Rechts geht es zu den Dünen von Corrubedo, links zur wilden Praia de Anquieiro – je weiter man geht, desto weniger Menschen begegnet man. Moderate bis starke Wellen, also Vorsicht beim Schwimmen. Bohlenwege führen vom Parkplatz an den Strand.

➔ Von Vilar auf der CP-7302 für 550 m Richtung Nordwesten, beim großen Schild zum Parque Natural de Corrubedo links und der Straße 700 m bis zum Parkplatz folgen. Richtung Meer gehen und über die Bohlenwege zum Strand. Parken 42.5526, -9.0273

Leicht 15 Min. 42.5523, -9.02964

29 PRAIA DE BALIEIROS, RIBEIRA

Weiter, abgeschiedener Strand, an dem goldene Sanddünen vor den Atlantikwinden schützen. Selbst Mitte August buchstäblich leer. Am südlichen Eingang der Ría de Muros steht der Leuchtturm von Corrubedo aus dem 19. Jahrhundert. Surfstrand mit kräftigen Wellen, also mit entsprechender Vorsicht schwimmen.

➔ Vom nördlichen Ortsrand in Teira 1,25 km Richtung Südwesten, dann rechts und parken. Zu Fuß 500 m Richtung Südwesten. Parken 42.5869, -9.0741

Leicht 5 Min. 42.5853, -9.0761

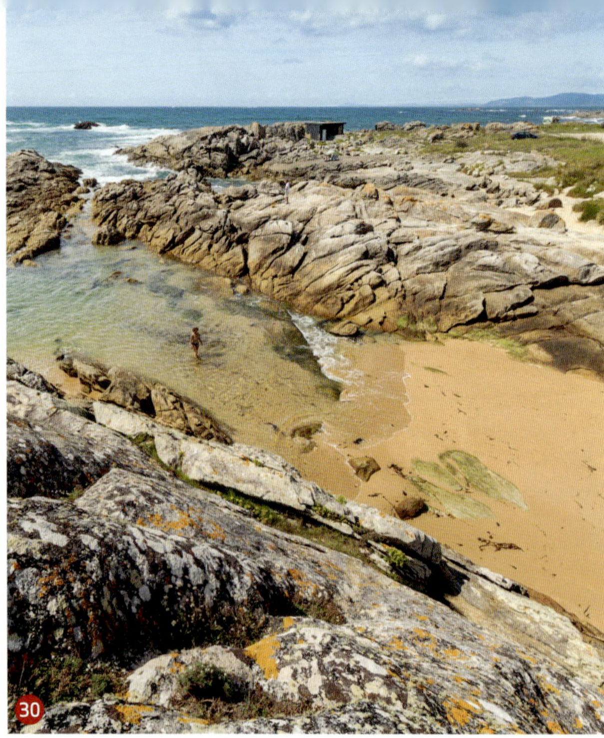

30

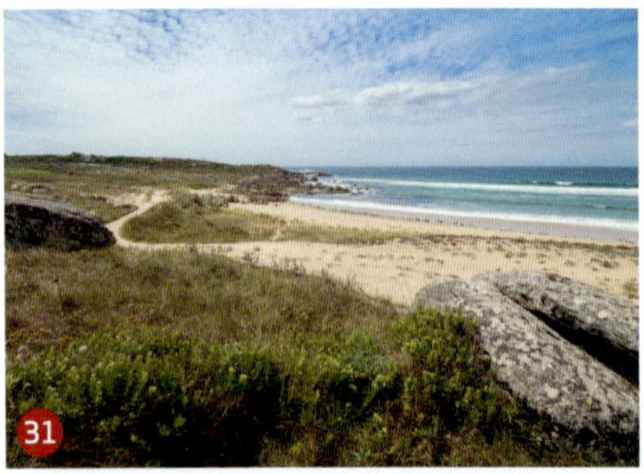

31

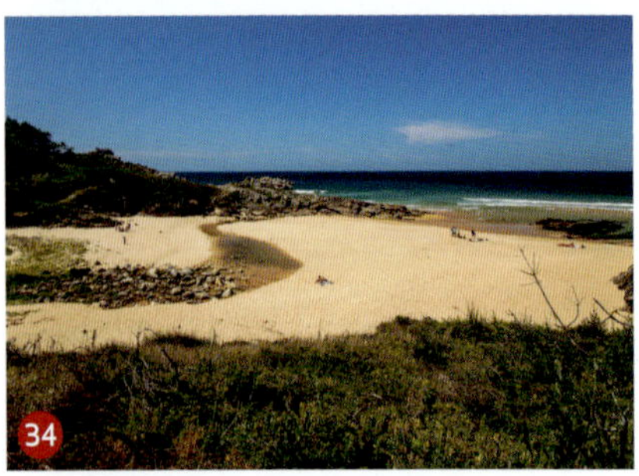

34

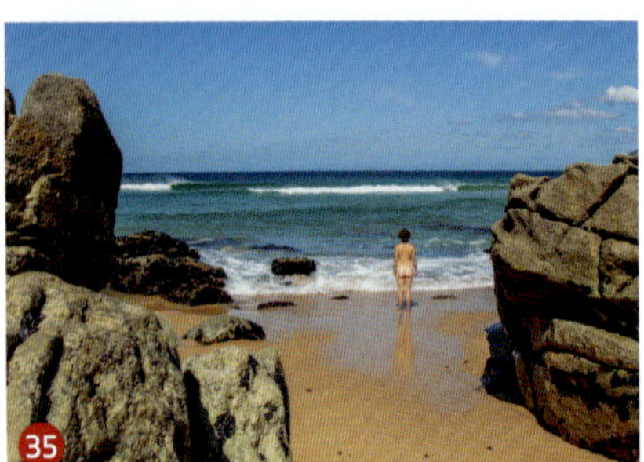

35

der *queimada*, ein von den Kelten überlieferter, alkoholhaltiger galicischer Punsch, den man anzündet, bevor man ihn trinkt, um böse Geister zu vertreiben.

Der Parque Natural de Corrubedo besitzt drei Kilometer goldenen Sandstrand. Die größte Wanderdüne Galiciens thront in einer halbrunden Bucht, und Lagunen und Feuchtgebiete bieten Lebensraum für über 3.000 Wasservögel, u. a. den Triel. Bohlenwege sorgen dafür, dass die Strände für jeden zugänglich sind. Am Praia de Goday (42) haben wir das Vergnügen, einen Seeotter über die Felsen hoppeln zu sehen. Sanfte Wellen schlagen ans Ufer, und ein Meer aus Gräsern wogt hinter dem Strand. In der Ferne ragen Berggipfel in den Himmel.

An der Ría de Muros y Noya, der am wenigsten bekannten der Rías Baixas, besuchen wir die gut erhaltenen Ruinen einer keltischen Festung, Castro de Baroña in Porto do Son, mit 20 Rundbauten und Befestigungsmauern. Überraschenderweise wird der Strand unter dieser beliebten Sehenswürdigkeit hauptsächlich von FKKlern genutzt. In der Gegend gibt es diverse Wanderwege, und wir wählen die Küstenroute an kleinen Buchten entlang, die mit den Gezeiten auftauchen und wieder verschwinden. Schließlich gelangen wir an einen bezaubernden Strand ▶

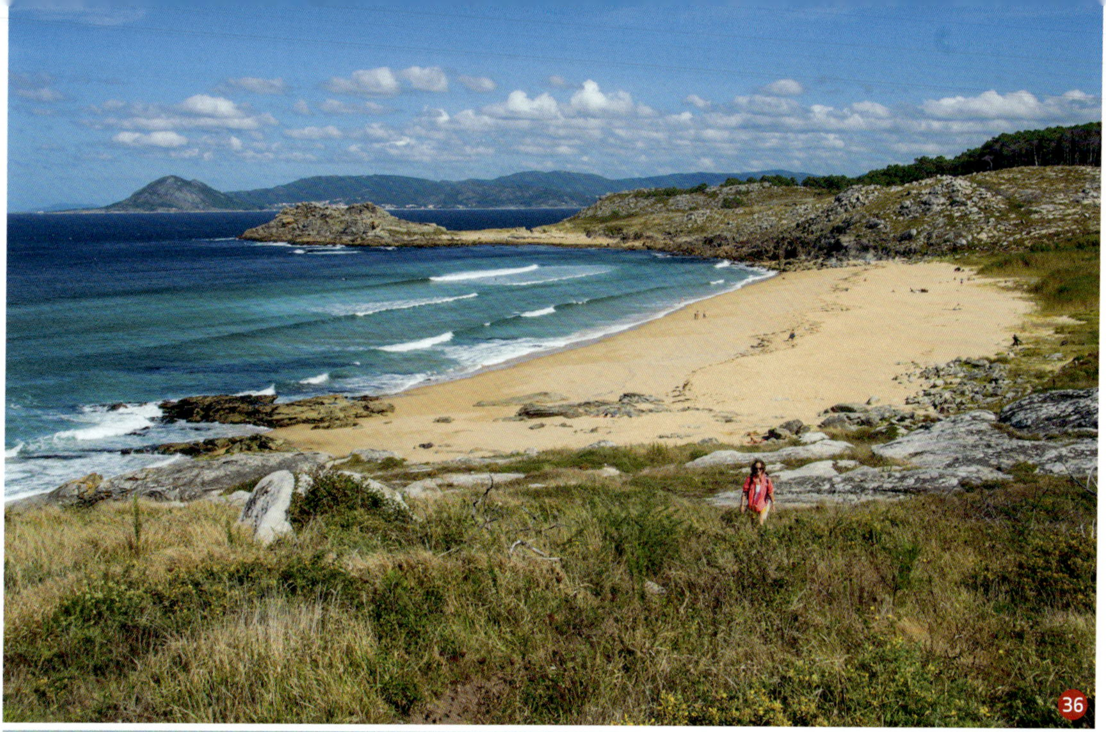

36

Porto do Son

30 PRAIA DE SERÁNS

Der *Abendstrand* liegt vor hügeligen Sanddünen mit atemberaubendem Blick auf den Atlantik. Kaum eine Menschenseele in Sicht, außer eine Handvoll erfahrene Surfer, die mit der starken Strömung vertraut sind. Keine Rettungsschwimmer, also beim Schwimmen keine Risiken eingehen. Ein Bohlenweg führt den ganzen Strand entlang.

→ Von Olveira 850 m auf der DP-7103, dann links auf den Lugar Os Curros bis zum Parkplatz nach 500 m und dem Weg zum Strand folgen. Parken 42.6027, -9.0599 oder 42.5992, -9.0632.

Leicht 1 Min. 42.6025, -9.0626

31 PRAIA DE ESPIÑEIRIDO (RECAVEIRA)

Schmaler, wenig besuchter Strand hinter den Felsen am Ende der Praia de Espiñeirido. Die hohen Klippen bieten FKKlern Schutz von Wind und Sonne.

→ Wegbeschreibung siehe Praia de Seráns (30), aber auf der DP-7013 bis zum Lugar Serans und bei einem einstöckigen Terrakottagebäude, Bar JJ, links, nach 600 m parken. Geradeaus zum Strand. Parken 42.6085, -9.0591

Leicht 1 Min. 42.6084, -9.0598

32 PRAIA DE BASOÑAS

Ländlicher Strand mit halbkreisförmigen Dünen, die zum Meer abfallen. FKK. Bei Ebbe links Gezeitentümpel. Kräftige Wellen und Strömung.

→ Von Basoñas auf der DP-7103 für 270 m Richtung Südwesten, dann rechts auf eine nicht beschilderte Landstraße. Nach 900 m links ab und rechts parken. Parken 42.6188, -9.0535

Leicht 2 Min. 42.6207, -9.0537

33 PRAIA DA COVIÑA

Malerisches Surferparadies mit großen Dünen und hohen Wellen. Mehr Einsamkeit in beide Richtungen.

→ Von Coviña der Aldea o Carrapatal 500 m folgen und am Straßenrand parken. Über den Bohlenweg zum Strand. Parken 42.6471, -9.0338

Leicht 3 Min. 42.6472, -9.0369

34 PRAIA DO DIQUE

***Deichstrand*. Zwischen Pinien versteckte, vor Atlantikwinden geschützte Perle. Kräftige Wellen und Brandung, aber Kinder können sicher in einem kleinen Bach planschen. Sehr zu empfehlen.**

→ Von Abuín auf der AC-550 für 1,3 km Richtung Süden und irgendwo parken. Vom Eingang der keltischen Ruine Castro de Baroña dem Weg zum Praia de Arealonga folgen, ans Ende des Strands gehen und weiter über die Landspitze. Den rot-weißen Wegmarkierungen folgen und nach 400 m über die Felsen zur Praia do Dique klettern. Parken 42.6937, -9.0248

Mittel 20 Min. 42.6849, -9.0283

35 NO NAME

Zwei winzige, von den Gezeiten abhängige Buchten unterhalb vom Miradoiro de Baroña. Gut zum Nackt(sonnen)baden.

→ Wegbeschreibung siehe Praia do Dique (34), aber oben auf der Landspitze rechts und über die Felsen klettern.

Schwer 12 Min. 42.6883, -9.0289

36 PRAIA DE ÁREALONGA

Großer, flacher, weißer FKK-Strand hinter Praia do Dique. Erkunden Sie die keltischen Ruinen des Castro de Baroña links vom Strand. Auf dem offenen Meer starke Strömung.

→ Wegbeschreibung siehe Praia do Dique (34).

Mittel 5 Min. 42.6912, -9.0277

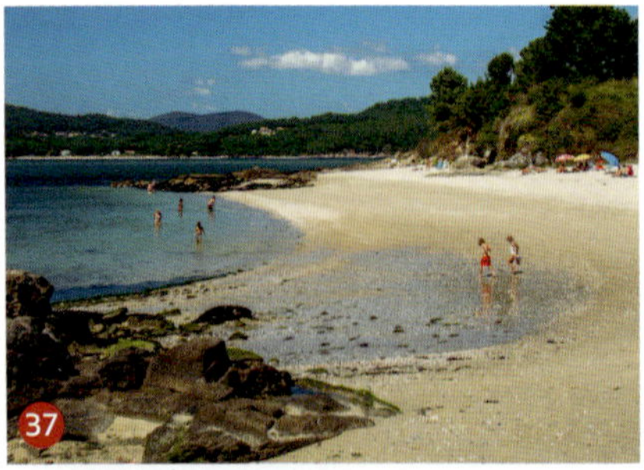

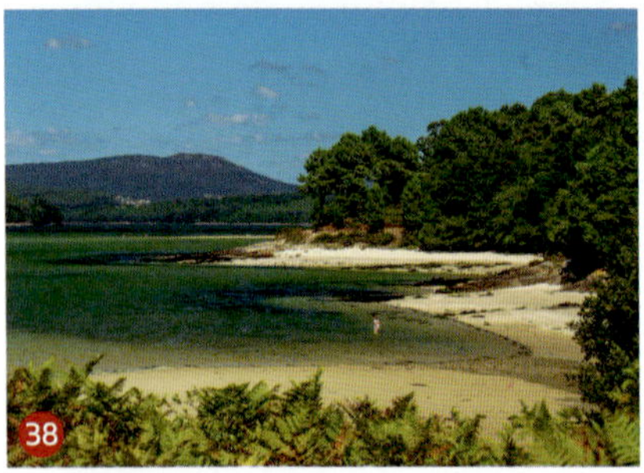

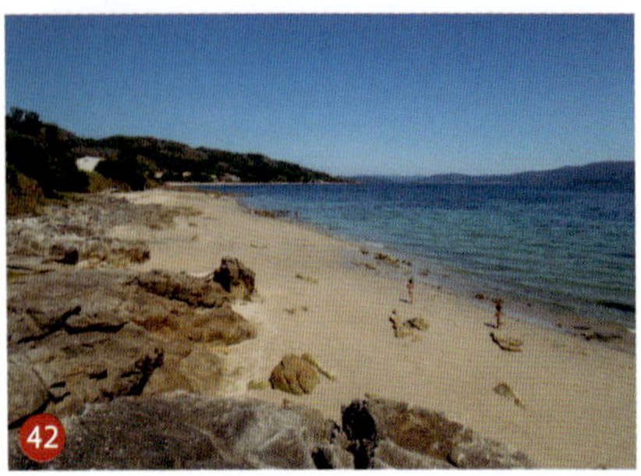

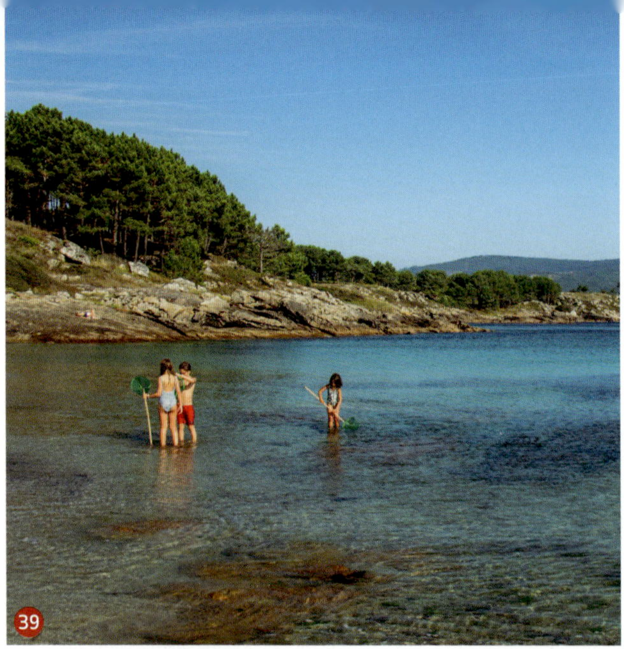

namens Praia do Dique (34), der versteckt zwischen Landspitzen und Pinienwäldern liegt – der perfekte Ort für einen Strandtag, windgeschützt und mit einem malerischen Bach, in dem Kinder sicher baden können.

Wir lassen die ruhigen, geschützten Gewässer der Ría de Arousa hinter uns und gelangen an breitere und wildere goldene Strände mit riesigen Atlantikwellen. In diesem Paradies für Surfer und Gefahrensucher sollte man mit gebotener Vorsicht schwimmen. Unglaublich schöne, namenlose, versteckte Buchten mit Ginklarem Wasser vor Waldkulisse bilden den Abschluss unserer Reise durch die Rias Baixas. Galicien, du bist wahrlich ein wundersamer Ort.

Galicia frorida,
cal ela ningunha,
de froles cuberta,
cuberta de espumas,

Blühendes Galizien,
keine ist wie sie,
von Blumen bedeckt,
bedeckt vom Meeresschaum

Aus *Has de Cantar* (Du sollst singen),
Rosalía de Castro, Cantares Gallegos, 1863

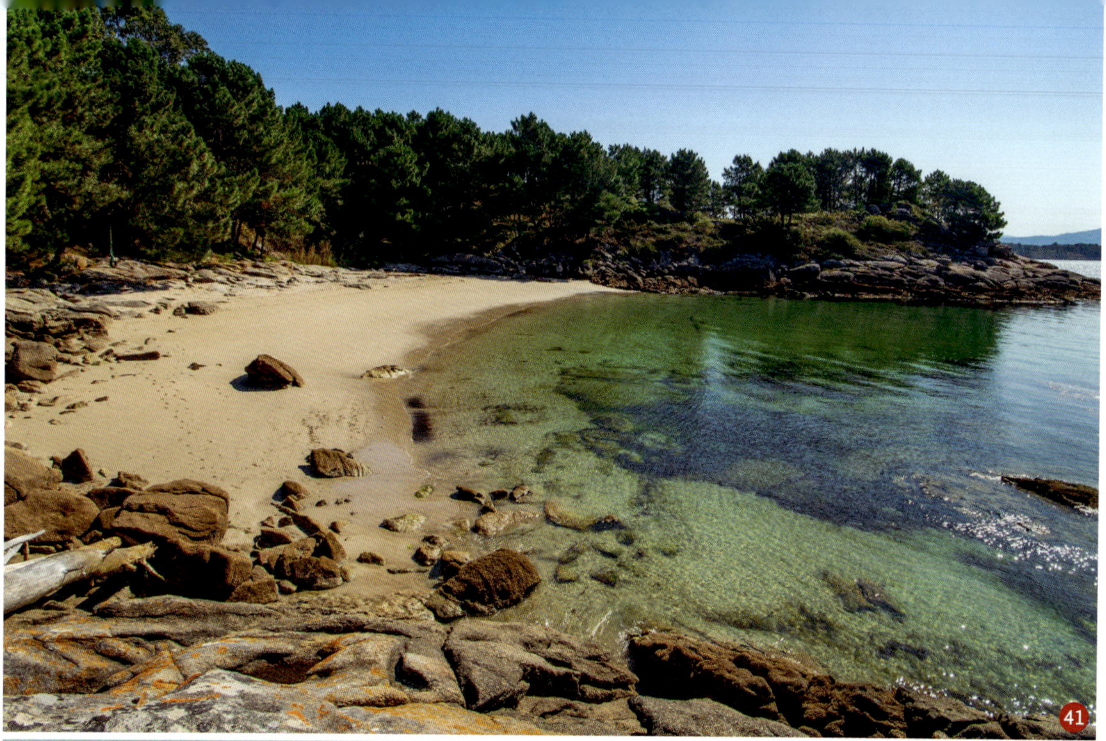

41

Von Noia bis Muros

37 PRAIA DE BOA PEQUEÑA, NOIA

Mit Muscheln gespickter *guter kleiner Strand*, versteckt hinter einem Wohngebiet an der Flussmündung des Tambre. Ruhig und sicher. Perfekt für Familien.

➜ Von Noia auf der AC-550 Richtung Südwesten. Nach 2 km links auf eine nicht beschilderte Straße zwischen Häusern. Irgendwo parken und zu Fuß zum Strand. Parken 42.7829, -8.9284

Leicht 5 Min. 42.7817, -8.9295

38 CALAS DE BOA PEQUEÑA, NOIA

Viele malerische Buchten, versteckt zwischen Pinien. Herrlicher Blick über die Mündung des Río Tambre.

➜ Wegbeschreibung siehe Praia de Boa Pequeña (37), aber links halten und dem Weg zum Strand folgen.

Leicht 5 Min. 42.7836, -8.9273

39 PRAIA DE RAIMUNDE, MUROS

***Raymonds Strand* ist entspannt und familienfreundlich. Es gibt eine Dusche.**

➜ Von Tal de Arriba auf der AC-550 für 1 km Richtung Südosten, rechts Richtung KM51 de AC-550, nach 140 m irgendwo parken. Die Lugar Pedraceiras entlang zum Strand. Parken 42.7832, -8.9959

Leicht 5 Min. 42.7817, -8.9959

40 NO NAME, MUROS

Idyllischer, familienfreundlicher Strand, von Pinien geschützt und ruhige See. Genießen Sie den fantastischen Blick auf die bewaldeten Berge und kleinen Dörfer am gegenüberliegenden Ufer der Flussmündung des Río Tambre.

➜ In Tal de Arriba beim Supermercado Claudio von der AC-550 zum Strand abfahren (450 m). Irgendwo parken. Parken 42.7847, -9.0089

Leicht 1 Min. 42.7845, -9.0089

41 PRAIA ABELLEIRA, MUROS

Der *Imkerstrand* liegt in einer wunderschönen Bucht, versteckt und geschützt von einem Dach uralter Pinien. Kristallklares Wasser.

➜ Von Bornalle auf der AC-550 für 2,7 km Richtung Westen, dann links in die Rúa de O Salto. Irgendwo parken und dem steilen Weg rechts vom Haus zum Strand folgen. Parken 42.7900, -9.0386 an der Rúa de O Salto.

Leicht 5 Min. 42.7922, -9.0351

42 PRAIA DE GODAY, MUROS

Weite, geschützte Bucht in grüner Landschaft an der Ría de Muros y Noya. Auf einem Drittel der Küste dient ein alter Bootssteg den einheimischen Kindern als Sprungbrett.

➜ Von Louro auf der Rúa Louro/AC-550 für 190 m Richtung Südosten, dann rechts und nach 220 m irgendwo parken. Zu Fuß zum Strand. Parken 42.7568, -9.0786

Leicht 5 Min. 42.7550, -9.0782

43 PRAIA DE ANCORADOIRO, MUROS

Der riesige *Ankerstrand* liegt in einem Naturschutzgebiet mit Dünen. Sauberes, klares Wasser, aber starke Strömung. Parkmöglichkeiten in den umliegenden Straßen. Genießen Sie die prächtigen Sonnenuntergänge vom Aussichtspunkt oberhalb des Strands. Bar O Leiradal (es-la.facebook.com/oleiradal), nett und preisgünstig, WLAN und Billard.

➜ Von Louro auf der AC-550 für 2km Richtung Westen, links Richtung Ancoradoiro und der Straße 400 m folgen. Der Strand liegt rechts. Parken 42.7579, -9.1113

Leicht 5 Min. 42.7588, -9.1136

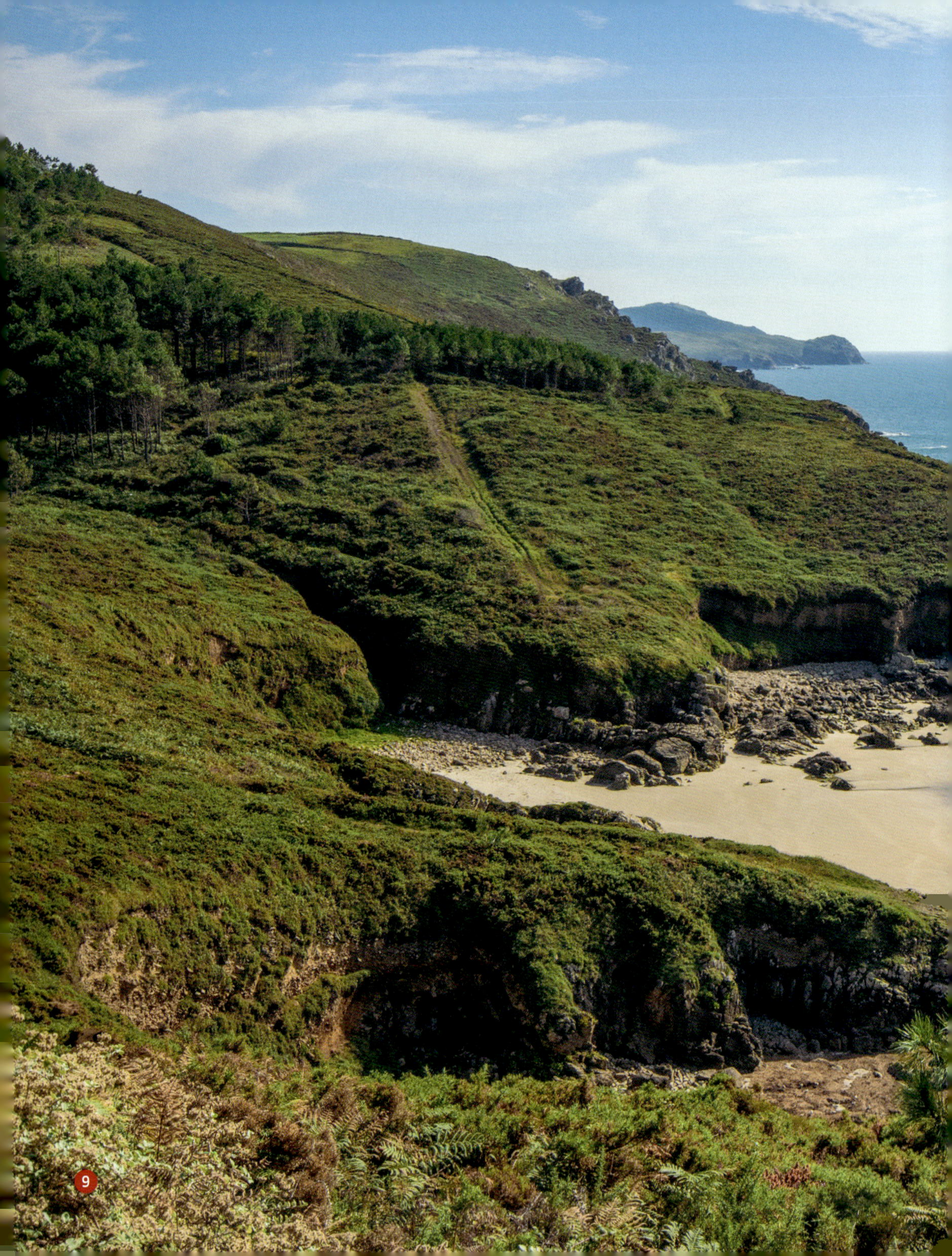
9

Costa da Morte

Surfer aus aller Welt reiten perfekte Wellen, während Spaziergänger in geschützten Dünen und kleinen Buchten Zuflucht suchen. Wandern Sie auf dem Leuchtturmweg zum Ende der Welt, und sehen Sie sich die glühend roten Sonnenuntergänge an.

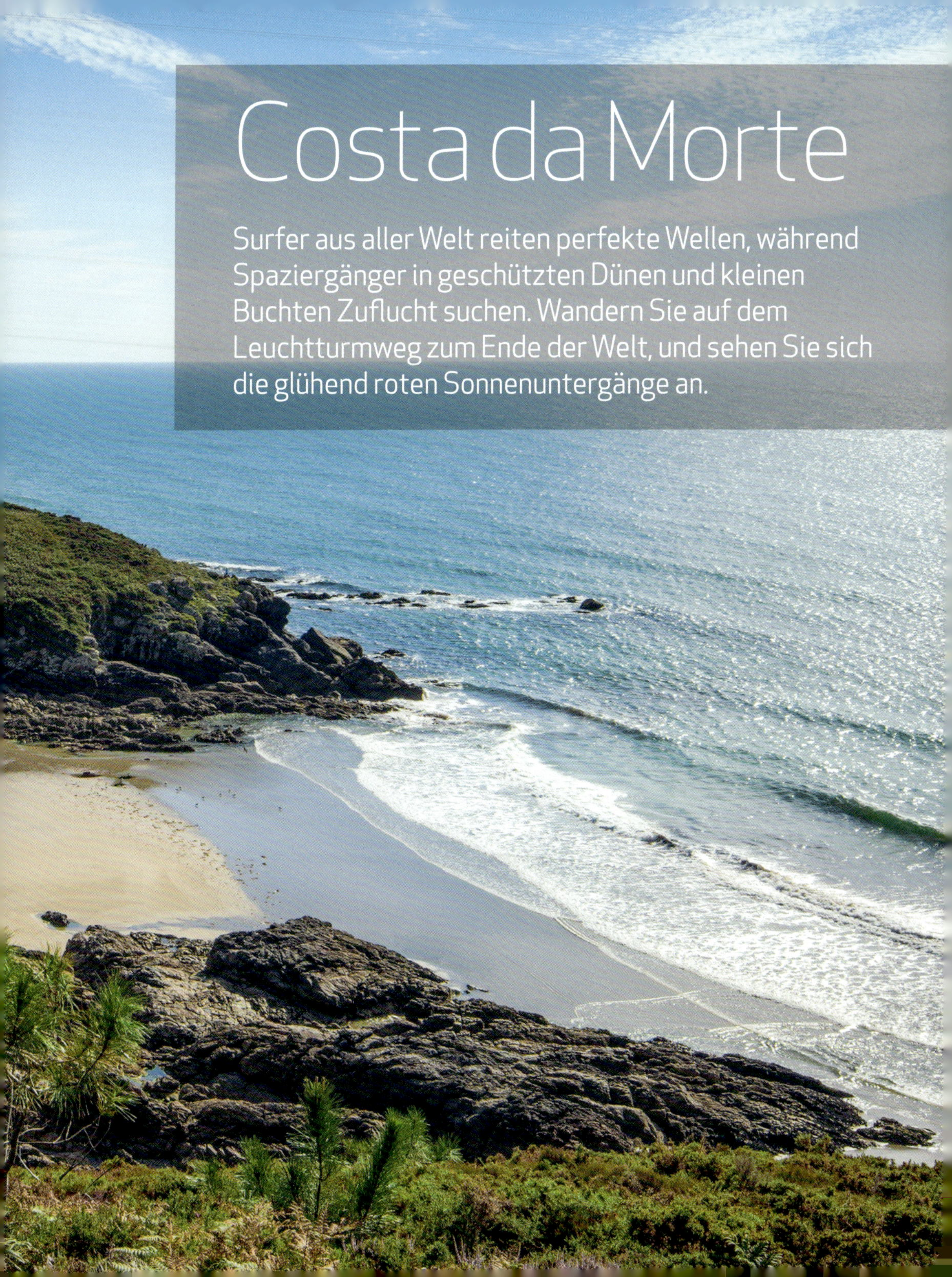

Highlights Costa da Morte

Unsere Lieblingsstrände:

1 Praia de Carnota – gilt als schönster Strand Galiciens

3 Praia de Gures – weite Sandbucht unterhalb von einem Eukalyptuswald

6 Praia Arnela – wilde Bucht unter spektakulären Klippenwegen

7 Praia do Rostro – langer Sandstrand mit genug Platz für Familien und Surfer

10 Praia de Lires – großer muschelförmiger Strand, zu dem manchmal der Klang von Dudelsäcken herüberweht

17 Praia de Lago – Ruhe und Frieden sind in dieser familienfreundlichen Bucht garantiert

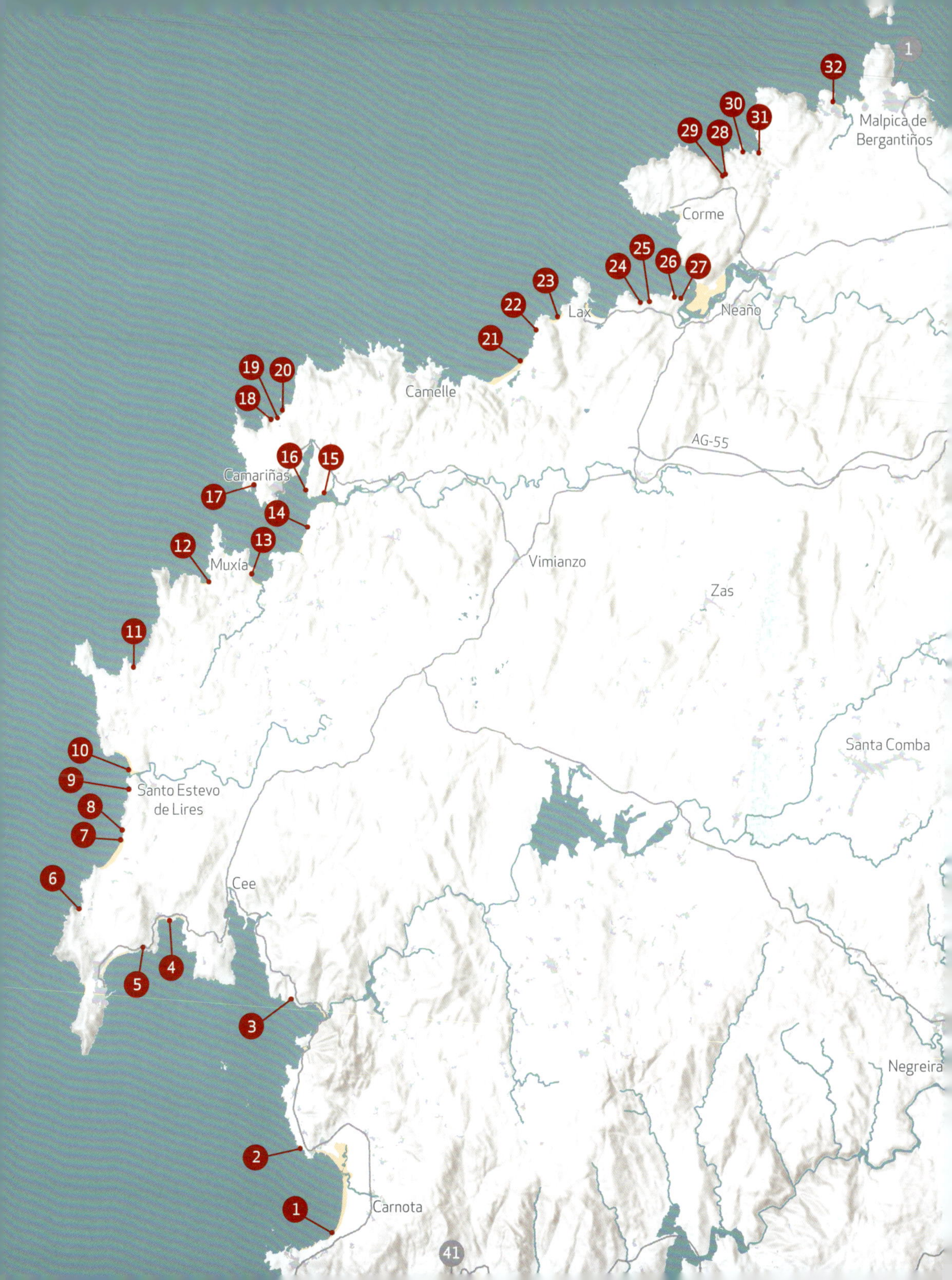

Malpica de Bergantiños
Corme
Neaño
Lax
Camelle
AG-55
Camariñas
Muxía
Vimianzo
Zas
Santo Estevo de Lires
Santa Comba
Cee
Negreira
Carnota
1
2
3
4
5
6
7
8
9
10
11
12
13
14
15
16
17
18
19
20
21
22
23
24
25
26
27
28
29
30
31
32
41

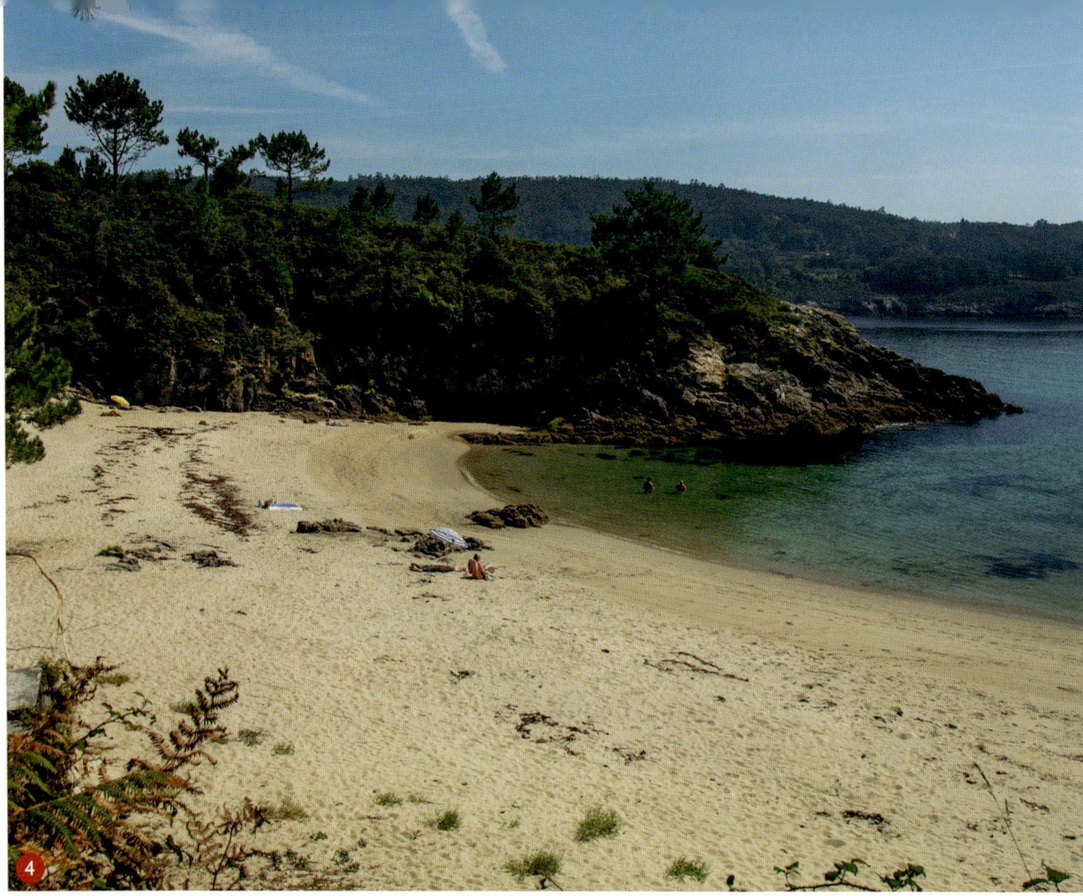

4

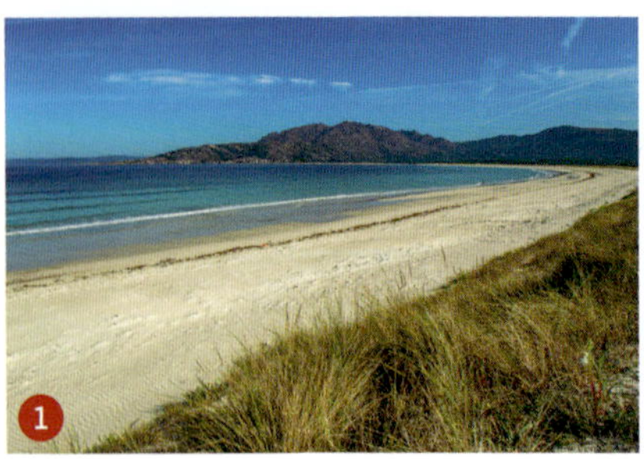

1

Uns ist ein wenig mulmig, als wir an einem Schild vorbeifahren, das uns an der *Todesküste* willkommen heißt, benannt nach den vielen Seeleuten, die an den Felsen dieser trügerischen Küste ihr Leben eingebüßt haben. An die tausend Boote sollen hier seit dem Mittelalter gesunken sein, manche davon „mithilfe" von Landpiraten auf der Jagd nach reicher Beute. An diesem kontrastreichen Küstenabschnitt mit einigen unserer absoluten Lieblingsstrände herrscht jedoch alles andere als unheilvolle Stimmung. Zerklüftete Berge gehen in Felder, Weinberge und Obstgärten über, auf die weiten Sandstrände mit hohen Wellen folgen kleine stille Buchten unter schützenden Klippen.

Der seidenweiche Sandstrand Praia de Carnota (1) inmitten sanfter Hügel und schöner Dörfer erstreckt sich über sieben Kilometer und gilt als einer der schönsten der Welt. Das Gebiet wurde zur *Dominio Público Marítimo Terrestre*, kurz *DPMT* erklärt, um Dünen und maritime Ökosysteme zu schützen. Carnota ist außerdem ein offizielles Vogelschutzgebiet. ▶

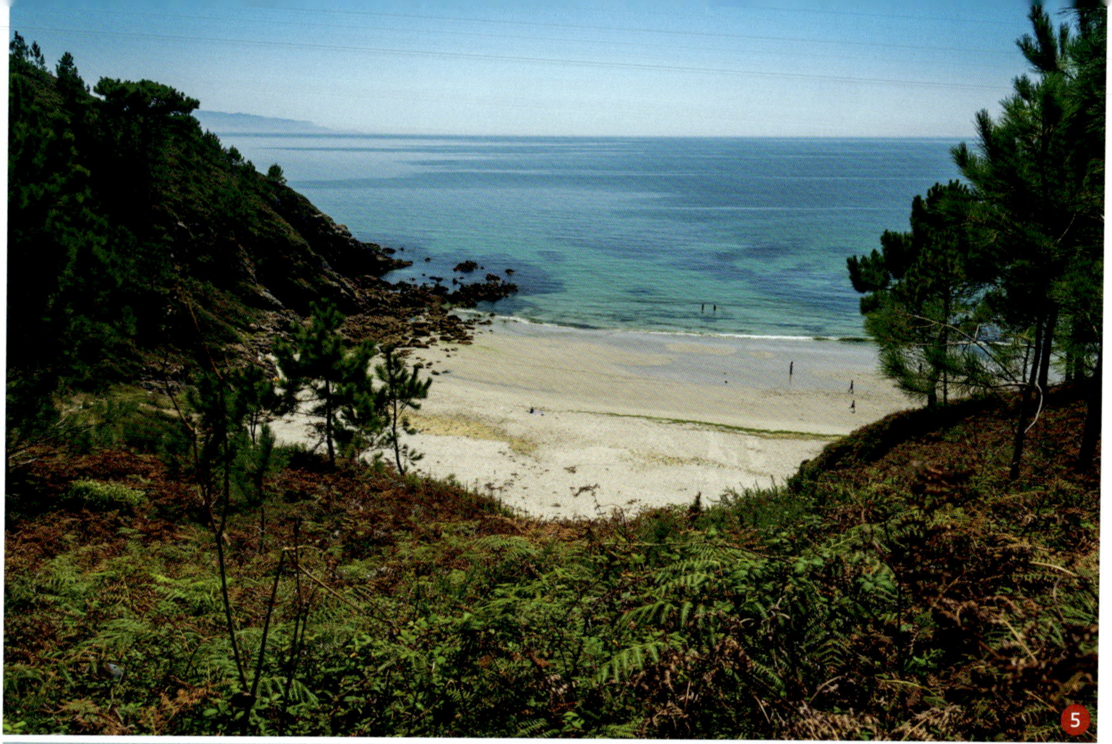

Von Carnota bis Fisterra 1

1 PRAIA DE CARNOTA, CARNOTA

7 km langer Strand mit weichem Sand, umgeben von Bergen und Hängen, an denen kleine Dörfer liegen. Die Einheimischen sagen, es sei der schönste Strand Galiciens. An stillen Tagen sanfte Wellen, aber Vorsicht wegen Strömungen und Gezeiten. Leicht zugänglich, kein Schatten und Dünen, die Vogelschutzgebiet sind. Behandeln Sie die Natur mit Respekt. Parken über Nacht verboten.

→ Von Lira auf der AC-550 für 2,1 km nach Norden Richtung Aldea Carballal und 150 m nach der Tankstelle CEPSA (auf der rechten Straßenseite) links. 300 m bis zum Parkplatz, dann auf dem Weg durch die Dünen zum Strand.
Parken 42.8124, -9.1092
Leicht 5 Min. 42.8132, -9.1108

2 PRAIA DE INSUELA, CARNOTA

Quarzsandstrand umgeben von Felsvorsprüngen mit ruhiger See zum Schwimmen. Die Kanäle zwischen den Felsen lassen sich gut mit dem Kajak erkunden. Dank Dusche und Brunnen super für einen Zwischenstopp mit dem Wohnmobil.

→ Von Pedrafigueira auf der AC-550 für 6,5 km Richtung Norden, beim blauen Schild zur *Praia de Insuela* links. Parkmöglichkeit am Strand nach 300 m.
Parken 42.8487, -9.1341
Leicht 2 Min. 42.8483, -9.1343

3 PRAIA DE GURES, CEE

Türkisblaues Meer und goldener Sand vor Eukalyptuswäldern. Schön zum Schwimmen, Stand-up-Paddeln und Kajaken. Perfekt für Familien. Camping Ruta de Finisterre (rutafinisterre.com): schöner grüner Campingplatz mit schattenspendenden Pinien. Saubere Toiletten und Duschen.

→ Von O Pindo auf der AC-550 für 3,4 km Richtung Norden und bei dem kleinen orangefarbenen Schild zur Praia de Gures parken. Steiler, schmaler Weg, dann Steinstufen und über ein paar Felsen.
Parken 42.9104, -9.1426
Mittel 10 Min. 42.9119, -9.1478

4 PRAIA DE RESTRELO, FISTERRA

Man braucht etwas Beharrlichkeit, um zu diesem herrlichen 80 m langen Sandstrand auf der Halbinsel Punta Carballeira zu gelangen. Sanfte Wellen. Ein Hostel für Pilger auf dem *Camino de Santiago* liegt ein paar hundert Meter weiter an der AC-445.

→ Von Cee auf der AC-445 für 7 km nach Westen. Kurz hinter dem Kreisverkehr oben auf dem Berg links auf eine unbeschilderte Straße und parken. Dem Weg Richtung Westen folgen. Nach 160 m sieht man zwei Betonpfosten mit der Aufschrift *Zutritt verboten*. Trotzdem weitergehen und dem Weg durch Heide und Farn 500 m folgen, bis zu den Stufen zum Strand (links).
Parken 42.9433, -9.2249
Leicht 5 Min. 42.9412, -9.2264

5 PRAIA DE TALÓN, FISTERRA

***Fersenstrand*. Pinienwald und üppige Vegetation umgeben diese 70 m feinsten galicischen Sand. Schöner Blick auf den Faro de Fisterra, den „Leuchtturm am Ende der Welt".**

→ Von Fisterra auf der AC-445 für 3,5 km Richtung Osten und beim Mirador de Fisterra parken. 70 m an der AC-445 zurückgehen (das Meer zur Linken), bis man eine Lücke in der Leitplanke und einen Betonwegweiser zum Camino de Santiago sieht. Den sehr steilen Weg 200 m bergab folgen, dann weiter auf dem Serpentinenweg zum Strand.
Parken 42.9286, -9.2388
Leicht 15 Min. 42.9286, -9.2411

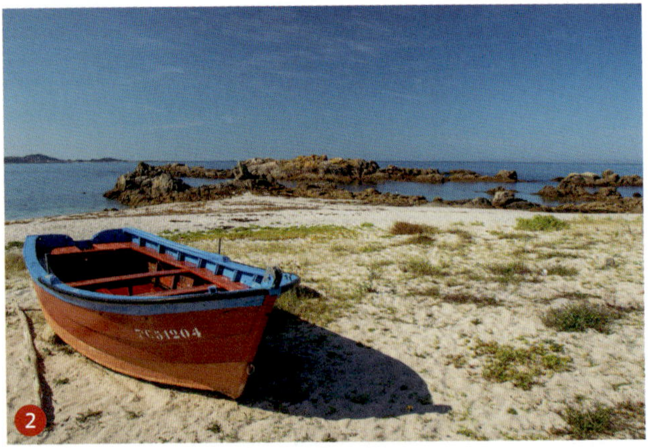

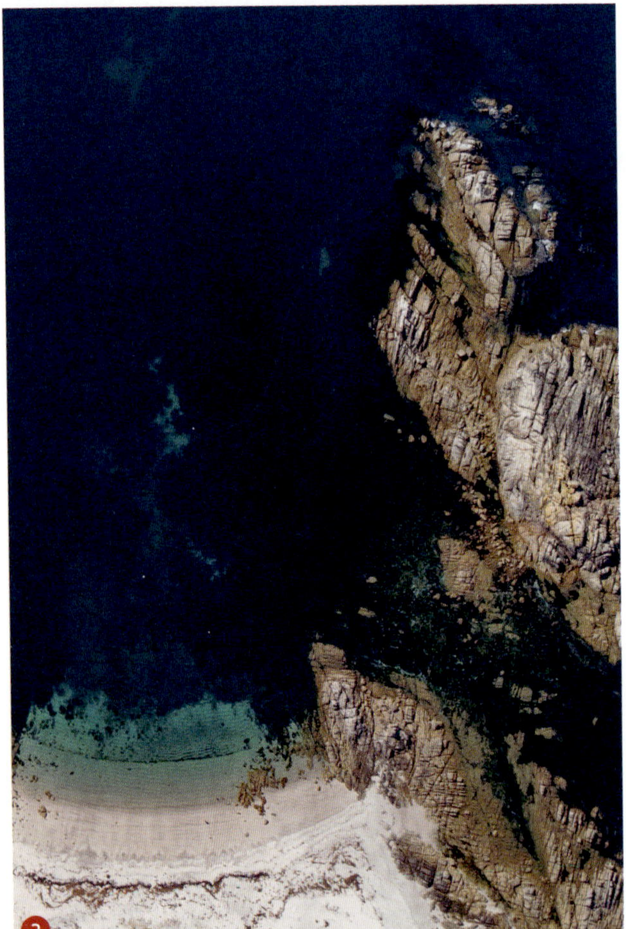

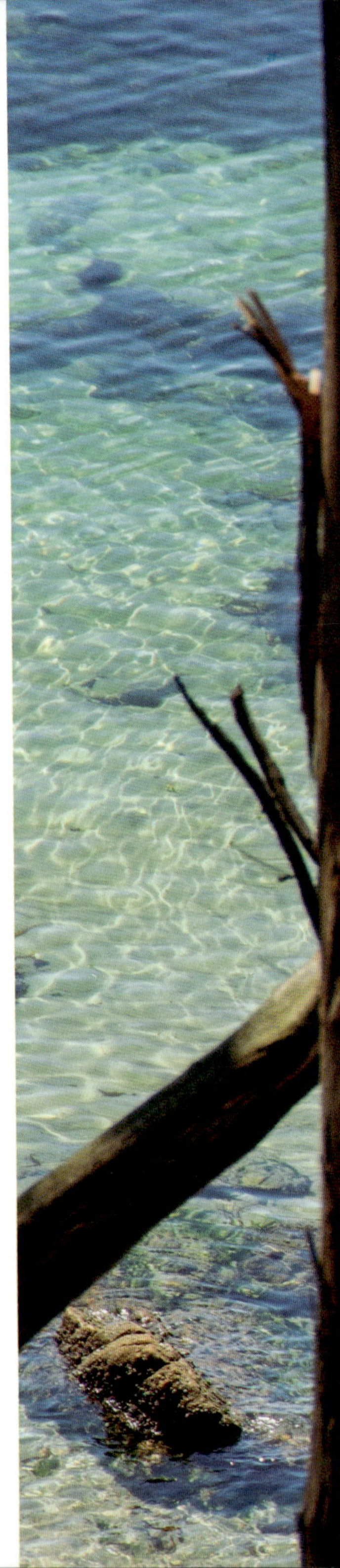

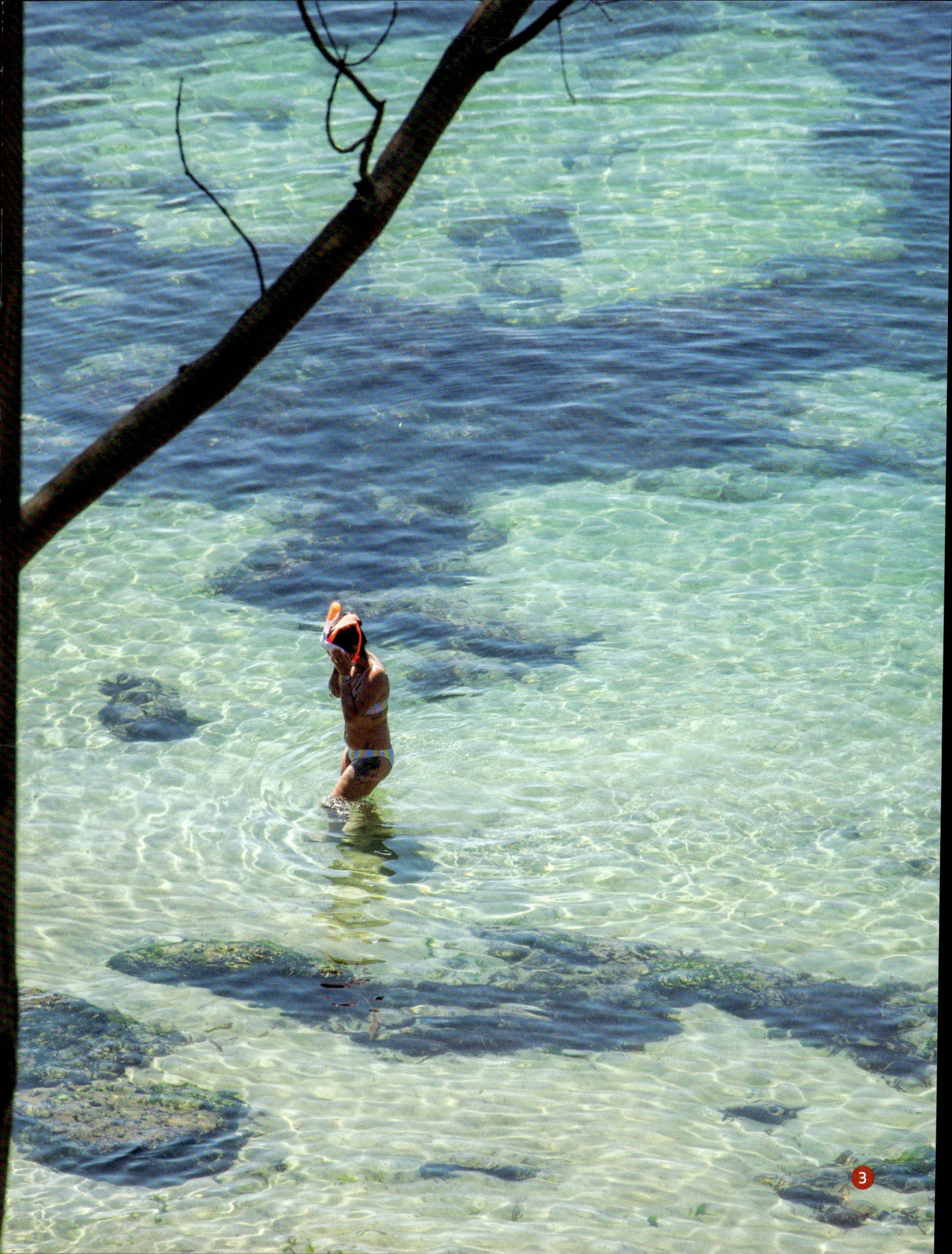

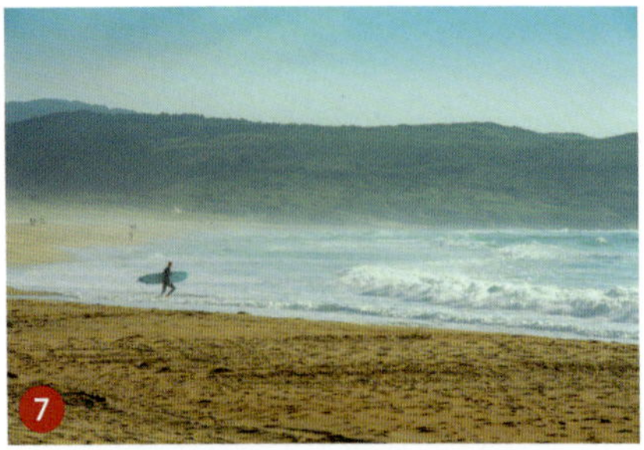

7

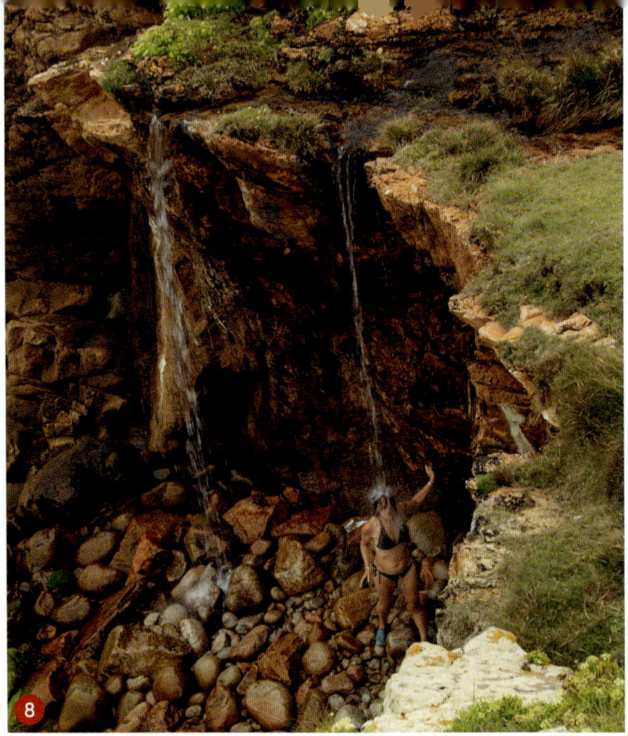

8

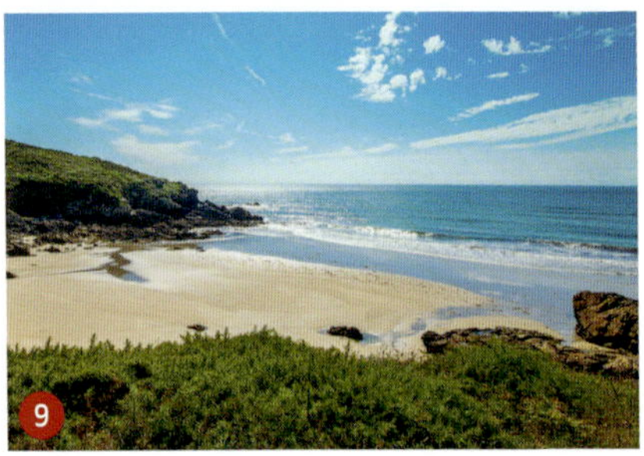

9

Auf der anderen Seite der Landspitze bieten die an Blumen und Schmetterlingen reichen Felsvorsprünge der Praia de Insuela (2) ideale Bedingungen zum Schwimmen, Kajakfahren und Stand-up-Paddeln. Baufällige Fischerhütten sorgen für Atmosphäre. Oberhalb von diesem Küstenabschnitt ragt der Monte Pindo auf, der lange als keltisches Äquivalent des Olymp galt – ein mythischer Ort, an dem der Sonne gehuldigt wurde. Freiheitskämpfer versteckten sich hier während und nach dem Spanischen Bürgerkrieg (1936–1939) in den Berghöhlen. In seinen nördlichen Ausläufern formt der Río Xallas den spektakulären Wasserfall Fervenza do Ézaro. Besucher können im Fluss Kajak fahren oder im Park Tapas essen.

Es gibt über 250 *faros* (Leuchttürme) in Spanien, und der berühmteste ist wohl der Faro de Fisterra. Zu Römerzeiten war man noch überzeugt, dass er das Ende der Welt markiert, heute ist er nur noch der westlichste Punkt der iberischen Halbinsel. Zwischen Fisterra und Nordamerika liegt jedoch eine Menge Meer. Weniger bekannt ist Praia Arnela (6), wenige Kilometer weiter östlich, ein versteckter Strand in unglaublich schöner Landschaft aus Maisfeldern, gespickt mit einfachen Dörfern und traditionellen galicischen *horreos* (Getreidespeicher). Sie sind aus Holz oder Stein und stehen erhöht ▶

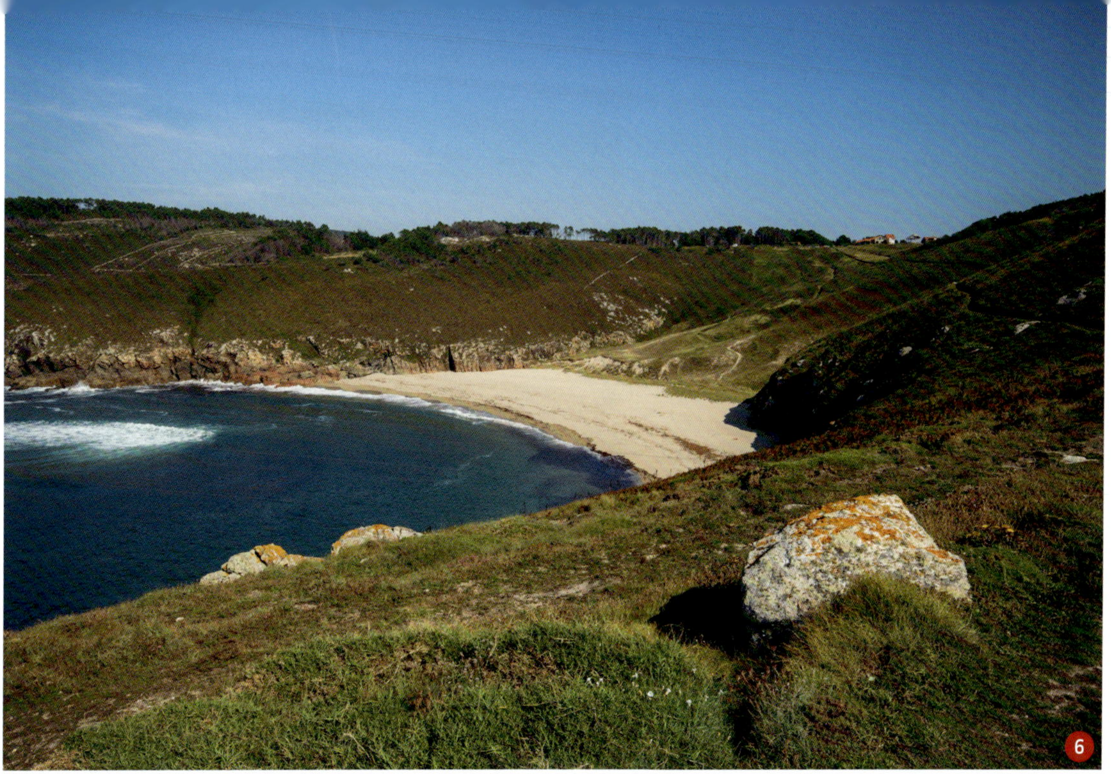

6

Fisterra 2

6 PRAIA ARNELA

Wilder, einsamer Strand mit beeindruckenden Wellen, deutlich sichtbaren Strömungen und einem brodelnden Whirlpool in der Mitte der Bucht. Wenn Sie mutig genug zum Schwimmen oder Surfen sind, tun Sie es mit großer Vorsicht. In weiter Landschaft mit idyllischen Dörfern und Maisfeldern. Entfliehen Sie der Zivilisation auf wundervollen Klippenwanderungen, und lassen Sie die Kraft des Atlantiks auf sich wirken. Cabo de Fisterra, das einst als Ende der Welt galt, ist eine gute Wanderung oder eine kurze Fahrt an der Küste entlang entfernt

→ Von Vilar de Duio 500 m Richtung Norden und beim orangefarbenen Schild zur *Praia de Arnela* am Straßenrand parken. Dem Weg rechts zum Strand folgen. Der Weg links führt zu schönen Klippenwegen mit spektakulärer Aussicht.
Parken 42.9397, -9.2798
Leicht 10 Min. 42.9428, -9.2827

7 PRAIA DO ROSTRO

2 km Sandküste vor einer weiten Düne. Schön für Sonnenuntergänge und beliebt bei Familien, die hier viel Platz zum Spielen haben. Das Schild mit der Aufschrift *Gefährlicher Strand, Baden verboten* hat die zahlreichen Surfer nicht abgeschreckt, die wir an einem frühen Abend im August hier trafen. Mit Glück sehen Sie bei Ebbe die Überreste des Dampfers, der hier voll mit Zucker beladen 1927 gesunken ist.

→ Von Sardiñeiro de Abaixo auf der Rúa da Escola für 1,9 km Richtung Norden, beim Schild zur Rial Buxán links und weitere 1,2 km. In Buxán bei einem kleinen Holzschild zur Ruta Mallas – Praia do Rostro rechts, dann nach 450 m an der Gabelung rechts. Nach 1,8 km links, 250 m bergab und vor den Dünen parken.
Parken 42.9732, -9.2579
Leicht 5 Min. 42.9740, -9.2608

8 FERVENZA DA MEXADOIRA

Ein herrlicher Wasserfall stürzt hier in den weiten Atlantik. Die Einheimischen behaupten, sein Wasser schütze vor Haarausfall.

→ Wegbeschreibung siehe Praia do Rostro (7). Vom Parkplatz rechts dem schmalen Weg auf die Klippen folgen. Links halten und über die Felsen hinunterklettern.
Mittel 10 Min. 42.9781, -9.2603

9 ÁREA GRANDE

Sehr versteckter, scheinbar vergessener Strand, an dem wir nur einer einzelnen Frau begegneten. Interessante Felsen und Höhlen und ein kleine, mit Wildblumen bedeckte Schlucht. Die Gezeiten im Auge behalten, damit einem nicht der Rückweg abgeschnitten wird.

→ Wegbeschreibung siehe Praia de Lires (10). Parken, dann hinter dem Schild zur *Praia de Lires* die erste links und dem schmalen Weg 600 m folgen, bis er sich teilt. Rechts auf den noch schmaleren Weg bergab und das letzte Stück zum Strand über die Felsen klettern. Merken Sie sich, die Felsen, über die Sie geklettert sind, damit Sie auf dem richtigen Weg zurückkehren.
Parken 43.0009, -9.2581
Mittel 14 Min. 42.9960, -9.2583

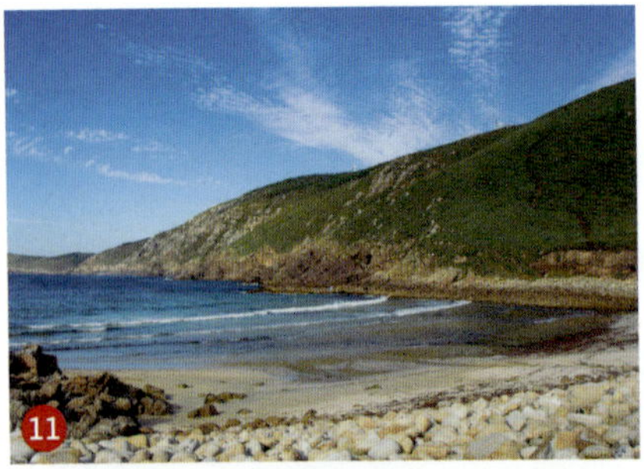

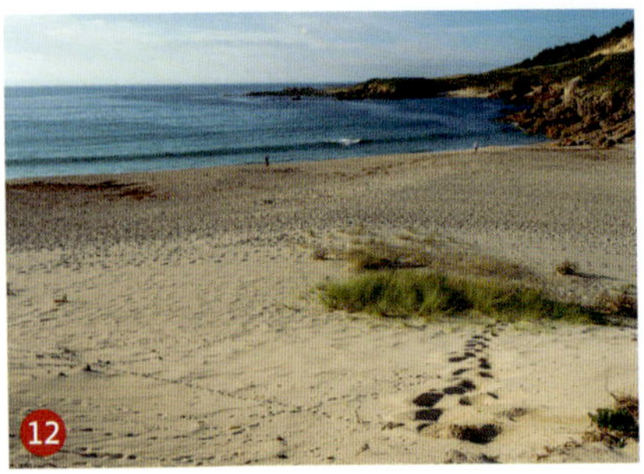

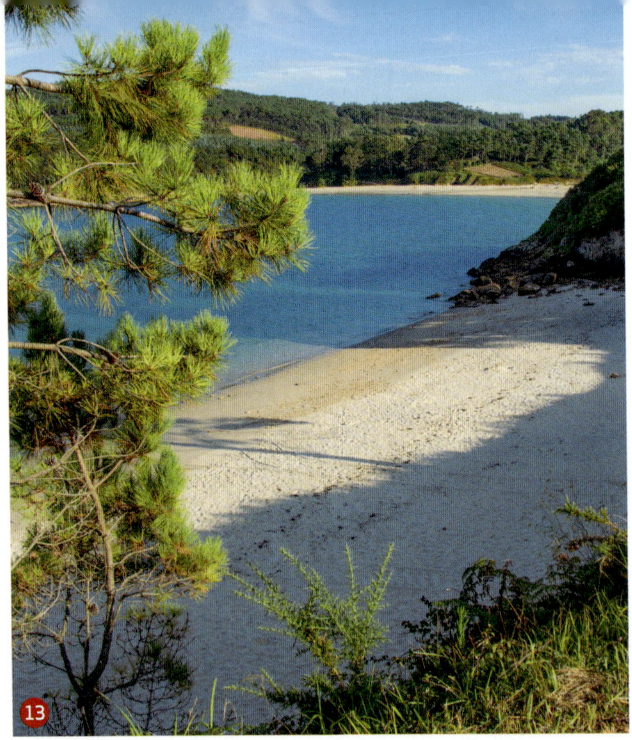

auf Steinsäulen, um Nagetiere abzuschrecken. An diesem wilden Strand schlagen brutale Wellen ans Ufer, und die starke Strömung ist deutlich sichtbar. Mitten in der Bucht testen zwei junge Surfer ihr Können auf einem brodelnden Whirlpool. Oben auf den Klippen fühlen wir uns weit entfernt vom Alltagsstress und saugen die Kraft des Atlantiks in uns auf.

Pilger kommen in Scharen an diese Küste, viele auf dem *Camino Primitivo*, eine der vielen Routen, um den sterblichen Überresten des Apostels Jakob zu huldigen – oder einfach nur, um die wunderschöne Landschaft zu genießen. Wir begegnen zwei Irinnen, die auf dem relativ neuen, inoffiziellen und 200 Kilometer langen *O Camiño dos Faros* (Leuchtturmweg) von Malpica nach Fisterra wandern. An der Praia de Arnado (22) tauschen wir Reisegeschichten aus und bewundern dabei die Aussicht. Dann geht es die wilde Camariñas-Küste entlang, vorbei am Leuchtturm Cabo Vilán, der nach dem Schiffbruch der *HMS Serpent* 1890 erbaut wurde. Einige Kilometer weiter liegt an einem Berghang der Friedhof Cemiterio dos Ingleses – eine Gedenktafel erinnert an die 173 ertrunkenen Besatzungsmitglieder. Ganze Kolonien von Kormoranen, Tölpeln und Sturmtauchern sowie zahllose Zugvögel finden an dieser Küste Schutz. ▶

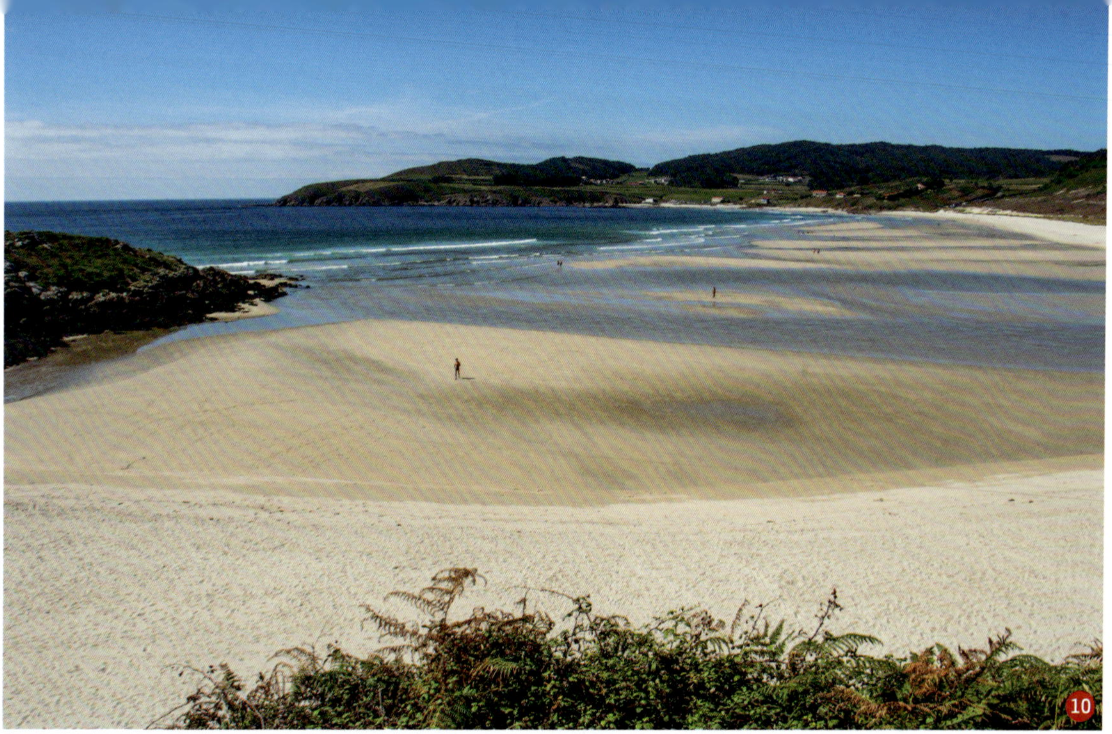

Muxía

10 PRAIA DE LIRES

Fantastischer Sandstrand, durch dessen Mitte die Ría de Lires fließt. Selbst im Hochsommer wenig ausgelastet und daher genug Platz zum Spielen unter einem weiten blauen Himmel und mit Blick auf grüne Hügel. Im Sommer weht oft der Klang von Dudelsäcken (*gaita*), das traditionelle Instrument Galiciens, über die Dünen. Beliebter Surfstrand.

➔ Von Lires auf der Parroquia Lires für 1,3 km Richtung Westen. Irgendwo parken und dem Weg zum Strand folgen.
Parken 43.0009, -9.2581
Leicht 2 Min. 43.0043, -9.2596

11 PRAIA DE MOREIRA

Der *Maulbeerstrand* liegt zwischen wunderschönen grünen Berghängen, die mit Mais, Farn und weitläufigen Pinien- und Eukalyptuswäldern bedeckt sind. Die Landschaft mutet fast ein wenig englisch an. Faro Touriñan, der westlichste Punkt der spanischen Halbinsel, liegt mit dem Auto 10 Min. entfernt.

➔ Von Moreira 550 m Richtung Norden, am Ende der Straße parken und zu Fuß weiter zum Strand. Parken 43.0477, -9.2619
Leicht 2 Min. 43.0487, -9.2622

12 PRAIA DE LOURIDO

Ruhige, weite Bucht, umgeben von Pinien und großen, grünen Sanddünen, die sich fast bis zum Dorf Lourido erstrecken. Gut zum Angeln. Praia de Lourido liegt am *Camino de Santiago* (Jakobsweg), weshalb man möglicherweise erschöpfte Pilger sieht, die hier ein wohlverdientes Bad nehmen.

➔ Von Muxía auf der DP-5201 für 1,5 km Richtung Südwesten, vorbei am Campo Arliña, dann beim orangefarbenen Schild rechts zur Praia de Lourido. Der Schotterpiste 200 m bis zum Ende folgen und parken. 200 m auf dem flachen schmalen Weg rechts von der Düne zum Strand.
Parken 43.0862, -9.2191
Leicht 5 Min. 43.0880, -9.2205

13 PRAIA DE VILAVERDE

***Grüner Dorfstrand.* Weiter links gibt es ein paar kleinere Buchten. Schön, um die letzten Sonnenstrahlen zu genießen.**

➔ Von Os Muíños 1,3 km nach Nordwesten Richtung Punta de Borreiros bis zu einer kleinen Parkmöglichkeit am rechten Straßenrand und zu Fuß zum Strand.
Parken 43.0927, -9.1949
Leicht 2 Min. 43.0931, -9.1946

14 PRAIA BARREIRA

Bezaubernder Strand zwischen Ponte do Porto und Muxía. Das offiziell als „excelente" eingestufte Wasser ist herrlich zum Schwimmen, und man hat einen attraktiven Blick über die Bucht auf den Hafen von Camariño, der für seine feine, handgefertigte Klöppelspitze berühmt ist. In der Nähe vom Faro de Cabo Vilán am Camino dos Faros (Leuchtturmweg). Ganz in der Nähe liegt Camping Playa Leis, ein entspannter ländlicher Campingplatz mit geräumigen terrassenförmigen Stellplätzen. Ausgezeichnete Bar mit regionaler Hausmannskost – die Pizza de cerveza ist ein köstliches Urlaubsessen. Wahrscheinlich die schönsten Sonnenuntergänge an der Küste von Muxía.

➔ Von Leis Nemancos zu Fuß Richtung Westen, an der Weggabelung rechts und 600 m zum Strand.
Parken – beim Campingplatz fragen.
Leicht 5 Min. 43.1152, -9.1630

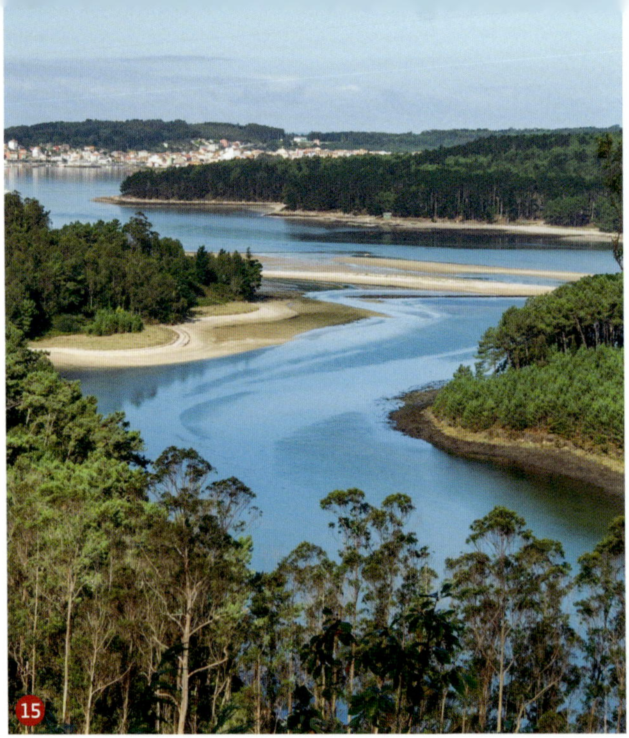

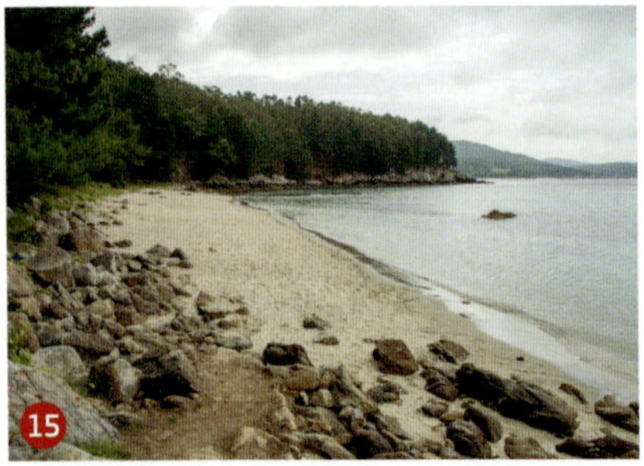

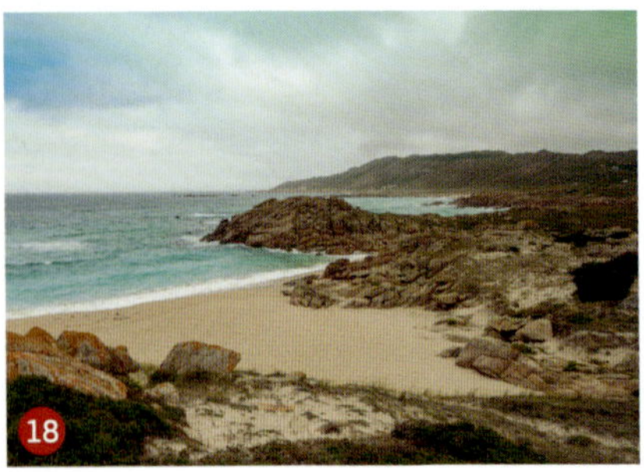

Wenn man von den Klippen nach Westen auf das endlose Meer schaut, fühlt man sich angesichts dieser ewigen, unerforschten Tiefen unendlich klein und lebendig zugleich. Wir sehen zu, wie die Sonne blutrot im Meer versinkt, bevor sich die Dunkelheit herabsenkt, und fragen uns, ob die *Todesküste* vielleicht nach diesem täglichen Schauspiel benannt wurde.

An der Praia do Rostro (7) glitzert das Sonnenlicht auf den Wellen, die Surfer aus aller Welt anlocken. Jung und alt, Männlein und Weiblein, die wir als herzlich und gesellig erleben und die bei einer spontanen Wild-Camping-Soirée vergnügt Essen, Trinken und Lebenserfahrungen teilen. Ein besonders netter, gut ausgerüsteter deutscher Surfer versorgt uns mit sämtlichen Schrauben und Muttern, die wir benötigen, um einige dringend notwendige Reparaturen an „Federica", unserem alten VW-Bus, vorzunehmen. Abends kommen einheimische Fischer an den Strand, um *lubinas* (Wolfsbarsch) zu fangen, und leisten uns auf einen Plausch Gesellschaft.

Am nächsten Tag genießen wir bei einer strammen Wanderung zum Fervenza da Mexadoira (8) den wunderschönen Blick über Punta Mixirica und Praia do Rostro. Die eisige Dusche unter dem Wasserfall soll Haarausfall vorbeugen. Praia do Ariño (15) ▶

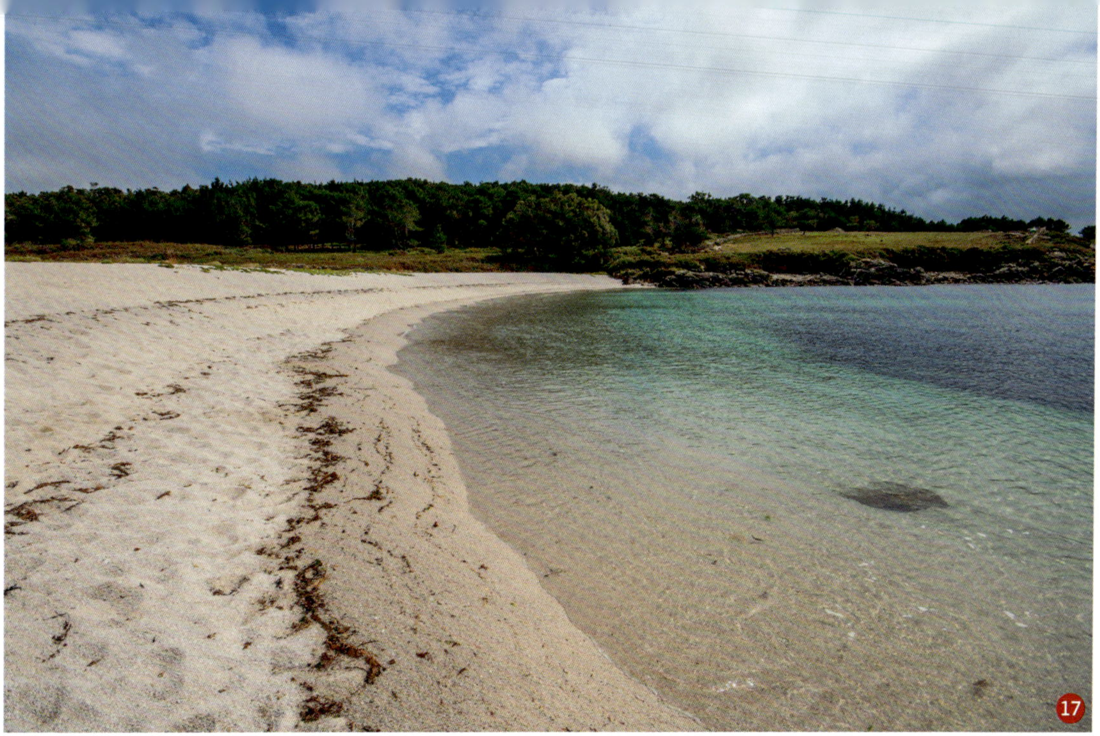

Camariñas

15 PRAIA DO ARIÑO

Zwischen Ría do Porto und Ría de Camariñas gelegen, ist dieser Strand vor starken Wellen und Wind geschützt – trotzdem im Wasser immer vorsichtig sein. Schön für Familien, und an einem Pinienwald mit Picknicktischen und -bänken gelegen. Jeden Sommer versammeln sich die Einheimischen hier, um das Fest des Schutzheiligen Santiago Apóstol zu feiern. Kostenlose Parkplätze für Wohnmobile und Motorräder. Es gibt Toiletten, Duschen und fließendes Wasser. An der Ruta de la Insua – ein 5 km langer Rundwanderweg entlang der Ría de Camariñas.

➔ Von Tasaraño 1,2 km Richtung Südwesten. Parken und durch die Pinien zum Strand. Nach links ist es friedlicher und abgeschiedener.
Parken 43.1308, -9.1580
Leicht 10 Min. 43.1308, -9.1545

16 PRAIA DE AREIÑA BRANCA

***Weißer Sandstrand,* für gewöhnlich menschenleer, mit Blick auf Punta Da Basa und den Hafen von Camariñas.**

➔ Von O Cruceiro auf der Cobadiña 2 km Richtung Südwesten, irgendwo parken und dem schmalen Waldweg zum Strand folgen. Parken 43.1318, -9.1666
Leicht 2 Min. 43.1311, -9.1661

17 PRAIA DE LAGO

***Seestrand.* Zwei unberührte Buchten in einer einsamen Bucht unterhalb des Klosters Ermida de Nossa Señora do Monte.**

➔ Von Camariñas auf der Estrada de Vilán 700 m Richtung Nordwesten, beim Schild zum *campo de futbol* links. Nach 400 m links auf eine nicht beschilderte Straße und nach weiteren 400 m links vor dem Strand parken.
Parken 43.1319, -9.1992
Leicht 1 Min. 43.131536, -9.198039

18 PRAIA DE PEDROSA

***Steiniger Strand.* Einsam und unberührt, durch große Sanddünen vor den Elementen geschützt. Selbst an bedeckten Tagen bildet der türkisblaue Atlantik einen dramatischen Kontrast zur zerklüfteten Camariñas-Küste. Beim Schwimmen vorsichtig sein. Über dem Strand wacht der Leuchtturm Faro de Cabo Vilán, eine nüchterne Mahnung, dass man sich an einem der gefährlichsten Abschnitte der Costa da Morte befindet.**

➔ Von Porto de Camariñas auf der spektakulären Küstenstraße, die mit der Rúa Castelo beginnt, Richtung Westen, an Praia de Lago (17) und Leuchtturm vorbei. Vom Parkplatz den Weg links zum Meer.
Parken 43.1593, -9.1883
Leicht 5 Min. 43.1602, -9.1910

19 PRAIA DE BALEA

***Walstrand.* Wilder Strand mit weißem Sand. Die Baldaio-Laguna ganz in der Nähe ist Zwischenstation für Zugvögel von und nach Nordamerika.**

➔ Wegbeschreibung siehe Praia de Pedrosa (18). Parken und dem Weg nach rechts zum Strand folgen.
Leicht 5 Min. 43.1609, -9.1871

20 PRAIA DE AREA LONGA

Schön für Sonnenuntergänge und Einsamkeit. Unterhalb vom Faro de Cabo Vilán. 3 km weiter nördlich liegt der Cemiterio dos Ingleses (Friedhof der Engländer).

➔ Wegbeschreibung siehe Praia de Pedrosa (18), aber ein Stück weiter parken.
Parken 43.1640, -9.1818
Leicht 5 Min. 43.1645, -9.1844

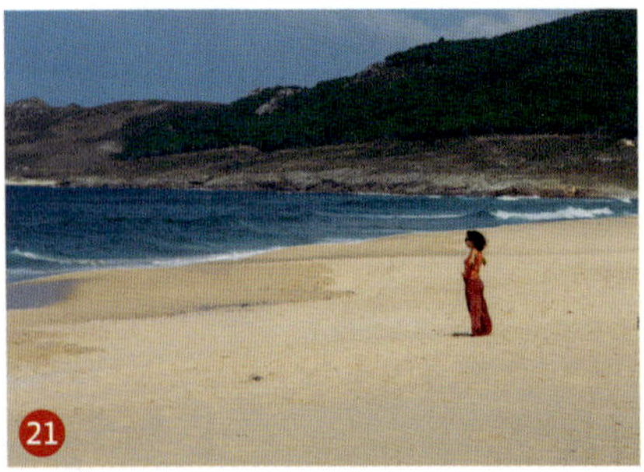
21

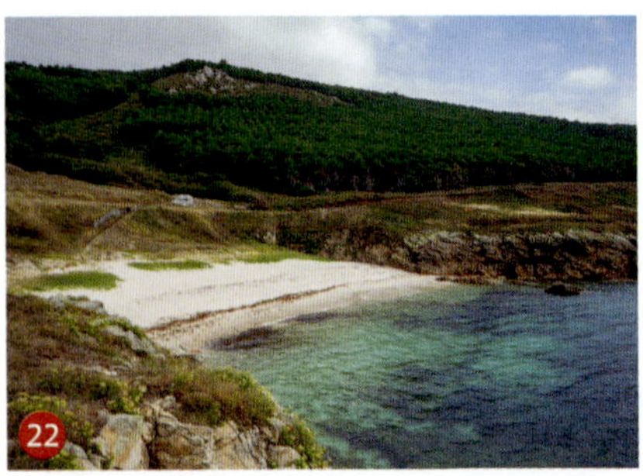
22

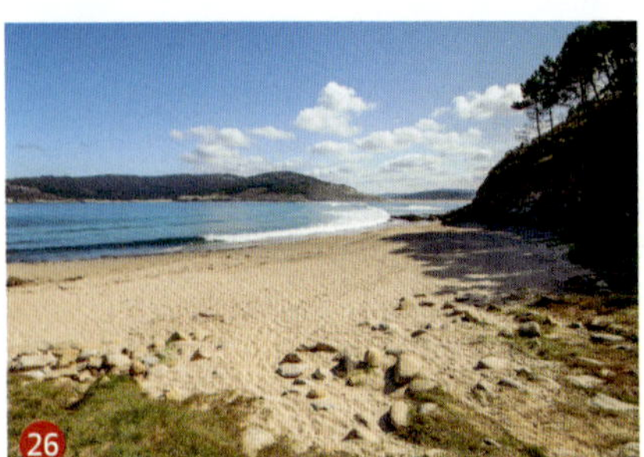
26

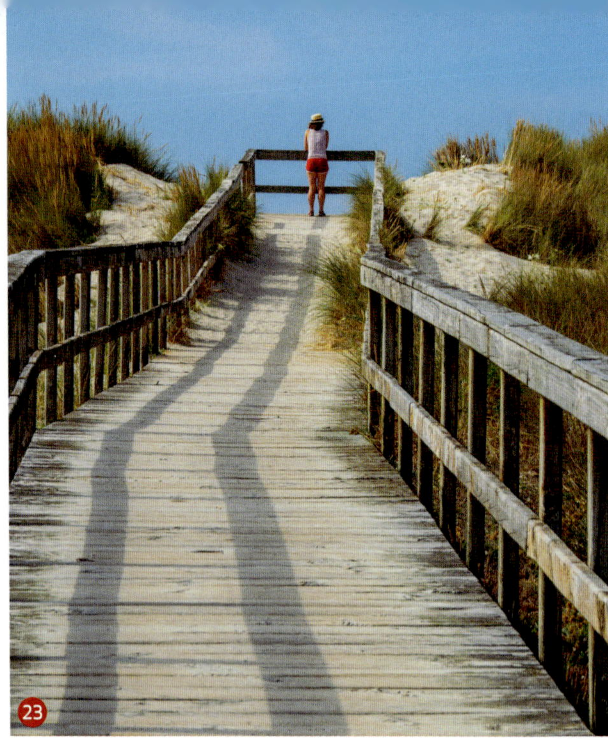
23

in der Ría do Porto am Rand eines Pinienhains scheint wunderbar ruhig und friedlich. Jedes Jahr am 25. Juli versammeln sich hier jedoch Einheimische und Tausende von Dudelsackspielern, um Santiago Apóstol zu feiern, den Schutzheiligen von Spanien und Galicien.

Traditionelle Dörfer wie der Fischerhafen Camariños sind ebenfalls einen Abstecher wert. Mit offenen Mündern schauen wir zu, wie die Spitzenklöpplerinnen mit unglaublicher Geschwindigkeit unübersichtlich viele Spulen gleichzeitig auffädeln. Die Werke aus dem exquisiten Material kann man in den hiesigen Läden sehen und kaufen. Im farbenfrohen Camelle, einem weiteren Fischerort, stoßen wir auf das Museum des „Deutschen". Manfred Mann, ein deutscher Künstler, kam in den 1960ern hierher, verliebte sich in die Schönheit der Landschaft und machte aus seinem Haus mit Garten am Ende des Hafendamms ein Museum zum Anfassen. Er schuf aus Strandgut Kunstwerke, und die Einheimischen liebten ihn für seine Eigenart und seine Großzügigkeit. Mann lebte glücklich und zufrieden, bis der Öltanker *Prestige* 2002 seinen Garten mit Öl verseuchte und ihm auf tragische Weise das Herz brach. ▶

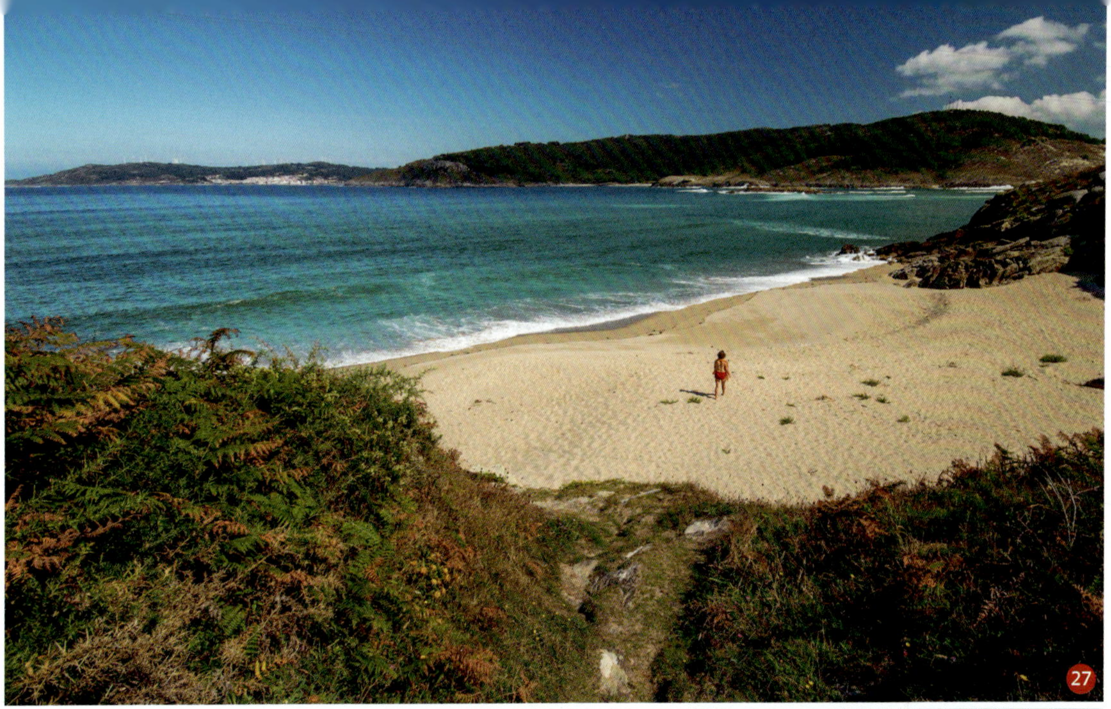

27

Von Laxe bis Cabana de Bergantiños

21 PRAIA DE TRABA DE LAXE, LAXE

Schroffer Sandstrand vor 3 km Dünen, duftendem Geißblatt und Heidekraut. Laut Legende liegt die versunkene Stadt Valverde unter der Lagune. Museo do Alemán (mandecamelle.com): einzigartiger Garten und Museum, das dem Bildhauer Manfred Gnädinger gewidmet ist.

→ Von Boaño 500 m Richtung Osten und links bei der *area recreativa playa* parken. Dem Weg 100 m zum Strand folgen. Parken 43.1933, -9.0380

Leicht 2 Min. 43.1948, -9.0416

22 PRAIA DE ARNADO, LAXE

Malerische Bucht mit fantastischem Blick auf die Atlantikbrecher. Falls Sie schwimmen wollen, Vorsicht! Am Wanderweg PRG-114 gelegen.

→ Wegbeschreibung siehe Praia de Traba de Laxe (21), aber weitere 2 km nach Norden, bis man links den Strand sieht. Parken 43.2085, -9.0328

Leicht 2 Min. 43.2085, -9.0334

23 PRAIA DE SOESTO, LAXE

Großer halbmondförmiger Strand, beliebt bei Einheimischen und Surfern.

→ Von Castrelo 2 km nach Norden Richtung Rúa Santa Rosa, dann links auf die Rúa Santa Rosa und nach 50 m links parken. Dem Bohlenweg zum Strand folgen. Parken 43.2135, -9.0191

Leicht 2 Min. 43.2150, -9.0212

24 PRAIA DE SAN PEDRO, BOIRO

Wilder Strand, versteckt hinter Punta Da Catuxa und vor dem offenen Meer und starken Winden geschützt.

→ Von Laxe auf der AC-429 für 1,7 km Richtung Osten, dann links Richtung San Pedro. Nach 400 m parken und über die Stufen zum Strand.
Parken 43.2237, -8.9698

Leicht 3 Min. 43.2241, -8.9714

25 PLAYA DE REBORDELO, BOIRO

Großer Sandstrand. Schön für Familien. Um die Landspitze links geht es zur Praia de San Pedro (24).

→ Wegbeschreibung siehe Praia de San Pedro (24), aber 1,3 km weiterfahren und bei der Panaderia Rebordelo links. Nach 700 m rechts neben dem Strand parken. Parken 43.2243, -8.9658

Leicht 2 Min. 43.2248, -8.9661

26 PRAIA ÁREA DAS VACAS, CABANA DE BERGANTIÑOS

***Kuhstrand.* Die Wellen brechen an diesem Sandstrand in einem 45-Grad-Winkel. Rechts weitere Buchten.**

→ Wegbeschreibung siehe Playa de Rebordelo (25), aber an der Panadería Rebordelo vorbei und weiter nach Taboído, dann direkt hinter der Bushaltestelle (rechte Straßenseite) links abbiegen auf eine nicht beschilderte Straße. Bei der Straßengabelung links und der Straße durch den Wald 1,2 km zum Strand folgen. Parken 43.2277, -8.9514

Leicht 5 Min. 43.2280, -8.9509

27 PRAIA DAS MACEIRAS, CABANA DE BERGANTIÑOS

***Apfelbaumstrand.* Gut versteckt in der Bucht von A Barra. Zugang über einen schmalen Weg durch Eichen und Lorbeerbäume.**

→ Wegbeschreibung siehe Praia Área das Vacas (26), aber 260 m weiter auf der AC-429 und bei einem einstöckigen Gebäude mit Terrakottadach links. Dann die erste rechts und 1 km bis zum Aussichtspunkt. Parken, dann 100 m die Straße zurückgehen und rechts auf den Waldweg, der Richtung Strand steiler wird.
Parken 43.2270, -8.9451

Mittel 10 Min. 43.2276, -8.9468

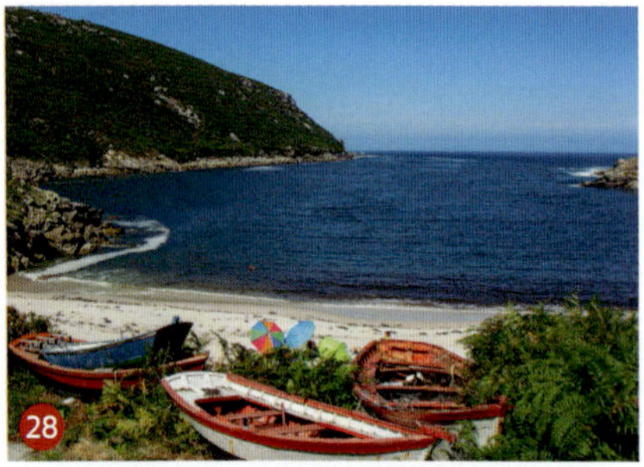

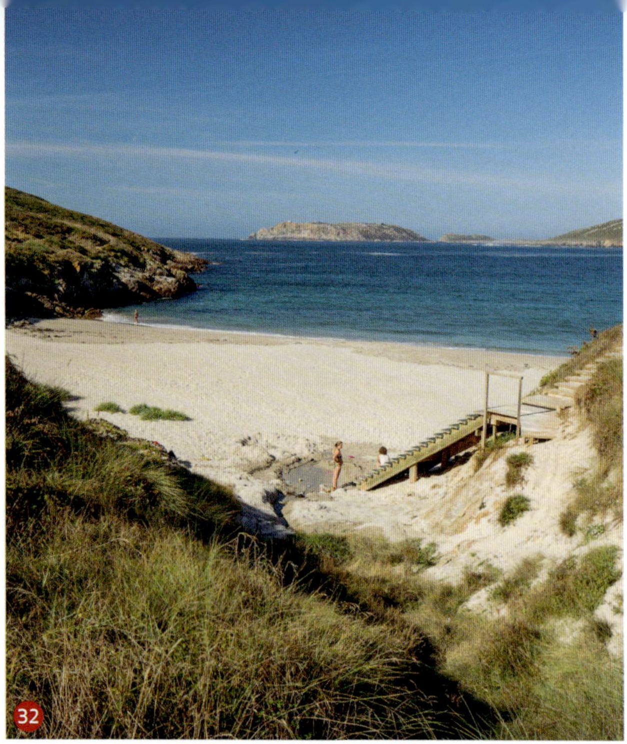

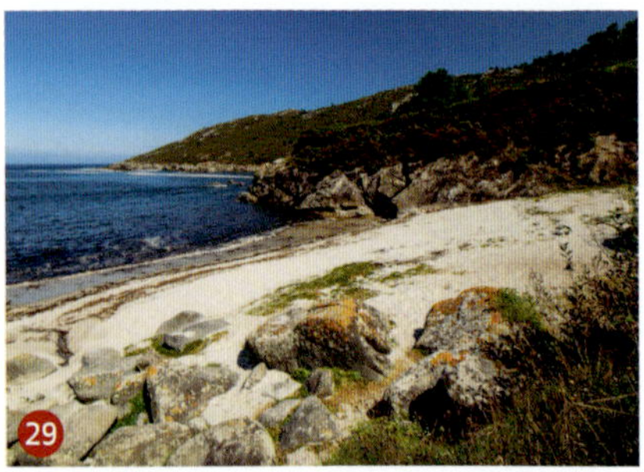

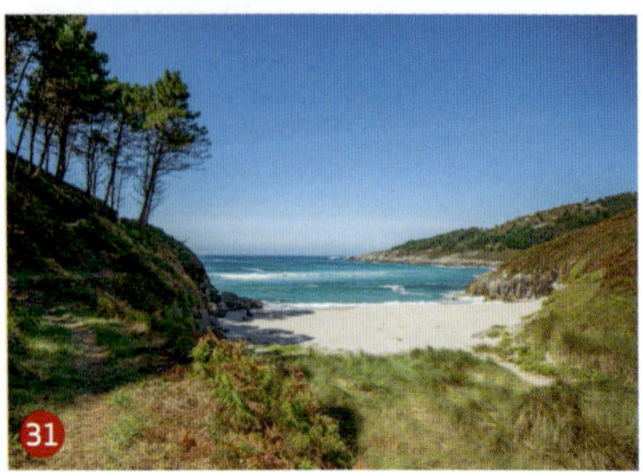

Dieser Küstenabschnitt hat über die Jahre viele Schriftsteller und Dichter hervorgebracht und inspiriert. Der wohl berühmteste ist Eduardo Pondal (1835–1917), der in Spanien als „galicischer Barde" bekannt ist. Er hat neben Rosalía del Castro und Manuel Curros dazu beigetragen, die galicische Literatur voranzubringen. Seine Dichtung beschwört die Stimmen von Felsküsten, Wäldern, Flüssen und Meer herauf und verleiht ihnen die Namen keltischer Helden. Der unverwechselbare Klang der Dudelsäcke, der aus den Bars an der Küste dringt, untermauert die Verbindung zu Gallien.

Que din os rumorosos
na costa verdecente,
ó raio transparente
do prácido luar?

Was sagt uns dieses Rauschen
An der grünen Küste
Unter dem klaren Schein
Des sanften Mondlichts?

Aus *Os Pinos* (Die Pinien), Eduardo Pondal (1835–1917),
seit 1984 offizielle Hymne Galiciens

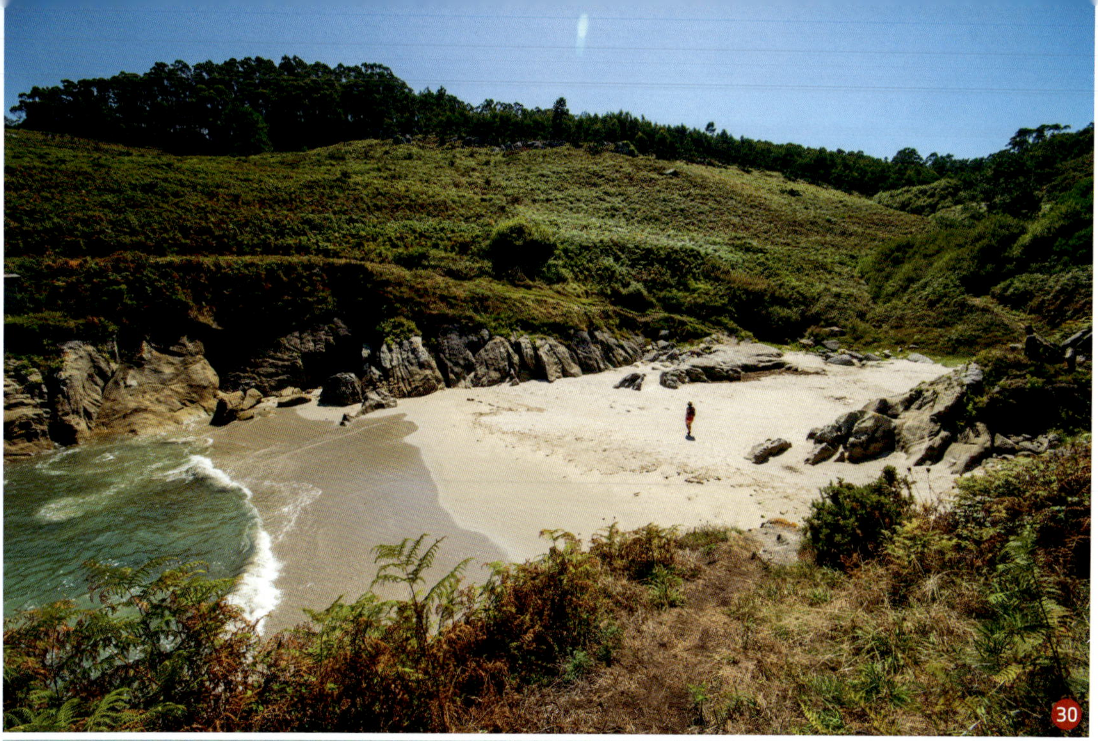

Von Ponteceso bis Arteixo

28 PRAIA DA BARDA, PONTECESO

Kleiner Strand mit grobem Sand und im August praktisch menschenleer. Sicherer, durch Bojen markierter Badebereich. Im Frühling färbt xesta (Ginster) die Berghänge gelb. Malerische Fischerhütten und verwahrloste Ruderboote am Ende des Strands. Kleine Bucht links, auf der anderen Seite der Landspitze. Küstenweg um die Klippen.

➔ Wenn man auf der AC-424 von Osten Richtung Guxín fährt, die Abfahrt rechts, direkt vor dem Ortsschild von Guxín. Rechts halten bis zum Parkplatz mit Blick aufs Meer. Den steilen Hang zum Strand hinunter. Parken 43.2820, -8.9271

Leicht 5 Min. 43.2826, -8.9263

29 NO NAME, PONTECESO

Kleiner, abgeschiedener und schwerer zugänglicher als Praia da Barda (28) daneben. Interessante Höhle auf der rechten Strandseite.

➔ Wegbeschreibung siehe Praia da Barda (28), aber vom Parkplatz dem Weg nach links folgen.

Leicht 5 Min. 43.2818, -8.9277

30 PLAYA DE SANTAMARIÑA, PONTECESO

Schmaler Strand, an dessen Ende ein kleiner Bach verläuft.

➔ Von Niñons auf der CP-6801 für 220 m Richtung Nordosten, dann die zweite rechts und 2,4 km durch den Wald bis zum Parkplatz. Rechts führen zwei Wege zum Strand. Parken 43.2929, -8.9174

Leicht 5 Min. 43.2927, -8.9167

31 PRAIA DE PORRIDO, PONTECESO

Schwer zu finden, aber es lohnt sich. Keine Gastronomie, keine Menschen, kein Handyempfang. Herrlich zum Runterkommen.

➔ Von Niñons auf der CP-6801 Richtung Nordosten und nach ca. 200 m die erste rechts, dann nach 130 m links und der Straße durch den Wald für 1,3 km folgen. Bei der Wendemöglichkeit parken, dann 100 m zurückgehen, bis man links einen Steinpfad sieht. Diesem 100 m folgen, bis links ein Weg zum Strand führt. Parken 43.2916, -8.9071

Leicht 15 Min. 43.2930, -8.9071

32 PRAIA DE ÁREA PEQUEÑA, ARTEIXO

Muschelförmiger Strand mit Blauer Flagge und einem natürlichen Planschpool für Kleinkinder. Schön für Familien und bei ruhiger See zum Schwimmen, aber Vorsicht: Es gibt keine Rettungsschwimmer. Wir haben Einheimische von den Felsen auf der linken Strandseite springen sehen.

➔ Von Beo auf der DP-4307 für 1,5 km nach Südwesten Richtung Vigo, dann rechts auf die Campelo/DP-4306 für 500 m (rechts halten), dann leicht links auf die Seiruga für weitere 500 m. Dann links, um auf der Seiruga zu bleiben, und nach 220 m oberhalb vom Strand parken. 40 Holzstufen führen zum Strand. Parken 43.3173, -8.8637

Leicht 2 Min. 43.3176, -8.8640

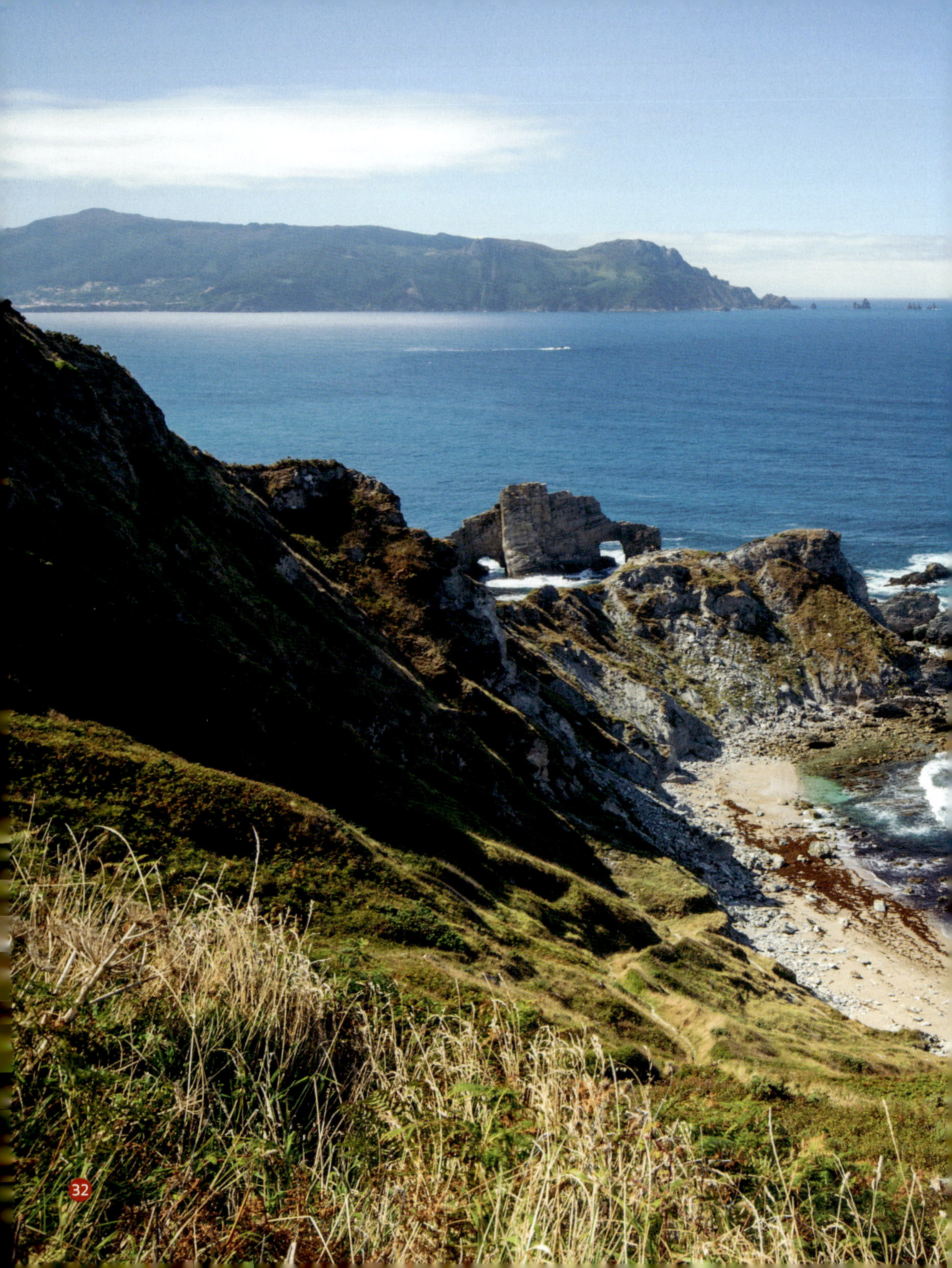

Westliche Costa Verde

Dramatische Strände und Buchten, umgeben von ginsterbedeckten Bergen und hohen Klippen. Halten Sie Ausschau nach Walen und Delfinen, bodysurfen Sie in der Brandung, lassen Sie sich in Gezeitentümpeln treiben, und besuchen Sie historische Türme und dramatische Burgen.

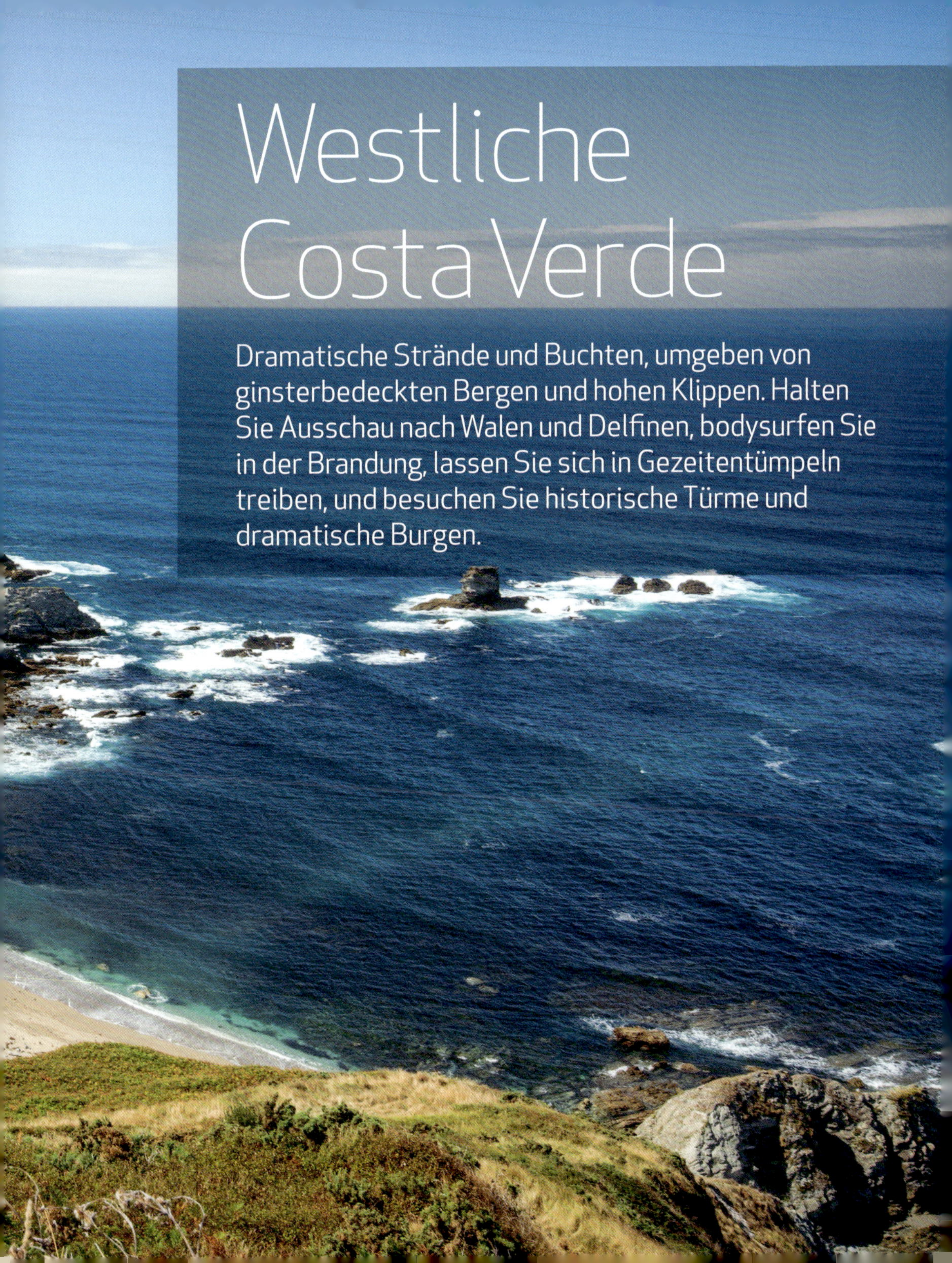

Highlights
Westliche Costa Verde

Unsere Lieblingsstrände:

1 Praia de Seaia – Spaß für kindliche Gemüter, egal welchen Alters

18 Praia de Lumebó – einsamer, unberührter Strand mit gewaltigen Felsformationen

19 A Cova do Varadeiro – traditionelle Fischerbucht zwischen grünen Berghängen

22 Praia de Santa Comba – großer Strand vor bewachsenen Dünen

24 Praia do Pozo – zwei versteckte, poolartige Buchten

32 Praia do Carro & Praia Fábrega – bezaubernde, benachbarte Strände, die durch ein magisches Tor verbunden sind

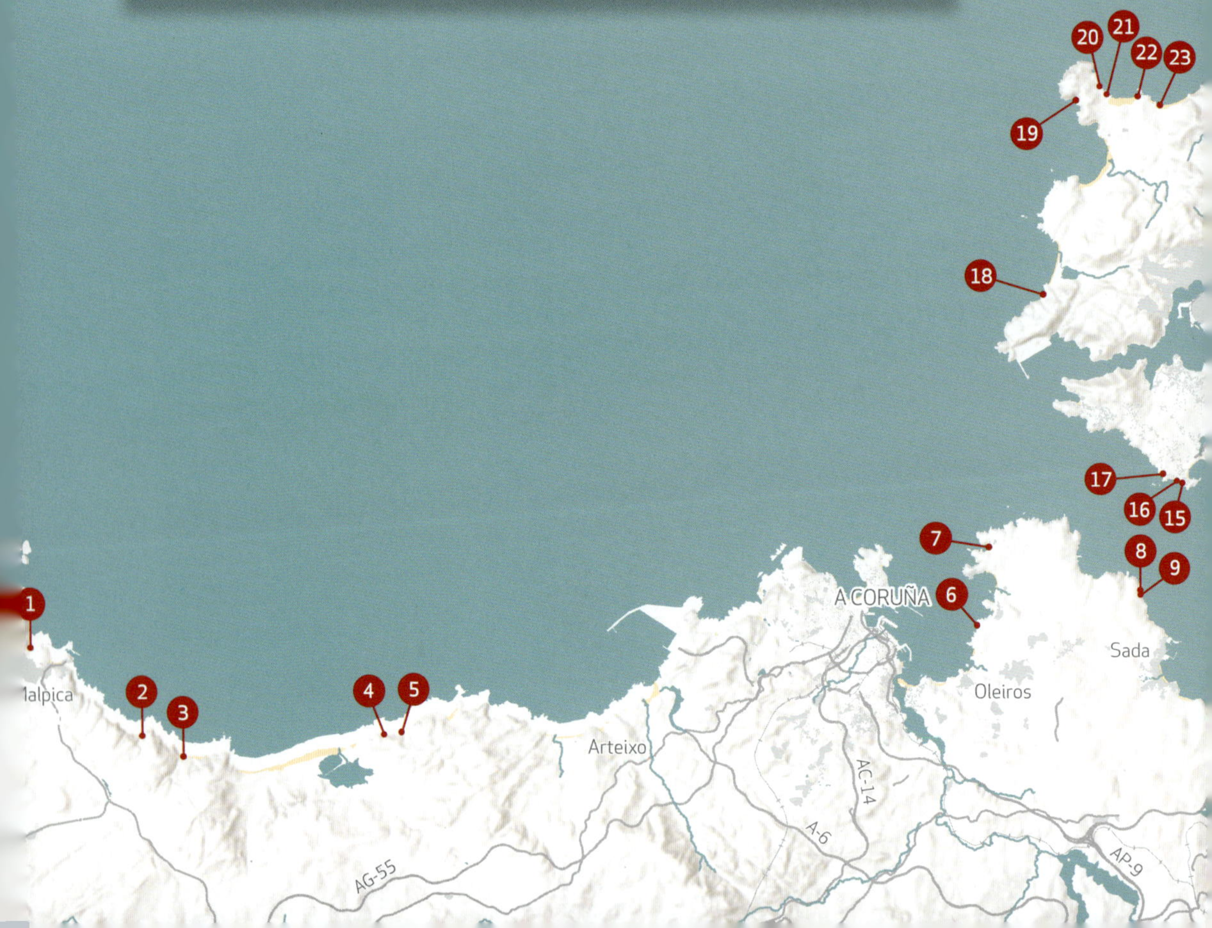

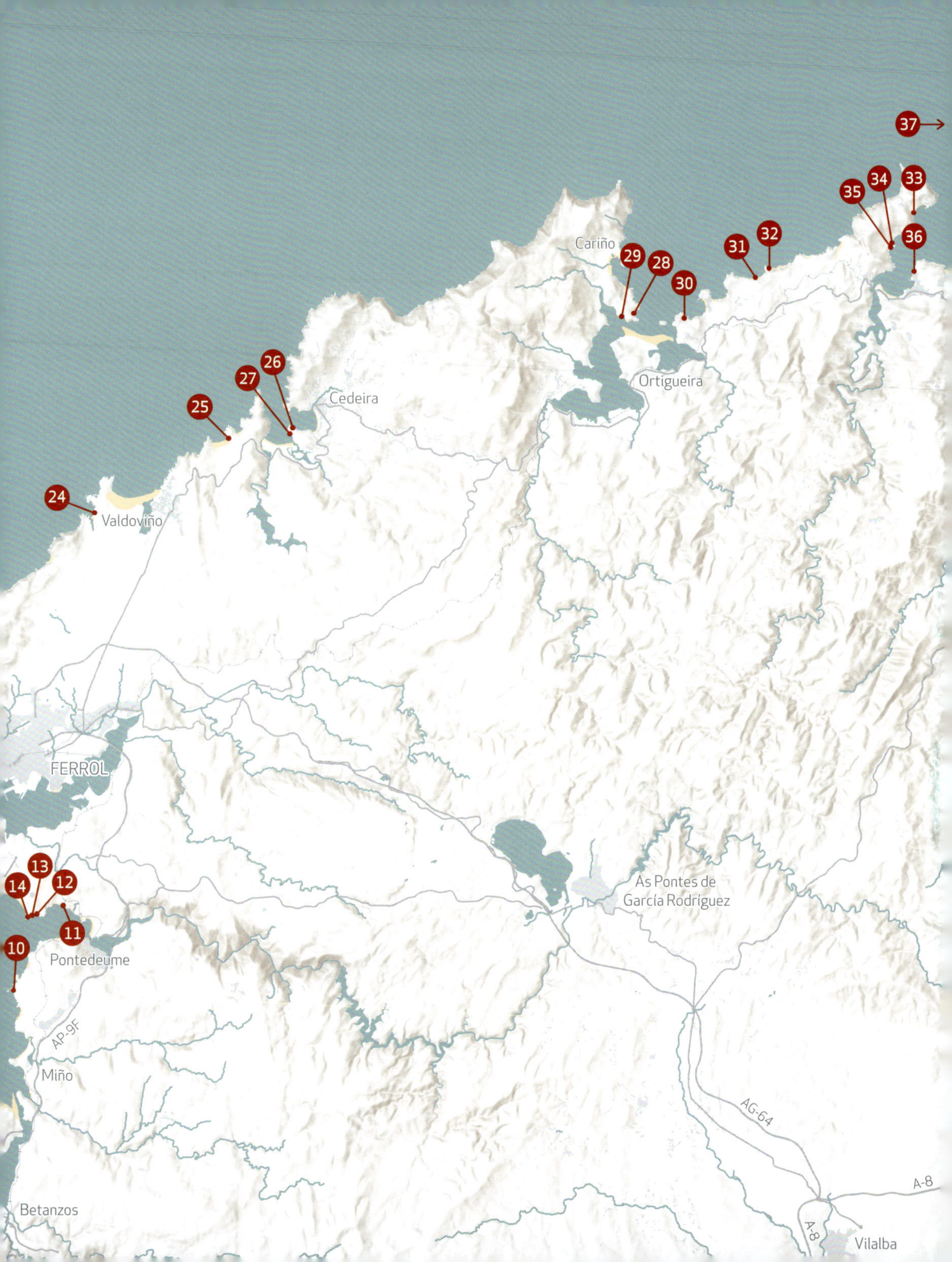

37
35
34
33
Cariño
29
28
31
32
36
30
26
27
25
Cedeira
Ortigueira
24
Valdoviño
FERROL
13
14
12
11
10
Pontedeume
As Pontes de
García Rodríguez
AP-9F
Miño
AG-64
A-8
A-8
Betanzos
Vilalba

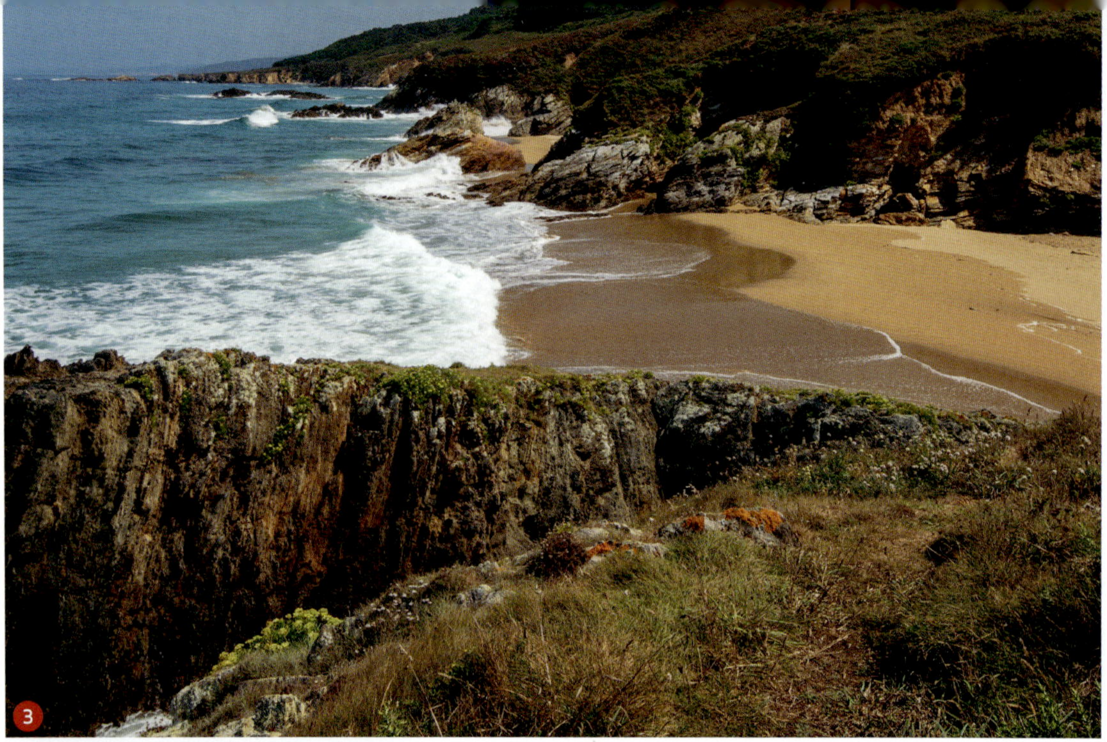

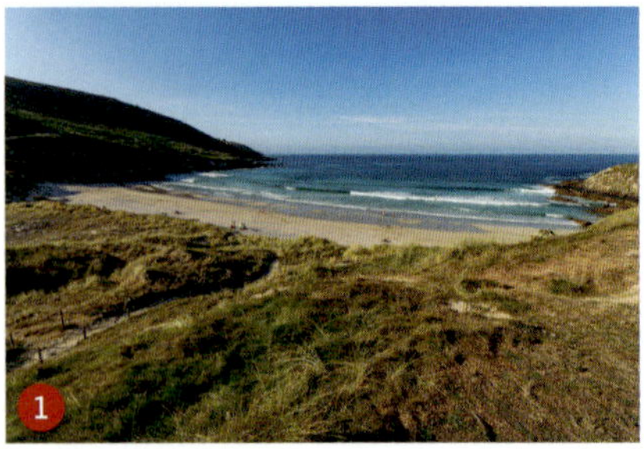

Die dichte, grüne Küste der Costa Verde erstreckt sich über mehr als 350 Kilometer – von Galicien im Westen bis Asturien im Osten – und viele ihrer unberührten, versteckten Strände liegen in einer wilden, natürlichen Umgebung. Leuchtende Farben empfangen uns in der gigantischen Bucht Golfo Ártabro. Ein Teppich aus gelbem Ginster, lila Heidekraut, rosa Ackerwinde und grünem Meerfenchel bedeckt die Hänge. Wälder aus dunklen Pinien und Steineichen, durchsetzt mit weißen Eukalyptusstämmen und bis zu 600 m hohe Klippen zieren Spaniens „grüne Küste".

Wir sitzen auf dem Grashang der Praia de Seaia (1) und betrachten den weiten Sandstrand und die mächtigen Atlantikwellen. Es ist die goldene Stunde, kurz nachdem die Sonne untergegangen ist, der perfekte Zeitpunkt für das wohl-verdiente Bad im Meer. Ein wenig eingeschüchtert wagen wir uns in die Wellen und unterdrücken einen Aufschrei, als das kalte Wasser um unsere Beine peitscht. Das Gefälle ist sanft, doch das Wasser kann trügerisch sein, und an diesem einsamen Küstenabschnitt gibt es keinen Rettungsschwimmer. Indem wir unseren Körper als Surfbrett benutzen, springen wir auf die nächste Welle und lassen uns ans Ufer tragen. Lachend und kreischend reiten wir eine Welle nach der anderen und fühlen uns wieder wie Kinder. Hinterher setzen wir uns in den Sand, und sind froh, am Leben zu sein. ▶

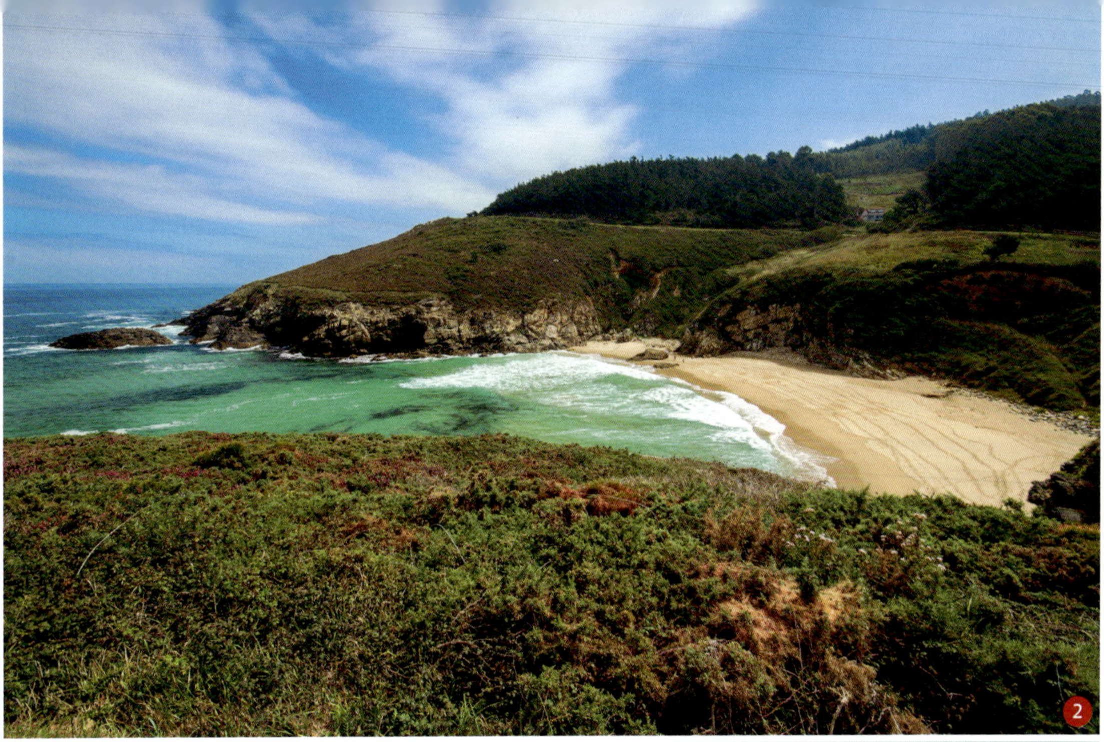

Von Malpica de Bergantiños bis Carballo

1 PRAIA DE SEAIA, MALPICA DE BERGANTIÑOS

Grüne Hänge fallen sanft zu diesem weiten, wundersamen Strand ab. Schön für Familien und Surfer. Vorsicht beim Schwimmen.

➔ Von Beo auf der DP-4307 für 1,2 km Richtung Nordosten, links auf die Rúa A Camuza C, nach 85 m links auf die Rúa A Camuza C/Rúeiro do Castiñeiro. Nach weiteren 130 m rechts auf die Estrada da Praia/Rúa A Camuza C und weiter auf der Estrada da Praia für ca. 800 m, dann links oberhalb vom Strand parken. Über die Holzstufen und einen schmalen Weg zum Strand. Parken 43.3268, -8.8272

Leicht 2 Min. 43.3278, -8.8279

2 PRAIA DE SAN MIRO, MALPICA DE BERGANTIÑOS

Genießen Sie den Ehrfurcht gebietenden Blick über den Atlantik von diesem, von hohen Klippen umgebenen Strand aus. Pinien und Eukalyptusbäume spenden an einem Nachmittag Ende August willkommenen Schatten. Ein kleiner Wasserfall und zwei Bäche sorgen für besonderen Charme. Keine Rettungsschwimmer, also vorsichtig sein! FKK möglich, aber kein Muss. Keine Hunde. **Camping Sisargas (campingsisargas.com): netter Campingplatz, der von einer Kooperative junger, hilfsbereiter Spanier betrieben wird. Pool und Tennisplatz. Täglich frisches Brot.**

➔ Vom Dorf Escras auf der Straße Escras für 1,9 km Richtung Nordosten, dann parken und dem Bohlenweg zum Strand folgen. Parken 43.2993, -8.7683

Leicht 5 Min. 43.2995, -8.7674

3 PRAIA DO RÍAS, MALPICA DE BERGANTIÑOS

Windgeschützt durch niedrige Klippen. Bei Flut verschwindet der Strand unter den Wellen. Bei Ebbe taucht der Sand wieder auf und erstreckt sich bis zum benachbarten Praia As Torradas. Schwimmen nur mit besonderer Vorsicht. Kinder können in dem Bach auf der linken Strandseite spielen. Perfekt für Familien.

➔ Von Cambre auf der Bicerran für 2,1 km Richtung Nordosten, dann parken und dem Weg zum Strand folgen. Parken 43.2931, -8.7469

Leicht 5 Min. 43.2932, -8.7459

4 PRAIA DE ARNELA, CARBALLO

Kleiner Sandstrand zwischen wilden felsigen Hängen und Klippen. Große Höhle.

➔ Von O Castelo auf der DP-1909 für 3,4 km Richtung Nordosten. Beim Kreisverkehr die vierte Ausfahrt auf die Imende und nach knapp 2 km beim grünen Recyclingpunkt rechts. Nach 260 m rechts auf die Pedra Sal und weiter bis zum Parkplatz. Über den steilen Steinweg bergab. Parken 43.3073, -8.6447

Leicht 5 Min. 43.3068, -8.6435

5 PRAIA DE LEIRA, CARBALLO

Kleine wilde Bucht mit feinem, weichem Sand. Bei Ebbe durchziehen herrliche kleine Bäche den Sand, und große Felsformationen werden sichtbar. Je nach Gezeitenkalender perfekt für ein vorabendliches Fußballspiel. Hunde erlaubt.

➔ Von Leira auf der Pedra Sal für 1,4 km Richtung Südwesten. Am Straßenrand parken und dem schmalen Weg zum Klippenrand folgen, rechts halten, um den Hang herum und über einen Fluss springen. Dem Weg weiter folgen bis zu den Stufen zum Strand auf der rechten Seite der Bucht. Parken 43.3080, -8.6359

Mittel 5 Min. 43.3084, -8.6350

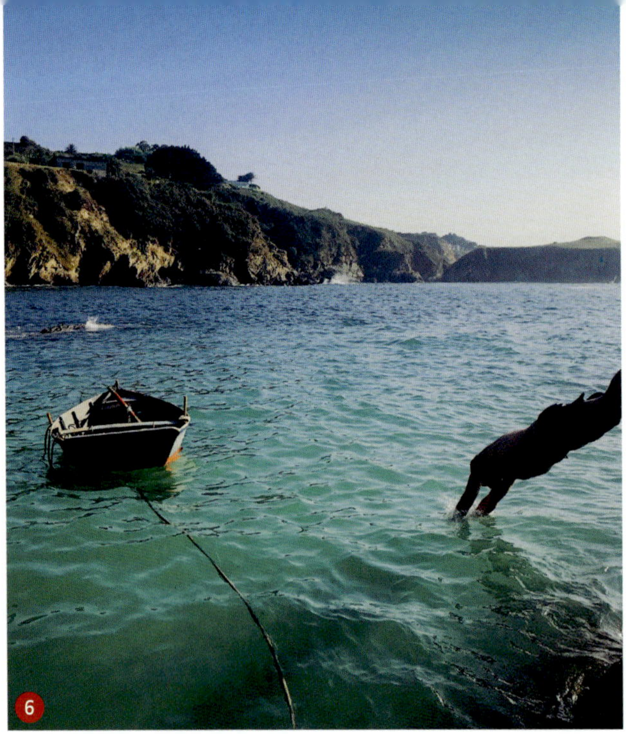

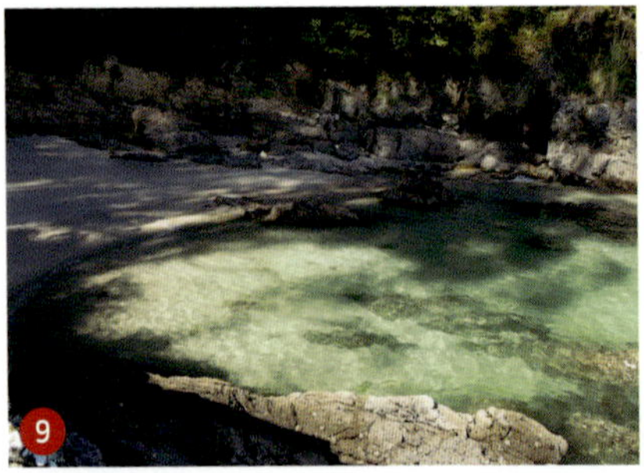

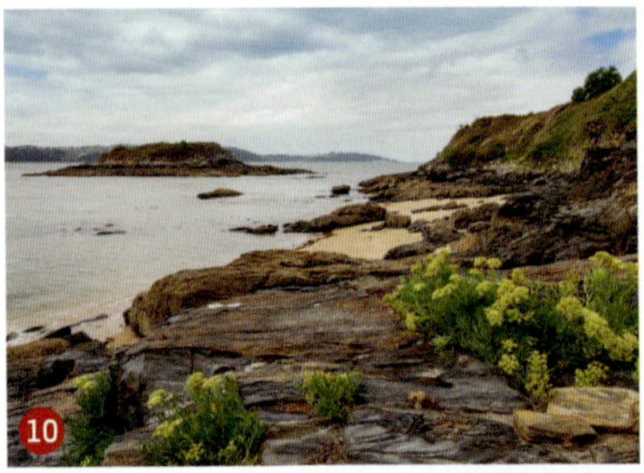

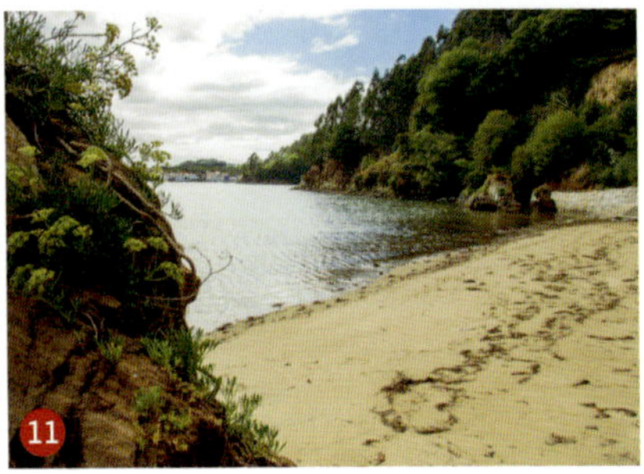

Landstraßen schlängeln sich zwischen grünen Berghängen hindurch zu kleinen Buchten und Stränden, die gut getarnt zwischen Landspitzen liegen, geschützt vor den kräftigen Atlantikwinden. Hohe Gräser und Riesenschilf wogen im Wind, als würden sie La Muiñeira tanzen. Die Küste bei der Praia de Leira (5) ist mit Felsen gespickt, die aussehen wie Dracheneiner, und ein glitzernder Bach plätschert melodisch über die Felsen an den Strand. So viel natürliche Schönheit inspirierte auch Manuel Rivas, den berühmten galicischen Schriftsteller, Dichter und Journalisten und einer der Gründer von Greenpeace Spanien. Seine Romane und Gedichte feiern diese schroffe und dennoch so gefährdete Landschaft und kritisieren jene, die sie verschmutzen und zerstören. Durch seine Literatur hilft Rivas uns auch, die beklemmende Diktatur zu verstehen, unter der Spanien im letzten Jahrhundert litt – *Die Zunge der Schmetterlinge* und *Der Bleistift des Zimmermanns* wurden sogar verfilmt.

In der Hafenstadt A Coruña, die vom 16. bis zum 19. Jahrhundert die Hauptstadt des Königreichs Galicien war, besuchen wir den prächtigen Herkulesturm. Dieser alte römische Leuchtturm, der zweitgrößte Spaniens, ist bis heute in Betrieb. Laut Legende kam der griechische Kraftmensch nach Galicien, ▶

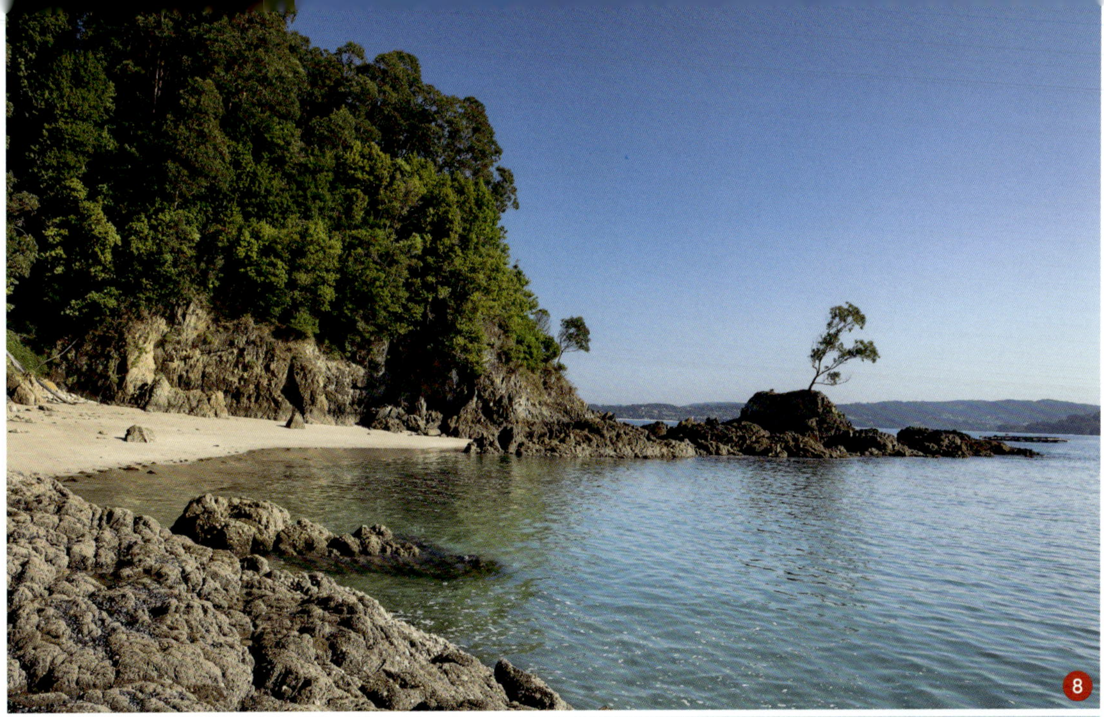

Von Oleiros bis Fene

6 PRAIA DAS MARGARITAS, OLEIROS

Der kosmopolitische *Gänseblümchenstrand* liegt an der Ría da Coruña gegenüber von A Coruña. Klares, ruhiges Wasser, bei Ebbe perfekt zum Schwimmen, bei Flut zum Springen. Cooler, urbaner Vibe. *Zona nudista* rechts von der Treppe. Camping Velo-Mar (campingvelo- mar.com): nett, familiengeführt, öko.

→ Von Breixo auf der Rúa do Mar ca. 570 m nach Westen, dann rechts auf die Praia As Margaritas. Nach ca. 570 m rechts auf die Rúa Cardal und beim Gemeinschaftszentrum parken. Zu Fuß zurück zur Praia As Margaritas, rechts bergab und der Gasse bis zu Betonstufen folgen. Stufen hinuntergehen und links zum Strand.
Parken 43.3634, -8.3421
Mittel 10 Min. 43.3631, -8.3463

7 PRAIA DE CANABAL, OLEIROS

FKK-Strand mit ruhiger See und goldenem Sand, in der Mitte geteilt durch einen schmalen Felskeil. Baden mit Blick auf den Herkulesturm in der Ferne. Weitere Bucht rechts über die Felsen (oder drumherum schwimmen).

→ Oleiros auf der Rúa Seixo Branco Richtung Norden verlassen, nach 450 m am Straßenrand parken und über den Bohlenweg links zum Strand.
Parken 43.3913, -8.3409
Leicht 5 Min. 43.3914, -8.3434

8 PRAIA DE LOURIDO, SADA

Unberührter Strand, der bei Flut verschwindet, mit herrlich grünem Wasser. Der Zugang durch dichte Vegetation ist etwas beschwerlich.

→ Von Carnoedo auf der Aldea Pedreira für 280 m Richtung Norden, beim Telegrafenmast links halten, um auf der Aldea Pedreira zu bleiben. Irgendwo parken und die Aldea Pedreira weiter bis zu einem gelben Haus. Dem Weg rechts neben dem Haus 40 m folgen, bei der Weggabelung links und um die Landspitze herum zum Strand (rechts).
Parken 43.3771, -8.2654
Mittel 5 Min. 43.3802, -8.2650

9 PRAIA SABRINA, SADA

Wilder, einsamer Strand. Heikler, gefährlicher Zugang. Bei Flut verschwindet der Sand.

→ Wegbeschreibung siehe Praia de Lourido (8), aber bei der Weggabelung rechts. Nach 35 m links zum Strand.
Schwer 15 Min. 43.3784, -8.2646

10 PRAIA DE INSUA & CALA DA INSUA (GRANDE), PONTEDEUME

Zwei FKK-Strände mit goldenem Sand und ruhiger See. Camping Miño Dos Playas (campingdosplayas.com): einzigartige Lage mit Blick über die Mündung des Río Baxoi, tolle Bar mit Billardtisch.

→ Von Perbes auf der DP-4803 für 550 m Richtung Norden, dann links auf den Camiño A Barrosa, wo man ein blaues Schild nach *Marstas* sieht. Die Straße wird zu A Ínsua, nach 600 m scharf links, um auf der Straße zu bleiben. Parkplatz links. Schild und Weg zum Strand folgen. Weiterer Strand bei 43.3858, -8.2212.
Parken 43.3860, -8.2200
Leicht 5 Min. 43.3856, -8.2203

11 PRAIA DE COIDO, FENE

Feiner Sand, ruhiges Wasser. Schöner Blick über die Bucht zu den bunten Häusern von Porto de Redes.

→ Von Redes auf der AC-124 für 1,1 km Richtung Norden, dann rechts auf die AC-122 Richtung Cabanas. Nach 30 m rechts Richtung *Playas* und wieder rechts auf die Rúa Fonte. Nach 1 km am Straßenrand parken und dem Weg zum Strand folgen.
Parken 43.4268, -8.1930
Leicht 5 Min. 43.4258, -8.1925

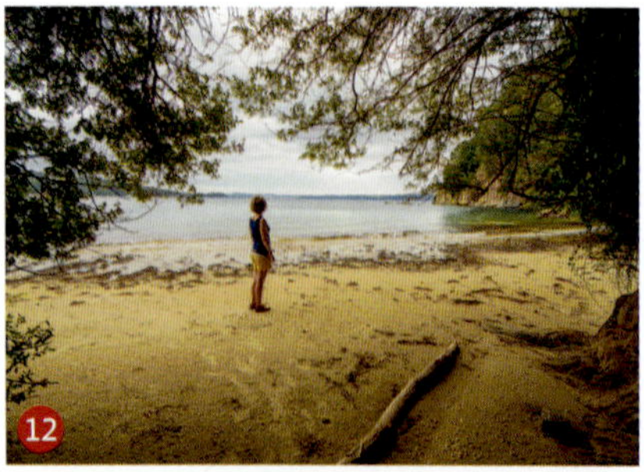

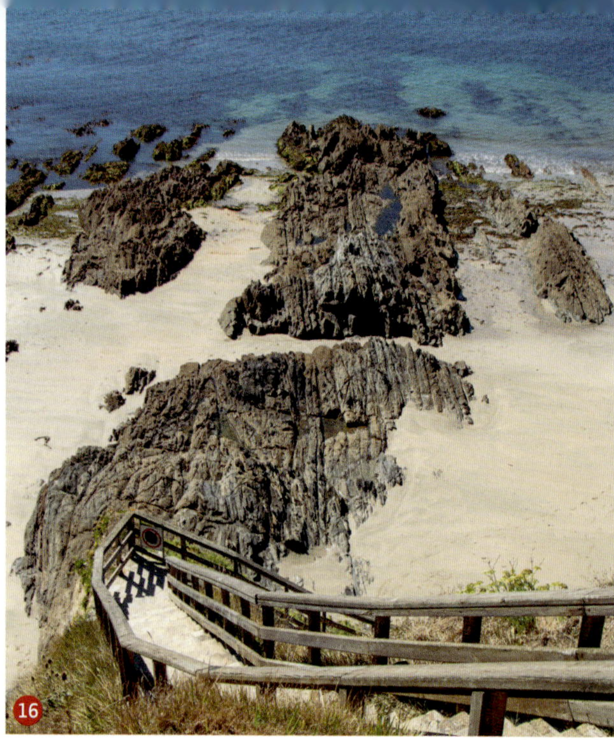

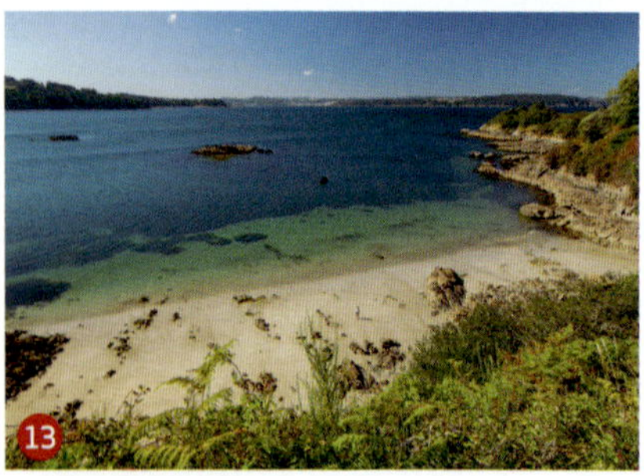

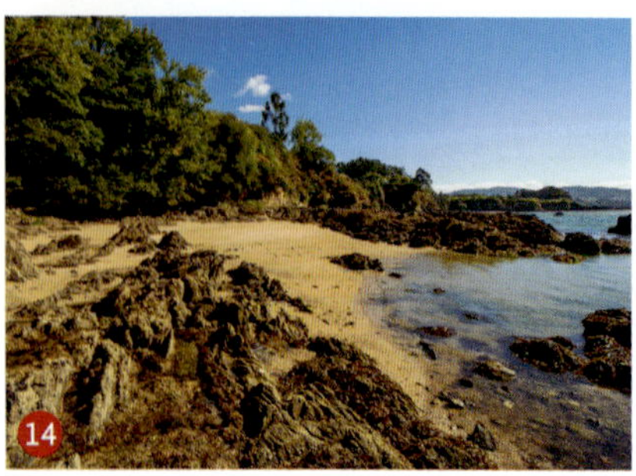

um das Land von einem tyrannischen Riesen namens Geryon zu befreien. Nach einem dreitägigen Kampf besiegte Herkules seinen Gegner und baute den Turm an der Stelle, wo er den Kopf des Riesen begraben hatte. Eine andere Legende erzählt, dass Breogán, Anführer der Gälen, hier eine Stadt namens Brigantium gründete und einen Turm baute, der groß genug war, um bis nach Irland zu sehen. Am Stadtrand schauen wir bei einem Vorstadtstrand vorbei: Praia das Margaritas (6). Einheimische Hipster lungern auf Felsvorsprüngen und rauchen Selbstgedrehte. Rechts von uns sind nackte, links bekleidete Menschen. Es herrscht eine entspannte Atmosphäre. Am späten Nachmittag springen wir bei Flut von den umliegenden Felsen ins blaugrüne Meer.

Die Strände in der schönen Ría de Ares sind vor den Böen und Strömungen des Atlantiks gut geschützt und ausgezeichnet zum sicheren Baden und für Familienpicknicks geeignet, mit lauschigen Ecken zwischen Bäumen und Felsen. An der Praia da Barrosa (17), ein großer geschützter Strand und Teil der Küstenregion As Mirandas, hören wir die Liebesgeschichte zwischen einem Seemann und einer Meerjungfrau, die in As Mirandas lebte. Angeblich wuchsen der Meerjungfrau Beine, und sie lebten glücklich bis an ihr Lebensende.

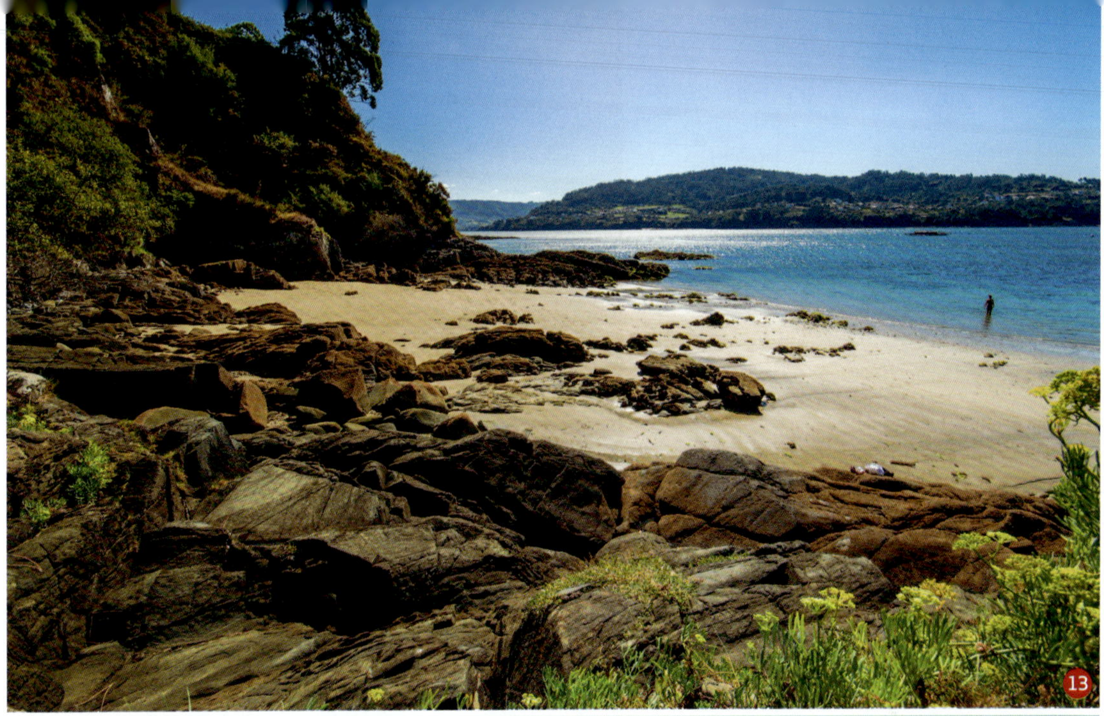

13

Ría Ares

12 PRAIA DE SABADELLE

Hübscher, von Bäumen gesäumter Strand mit sanften Wellen und Blick über die Ría de Ares. Schön für Familien und Romantiker.

➔ Von Redes auf der Rúa de Abaixo Richtung Norden und nach 90 m links auf die Aldea Redes. Nach 250 m wieder links Richtung *Club de Tenis* auf die Rúa Nova. Nach 650 m bei einem Telegrafenmast rechts und der schmalen, nicht beschilderten Straße 130 m folgen, dann parken. Dem Weg zum Strand folgen.
Parken 43.4217, -8.2082
Leicht 2 Min. 43.4212, -8.2090

13 PRAIA DE LOLA

Bei Ebbe ist dieser Sandstrand mit Felsen gespickt, die mit Muscheln und Schalentieren bedeckt sind, bei Flut verschwindet er. Steile Kletterpartie, und im Spätsommer muss mit aguas vivas (besonders hohe Flut) gerechnet werden. Camping A Raso (campingoraso-galicia.com): unprätentiöser Campingplatz am Strand mit tollen Duschen.

➔ Von Redes auf der AC-124 Richtung Nordwesten, dann bei einem lachsfarbenen Haus links auf die Aldea Curma. Die Straße wird zur Aldea Mazaido und dann zur Aldea Raso. Nach 450 m links auf einen nicht beschilderten Weg und nach 150 m irgendwo parken. Dem Weg nach rechts folgen, nach 90 m durch eine Lücke in der Hecke links und den steilen Weg zum Strand hinunter.
Parken 43.4212, -8.2115
Schwer 5 Min. 43.4205, -8.2120

14 ISLOTE MOURON

Dieser geheimnisvolle Strand taucht nur bei Ebbe auf, und man muss ein bisschen klettern, also vernünftige Schuhe anziehen.

➔ Wegbeschreibung siehe Praia de Lola (13), aber bei der Straßengabelung am Ende der Aldea Raso rechts halten, dem Weg 300 m folgen und wenn man nicht weiter fahren kann, parken. Nach einer Lücke im Gebüsch suchen und den steilen Weg zum Strand hinunterklettern.
Parken 43.4199, -8.2152
Schwer 5 Min. 43.4196, -8.2145

15 PRAIA DE CENTEAS

Schön zum Schwimmen und für Familienstrandspiele. Gezeitentümpel, klares Wasser und weißer Sand. Am besten bei Ebbe.

➔ Von Ares auf der Rúa Praia de Estacas für 80 m Richtung Südwesten, dann bei den Häusern links auf die Estacas. Nach 210 m an der Straßengabelung links, um auf der Estacas zu bleiben, nach 110 m links halten und nach weiteren 150 m am Straßenrand parken. Zu Fuß weitere 150 m der Straße folgen bis zum Schild zur *Praia de Centeas*. Stufen zum Strand.
Parken 43.4209, -8.2482
Leicht 1 Min. 43.4199, -8.2470

16 PRAIA DE ESTACAS

Großer Sandstrand mit Felsen, die aussehen wie knubblige Knie und lange knorrige Finger. Schön für Familien.

➔ Wegbeschreibung siehe Praia de Centeas (15), aber vom Parkplatz dem Weg Richtung Estacas 100 m folgen, bis zu den Stufen, die zum Strand führen.
Leicht 5 Min. 43.42038, -8.2500

17 PRAIA DA BARROSA

***Lehmstrand.* Großer Sandstrand, bei Ebbe Gezeitentümpel voller Getier.**

➔ Wegbeschreibung siehe Praia de Centeas (15), aber vor Estacas rechts auf As Mirandas und nach 650 m bei einer nicht beschilderten Straße links und weiter bis zum Parkplatz. 186 Holzstufen führen zum Strand. Parken 43.4225, -8.2565
Mittel 5 Min. 43.4226, -8.2575

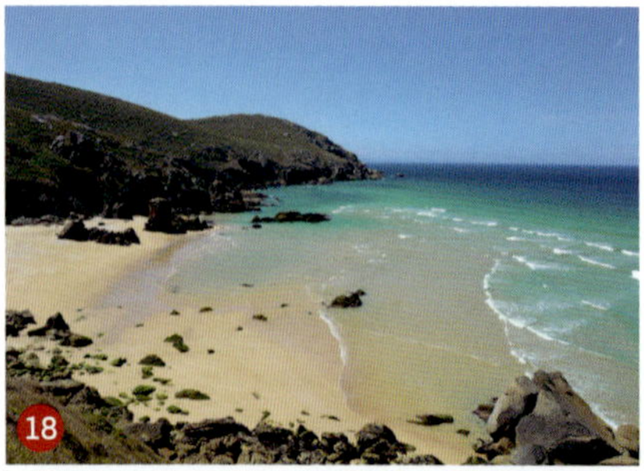

18

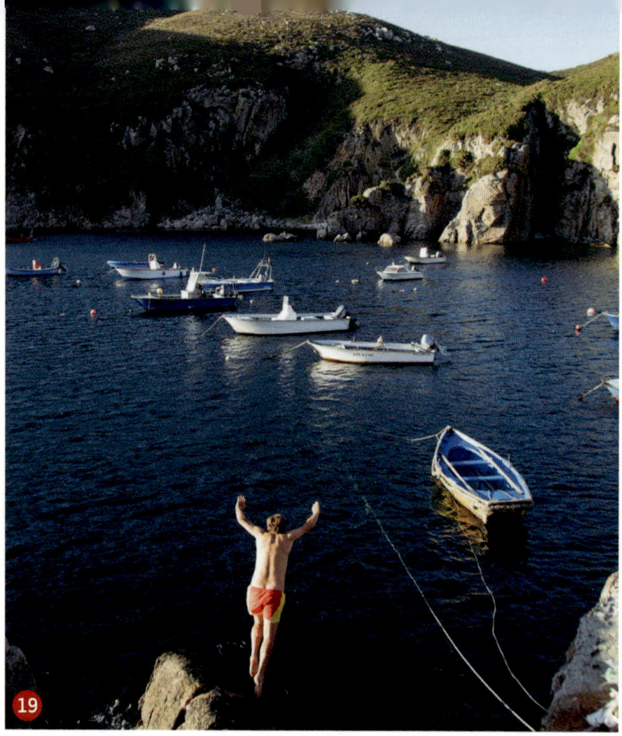

19

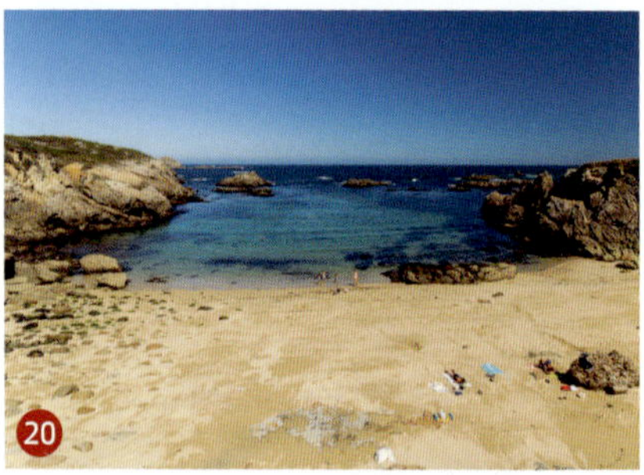

20

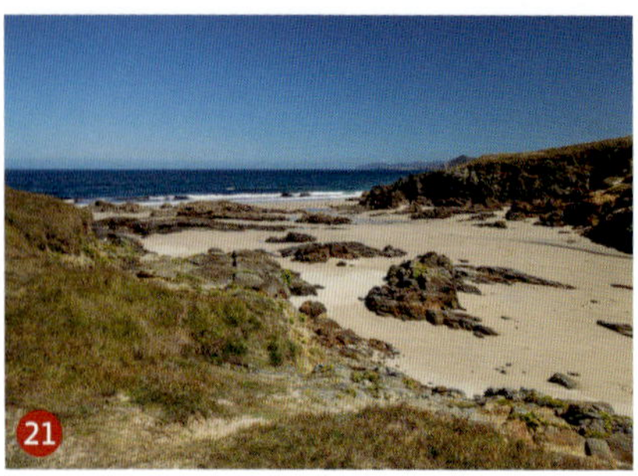

21

Ganze drei Burgen und eine Festung bewachen den Eingang der Ría de Ferrol. Philipp II. verwandelte den historischen Hafen von Ferrol, ursprünglich ein Fischerdorf, im 16. Jahrhundert in einen königlichen Flottenstützpunkt. Wir erkunden das Viertel Canido, das sich an eine mittelalterliche Stadtmauer schmiegt. Hier hat der einheimische Künstler Eduardo Hermida farbenprächtige moderne Versionen von Velasquez' berühmtem Gemälde Las Meninas geschaffen, sowohl als Protest gegen die soziale Vernachlässigung des Viertels als auch, um die Community zu verschönern. Durch die Unterstützung internationaler Künstler hat sich die Gegend gewandelt: Sogar ein Banksy-Graffiti ist aufgetaucht, das zwei Polizisten der Guardia Civil darstellt, die sich zärtlich küssen. Von Ferrol kann man sich auch auf den 112 km langen Camino Inglés (englischer Weg) begeben, der seit dem Mittelalter existiert und jüngst für englische, irische und nordeuropäische Pilger erneuert wurde, die mit dem Schiff kommen.

Ein Rundweg durch die von Ginster bedeckten Berge führt uns bergauf zu einem versteckten Fischerhafen, wo der Fang des Tages mit einer Winde zu einer Plattform hochgezogen wird. Das Wasser in der Cova do Varadeiro (19) ist tief, klar und so still, dass sich die dramatischen Klippen darin spiegeln. ▶

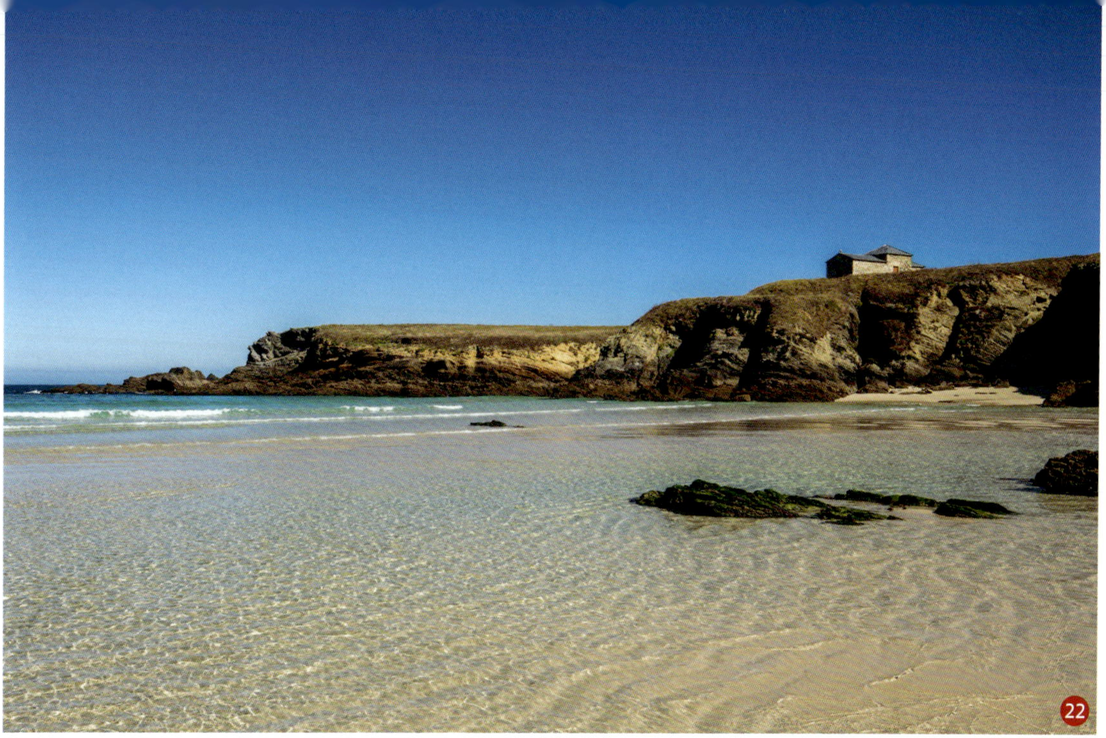

Ferrol

18 PRAIA DE LUMEBÓ

Der etwas heikle, schmale Weg sorgt dafür, dass dieser goldenen Sandstrand wenig besucht ist. Ein herrlicher Ort, um abzuschalten. Baden Sie im klaren blauen Ozean und genießen Sie einen der schönsten Sonnenuntergänge der galicischen Küste.

→ Von Fonta auf der Aldea Fonta für 1,4 km Richtung Nordwesten, am Restaurant Boa Onda parken und oberhalb von Penencia Playa parken. Zu Fuß Richtung Westen die Landspitze entlang, bis nach 200 m rechts ein Weg zum Strand führt (stellenweise gefährlich).
Parken 43.4868, -8.3229

Schwer 15 Min. 43.4837, -8.3250

19 A COVA DO VARADEIRO

Unvergessliche Fischerbucht. Man sieht von dort einen kleinen Strand, zu dem man nur schwimmen oder klettern kann.

→ Von Ferrol auf der DP-3603 Richtung Cabo Prior für 9,2 km, dann bei den Recyclingtonnen links auf den Prioiro Núcleo. Der Straße 2 km folgen, links halten und parken. Dem Weg zum Anleger folgen.
Parken 43.5540, -8.3144

Mittel 10 Min. 43.5544, -8.3153

20 PRAIA DO PORTO

Kleine, gezeitenabhängige Fischerbucht. Perfekt für Familien. Bar Rogelio: guter Kaffee an der Pedreira Núcleo.

→ Wegbeschreibung siehe A Cova do Varadeiro (19), aber nach 8 km rechts Richtung *O Porto*. Nach 850 m rechts beim Haus parken. Zu Fuß weiter auf der Straße nach rechts, bis nach 150 m links Steinstufen zum Strand führen.
Parken 43.5595, -8.3050

Leicht 5 Min. 43.5600, -8.3036

21 MARMADEIRO

Abgeschiedener Strand, früher Armeeschießplatz.

→ Wegbeschreibung siehe Praia do Porto (20), aber vom Parkplatz 180 m zurückgehen und direkt hinter dem Metalltor links über den Grasweg. Nach 200 m an der Kreuzung geradeaus weiter und über die Landspitze Richtung Strand.
Parken: 43.5567, -8.2978 oder vom Praia do Porto (20) zu Fuß

Leicht 4 Min. 43.5574, -8.2996

22 PRAIA DE SANTA COMBA

Großer, breiter Strand vor bewachsenen Sanddünen. Bei Ebbe gelangt man um die Landspitze rechts zu einigen Gezeitentümpeln. Auf der Landspitze thront die Ermida de Santa Comba, eine römische Einsiedelei mit Kirche, die man bei Ebbe über den Strand erreicht.

→ Von der DP-3603 in Ferrol auf die Aldea Núcleo Richtung *Ermida de Santa Comba*. Den Stufen zum Strand folgen.
Parken 43.5580, -8.2833

Leicht 2 Min. 43.5574, -8.2837

23 PRAIA DE PONZOS

Unberührter Sandstrand in wilder Umgebung. Kommen Sie zeitig, um sich den prächtigen Sonnenaufgang anzusehen. Für Rollstuhlfahrer geeignet. Links kleine Buchten mit traditionellen Fischerhäuschen und -booten. FKK.

→ Wegbeschreibung siehe Praia de Santa Comba (22), aber Abfahrt Richtung *Praias Ponzos* und nach 200 m rechts parken. An der Ostseite vom Parkplatz Stufen/Rampe zum Strand. Parken 43.5549, -8.2746

Leicht 2 Min. 43.5550, -8.2720

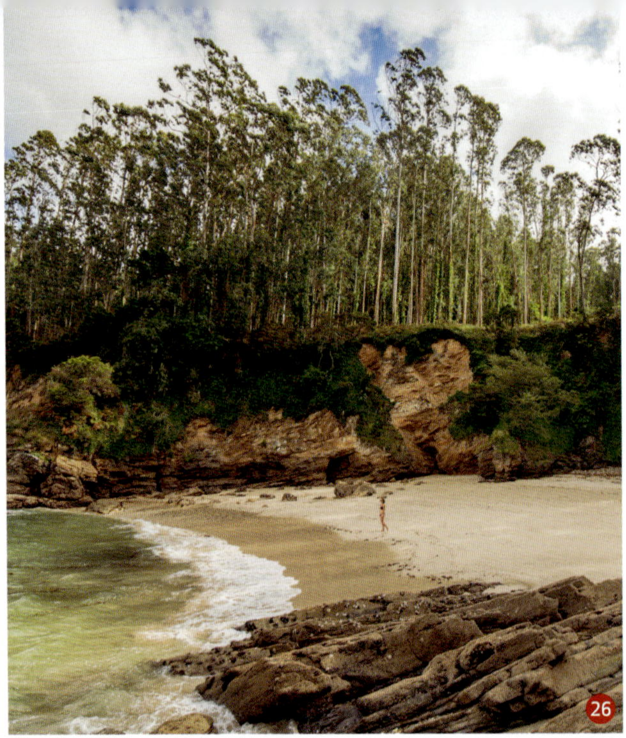

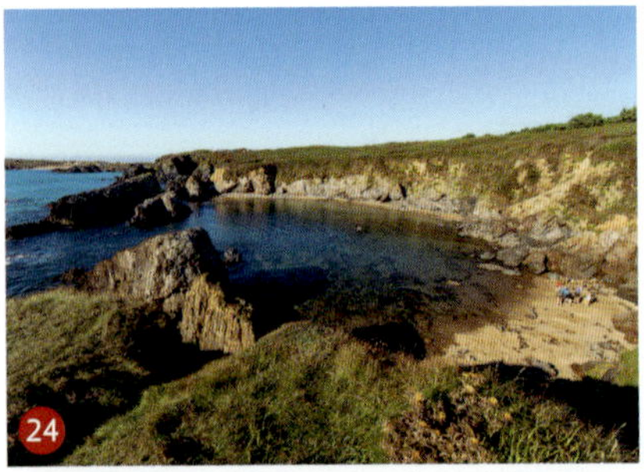

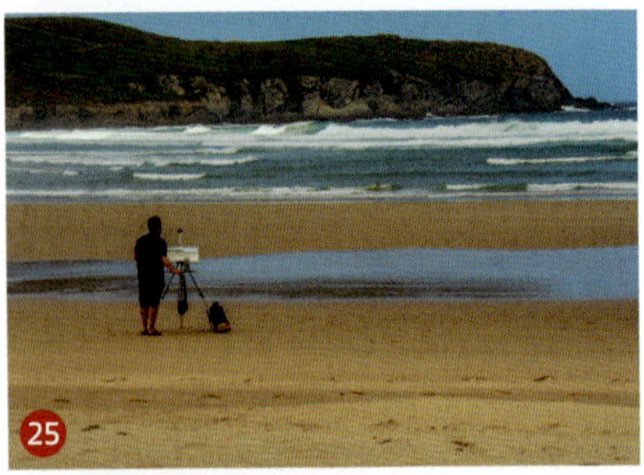

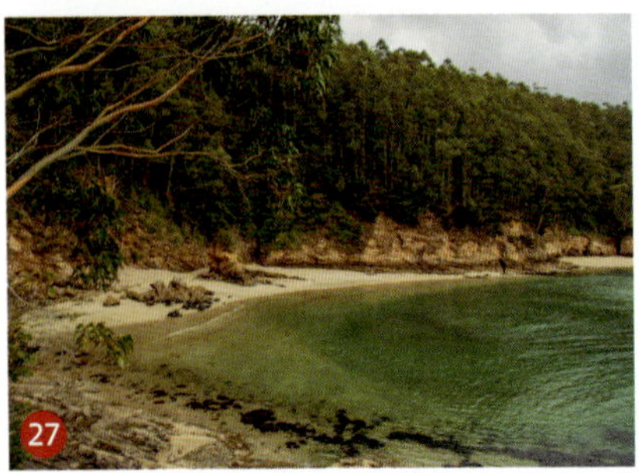

Dieser abgeschiedene, friedliche natürliche Pool ist ideal zum Schwimmen und um von den Felsen unterhalb der Plattform ins Wasser zu springen (nur wenn es ein Einheimischer vormacht!).

Das monumentale Cabo Ortegal ragt an der nördlichsten Spitze Galiciens ins Meer, und seine gigantischen Obelisken markieren die Stelle, wo Atlantik und Kantabrisches Meer aufeinandertreffen – die Biskaya. Halten Sie auf den drei dramatischen Felsinseln Os Tres Aguillóns Ausschau nach Meeresvögeln. Auch Wale und Delfine sind häufige Besucher. Wir lieben das nahgelegene Fischerdorf Cariño schon allein wegen seines Namens, der so viel wie „Liebling" oder „Schatz" bedeutet. Laut Legende wurde die Tochter der keltischen Königin Señora de Castro hier begraben. Als die betrübte Mutter mit dem Keltenkönig Ith davonsegelte, flüsterte sie „Adiós Cariño".

Wieder an der Atlantikküste schwimmen wir in den poolartigen Buchten der Praia do Pozo (24). Am Berghang spielt eine Gitarristin, deren Silhouette sich vor dem flammenden Sonnenuntergang abzeichnet, die letzten Akkorde dieses Tages. In Valdoviño findet an der Praia Pantín zufällig gerade eine internationale Surfmeisterschaft statt. Für eine Weile lassen ▶

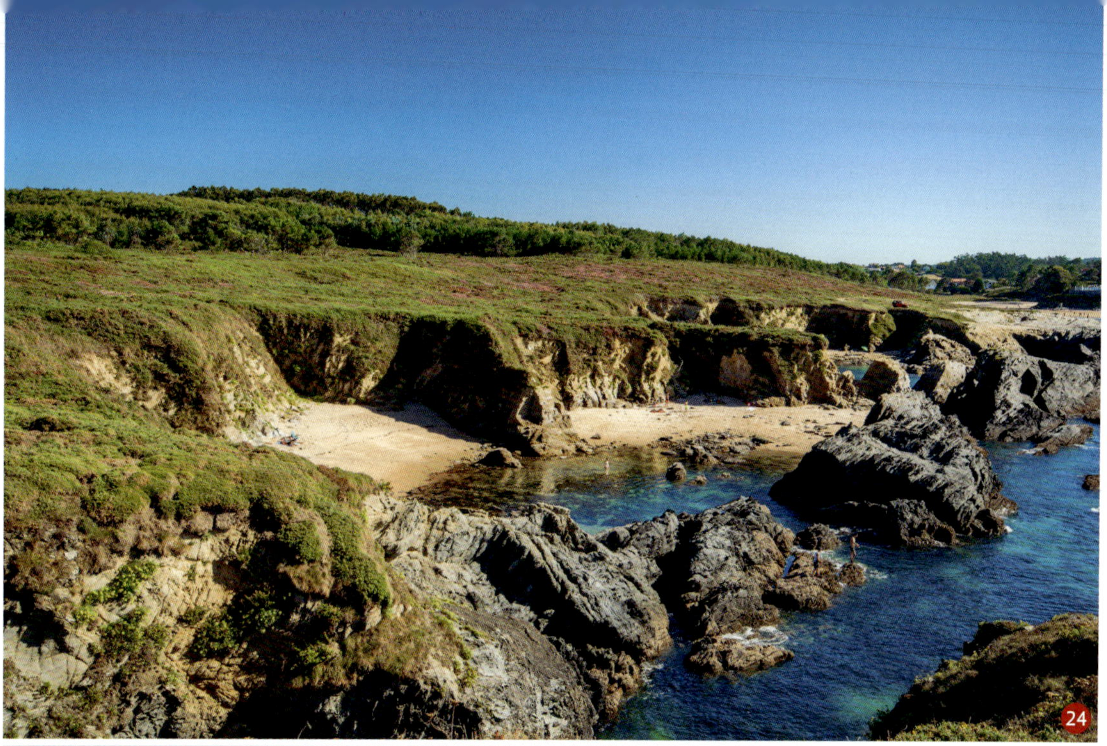

Valdeviño

24 PRAIA DO POZO

***Brunnenstrand.* Zwei miteinander verbundene, gut versteckte Buchten. Toll für Familien. Vorsicht: rechtzeitig vor der Flut aufbrechen, weil der Rückweg sonst schnell abgeschnitten ist.**

→ Von Taraza auf der Aldea Taraza 2,3 km Richtung Norden, links über den Berg und nach 130 m parken. Wenn man aufs Meer blickt, dem Weg links durchs Gebüsch 180 m folgen, dann den kleinen Weg rechts zur ersten Bucht. Zur zweiten gelangt man über die Felsen. Oder man folgt dem Weg oberhalb der Buchten weitere 130 m bis zu einem steilen Zugang zum zweiten Strand. Parken 43.6066, -8.1907

Mittel 10 Min. 43.6047, -8.1911

25 PRAIA DE PORTO CARRIZO

Wunderschöner FKK-Strand mit einer Reihe weißer Sandbuchten. Nebenan finden an der Praia Pantín Surfmeisterschaften statt. Camping Valdeviño (camping-valdovino.com): Surfshop, erstklassiges Restaurant und Bar, leckere Pizza zum Mitnehmen, Pool.

→ Von O Freixo 300 m Richtung Nordosten, nach weiteren 120 m links Richtung Praia do Baleo und nach 400 m irgendwo parken. Dem Weg rechts (kurz vor der Parkmöglichkeit) folgen, dann um die Landspitze bis zum Weg zum Strand. Auf die Gezeiten achten. Am linken Strandende gibt es einen weiteren Zugang. Parken 43.6422, -8.1076

Leicht 5 Min. 43.6430, -8.1087

26 PRAIA DE MI SEÑORA

***Strand meiner Dame.* Besonders gut versteckte Bucht. Weicher goldener Sand, efeubewachsene Klippen mit Pinien- und Eukalyptuswald. Bei Flut verschwindet der Strand unter den Wellen, und wenn Sie baden, bleiben Sie wegen der Strömungen in Strandnähe. Der Weg mit roten und grünen Wegweisern führt weiter zum Leuchtturm von Robaleira und zur Cala Burbullas.**

→ Von Cedeira dem Camiño Real da Magdalena folgen und am linken Ende der Praia da la Magdalena parken. Der steilen Straße 300 m bis zu einer Kreuzung folgen und die erste rechts (Lugar de Santallamar). Weitere 175 m, vorbei an einer ramponierten Informationstafel (rechts). Hier wird die Straße zu einem Waldweg. Nach 1 km sieht man eine weitere Informationstafel (43.6485, -8.0685), hier rechts. Nach 80 m über die Klippen zum Strand – wir haben Seile gefunden, an denen wir uns abseilen konnten. Auch mit dem Kajak zugänglich (facebook.com/rutascedeira). Parken 43.6486, -8.0525

Schwer 45 Min. 43.6499, -8.0676

27 CALA BARBULLAS

Die Ría das Mestas mündet hier in den Atlantik und formt eine schöne Bucht. Die Landspitze ist ein fantastischer Aussichtspunkt, um den Surfern gegenüber am Praia de Vilarube zuzusehen. Mit Kajak leicht zugänglich.

→ Wegbeschreibung siehe Praia de Mi Señora (26), aber bei der zweiten Informationstafel links und dem Weg folgen, bis man links Buchten sieht.

Mittel 30 Min. 43.6471, -8.0691

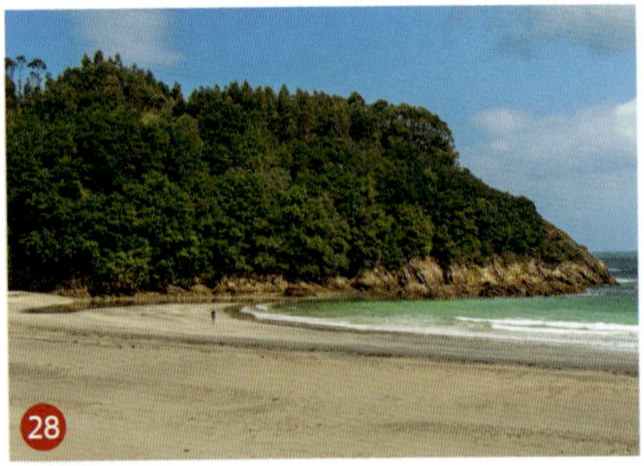

28

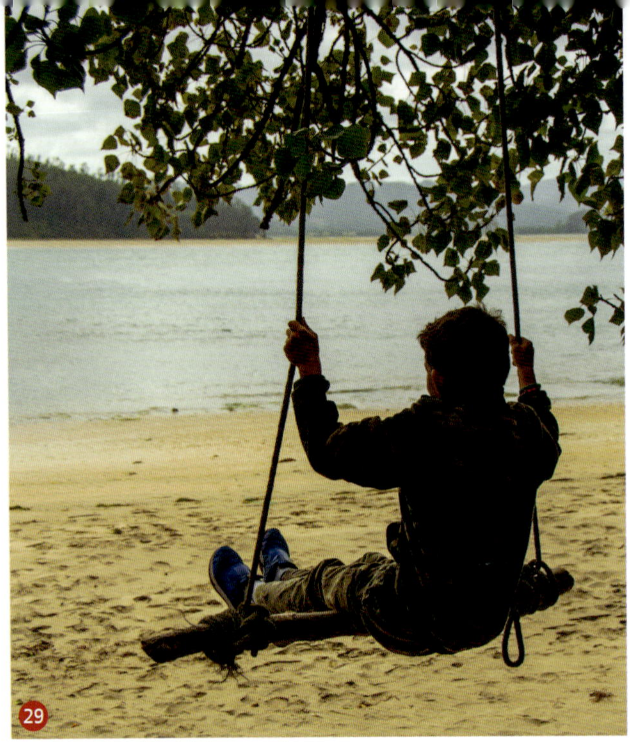

29

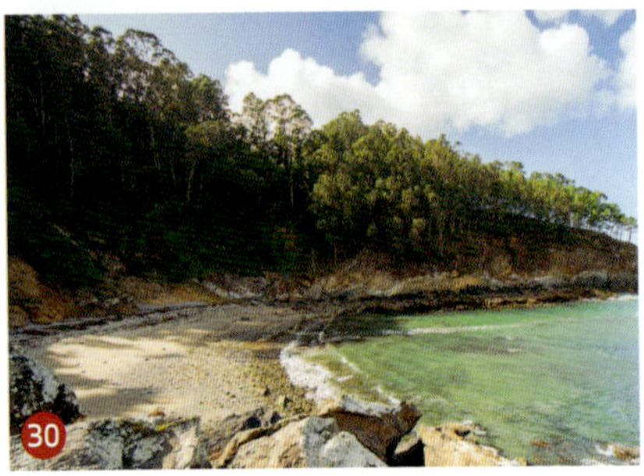

30

wir uns von den akrobatischen Kunststücken dieser Spitzensportler verzaubern, bevor wir uns in unser kleines Nirwana zurückziehen – ein versteckter Strand. Die halbrunde Praia do Porto (20) mit ihren Minibuchten zwischen kleinen Landspitzen ist ein Paradies für alle Ruhesuchenden.

Auf den Klippen der Acantilados de Loiba erwartet uns ein atemberaubender Blick. Aus dem Meer darunter ragen die spitzen Felsen der Tres Marias wie Hexenhüte, und die Atlantikwellen krachen gegen die Peña de Furada, einen riesigen, doppelten Felsbogen. Zu unserer Linken liegt der riesige Strand Praia do Sarridal (31). Wir brauchen 20 Minuten, um über den Zickzackweg durch wogende Gräser zur schroffen Praia do Carro (32) hinunterzuklettern. Die felsige Küste ist mit roten Algen übersät, mit denen traditionell die Felder oberhalb der Klippen gedüngt werden. Wir entledigen uns unserer Kleider und steigen zaghaft ins kristallklare, eiskalte Wasser. Nachdem wir uns an die Kälte gewöhnt haben, lassen wir uns auf dem Rücken in den Gezeitentümpeln treiben. Voller Euphorie legen wir uns auf einen großen warmen Felsbrocken, um uns in der Sonne trocknen zu lassen, zusammen allein und eins mit der Natur. An unserem nächsten Strand, der muschelförmigen Praia da Concha (33), genießen wir ▶

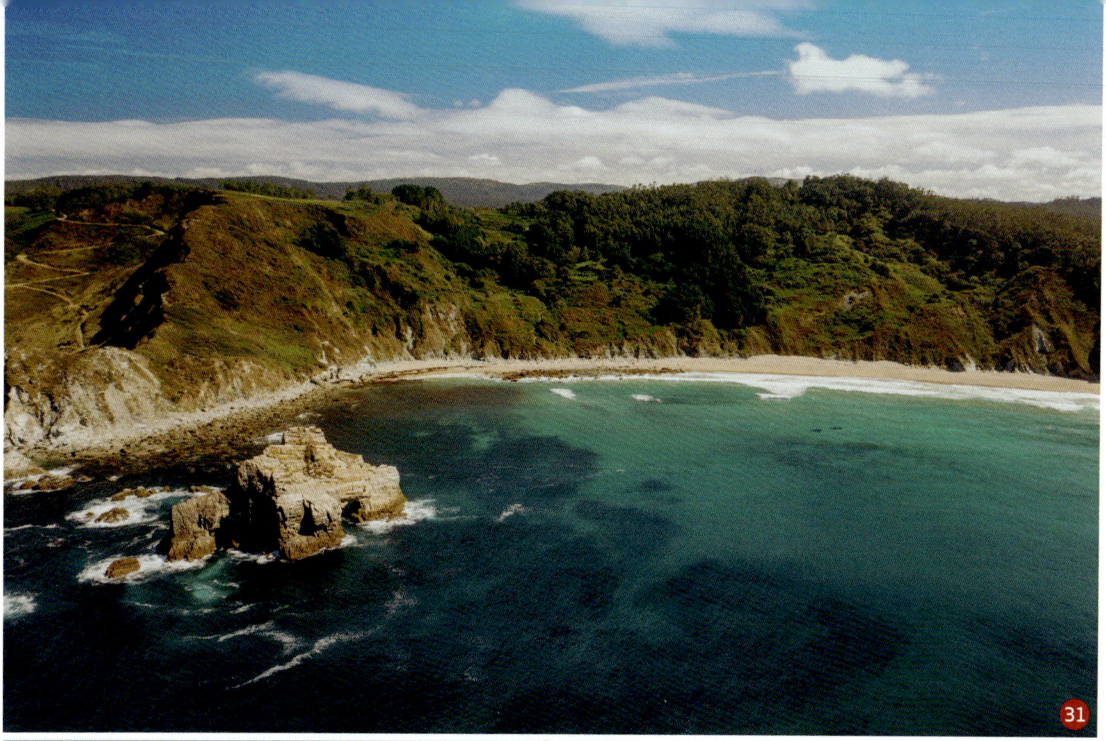

Von Cariño bis Ortigueira 1

28 PRAIA DE FORNOS, CARIÑO

***Ofenstrand.* 400 Meter weißer Sand an der Mündung der Ría de Ortigueira y Ladrido, umschlossen von grünen Klippen, hohem Schilf und unberührtem Pinienwald. Behindertengerechter Zugang. Wild Camping und Hunde verboten.**

➔ Von Figueiroa 2 km auf der CP-6115 Richtung Südosten bis zum Parkplatz. 15 Steinstufen, dann breite Rampe zum Strand. Parken 43.7133, -7.8545

Leicht 2 Min 43.7131, -7.8538

29 PRAIA DE FIGUEIRAS, CARIÑO

***Feigenstrand.* Attraktive familienfreundliche Bucht mit Blick auf die Ría de Ortigueira. Viel Platz zum Rennen, Baden und Spielen. Ruhig, selbst in der Hauptsaison. Bei Ebbe gelangt man um die Landspitze herum zu noch einsameren Stränden.**

➔ Von Figueiroa 450 m Richtung Süden, bei der Straßengabelung rechts, um auf der Figueiroa zu bleiben, nach 700 m rechts auf die CP-6115, nach 60 m links parken beim Schild zur *Area de Figueiras*. 30 flache Stufen zum Strand. Parken 43.7117, -7.8618

Leicht 2 Min. 43.7114 -7.8614

30 PRAIA DE VIDUEIROS, CARIÑO

***Witwenstrand.* Nach einer kurzen Wanderung durch Eukalyptuswald und schulterhohen Farn hat man diese versteckte Bucht möglicherweise ganz für sich allein. Steiler Abstieg mit Kletterpassagen, also festes Schuhwerk tragen. Man wird mit einem spektakulären Blick auf die Insel San Vicente und die Ría de Ortigueira belohnt. Vorsicht beim Schwimmen. Am schönsten morgens, im Sommer ab 17 Uhr im Schatten.**

➔ Von O Porto de Espasante auf der Torre 400 m Richtung Süden, weiter auf der Abasteira für 300 m, dann rechts auf die AC-862 für 600 m. Beim Kreisel die erste Ausfahrt und auf der AC-862 bleiben, nach 150 m rechts auf die DP-6101. Nach 1.650 m rechts auf die Cancelas. Nach weiteren 850 m sieht man rechts einen Waldweg. Parken und beim Holzschild nach *Vidueiros* links. Vom Bahnhof Espasante 30 Min. zu Fuß. Parken 43.7107, -7.8220

Schwer 15 Min. 43.7128, -7.8218

31 PRAIA DO SARRIDAL, ORTIGUEIRA

Einsamer weiter Strand vor steilen Klippen. Am anderen Ende der Küste haben die beharrlichen Atlantikwellen zwei Löcher in das Vulkangestein gegraben, die Peña Furada. Wer den gefährlichen Abstieg nicht wagen will, kann dennoch den schönen Blick genießen.

➔ Von Espasante auf der AC-862 Richtung Nordosten, links auf die CP-6102, nach 2 km beim Schild nach *Mazorgan* rechts. Nach 350 m am Ende einer Häuserreihe links. Nach 130 m sieht man einen schmalen Weg und ein Holzschild zur *Praia do Sarridal*. Parken und dem markierten Weg auf die Klippen folgen. Die deutliche Lücke im Gebüsch suchen und dem Zickzackweg nach unten folgen. Beim letzten steilen Abschnitt hilft ein Seil. Vom Bahnhof Loiba 45 Min. zu Fuß. Parken 43.7297, -7.7827

Schwer 20 Min. 43.7336, -7.7776

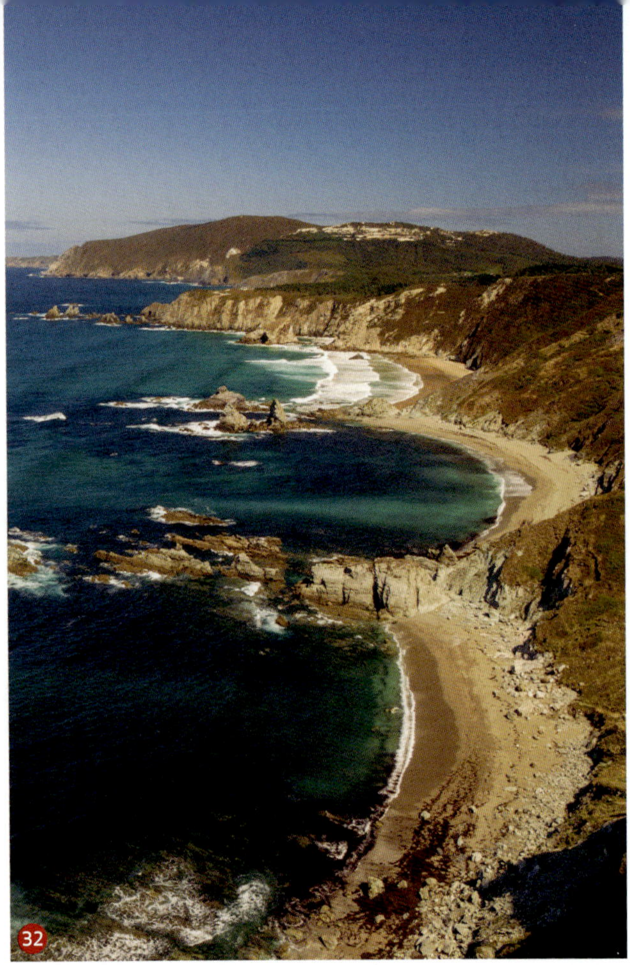

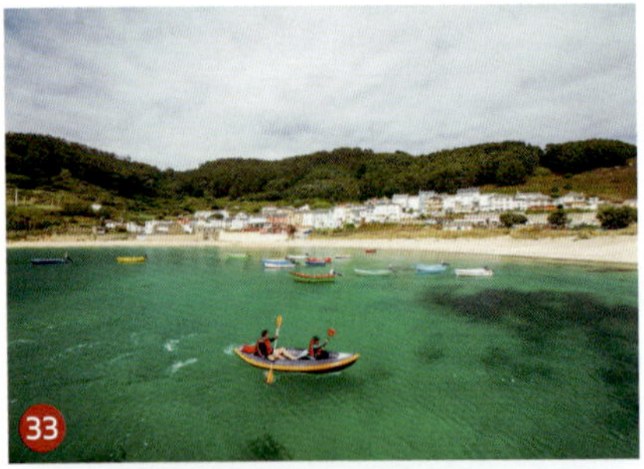

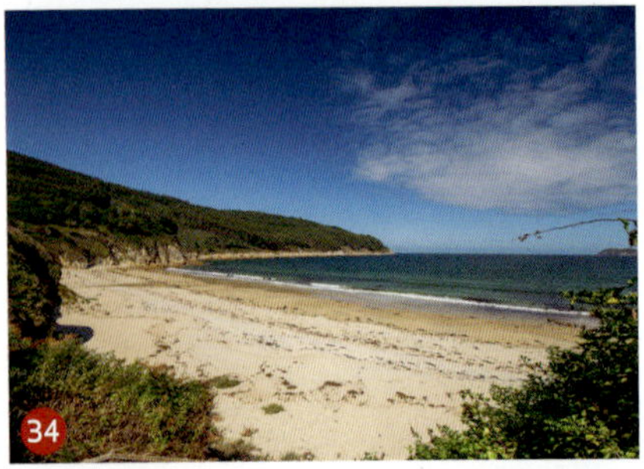

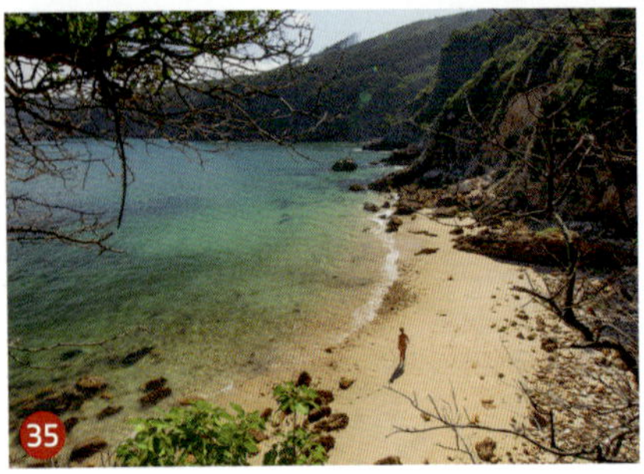

den Frieden. Gegenüber liegen die weißen Häuser und bunten Ruderboote des malerischen Porto de Bares, wo die einheimischen Jungs vom Anleger ins türkisblaue Meer springen.

Agardo a vinganza do mar.
O mar volvéndose con ollos de tolo cara terra.
O mar burbullando no oco negro dos sartegos.
O mar chamando ás portas da cidade.

Ich warte auf die Rache des Meeres.
Des Meeres, das sich mit irrem Blick der Erde zuwendet.
Des Meeres, das im schwarzen Loch der Pfannen brodelt.
Des Meeres, das an die Tore der Stadt klopft.

Aus Avenida Atlántica, Manuel Rivas (*1957)

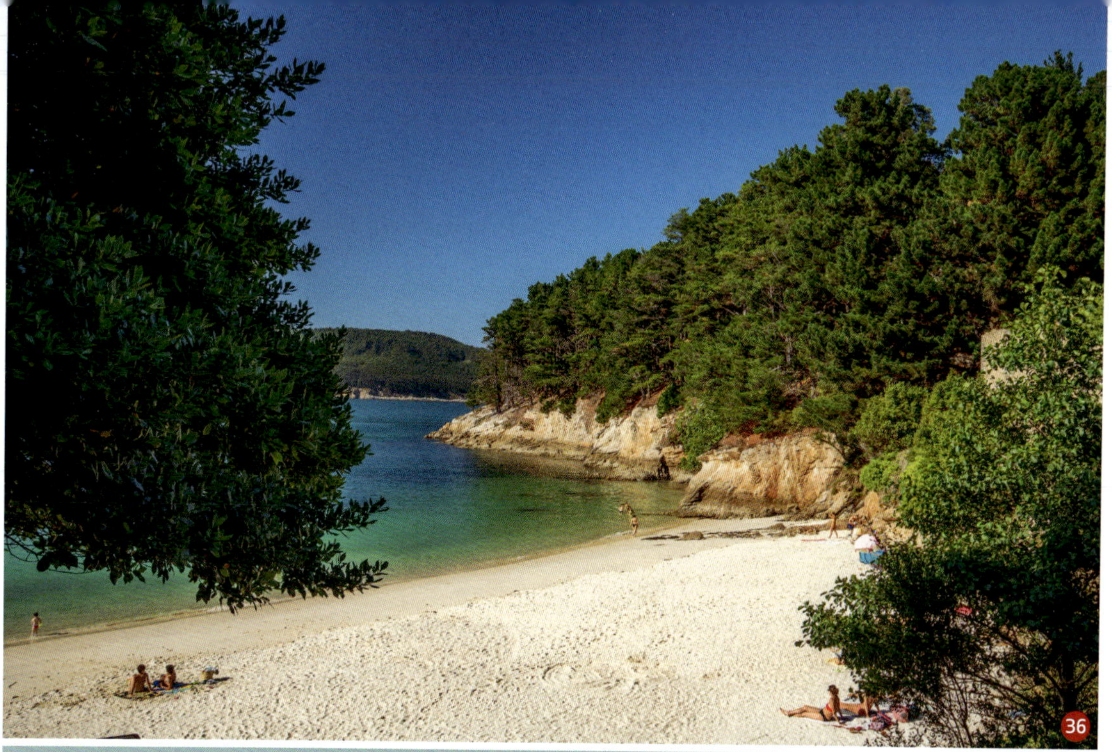

Von Ortigueira 2 bis Ribadeo

32 PRAIA DO CARRO & PRAIA FÁBREGA, ORTIGUEIRA

Unsere Lieblingsstrände an diesem Küstenabschnitt, bei Ebbe mit Gezeitentümpeln. Vom Aussichtspunkt spektakulärer Blick auf die Peña Furada und spitze Vulkanfelsen, die wie Hexenhüte aussehen. Auf der rechten Strandseite gibt es ein magisches Tor durch die Felsen zum benachbarten Praia Fábrega. In Loiba unbedingt den authentischen galicischen Kaffee im El Puente probieren, der durch ein Musselinsieb gestrichen wird.

➔ Von O Barqueiro auf der Estrada Viveiro/AC-862 für 5 km nach Süden Richtung Rúa Lamelas, in Loiba rechts Richtung *Loureiro*. Weiter auf der Calle Carretera, bei der Straßengabelung nach 1,3 km rechts auf die CP-6106, bei der nächsten Kreuzung geradeaus Richtung *Praia do Carro*. Nach 100 m am Straßenrand parken. Dem Weg zum Strand folgen. Vom Bahnhof Loiba 20 Min. zu Fuß. Parken 43.7366, -7.7656

Leicht 20 Min. 43.7382, -7.7690

33 PRAIA DA CONCHA, ORTIGUEIRA

Friedlicher, muschelförmiger Strand, daher der Name. Bei Ebbe kann man am Strand entlang zum malerischen Fischerdorf O Porto de Bares gehen.

➔ Von O Porto de Bares auf der AC-100 für 270 m Richtung Westen, links Richtung *Praia* und 400 m bis zum Parkplatz am Strand. Parken 43.7707, -7.6770

Leicht 3 Min. 43.7683, -7.6767

34 PRAIA DE VILELA, MAÑÓN

Einsamer, ländlicher Sandstrand.

➔ Von O Barqueiro auf der Rúa Rafael Campillo für 2,5 km Richtung Norden bis zum Parkplatz. 40 Steinstufen zum Strand. Vom Bahnhof O Barqueiro 45 Min. zu Fuß. Parken 43.7527, -7.6898

Leicht 2 Min. 43.7538, -7.6896

35 PRAIA CASTRO PEQUEÑO, MAÑÓN

Versteckter, abgeschiedener Strand mit Blick auf die Ría. Augen offen halten nach dem Weg zu dieser galicischen Perle.

➔ Wegbeschreibung siehe Praia de Vilela (34), aber die Straße 20 m zurückgehen bis zu einem verwilderten Weg, der zum Strand hinunterführt.

Mittel 5 Min. 43.7519, -7.6902

36 PRAIA DE CAOLÍN, RIBADEO

Kompakter Strand mit feinem weißen Sand und türkisblauem Wasser. Unterhalb einer verlassenen Porzellanfabrik. *Caolín* (Kaolin) ist Porzellanerde, daher der Name.

➔ Von O Vicedo auf der Rúa do Porto Richtung Nordosten und nach 750 m gegenüber der alten Fabrik am Straßenrand parken. Dem Weg zum Strand folgen. Vom Bahnhof Vicedo 20 Min. zu Fuß. Parken 43.7404, -7.6737

Leicht 3 Min. 43.7418, -7.6736

37 PRAIA DE GABIEIRA, RIBADEO

Ländlicher Strand zwischen Feldern. Camping A Gaviota (agaivotacamping.com): Surferfreundlicher Campingplatz in idealer Lage für den unglaublichen (aber vollen) Playa de las Catedrales.

➔ Von Ribadeo auf der LU-P-5202 für 400 m Richtung Nordwesten, dann beim Schild zur Illa Pancha rechts auf die LU-140. Nach 400 m beim Schild nach Rinlo links halten, nach 1,4 km rechts bis zum Parkplatz. Dem matschigen Weg zum Strand folgen. Vom Bahnhof Ribadeo 40 Min. zu Fuß. Parken 43.5569, -7.0578

Leicht 2 Min. 43.5569, -7.0585

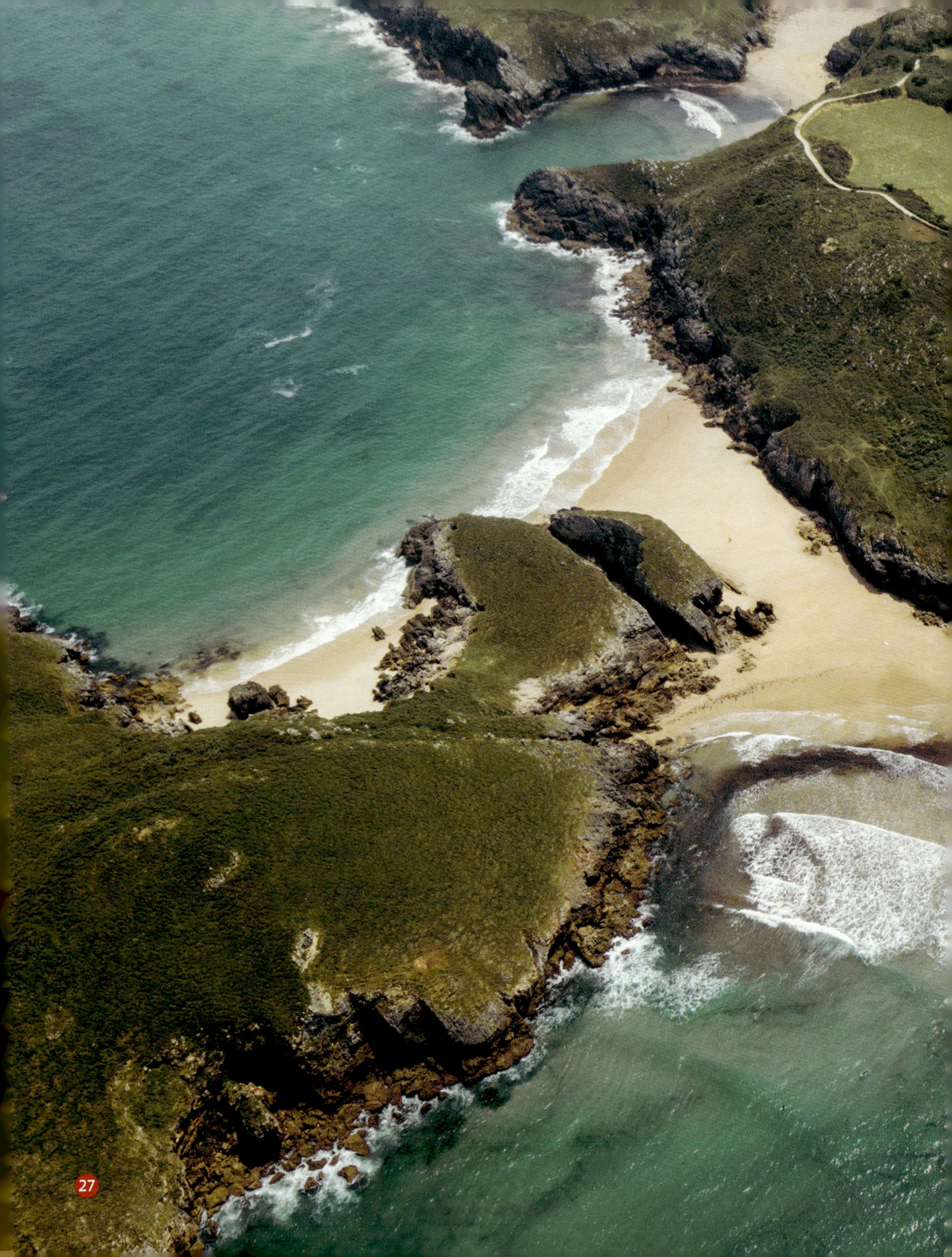

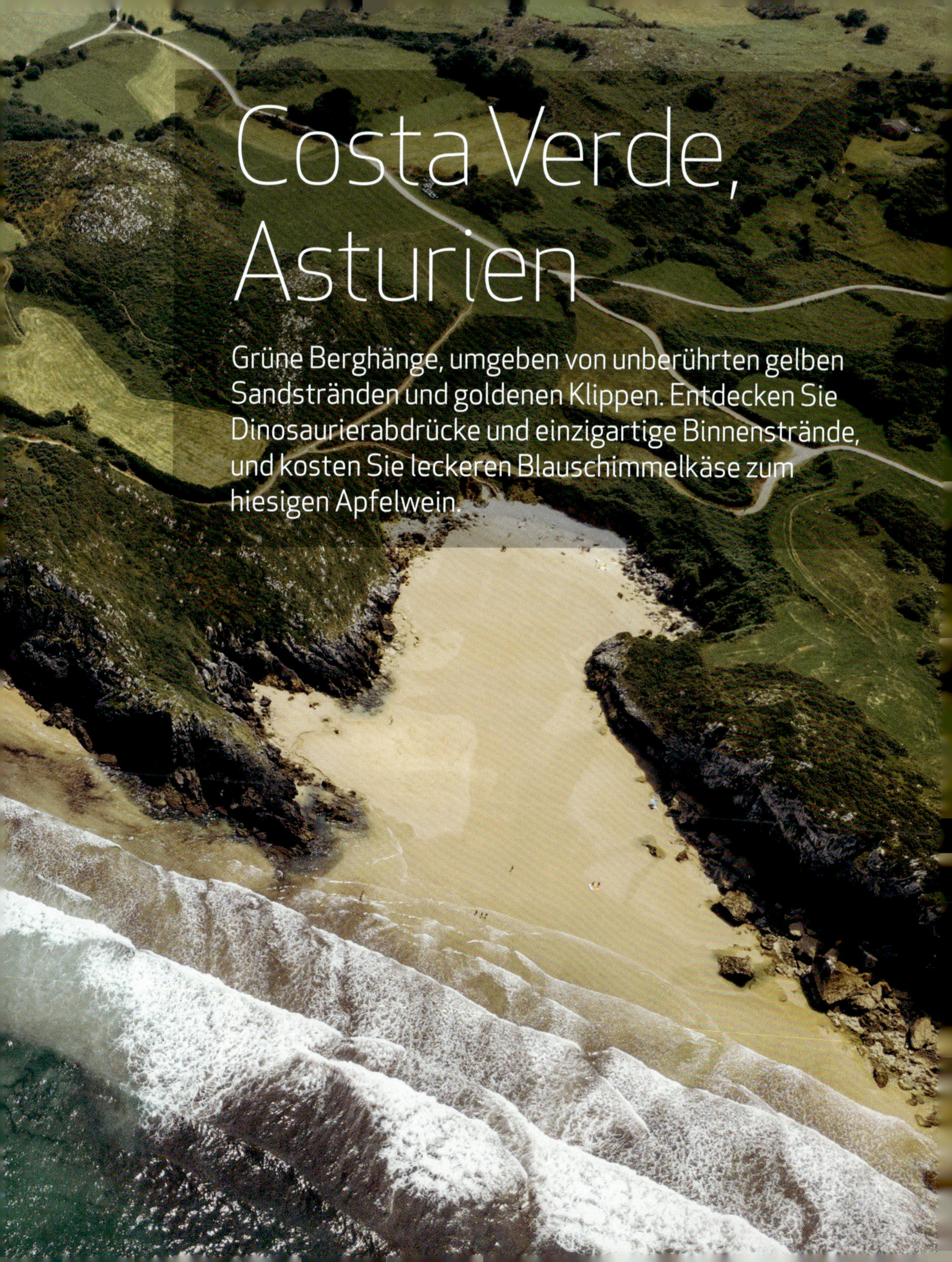

Costa Verde, Asturien

Grüne Berghänge, umgeben von unberührten gelben Sandstränden und goldenen Klippen. Entdecken Sie Dinosaurierabdrücke und einzigartige Binnenstrände, und kosten Sie leckeren Blauschimmelkäse zum hiesigen Apfelwein.

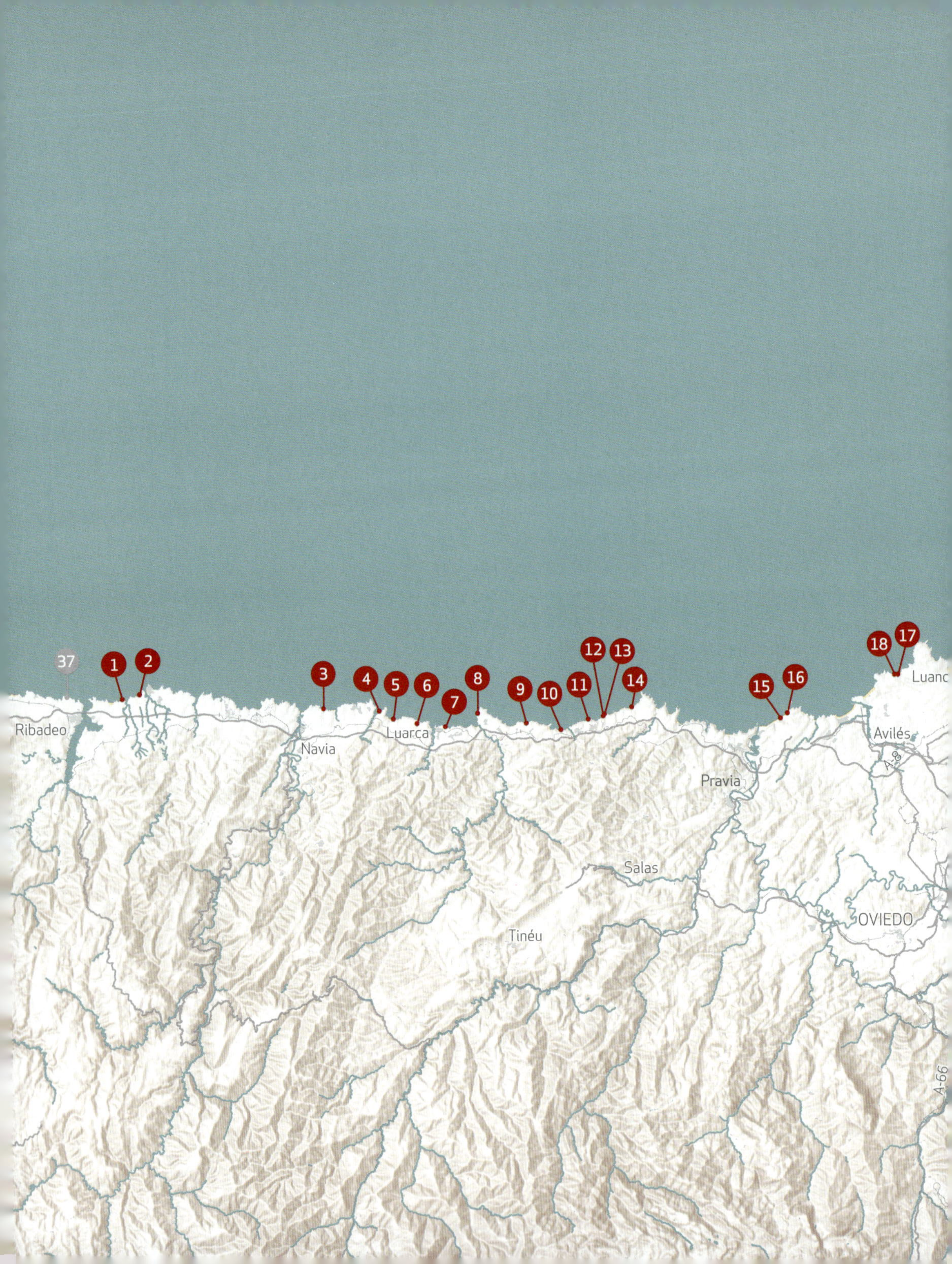

37
1
2
3
4
5
6
7
8
9
10
11
12
13
14
15
16
17
18
Ribadeo
Navia
Luarca
Pravia
Avilés
A-8
Salas
OVIEDO
Tinéu
A-66

Highlights
Costa Verde, Asturien

Unsere Lieblingsstrände:

1 Playa Mexota – goldener Sandstrand mit glänzenden Felsen und kristallklarem Wasser

11 Playa de Pumarín – wilder, wenig besuchter Strand unter steilen Klippen

19 Playa de Merón – muschelförmiger Sandstrand, bei Ebbe mit Sandbank

20 Playa de la Beciella – wilder Gezeitenstrand am Camino Santiago (Jakobsweg)

22 Playa San Antonio – ruhige, mit Farn und Blumen gesäumte Bucht

24 Playa de Torimbia – großer halbmondförmiger Strand zwischen Hängen mit lila Heidekraut

25 Playa el Portillu – weitläufiger Strand mit Gezeitentümpeln, ideal für Familien

28 Playa de Buelna – bei den Einheimischen beliebter Sandstrand mit Höhlen

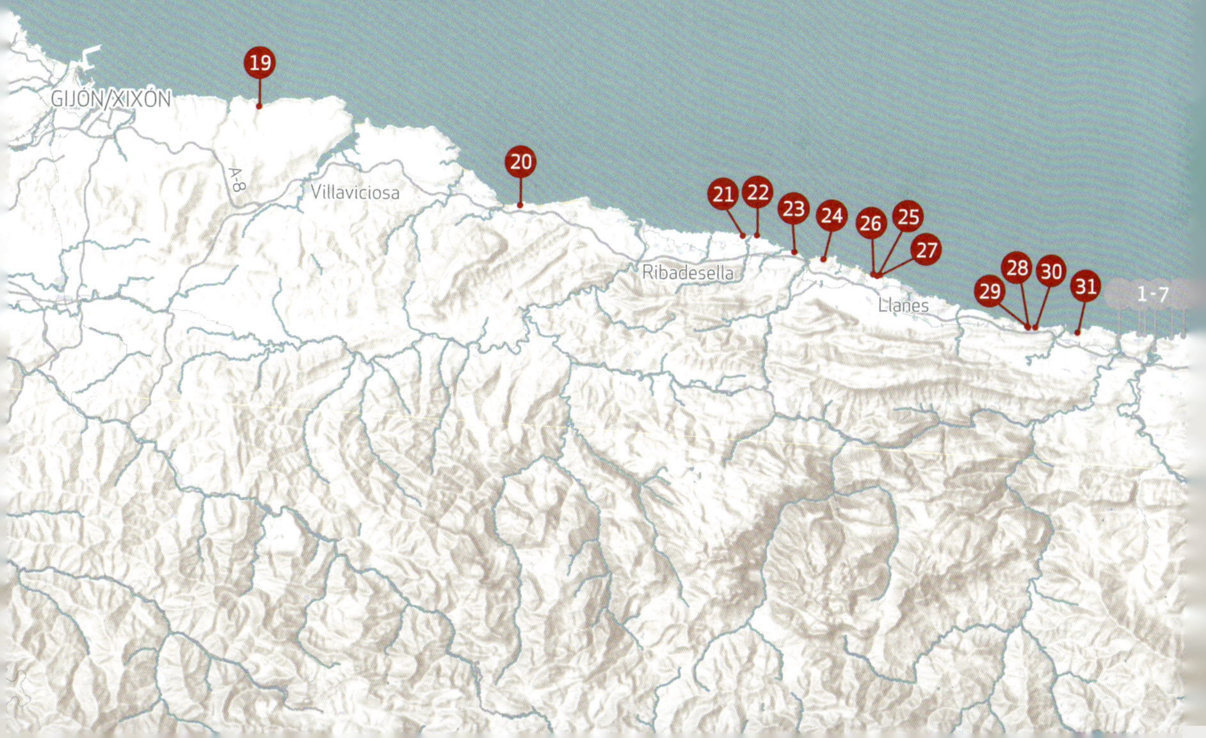

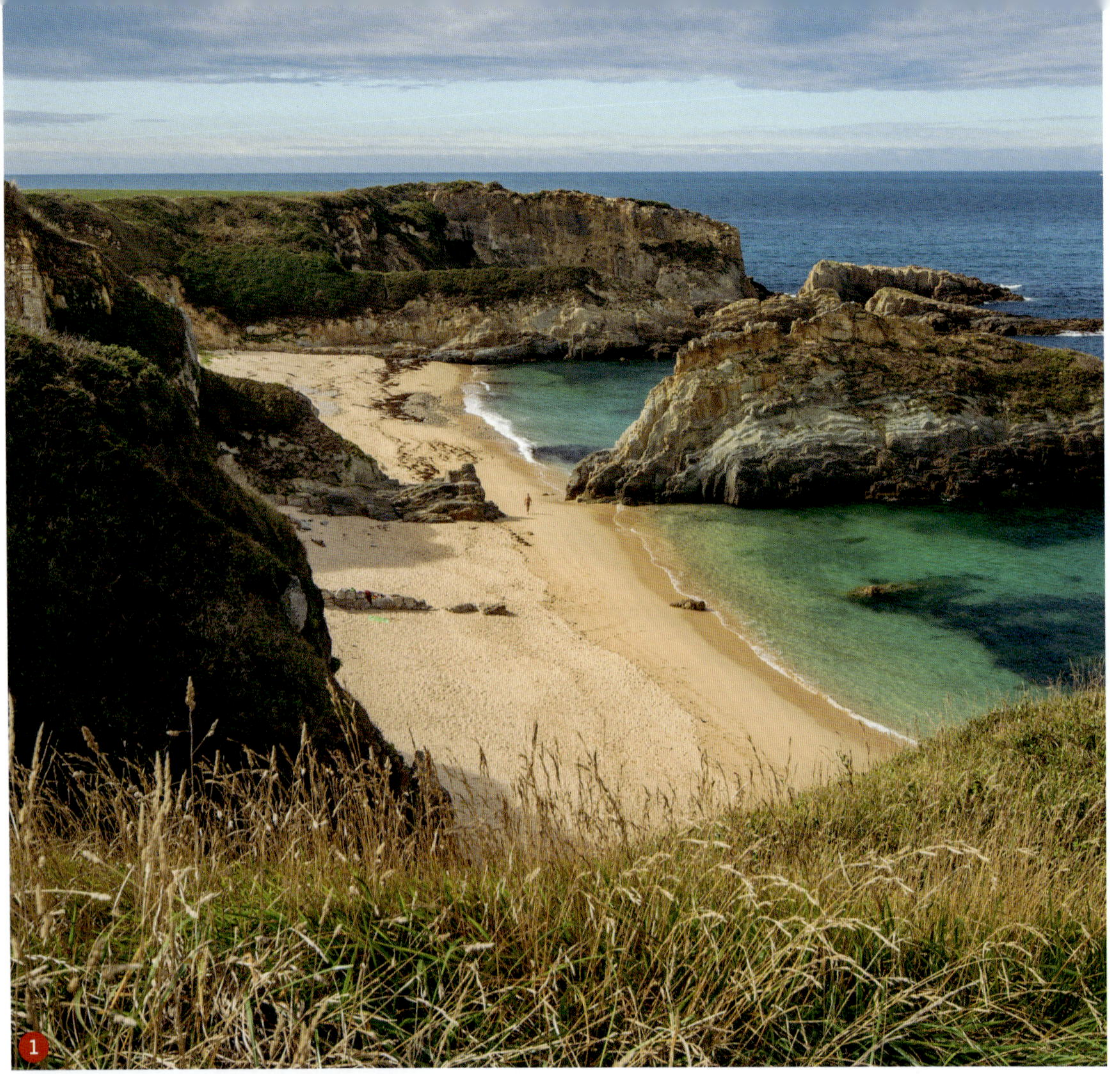

1

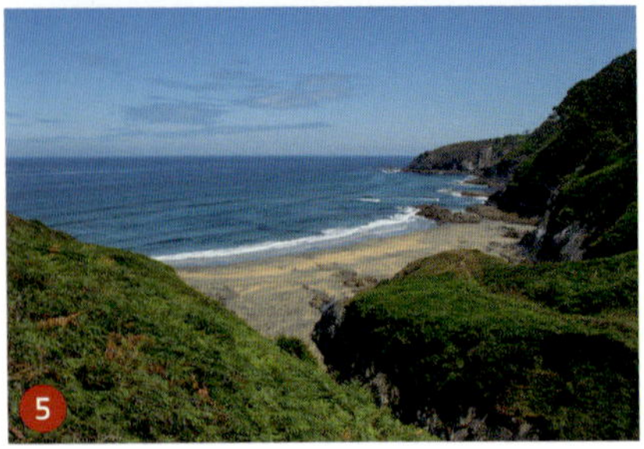

5

Spaniens *Grüne Küste* bietet unberührte Sandstrände, hohe Klippen und kleine Fischerhäfen, die das Land mit Sardinen und Seehecht versorgen. Im Landesinneren findet man vor dem Hintergrund der zerklüfteten Picos de Europa Maisfelder, saftige Weiden und Obstgärten, die Apfelwein und köstlichen Käse liefern. Zu den geologischen Besonderheiten gehören die majestätischen Klippen und Fossilien der Costa de los Dinosaurios mit deutlich sichtbaren Fußabdrücken von Sauropoden am Playa de Merón (19). In Llastres gibt es das familienfreundliche Museo Jurásico de Asturias mit tollen Ausstellungen, Dinosaurierrepliken und Kinderprogramm, und die Steinzeitmalereien in Höhlen wie der Cueva de Tito Bustillo sind Weltkulturerbe. ▶

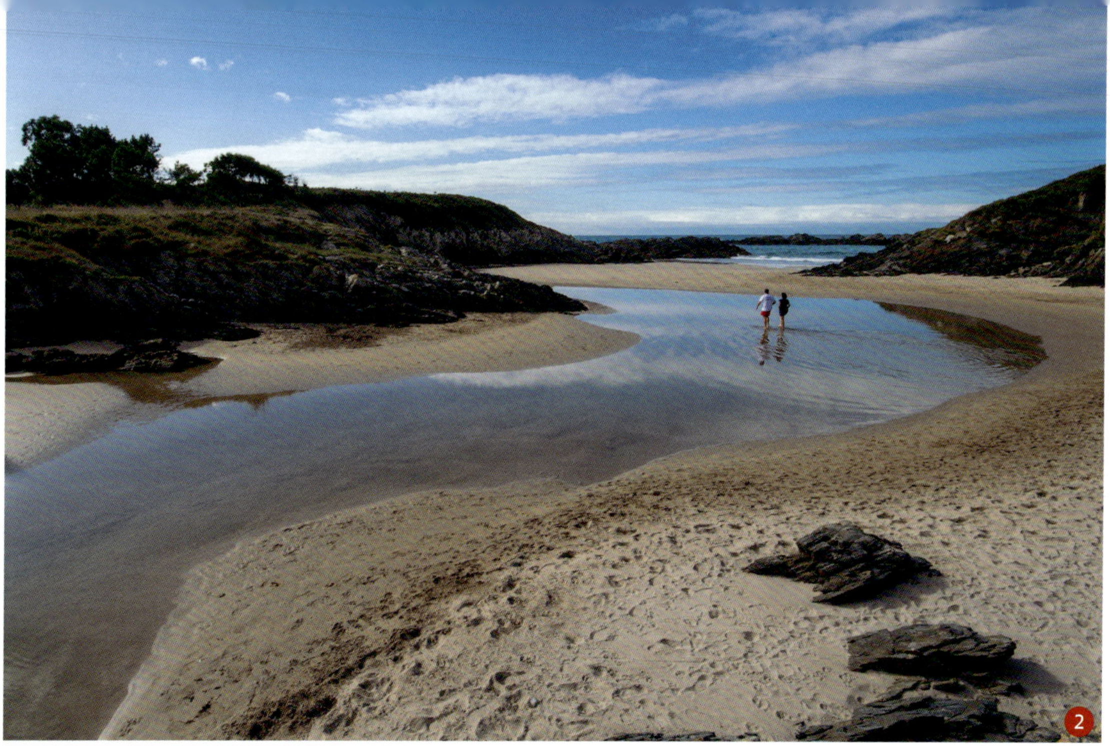

Von Tapia de Casareigo bis Valdés 1

1 PLAYA MEXOTA, TAPIA DE CASARIEGO

An einem der schönsten Strände Asturiens ragt eine goldene Insel wie ein abstraktes Kunstwerk aus dem türkisblauen Meer. Zwischen den Landspitzen ist das Baden sicher, weiter draußen vorsichtig sein. Beliebt bei FKKlern.

→ Von Serantes auf der TC-3 für 1 km Richtung Norden, beim lachsfarbenen Haus rechts, nach 600 m parken. Dem Weg bergab zum Strand folgen. Parken 43.5568, -6.9814

Mittel 5 Min. 43.5576, -6.9809

2 PLAYA DE LA PALOMA, TAPIA DE CASARIEGO

Faszinierend geformter, goldener Strand. Schöner Weg durch Maisfelder. Vorsicht: Das Meer kann ungestüm sein, aber die Gezeitentümpel sind perfekt für Kinder.

Camping A Grandella (campingagrandella.com): weitläufiger, grüner, freundlicher Campingplatz mit leichtem Zugang zur Küste.

→ Von Tapia de Casariego auf der Av. de Galicia Richtung Süden, nach 450 m beim Hotel la Xungueira rechts, nach weiteren 280 m links Richtung *Playas*. Nach weiteren 650 m rechts Richtung *Playa de la Paloma*. Nach 200 m links parken und zu Fuß weiter, an Maisfeldern vorbei, bis zum Strand (450 m). Parken 43.5594, -6.9538

Leicht 15 Min. 43.5631, -6.9568

3 PLAYA DE FABAL, NAVIA

Diskreter wilder Strand, schwer und nur bei Ebbe zugänglich.

→ Von Navia auf der NV-2 für 1,6 km Richtung Osten, dann links und nach 800 m wieder links Richtung *Playa de Fabal*. Nach 220 m irgendwo parken. Dem als *camino* ausgeschilderten Weg 450 m folgen, bei der Weggabelung links und dem schmalen Weg 300 m folgen, bis der Strand in Sicht kommt. Der Abstieg ist steil und schwierig, aber es gibt Seile zum Festhalten. Parken 43.5568, -6.6976

Schwer 20 Min. 43.5596, -6.6914

4 PLAYA DE BARAYO, NAVIA

Breite Bucht in einem geschützten Biosphärenreservat vor Dünen und Sumpfgebieten. Rechts vom Strand Felsen und offene Höhlen. Bei ruhiger See schön zum Schwimmen.

→ Von Navia auf der NV-2 für 3,7 km Richtung Osten, links auf die N-634 und weitere 7 km bis Las Barqueras. Bei der Bushaltestelle links und nach 1 km rechts parken. Dem Weg bis zum Strand folgen (1 km). Oder vom Bahnhof Otur zu Fuß 45 Min. Parken 43.5547, -6.6146

Leicht 20 Min. 43.5604, -6.6120

5 PLAYA DE CASTELL, VALDÉS

Man erreicht diese geschützte Sandbucht nur bei Ebbe über einen kurzen Spaziergang von der Playa de Otur um die Halbinsel Punta el Prado. Abenteuerlustige können den nicht markierten alten Pilgerweg erkunden, der über die Landspitze nach El Castiecho führt – eine alte Festung und ein steinzeitlicher Grabhügel. Auf die Gezeiten achten, damit man nicht abgeschnitten wird.

→ Von Navia auf der N-634 für 10 km nach Osten, beim Schild zur Playa de Otur links und nach 900 m auf der Bergspitze links parken (wenn es nicht zu voll ist, kann man auch beim *Playa de Otur* parken). Zu Fuß bergab zum Strand, rechts um die Halbinsel bis zur Bucht. Oder vom Bahnhof Otur 25 Min. zu Fuß. Parken 43.5498, -6.5984

Leicht 15 Min. 43.5532, -6.5916

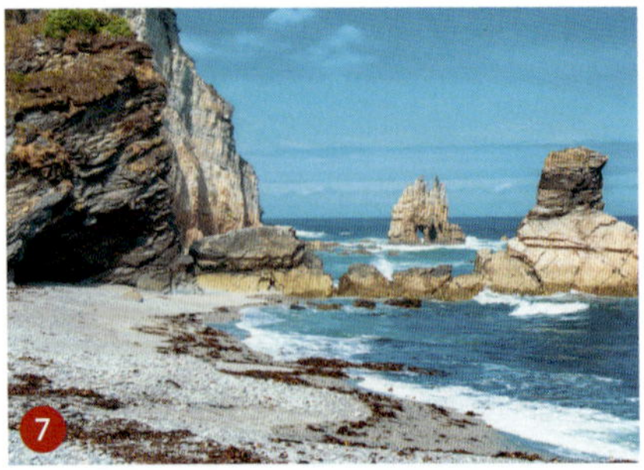

7

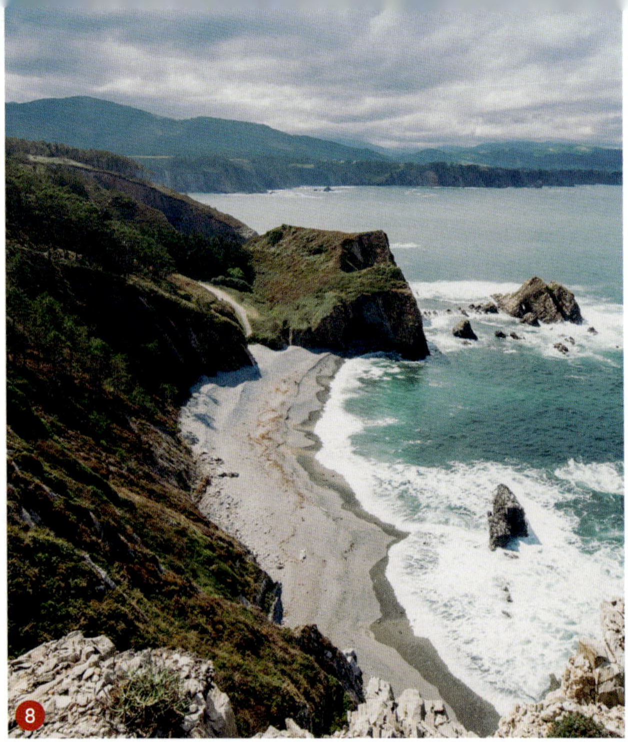

8

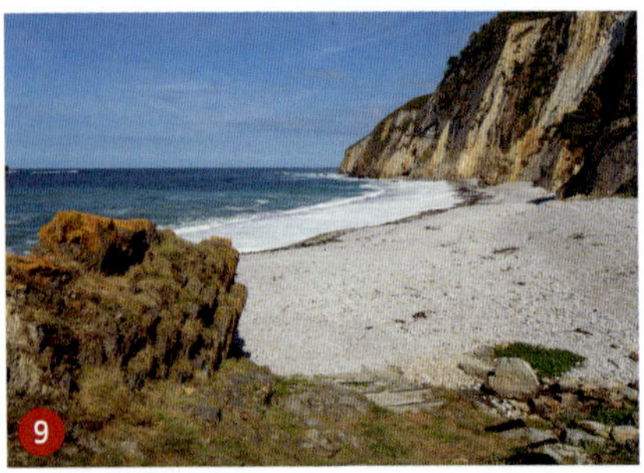

9

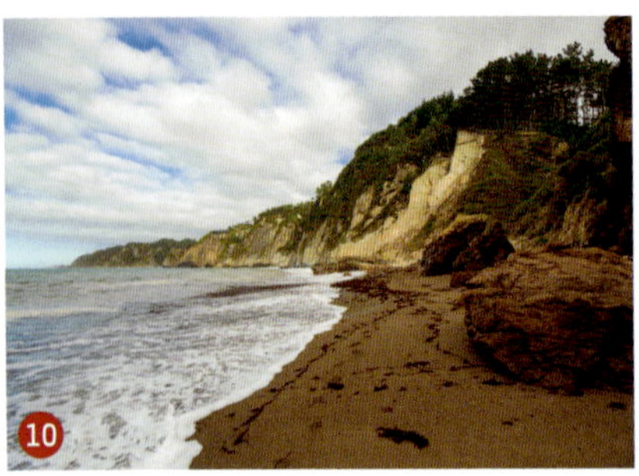

10

Das Meer spielt eine wichtige Rolle in der Geschichte Asturiens. Wir besuchen hübsche Fischerdörfer an der Küste, wo *bonito del norte* (Weißer Thunfisch), Brassen, Seehecht und Wolfsbarsch an Land gezogen werden. Das farbenfrohe Puerto de Tazones ist ein historisch bedeutsamer Ort: 1517 legte Carlos I. – der spätere Kaiser des Heiligen Römischen Reiches Karl V. – hier an, ein Ereignis, das jedes Jahr im August nachgestellt wird. Asturien ist berühmt für seine Kohlereviere, und seine Grubenarbeiter sind für ihren Kampfgeist bekannt. 1934 führte ein Streik zu einer Revolte, die von Francos Truppen brutal niedergeschlagen wurde, doch schon viel früher, nämlich im 8. Jahrhundert, war Asturien die einzige Region Spaniens, die nicht von den Arabern erobert werden konnte.

An einem späten Nachmittag im September stapfen wir eine pudrige Sanddüne am prächtigen Playa Mexota (1) hinunter, dessen Klippen im Sonnenschein glänzen – ein Ort von ungeschliffener, wilder Schönheit. Der Strand ist durch eine Felsinsel sauber geteilt, die wie ein versteinerter Stegosaurus aus dem Meer ragt. Ungehemmt und unbekleidet werfen wir uns gegen die eisigen Atlantikwellen. Erfrischt setzen wir unsere Reise Richtung Osten fort, vorbei an Schachbrettfeldern mit reifem Getreide. In Asturien lauern hinter jeder Straßenecke ▶

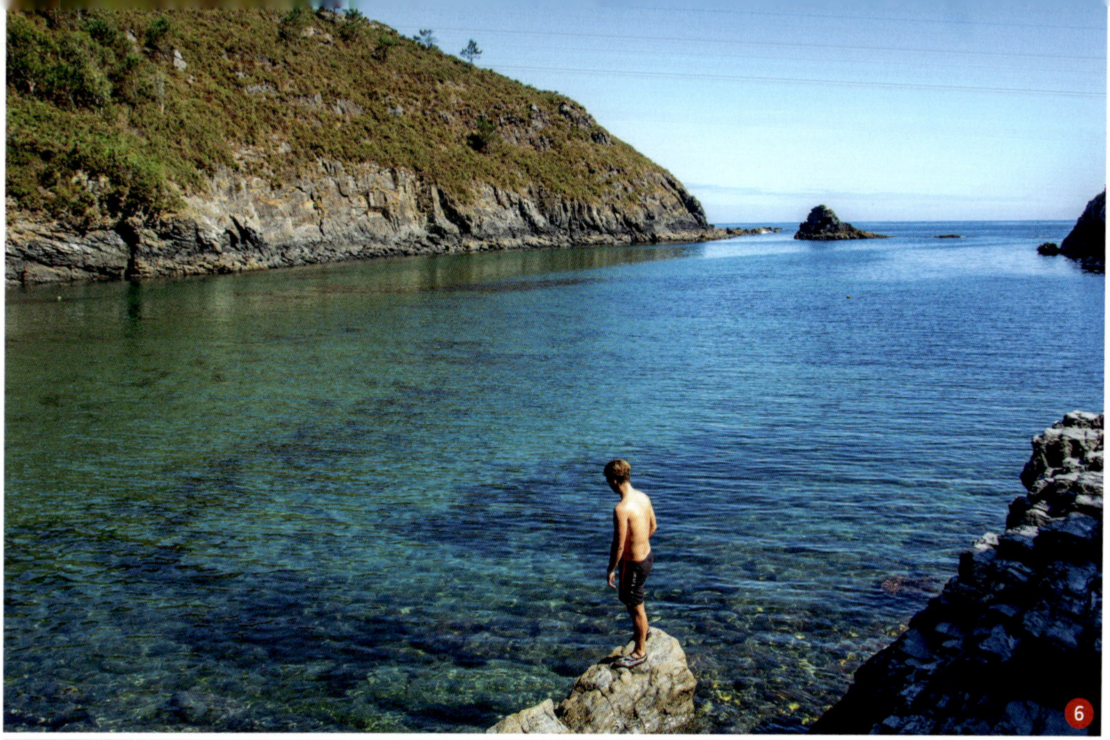

Valdés 2

6 PLAYA DE TAURÁN

Friedlicher Strand in brachliegender Landschaft. Schön zum Schwimmen. Camping Playa de Taurán (campingtauran.com): gut geführter Campingplatz und Bungalows, Laden mit regionalen Erzeugnissen, Spielgelegenheiten, Strandzugang

→ Von Luarca auf der Av. de Taurán/Av. de la Venta 800 m Richtung Westen, bei der weißen Bushaltestelle rechts und nach 350 m beim Spielplatz links. Nach 300 m links halten Richtung *Playa*. Irgendwo parken. Schmaler Weg zum Strand (150 m). Oder vom Bahnhof Luarca 40 Min. zum Strand. Parken 43.5487, -6.5540

Leicht 15 Min. 43.5501, -6.5578

7 PLAYA DE PORTIZUELO

Felsiger Strand zwischen vertikalen Klippen mit einem fotogenen Felsbogen namens El *Óleo Furao*. Am besten zu sehen bei Ebbe. Einst Treffpunkt der *Maruyas* – Dorffrauen, die in ihren Kleidern badeten. Laut Umfragen ist der Sonnenuntergang hier der zweitbeste in Spanien.

→ Von Luarca auf der N-634 für 2,3 km Richtung Südosten, vor dem Gebäude vom Roten Kreuz links, dann nach 350 m wieder links auf die Av. de San Sebastián. Nach 230 m rechts und auf der Carr. de Portizuelo 1,4 km geradeaus weiter bis zum Parkplatz. 100 m bis zum Strand. Parken 43.5471, -6.5178

Leicht 3 Min. 43.5481, -6.5178

8 PLAYA BOZO

Abgeschiedener Strand mit atemberaubendem Blick auf die Küste. Beim Schwimmen vorsichtig sein. Camping los Cantiles (campingloscantiles.com): grüner Campingplatz auf den Klippen mit Meerblick, ausgezeichneten Duschen und einem Raum für traditionelle spanische Spiele.

→ Von Busto 500 m Richtung Nordwesten, bei der Straßengabelung links, Parkplatz nach 550 m links. Dem Weg links 600 m folgen, dann rechts Richtung *Playa de Bozo*. Bei der Weggabelung rechts halten und weiter zum Strand (350 m). Parken 43.5646, -6.4705

Leicht 15 Min. 43.5635, -6.4732

9 PLAYA PLUMINERU (OR QUINTANA)

Gezeitenstrand mit Kies und rotem Sand und imposanten Klippen. Kleiner Wasserfall hinter der Fischerhütte. Offenes Meer, also Vorsicht!

→ Von Quintana 700 m Richtung Norden, rechts halten und am Straßenende parken. Steiler Steinweg zum Strand. Oder vom Bahnhof San Cristóbal 20 Min. zu Fuß. Parken 43.5547, -6.4076

Mittel 10 Min. 43.5561, -6.4037

10 PLAYA DEL TABLIZO

Unberührte rote Sandbucht unter 100 m hohen Klippen mit Spuren gelegentlicher Steinschläge. Im Wasser vorsichtig sein. Casa Fernando in Ballota – Erfrischungen und das erhellende *Museo de Mecheros* (Feuerzeuge).

→ Von Ballota auf der N-632a für 3,5 km Richtung Südwesten, rechts in die nicht beschilderte Straße gegenüber vom kleinen weißen Transformatorhäuschen und am Straßenrand parken. Zu Fuß 50 m weiter die Straße entlang, dann links auf den Camino de Santiago, den gelben auf die Felsen gemalten Pfeilen zu einem kleinen Bach folgen. Weiter auf dem Trampelpfad links vom Bach. Steil und teils schwierig, mit Seil zum Festhalten. Oder vom Bahnhof Tablizo 10 Min. zu Fuß. Parken 43.5492,-6.3560

Mittel 25 Min. 43.5510, -6.3544

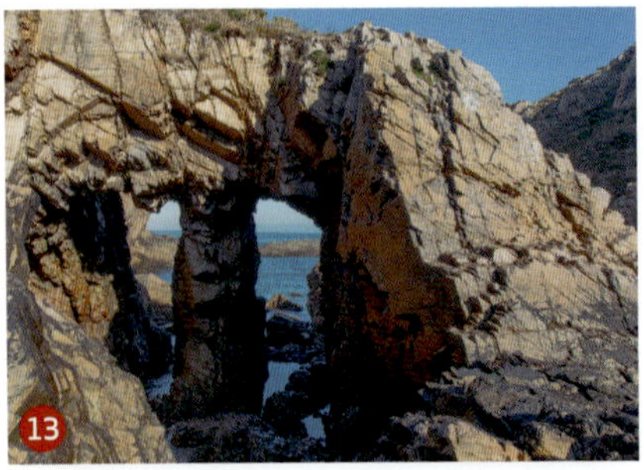

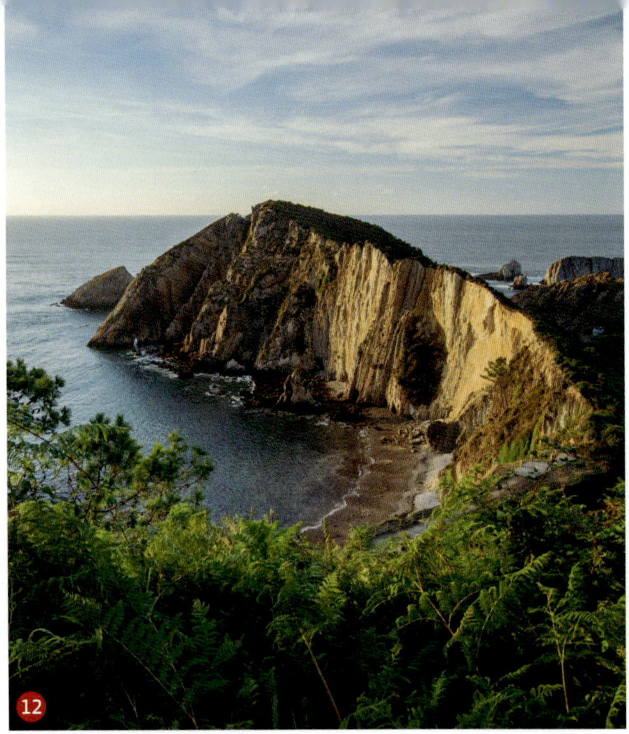

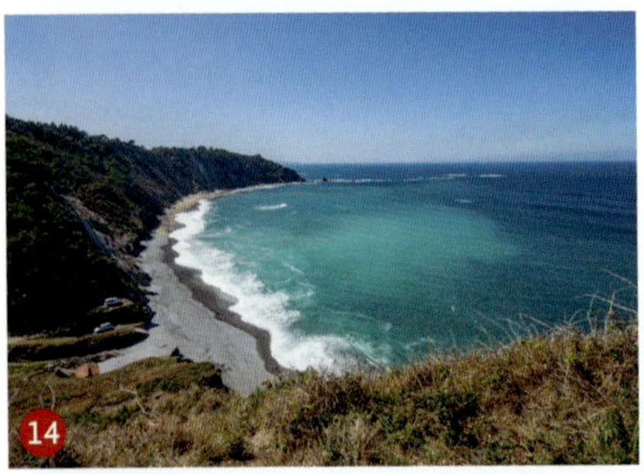

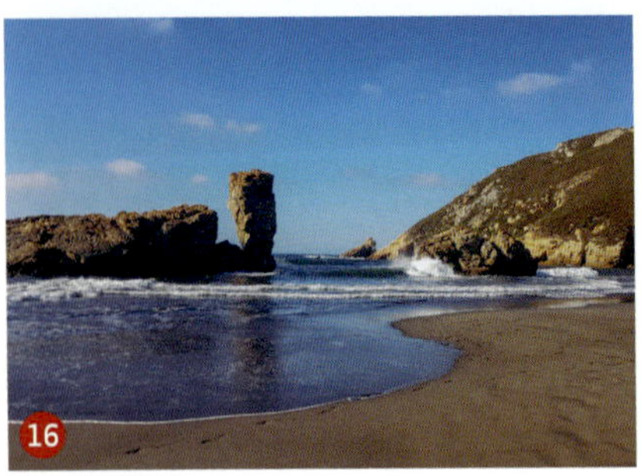

pure Wildnis und einsame Strände. Der Anblick der Quarzschichten an den hohen Klippen der Playa del Silencio (12), die in der untergehenden Sonne leuchten, macht uns sprachlos. Vögel zwitschern in den Bäumen, Bienen summen, und die Wellen schlagen ans Ufer – wir könnten nicht weiter entfernt sein von lauten Städten, Bars, Büros und Klassenzimmern.

Asturien zieht Surfer jeden Alters aus ganz Europa an, und an einem Vormittag unterhalten wir uns mit einigen Dudes und Dudettes auf einer Klippe über der beliebten Playa de Verdicio. Aus reiner Neugier spazieren wir den Küstenweg entlang und sehen tief unter uns eine Bucht, doch eine undurchdringliche Wand aus Wacholder und Ginster steht zwischen uns und den beiden Buchten der Playa de Aguilera (18). Dann entdecken wir einen schmalen, steilen, unwegsamen Pfad. „Das ist zu gefährlich. Lasst es sein. Das lohnt sich nicht," rät uns ein Passant, doch wir ignorieren seinen Rat und trippeln wie Bergziegen hinunter. Der Stolz über den eigenen Wagemut und dass wir den Strand für uns ganz allein haben, entschädigt für die zerkratzten Beine. Die Rückkehr bergauf ist leichter.

Eines Morgens stehen wir mit den Vögeln auf und schlendern von unserem Campingplatz auf den Klippen einen verwilderten ▶

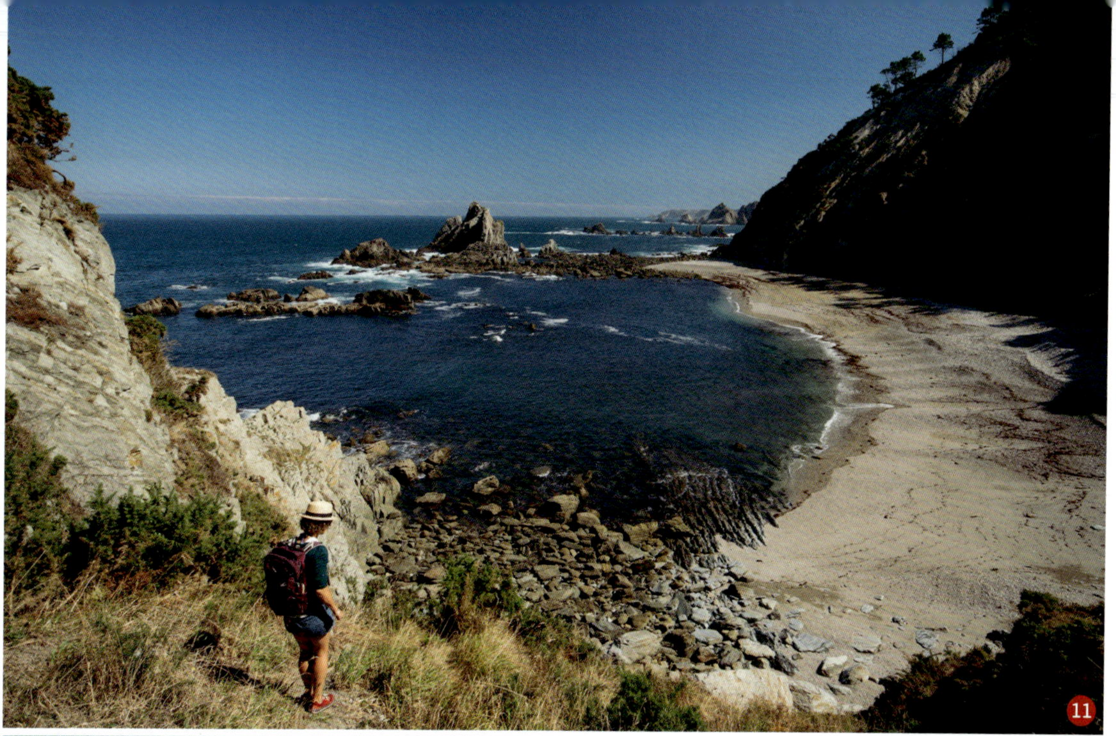

Von Cudillero bis Castrillón

11 PLAYA DE PUMARÍN, CUDILLERO

Beeindruckende Bucht vor steilen Klippen. Den besten Blick auf den Strand hat man vom Aussichtspunkt Santa Marina am alten Wachturm. Der Zugang ist sehr gefährlich.

→ Auf der N-632 Richtung Osten durch San Marina, vor dem zweistöckigen blauen Haus links, nach 160 m rechts, nach 700 m parken und ein Stück zurückgehen bis zum Trampelpfad links. Dem Pfad durch den Wald folgen, links am Wachturm vorbei und rechts halten, um die steile Landspitze herum (an den steileren Abschnitten gibt es Seile). Oder vom Bahnhof Santa Marina 15 Min. zu Fuß. Parken 43.5611, -6.3181

Gefährlich 25 Min. 43.5631, -6.3159

12 PLAYA DEL SILENCIO (ODER GAVIEIRO), CUDILLERO

Die goldenen Klippen, die sich am *Strand der Stille* aus dem Meer erheben, können einen sprachlos machen. Am schönsten nachmittags, wenn die Sonne die Felsen anscheint. Die Klippen schützen vor den Atlantikwellen, sodass man hier in Ruhe schwimmen kann.

→ In Castañeras von der N-632 abfahren und 750 m Richtung Nordwesten, dann am Straßenrand parken. Die Straße entlanggehen, dann links auf den Weg, der im Zickzack hinunter zum Strand führt. Oder vom Bahnhof Novellana 30 Min. zu Fuß. Parken 43.5657, -6.2950

Leicht 10 Min. 43.5674, -6.2949

13 PLAYA LA BARQUERA, CUDILLERO

Barquera erstrahlt vor Schönheit im Sonnenschein des späten Vormittags. Laut Legende ist ein Schatz in der Landspitze versteckt, aber wir finden, die Reichtümer sind klar zu sehen.

→ Wegbeschreibung siehe Playa del Silencio (12), aber vor den Stufen zur Playa de Silencio rechts dem Trampelpfad folgen, den Bach überqueren und dann bergauf, bis man ein kleines quadratisches Gebäude sieht. Rechts davon führt ein Weg mit Seil zum Festhalten zum Strand hinunter. Oder vom Bahnhof Novellana 40 Min. zu Fuß.

Schwer 20 Min. 43.5696, -6.2933

14 PLAYA DE VALLINAS (ODER DEL GALLO), CUDILLERO

Beliebt bei Fischern, Surfern und FKKlern. Es gibt eine Wassermühle und Bäche. Starke Wellen, also Vorsicht beim Schwimmen.

→ Von Oviñana auf der CU-8 für 30 m Richtung Südwesten, beim Getreidespeicher rechts, nach 50 m wieder rechts. Nach weiteren 400 m beim Pfahl mit gelben Streifen links und der steilen, gewundenen Straße 950 m zum Strand folgen. Die Straße war in einem schlechten Zustand, als wir dort waren. Oder vom Bahnhof Novellana 30 Min. zu Fuß. Parken 43.5778, -6.2549

Leicht 2 Min. 43.5782, -6.2553

15 PLAYÓN DE BAYAS/ EL SABLÓN, CASTRILLÓN

Weiter Sandstrand für lange Spaziergänge.

→ Von Avilés auf der N-632 für 10 km Richtung Westen, bei der CT-1 rechts Richtung *Aeropuerto*, dann links auf die CT-6 und 6 km bis zum Parkplatz. Parken 43.5742, -6.0419

Leicht 5 Min. 43.5741, -6.0451

16 PLAYA DE REQUEXINOS, CASTRILLÓN

Auf handgemalten Schildern steht *FKK-Strand* und *Nur FKK*. Mäßig starke Brandung, herrlich zum Bodysurfen. Die gestapelten Felsen sind als *La Tortuga de Bayas* bekannt (Schildkröte von Bayas).

→ Wegbeschreibung siehe Playón de Bayas (15), rechts am Strand entlang (800 m).

Leicht 10 Min. 43.5794, -6.0357

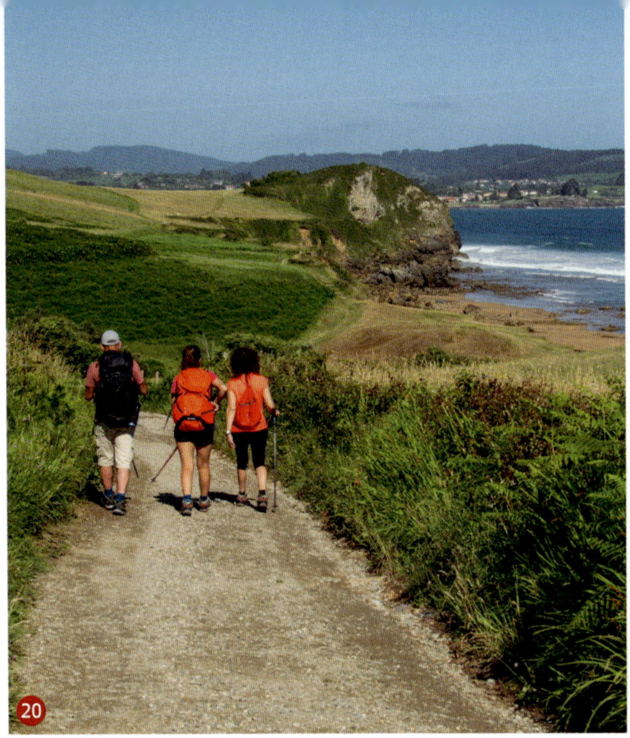

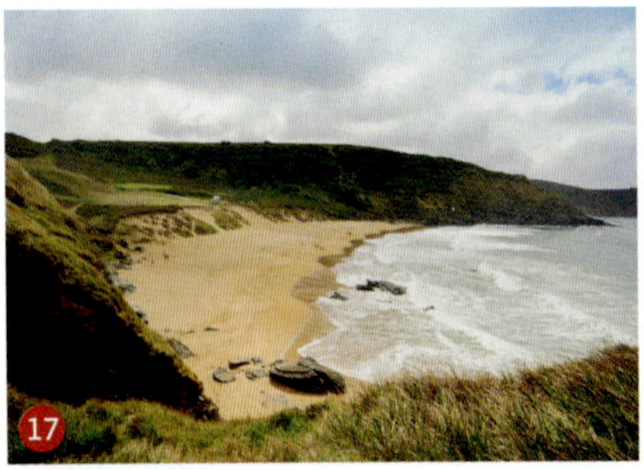

17

20

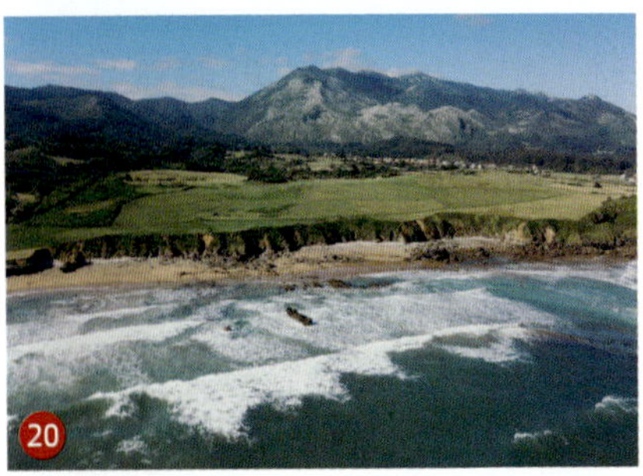

20

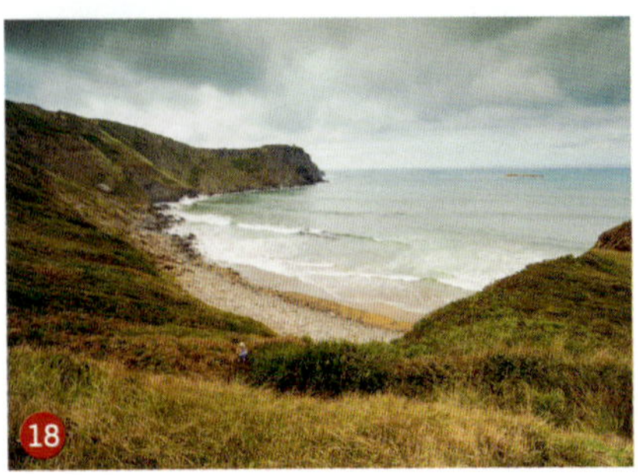

18

Weg hinunter, um an der herrlich schroffen Playa de Taurán (6) den Sonnenaufgang zu begrüßen. Links von uns plätschert ein kleiner Bach, und als die Sonne aufgeht, verwandelt sich das Wasser zwischen den dunklen Landspitzen in einen rosa Schein. Büsche und eine kleine Insel werden im korallenfarbigen Licht der Morgendämmerung zu Silhouetten, und still, fast andächtig gehen wir ins Wasser, verzaubert von der flüchtigen Schönheit dieses Morgens. Der kalte Atlantik verschlägt uns den Atem, als wir durch den langen Kanal aufs offene Meer schwimmen.

Einige der schönsten Strände finden wir in der Region Llanes. Playa del Canal (21) sieht aus, als wäre er von einem Steinmetzriesen aus den Klippen gemeißelt. An der einsamen, windgeschützten Playa San Antonio (22), einer unserer Lieblingsstrände, saugen wir die Sonne und die entspannte Atmosphäre in uns auf und schlafen prompt ein. Die seltsamen Binnenstrände Playa de Gulpiyuri (23) und Playa de Cobijeru (30) sind Sinkhöhlen mit halbkreisförmigen Sandstränden. Bei Flut rauscht das Meerwasser durch unterirdische Tunnel, sodass ein winziges Badeparadies entsteht, das perfekt für Hobbits wäre. Playa el Portillu (25) vergrößert sich bei Ebbe beträchtlich und offenbart warme Pools und Sandwege zu drei paradiesischen Buchten. Der leuchtend gelbe Sand, die grünen Hänge und ▶

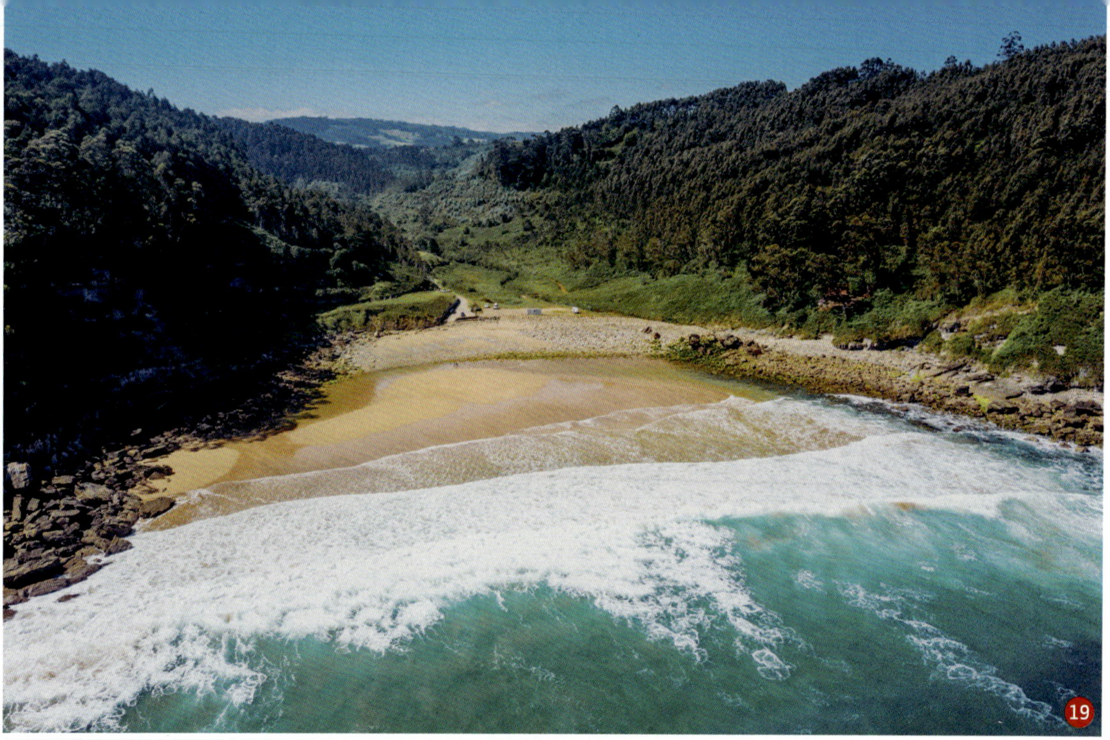

Von Gozón bis Caravia

17 PLAYA LA CARRICIEGA, GOZÓN

Orangefarbener Sandstrand, der an hübsche, mit Heidekraut bedeckten Wiesen grenzt. Ruhige Alternative zur benachbarten Playa del Verdicio, beliebt bei Surfern aus aller Welt. Vorsicht beim Schwimmen: Die Wellen können stark sein, und es gibt keine Rettungsschwimmer. Auch als Playa Carniciega oder Playa de Barquera bekannt.

→ Von Luanco auf der AS-238 nach Südwesten Richtung Aldea la Arena, dann nach 3 km rechts auf die GO-9, nach weiteren 5 km links auf die AS-328. Nach 1,3 km beim Schild zur Playa de Verdicio rechts und nach weiteren 650 m auf der Klippe oberhalb vom Strand parken. Dem Weg zum Strand folgen.
Parken 43.6232, -5.8791
Mittel 10 Min. 43.6238, -5.8805

18 PLAYA DE AGUILERA, GOZÓN

Zwei unberührte Sandbuchten am Fuß von heidebedeckten Klippen mit fantastischem Blick auf die asturische Küste. Schön für Naturliebhaber und Liebhaber nackter Haut. Playa de Aguilera gehört zum Naturschutzgebiet (*Espacio Protegido*) Cabo Peñas

→ Wegbeschreibung siehe Playa la Carriciega (17), aber den Küstenweg links entlang bis zum steilen Zickzackweg zum Strand nach 750 m rechts.
Parken 43.6232, -5.8791
Mittel 10 Min. 43.6234, -5.8851

19 PLAYA DE MERÓN, VILLAVICIOSA

Goldener Sandstrand zwischen Eukalytuswäldern. Bei Ebbe Sandbank in der Mitte. Im Juli und August Badeaufsicht, keine Gastronomie. An der *Ruta de los Molinos del Río Merón* gelegen, ein 10 km langer Wanderweg, der an 15 Wassermühlen vorbei zur Puente Robléu führt.

→ Abedules auf der Straße Richtung Westen verlassen, dann bei der weißen Betonbushaltestellte links Richtung *La Merina*. Nach 500 m links Richtung *Camin la Playa*, nach weiteren 90 m rechts, um auf derselben Straße zu bleiben, und nach 350 m links. Der schmalen Straße 1,4 km bis zum Strand folgen, am Fuß des Berges links parken. Parken 43.5435, -5.4943
Leicht 1 Min. 43.5438, -5.4945

20 PLAYA DE LA BECIELLA, CARAVIA

Schroffer, wenig besuchter Strand am *Camino de Santiago*, an den man über eine malerische Holzbrücke gelangt. Farn, Gräser und Wildblumen (Ruprechtskraut, Ziest, Margariten und Montbretien) bedecken die grünen Hänge hinter der Küste, durchbrochen von schwarzem Vulkangestein. Auf Strömungen und Gezeiten achten: bei Flut verschwindet der Strand praktisch. Von der Aussichtsplattform Mirador del Fitu im Landesinnern hat man einen Panoramablick auf die asturische Küste und die Picos de Europa.

→ Von Caravia 500 m Richtung Norden, links, dann rechts Richtung *Playa de la Beciella* und 550 m bis zum Straßenende. Irgendwo rechts parken. Links auf den *Camin Real* bis zum Bach nach 550 m mit einer kleinen Holzbrücke. Brücke überqueren und rechts durchs Gras zum Meer, dann über Stufen und Felsen zum Strand.
Parken 43.4748, -5.1903
Leicht 7 Min. 43.4752, -5.1960

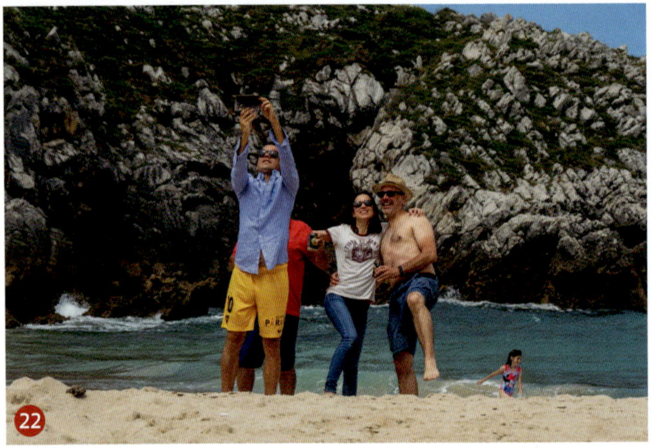

22

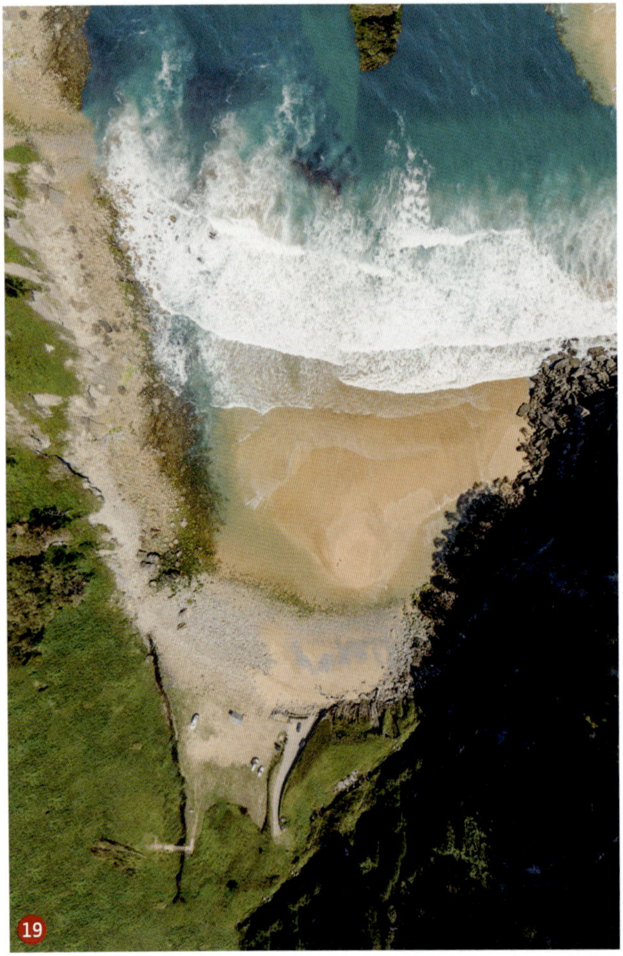

19

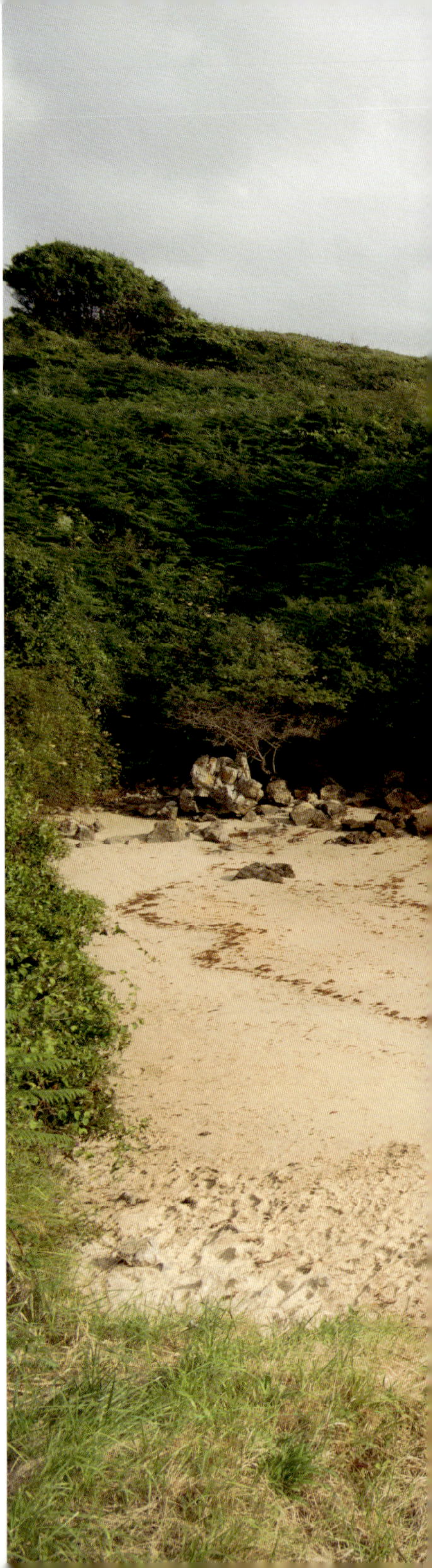

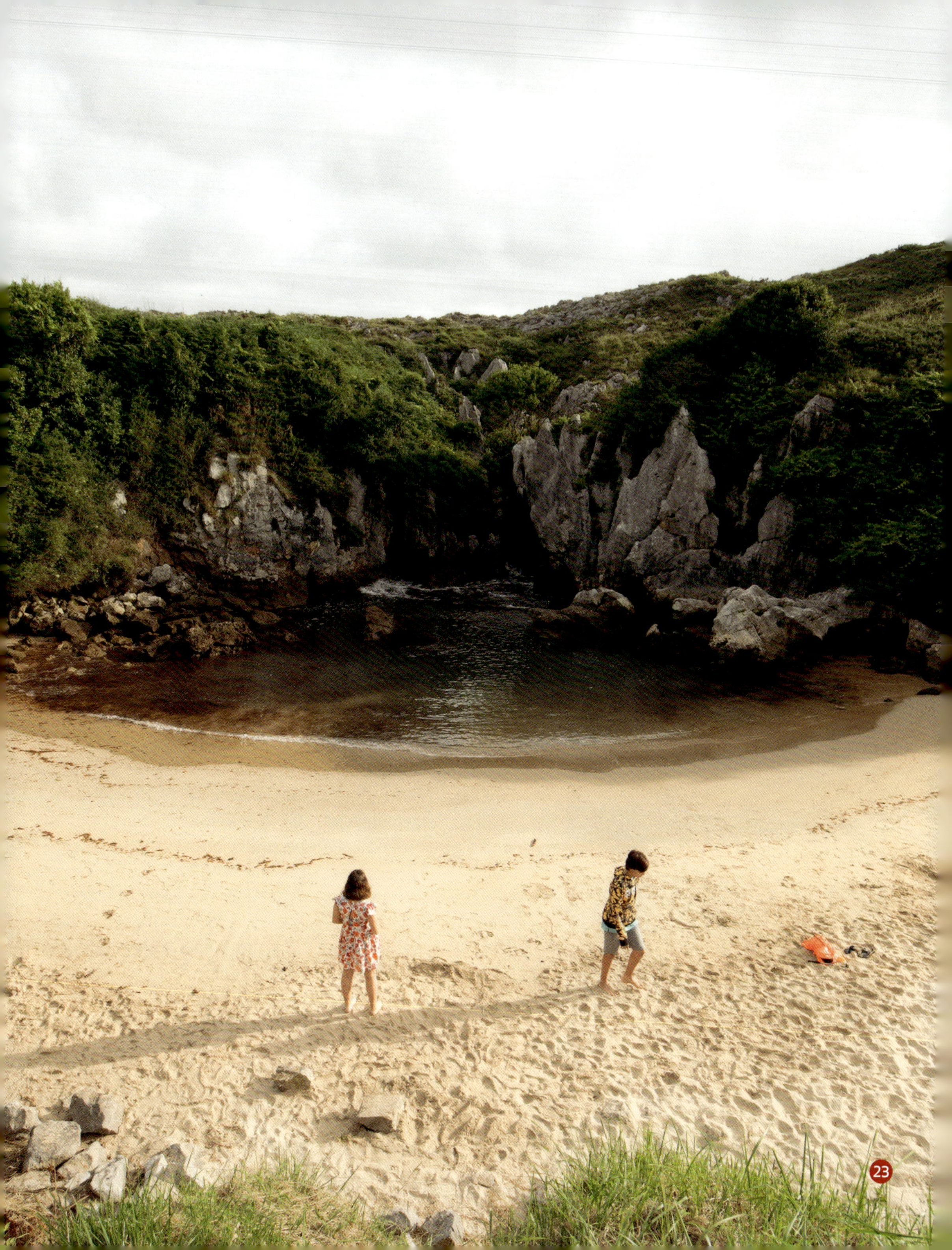

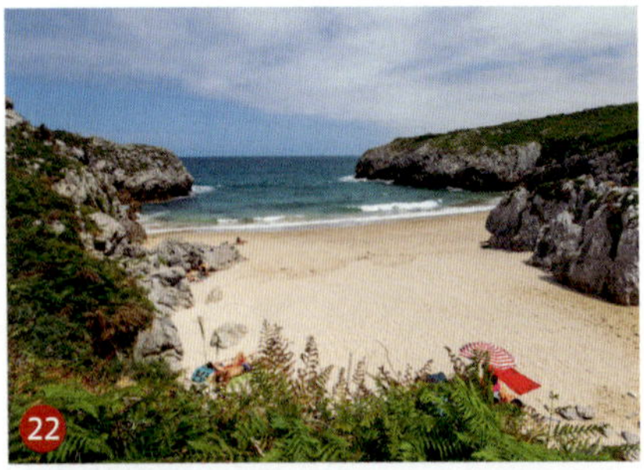

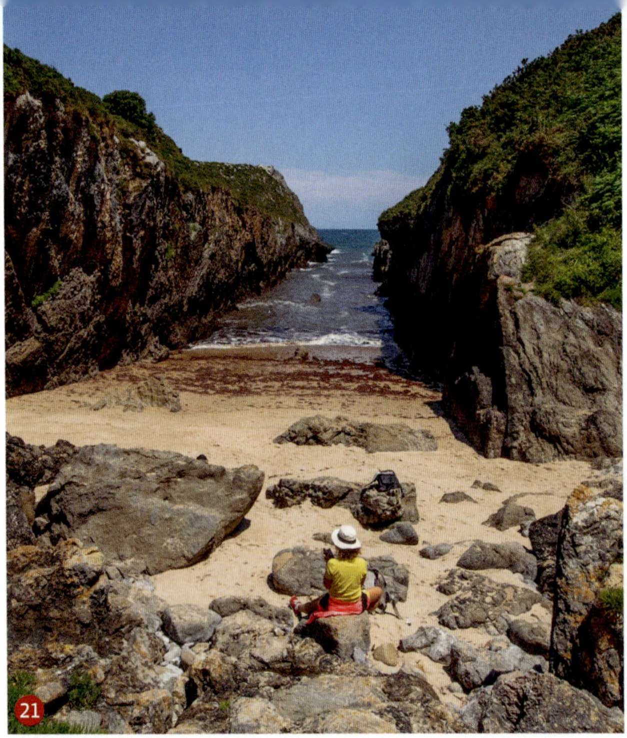

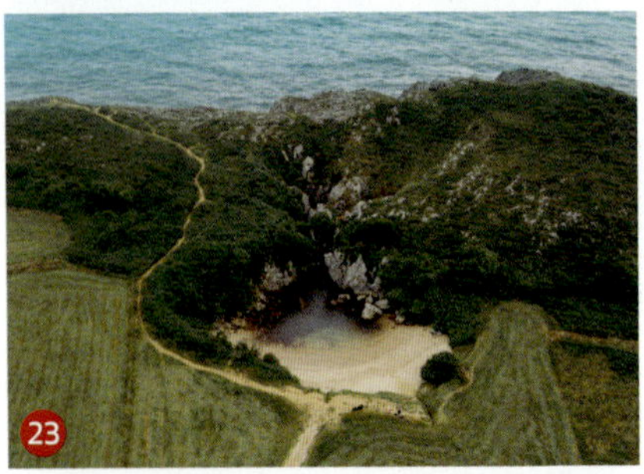

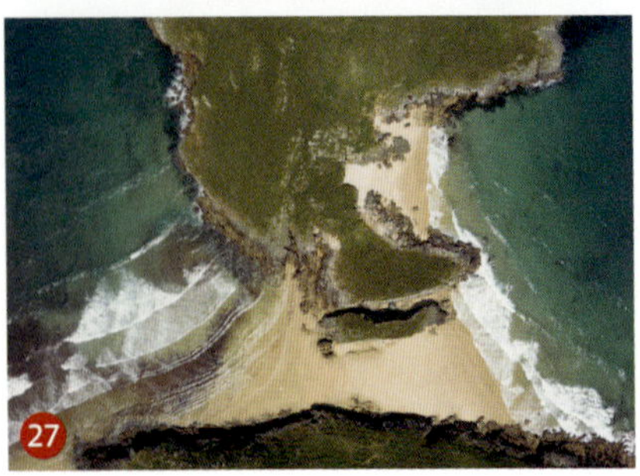

die perfekte Halbmondform der Playa de Torimbia (24) sind einfach fantastisch.

Apfelwein (*sidra*) spielt in der asturischen Kultur eine große Rolle, und in Nava findet jedes Jahr im Juli das *Festival de la Sidra Natural* statt. In Asturien werden jährlich mehr als 40 Millionen Flaschen Apfelmost produziert – also warum ist er außerhalb Spaniens praktisch unbekannt? Wahrscheinlich weil 90 Prozent davon auch in Asturien konsumiert werden. Sidra wird in den allgegenwärtigen *sidrerías* serviert, und zu reinen Recherchezwecken besuchen wir mit Freunden eines dieser Etablissements. Mit dramatischer Geste schenken die *escanciadores* (Barkeeper) das schale, trübe Getränk aus einer Flasche, die sie hoch über ihrem Kopf halten in ein Glas auf Hüfthöhe. Angeblich soll durch diese Methode das Aroma freigesetzt werden, aber wir glauben, die *escanciadores* geben einfach gern an und lieben den Showeffekt. Spaßhaben ist in einer *sidrería* oberstes Gebot, auch wenn man am nächsten Morgen mit einem dicken Kopf aufwacht und die Kleidung nach Apfel riecht. Zu Sidra passt am besten leckerer *cabral* – scharfer, in Höhlen gereifter Käse mit blauen Adern. Im Laufe des Abends erfahren wir, dass die asturische Sprache eine historische Mischung aus Vulgärlatein und späteren germanischen ▶

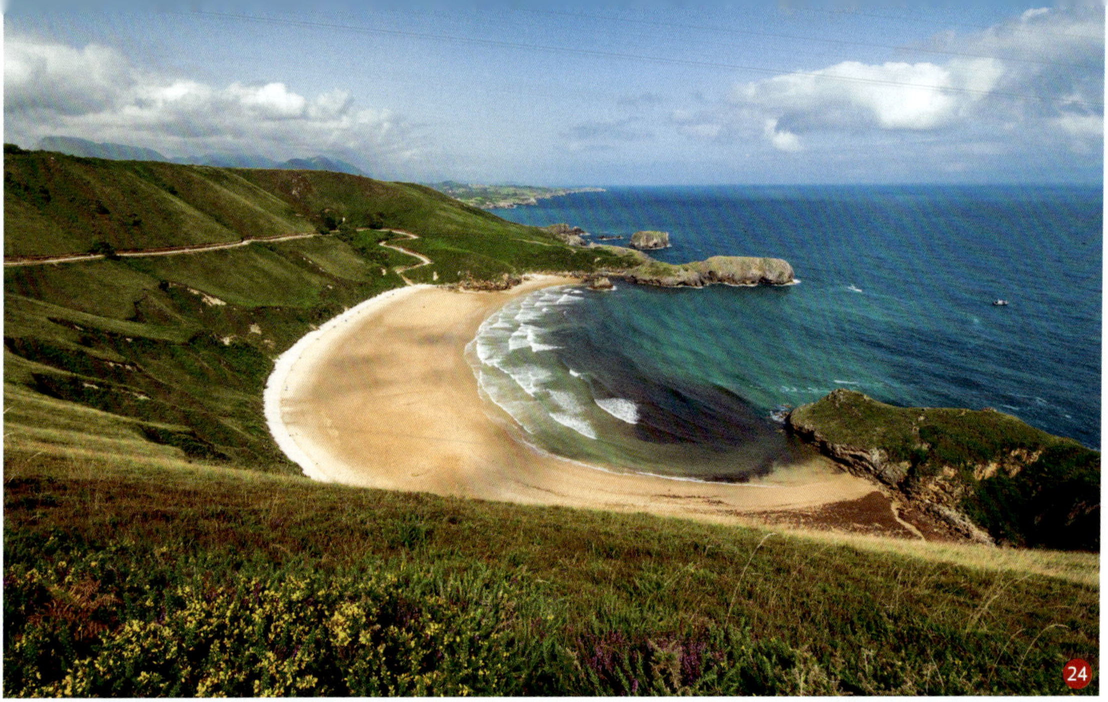

Llanes 1

21 PLAYA DEL CANAL, LLANES

Diese schmale Bucht erinnert an eine Bowlingbahn. Meerfenchel, Farnkraut und Ginster zieren die Klippen.

→ Von Villanueva de Pría zu Fuß 600 m Richtung Nordwesten, dann rechts das trockene Flussbett des Río Millares entlang, 100 m zum Strand.
Parken 43.4552, -4.9512
Leicht 10 Min. 43.4589, -4.9446

22 PLAYA SAN ANTONIO, LLANES

Verführerischer, weißer Sandstrand mit kristallklarem Wasser in einer von Farn, Heide und Wildblumen gesäumten Bucht. Durch Wellenerosion entstandene Höhlen und Kanäle.

→ Von Ovio Richtung Westen und nach 650 m scharf rechts auf die AS-340, nach weiteren 750 m vor oder hinter dem Tunnel parken. Am Chiringuito Cuevas del Mar vorbei und der Straße 600 m folgen, dann bei der Bank scharf links. Durchs Metalltor, nach 160 m beim Tor rechts und zum Strand hinunter.
Parken 43.4548, -4.9379
Leicht 20 Min. 43.4595, -4.9283

23 PLAYA DE GULPIYURI, LLANES

Kreisrunder Binnenstrand, der durch unterirdische Tunnel gespeist wird. Wird immer bekannter, daher am besten frühzeitig und bei Flut kommen, um dieses Naturwunder in seiner ganzen einzigartigen geologischen Pracht zu erleben. Vogelbeobachter entdecken vielleicht Hausrotschwänze und Afrikanische Schwarzkehlchen.

→ Von Nueva auf der A-8 für 5,3 km Richtung Osten, Ausfahrt 306 Richtung Naves/Villahormes/Hontoria. Nach 240 m links auf die AS-379 für 120 m, weitere 100 m geradeaus, dann scharf links und nach 20 m rechts parken. Den Schildern zum Strand folgen. Oder vom Bahnhof Villahormes 25 Min. zu Fuß.
Parken 43.4447, -4.8859
Leicht 5 Min. 43.4475, -4.8858

24 PLAYA DE TORIMBIA, LLANES

Spektakulärer, 500 m langer, Croissantförmiger Strand an einem Hang mit lila Heide und gelbem Ginster. Frühes Kommen sichert gute Parkplätze.

→ Von Niembru auf der Straße Niembru 500 m Richtung Nordwesten (zu schmal für Wohnmobile) und beim Aussichtspunkt parken. Weg zum Strand (1,2 km). Parken 43.4415, -4.8479
Leicht 15 Min. 43.4429, -4.8537

25 PLAYA EL PORTILLU, LLANES

Nur bei Ebbe tritt dieser fantastische Sandstrand mit Gezeitentümpeln zutage. Perfekt für Familien.

→ Von Poó 450 m zu Fuß auf der W Póo/AS-379 Richtung Westen, beim Weg am Camping Las Conchas rechts, dem Küstenweg 1,2 km folgen, bis man rechts den Weg zum Strand mit 34 Stufen sieht. Oder vom Bahnhof Poó 25 Min. zu Fuß.
Parken 43.4263, -4.7834
Leicht 20 Min. 43.4314, -4.7922

26 PLAYA SAN MARTIN, LLANES

Breite, abgeschiedene Sandbucht. Auf Gezeiten achten, damit man nicht abgeschnitten wird.

→ Wegbeschreibung siehe Playa el Portillu (25), aber 500 m nach links am Strand entlang
Leicht 25 Min. 43.4326, -4.7966

27 PLAYA DE LA ALMENADA, LLANES

Doppelstand, nur bei Ebbe zugänglich von der Playa el Portillu (25). Ein kleiner Strand auf der Isla de Almenada ist mit dem Kajak erreichbar.

→ Wegbeschreibung siehe Playa el Portillu (25), vom Strand rechts um die Landspitze.
Leicht 30 Min. 43.4326, -4.7891

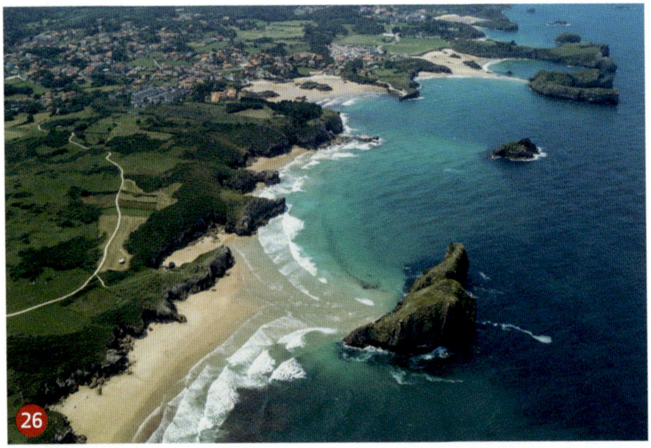

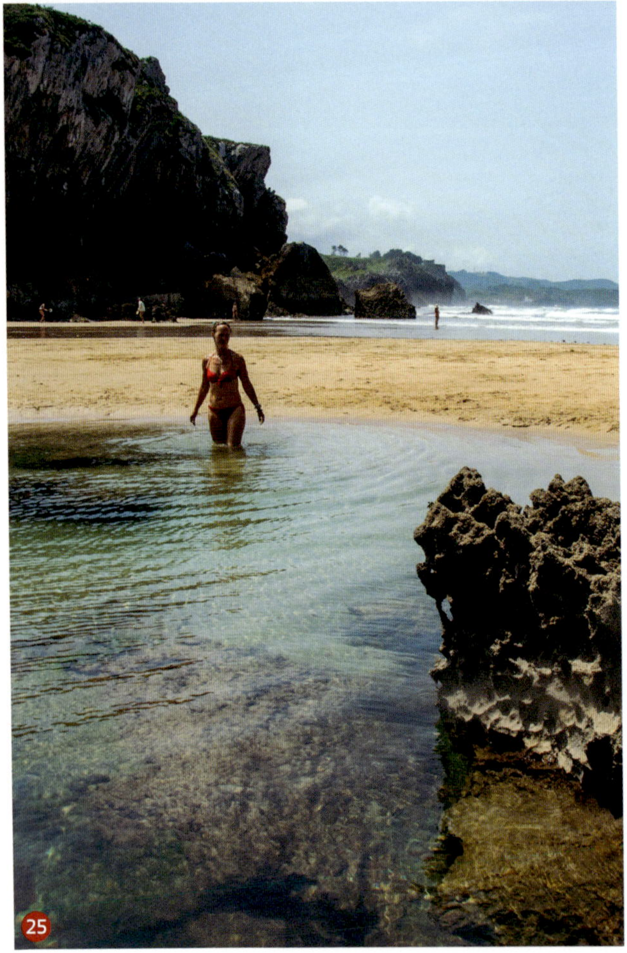

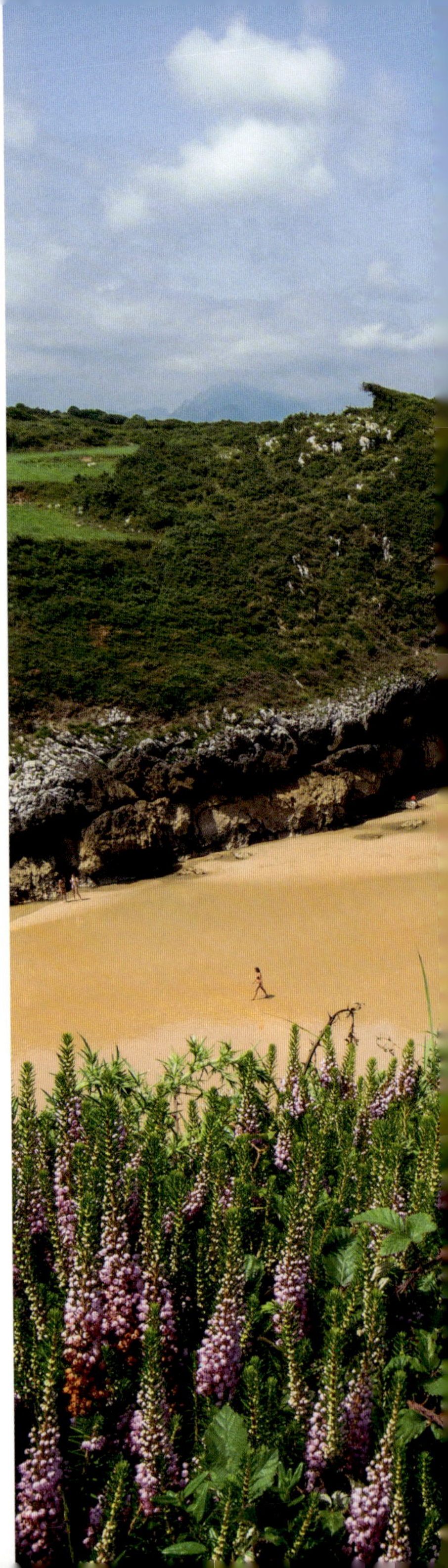

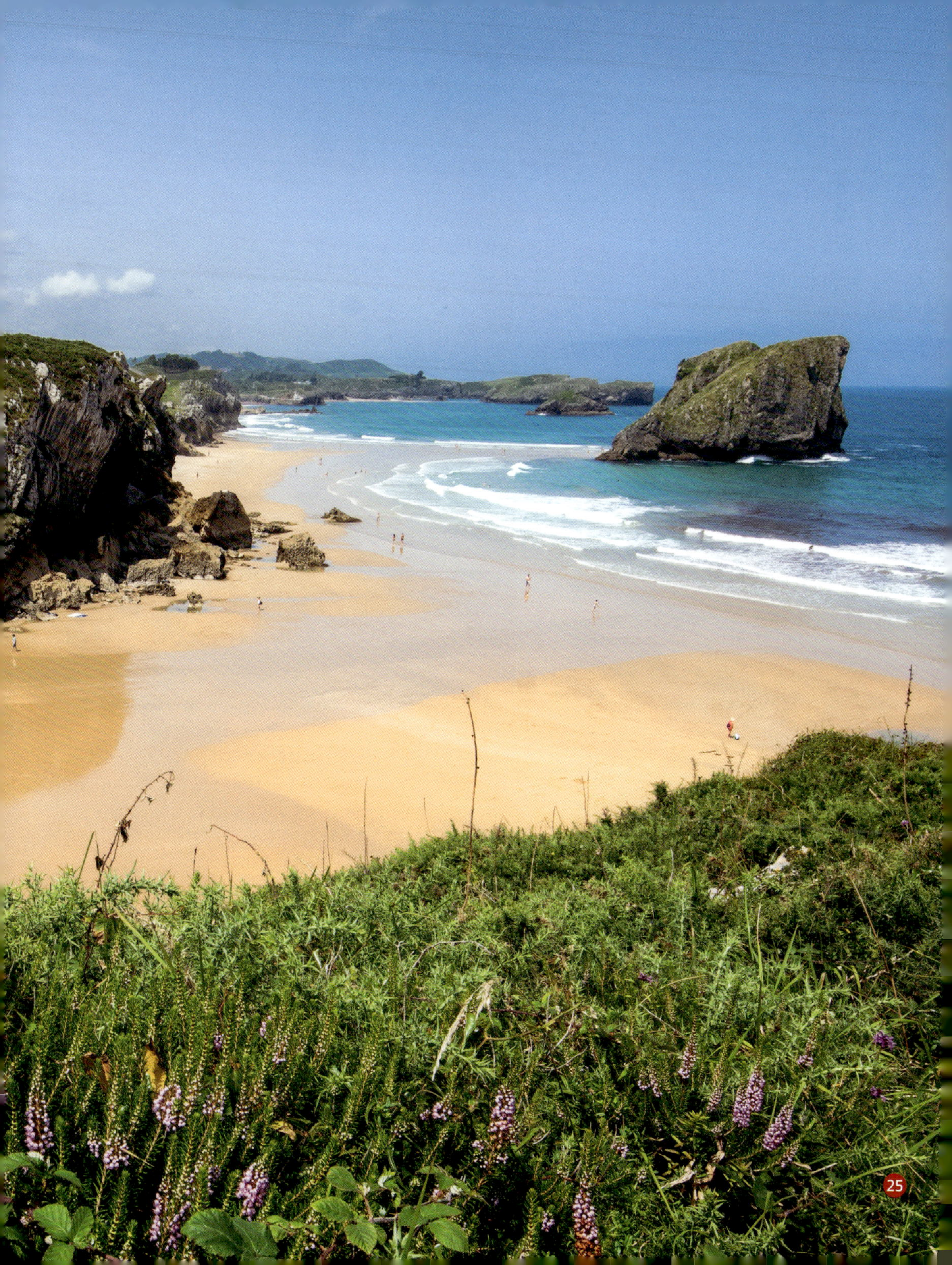

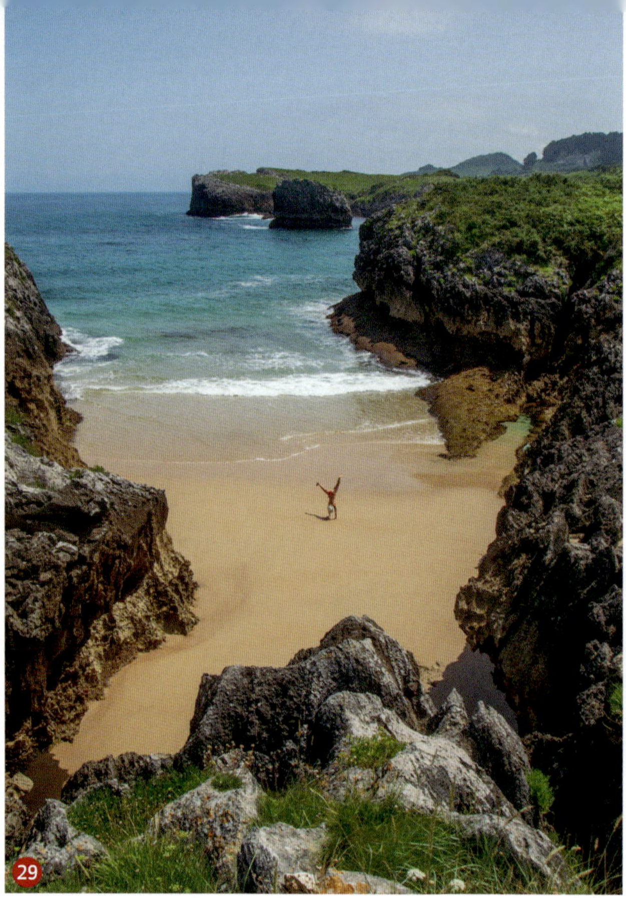

29

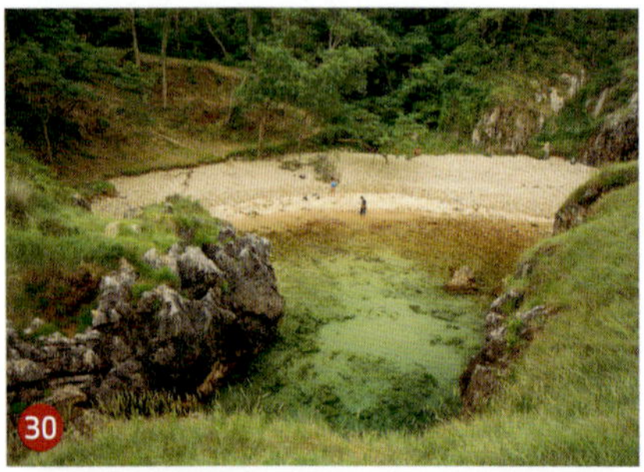

30

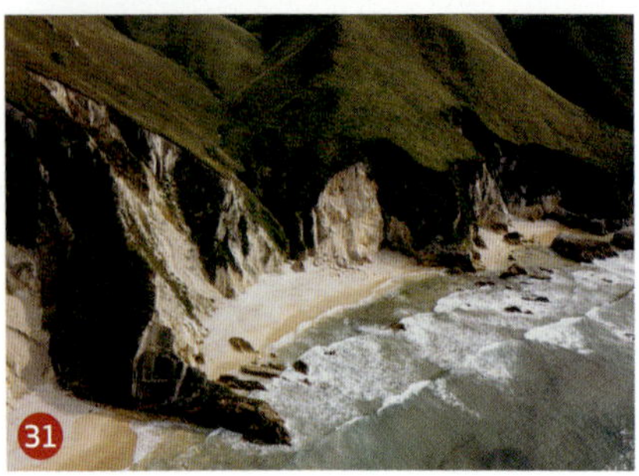

31

Einflüssen der Westgoten ist. Zwar wurde Kastilisch im 14. Jahrhundert die offizielle Schriftsprache, doch Asturisch wurde weiterhin gesprochen und nach Francos Tod 1975 aktiv gefördert. Heute wird es in Schulen unterrichtet, und es gibt eine halbe Million Muttersprachler.

Yo buscaba escapar de una emboscada
de oficinas y risas de cemento,
cuando de ti me hablaron, Novellana,
con tu pequeña Playa del Silencio.

Ich wollte einem Angriff entrinnen
von Büros und Zementgelächter,
als sie mir von dir erzählten,
Novellana, mit deinem kleinen Strand der Stille.

Aus *El Libro de las Visitas* (Buch der Besuche),
Manuel Asur (*1947)

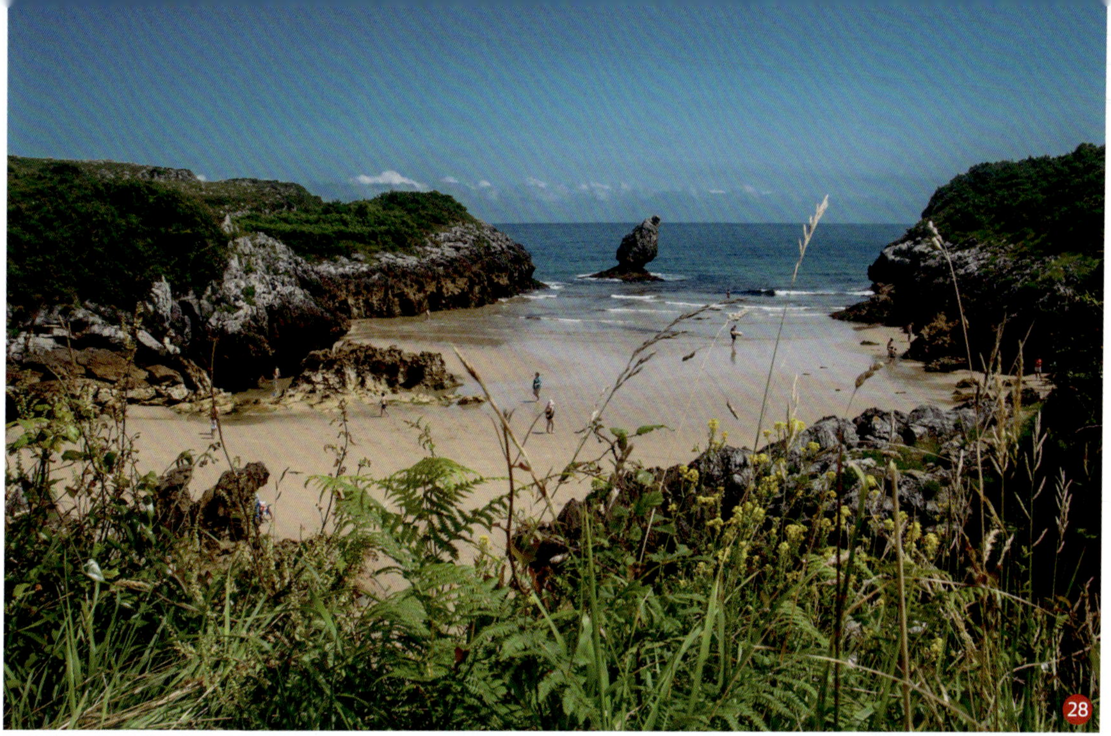
28

Von Llanes 2 bis Ribadedeva

28 PLAYA DE BUELNA, LLANES

Bei Ebbe ideale Familienbucht mit breitem Sandstrand und Höhlen. Eine Felsnadel namens *El Picón* wacht über dem Eingang zur Bucht.

→ Von Buelna nach Nordwesten Richtung Küste und nach 450 m am Straßenrand parken. Zu Fuß weiter zum Strand (Zugang über eine Rampe). Oder vom Bahnhof Pendueles 25 Min. zu Fuß.
Parken 43.3950, -4.6186
Leicht 5 Min. 43.3959, -4.6180

29 PLAYA DE ENTREMARES, LLANES

Ein echter Schlupfwinkel von einem Strand, nur bei Ebbe sichtbar und perfekt für abenteuerlustige Pärchen: der heikle Abstieg sorgt für Einsamkeit. Gut auf die Gezeiten achten, weil sich der Ausgang in Ufernähe befindet.

→ Wegbeschreibung siehe Playa de Buelna (28), aber weitere 230 m an der Küste entlang Richtung Westen, bis man rechts die Bucht sieht. Dem Trampelpfad rechts von der Bucht folgen und über die Felsen zum Strand. Oder vom Bahnhof Pendueles 25 Min. zu Fuß.
Schwer 10 Min. 43.3965, -4.6188

30 PLAYA DE COBIJERU, LLANES

Dieser magische, halbrunde Binnenstrand ist ein geologisches Wunder inmitten von Akazienbäumen und grünen Hängen mit Höhlen. Man fühlt sich fast wie bei den Beutlins im Auenland. Das türkisblaue Wasser kommt aus unterirdischen Tunneln. Am schönsten bei Flut. Taschenlampe mitnehmen, um die Höhlen zu erkunden. Der Felsbogen *El Salto del Caballo* überspannt die brechenden Wellen. Camping Colombres (campingcolombres.com): von Campern geführter Campingplatz im Landesinnern mit Pool. Tolle Atmosphäre, gutes Restaurant und Bar, perfekt für Familien und Pärchen.

→ Vom Parkplatz in Buelna 200 m zu Fuß auf der N-634 Richtung Osten, den Schildern nach Cobijeru folgen. Weiter auf dem Weg unter der Eisenbahnbrücke und nach 200 m rechts. Dem Weg folgen, vorbei am Eingang der Cueva Cobijeru bis zum Strand (500 m). Oder vom Bahnhof Pendueles 20 Min. zu Fuß.
Parken 43.3924, -4.6164
Leicht 15 Min. 43.3961, -4.6099

31 PLAYA DE MENDÍA, RIBADEDEVA

Der letzte der Strände, die wir im Principado de Asturias besucht haben, bietet zwei große Sandbuchten unter wahnsinnig steilen weißen Klippen und befindet sich im Naturschutzgebiet (*Espacio Protegido*). Beide verschwinden bei Flut unter den Wellen. Spektakulärer Blick auf die Buchten von den Klippen in Pimiango weiter östlich. Festes Schuhwerk empfohlen.

→ Von Pimiango auf der RD-1 für 450 m Richtung Westen, beim Schild, das das Ortsende von Pimiango markiert, rechts auf eine nicht beschilderte Straße. Nach 500 m links auf den Barrio Castros und nach 600 m am Ende der Straße parken. Beim Zaun dem schmalen, immer steiler werdenden Weg folgen. Am Ende über die Felsen zum Strand klettern. Oder vom Bahnhof Colombres 40 Min. zu Fuß.
Parken 43.3890, -4.5606
Mittel 20 Min. 43.3934, -4.5601

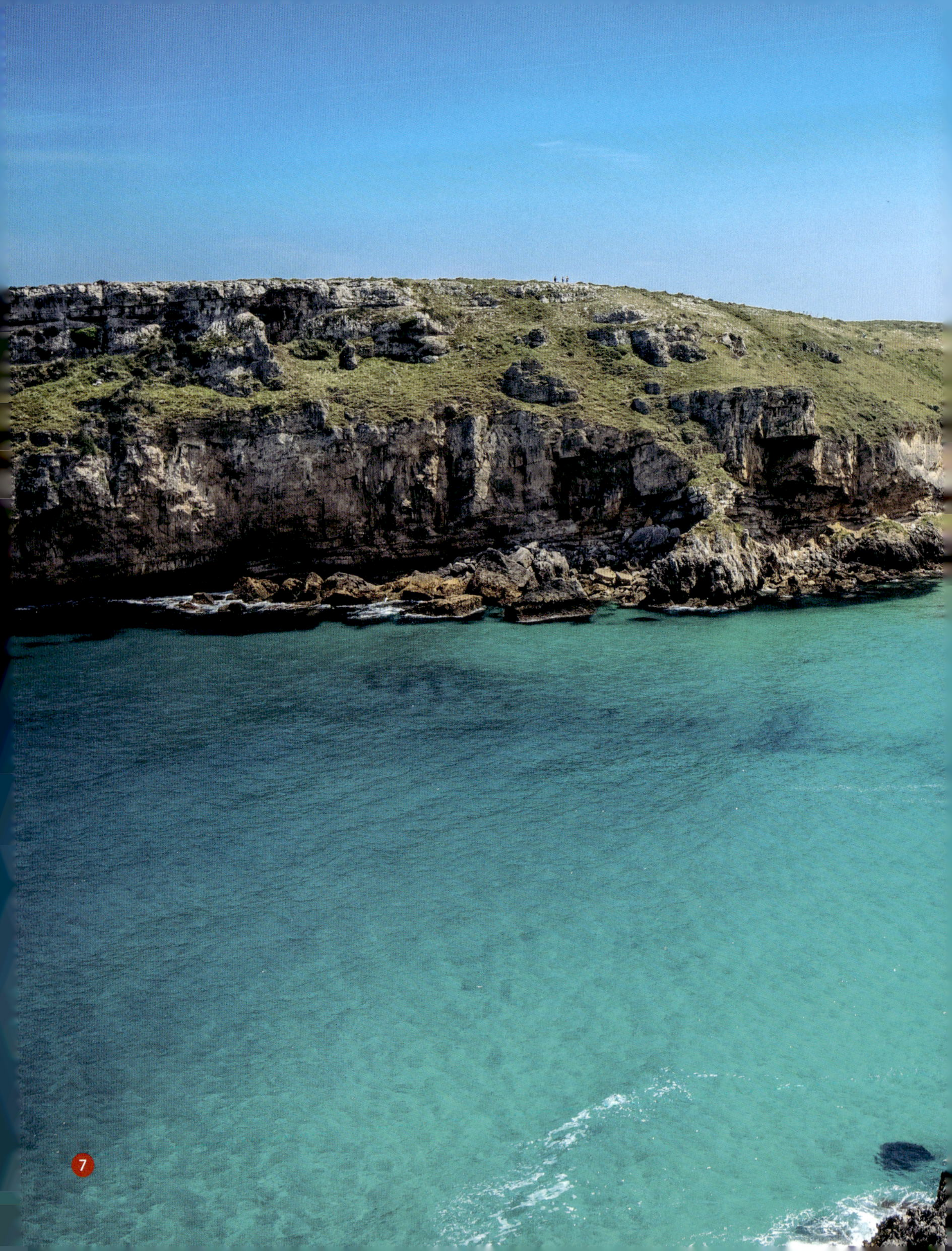
7

Costa de Cantabria & Costa Vasca

Goldene Strände mit aquamarinblauem Wasser, die an duftende Wildblumenwiesen grenzen. Bestaunen Sie an der Costa Vasca die gewaltigen Klippen über versteckten Buchten, und besuchen Sie die magische Burg Drachenstein.

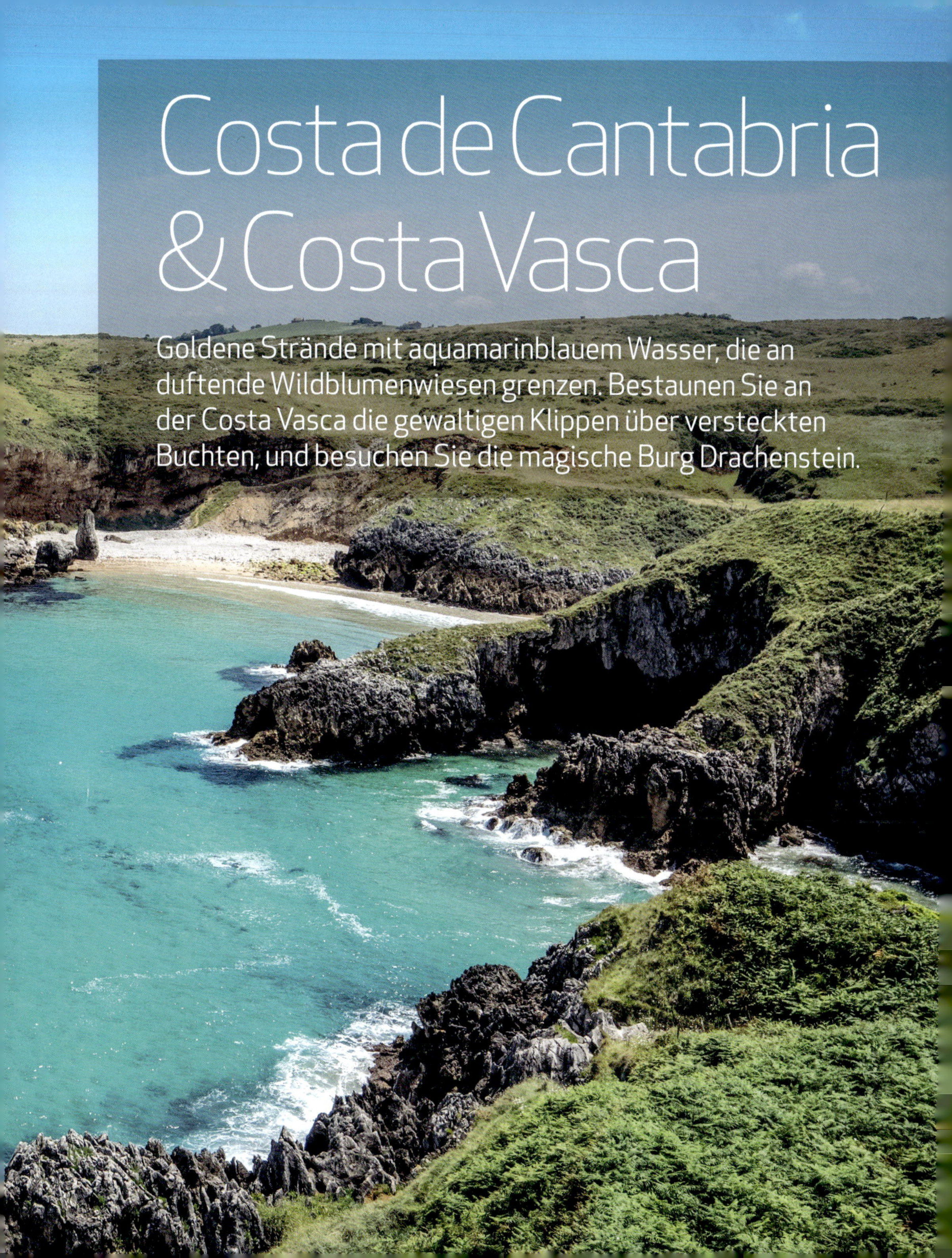

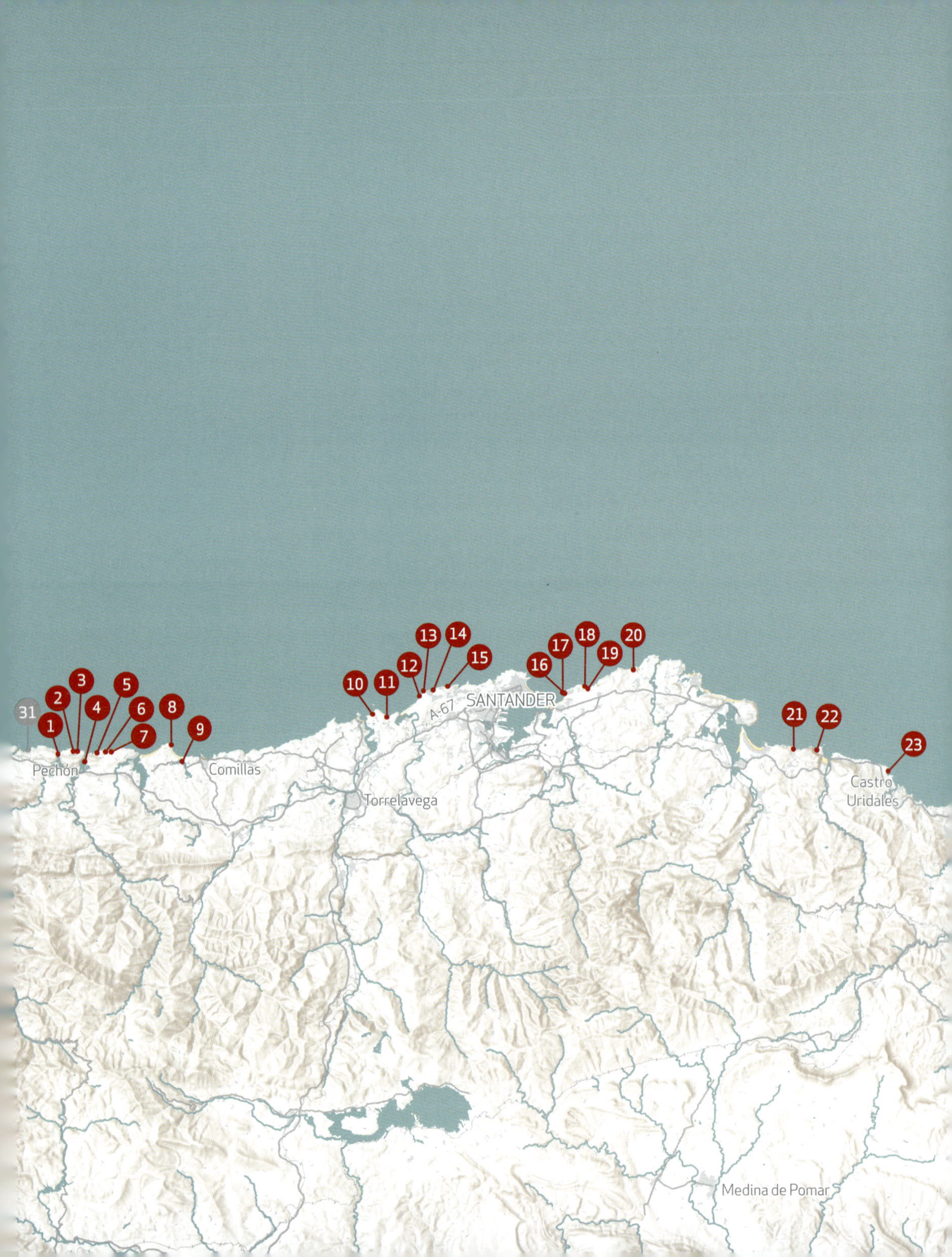

31
1
2
3
4
5
6
7
8
9
10
11
12
13
14
15
16
17
18
19
20
21
22
23
Pechón
Comillas
Torrelavega
A-67
SANTANDER
Castro
Uridales
Medina de Pomar

Highlights
Costa de Cantabria & Costa Vasca

Unsere Lieblingsstrände:

1 Playa de Pechón – herrlicher, unterhalb von Wäldern versteckter Strand

2 Playa Aramal – charmanter goldener Sandstrand, den man über einen von Geißblatt gesäumten Weg erreicht

7 Playa de Fuentes – hübsche Gezeitenbucht mit zerklüfteten Felsen und plätscherndem Bach

15 Playa de Covachos – idyllische schmale Landenge mit goldenem Sand

21 Playa San Julián – atemberaubender Blick auf die zerklüftete kantabrische Küste

22 Playa de Sonabia – großer, von Wildblumen gesäumter Strand, über dem Raubvögel kreisen

24 Barrikako Hondartza – Buchten und Gezeitentümpel unter hoch aufragenden Klippen

26 San Juan de Gaztelugatxe – überqueren Sie die alte Brücke zur Burg Drachenstein

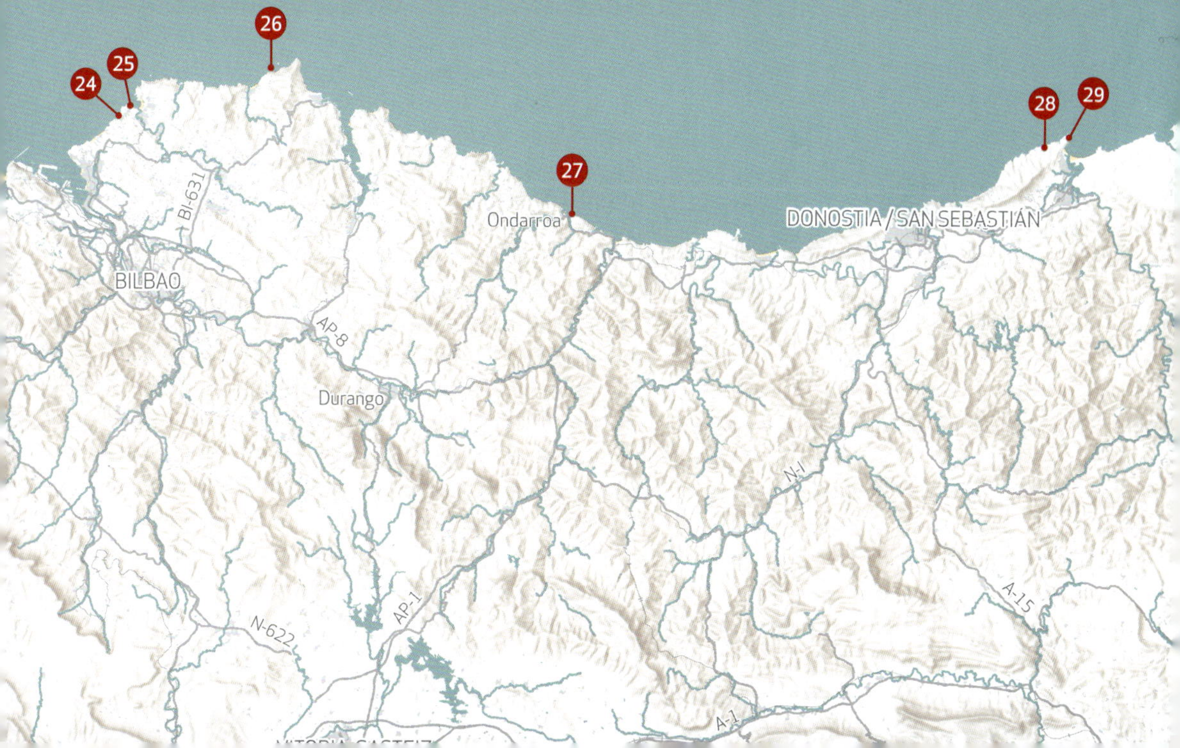

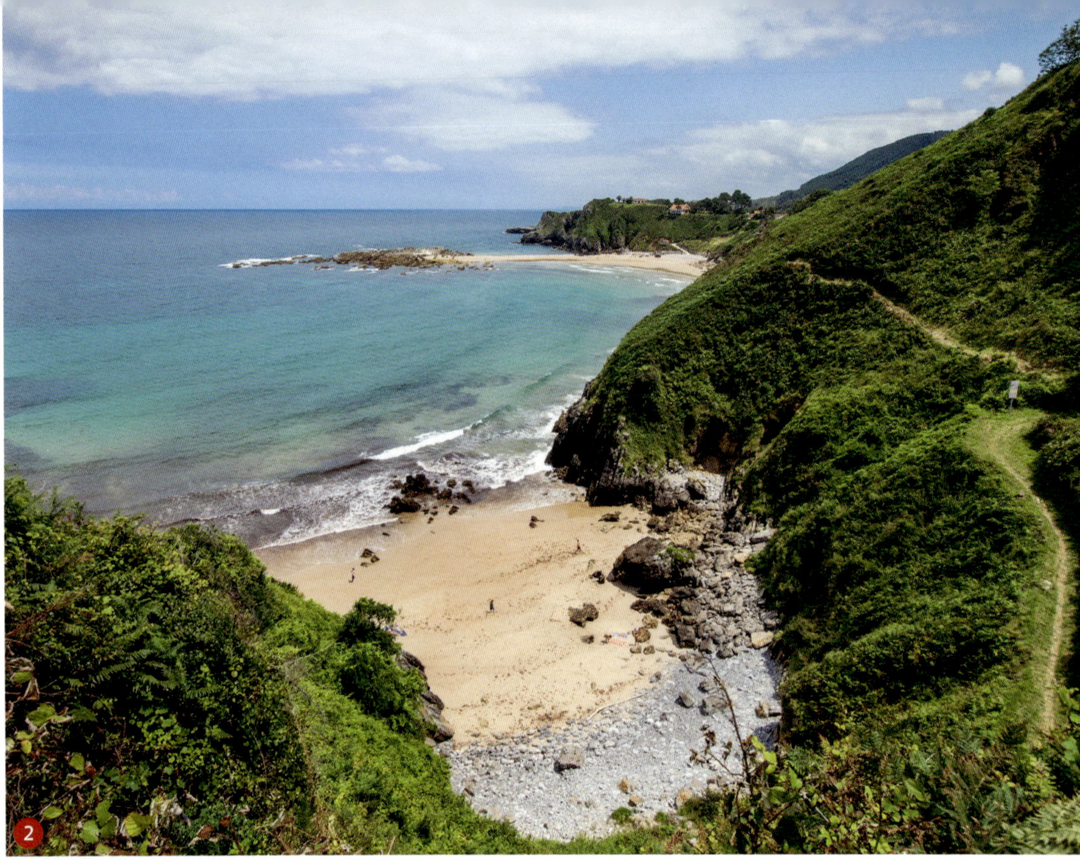

2

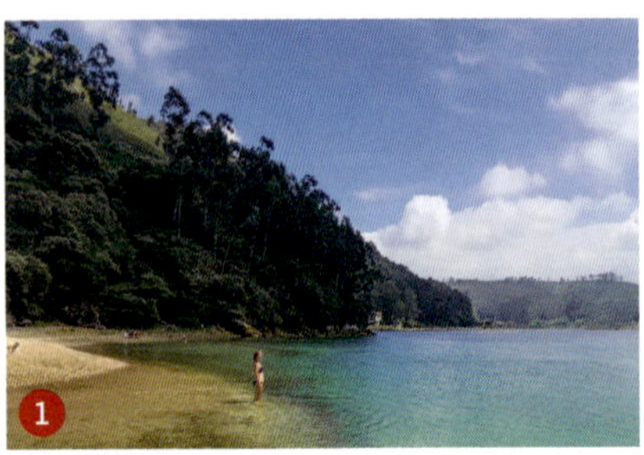

1

Kantabriens Küste ist ein wahres Farbenfest. Die Wellen des leuchtend blauen Meeres spülen an halbmondförmige goldene Sandstrände zu Füßen smaragdgrüner Hänge mit bunten Wildblumen. Hinter dieser lieblichen Landschaft, hinter den Dörfern mit ockerfarbenen Dächern liegen die dunkelgrauen Felsmassive und Karstgipfel der Picos de Europa. In den schroffen Tälern und zerklüfteten Felsformationen dieser Gebirgskette befinden sich Höhlen, die mit weltberühmten Höhlenmalereien verziert sind – Überreste der Siedlungen vor 20.000 Jahren. Während der römischen Invasion 29 v. Chr. leistete der einheimische Stamm der Kantabrer erbitterten Widerstand, bevor sie ihren besser gerüsteten Gegnern schließlich unterlagen.

In Panes setzen wir unser Kajak in den Río Deva, der die Grenze zwischen Asturien und Kantabrien markiert, und paddeln zögernd Richtung Meer. Die Wellen schlagen an unser Boot und treiben uns voran Richtung Küste, während wir kleine Stromschnellen meistern und im Flachwasser ungeschickt auf Grund laufen. Wir sind ohne Karte unterwegs und erkunden ▶

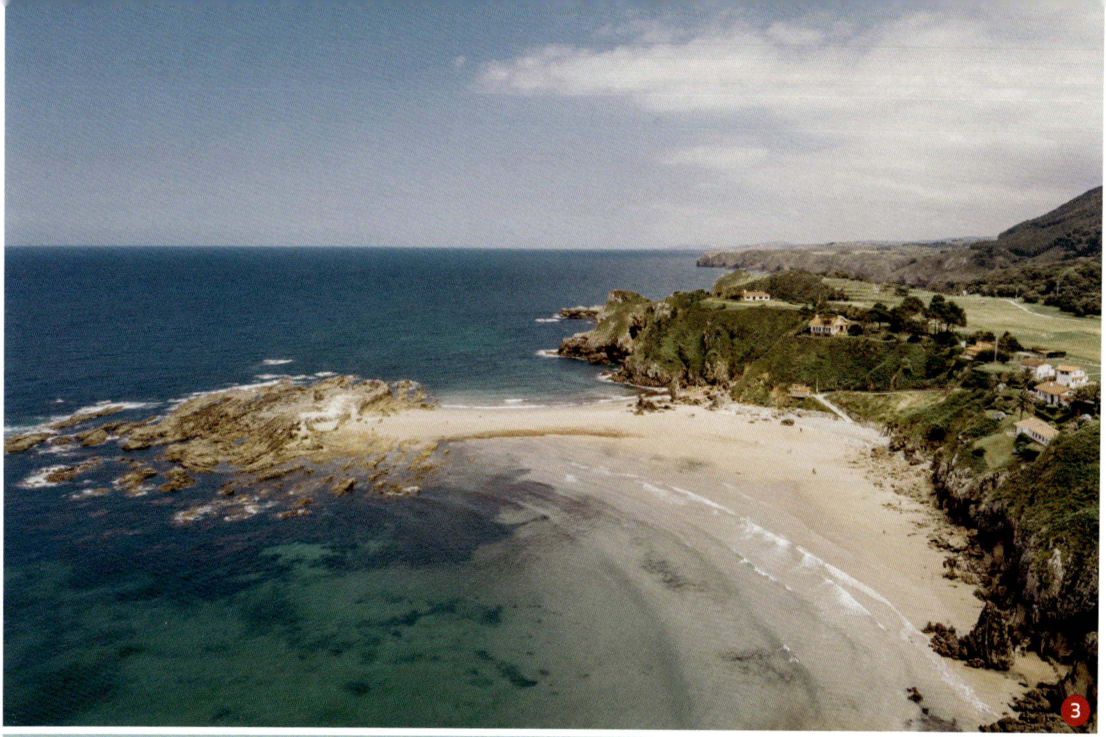

Val de San Vicente - Parque Natural de Oyambre

1 PLAYA DE PECHÓN

Herrlicher, fast menschenleerer goldener Sandstrand an der Ría de Tina Mayor, der Grenze zwischen Kantabrien und Asturien. Weiter stromaufwärts zwischen den bewaldeten Hängen der Hermida-Schlucht in Panes kann man bei canoeaventuratrophy.com Kajaks mieten und gemütlich den gewundenen Río Deva zur Playa de Pechón zurückpaddeln (10 km). Genießen Sie den fantastischen Blick von der Aussichtsplattform Pico Cañón am gegenüberliegenden Ufer. Im Restaurante Las Arenas gibt es superleckere Pizza, mit der man sich nach dem Kajakabenteuer stärken kann. Camping las Arenas (campinglasarenas.com): Stellplätze am Hang über dem Meer und einem kleinen Strand.

➔ Von Unquera auf der CA-380 für 2 km Richtung Nordwesten und parken. Dem schmalen, steilen Weg links, direkt vor dem Restaurante Las Arenas, zum Strand folgen. Oder vom Bahnhof Unquera 30 Min. zu Fuß. Kein öffentlicher Parkplatz in der Nähe. Private Parkplätze beim Campingplatz oder Restaurant

Mittel 10 Min. 43.3909, -4.5128

2 PLAYA ARAMAL

Kleiner, aber charmanter goldener Sandstrand zwischen steilen Felshängen, an denen Geißblatt, Ehrenpreis und Klee wachsen. Bei Ebbe kann man zur Playa de Amió (3) hinübergehen. Dorthin verirren sich nur wenige Besucher, und die kleine Höhle ist ein gemütliches Versteck.

➔ Von Pechón auf dem Barrio Quintana 350 m Richtung Nordosten, dann links parken. Den Barrio Quintana 500 m zurückgehen, dann rechts auf den Feldweg Richtung *Playa Aramal*. Nach 380 m macht der Weg eine Linksbiegung, und rechts führt ein kleiner Weg zum Strand hinunter (wenn man zu einer Betonplattform mit einer Seilwinde kommt, ist man zu weit gegangen) – steiler letzter Abschnitt. Parken 43.3925, -4.4855

Mittel 20 Min. 43.3941, -4.4899

3 PLAYA DE AMIÓ

Sandbank an der Westküste Kantabriens, die bei Ebbe zu einer kleinen Insel führt. Schön für Familien, aber gefährliche Strömung! Im Sommer oft voll. Wahrscheinlich am schönsten bei Ebbe, wenn man zur Playa Aramal (2) hinübergehen kann.

➔ Wegbeschreibung siehe Playa Aramal (2), dann über den Betonweg mit Holzgeländer zum Strand. Der letzte Abschnitt ist steil.

Mittel 5 Min. 43.3943, -4.4838

4 PLAYA DEL SABLE

Der große, abgeschiedene *Säbelstrand* liegt an der Mündung des Río Nansa, und bei Ebbe kann man dort Höhlen erkunden. Hinter den Bergen lauert die Biskaya. Besichtigen Sie stromaufwärts am Río Nansa die Höhlenmalereien der Cuevas, ein UNESCO-Weltkulturerbe.

➔ Von Unquera auf der N634 für 4,5 km Richtung Osten, dann links auf die Carr. a la Playa del Sable und irgendwo links an der schmalen Schotterstraße parken. Zu Fuß weiter die Straße entlang bis zur Flussmündung und zum Strand. Parken 43.3801, -4.4710

Leicht 10 Min. 43.3829, -4.4716

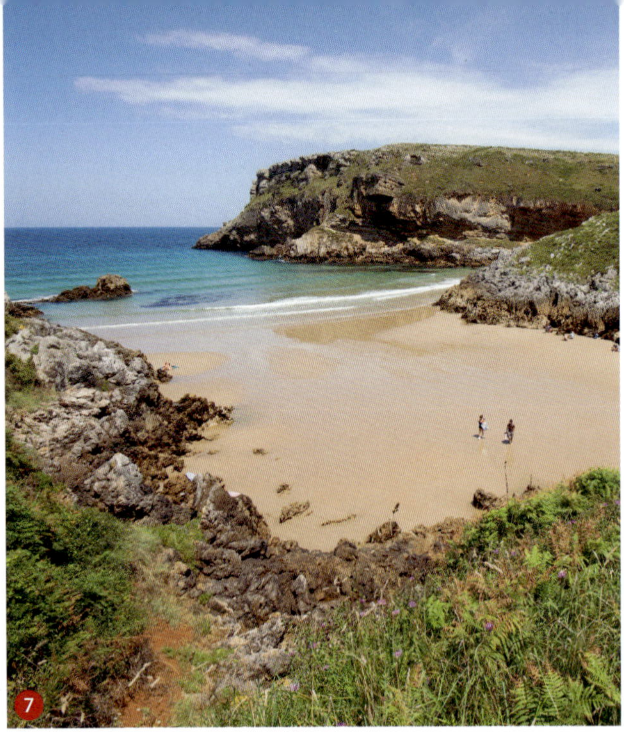
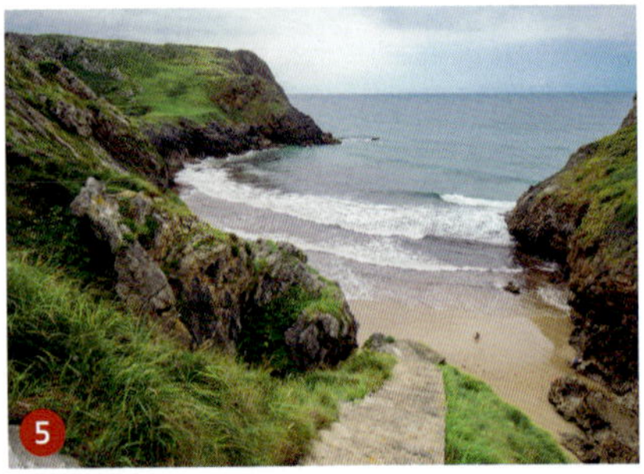
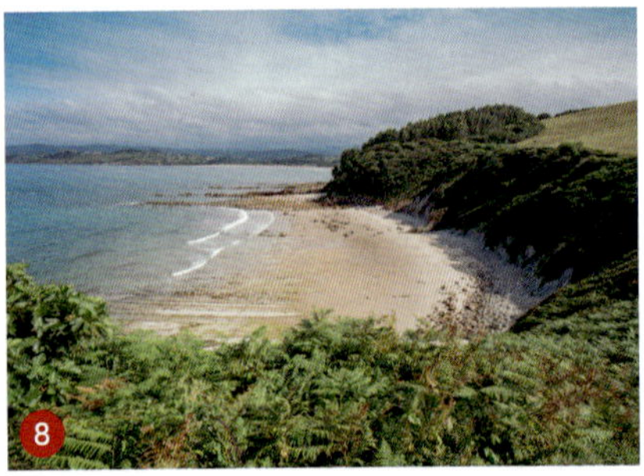
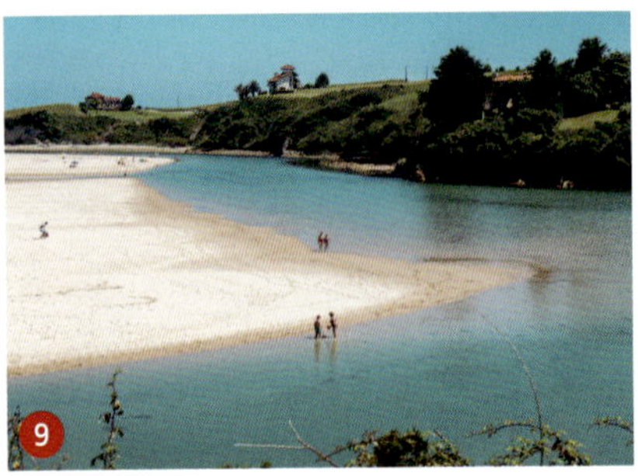

in aller Ruhe die versteckten Binnenstrände, an denen wir aussteigen, um zu baden. Der wohlwollende Fluss trägt uns schnell und mühelos zur Mündung der langen, schmalen Bucht Ría de Tina Mayor. Den Rest des Nachmittags genießen wir an der einsamen Pechón Playa (1) unter bewaldeten Hängen. Ein Stück weiter folgen wir einem seltsamen Trampelpfad zur Playa Aramal (2), einer der schönsten Buchten dieser Gegend. Bei Ebbe setzen wir unsere Abenteuer mit einem Spaziergang über die belebtere Playa de Amió (3) fort, an der sich einheimische Familien versammeln und Bodyboarder die sanften Wellen abreiten.

Von einem Feld auf den Klippen aus, das von einem geschäftstüchtigen Bauern zu einem Parkplatz umgewandelt wurde, hat man einen fantastischen Blick auf die Buchten Berellín und Barnejo (6). Für ein paar Euro dürfen wir mit unserem VW-Bus über Nacht bleiben. Bei Ebbe treten auffallende Felsformationen zutage, nur um wenige Stunden später wieder zu verschwinden. Am nächsten Morgen machen wir einen belebenden Spaziergang über den Küstenweg zur Playa de Fuentes (7), eine unberührte Bucht voller versteckter Ecken, wo einheimische Familien und Pärchen Einsamkeit suchen. Den Sonntagssoundtrack liefert ein kleiner Bach, der in der Morgensonne dahin plätschert. ▶

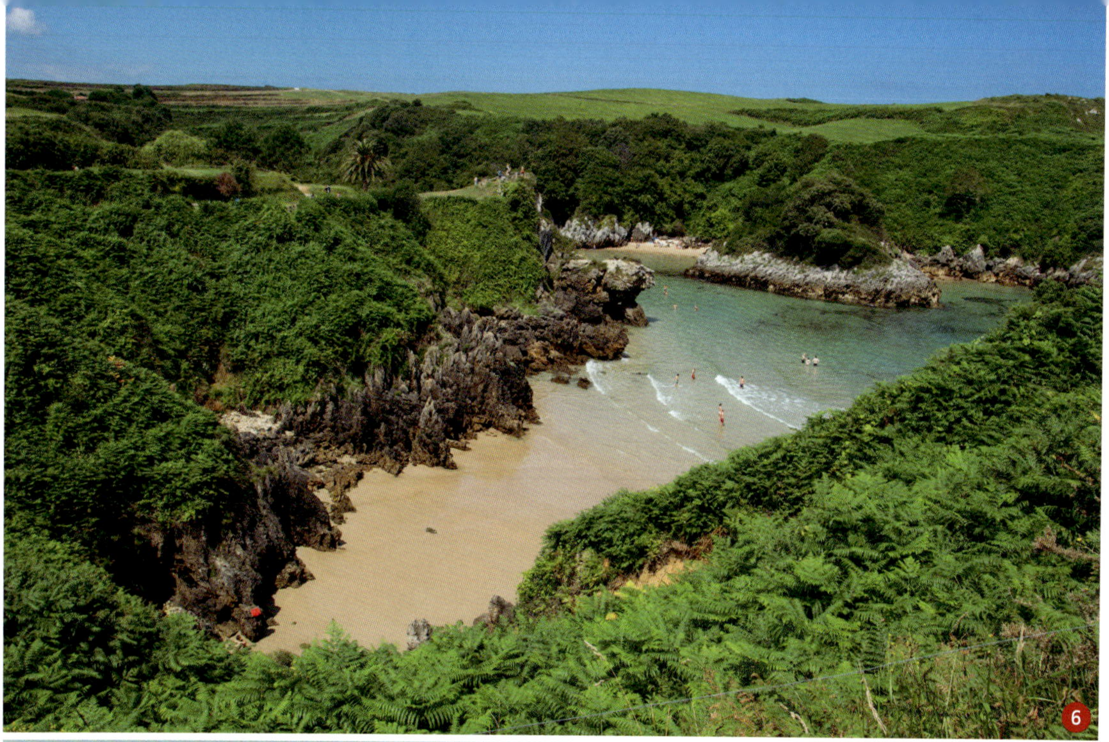

6

Von Val de San Vicente bis San Vicente de la Barquera

5 ENSENADA DE LA MINA, VAL DE SAN VICENTE

Ein diskreter Strand unterhalb von wilden, sanften Hügeln, der bei Flut verschwindet.

➔ Von Prellezo auf dem Barrio el Lugar 100 m Richtung Nordosten, dann links auf die unbeschilderte Straße und nach 600 m rechts parken. Einige Meter die Straße entlang bis zu einem Zauntritt links. Drüberklettern und dem Weg zum Meer folgen. 67 Stufen, die letzten Meter muss man sich abseilen und dann über die Felsen zum Strand klettern.
Parken 43.3922, -4.4515
Schwer 10 Min. 43.3927, -4.4533

6 PLAYA DE BERELLÍN & BARNEJO, VAL DE SAN VICENTE

Zwei malerische Sandbuchten am Ende von einem langen Meeresarm. Vogelgezwitscher und Zikaden vermischen sich mit den Stimmen spielender Kinder. Schön für Familien. Wir empfehlen den halbstündigen Spaziergang auf den Klippen zur Playa de Fuentes (7).

➔ Von Prellezo auf dem Barrio el Lugar 100 m Richtung Nordosten, leicht links halten, dann nach 500 m links parken oder gegen Gebühr auf dem Feld mit Blick übers Meer (auch über Nacht möglich). Den Weg zum Strand hinuntergehen.
Parken 43.3915, -4.4405
Leicht 10 Min. 43.3942, -4.4403

7 PLAYA DE FUENTES, SAN VICENTE DE LA BARQUERA

Spektakulärer Strand, durch Karstformationen in intime Enklaven unterteilt, wo Familien oder Pärchen Einsamkeit und Schatten finden. Ein kleiner Bach plätschert melodisch in die linke Bucht. Bei Flut verschwindet der Strand.

➔ Von Prellezo auf der Pista Lugar 800 m Richtung Südwesten, dann links auf die N-634. Nach 1,4 km links auf den Barrio Santillán und nach 290 m links Richtung Küste, um auf dem Barrio Santillán zu bleiben. Nach 1,8 km an der Straße parken und dem Weg zum Strand folgen.
Parken 43.3921, -4.4304
Leicht 3 Min. 43.3942, -4.4313

8 PLAYA DE OYAMBRE, SAN VICENTE DE LA BARQUERA

Am Ende der großen Playa de Oyambre und hinter Felsen versteckt haben wir einen Sandstrand gefunden, der von grünen Hängen umgeben ist. Im Juli praktisch menschenleer.

➔ Von San Vicente de la Barquera auf der N-634 für 270 m Richtung Osten, dann beim Kreisverkehr die zweite Ausfahrt auf die CA-236. Nach 80 m links halten, um auf der CA-236 zu bleiben. Nach weiteren 4,1 km scharf links auf den Barrio Gerra, nach 180 m rechts auf den Barrio Oyambre und nach 1 km parken. Dem Weg zum Tor folgen, Feld überqueren, am Ende links und nach 100 m über den kleinen Weg rechts zum Meer.
Parken 43.4026, -4.3425
Mittel 10 Min. 43.4034, -4.3397

9 PLAYA LA RABIA, SAN VICENTE DE LA BARQUERA

***Wütender Strand* scheint ein seltsamer Name für diesen herrlichen Meeresarm in wunderschöner Landschaft mit grasenden Kühen.**

➔ Von Los Llaos auf der CA-131 für 1,2 km Richtung Osten und links oberhalb vom Strand parken. Zu Fuß die Straße 175 m zurückgehen, dann rechts Richtung Ría del Capitán über einen erhöhten Grat (vielleicht muss man den letzten Abschnitt waten) und wieder rechts zum Strand. Parken 43.3845, -4.3215
Leicht 10 Min. 43.3854, -4.3218

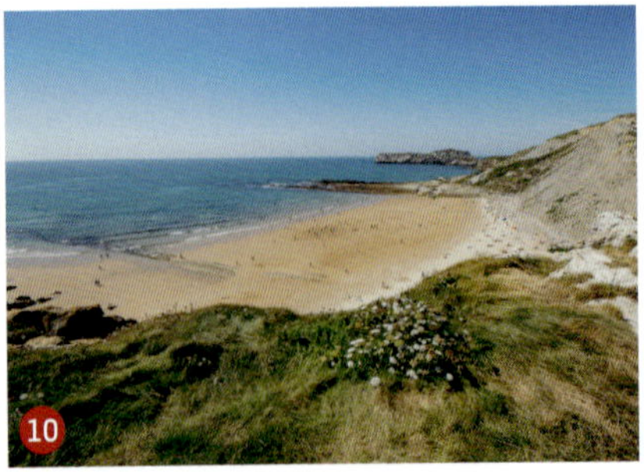

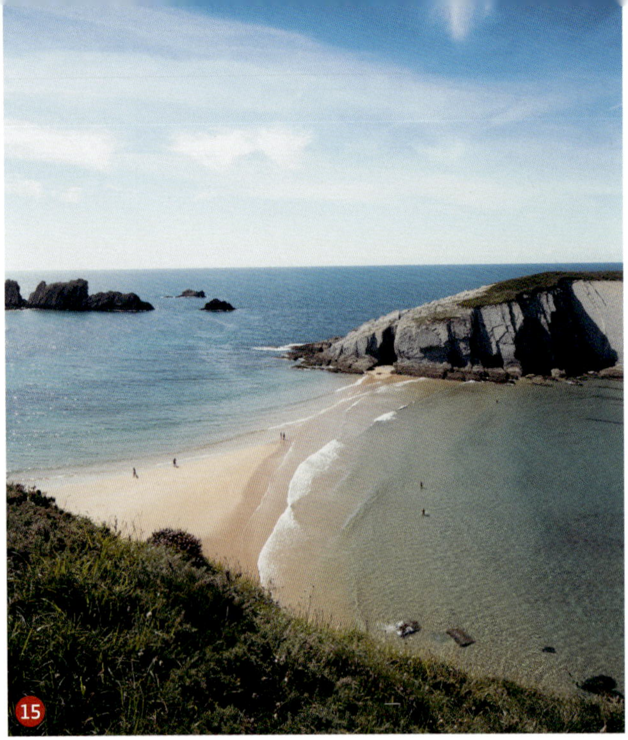

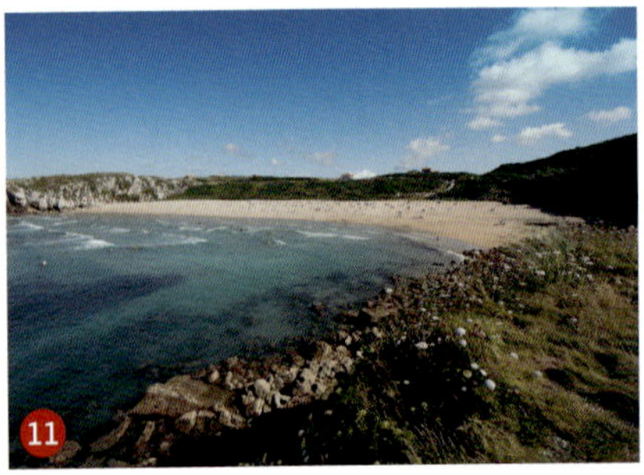

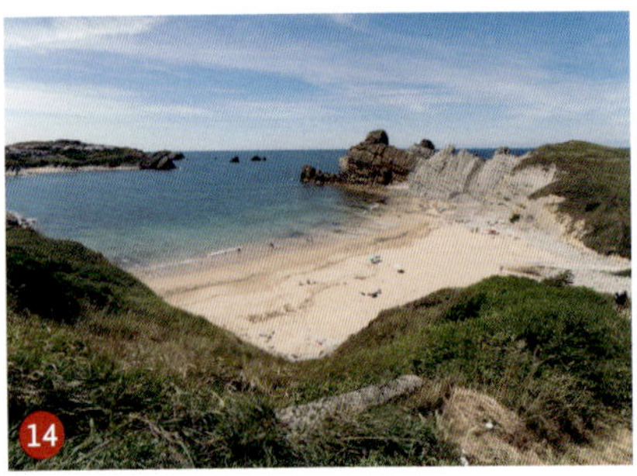

San Vicente de la Barquera, ein malerischer Hafen mit langer Seefahrertradition, ist ein beliebtes Touristenziel. In den lebhaften Bars und Lokalen bekommt man leckere Fischgerichte, wie z. B. *maganos encebollaos* – in Zwiebeln, grüner Paprika, Tomaten und Petersilie marinierter Tintenfisch – oder kantabrische Anchovis und würzigen *Picón Bejes Tresviso* (Blauschimmelkäse). Die regionale Spezialität *sorroputún*, ein Eintopf aus Thunfisch und Kartoffeln, gibt es beim Festival *La Barquera y el Mozucu* jedes Jahr im September gratis.

Beim Versuch, die beliebte Playa de Merón zu meiden, verlaufen wir uns vorübergehend auf einer Weide mit unbekümmerten Kühen. Wie durch Magie tauchen zwei junge Männer hinter hohem Farn auf und deuten auf einen stark abschüssigen Weg in einer versteckten Ecke der Playa de Oyambre (8), wo wir auf ein Dutzend weitere Flüchtlinge vor dem Juli-Gedränge stoßen. Bekleidung ist hier optional, und wir schwimmen unbekümmert in den kräftigen Wellen. Weiter westlich finden wir an der Playa la Rabia (9) ein ganz anderes Bild vor, eine träge Lagune, gespeist vom Arroyo del Capitán. Wir begegnen einer grauhaarigen alten Dame, die den Meeresarm zu „ihrem privaten Pool" erklärt, und wir lassen sie ihre Einsamkeit genießen. ▶

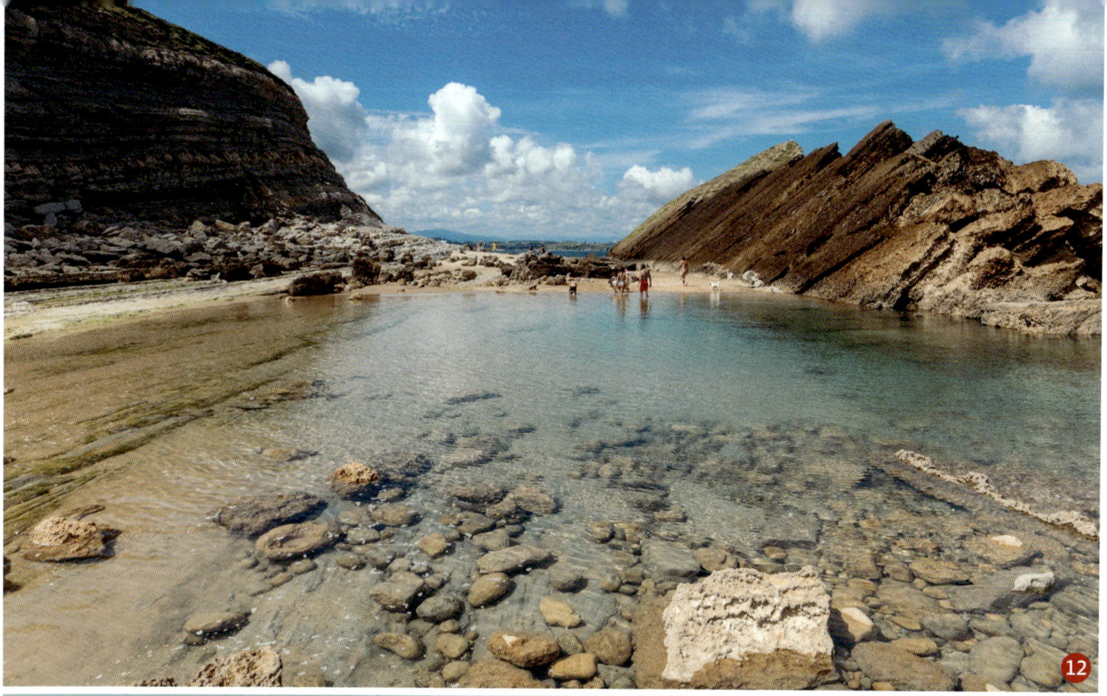

12

Von Miengo bis Santa Cruz de Bezana

10 PLAYA DE LOS CABALLOS, MIENGO

Der weitläufige *Pferdestrand* liegt unter hohen, von Wildblumen bedeckten Klippen.

→ Von Cuchia auf dem Barrio la Iglesia 450 m Richtung Nordwesten, am Straßenrand parken. Dem Trampelpfad rechts über die Klippen folgen.
Parken 43.4405, -4.0247
Mittel 20 Min. 43.4422, -4.0227

11 PLAYA DE USGO, MIENGO

Goldener Sandstrand mit Badeaufsicht, Duschen und sanftem Wassereinstieg. Am Wochenende fallen die Einheimischen aus Santander ein.

→ Von Miengo auf der CA-232 für 550 m Richtung Nordwesten, dann rechts auf die Calle Fuente Vieda, nach 230 m links halten und auf dem Barrio Poo 110 m nach Norden. Leicht links, auf der Barrio Poo bleiben und nach 400 m parken. Zu Fuß weitere 250 m den Barrio Poo entlang und dann über die Stufen zum Strand.
Parken 43.4371, -4.0009
Leicht 5 Min. 43.4392, -4.0008

12 PLAYA DEL MADERO, PIÉLAGOS

Eine beeindruckende Felsformation schützt den Strand vor starker Brandung.

→ Von Liencres auf dem Barrio la Sierra 160 m Richtung Nordwesten, geradeaus weiter auf der Barrio las Cerreas, nach 550 m links, um auf dem Barrio las Cerreas zu bleiben, und nach weiteren 550 m am Straßenrand parken. Zu Fuß 625 m den Barrio las Cerreas entlang, vor dem Holzzaun rechts Richtung Meer, rechts halten und bergab zum Strand. Oder man folgt dem Küstenweg von der Playa de Somocuevas (13) 650 m Richtung Südwesten. Parken 43.4662, -3.9400
Leicht 20 Min. 43.4632, -3.9506

13 PLAYA DE SOMOCUEVAS, PIÉLAGOS

Wundervoller, sonniger Sandstrand an einem Berghang. Überraschend klares, herrlich kaltes Wasser. Nackte und bekleidete Badegäste in friedlicher Koexistenz.

→ Vom Parkplatz in Urbanización Somocuevas dem markierten Weg folgen und die 148 Steinstufen zum Strand hinabsteigen. Parken 43.4689, -3.9420
Leicht 10 Min. 43.4692, -3.9448

14 PLAYA DE PORTIO, PIÉLAGOS

Urbaner Strand, beliebt bei Einheimischen und Familien. Viele Gezeitentümpel und Felsen, die es zu erkunden lohnt, also Wasserschuhe mitbringen.

→ Von Liencres auf dem Barrio la Sierra Richtung Nordwesten, rechts auf den Barrio Llatas/Barrio Portio, rechts halten, um auf dem Barrio Portio zu bleiben, und nach 1 km vor dem Strand am Straßenrand parken. Parken 43.4702, -3.9290
Leicht 2 Min. 43.4702, -3.9296

15 PLAYA DE COVACHOS, SANTA CRUZ DE BEZANA

Umwerfend schöner Strand mit verführerischer Sandbank unter hohen Klippen, auf denen wilde Möhren und Heidekraut blühen. Camping Virgen del Mar (campingvirgendelmar.com): bezaubernder Campingplatz mit familienfreundlicher Anlage, gutem Restaurant und hilfsbereiten Mitarbeitern.

→ Von Liencres auf dem Barrio Cotarejo Richtung Nordosten, rechts ab, am Camping Playa Arnía vorbei, dann scharf rechts auf den Barrio la Arnía, nach 350 m links auf die Calle de la Arnía, nach weiteren 900 m rechts, um auf der Calle de la Arnía zu bleiben, und nach 220 m parken. Zum Ende der Straße gehen, den Weg und die Stufen links bergab für 100 m, dann 300 m über die Felsen zum Strand klettern. Harte Arbeit und gefährlich, deshalb festes Schuhwerk tragen.
Parken 43.4716, -3.9116
Schwer 20 Min. 43.4740, -3.9078

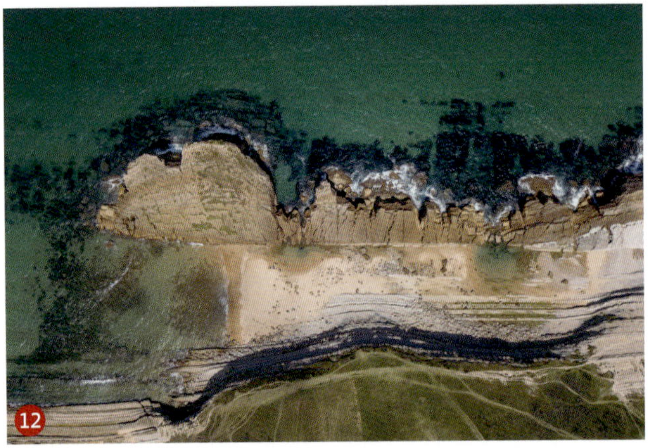
12

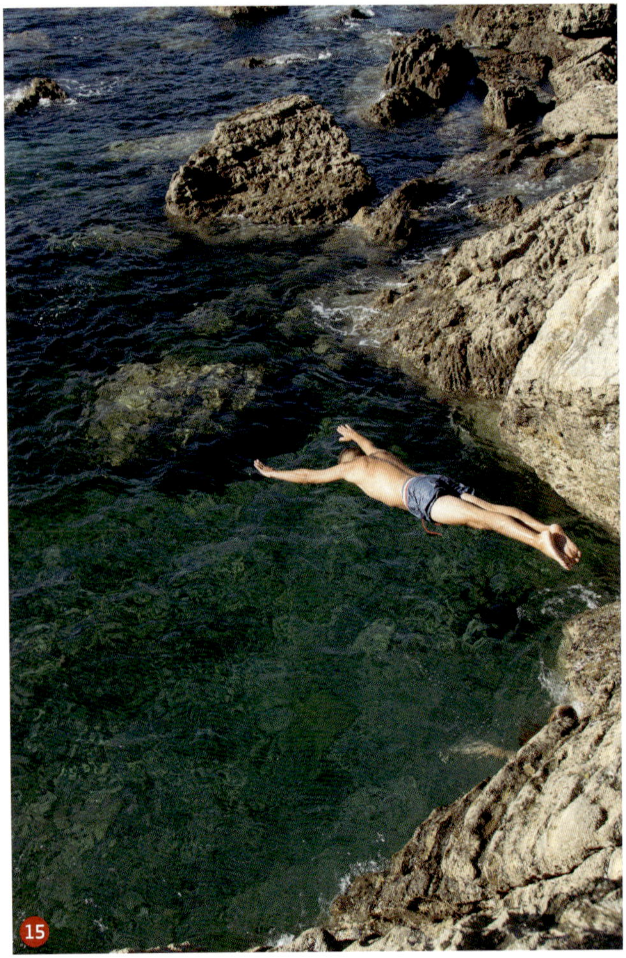
15

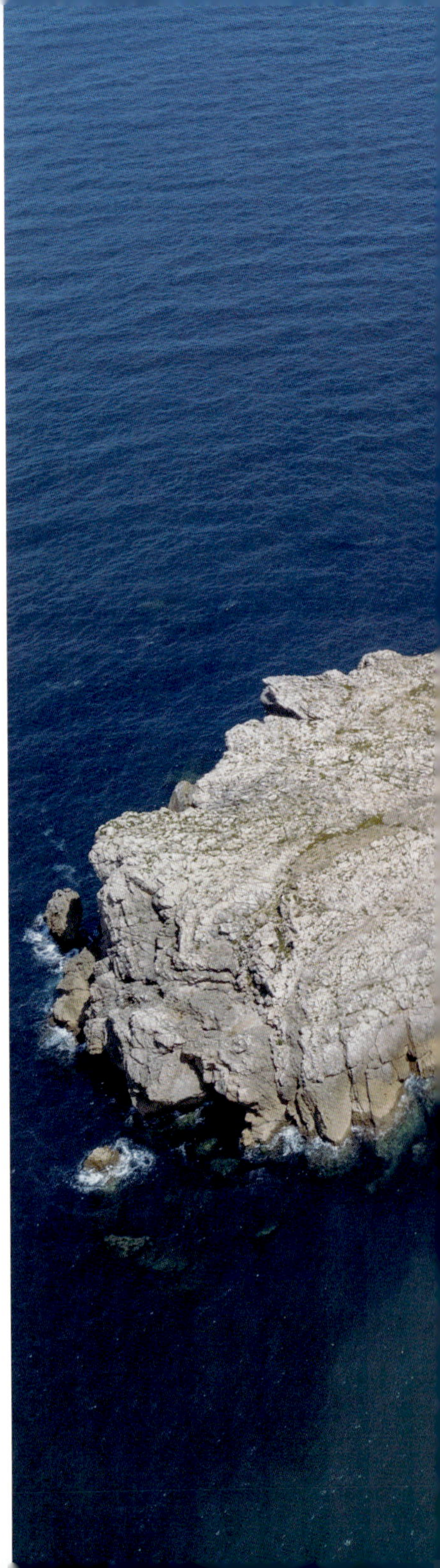

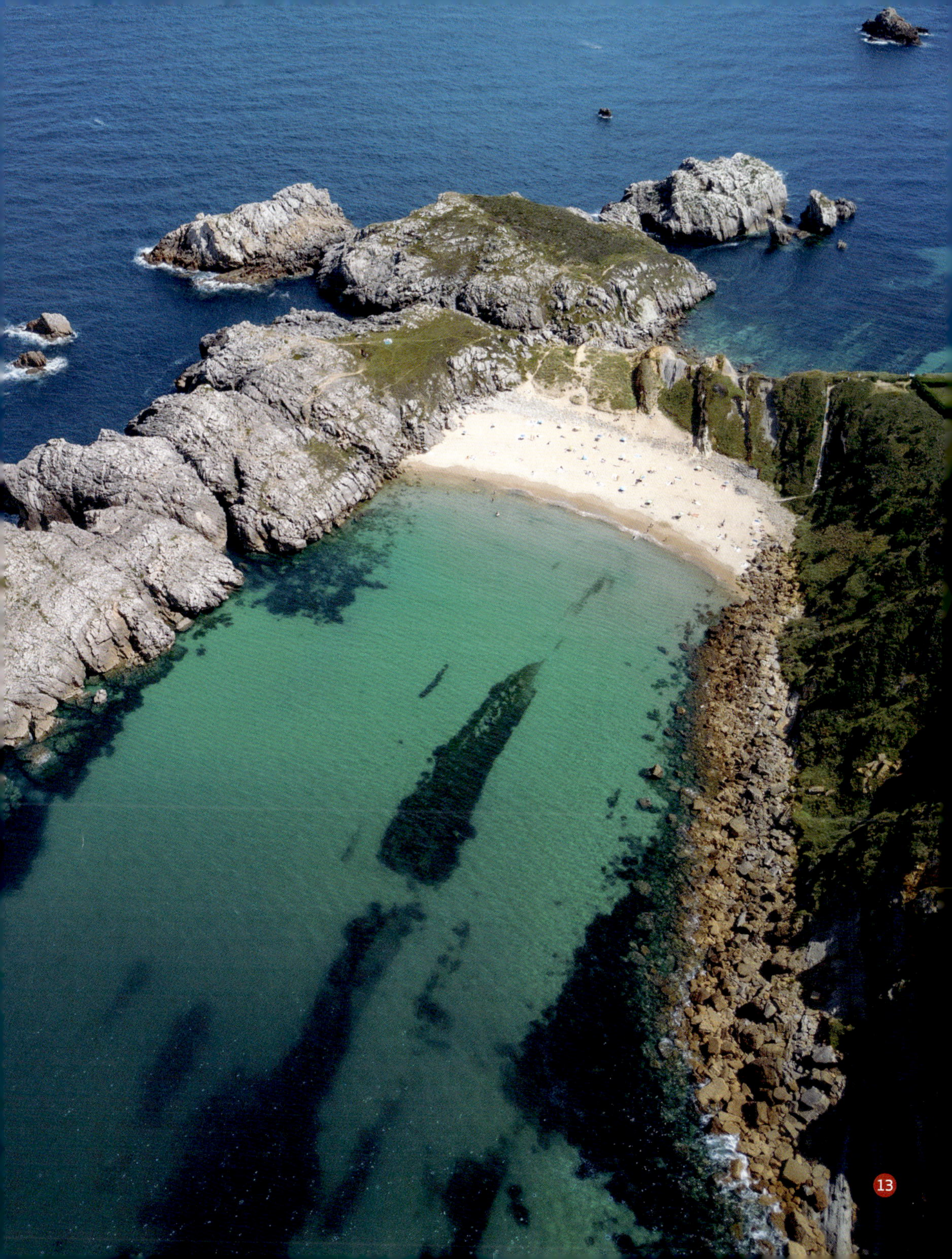
13

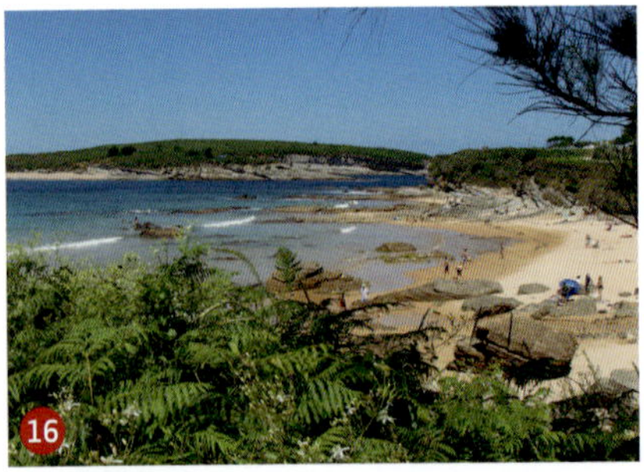

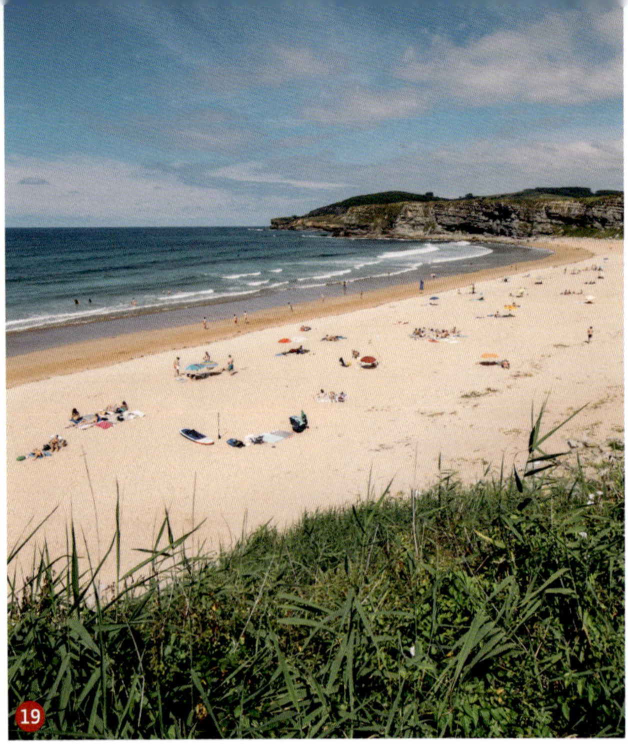

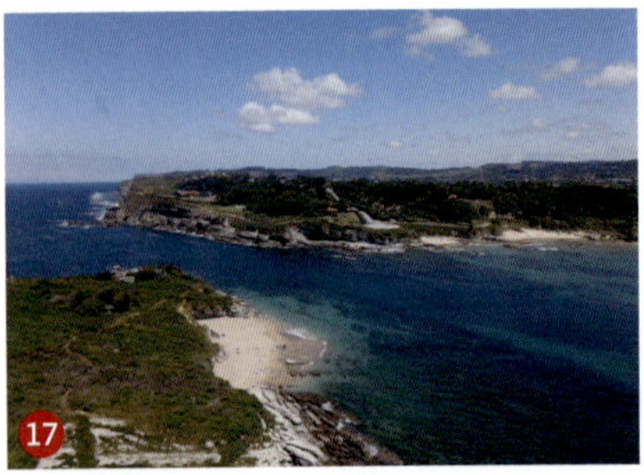

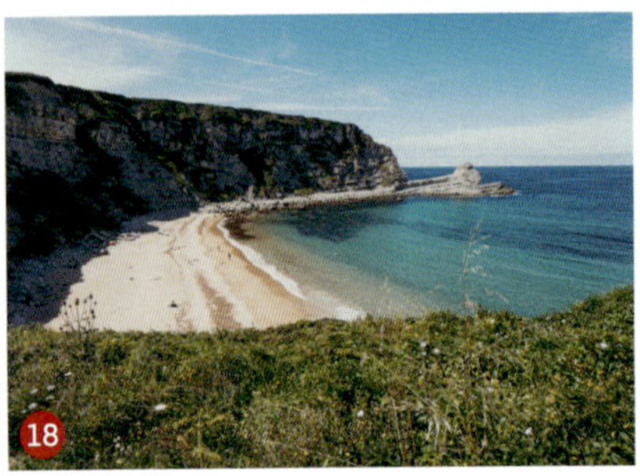

An der westlichen Spitze des *Parque Natural de las Dunas de Liencres* entdecken wird die Playa del Madero (12) am Ende eines breiten Felskorridors, ein geologisches Wunder, das schon allein wegen der einzigartigen Landschaft einen Besuch lohnt. Begeistert beschreiben Einheimische das Spektakel, wenn hier bei Winterstürmen die Wellen brechen. Playa de Covachos (15) ist eine weitere kantabrische Kuriosität, eine flache, schmale, goldene Landenge, die sich bis zur Isla del Castro erstreckt. Es braucht Geschick und Entschlossenheit, um über die großen Felsen zu klettern, die von den Klippen gestürzt sind, doch unsere Belohnung ist eine dramatische Runde Frisbee auf der spektakulären Sandbank mit Wellen von beiden Seiten. Am westlichen Ende der Bucht von Santander finden wir an der Playa de los Tranquilos (16), wie der Name schon sagt, Ruhe. Nachdem wir unser üppiges Picknick in unserem handlichen RuckRaft® verstaut haben, schwimmen wir zur Isla de Jorganes (17), wo wir einen idyllischen Nachmittag mit Blick auf die kantabrische Hauptstadt und den Palacio de Magdalena verbringen.

Surfen ist in Kantabrien weit verbreitet, und wir machen uns auf den Weg zur Playa de Langre la Grande (19), ein ganz besonderer Strand unterhalb wogender Maisfelder, wo Lola und unser Sohn Danny (beide Anfänger) Surfstunden nehmen. ▶

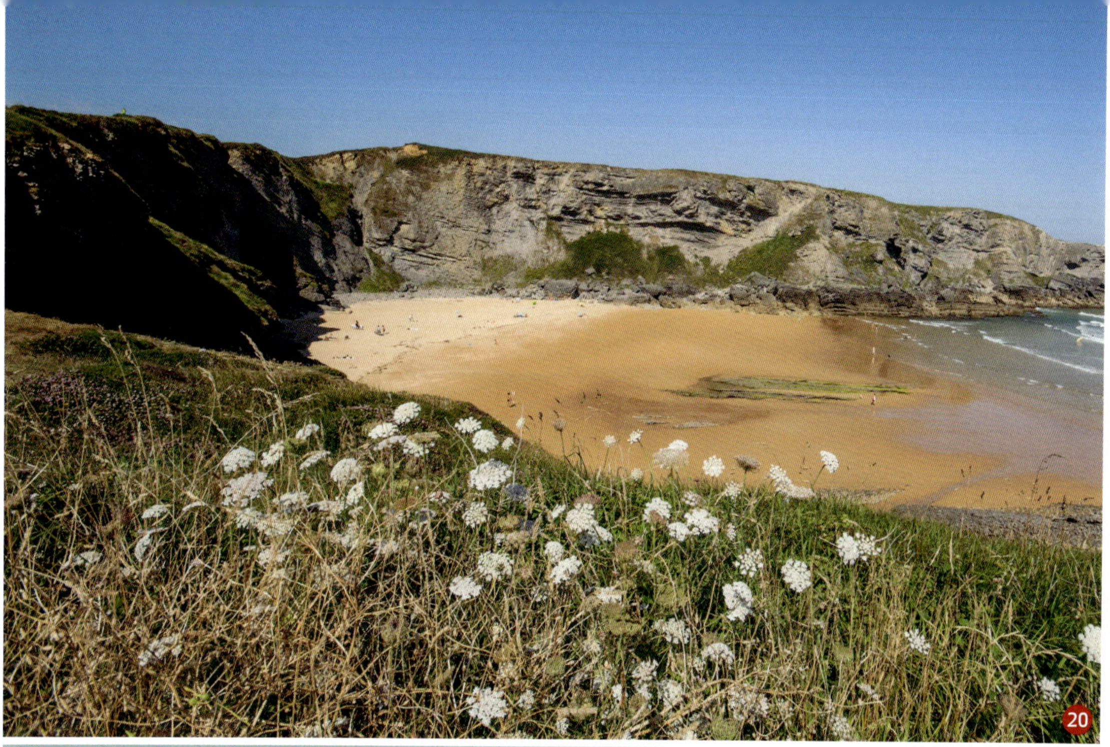

Von Ribamontán al Mar bis Bareyo

16 PLAYA DE LOS TRANQUILOS

Der äußerste der Santander-Strände und, wie der Name schon sagt, ruhiger. Man kann zur Isla de Jorganes (17) schwimmen oder paddeln. Am Camino de Santiago.

➔ Von Loredo auf dem Barrio Monte Mazo/Barrio el Bosque Richtung Norden, bei der Kreuzung links, um auf dem Barrio el Bosque zu bleiben und nach 290 m am Straßenrand parken. Stufen führen zum Strand hinunter. Parken 43.4697, -3.7260

Leicht 2 Min. 43.4693, -3.7261

17 ISLA DE JORGANES

Kleine Insel im Osten der Bucht von Santander. Wir sind mit unserem RuckRaft® (verwandelt jeden Rucksack in ein Floß, dass man hinter sich herziehen kann) für ein Picknick hinübergeschwommen. Am schönsten bei Flut. Schnorchel einpacken.

➔ Wegbeschreibung siehe Playa de los Tranquilos (16). Von dort rüberschwimmen oder mit Kajak oder SUP-Board übersetzen.

Leicht 10 Min. 43.4703, -3.7293

18 PLAYA DE LANGRE LA PEQUEÑA

Kleiner, geschützter, goldener Sandstrand in der Bucht Ensenada de Galizano. An einem Sommernachmittag ruhig und entspannt. Klares, türkisblaues Wasser, aber Vorsicht vor Strömungen. Bei Ebbe kann man um die Landspitze zur Playa de Langre la Grande (19) gehen.

➔ Von Galizano auf der CA-440 für 2,1 km Richtung Nordwesten, rechts Richtung Playas de Langre, nach 170 m links. Nach 350 m auf der Straße innerhalb der weißen Linien parken (kostenfrei) oder auf einem gebührenpflichtigen Parkplatz. Zu Fuß wenige Meter bis zum Aussichtspunkt, dann links, 140 Stufen zum Strand. Parken 43.4762, -3.6941

Leicht 5 Min. 43.4769, -3.6953

19 PLAYA DE LANGRE LA GRANDE

Großer goldener Sandstrand neben *La Pequeña*, wegen seiner Brecher beliebt bei Surfern. Surfboards kann man bei Liquid Surf (liquid-surf.com) mieten, die auch ausgezeichneten Surfunterricht (mehrsprachig) und Surfcamps anbieten. Drehort des bewegenden spanischen Films *Diecisiete* (Siebzehn). Im Sommer viel los, aber auch viel Platz.

➔ Wegbeschreibung siehe Playa de Langre La Pequeña (18), aber beim Aussichtspunkt rechts, nach 270 m links und über die Stufen zum Strand.

Leicht 10 Min. 43.4751, -3.6898

20 PLAYA ANTUERTA, BAREYO

Die kleinere und einsamere Schwester der Playa de Cuberris in idyllischer, kantabrischer Landschaft. Beliebt bei Surfern, Bodyboardern und gelegentlichen FKKlern. Bei Flut verschwindet der Strand. Camping Cabo de Ajo (campingcabodeajo.com): kleiner Familienbetrieb mit Bar und Laden. Herrlicher Blick auf die Berge und aufs Meer.

➔ Von Ajo auf der CA-446 für 650 m Richtung Nordosten, beim Kreisverkehr die zweite Abfahrt auf die Av. de Cuberris, nach 800 m hinter dem Restaurante Anjua links, nach 110 m die erste rechts und bei der Playa de Cuberris parken. Dem Weg über den Hang links 220 m über die Landspitze folgen, dann 43 Stufen hinunter und über die Felsen zum Strand klettern. Parken 43.4953, -3.6161

Mittel 15 Min. 43.4963, -3.6201

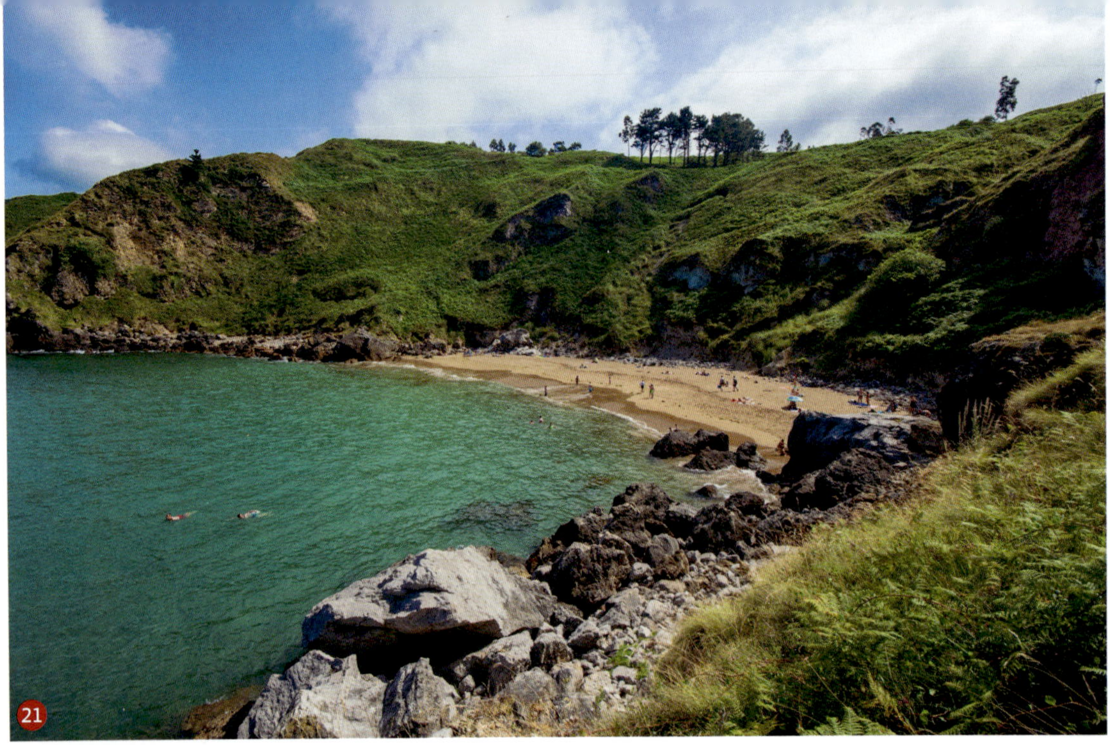

21

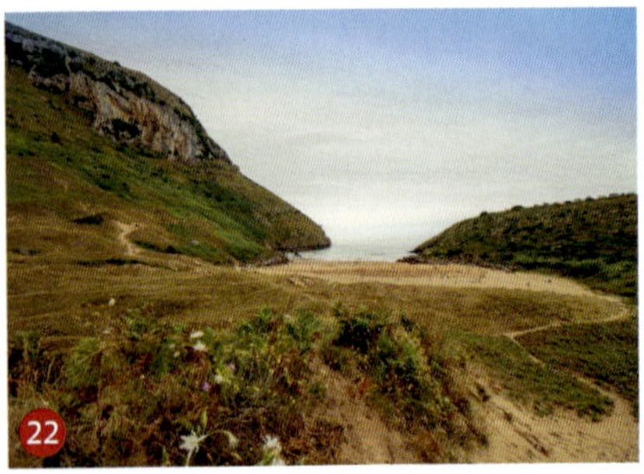

22

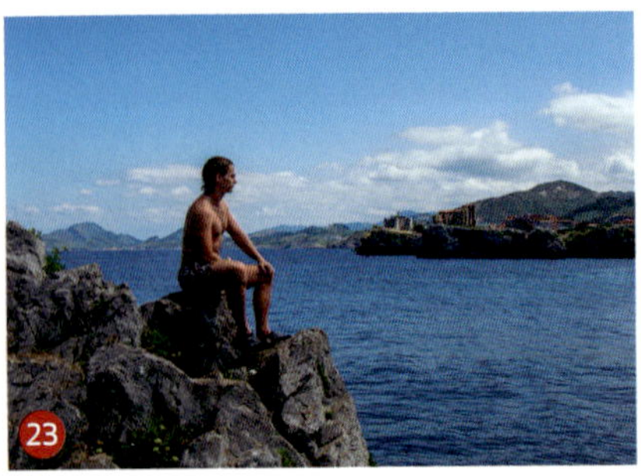

23

Danny ist sofort in seinem Element, und Lola schaffte es am Ende des ersten Tages immerhin, auf dem Brett zu stehen. Auf Empfehlung fahren wir an die Playa San Julián (21), ein wundervoller kleiner Strand mit atemberaubendem Blick auf Klippen und Küste. Beim steilen Abstieg beobachten wir Kühe, die am senkrechten Klippenrand entlangbummeln, wilde Ziegen, die auf Feigenbäume klettern, um die Blätter und die saftigen Früchte zu mampfen, und einheimische Jungs, die Saltos von einem Felsen springen. Noch mehr Nervenkitzel suchen und finden wir im Piscina Natural (23) in der Nähe von Castro Urdiales, eine kreisrunde Felsbucht, die aussieht, als hätte ein himmlischer Architekt sie entworfen. Wir springen von den unteren Felsen, während die furchtlosen einheimischen Kids immer höher klettern. Uns rutscht das Herz in die Hose, als unser 21-jähriger Sohn von der Brücke springen will, dem allerhöchsten Punkt. Schließlich stürzt er sich in die Tiefe. Der Fall kommt uns unnatürlich lang vor, und wir halten den Atem an, bis er wieder auftaucht und triumphierend die Faust in die Luft stößt.

In *Euskadi* (dem Baskenland) wird die Landschaft schroffer. Wir bestaunen die gewaltigen grauen Klippen über dem weitläufigen Barrikako Hondartza (24), und es ist kein Wunder, ▶

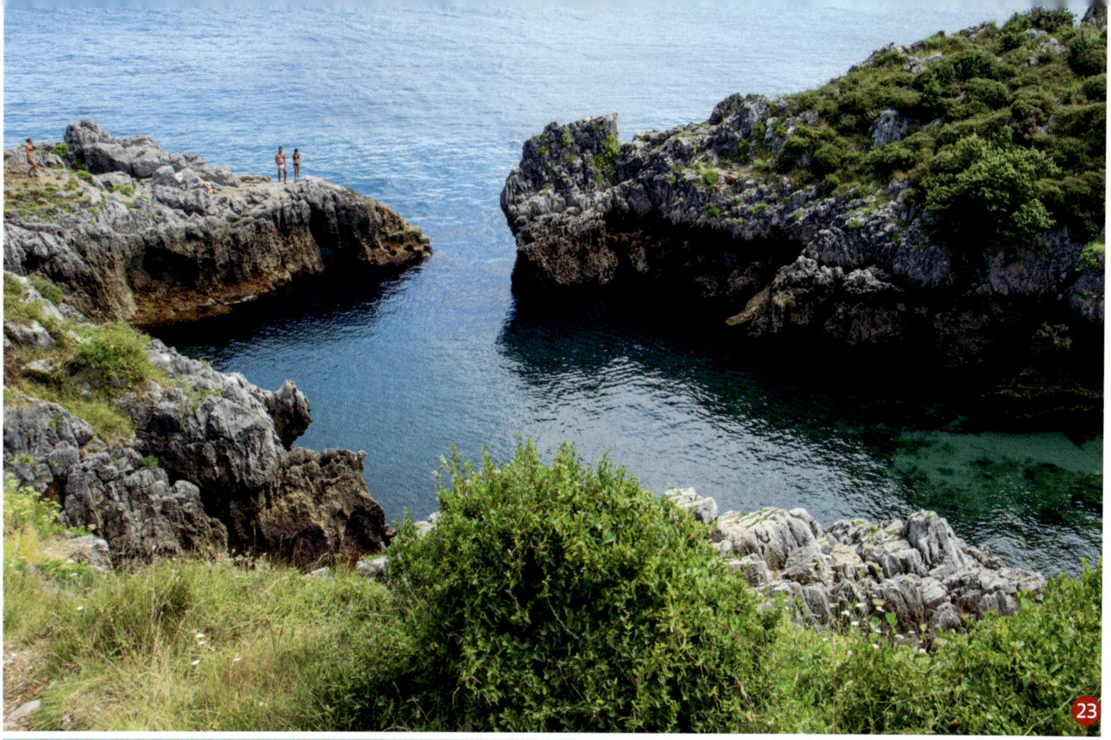

23

Von Liendo bis Castro Urdiales

21 PLAYA SAN JULIÁN, LIENDO

Kleine, halbmondförmige Sandbucht mit spektakulärem Blick auf die kantabrische Küste und die Biskaya. Wilde Früchte, Ginster und Heidekraut zieren die umliegenden Hänge. Wir beobachten, wie akrobatische Wildziegen fette, saftige Feigen verspeisen. Kühe streifen über die fast senkrechte Felswand. Früher FKK, aber inzwischen sind die meisten Leute bekleidet. Wagemutige einheimische Jugendliche springen links vom Strand von einem kleinen spitzen Felsen ins Meer.

Camping Laredo (campinglaredo.com): Ein Aufenthalt lohnt sich schon allein wegen des fantastischen Pools.

→ Von Iseca Vieja auf dem Barrio de Villanueva 400 m Richtung Nordosten bis zum Parkplatz mit Meerblick. Zu Fuß weitere 50 m auf dem Barrio de Villanueva, rechts halten, am Metalltor vorbei, dann 800 m über den steilen Betonweg mit Steinstufen bergab bis zum Strand.
Parken 43.4110, -3.3723

Mittel 15 Min. 43.4126, -3.3709

22 PLAYA DE SONABIA, LIENDO

Sanft abfallender Sandstrand zwischen hohen Klippen, umgeben von geschützten Dünen und Wildblumenwiesen. Sicheres Baden für Familien mit Kindern. Bunte Mischung baskischer Familien sowie bekleideter und nackter Strandgänger. Oft sieht man Gänsegeier über den Bergen kreisen.

Bar La Ballena: saisonale Bar mit *menu del día* an der Lugar Barrio Sonabia.

→ Von Sonabia auf der Ctra. de Oriñón-Sonabia 400 m Richtung Nordwesten, dann irgendwo an der Straße parken. Dem Weg links 220 m zum Strand folgen.
Parken 43.4130, -3.3322

Leicht 5 Min. 43.4118, -3.3346

23 PISCINA NATURAL, CASTRO URDIALES

Ein Paradies für Klippenspringer, aber extrem gefährlich! Springen Sie nur, wenn zuvor ein Einheimischer gesprungen ist, und prüfen Sie die Wassertiefe, die mit den Gezeiten variiert. Wenn die Flut kommt, fließt Wasser über einen kleinen Tunnel in diesen natürlichen Pool. Bei Ebbe kann man durch die einzigartigen Felsformationen schwimmen, bei Flut von ihnen ins Wasser springen. Die einheimischen Jugendlichen machen Kopfsprünge und Rückwärtssaltos aus schwindelerregender Höhe in das tiefe, klare Wasser. Auch toll zum Schwimmen und Schnorcheln.

→ Von Allendelagua auf der N-634 für 1,2 km Richtung Osten, links auf den Barrio Urdiales/Calle Paco Labiano, nach 600 m bei der Calle Padre Basabe links und beim Skaterpark parken. Den Barrio Urdiales entlanggehen, vorbei am Friedhof (zur Linken), dann dem Weg nach rechts 300 m folgen, an der Brücke vorbei, bis man links den Pool und einen Trampelpfad sieht. Die Stufen hinunter und über die Felsen klettern.
Parken 43.3927, -3.2262

Mittel 10 Min. 43.3905, -3.2226

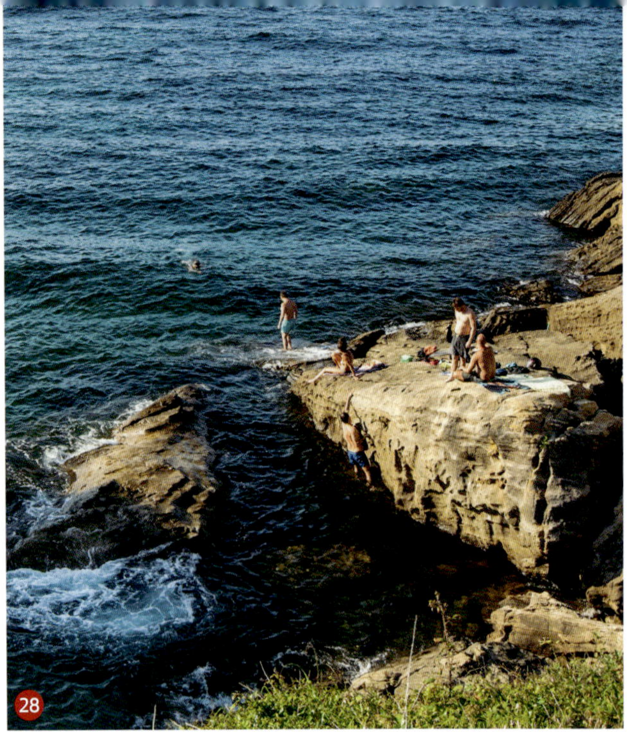

28

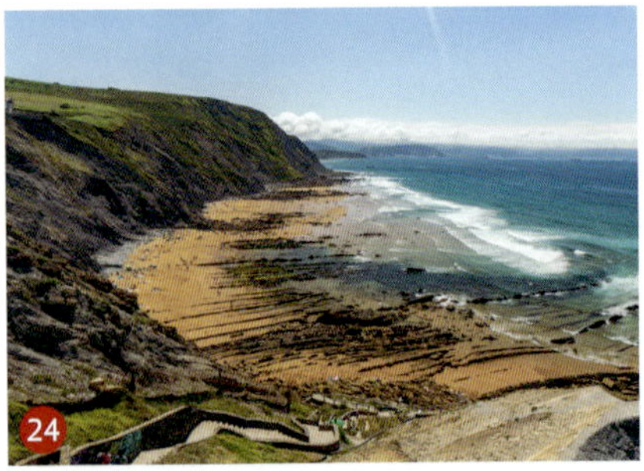

24

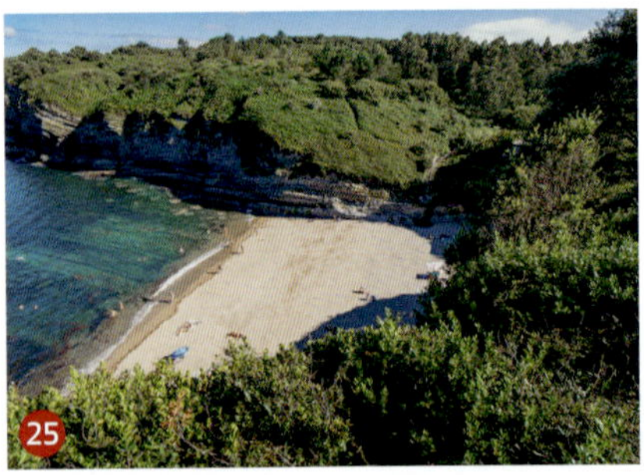

25

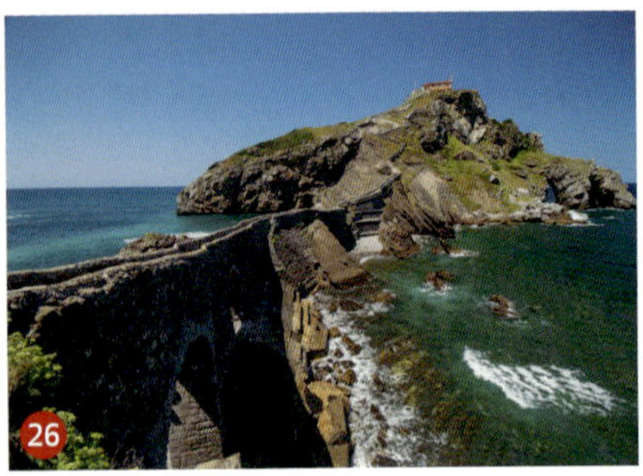

26

das unser nächstes Ziel als Schauplatz für die mythische Burg Drachenstein in *Game of Thrones* ausgewählt wurde. San Juan de Gaztelugatxe (26) ist eine hohe Felsinsel, und ihre Felsbögen sind das Ergebnis der unermüdlichen Wellen an der wilden Bizkaiaküste. Auf den Spuren von Jon Snow und Daenerys Targaryen klettern wir die 241 sehr realen Stufen zur Einsiedelei aus dem 10. Jahrhundert und blicken auf die atemberaubende Küste.

Geure itxaso gogorra,
abendak maite zaitu!
Zeure altzora gatorz,
lurra ba txiker yaku.
Indar irakasle oi

Stürmische See, wie liebt dich mein Volk!
In deinen Schoß begeben wir uns,
das Land wird uns zu klein.
Meisterin der Naturgewalten.

Aus *Itxasora* (Hinaus aufs Meer),
Estepan Urkiaga Basaraz aka Lauaxeta (1905–1937).
Übersetzung Gabriele Schwab

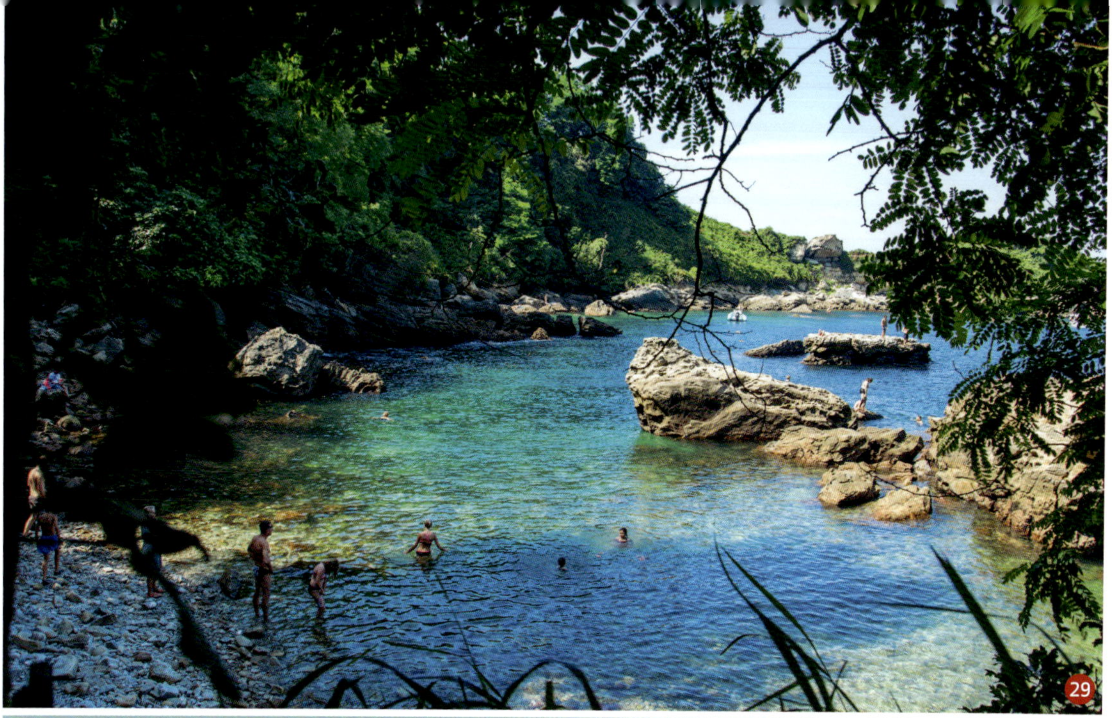

Von Barrika bis Hondarribia

24 BARRIKAKO HONDARTZA

Großer Strand mit einer Reihe Sandbuchten unter hohen Klippen, die mit Meerfenchel und Heidekraut übersät sind. Bei Ebbe werden Felsgewölbe und Badetümpel sichtbar. Gut, um Kormorane zu beobachten und Schnecken, Muscheln und Austern zu finden.

→ Vom Parkplatz in Barrika zum Picknickplatz hinunter und über die 300 steilen Stufen in der linken Ecke (teils in schlechtem Zustand). Parken 43.4049, -2.9706

Mittel 10 Min. 43.4039, -2.9742

25 PLAYA DE MURIOLA

Kleiner FKK-Strand in einer halb-urbanen Ecke der Bahía de Plentzia. Genießen Sie einen Spaziergang unterhalb von Pinien- und Eukalyptuswäldern. Im Sommer voll.

→ Vom Parkplatz in Barrika auf der Abaroa Urbanizazioa 160 m zu Fuß nach Norden Richtung Muriola Urbanizazioa, nach links, um auf der Abaroa Urbanizazioa zu bleiben, nach 190 m rechts auf die Abaroa für weitere 190 m. Leicht rechts auf den Weg, nach 300 m rechts die Stufen zum Strand hinunter. In der Nebensaison kann man näher am Strand parken. Oder vom Bahnhof Plentzia 30 Min. zu Fuß.
Parken 43.4064, -2.9626

Leicht 15 Min. 43.4131, -2.9598

26 SAN JUAN DE GAZTELUGATXE

Die kleine Insel Gaztelugatxe ist Kulisse der Burg Drachenstein in *Game of Thrones*. Auf ihrer Spitze befindet sich im wahren Leben die Einsiedelei San Juan, die man vom Festland aus über eine alte Brücke und 241 Stufen erreicht. Der Eintritt ist frei, aber man muss mindestens eine Woche im Voraus reservieren (tiketa.eus/gaztelugatxe). Kein Strandzugang, aber trotzdem ein Muss.

→ Von Bentalde auf dem Gibelorratzagako San Pelaio Auzoa 2 km Richtung Osten, dann links und parken. Den Schildern Richtung Gaztelugatxe folgen.
Parken 43.4393, -2.7834

Mittel 30 Min. 43.4474, -2.7846

27 PLAYA NUDISTA ONDARROA

Diskreter FKK-Strand mit herrlichen Sonnenaufgängen. Camping Saturraran (campingsaturraran.com): in Strandnähe.

→ Von Mutriku auf der GI-638 für 3 km Richtung Westen, hinter der Tankstelle rechts zum Parkplatz Playa Ondarroa. Vom Parkplatz ans Ende der Playa de Saturraran gehen. Von dort führen Betonstufen und ein Weg zur Playa Nudista Ondarroa. Parken 43.3202, -2.4111

Leicht 5 Min. 43.3224, -2.4091

28 COSTA ARTZUPORTU, HONDARRIBIA

Schmale Bucht, perfekt zum Schwimmen und mit schönem Blick auf die kantabrische Küste. Langer Weg ohne Möglichkeit zum Einkehren, also genug Verpflegung mitnehmen.

→ In der Nähe vom Faro De Higuer parken, nördlich von Hondarribia, dann dem Wanderweg Barrio Gornutz-Montaña zum Strand folgen. Parken 43.3911, -1.7946

Leicht 50 Min. 43.3826, -1.8224

29 PLAYA DE LOS FRAILES

Der steinige *Mönchsstrand* liegt an der spanisch-französischen Grenze. Super zum Schnorcheln. In der Nähe vom Start des Wanderwegs GR11, der durch die spanischen Pyrenäen bis zur Mittelmeerküste führt.

→ Wegbeschreibung siehe Costa Artzuportu (28), dem Weg links vom Leuchtturm 500 m folgen bis zu einem steilen Weg links, der zum Strand hinunterführt.
Parken 43.3906, -1.7916

Mittel 10 Min. 43.3906,-1.7905

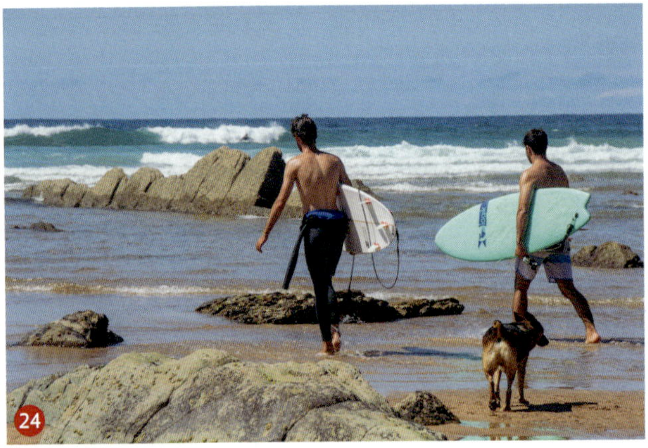

24

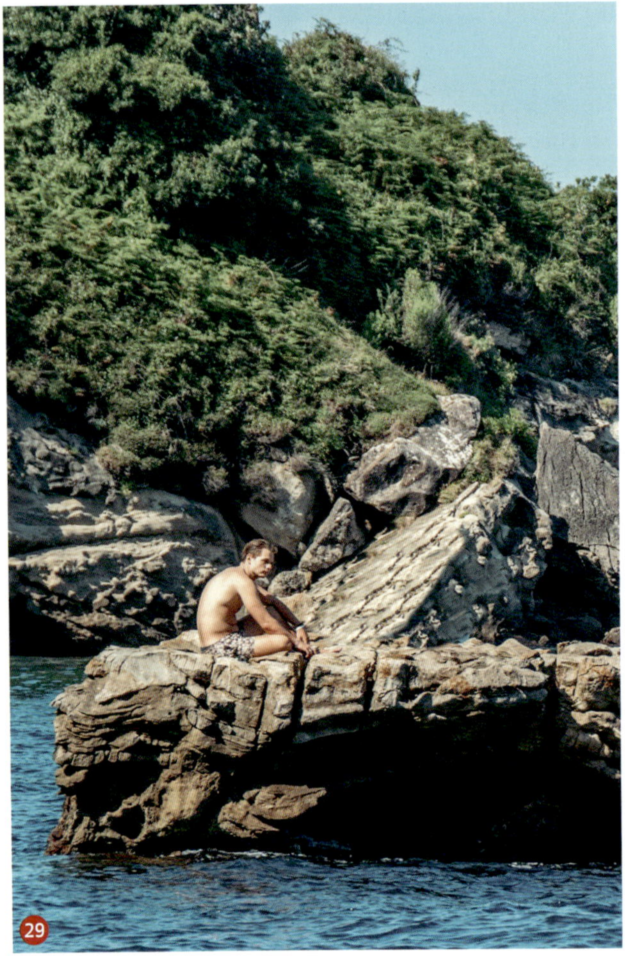

29

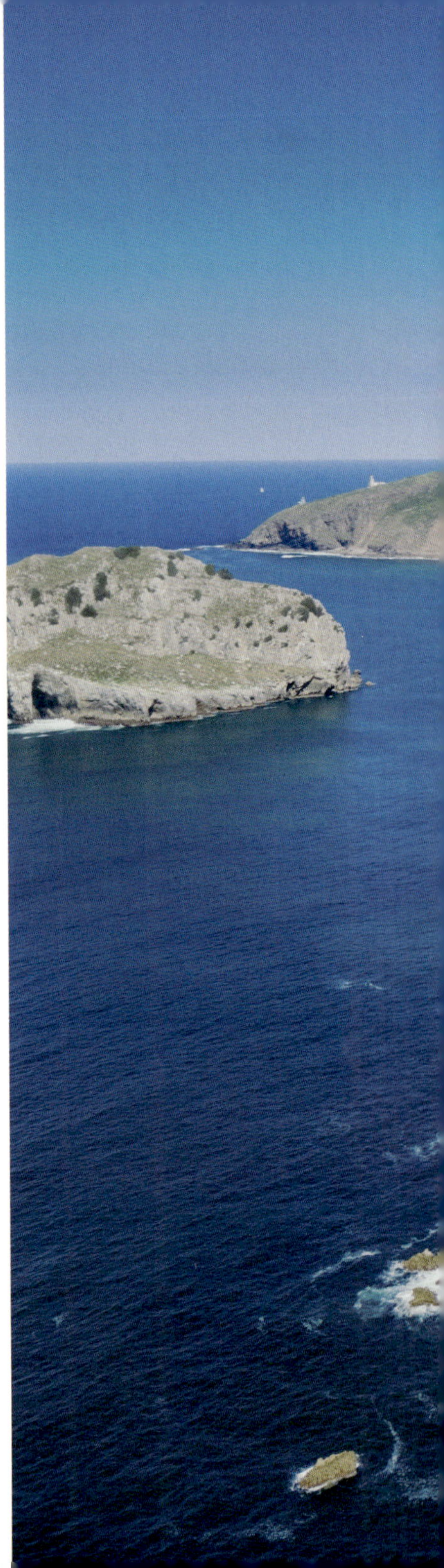

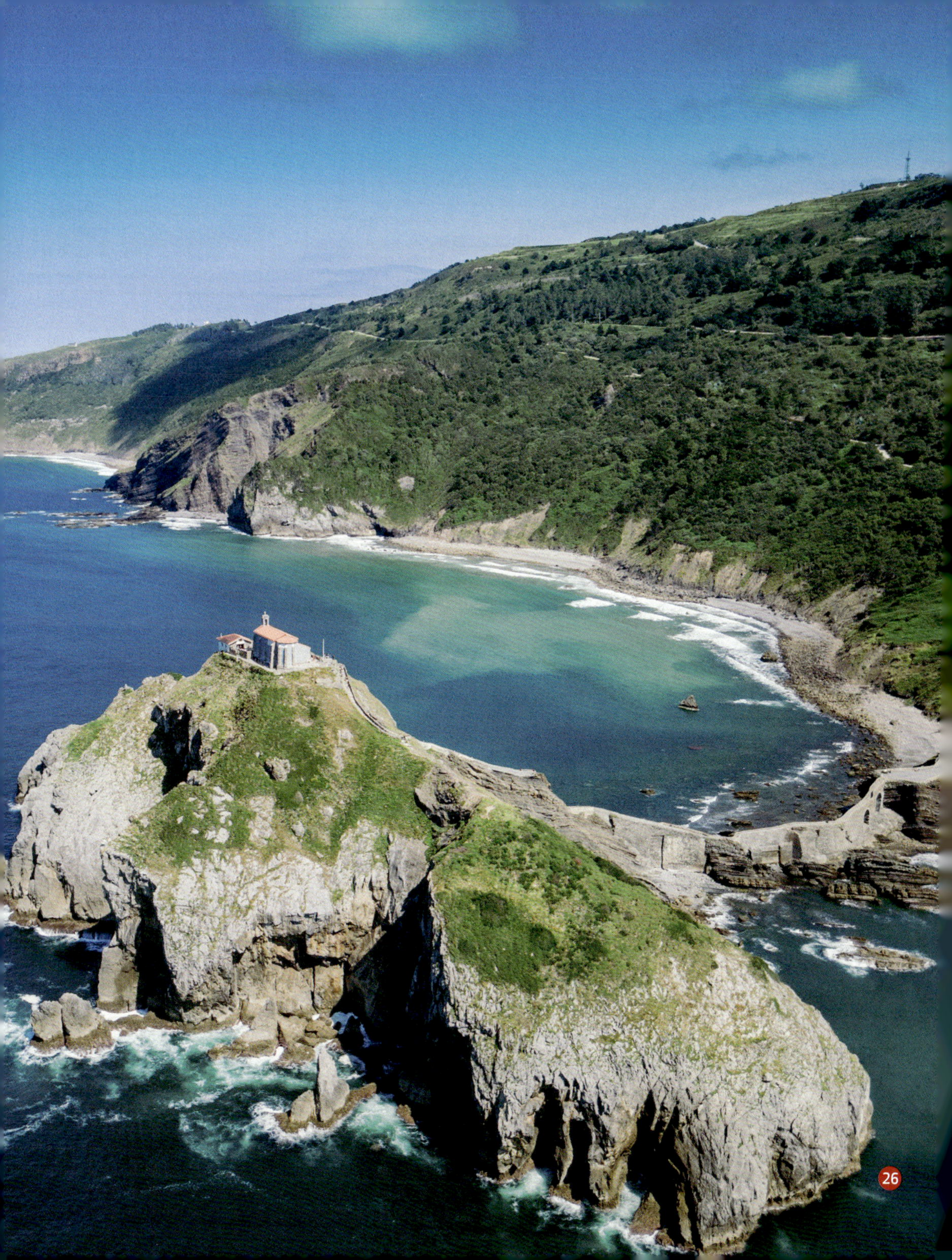

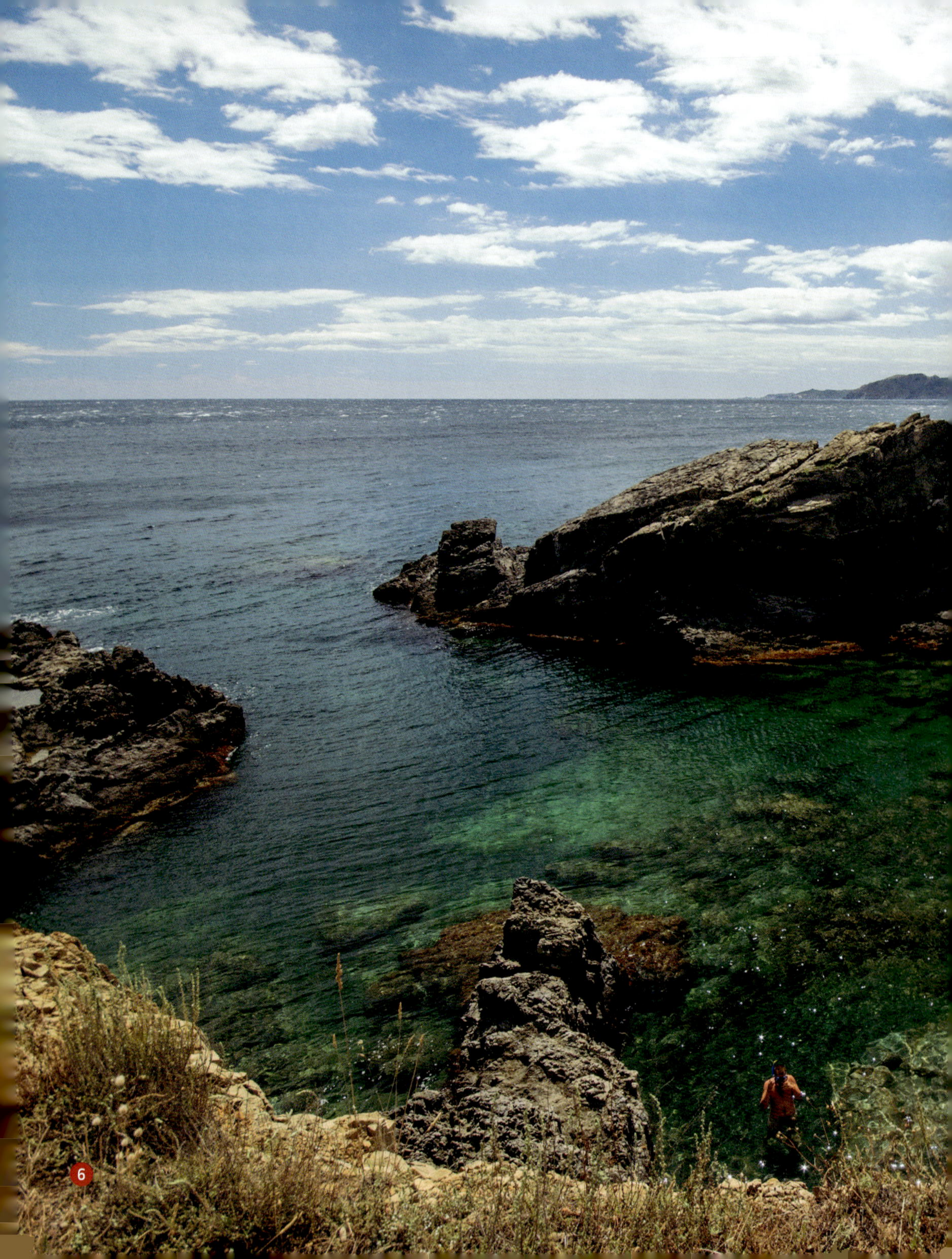
6

Costa Brava

Folgen Sie alten Schmugglerwegen zu versteckten Buchten und Stränden. Entdecken Sie Gezeitentümpel, in denen es von Meeresgetier wimmelt, und schwimmen Sie im kristallklaren Wasser unter den seltsamen Felsformationen, die schon die Surrealisten inspiriert haben.

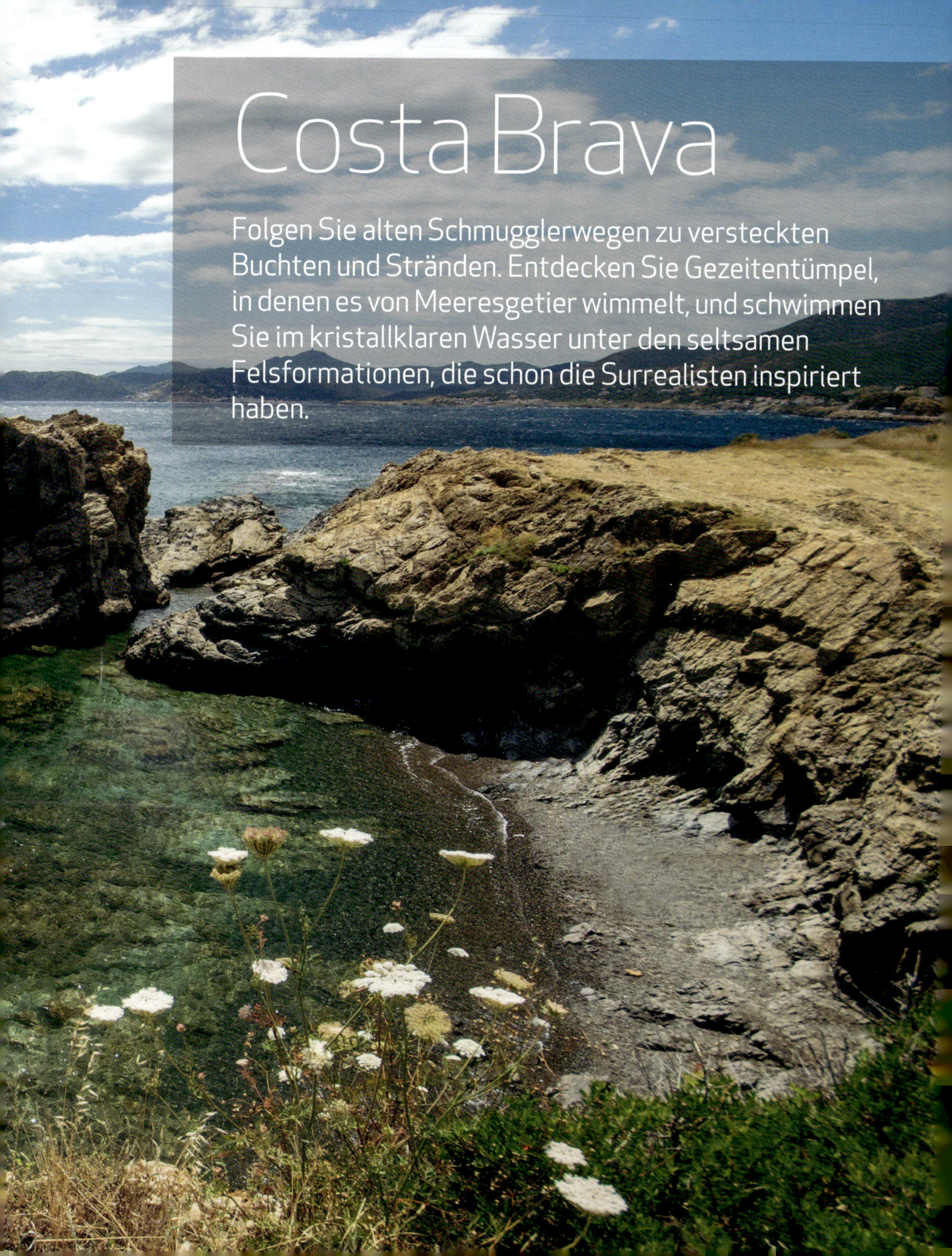

Highlights Costa Brava

Unsere Lieblingsstrände:

1 Port de Joan – abgeschiedener Strand an einem alten Küstenweg

4 Platja del Borró – Sandbucht mit Golddisteln und Strandhafer

8 Platja de Neganta – einsamer, schöner Strand mit durchsichtigem Wasser

11 Cala Jugadora – herrlicher Strand mit Blick auf den Leuchtturm am Cap de Creus

14 Cala Sa Sabolla – friedliche Bucht, schön zum Schwimmen und Schnorcheln

20 Cala Cap de Planes – magische runde Bucht voller Meeresgetier

26 Cala Morisca – diskrete Bucht für Stadtfluchten

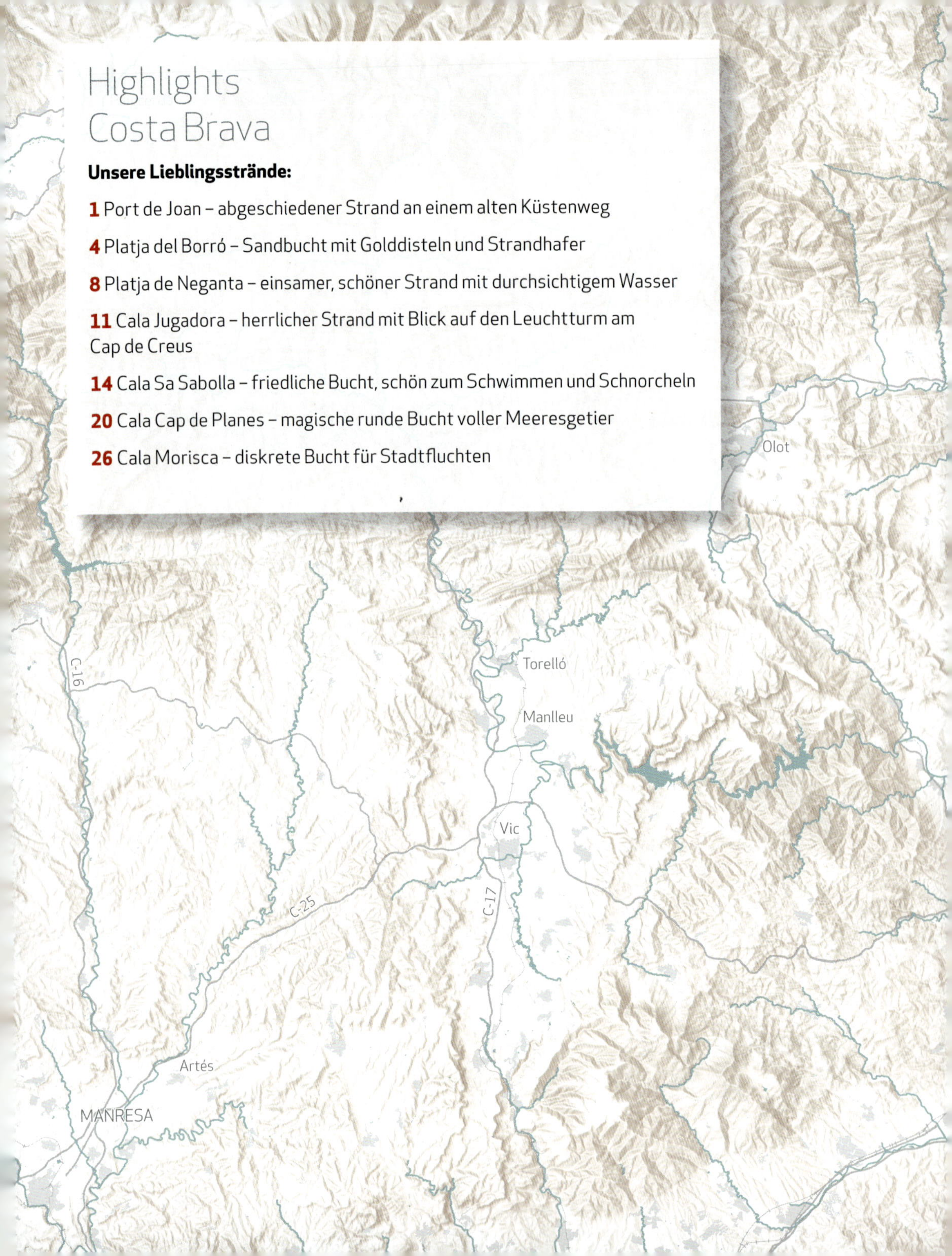

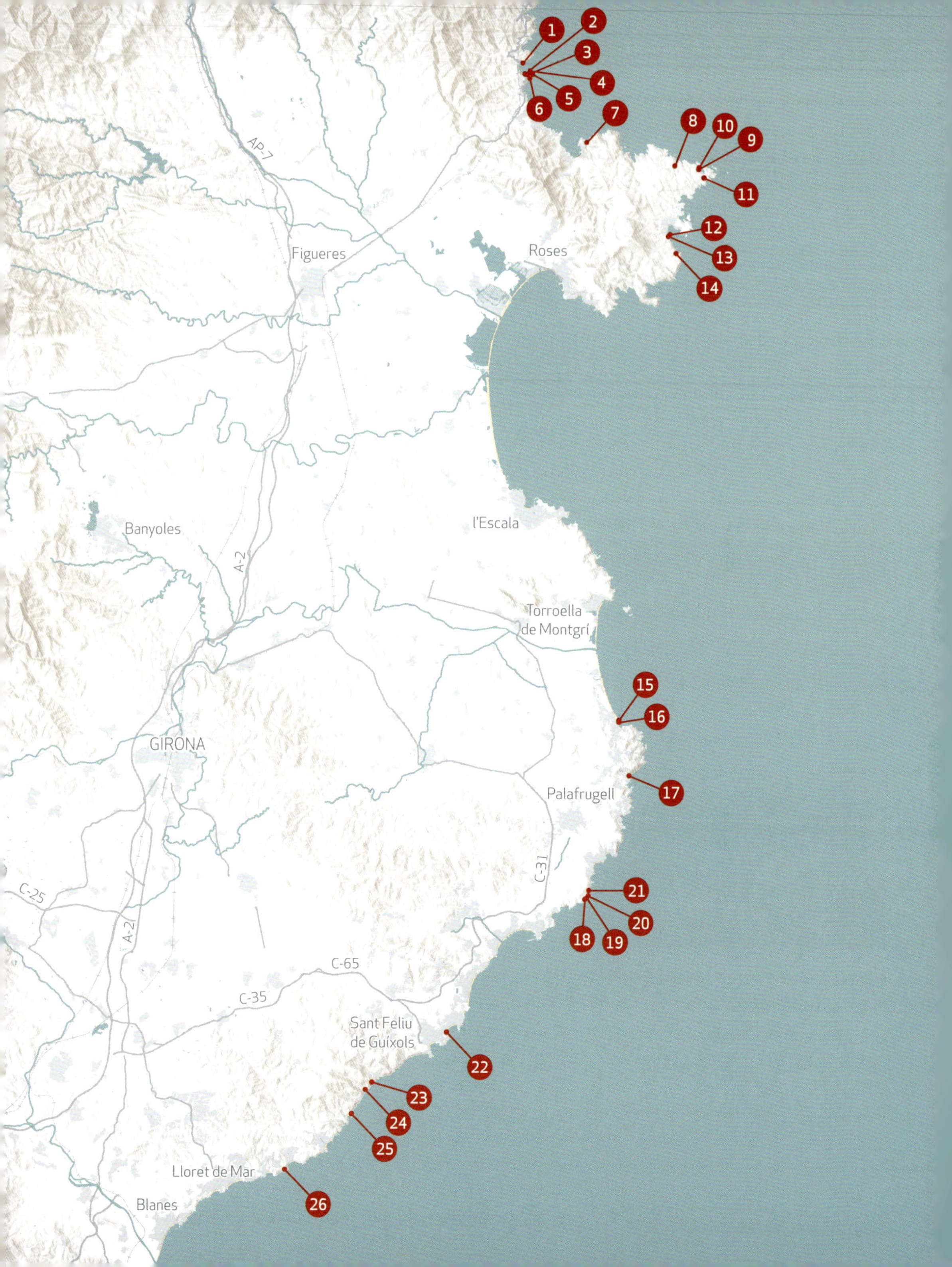

Figueres
Roses
AP-7
Banyoles
A-2
l'Escala
Torroella de Montgrí
GIRONA
Palafrugell
C-31
C-25
A-2
C-65
C-35
Sant Feliu de Guíxols
Lloret de Mar
Blanes
1
2
3
4
5
6
7
8
9
10
11
12
13
14
15
16
17
18
19
20
21
22
23
24
25
26

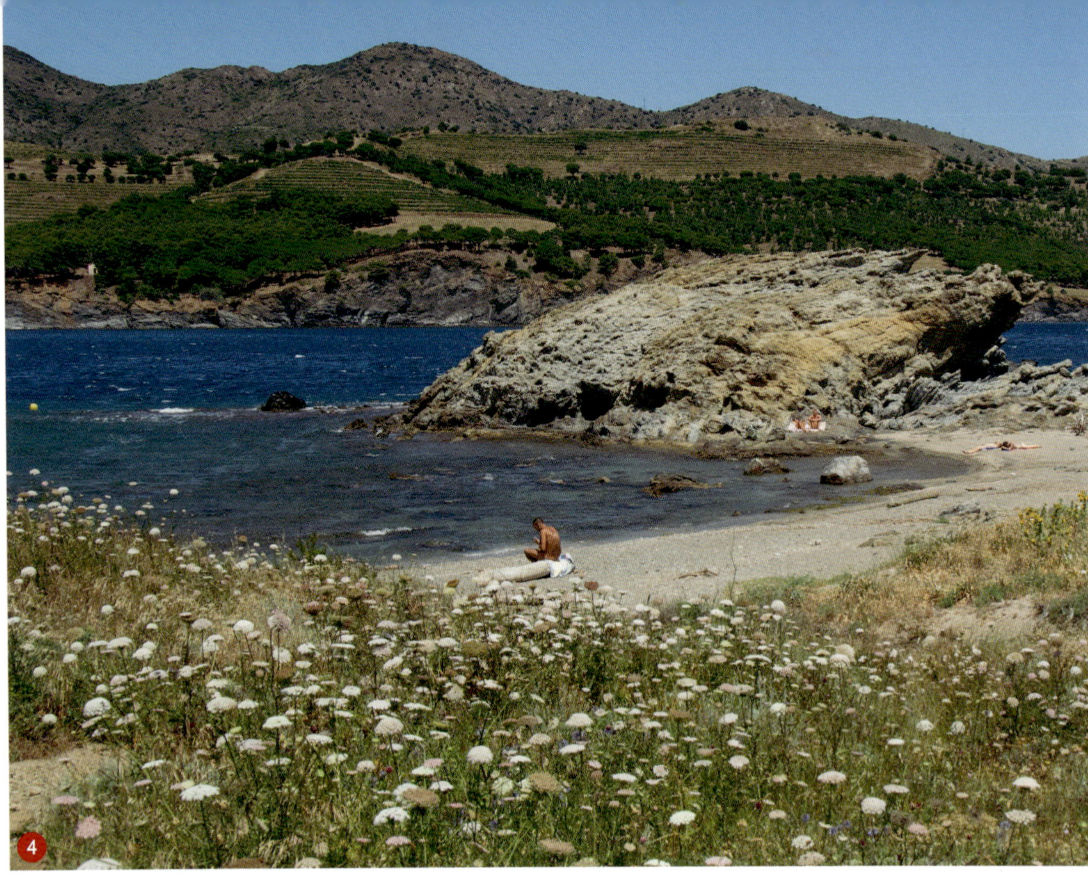

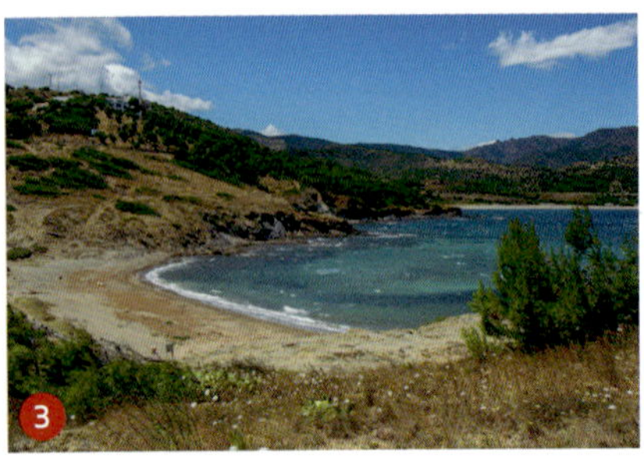

Unser Abenteuer an der *Wilden Küste* beginnt nur einen Katzensprung von der französischen Grenze entfernt. Die breiten Sandstrände und kleinen Buchten zwischen zerklüfteten, von Pinien und Wildblumen gezierten Klippen der Costa Brava erstrecken sich bis zur Provinz Barcelona. Im Landesinnern gibt es Seen, Flüsse, Wälder und wunderschöne mittelalterliche Bergdörfer zu entdecken. Das perfekte Klima an diesem Abschnitt der Mittelmeerküste – schön heiß im Sommer und den Rest des Jahres mild – zieht seit jeher Besucher an, und Strandorte wie Lloret de Mar sind voll mit Bars, Hotels und allem, was zum Pauschaltourismus dazugehört. Doch in den wilderen und weniger zugänglichen Gegenden, vor allem in den vielen Nationalparks entlang der Küste, hat man die Natur mehr oder weniger sich selbst überlassen.

Auf der spanischen Seite der Serra de l'Albera führt der Camí de Ronda, ein alter Küstenweg, vom nördlichsten Dorf Portbou ganz bis nach Blanes. Jahrhundertelang wurde er von den Einheimischen genutzt, um die Nachbardörfer zu erreichen, ▶

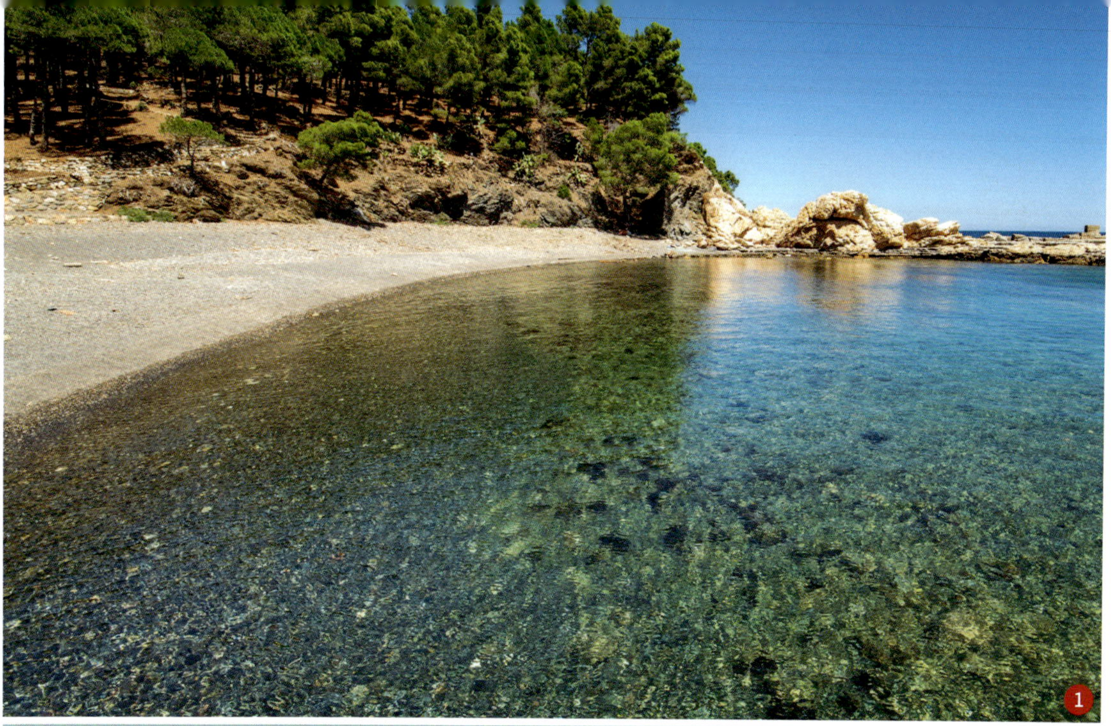

Von Cólera bis Cap de Ras, Llançà

1 PORT DE JOAN, CÓLERA

Supereinsamer Strand am Küstenwanderweg *Camí de Ronda*, nur einen Katzensprung von der französischen Grenze.

→ Von Llançà auf der N-260 für 3 km Richtung Norden, bei der Platja de Gerbet rechts zum Parkplatz. Zum linken Ende des Strands gehen, wo man bei Ebbe einen Weg findet, weiter um die Landspitze herum und über die Felsen bis zu einem kleinen Haus und einem kleinen Strand mit Anleger. Parken 42.3943, 3.1521

Mittel 10 Min. 42.3964, 3.1570

2 PLATJA SOTA D'EN NAVATA

Die erste der wilden, wundervollen Buchten der Punta del Cap Ras. Durch den heiklen Abstieg sehr exklusiver Strand.

→ Von Llançà auf der N-260 für 2,8 km Richtung Norden, am nördlichen Ende der Carr. St. Miquel de Colera rechts ab zum Parkplatz. Vom Parkplatz rechts und dem Küstenweg *Camí de Ronda* 200 m folgen, an den Stufen oberhalb der Platja del Borró (4) links, dem Weg 100 m folgen und über die Felsen zum Strand klettern. Oder vom Bahnhof Llançà 40 Min. zu Fuß. Parken 42.3885, 3.1583

Schwer 10 Min. 42.3894, 3.1581

3 PLATJA DEL BORRÓ GRAN

Weite Bucht mit grobem gelbem Sand und fantastischem Blick auf die Ausläufer der Pyrenäen. *Borró* ist Strandhafer, und dies ist der größere der beiden Strände.

→ Wegbeschreibung siehe Platja Sota d'en Navata (2), aber nach 200 m auf dem Küstenweg die Holzstufen zum Strand hinunter.

Leicht 5 Min. 42.3888, 3.1602

4 PLATJA DEL BORRÓ

Der kleinere der beiden *Strandhaferstrände* ist eine schöne Sandbucht, in der wilde Möhren und Golddisteln blühen. FKK optional.

→ Wegbeschreibung siehe Platja del Borró Gran (3), zum rechten Ende des Strands gehen, dann dem *Camí de Ronda* 400 m im Uhrzeigersinn um die Landspitze folgen. Oder von der Platja del Fotener (5) gegen den Uhrzeigersinn.

Leicht 20 Min. 42.3909, 3.1631

5 PLATJA DEL FOTENER

Zwei kleine Buchten, beide schön zum Schwimmen und Schnorcheln, umgeben von Vulkangestein, zwischen dem Aleppo-Kiefern und wilde Möhren gedeihen. FKK optional.

→ Wegbeschreibung siehe Platja Sota d'en Navata (2), aber 230 m den Carrer Sant Miquel de Colera entlanggehen bis zum *Camí de Ronda* links, der 800 m durch Pinienwald zur Bucht führt. Oder von der Platja del Borró (4) gegen den Uhrzeigersinn um die Landspitze.

Leicht 15 Min. 42.3887, 3.1651

6 CALA BRAMANT

Geschützte runde Bucht, die man über einen kurzen, steilen Abstieg erreicht, perfekt zum Baden und Schnorcheln. FKK optional. Der Bunker Cap de Ras auf der Landspitze rechts von der Bucht lohnt einen Abstecher.

→ Wegbeschreibung siehe Platja del Fotener (5), aber nach 300 m auf dem *Camí de Ronda* sieht man rechts die Bucht. Über die Felsen zum Strand klettern.

Schwer 10 Min. 42.3860, 3.1624

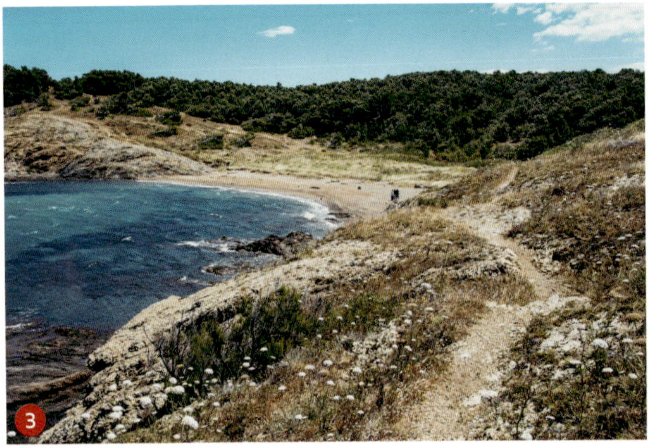

3

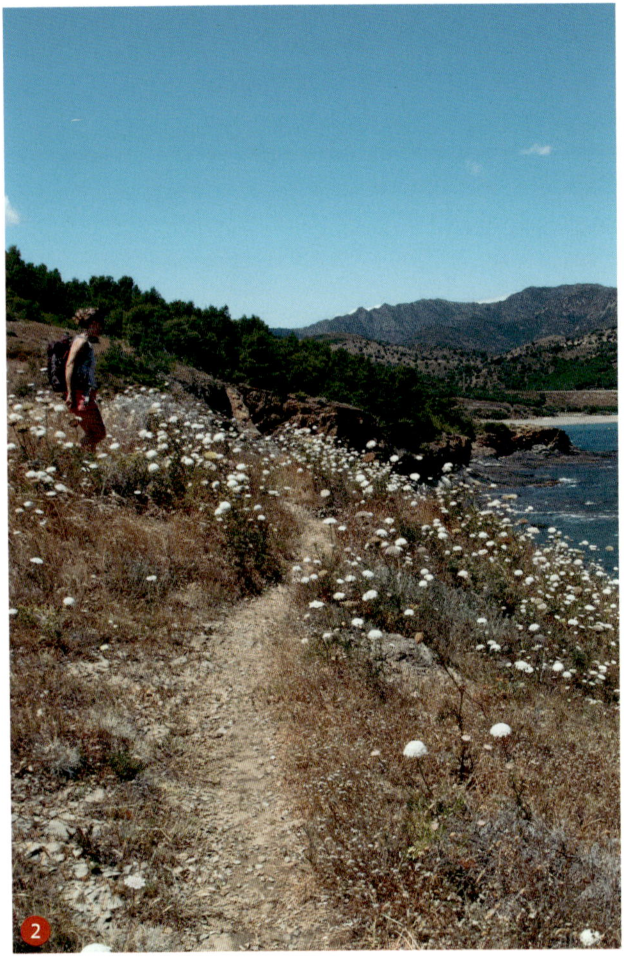

2

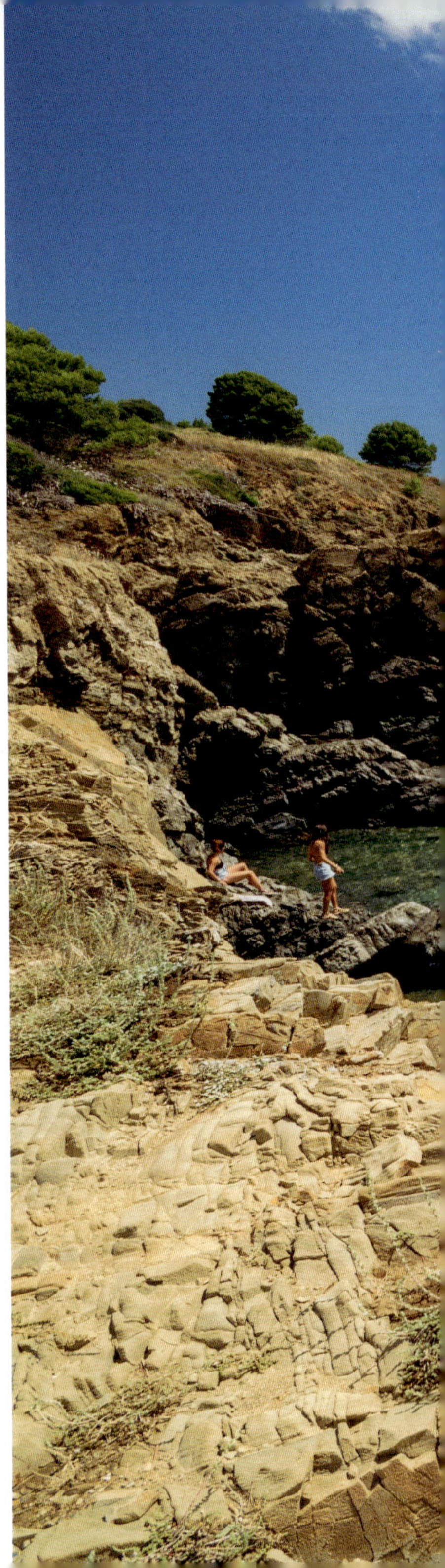

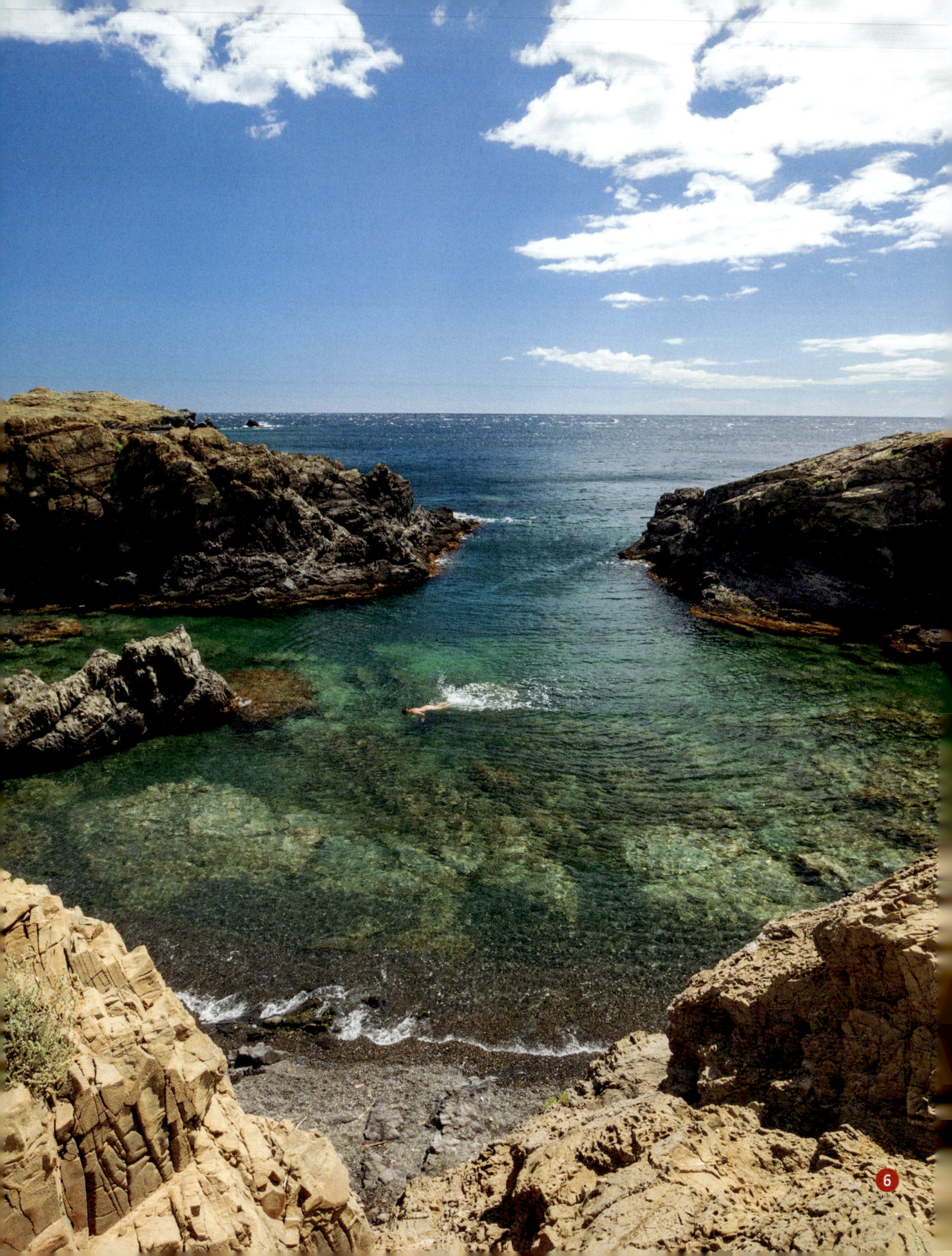
6

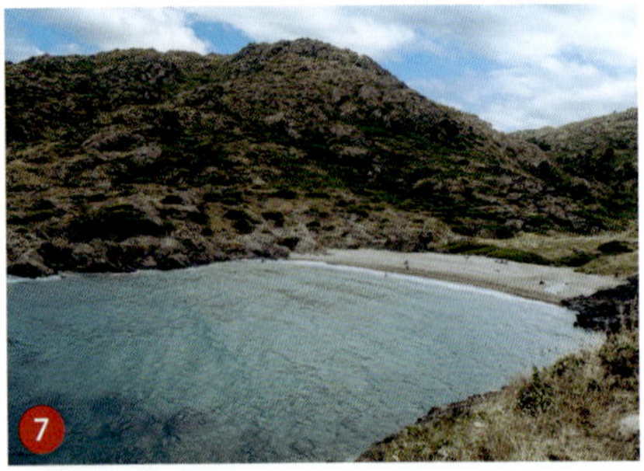

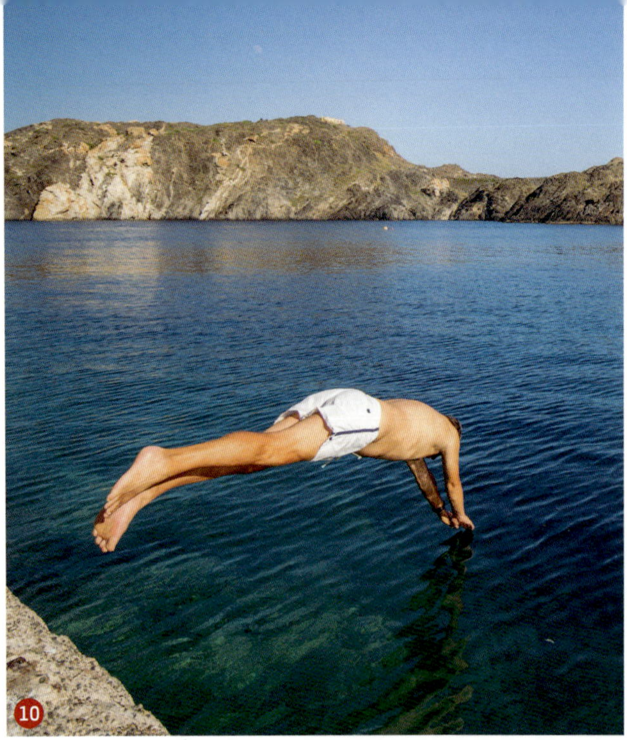

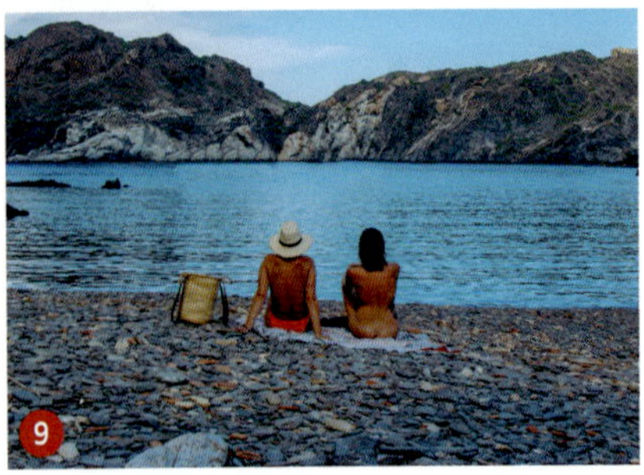

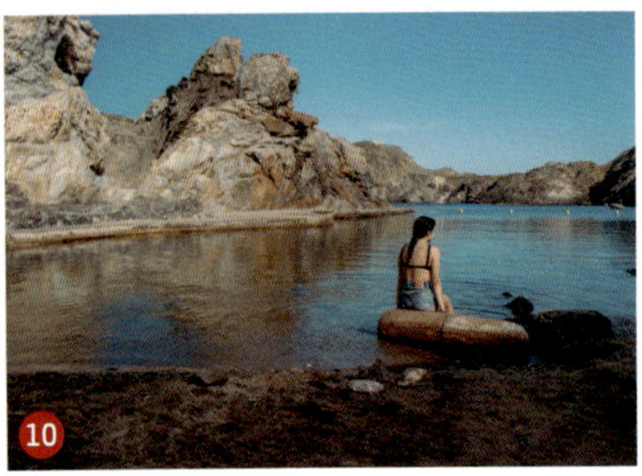

und ab 1829 patrouillierte hier die Guardia Civil, um Schmugglern das Handwerk zu legen. Jetzt verbindet der malerische Wanderweg einige der schönsten Strände, die wir entdeckt haben. Cólera, ein hübsches Fischerdorf südlich von Portbou, ist Heimat des Art Parc, eine Freilichtausstellung kubistischer Skulpturen des einheimischen Künstlers Joan Padern. Das unberührte, wilde Cap de Ras, nördlich von Llançà, bietet Sandstrände, Wald und Wildblumen. Cala Bramant (6), eine kreisrunde Bucht, zu der man über Felsen klettern muss, ist besonders schön und ihr tiefes kristallklares Wasser herrlich zum Schwimmen. Ganz in der Nähe befindet sich ein Stück Geschichte aus dem Zweiten Weltkrieg – ein Bunker aus der Franco-Ära, erbaut 1944, um vor einem Angriff der Alliierten zu schützen.

An der Küste des Parc Natural de Cap de Creus mischen sich Mastix- und Wacholdersträucher mit vierkantiger Schuppenheide und schwarzem Ginster. Hohe Klippen, versteckte Buchten, Höhlen und metamorphes Gestein sind zu kunstvollen Formen erodiert, die angeblich die Bilder und Skulpturen des großen Surrealisten Salvador Dalí inspiriert haben sollen. Im Expo Dalí in Cadaqués kann man seine Originalillustrationen zu Klassikern wie *Don Quixote, Alice im Wunderland* und *Romeo und Julia* bewundern, und sein ehemaliges Haus ▶

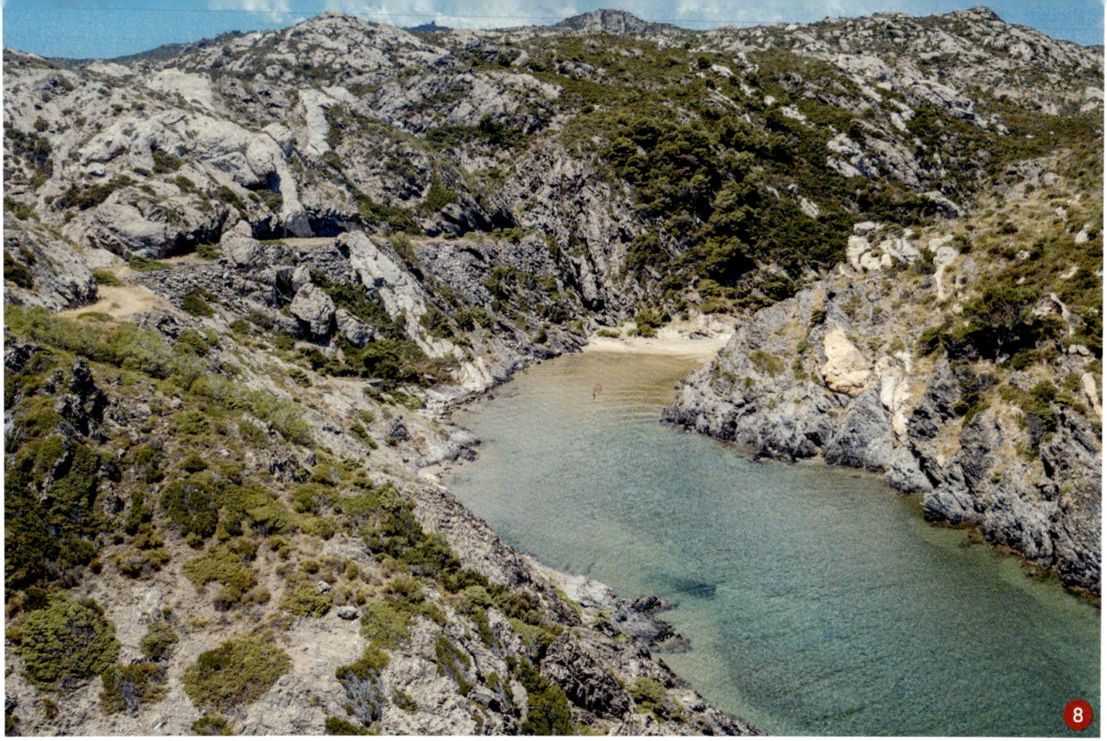

Parc Natural Cap de Creus 1

7 CALA TAMARIUA, PORT DE LA SELVA

Kieselstand am Rand von El Port de la Selva unter hohen Hängen mit gelb blühenden Feigenkakteen und Wachholdersträuchern.

→ Von Port de la Selva auf dem Carrer del Mar/Carrer Punta de la Creu 1,7 km Richtung Norden und am Ende der Straße parken. Dem Weg zum Strand folgen.
Parken 42.3451, 3.2085

Leicht 5 Min. 42.3436, 3.2096

8 PLATJA DE NEGANTA, CADAQUÉS

Äußerst gut versteckter, goldener Sandstrand im Nationalpark Cap de Creus mit flachem Einstieg. Schwieriger und gefährlicher Abstieg, aber es lohnt sich. Wenn man 300 m nach rechts schwimmt, kommt man an den menschenleeren Strand Racó des Dofí.

→ Von Cadaqués auf der Carr. de Cadaqués al Cap de Creus 4 km Richtung Nordwesten, links Richtung *Paratge de Tudela* und 400 m bis zum gebührenpflichtigen Parkplatz. Entweder ein Stück die Straße zurück und rechts bis zum Metalltor nach 350 m. Oder dem ausgeschilderten Wanderweg *Paratge de Tudela* vom Parkplatz über den Berg bis zum Metalltor folgen. Vom Tor (42.3203, 3.2947) den Weg 1,8 km bis zum Ende an einer Schlucht gehen. Über einen kleinen Trampelpfad in die Schlucht klettern und auf der anderen Seite über die Felsen wieder hoch, dann dem Weg folgen, bis man rechts den Strand sieht. Riskanter Abstieg über einen schmalen Pfad mit lockeren, instabilen Felsen. Vernünftige Schuhe tragen.
Parken 42.3241, 3.2958

Gefährlich 45 Min. 42.3255, 3.2858

9 PLATJA GRAN DE CULIP, CADAQUÉS

Ruhiger, entspannter steiniger Strand mit leer stehendem Haus. Fantastischer Blick übers klare, blaue Wasser auf unberührte Landschaft.

→ Von Cadaqués auf der Carr. de Cadaqués al Cap de Creus nach Nordwesten Richtung Leuchtturm Cap de Creus und nach 5 km am Straßenrand parken. 60 m auf der Straße weitergehen, beim Schild nach *Paratge de Tudela* links und 400 m bis zum Strand.
Parken 42.3196, 3.3065

Mittel 40 Min. 42.3226, 3.3069

10 CALA CULIP, CADAQUÉS

Schöne Bucht, ein Stück hinter Gran de Culip (9), früher Ankerplatz für einen exklusiven Club Med, der längst abgerissen ist. Der Film *Das Licht am Ende der Welt* nach Jules Verne mit Kirk Douglas, Yul Brynner und Samantha Eggar wurde hier in der Gegend gedreht. Die Bucht eignet sich wunderbar zum Schnorcheln, aber Vorsicht vor den stacheligen Anemonen an den Felsen.

→ Wegbeschreibung siehe Platja Gran de Culip (9), aber dem Weg hinter dem verlassenen Haus am Strand 170 m bis zu den Stufen zum Strand folgen.

Mittel 50 Min. 42.3235, 3.3073

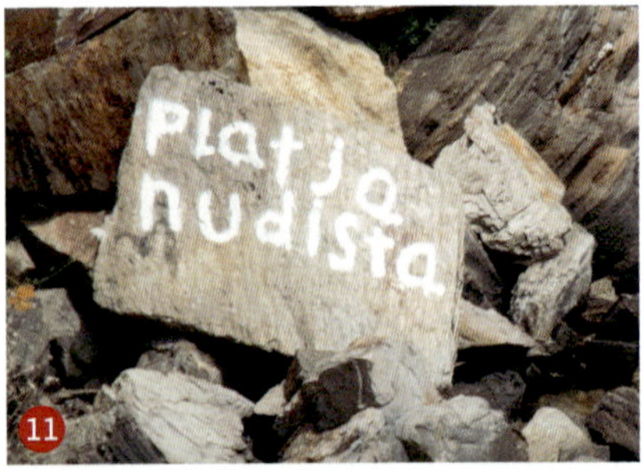

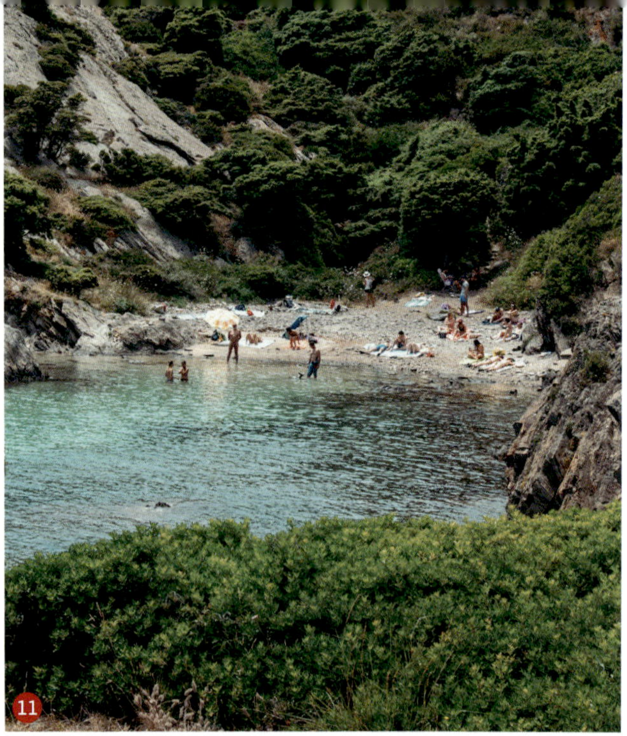

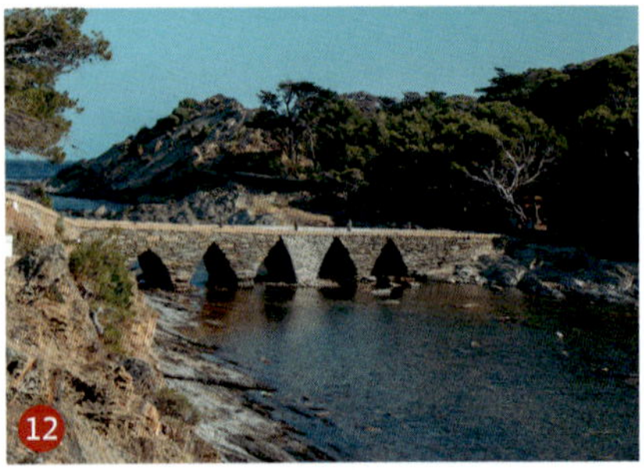

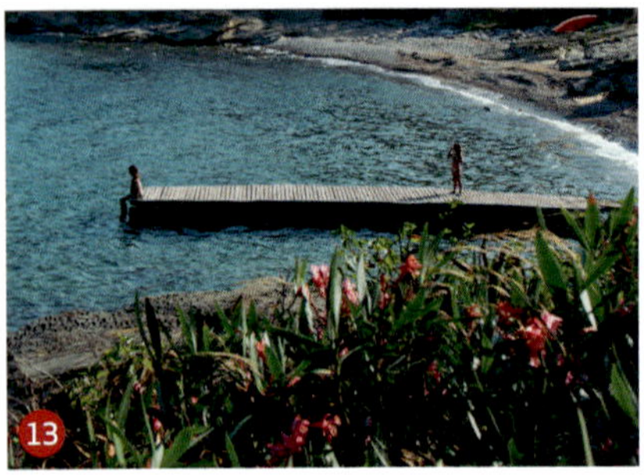

in Port Lligat, das Casa-Museu Salvador Dalí, zeugt sowohl von seiner Genialität als auch von seiner Exzentrizität. Von Cadaqués folgen wir dem Küstenweg Richtung Leuchtturm Far de Cala Nans und machen einen kleinen Abstecher zur ungezähmten Cala Sa Sabolla (14), um zwischen ihren Felswänden zu schwimmen. Mithilfe eines einheimischen Führers meistern wir den gefährlichen Abstieg zur einsamen Platja de Neganta (8) und schwimmen durch den schmalen Kanal aufs offene Meer. Cala Culip (10), wo nur noch ein Betonanleger vom einstigen Club-Med-Dorf zeugt, ist wesentlich leichter zugänglich. Am Faro de Cap de Creus, der östlichsten Spitze der iberischen Halbinsel, sitzen wir in einer Bar und blicken aufs Meer, bevor wir den einsamen Weg zur Cala Jugadora (11) einschlagen, ein wunderschöner Strand unter roten Klippen.

Begur ist eine faszinierende Stadt mit Verteidigungstürmen aus dem 16. Jahrhundert, der mittelalterlichen Burg Esclanyà und Villen im Kolonialstil, die von *Indios* erbaut wurden – katalanische Abenteurer, die aus den Kolonien zurückkehrten und ihren neuen Reichtum demonstrieren wollten. Außerdem gibt es Überreste griechischer und römischer Siedlungen zu entdecken. Am südlichen Ende der Bucht zeigt unsere Karte ein paar Strände, die von einer luxuriösen urbanen ▶

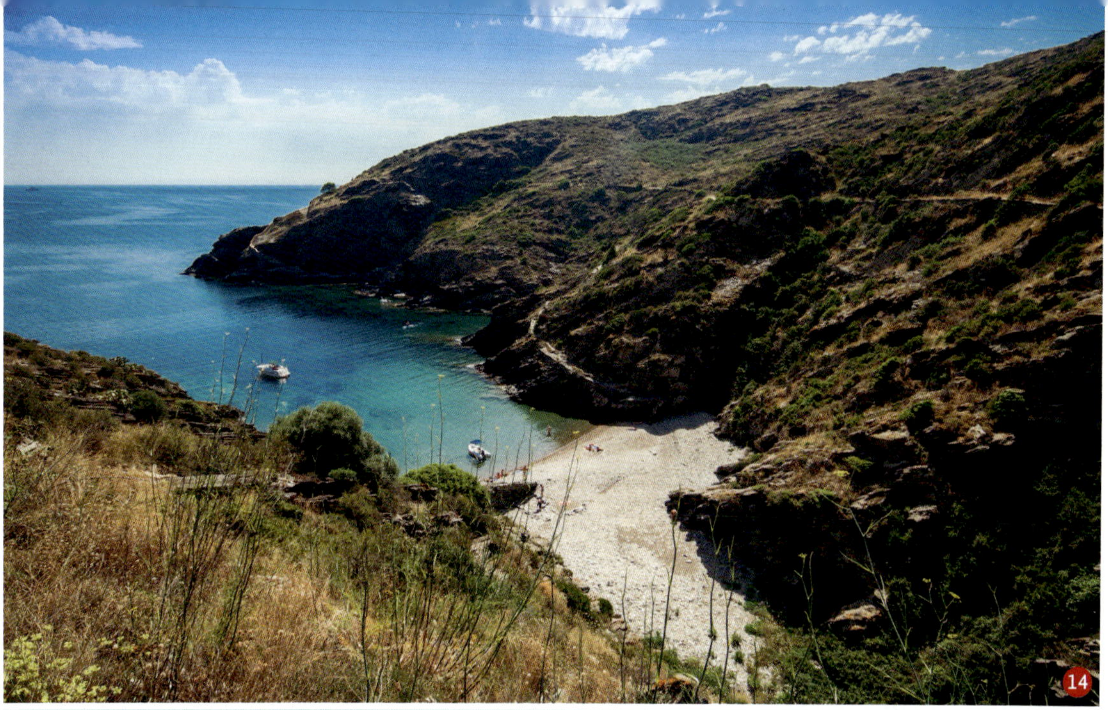

14

Parc Natural Cap de Creus 2

11 CALA JUGADORA, CADAQUÉS

Herrlicher Strand am Fuß roter Klippen mit fantastischem Blick auf den Leuchtturm Cap de Creus und vor dem kräftigen Tramontana-Wind geschützt. Das kristallklare Wasser ist schön zum Schwimmen und Schnorcheln – halten Sie in den Seegraswiesen Ausschau nach roten Seesternen. Beliebt bei Wanderern, Pärchen und FKKlern. Links befindet sich eine weitere, kleinere Bucht, Racó des Barrilers. Feste Schuhe tragen.

→ Von Cadaqués auf der Carr. de Cadaqués al Cap de Creus nach Nordosten Richtung Carrer d'Emília Trèmols, nach 6 km irgendwo am Leuchtturm Faro de Cap de Creus parken. Die Straße 450 m zurückgehen und links nach den rot-weißen Markierungen des Wanderwegs GR11 Ausschau halten. Dem Weg am trockenen Flussbett entlang 500 m folgen, dann links auf einen markierten Trampelpfad die Klippe hinunter zum Strand.
Parken 42.3193, 3.3151
Mittel 25 Min. 42.3171, 3.3110

12 PLATJA DES SORTELL

Kleiner Sandstrand. Es führt eine Brücke zur Insel, von der man einen Panoramablick auf Cadaqués und den Leuchtturm der Cala Nans genießt. Ideal für Familien. Museu Salvador Dalí (salvador-dali.org): Museum und einstiges Zuhause des berühmten spanischen Künstlers in Port Lligat. In jungen Jahren war Dalí oft in Cadaqués, um seinen guten Freund, den Dichter Federico García Lorca, zu besuchen.

→ Von der Platja des Llané Gran in Cadaqués nach rechts 900 m am Wasser entlang, dann links auf den Platja des Llané Petit und weitere 250 m am Ufer entlang bis zur Platja des Sortell.
Leicht 20 Min. 42.2821, 3.2785

13 PLATJA SA CONCA

Kleiner Strand am Stadtrand von Cadaqués mit vielen kleinen Buchten, flachen Felsen zum Sonnen und einem langen Holzsteg, um die Kids bei Laune zu halten. Die Strandszenen in *Die geheimnisvolle Insel* nach Jules Verne wurden 1960 hier gedreht.

→ Von der Platja des Llané Gran in Cadaqués 900 m nach rechts am Wasser entlang, am Hotel Llane Petit vorbei, dann links in den Carrer Sant Pius V zum Strand.
Leicht 20 Min. 42.2811, 3.2768

14 CALA SA SABOLLA, CADAQUÉS

Eine der einsamsten und friedlichsten Buchten der Costa Brava. Das Wasser hier ist tief, ruhig und klar. Wenn man ca. 100 m rausschwimmt, entdeckt man zur Rechten eine kleine Bucht. Perfekt für Pärchen. FKK optional.

→ Wegbeschreibung siehe Platja sa Conca (13), aber weiter auf dem Carrer des Ouers die Küste entlang, dann den Schildern zum *Far de Cala Nans* folgen, weiter auf dem *Camí Cala Nans*, der zu einem schmalen Weg wird und bergab führt. Kurz nachdem man ein Stück auf einer breiten Bruchsteinmauer gegangen ist, sieht man links die Bucht und einen kleinen Trampelpfad zum Strand. Oder weiter auf dem Weg zum anderen Ende der Bucht, wo Stufen und ein kleiner Weg hinunterführen.
Mittel 45 Min. 42.2701, 3.2827

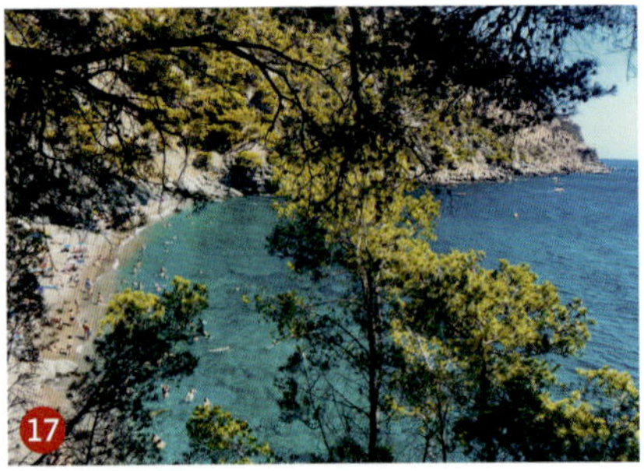

17

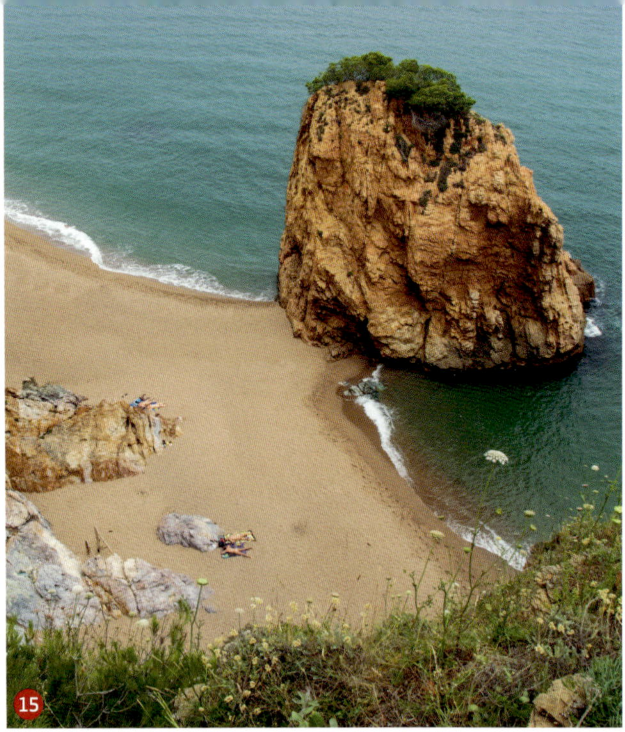

15

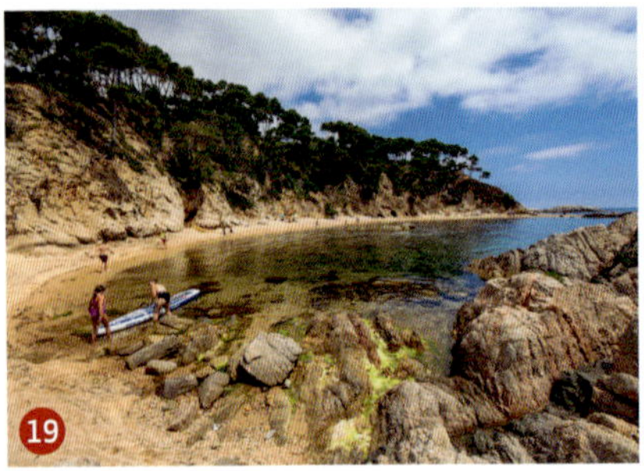

19

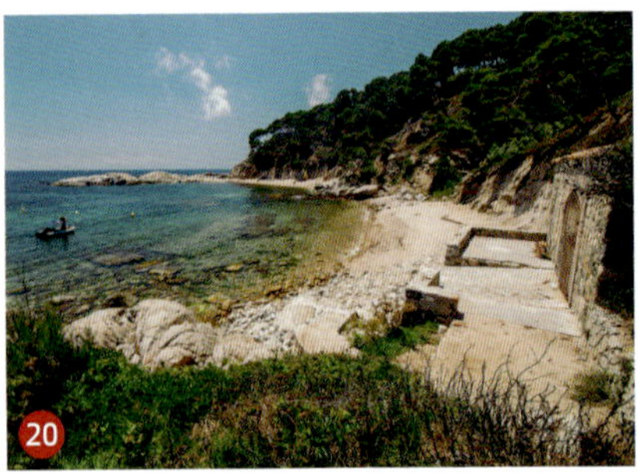

20

Siedlung verdeckt werden. Verstohlen gehen wir die Stufen neben einem Garten zu einem Weg am Klippenrand entlang. Von hier oben erspähen wir die Platja de l'Illa Roja (15), eine Doppelbucht, die von einem gewaltigen roten Felsen geteilt wird und bei Flut zur Insel wird. Der bekannte FKK-Strand ist durch die hohen rostroten Klippen vor Blicken geschützt. Als wir auf dem Klippenweg zurückgehen, entdecken wir hinter Felsen einen winzigen Strand. Der Zugang zur Roca Negra (16) ist nicht nur schwierig, sondern regelrecht gefährlich. Es führt nur ein schmaler Trampelpfad hinunter, aber umso größer der Triumph, wenn man unten angekommen ist, und das kühle, exklusive Nass verbannt alle Gedanken an den bevorstehenden Rückweg.

Gerade als wir dachten, die schönsten verborgenen Ecken der Costa Brava entdeckt zu haben, finden wir uns auf dem Camí de Ronda wieder und stoßen auf eine Reihe magischer Sandbuchten mit Gezeitentümpeln, die uns an Peter Pans Nimmerlandlagune erinnern. In der Cala Estreta (18) begegnen wir dem weißhaarigen Quico, der hier in einer kleinen Fischerhütte wohnt, bevor wir weiter die Küste entlang bis zur Cala del Crit (21) gehen. Laut Legende haben im 17. Jahrhundert plündernde Piraten versucht, die Tochter eines hiesigen Gutspächters ▶

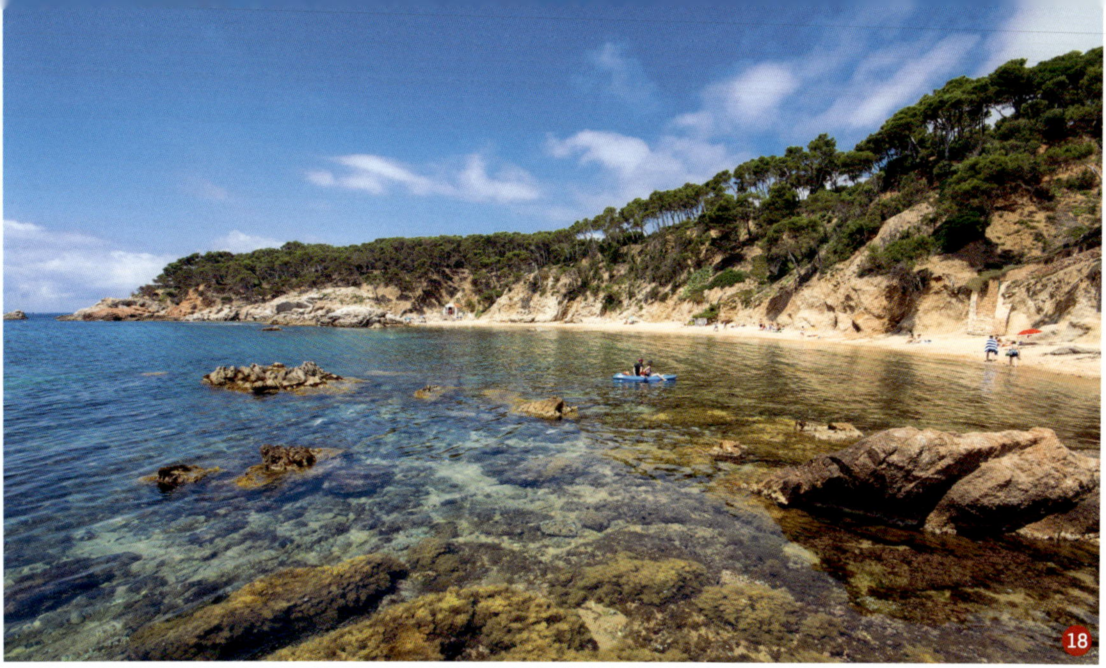

18

Von Begur bis Palamós

15 PLATJA DE L'ILLA ROJA, BEGUR

***Rote Insel*. Der Strand ist nach dem großen roten Felsen benannt, der die Küste beherrscht. Hohe rostrote Klippen, auf denen Pinien und Wildblumen wachsen, umschließen den Strand.**

➔ Von Sa Riera auf dem Carrer Catalonia Richtung Nordwesten, nach 400 m rechts auf den Carrer Sa Punta Llarga, nach weiteren 190 m leicht rechts auf den Carrer Sa Punta Negra und nach 350 m irgendwo parken. Auf der Straße weiter bis zu steilen Stufen neben einem Garten rechts, am Ende rechts, dem Weg 200 m folgen und über die Stufen zum Strand. Oder von Sa Riera zu Fuß auf dem Küstenweg Richtung Norden. Parken 41.9764, 3.2097

Leicht 10 Min. 41.9771, 3.2107

16 ROCA NEGRA, BEGUR

Der *Schwarze Felsen* ist eine versteckte traumhafte Bucht mit goldenem Sand.

➔ Wegbeschreibung siehe Platja De L'Illa Roja (15), aber am Fuß der steilen Stufen rechts und 40 m bis zu einer Lücke in der Mauer rechts. Den schwierigen Weg hinunter und über die Felsen klettern.

Schwer 10 Min. 41.9760, 3.2107

17 PLATJA FONDA, BEGUR

Versteckter Kieselstrand unterhalb eines Wohngebiets. Camping Begur (camping-begur.com): fantastischer, waldiger Campingplatz mit zwei herrlichen Pools, gutem Restaurant und netten Mitarbeitern.

➔ Von Begur auf der GIP-6531 für 700 m Richtung Südwesten, beim Kreisverkehr die dritte Ausfahrt auf die GIV-6532. Nach 2,4 km links auf den Carrer Francesc Sabater Xiquet, nach 450 m wieder links auf den Carrer Platja Fonda bis zum gebührenpflichtigen Parkplatz rechts. Zu Fuß 200 m auf dem Carrer *Platja Fonda*, dann links Richtung Platja Fonda, 88 Stufen zum Strand. Parken 41.9401, 3.2151

Leicht 5 Min. 41.9418, 3.2174

18 CALA ESTRETA, PALAMÓS

Magische Bucht mit Sandstrand und Gezeitentümpeln. Ein natürlicher Abenteuerspielplatz.

➔ Von der C-31 bei Vall-llobrega abfahren und auf der Carr. de Castell 1,8 km Richtung Osten. Auf dem ersten Parkplatz rechts parken. Zu Fuß die Carr. de Castell zurück und rechts auf die Ruta dels Xalets bis zum Weg zur Cala Estreta nach 1 km. Links und dem Weg 420 m folgen, dann rechts auf den eingezäunten Weg und 250 m zum Strand. Parken 41.8654, 3.1569

Mittel 45 Min. 41.8654, 3.1729

19 CALA ROCA BONA, PALAMÓS

Idyllischer, von Pinien gesäumter Sandstrand.

➔ Wegbeschreibung siehe Cala Estreta (18) und vom linken Ende der Cala Estreta um die Felsen zur nächsten Bucht.

Mittel 55 Min. 41.8661, 3.1746

20 CALA CAP DE PLANES, PALAMÓS

Friedliche runde Bucht mit üppiger Unterwasserflora – perfekt zum Schnorcheln. Überhängende Pinien sorgen für Schatten.

➔ Wegbeschreibung siehe Cala Estreta (18), zu Fuß 150 m an der Cala Roca Bona (19) entlang und über die Felsen zum Strand.

Mittel 60 Min. 41.8673, 3.1761

21 CALA DEL CRIT

Alte Fischerhütten sorgen für eine malerische Kulisse an diesem einsamen Strand, dessen Name (*Bucht des Schreis*) an eine tragische Entführung durch Piraten erinnert.

➔ Nächste Bucht nach der Cala Cap de Planes (20) Richtung Norden. Zu Fuß 200 m am Cap de Planes entlang, die Stufen hoch und dem Küstenweg 500 m folgen.

Mittel 70 Min. 41.8706, 3.1770

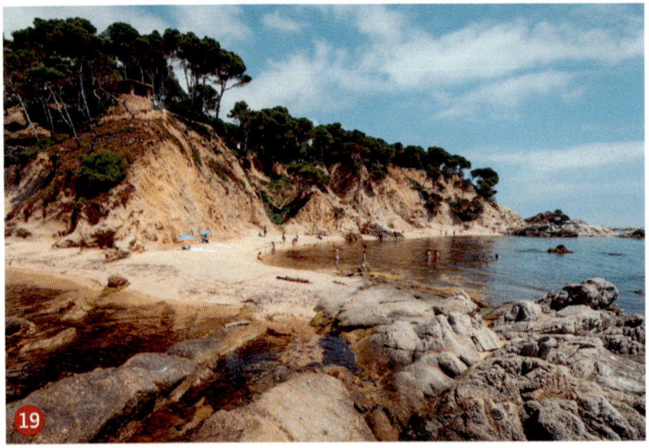
19

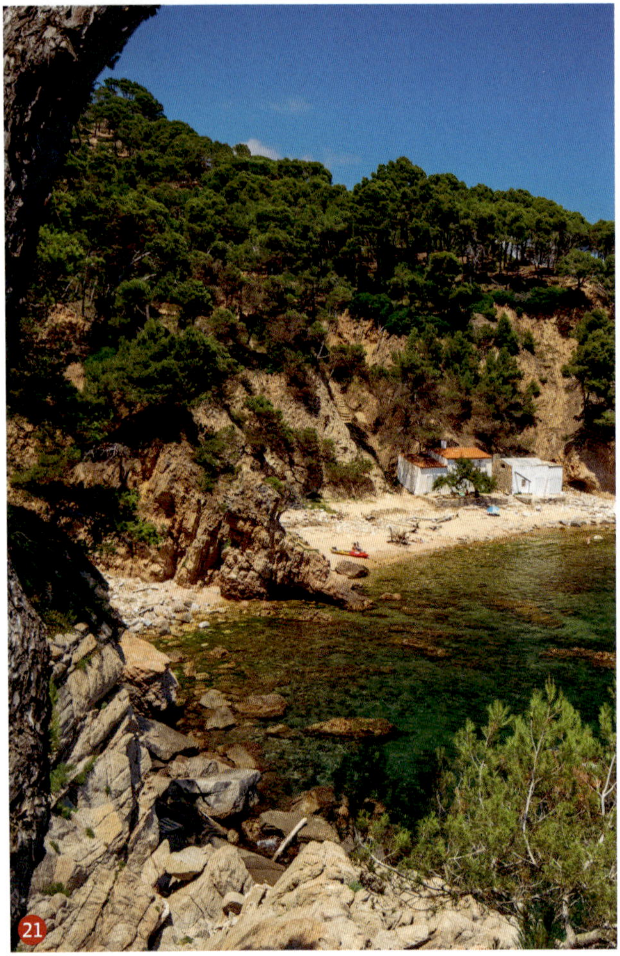
21

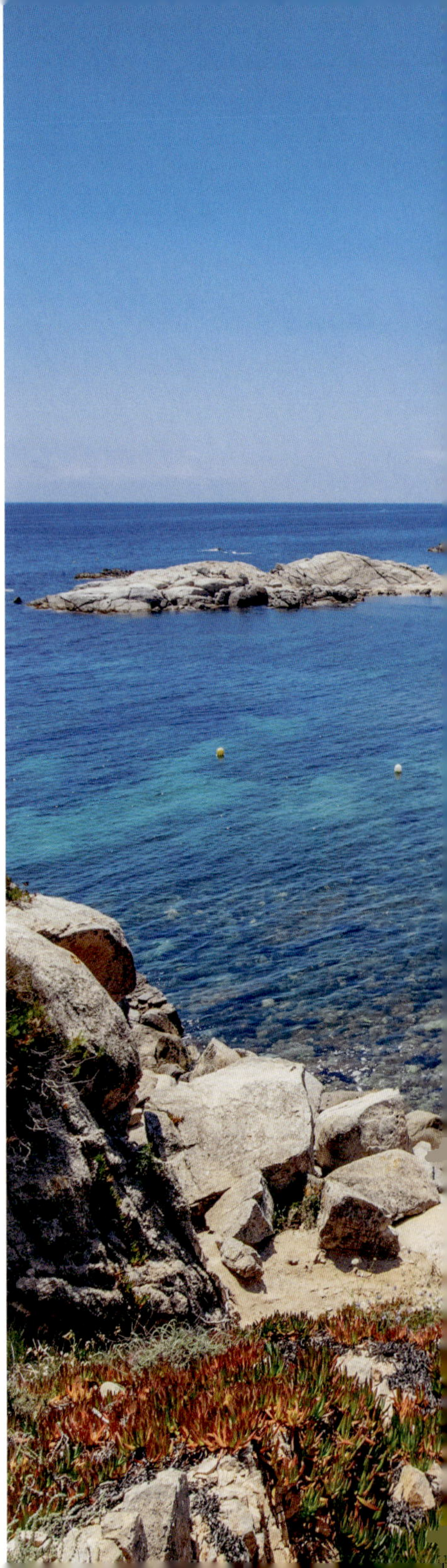

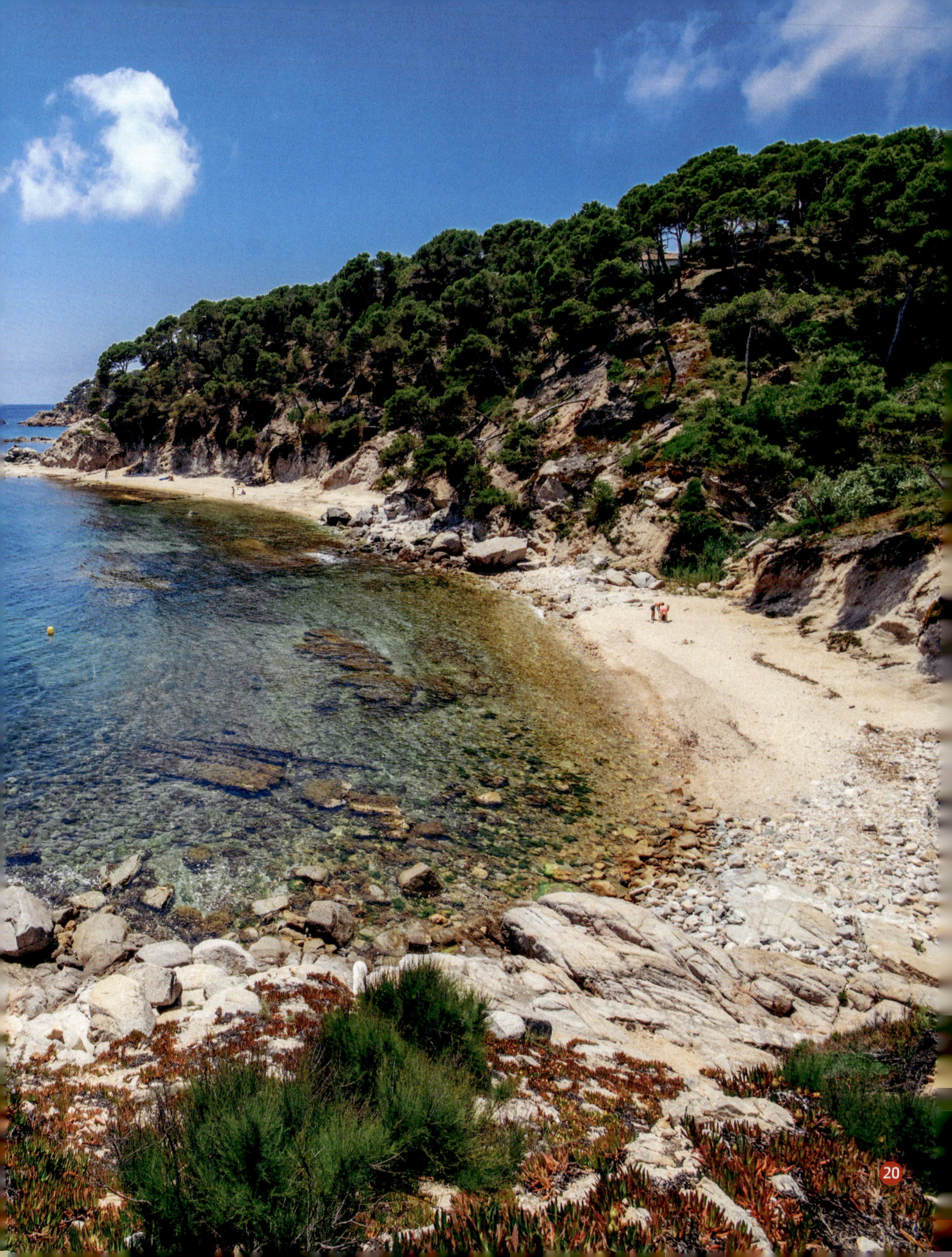
20

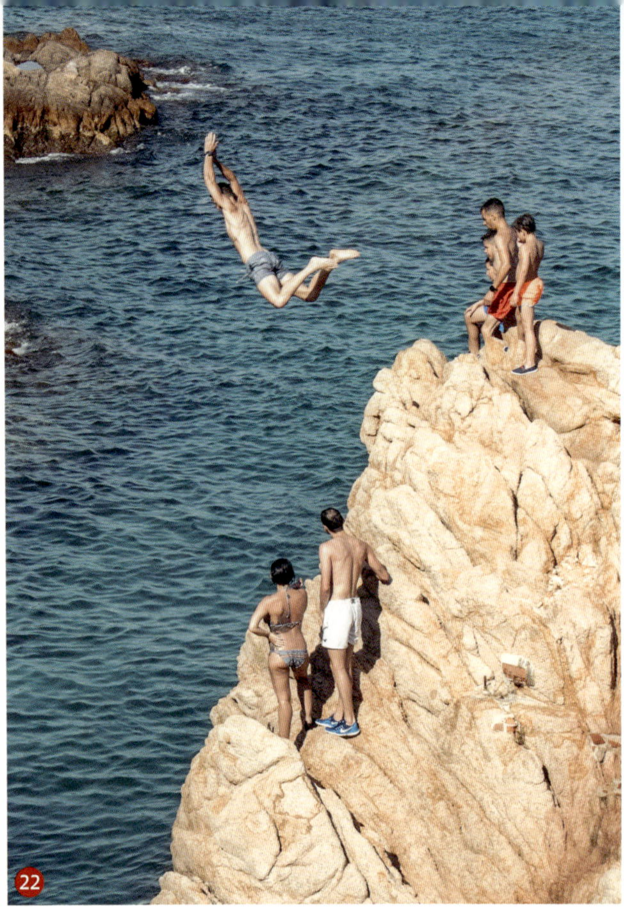

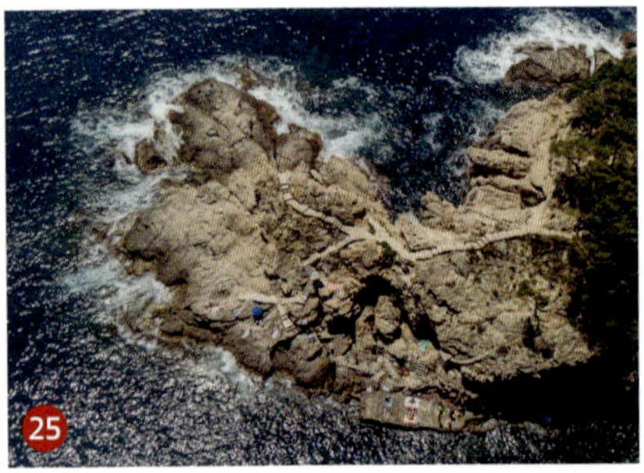

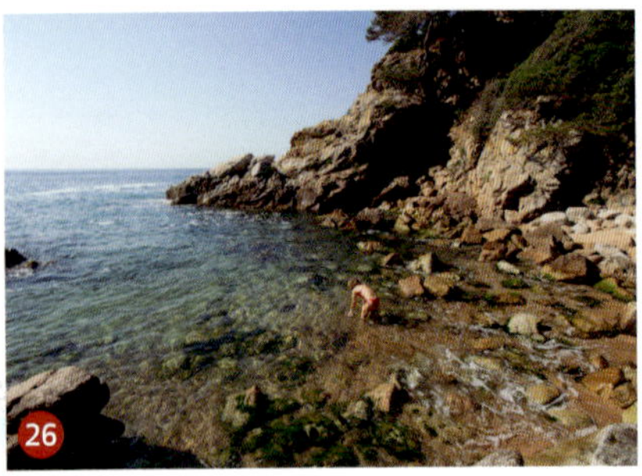

zu entführen. Ihre Angstschreie waren meilenweit zur hören und haben dieser einsamen Bucht ihren unheimlichen Namen verliehen: *Bucht des Schreis.*

Amb els seus dits d'escuma,
la mar toca el piano dolç de la platja
i el timbal guerrer de les roques.
Les bombolles són les pessigolles de la sorra,

Mit seinen Schaumfingern,
spielt das Meer auf dem süßen Klavier des Strands
und den Kesselpauken der Felsen.
Schaumblasen kitzeln den Sand.

Aus *Marina*, Josep Maria Sala-Valldaura (*1947)

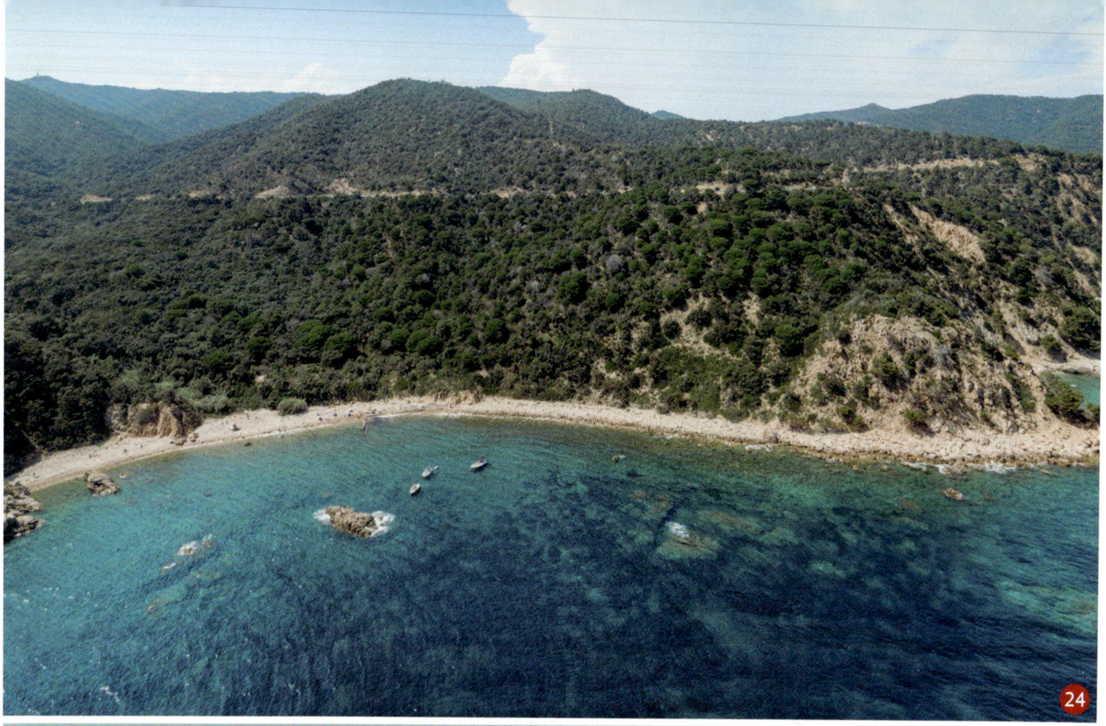

Sant Feliu de Guíxols

22 CALA MASET

Strand im Taschenformat, hinter Pinien und Eichen versteckt. Es gibt große Felsen, von denen man springen kann, aber bitte nur, wenn die Einheimischen es vormachen. Camping Treumals (campingtreumal.com): landschaftlich schön gestalteter Campingplatz am Strand.

→ Von Sant Feliu de Guíxols auf der Ctra. de Palamós 600 m Richtung Nordosten, beim Kreisverkehr die erste Ausfahrt auf den Carrer del Doctor Fleming und bei der Kreuzung mit dem Carrer de Ginebra rechts parken. Den Carrer del Doctor Fleming zurückgehen und die erste rechts auf die Ctra. de Palamós, nach 60 m rechts auf den Camí de la Caleta, nach 400 m rechts auf die Cta. de Sant Pol. Nach 140 m links die Stufen hinunter Richtung *Cala Maset*. Parken 41.7853, 3.0416

Leicht 5 Min. 41.7863, 3.0447

23 CALA DEL SEÑOR RAMÓN

Malerischer, goldener Sandstrand in halbrunder Bucht mit klarem Wasser. Im Sommer voll.

→ Von La Pola I Giverola auf der GI-682 für 6 km Richtung Osten und oberhalb der Caleta de Congats irgendwo an der Straße parken. Man kann auch die steile Straße zum Parkplatz hinunterfahren, aber wir sind den genauso steilen Weg links zum Strand zu Fuß gegangen.
Parken 41.7559, 2.9736

Schwer 15 Min. 41.7574, 2.9766

24 PLATJA DE VALLPRESONA

Ruhiger, steiniger Strand mit herrlich klarem Wasser, ideal zum Schnorcheln. Wasserschuhe einpacken.

→ Von La Pola I Giverola auf der GI-682 für 5 km Richtung Osten, dann bei der grünen Tonne und dem Schild zur Platja de Vallpresona rechts parken. Dem steinigen Weg zum Strand hinunter folgen (1 km). Parken 41.7557, 2.9637

Mittel 15 Min. 41.7528, 2.97069

25 CALA FUTADERA, TOSSA DE MAR

Dieser Strand, der von den Einheimischen Bucht der *300 Stufen* genannt wird, liegt unter steilen, von Pinien bedeckten Klippen. Wenn man dem Weg über die Landspitze folgt, stößt man auf flache Felsen, auf denen man sich herrlich sonnen kann. Besonders beliebt an Sommerwochenenden – viele kommen mit dem Boot.

→ Von Canyet de Mar auf der GI-682 nach Südwesten Richtung GIP-6821 La Pola I Giverola und nach 7 km vor den beiden roten Backsteinpfosten mit Verbotsschildern parken. Zu Fuß 280 m bergab bis zu den 300 Stufen, unten links zum Strand oder rechts über den Betonweg zum Anleger. Parken 41.7387, 2.9549

Mittel 15 Min. 41.7381, 2.9574

26 CALA MORISCA, TOSSA DE MAR

Romantische Bucht mit gelb blühenden Kreuzblütlern und Meerfenchel, beliebt bei Pärchen und Wanderern. Kommen Sie früh, damit Sie in den umliegenden Straßen noch einen Parkplatz finden. Die Bucht ist berüchtigt: 1992 wurden hier 17 Tonnen Haschisch beschlagnahmt, der größte Fund aller Zeiten in Spanien. Camping Canyelles (campingcanyelles.com): fantastischer Blick, sehr kinderfreundlich.

→ Von Urbanització Canyelles auf der Urbanització Canyelles 180 m nach Süden Richtung Carrer de Ses Alzines, rechts auf den Carrer de Ses Alzines und nach 9 m links auf den Carrer Capri. Weitere 280 m und irgendwo parken. Zu Fuß bergab, beim Wegweiser zur *Cala Morisca* links und dem Weg zum Strand hinunter folgen (750 m). Parken 41.7072, 2.8918

Mittel 15 Min. 41.7053, 2.8966

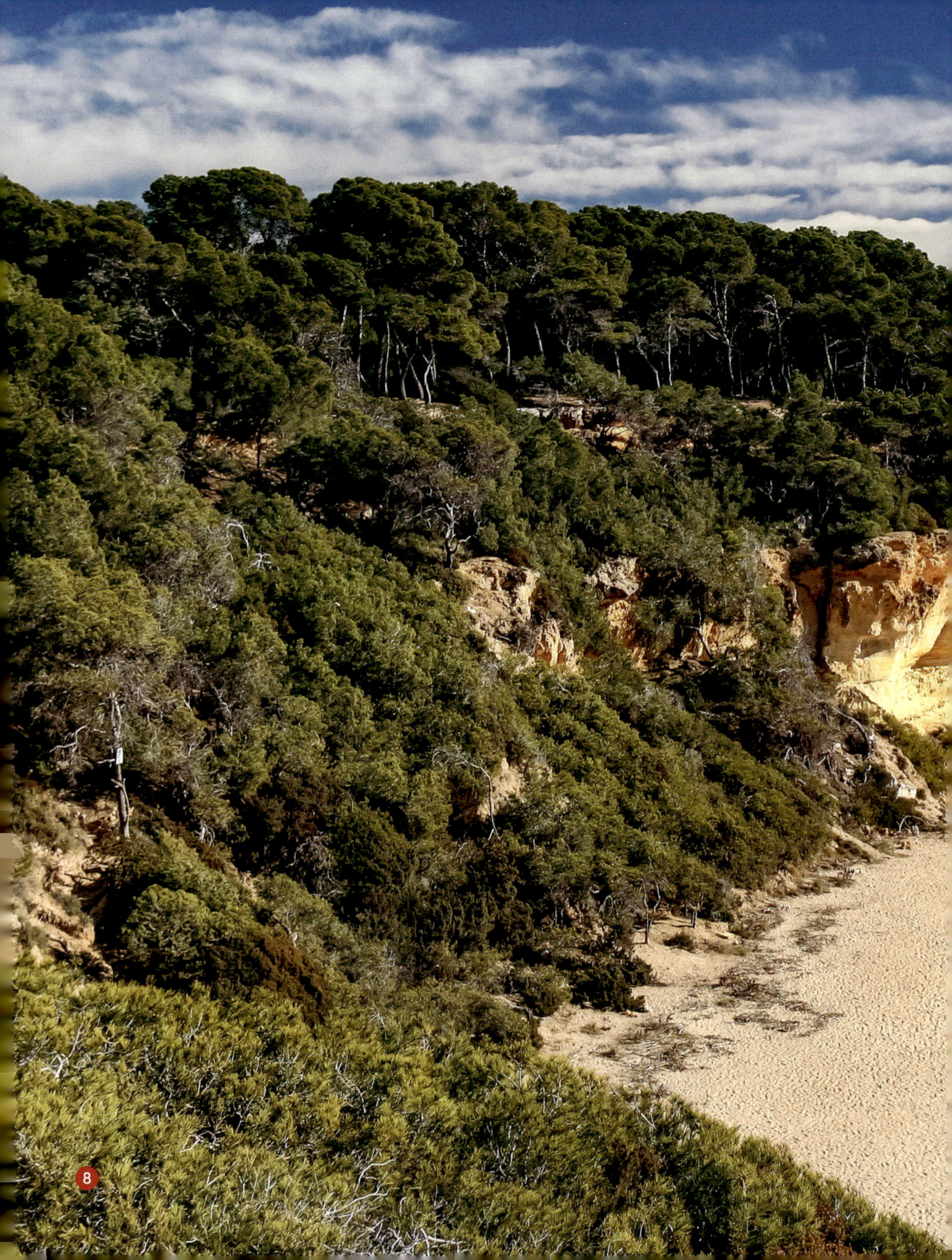
8

Costa Barcelona & Costa Dorada

Spazieren Sie durch duftende Pinienwälder zu tropischen Sandbuchten, besuchen Sie hippe Strände, und bewundern Sie römische Ruinen und modernistische Architektur. Besuchen Sie das Delta de l'Ebre, um die unglaubliche Vogelwelt dort zu erleben.

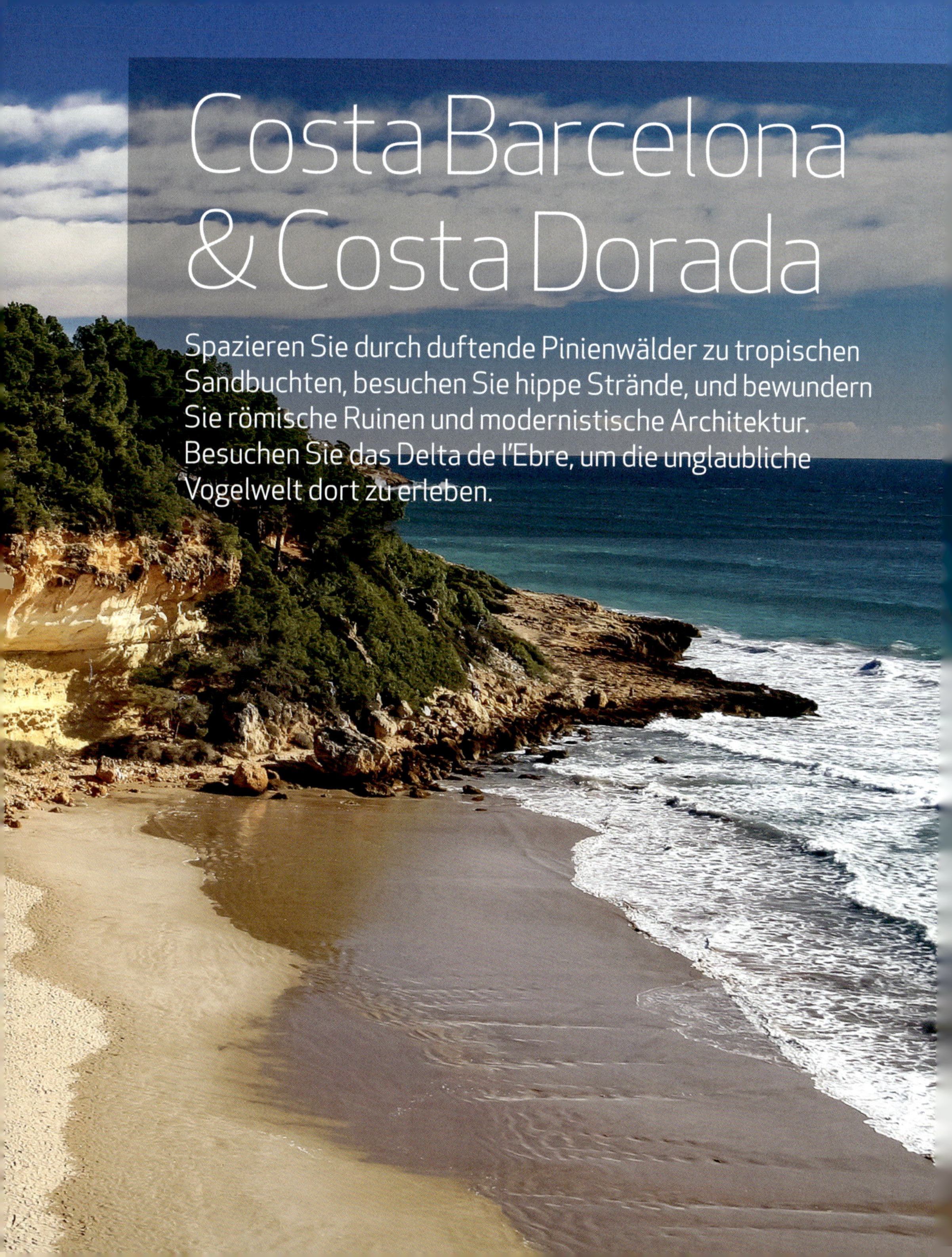

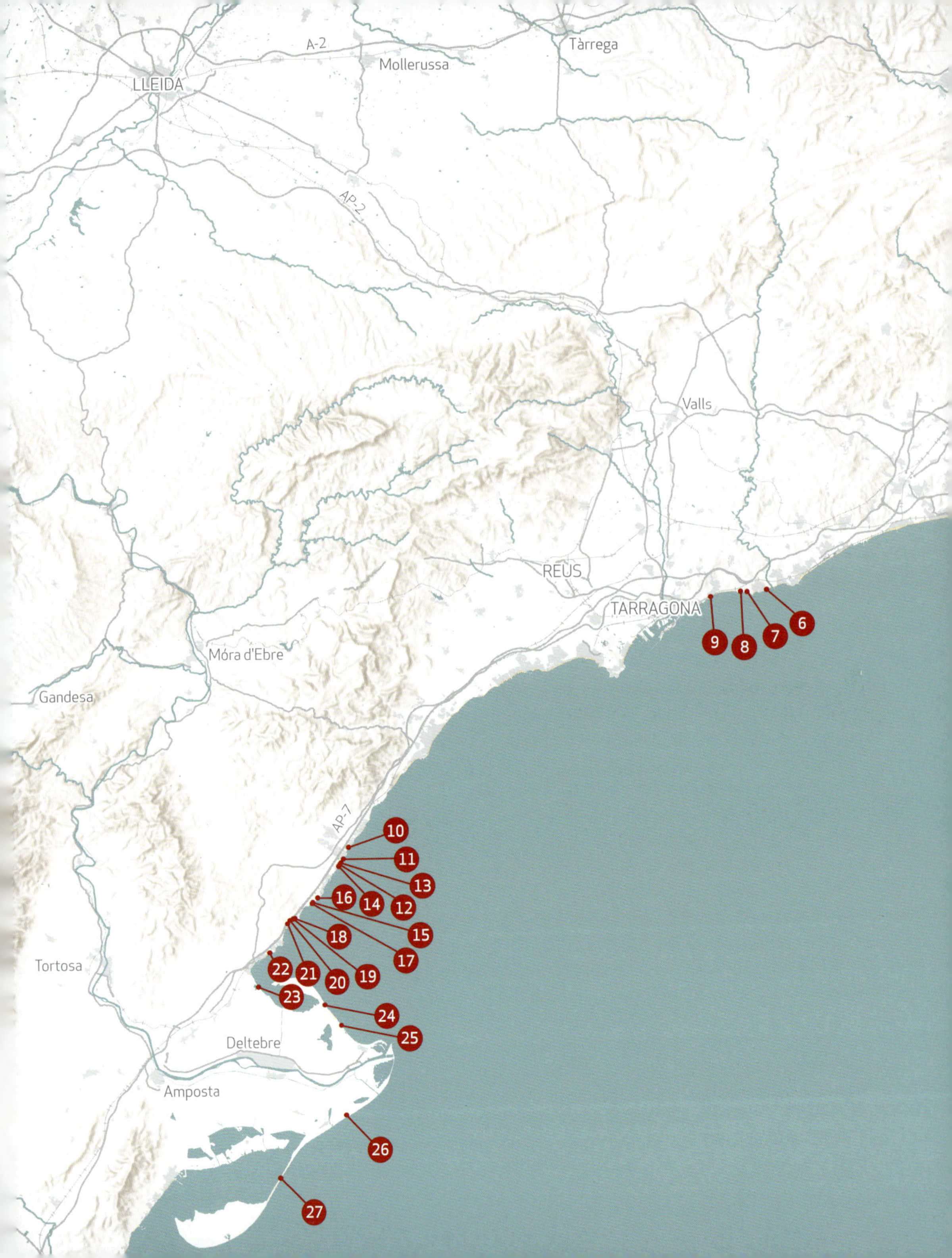

A-2
Tàrrega
Mollerussa
LLEIDA
AP-2
Valls
REUS
TARRAGONA
Móra d'Ebre
Gandesa
AP-7
Tortosa
Deltebre
Amposta
6
7
8
9
10
11
12
13
14
15
16
17
18
19
20
21
22
23
24
25
26
27

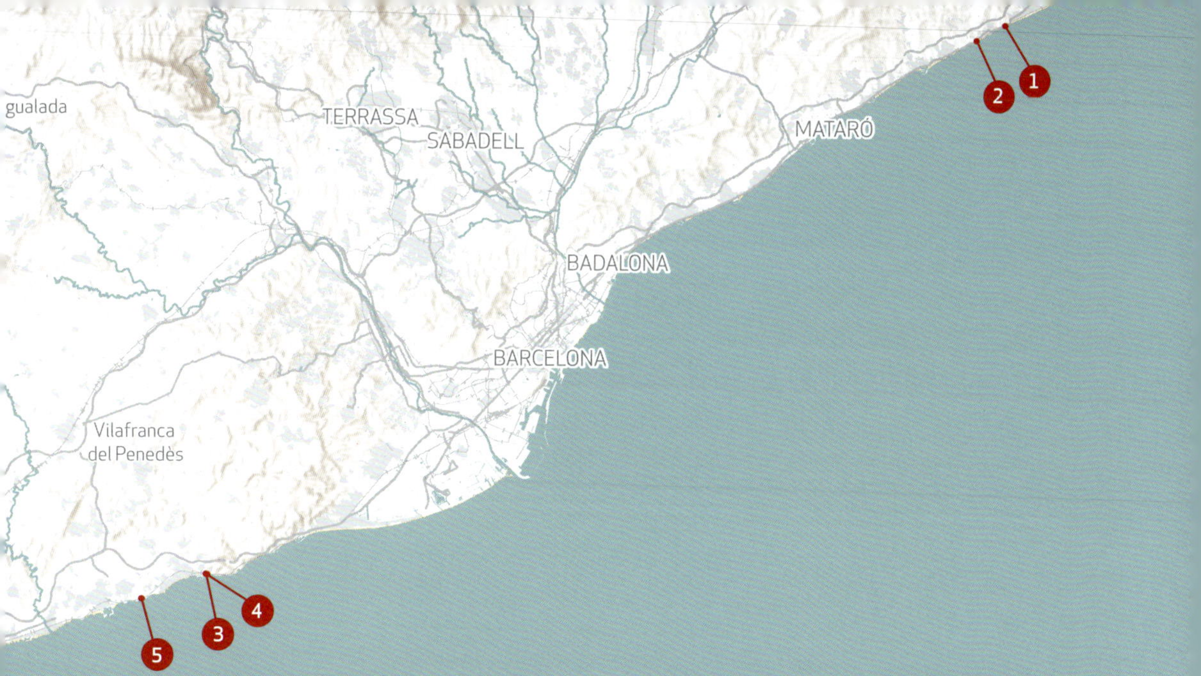

Highlights Costa Barcelona & Costa Dorada

Unsere Lieblingsstrände:

5 Platja de L'Home Mort & Platja de Rosés – sehr lässige Strände mit Hang zu FKK

11 Platja Torrent del Pi – kleine Bucht zwischen Pinien, mit geschützter Lagune

15 Cala Santes Creus – hübsche Bucht mit Lagune in der Nähe von einem familienfreundlichen Campingplatz

17 Platja de la Llenya – schwimmen Sie im klaren Wasser unter roten Klippen und Pinien

19 Illot de l'Àliga – idyllische Felseninsel mit kleinen Stränden und türkisblauem Wasser

27 Platja del Trabucador – goldener Sand, orangerote Sonnenuntergänge, rosa Flamingos

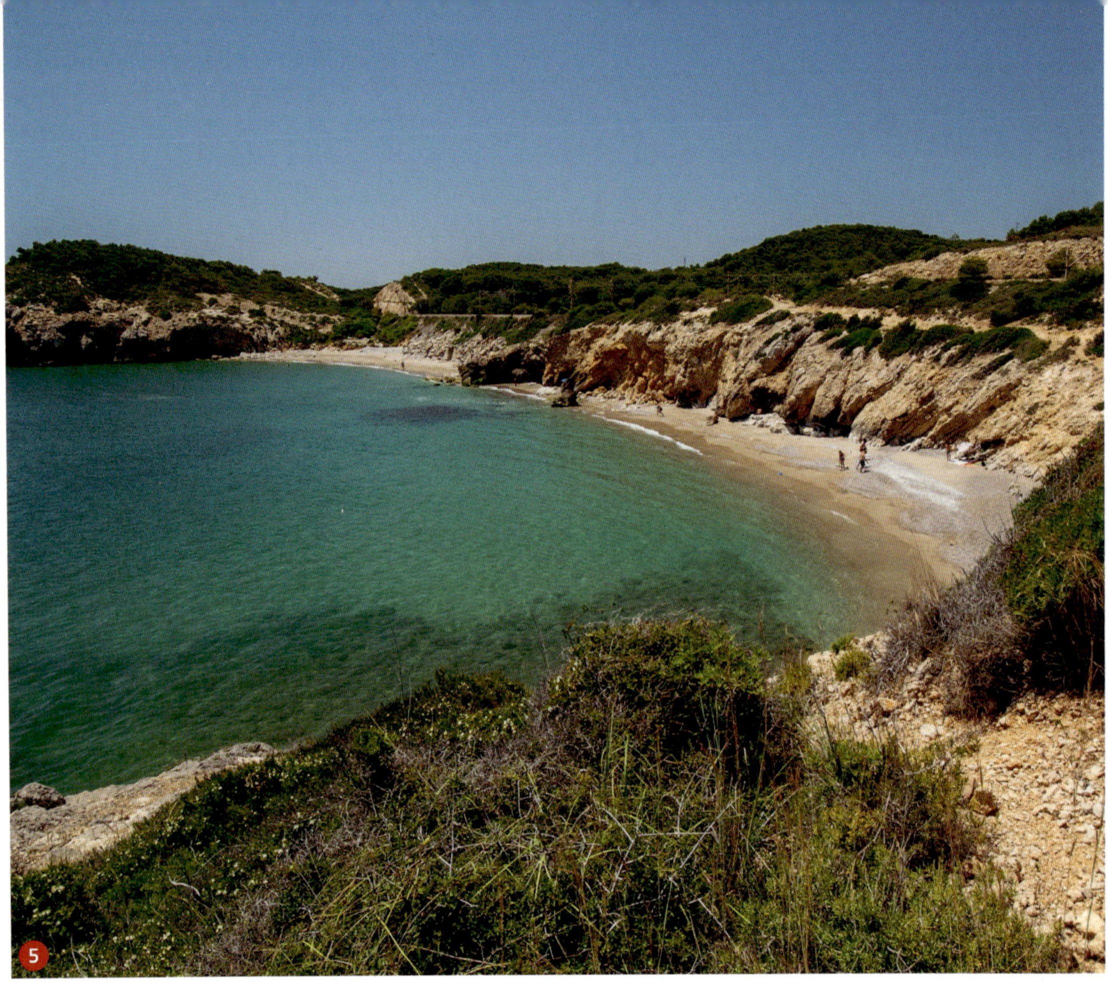

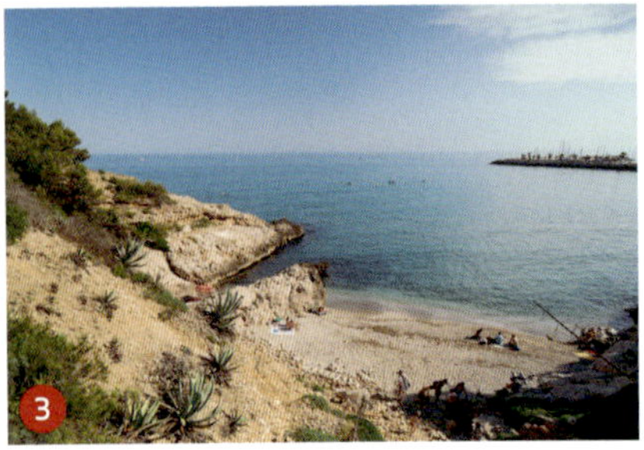

Zwischen der Costa Brava im Norden und der Costa Dorada im Süden erstreckt sich die fruchtbare Costa Barcelona, an der Oliven, Wein, Orangen und Mandeln gedeihen. Die langen Sandstrände und das glitzernde Meer locken Touristen aus ganz Europa. Kleine Fischerdörfer wie Cambrils, wo Lola die Familienurlaube ihrer Kindheit verbracht hat, haben sich zu beliebten Badeorten gemausert. Bei unseren kurzen Wanderungen zu weniger zugänglichen Stellen entdecken wir indes unberührte Buchten und erkunden wilde Naturparks.

Zwischen zwei gut besuchten Stränden in Calella, etwas nördlich von Barcelona, finden wir die als FKK-Strand ausgewiesene Cala de la Vinyeta (1). In Sant Pol de Mar kriechen wir durch einen Tunnel unter der Eisenbahn zur Platja de la Murtra (2), wo sich mehr Kormorane als Menschen sonnen. ▶

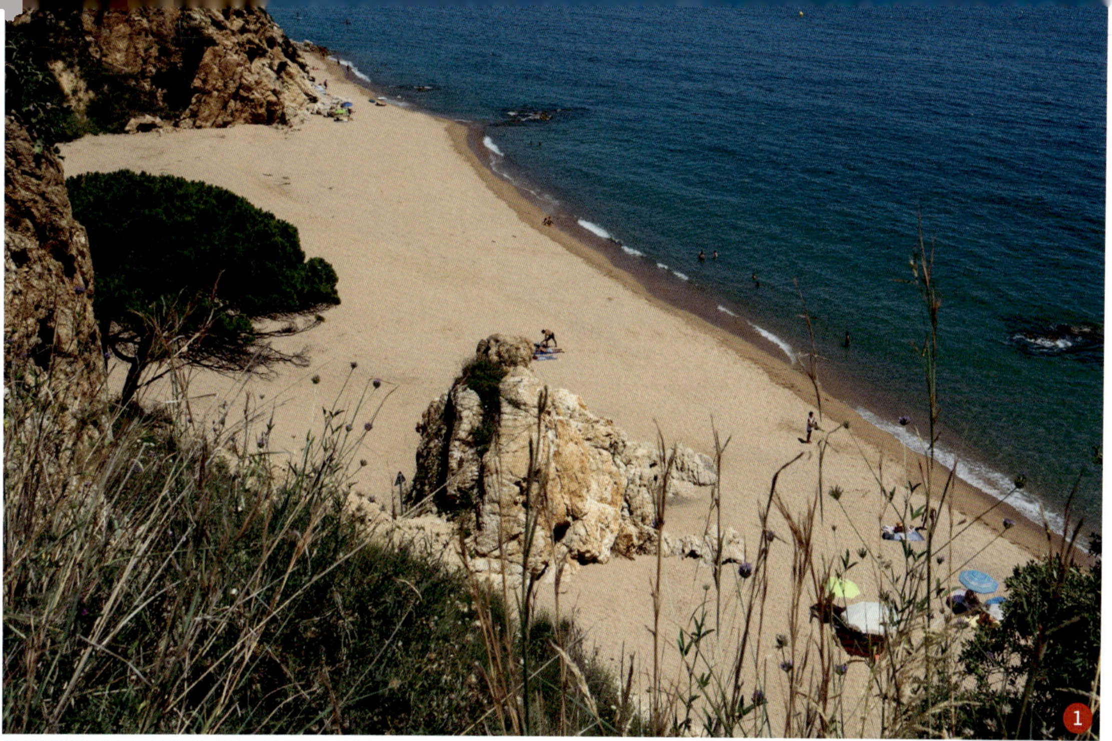

Von Calella bis Sitges

1 CALA NUDISTA DE LA VINYETA, CALELLA

Langer goldener Sandstrand. Nicht wirklich ein FKK-Strand – tragen Sie so viel oder so wenig, wie Sie wollen, aber das FKK-Label schreckt die Massen ab. Keine Gastronomie.

→ Von Barcelona auf die C-32, dann links auf die C-31D und N-II für 42 km, dann in Calella rechts Richtung Costa del Maresme und irgendwo parken. Weitere 120 m bergauf, bis rechts Stufen zum Strand führen. Oder vom Bahnhof Sant Pol de Mar 20 Min. zu Fuß. (Linie R1 von Barcelona). Parken 41.6055, 2.6399

Leicht 5 Min. 41.6060, 2.6418

2 PLATJA DE LA MURTRA, SANT POL DE MAR

Der ruhige *Myrtenstrand* ist von der Straße, der Eisenbahnlinie und dem FKK-Strand rechts nicht zu sehen. Camping El Vedado (campingelvedado.com): bezaubernder Campingplatz in den Bergen des Parc Serralada de Marina, nördlich von Barcelona. Perfekt für kühle Nächte.

→ Von Barcelona auf der N-II für 32 km Richtung Sant Pol de Mar bis zu einer Parkbucht links. Zu Fuß 80 m Richtung Norden, die Stufen zur U-Bahn unter der Straße hinunter und unter den Gleisen hindurch zum Strand. Oder vom Bahnhof Sant Pol de Mar 18 Min. zu Fuß (Linie R1 von Barcelona). Parken 41.5959, 2.6095

Mittel 6 Min. 41.5963, 2.6121

3 PLATJA LA CALETA, SITGES

Diskrete, urbane Lage. Der Name bedeutet *Kleine Bucht*. Bar La Era, 48 Ctra. de les Costes, Sitges: leckere Tageskarte.

→ Vom Parkplatz in der Nähe der Platja de la Marina d'Aiguadolç im Osten von Sitges dem Weg Richtung Osten 200 m folgen, bis man rechts den Strand sieht. Oder vom Bahnhof Sitges 25 Min. zu Fuß. Parken 41.2373, 1.8287

Mittel 10 Min. 41.2365, 1.8302

4 PUNTA GAVINA, SITGES

Cooler Spot, an dem Lola sich den einheimischen Jugendlichen angeschlossen hat und von den Felsen ins Meer gesprungen ist.

→ Von der Platja la Caleta (3) schwimmen oder per Kajak/SUP.

Mittel 5 Min. 41.2360, 1.8314

5 PLATJA DE L'HOME MORT & PLATJA DE ROSÉS, SITGES

Sehr entspannte FKK-Strände unter der Bahnlinie von Barcelona nach Perpignan. Rechts vom Strand führen Stufen zu den Gleisen, von wo man zur Playa del Muerto gelangt, seit den 1930ern der erste schwule FKK-Strand. Xingay Beach Bar.

→ Von Sitges auf dem Passeig de Vilanova 1,5 km Richtung Westen, beim Kreisverkehr die dritte Ausfahrt auf den Passeig Riera de la Ribes, nach 400 m weiter auf die Av. Camí de Miralpeix und nach 1,9 km am Carrer Baluard parken. Zu Fuß Richtung Westen, an den Metallketten vorbei, links auf den Weg, beim nächsten Schild rechts, bei der Bahnlinie wieder rechts und dem schmalen Weg bergab folgen. Links führt ein Tunnel unter der Bahnlinie zur Platja de l'Home Mort. Nach links über die Landspitze geht es zur Platja de Rosés.
Parken 41.2257, 1.7696

Mittel 15 Min. 41.2208, 1.7665

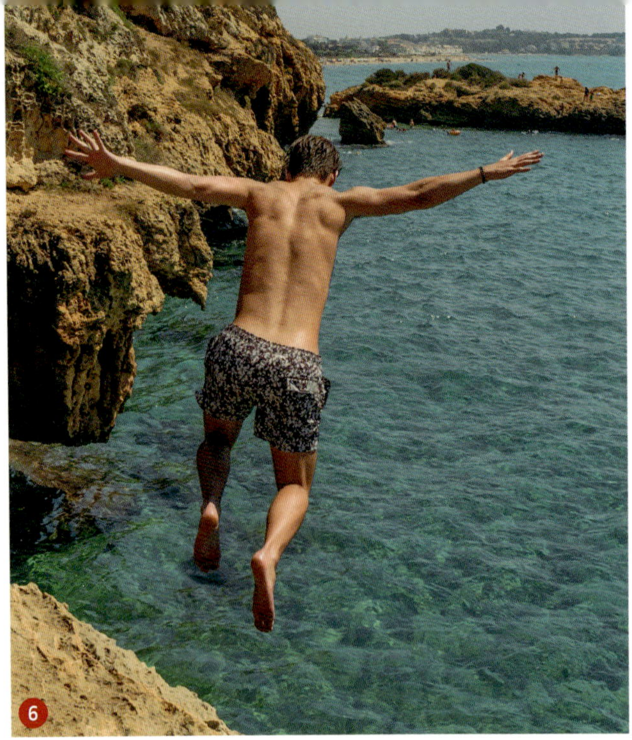

6

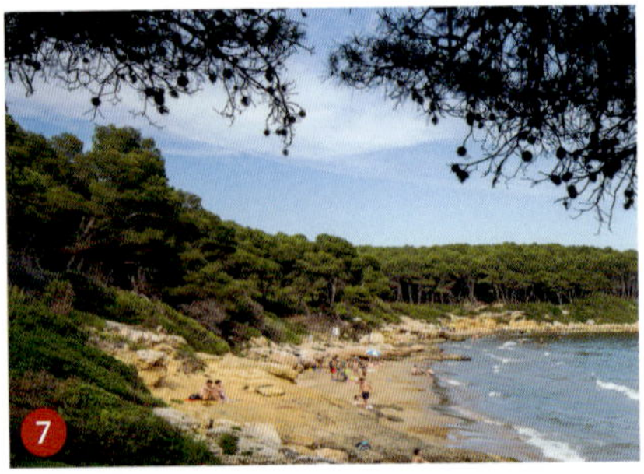

7

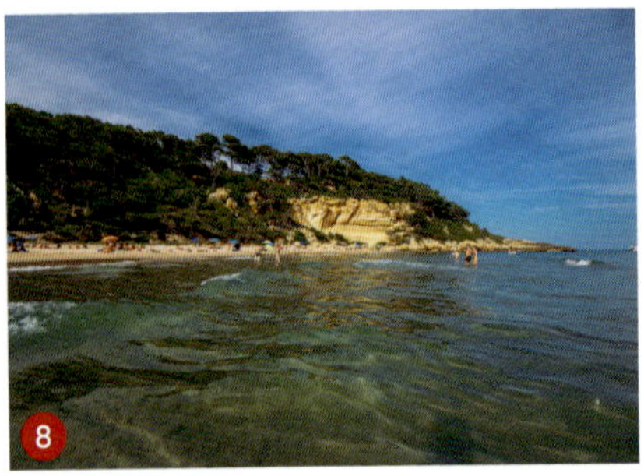

8

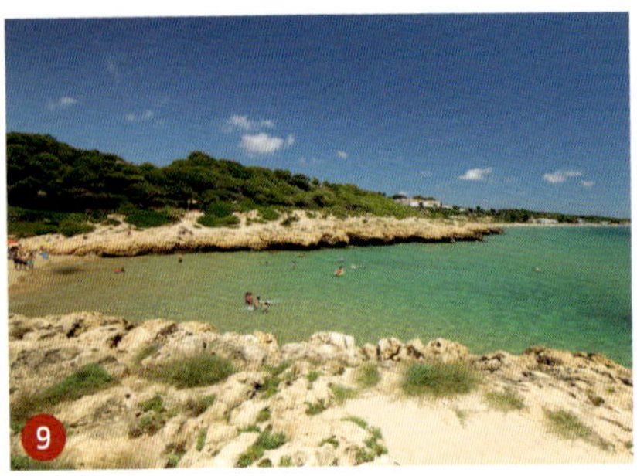

9

In Barcelona, Hauptstadt Kataloniens und wichtiger Hafen, sieht man noch Überreste der römischen Besiedlung, darunter die Porta Praetoria an der Plaça Nova und ein beeindruckendes gotisches Viertel. Doch die bekanntesten Wahrzeichen wurden erst nach der Weltausstellung 1888 gebaut, darunter auch Gaudis „modernistische" Bauten und die Kathedrale La Sagrada Familia, die bis heute unvollendet ist. Künstlerisch war die Hauptstadt Kataloniens über ein Jahrhundert Vorreiter des modernistischen Gedankens, und zahlreiche Galerien widmen sich der modernen und zeitgenössischen Kunst.

Seit dem ausgehenden 19. Jahrhundert zieht es Bohemiens und Freidenker nach Sitges, und sogar unter Francos repressivem Regime blühte hier die Gegenkultur. Heute ist Sitges die wohl schwulste Stadt des Mittelmeers. Am Stadtrand schlendern wir durch schattige Wälder mit Pinien, Eichen und Mastixsträuchern zu zwei herrlichen Sandbuchten im Naturschutzgebiet Costes de Garraf. Sowohl am unheimlichen *Strand des toten Mannes* (5) als auch an der romantischer benannten Platja de Rosés (5) ist Bekleidung optional. In der nächsten Bucht – Playa del Muerto – weht stolz die Regenbogenflagge, und ein Schild erklärt sie zum ersten schwulen FKK-Strand der Welt. Inzwischen ist die Bucht bekannter als Xingay Beach, und es gibt eine Bar. ▶

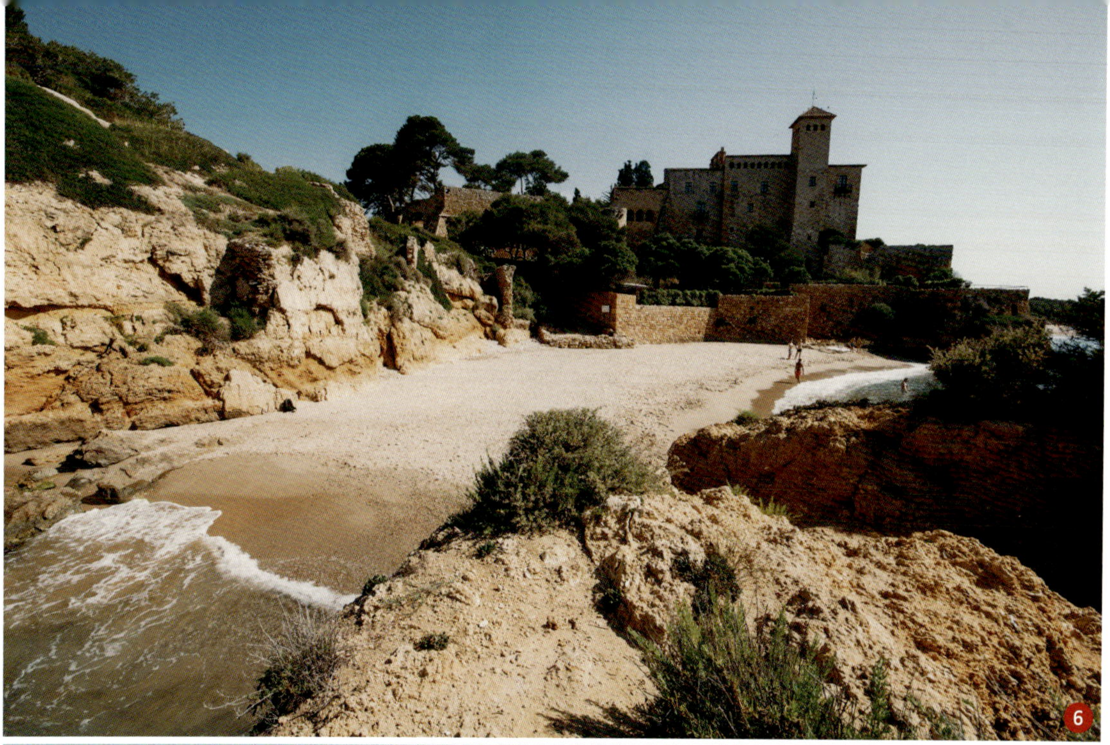

6

Tarragona

6 CALA JOVERA (TAMARIT)

Goldene Sandbucht mit zwei Seiten unterhalb vom Castell de Tamarit, einer romantischen mittelalterlichen Burg. Stilles, warmes, flaches Wasser, perfekt für Familien. Große, ausgehöhlte Felsen zum Erkunden und Springen, und Gefahrensucher können 50 m nach rechts schwimmen und dort von den Klippen springen – aber bitte nur, wenn ein Einheimischer es vormacht. Da es (außer Behindertenparkplätzen) keine Parkplätze in der Nähe gibt, ist wenig los.

➔ An der Platja de la Mora, östlich von Tarragona, zum linken Strandende gehen und dem Weg zum Carrer A folgen, dann 1,2 km auf dem Küstenwanderweg GR92 bis zum Strand. Parken 41.1288, 1.3458 (Behindertenparkplatz 41.1308, 1.3606)

Mittel 20 Min. 41.1295, 1.3606

7 CALA DE LA ROCA PLANA

Eine Reihe kleiner Sandbuchten, versteckt am Ende eines Pinienwaldwegs. Links FKK, rechts Textil.

➔ Vom A-7/N-340-Kreisverkehr nördlich von La Mora auf der N-340 für 1 km Richtung Südwesten und irgendwo links parken. Durch den Tunnel unter der Eisenbahn, den Asphaltweg entlang und nach 500 m beim gelben Schild rechts, am Metallzaun vorbei. Auf dem Waldweg 1,5 km Richtung Südwesten und zum Strand hinunter. Parken 41.1363, 1.3384

Mittel 25 Min. 41.1285, 1.3363

8 CALA FONDA (ODER WAIKIKI BEACH)

Herrliche goldene Sandbucht, die man über einen längeren Spaziergang durch einen schönen naturgeschützten Pinienwald erreicht. Beeindruckende Klippen zu beiden Seiten des Strands, die aus versteinerten Dünen entstanden sind. FKK optional.

➔ Wegbeschreibung siehe Cala de la Roca Plana (7), aber auf dem Küstenwanderweg GR92 (rot-weiße Markierungen an Felsen und Bäumen) weiter Richtung Westen. Wenn man die Klippen oberhalb vom Strand erreicht, Dreiviertel herumgehen bis zu einem Weg, der (mit Kletterpassagen) hinunterführt.

Mittel 30 Min. 41.1290, 1.3285

9 CALA ROMANA

Die *Römische Bucht* bietet feinen Sand und flaches Wasser zwischen Mastixsträuchern und Pinien, an denen man im Schatten seine Hängematte befestigen kann. Der Strand ist von niedrigen Felsen umschlossen mit muffinartigen Überhängen. Im Sommer und an Wochenenden beliebt bei spanischen Familien. Schöner Spaziergang über die Landspitze rechts zur Platja Naturista de la Savinosa. (mams-cafe.negocio.site): Entfliehen Sie der Mittagshitze! Tolle Bar mit kühlen Drinks und Snacks in den Bergen am Stadtrand von Tarragona.

➔ Vom Kreisverkehr nördlich von La Mora auf der Via Augusta/N-340 Richtung Osten und beim dritten Kreisverkehr die dritte Ausfahrt nehmen. Weitere 1,1 km auf der Via Augusta/N-340 bleiben, dann rechts auf die Ctra. Platja Llarga und irgendwo parken. Durch die Pinien zum Strand. Parken 41.1254, 1.2900

Leicht 5 Min. 41.1252, 1.2907

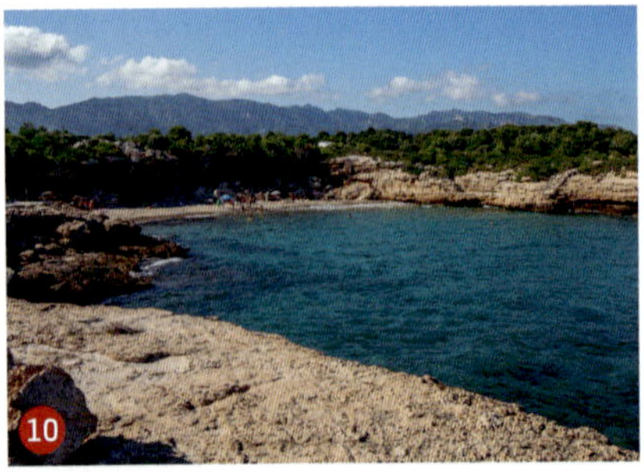

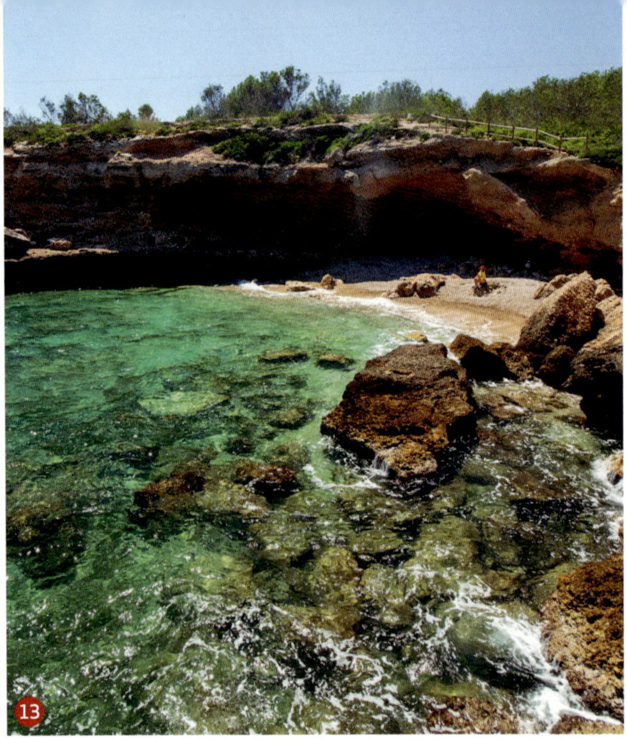

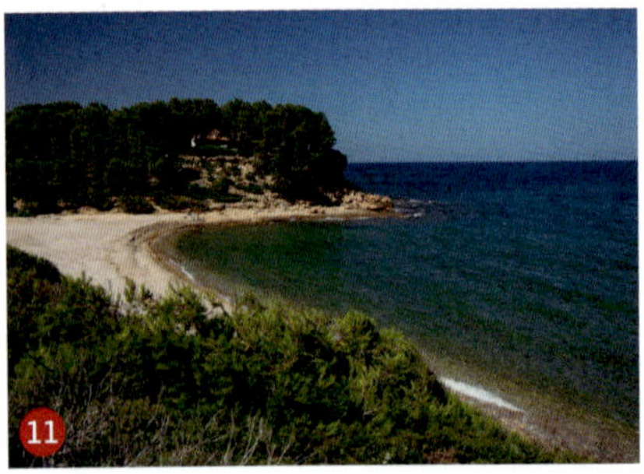

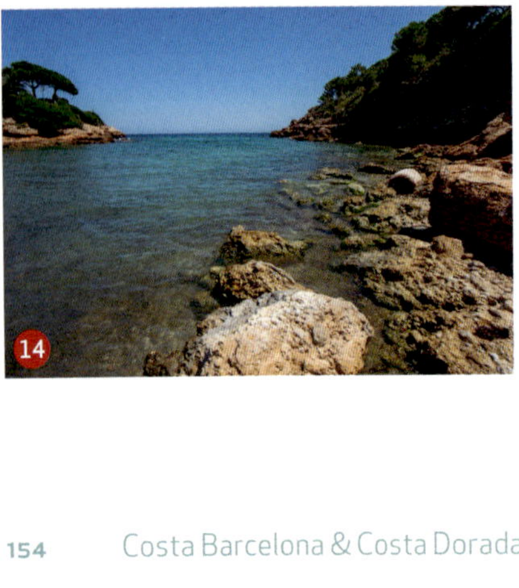

Die Costa Dorada (Goldküste) ist nach ihren 300 Sonnentagen pro Jahr und den leuchtenden Sandstränden benannt. Unser erster Halt ist Castell de Tamarit, wo romanische Burgtürme aus dem 12. Jahrhundert über der Cala Jovera (6) aufragen. Hier ist durch Erosion ein zweiseitiger Strand entstanden, und eine kleine Insel wartet darauf, von Alt und Jung erkundet zu werden. Wir schwimmen um die Landspitze, um uns den Gefahrensuchern anzuschließen, die von den Felsen ins Mittelmeer springen. Versteckt zwischen Tamarit und Tarragona liegt das Naturschutzgebiet Bosc de la Marquesa, und die idyllischen Strände, die an den Pinienwald grenzen, sind so, dass die Bucht in Waikiki Beach (8) umgetauft wurde. Die Wanderung durch den Wald ist lang, aber schön schattig, und die Wege von weiß blühenden Myrtensträuchern gesäumt. Tarragona ist ein kleiner Hafen mit großer Vergangenheit. Die wichtigste römische Siedlung in Spanien wurde 218 v. Chr. zunächst als Militärlager gegründet und Tarraco genannt. Zu den historischen Überresten gehören ein Amphitheater aus dem 2. Jahrhundert, ein römisches Mausoleum und ein römisches Forum sowie eine mittelalterliche, ummauerte Stadt. Zu den moderneren Freuden gehören die Tarraco Arena, ein Dschungelwanderweg und ein Wasserpark. ▶

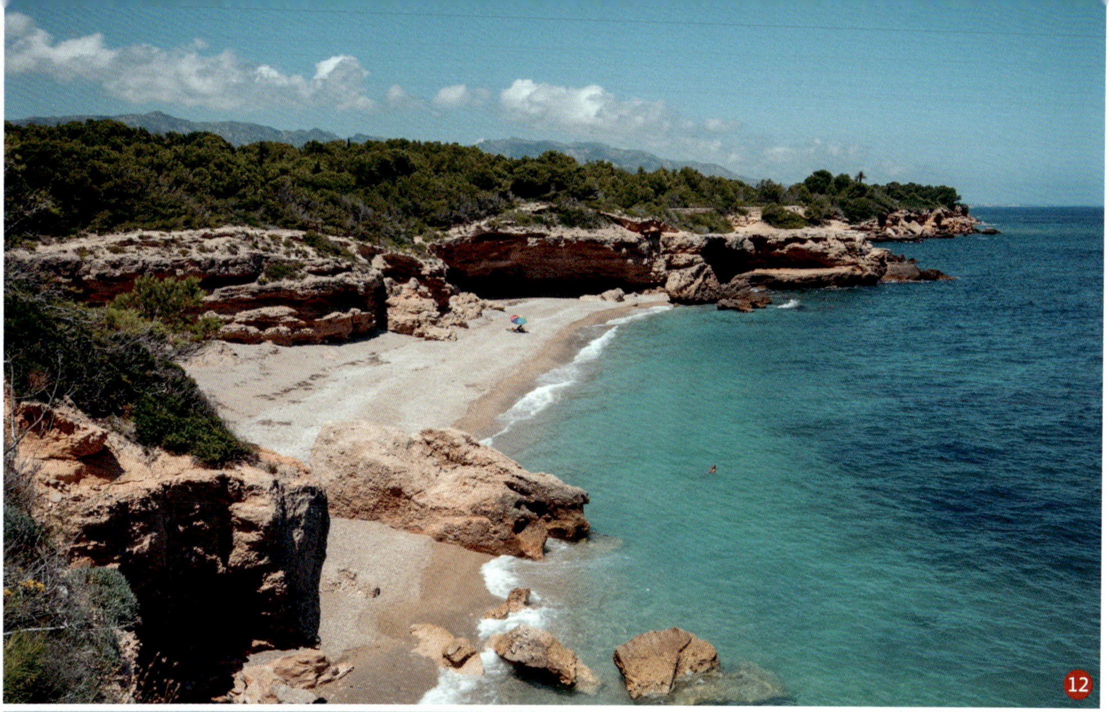

L'Ametlla de Mar 1

10 CALA VIDRE

Familienstrand. Die mit Aleppo-Pinien, Rosmarin und Portugiesischen Krähenbeeren bewachsenen Uferklippen spenden in der Nachmittagssonne Schatten. Duschen, aber sonst keinerlei Annehmlichkeiten. Kann im Sommer und an den Wochenenden voll werden. Wenn man rechts um die Landspitze herumgeht, gelangt man zu einer kleineren Bucht mit einem Gezeitentümpel, der Kinderherzen höher schlagen lässt
Camping Miramar (camping-miramar.es): schicker Campingplatz am Strand mit Retro-Wohnwagen in Pastellfarben, einem ausgezeichneten Restaurant und regelmäßiger Animation.

→ Von Sant Jordi d'Alfama Richtung Südwesten auf der Urb. San Jorge S Casti, die 700 m parallel zur Bahnlinie verläuft, dann links, um auf der Urb. San Jorge S Casti zu bleiben, wieder links auf den Carrer Sta. María und rechts parken. Zu Fuß 110 m weiter bis zum Weg zum Strand.
Parken 40.9107, 0.8292

Leicht 3 Min. 40.9108, 0.8297

11 PLATJA TORRENT DEL PI

Friedlicher, halbrunder Kieselstrand am Wanderweg GR92 mit ruhiger See – ideal für Schwimmer aller Levels. In den umliegenden Pinienwäldern gibt es eine naturgeschützte Lagune, wo man Eisvögel, Sumpfschildkröten und Aale beobachten kann. Korallenmöwen und Seidenreiher nisten hier.

→ Von L'Ametlla de Mar auf dem Camí Cementiri 350 m Richtung Nordwesten, weiter auf den Raval Sup Sector H, nach 450 m auf die Av. del Mig, nach weiteren 1,4 km rechts auf den Barranco Torrent del Pi. Nach 200 m irgendwo parken und zu Fuß weiter zum Strand.
Parken 40.9004, 0.8213

Leicht 1 Min. 40.8998, 0.8223

12 CALA XELIN

Weiter Strand mit grobem Sand zwischen Aleppo-Kiefern und Mastixsträuchern mit großen Felsen zum Springen zu beiden Seiten. Links bieten ein paar Klippen Schatten.

→ Von L'Ametlla de Mar auf dem Camí Cementiri Richtung Nordosten, weiter auf dem Raval Sup Sector H, dann auf die Av. del Mig und nach 1,3 km rechts Richtung *Platja Xelin*. Nach 460 m links auf den Parkplatz und über einen steilen Weg zum Strand. Oder vom Bahnhof L'Ametlla de Mar 30 Min. zu Fuß.
Parken 40.8955, 0.8169

Leicht 3 Min. 40.8952, 0.8179

13 NO NAME

Gemütliche Kieselbucht mit überhängenden Felsen, die Schatten spenden.

→ Wegbeschreibung siehe Cala Xelin (12), links auf den Küstenweg GR92 und vom Parkplatz 250 m um die Landspitze, dann auf der linken Seite der Bucht über die Felsen hinunterklettern.

Mittel 15 Min. 40.8965, 0.8194

14 PLATJA DE L'ESTANY TORT

Tiefer Sandstrand vor Pinienwäldern, zu beiden Seiten geschützt von felsigen Landspitzen. Abgeschiedene Bucht am Stadtrand, herrlich zum Schwimmen und Schnorcheln.

→ Wegbeschreibung siehe Cala Xelin (12), aber vom Parkplatz zum ersten Haus (rechts). Links vom Haus die Lücke in der Mauer suchen und dem Weg um die Landspitze folgen. Nach 350 m links über die Stufen zum Strand. Oder vom Bahnhof L'Ametlla de Mar 40 Min. zu Fuß.

Leicht 5 Min. 40.8935, 0.8161

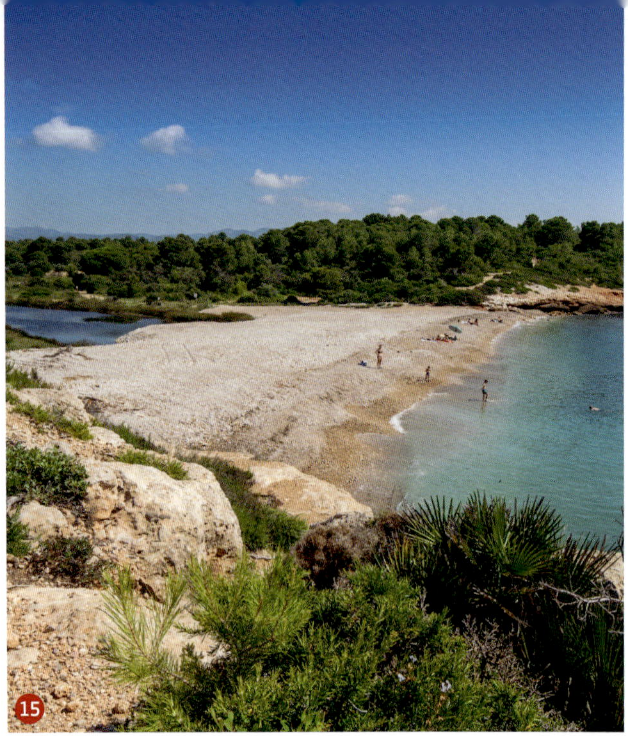

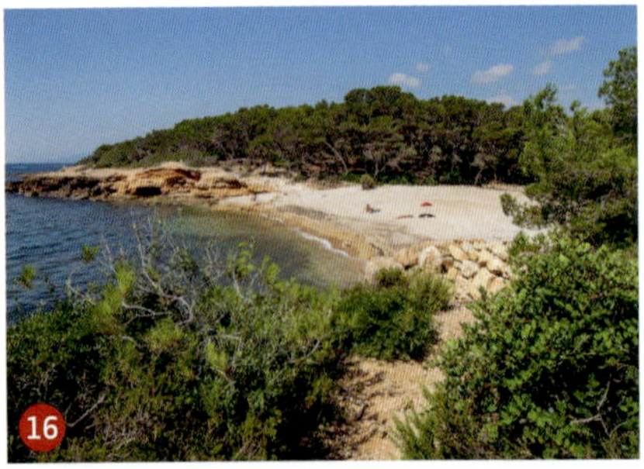

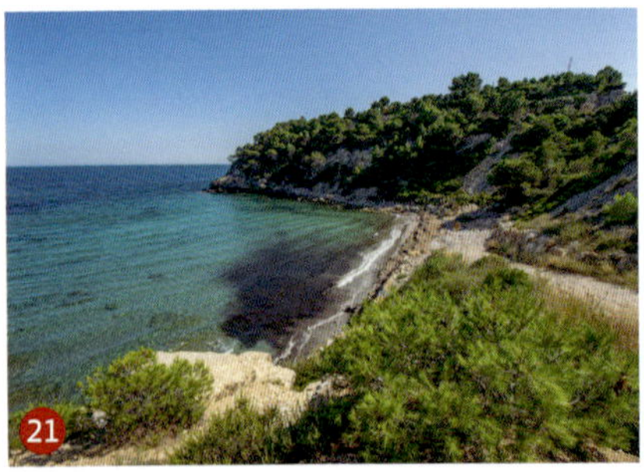

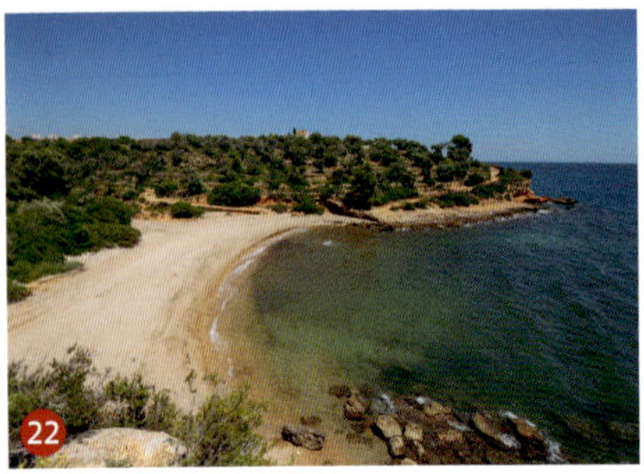

Eine Fülle einsamer, unberührter *calas* (Buchten) umgeben das weiße Fischerdorf La Ametlla de Mar – so viele, dass die Dorfbewohner auch *caleros* genannt werden. Dunkelgrüne Wälder mit Aleppo-Kiefern, Oliven- und Mandelhaine zieren die Klippen, die über kristallklarem Wasser aufragen. Dieser Küstenabschnitt ist ein Paradies für Schnorchler und von der spanischen Umweltschutzorganisation Ecologistas en Acción mit sieben grünen Fahnen ausgezeichnet worden.

Vom Aussichtspunkt an der Platja de la Llenya (17) aus beobachten wir eine Dame fortgeschrittenen Alters, die um die Landspitze herum schwimmt. Bei ihrer Rückkehr zum Strand fangen wir sie ab. In ihrem strahlenden Lächeln liegt unverkennbarer Stolz: „Ich bin bis zur nächsten Bucht und zurück geschwommen", keucht sie lachend. Wir folgen ihrem Beispiel und schwimmen in die benachbarte Cala Santes Creus (15), wo wir eine Lagune vorfinden sowie ein paar versteckte Buchten. Weiter südlich erreicht man die charmante Platja de L'Àliga (20) über den Mittelmeer-Wanderweg GR92. Wir verbringen die goldenen Stunde des Abends an der Goldküste, schwimmen im tiefen, klaren türkisblauen Wasser und erkunden eine kuriose gelbe versteinerte Insel. Unser letztes Ziel an der Costa Dorada ist das Delta de l'Ebre, eines der größten

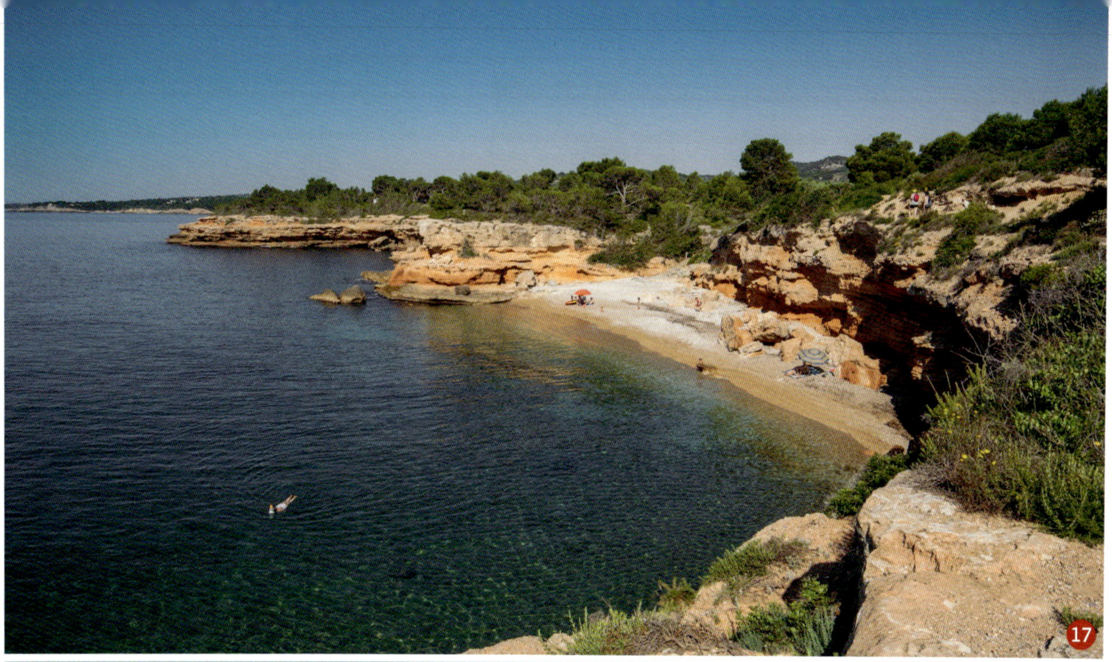

Von L'Ametlla de Mar 2 bis L'Ampolla

15 CALA SANTES CREUS

***Heiliges Kreuz*. Kieselstrand und kleine Lagune. Man kann von hier zur Platja de la Llenya (17) schwimmen oder über die Landspitze zu Fuß gehen. Camping Ametlla (campingametlla.com): familienfreundlicher Campingplatz, großer Pool mit Blick auf den Strand.**

→ Von Roques Daurades 1 km an den Gleisen entlang Richtung Südwesten, links auf die unbeschilderte Straße und nach 500 m links parken. Dem Weg 140 m zum Meer folgen, dann rechts auf den GR92 (450 m). Parken 40.8648, 0.7848

Leicht 5 Min. 40.8618, 0.7817

16 PLATJA PORT OLIVET

Sand- und Kieselstrand zwischen grünen Aleppo-Kiefern und Zwergpalmen.

→ Wegbeschreibung siehe Cala Santes Creus (15), dann links auf den GR92 (250m).

Leicht 5 Min. 40.8657, 0.7880

17 PLATJA DE LA LLENYA

Der *Feuerholzstrand* ist umgeben von rostroten Klippen mit Aleppo-Kiefern. Ideal zum Schnorcheln.

→ Von Roques Daurades 1,4 km die Gleise entlang Richtung Südwesten, dann links der Straße Richtung *Cala Llenya* folgen, nach 525 m parken. Stufen zum Strand. Alternativ: zu Fuß über die Landspitze oder von Cala Santes Creus (15) schwimmen. Parken 40.8611, 0.7801

Leicht 5 Min. 40.8606, 0.7804

18 CALA DE L'ÀLIGA

Die malerische *Adlerbucht* ist umgeben von Olivenbäumen, Pinien und Johannisbrotbäumen.

→ Von Perelló Mar über die Eisen-/Autobahnbrücke und 4,1 km Richtung Nordwesten, bei der Kreuzung rechts und nach 800 m rechts auf den Camí Corriol de la Punta dels Pins, über die Bahntrasse und nach 170 m links parken. Rechts vom Haus führt ein Weg auf den GR92 (rotweiße Markierungen auf Felsen und Bäumen). Stufen zum Strand. Parken 40.8492, 0.7581

Mittel 5 Min. 40.8477, 0.7586

19 ILLOT DE L'ÀLIGA

Die *Adlerinsel* ist ein von Bäumen gesäumter Felsen, der über eine der schönsten Buchten der Costa Dorada wacht. Wenn man auf dem GR92 weitergeht, gelangt man zur Platja de l'Àliga (20).

→ Wegbeschreibung siehe Cala de l'Àliga (18), aber auf dem GR92 bleiben und nach 500 m die Furche hinunter zum Strand klettern.

Mittel 15 Min. 40.8473, 0.7560

20 PLATJA DE L'ÀLIGA

Der flache, steinige *Adlerstrand* liegt in einer herrlich natürlichen Umgebung. Kann im Sommer voll werden.

→ Von Perelló Mar Richtung Nordwesten über die Eisenbahn- und Autobahnbrücke und nach 3,4 km in der Nähe des Tunnels parken, der zum Strand führt. Oder von Perelló Mar auf dem GR92 für 2 km Richtung Nordosten. Parken 40.8469, 0.7499

Leicht 2 Min. 40.8460, 0.7517

21 PLATJA DE CALA MOROS, PERELLÓ MAR

***Maurenbucht*. Geschützter Sandstrand.**

→ Von Platja de l'Àliga (20) 350 m auf dem GR92 nach links

Leicht 5 Min. 40.8432, 0.7487

22 CALA MARÍA, L'AMPOLLA

Von der *Marienbucht* hat man einen herrlichen Blick auf das Delta de l'Ebre und den Leuchtturm Far del Fangar.

→ In L'Ampolla in der Nähe der Platja del Baconé parken, dem Küstenweg GR92 für 300 m Richtung Osten folgen bis zum Strand.

Leicht 10 Min. 40.8173, 0.7249

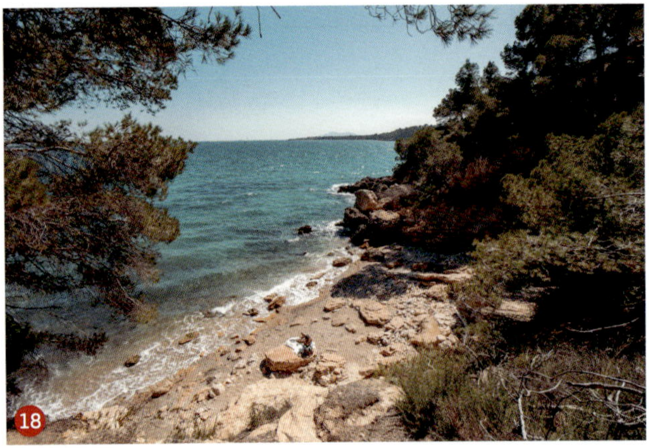
18

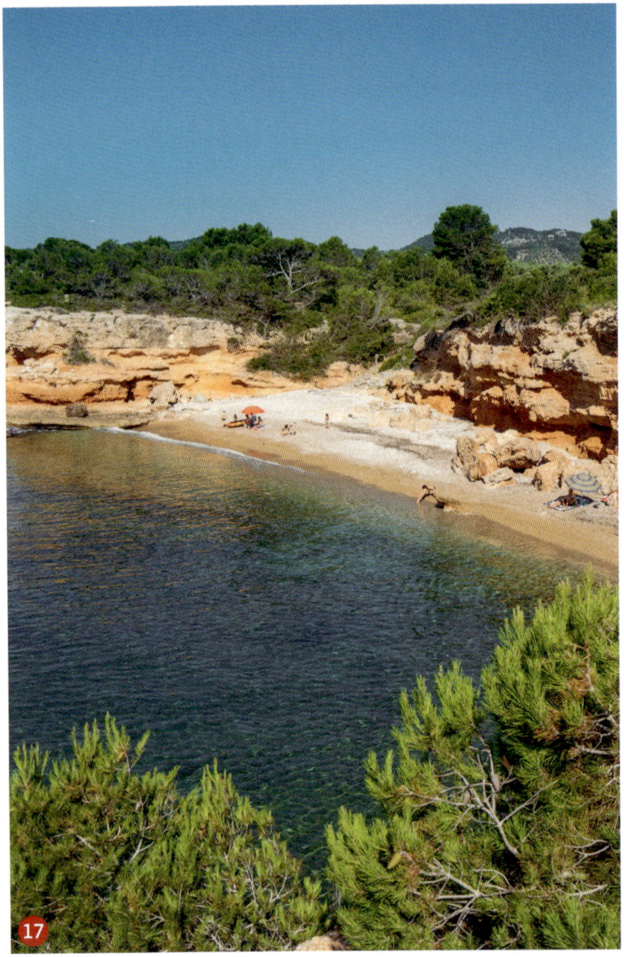
17

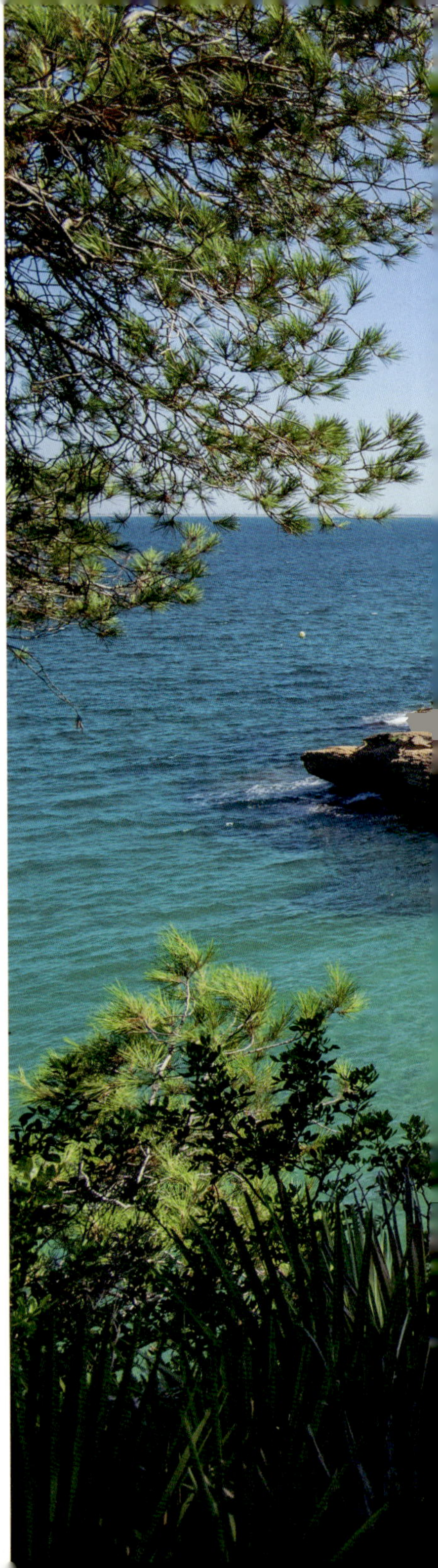

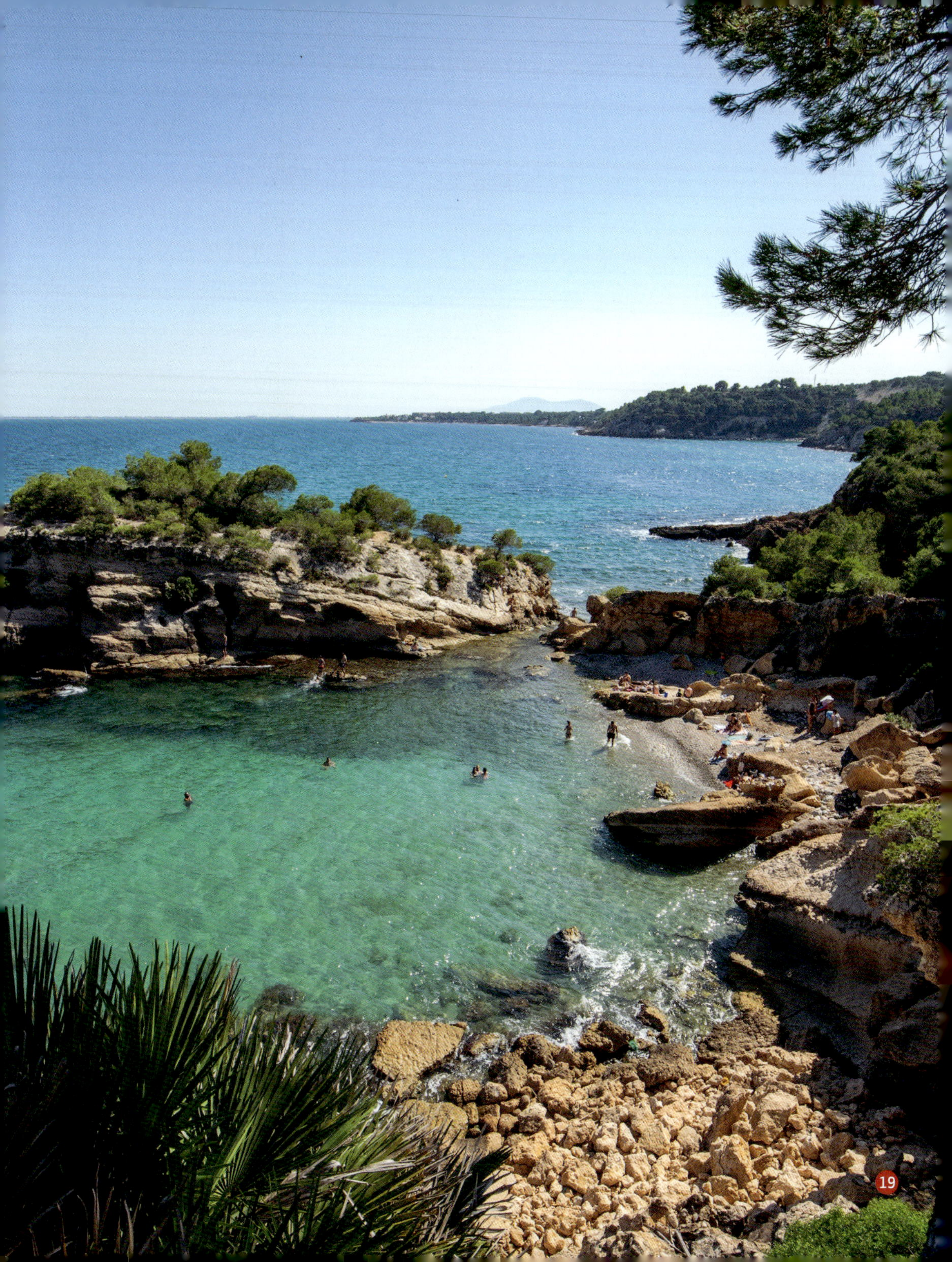

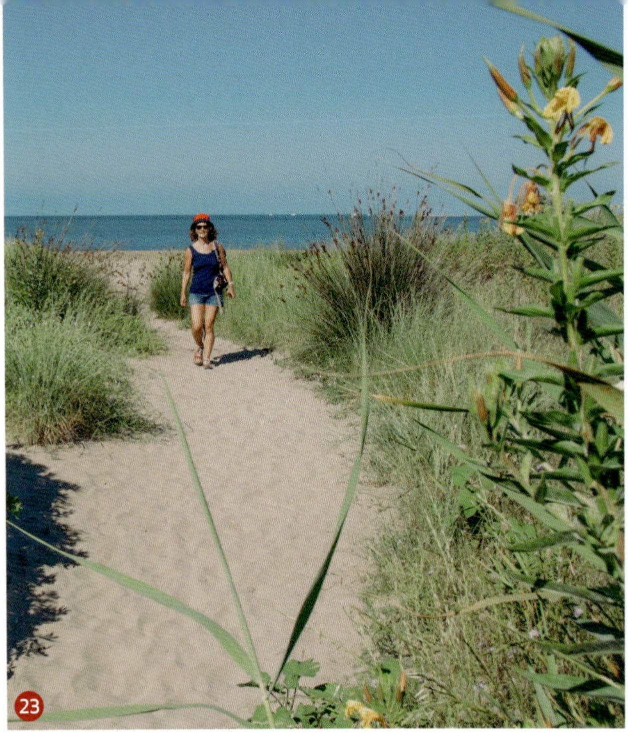

23

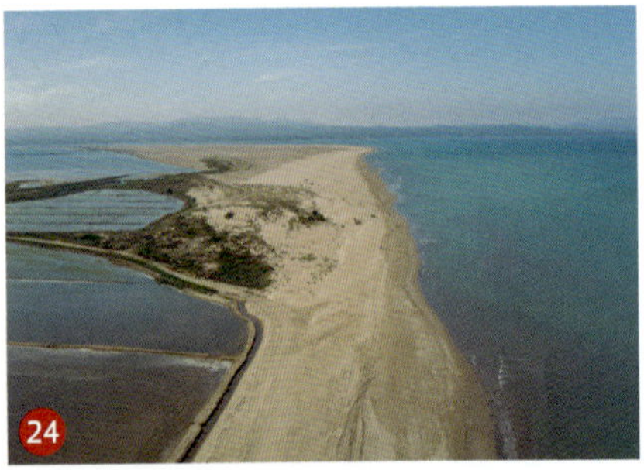

24

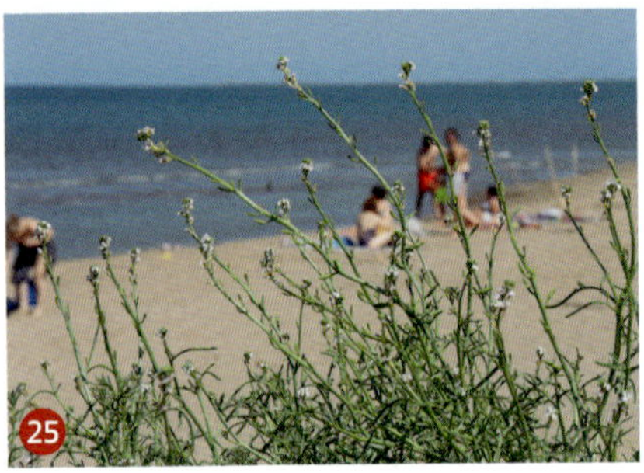

25

Feuchtgebiete Europas und Heimat von über 300 Vogelarten. Das Delta lockt Vogelbeobachter und Naturliebhaber aus aller Welt, und wir lieben die weiten, unberührten Strände. Man muss diese Gegend Spaniens wirklich mit eigenen Augen gesehen haben! Die Flamingokolonie, die bei Sonnenuntergang über das Delta fliegt, ist ein würdiger Abschluss unserer Reise durch Katalonien.

El cel ben serà
torna el mar més blau,
d'un blau que enamora
al migdia clar:
entre els pins me'l miro...

Der Himmel tut gut daran,
das Meer noch blauer zu machen,
Ein Blau, das sich verliebt
zur klaren Mittagsstunde:
Zwischen den Pinien betrachte ich es ...

Aus *Vistes al Mar* (Meeresansichten),
Joan Maragall i Gorina (1860–1911)

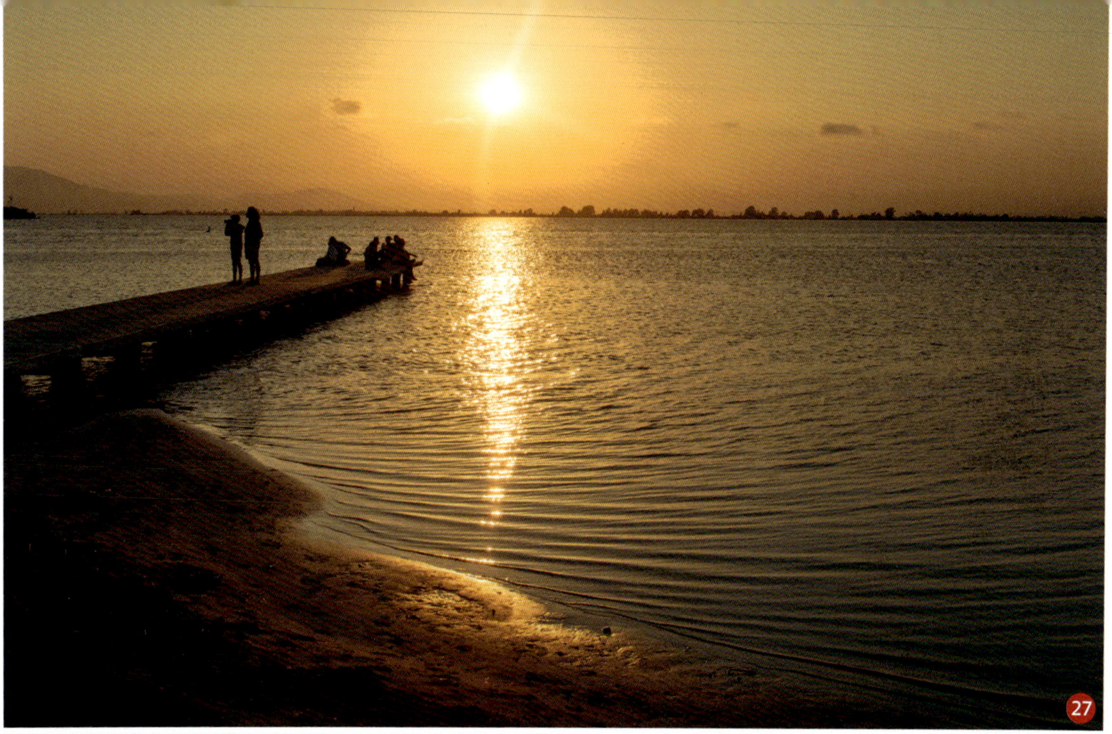

Parc Natural del Delta de L'Ebre

Im Hinterland des Naturparks gibt es große Reisfelder, und die naturgeschützten Feuchtgebiete und Strände bieten einen wichtigen Lebensraum für eine Vielzahl an Vögeln, darunter auch Flamingos, Wasserhühner, Reiher, Rohrdommeln, Ibisse und Möwen. Schön zum Radfahren und Reiten.

23 PLATJA LO GOLERÓ

Der flache sandige *Geierstrand* ist umgeben von hohen Gräsern, Nachtkerzen, Stechender Binse und Schilf. Beliebt bei einheimischen Familien.

➔ Von Deltebre am Río Ebro auf der TV-3401 für 7,5 km Richtung Norden, dann beim rot-weißen Haus rechts. Nach 350 m links halten, nach weiteren 500 m rechts und beim Strand parken. Rechts am Strand entlang. Parken 40.7919, 0.7040

Leicht 2 Min. 40.7864, 0.7093

24 PLATJA DEL FANGAR

Die Halbinsel Fangar bietet 7 km ultrafeinen goldenen Sand und eignet sich fantastisch zum Schwimmen. Man muss vom Restaurant nur wenige hundert Meter gehen, um die Zivilisation hinter sich zu lassen. 4 km weiter gelangt man zum klassischen rot-weißen Leuchtturm Faro del Fangar. La Fartanera: preiswertes, schmackhaftes Essen und nette Besitzer in Deltebre.

➔ Von Deltebre auf der TV-3451 für 4,4 km erst nach Norden, dann nach Osten, links Richtung *Platja de la Marquesa/ Far del Fangar*, dann nach 270 m rechts Richtung *Platja de la Marquesa* und weitere 360 m bis zum Parkplatz. Links am Strand entlang zur Platja del Fangar. Rechts liegt die besser besuchte Platja de la Marquesa. Parken 40.7620, 0.7976

Leicht 10 Min. 40.7677, 0.7918

25 PLATJA DE LA BASSA DE L'ARENA

Wilder Sandstrand vor Reisfeldern und Palmen. FKK optional.

➔ Wegbeschreibung siehe Platja del Fangar (24), aber rechts zur Platja de la Marquesa und weiter, bis es leerer wird.

Mittel 5 Min. 40.7483, 0.8119

26 PLATJA DE SERALLO

Weiter, flacher, goldener Sandstrand mit endlosen Meerfenchelfeldern. Der *Haremsstrand* ist als FKK-Strand ausgewiesen (die meisten Leute waren aber bekleidet, als wir dort waren). An einem der Sandwege parken, die zum Strand führen. Kein Schatten, aber sehr gut erreichbar.

➔ Von Sant Jaume d'Enveja auf der TV-3403/Carrer de Llevant für 3,3 km Richtung Osten, rechts Richtung *Platja de Serallo* und nach 3,7 km parken. Geradeaus zum Strand. Parken 40.6688, 0.8115

Leicht 5 Min. 40.6666, 0.8138

27 PLATJA DEL TRABUCADOR

Die 6 km lange, goldene Sandbank ist einer der wenigen Orte am Mittelmeer, wo man die Sonne über dem Wasser untergehen sehen kann. Halten Sie am Horizont Ausschau nach Flamingos. Deltaic (deltaic.eco): umweltbewusste Tourismusorganisation mit Ökoladen, Bar, Restaurant und 6 Apartments mit superbequemen Betten.

➔ Von Sant Jaume d'Enveja auf der TV-3404 für 2 km Richtung Süden, links auf die TV-3405 und nach 5,1 km rechts auf den Camí de Baladres. Nach weiteren 3,5 km links auf den Sendero de Playa und nach 1 km bei La Central del Kite parken. Parken 40.6290, 0.7418

Leicht 5 Min. 40.6119, 0.7277

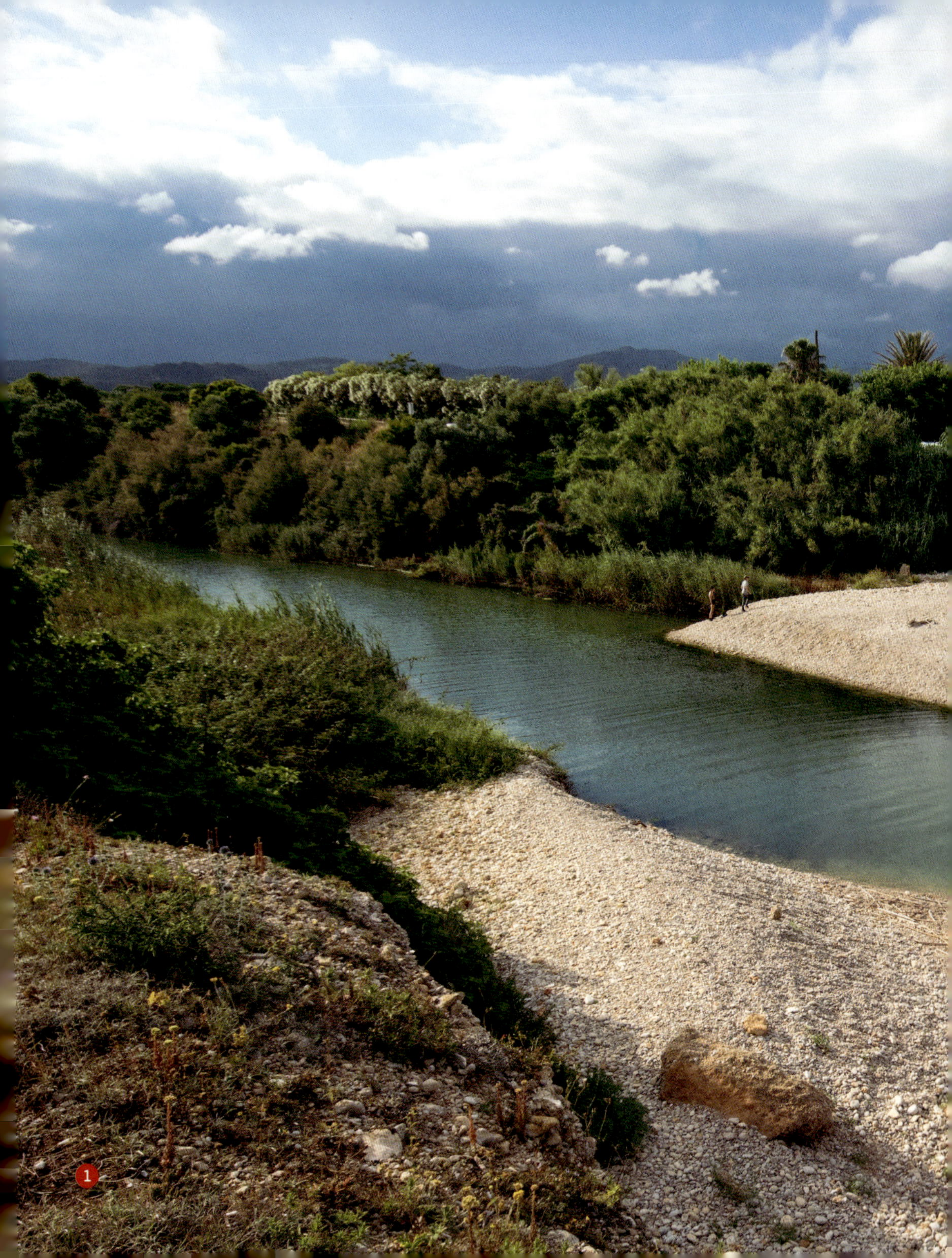
1

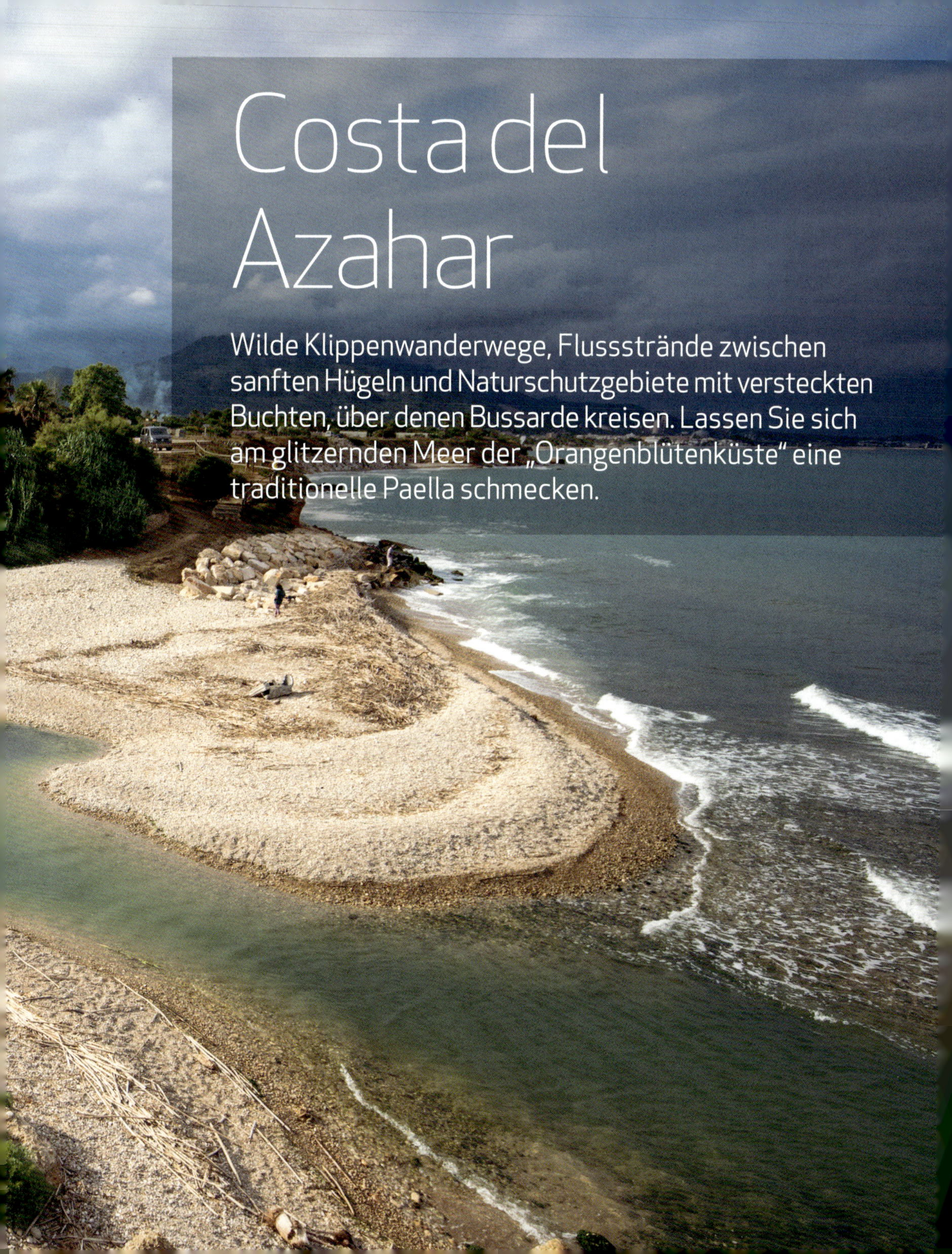

Costa del Azahar

Wilde Klippenwanderwege, Flussstrände zwischen sanften Hügeln und Naturschutzgebiete mit versteckten Buchten, über denen Bussarde kreisen. Lassen Sie sich am glitzernden Meer der „Orangenblütenküste" eine traditionelle Paella schmecken.

Highlights
Costa del Azahar

Unsere Lieblingsstrände:

1 Platja del Riu de la Sénia – herrlicher, mit Wildblumen übersäter Strand

4 Cala Puerto Negro – kleine Kieselbucht zwischen Zwergpalmen und Pinien

9 Platja d'Irta – wilde Bucht im Herzen des Naturparks

15 Platja de la Vía Verda – kleine Bucht zwischen roten Felsen an einer stillgelegten Bahnstrecke

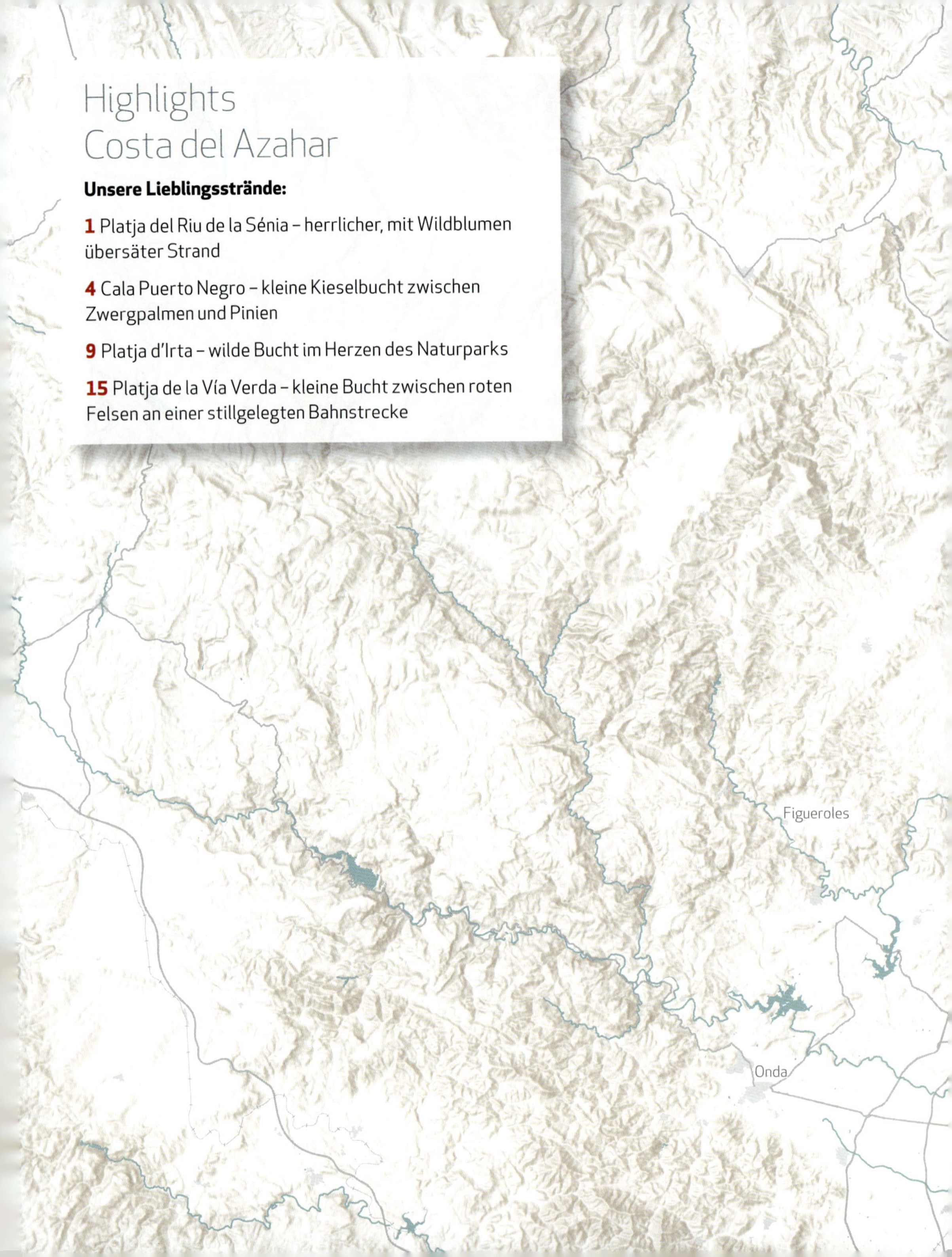

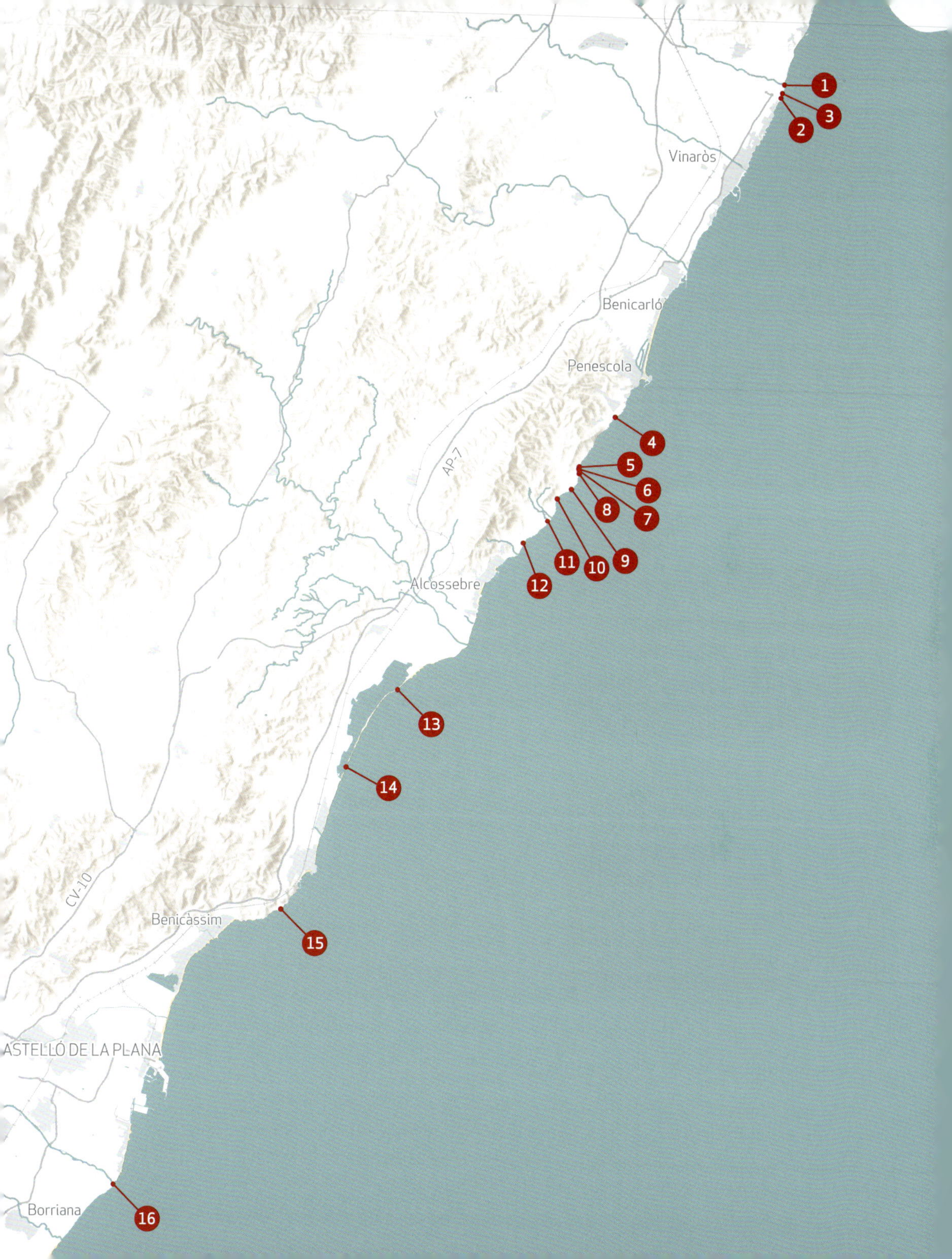

Vinaròs
Benicarló
Penescola
AP-7
Alcossebre
CV-10
Benicàssim
ASTELLÓ DE LA PLANA
Borriana
1
2
3
4
5
6
7
8
9
10
11
12
13
14
15
16

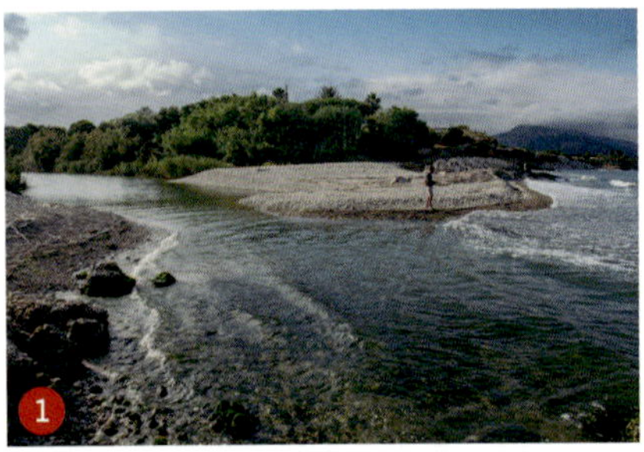

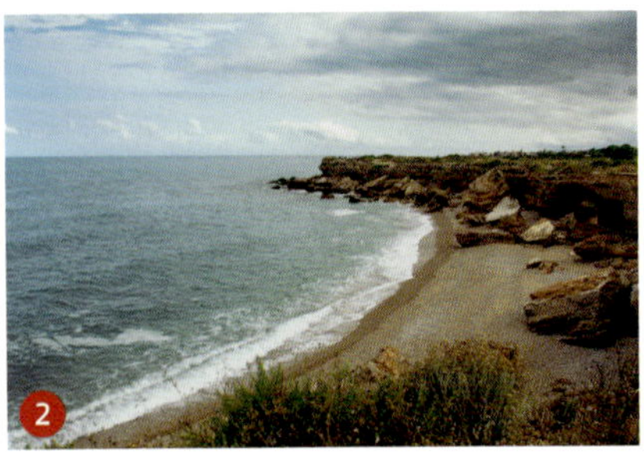

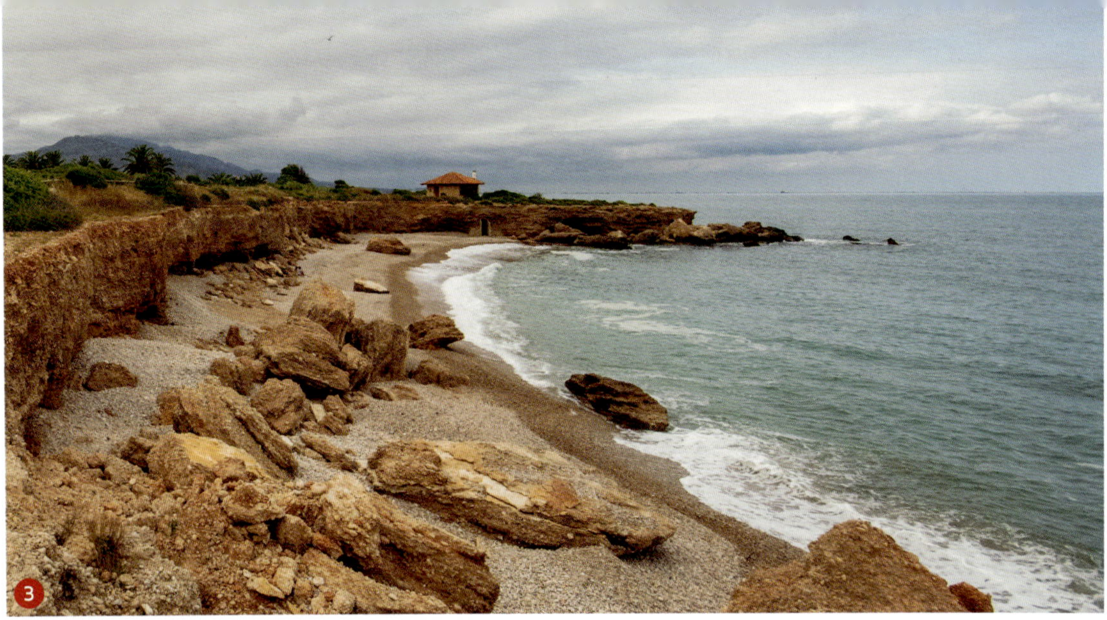

Azahar ist die Orangenblüte, für die diese Küste berühmt ist, und das strahlend weiße Licht, das vom Meer reflektiert wird, inspirierte die Gemälde des bekannten Künstlers Joaqím Sorolla, den seine Zeitgenossen Meister des Lichts nannten. Die Orangenbäume wurden im 10. Jahrhundert von maurischen Sultanen nach Valencia gebracht, die sie in ihre Palastgärten pflanzten, doch erst seit Ende des 18. Jahrhunderts wird die Frucht zum Export angebaut. Inzwischen ist sie ein Symbol für Spanien, und dunkelgrüne Orangenhaine überziehen die gesamte Region. _Agua de Valencia_, eine Mischung aus Sekt, frischem Orangensaft, Wodka und Gin heißt der berühmte Cocktail der Hauptstadt der Region.

Valencia, 138 v. Chr. von den Römern gegründet und *Valentia Edetanorum* getauft, ist die drittgrößte Metropole Spaniens. Mitte des 8. Jahrhunderts eroberten die Mauren die Stadt, führten ein Bewässerungssystem ein und brachten arroz (Reis) mit, die wichtigste Zutat der Paella – das Gericht, für das Valencia heute weltberühmt ist. Das arabische Wort für Reis ist *aruzz*, und paella bedeutet auf Valencianisch Bratpfanne. Ursprünglich war Paella ein Mittagsgericht für Bauern und Landarbeiter – alles, was da ist, mit Reis. Viele Restaurants servieren heute entweder *paella Valenciana* mit Huhn oder Kaninchen oder *paella Marisca* mit Meeresfrüchten. Man kann Reis-Touren zu den Feuchtgebieten in Albufera buchen, und in Cabanyal, einem Stadtviertel Valencias, gibt es das Museo del Arroz. Im *mercado central*, dem historischen Zentrum von Valencia, ▶

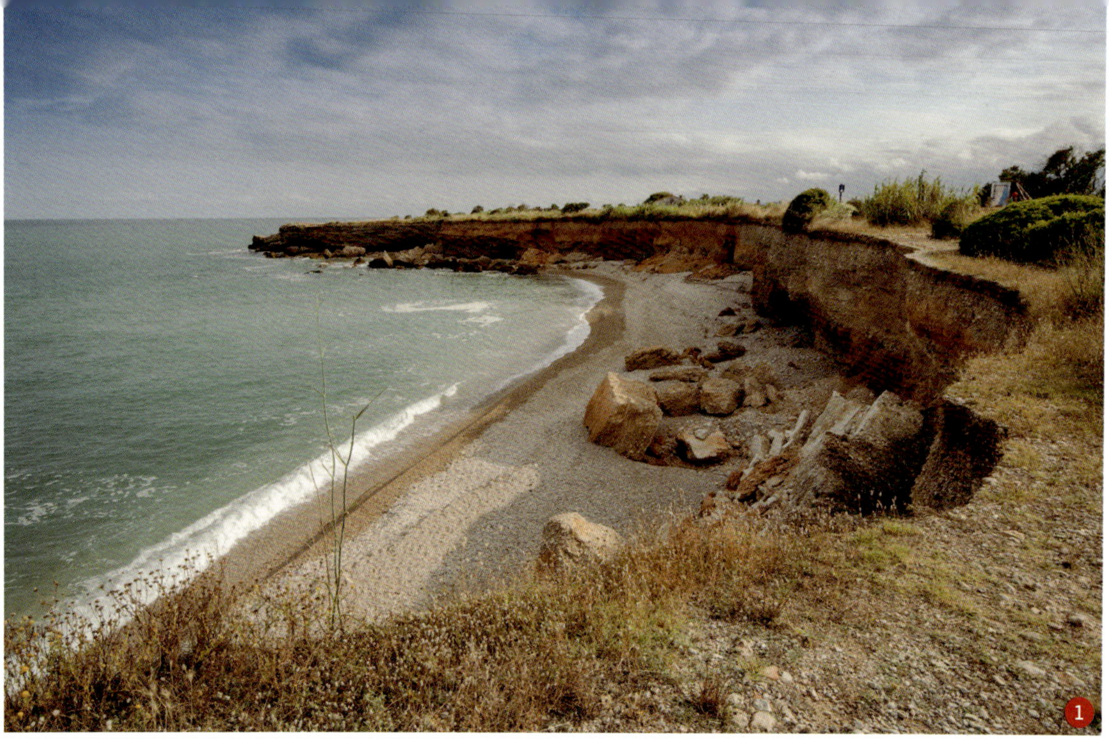

Jardí de Sòl de Riu, Vinaròs

Im Jardí de Sòl de Riu, einem Naturschutzgebiet an der Mündung des Riu Sénia – der Grenze zwischen Valencia und Katalonien – sind wir anderthalb friedliche Kilometer an unberührten Stränden mit wilder Flora entlangspaziert. Dort wachsen auch Agaven, die einst aus Amerika eingeführt wurden. Aus ihren faserigen Blättern werden Seile oder Matten hergestellt, aus ihrem Saft zu Alkohol und Sirup. Die Pflanzen blühen nur ein einziges Mal, und bis es so weit ist, vergehen 12 bis 30 Jahre. Hübsche gelbe Krähenfuß-Laugenblumen, weiß blühende wilde Möhren und flauschiges Samtgras wogen sanft in der Abendbrise.

1 PLATJA DEL RIU DE LA SÉNIA

An diesem herrlichen Kieselstrand an der Mündung des Riu Sénia haben Sie die Wahl zwischen einem Bad in Salz- oder Süßwasser. Je nach Wetterverhältnissen kann man manchmal zum gegenüberliegenden Ufer waten. Der Fluss bildet die Grenze zwischen Valencia und Katalonien. Durch die hohen Klippen wirkt die Bucht von oben unerreichbar, doch es gibt einen Weg um die Landspitze. Wildblumen, darunter auch „herzblättrige Mittagsblumen", säumen den Strand, und Zugvögel nisten im Delta stromaufwärts. Schön zum Angeln und fürs Familienpicknick.

➔ Von Vinaròs auf der N-340 für 6 km Richtung Nordosten, rechts auf die Partida el Camaril und nach 400 m oberhalb vom Strand rechts parken. Oder von der Cala de Sòl de Riu (2) zu Fuß 1,25 km über den Küstenweg. Am Fluss links, dem Weg folgen bis zum Schild *Riu Sénia* (rechts) und über die Stufen zum Strand. Um die Landspitze herum zum Hauptstrand der Platja del Riu de la Sénia.
Parken 40.5234, 0.5144

Leicht 3 Min. 40.5228, 0.5145

2 CALA DE SÒL DE RIU, VINARÒS

Halbrunde Sandbucht, gespickt mit herabgestürzten Felsbrocken, unter zerklüfteten, niedrigen Klippen, auf denen Gräser und Mastixbäume wachsen. Fürs Baden empfehlen sich Wasserschuhe. FKK optional.

➔ Wegbeschreibung siehe Platja del Riu de la Sénia (1), aber nach 4 km auf der N-340 beim Kreisverkehr die erste Ausfahrt auf die Avinguda de Francisco José Balada und nach 600 m links parken. Dem Küstenwanderweg Jardí de Sòl de Riu 280 m folgen, dann die steilen Stufen aus Holz und Metall zum Strand.
Parken 40.5136, 0.5093

Leicht 5 Min. 40.5152, 0.5114

3 CALA DE LA SUNYERA, VINARÒS

Kieselstrand unter niedrigen grünen Klippen.

➔ Wegbeschreibung siehe Cala de Sòl de Riu (2), aber weitere 370 m auf dem Küstenwanderweg Jardí de Sòl de Riu, dann links vom Strand über die Felsen klettern (neben dem Schild).

Mittel 10 Min. 40.5179, 0.5127

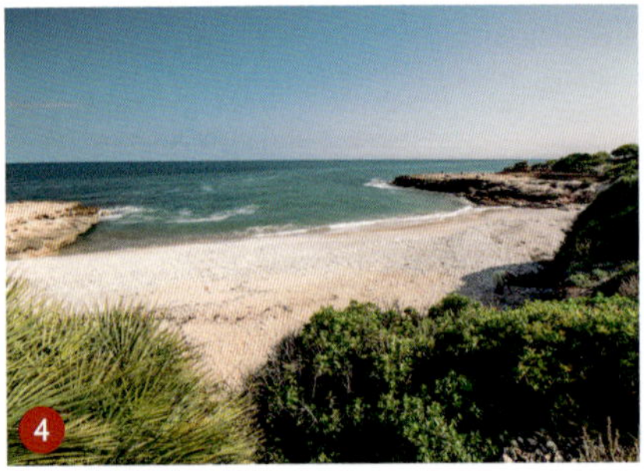

4

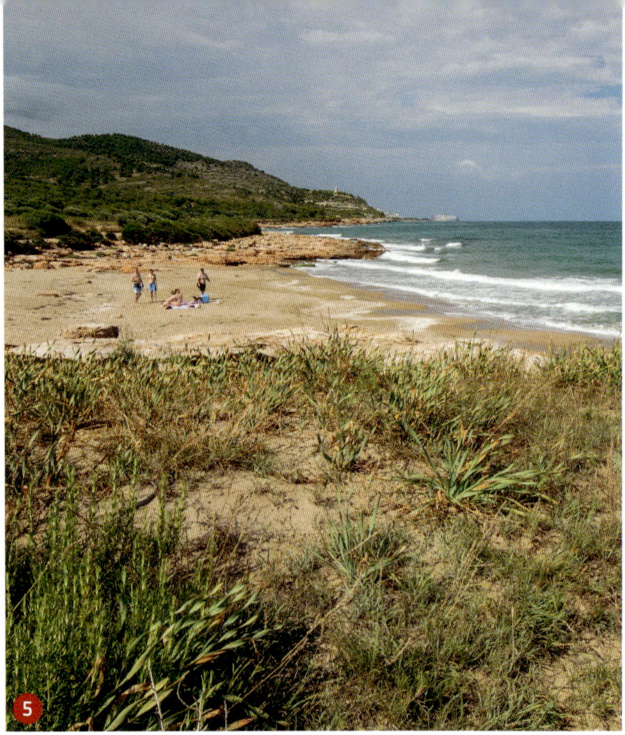

5

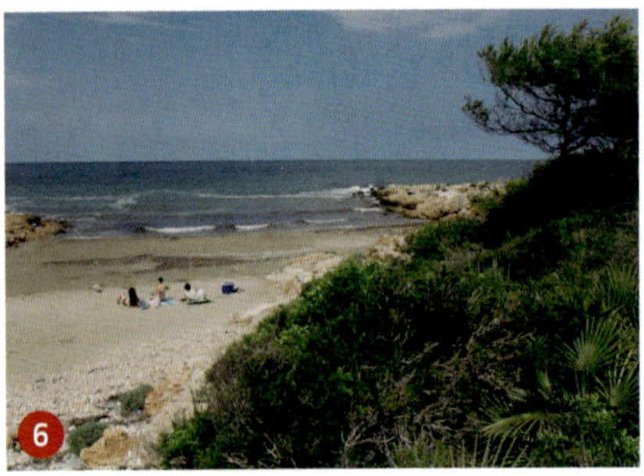

6

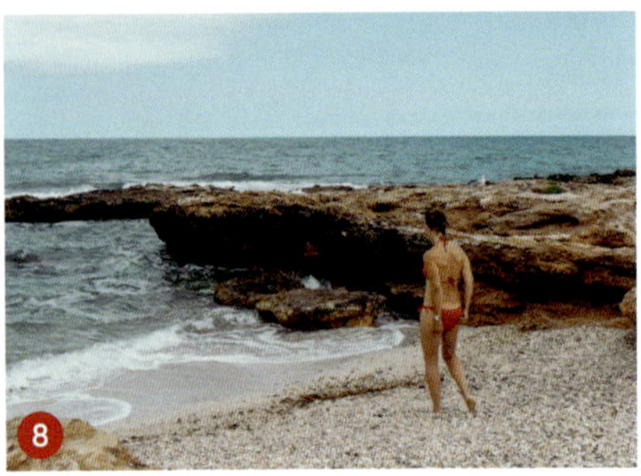

8

kann man valencianischen Reis in jeder Variation sehen und kaufen, außerdem natürlich Obst, Gemüse, geräucherte und süße Paprika sowie ein breites Angebot regionaler Spezialitäten. Doch Valencia hat mehr zu bieten als gutes Essen. In der Stadt gibt es Museen für Archäologie und Naturgeschichte, für Kunst, Naturwissenschaft und Stierkampf. Literaturliebhaber besuchen das ehemalige Haus des spanischen Bestseller-Autors Vicente Blasco Ibañez, dessen Roman *Sangre y Arena* (Die blutige Arena) über einen ehrgeizigen Stierkämpfer von Hollywood verfilmt wurde.

Unser erster Zwischenstopp im Land der Orangenblüte liegt etwas nördlich vom beliebten Urlaubsziel Vinaròs. Wir wandern auf dem Jardí de Sòl de Riu über wilde Klippen und baden in der Cala de Sòl de Riu (2) und der Cala de la Sunyera (3). An der Mündung des Riu Sénia entdecken wir, versteckt unter weißer Klematis, geheime Stufen und stoßen auf einen einsamen Strand am Fluss, der bei uns Glücksgefühle auslöst.

In Gandía, 65 Kilometer südlich von Valencia, nimmt John an der *Travessia al Port de Gandía* teil, einem traditionsreichen Wettschwimmen im Meer – ganze 2,6 Kilometer von der Platja de Gandía, um die Hafenmauer bis zum Hafen. Nicht nur ▶

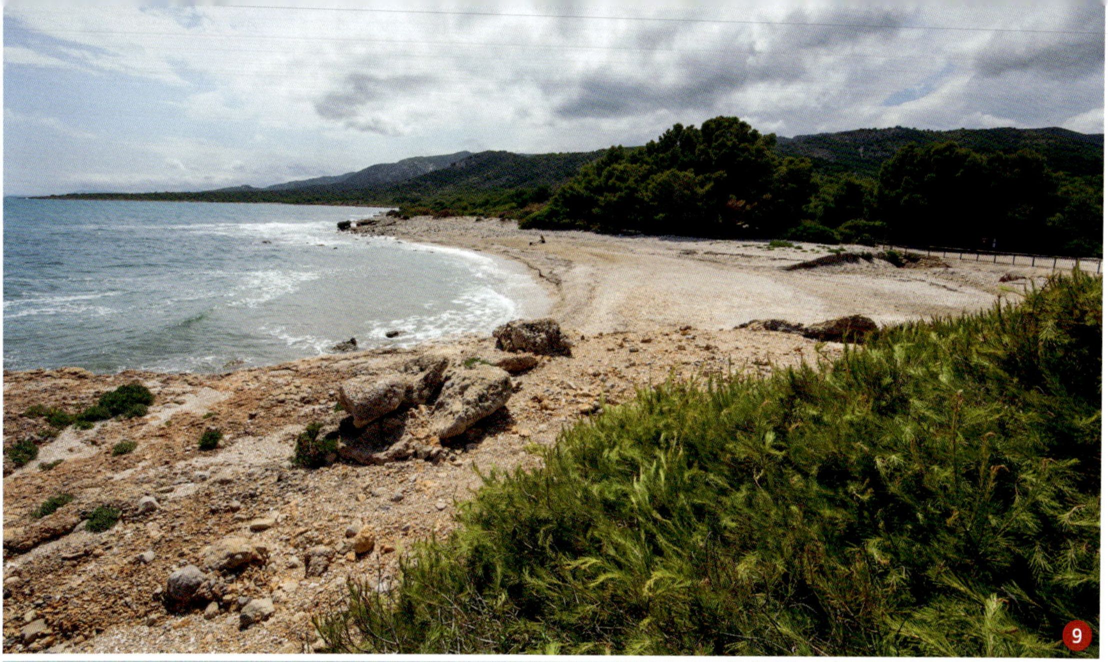

Parc Natural de la Serra d'Irta

Naturpark und Meeresschutzgebiet mit schönen Stränden und faszinierenden Buchten. Man sieht Raub- und Wasservögel, darunter Habichtsadler, Turmfalken, Bussarde und Kormorane. Der Küstenweg, der durch den Park führt, ist ideal für Wanderer und Mountainbiker.

4 CALA PUERTO NEGRO

Ruhig, aber gefährliche Strömungen. Gesäumt von Pinien, Zwergpalmen und Mastixsträuchern.

➔ Von Peñíscola auf dem Carrer d'Irta 1,5 km Richtung Westen, links auf die Carretera del Pebret und nach 1,5 km oberhalb vom Strand parken. Parken 40.3367, 0.3808

Leicht 2 Min 40.3365, 0.3803

5 PLATJA DEL RUSSO

Goldener Sand bedeckt den *Russenstrand*.

➔ Von Peñíscola auf dem Carrer d'Irta Richtung Südwesten, nach 2,7 km links in den Parc Natural de la Sera und nach weiteren 4,5 km am Straßenrand parken. 200 m nach links gehen.
Parken 40.3082, 0.3517

Mittel 1 Min. 40.3090, 0.3520

6 PLATJA DEL PEBRET

Der *Pfefferstrand* liegt zwischen naturgeschützten Dünen mit Wildblumen (u. a. Stranddisteln).

➔ Wegbeschreibung siehe Platja del Russo (5), aber vom Parkplatz 100 m nach rechts.

Leicht 2 Min. 40.3078, 0.3516 P

7 NO NAME

Hübscher Strand, umgeben von Zwergpalmen, Mastixsträuchern, pinkfarbener Gänsekresse und Meersenf.

➔ Wegbeschreibung Platja del Russo (5), aber erst 130 m weiter links parken. Über die kleine Landspitze rechts zum Strand. Parken 40.3074, 0.3517

Mittel 2 Min. 40.3068, 0.3519

8 NO NAME

Zwei winzige Strände vor Pinien.

➔ Wegbeschreibung siehe Platja del Russo (5), aber weitere 450 m die Straße entlang und links parken. Dem Weg zum Strand folgen. Parken 40.3053, 0.3506

Leicht 1 Min. 40.3050, 0.3519

9 PLATJA D'IRTA

Bucht mit grobem Sand im Herzen des Parks.

➔ Wegbeschreibung siehe Platja del Russo (5), aber 1,3 km weiter die Straße entlang (Camí de Ribamar) und rechts parken. Straße überqueren zum Strand. Parken 40.2968, 0.3459

Leicht 1 Min. 40.2964, 0.3459 P

10 PLATJA DE LA BASSETA

FKK-Strand mit einem Überfluss an weißen Kieseln.

➔ Wegbeschreibung siehe Platja del Russo (5), aber 2,7 km weiter auf dem Camí de Ribamar, rechts parken, Straße überqueren und zum Strand hinunterspringen. Parken 40.2902, 0.3339

Mittel 1 Min. 40.2912, 0.3348

11 CALA ARGILAGA

Vier ruhige Buchten und unser Lieblingsstrand im Naturpark.

➔ Wegbeschreibung siehe Platja del Russo (5), aber 3,1 km weiter auf dem Camí de Ribamar und gegenüber vom Strand rechts parken. Parken 40.2791, 0.3268

Leicht 1 Min. 40.2786, 0.3272 P

12 PLATJA SERRADAL

Friedlicher Kieselstrand mit Meerfenchel. Besuchen Sie unterwegs den modernen Leuchtturm der Cala Mundina.

➔ In Alcossebre auf dem Carrer Piber Richtung Osten, dann die erste rechts auf den Carrer del Camí de L'Atall, weiter und gegenüber der Cala Blanca parken. Dem Küstenweg *Paseo Marítimo* 1,6 km folgen bis zum Strand.
Parken 40.2589, 0.2959

Leicht 20 Min. 40.2665, 0.3085

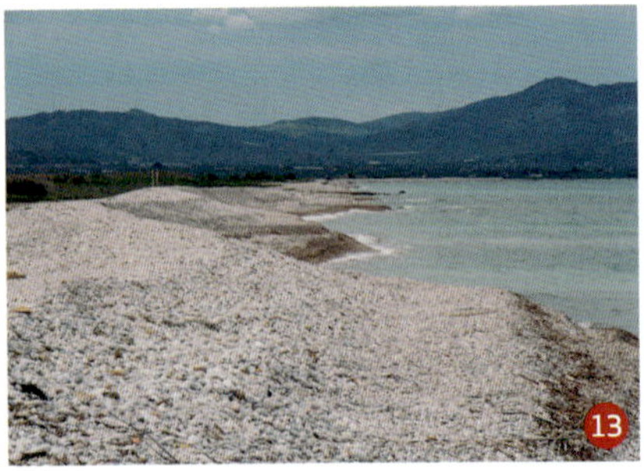

13

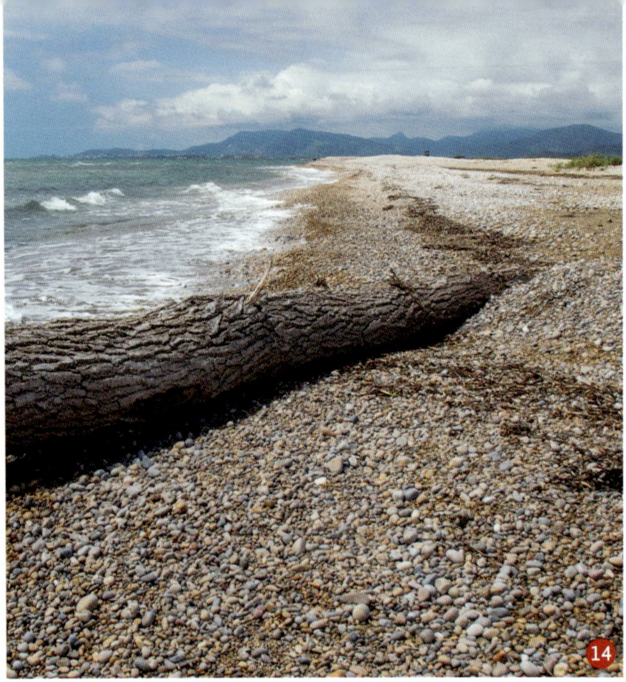

14

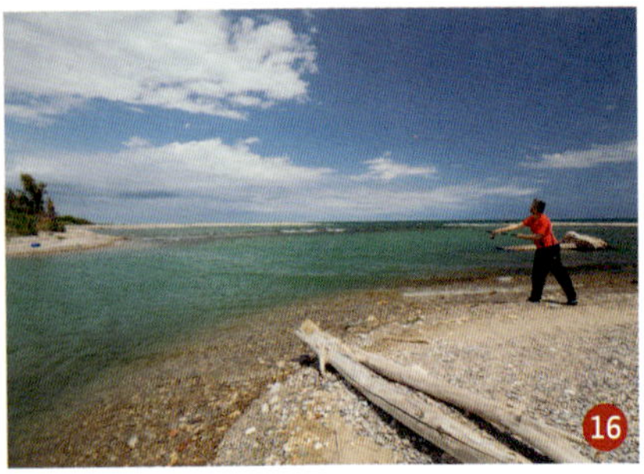

16

Badegäste, auch Wanderer und Radfahrer locken die sanften Hügel und die flache Küste der Costa del Azahar. Einsame Abschnitte mit unberührten Buchten findet man im Parc Natural de la Serra d'Irta (S. 169), dessen Sandstrände von lila Strandflieder, Meerfenchel und wilden Zwergpalmen umgeben sind. Wer sich für Geschichte interessiert, besichtigt den runden Torre de Badum, einen der vielen vom Wetter gezeichneten Wachtürme, die die Küste vor Piraten schützen sollten. Ganz in der Nähe thront das mittelalterliche Peñíscola auf einer kleinen Halbinsel mit Blick auf Küste und Berge des Naturparks Serra d'Irta. Das gut erhaltene Castillo de Pápa Luna, 1294 vom Templerorden auf den Ruinen einer früheren arabischen Festung erbaut, beherbergte drei Päpste und ist heute für die Öffentlichkeit zugänglich.

El sol, rojo y recortado cual enorme oblea,
trazaba sobre el mar un triángulo de fuego,
y las aguas hervían como si reflejasen un incendio.

Die rote Sonne, die sich abzeichnet wie eine riesige Oblate,
zieht ein flammendes Dreieck übers Meer,
und das Wasser brodelt, als würde es ein Feuer spiegeln.

Aus *En el Mar* (Im Meer),
Vicente Blasco Ibañez (1867–1928)

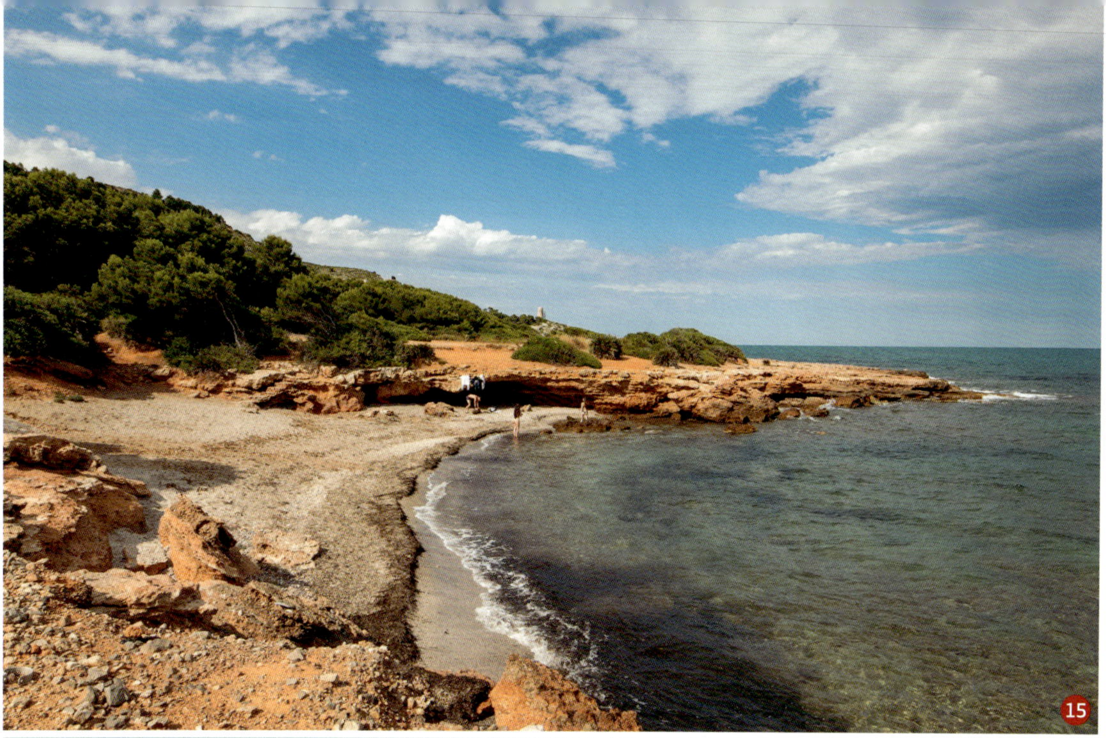

Von Cabanés bis Almazora

13 PLATJA SUD DE TORREBLANCA, CABANÉS

Langer, schmaler, weißer Kieselstrand am Rand vom Parque Natural del Prat de Cabanés-Torreblanca. Viele schneeweiße Strandfilzblumen, Strandweizen, Wacholder und ein Meer aus wogendem Schilf im Feuchtgebiet hinter dem Strand. Auf halbem Weg zwischen hier und Platja de Torre de la Sal (14) befindet sich der FKK-Strand Cuartel Vell de Cabanés.

→ In Torrenostra parken und rechts am Strand entlang. Parken 40.1929, 0.2207

Leicht 2 Min. 40.1852, 0.2110

14 PLATJA DE TORRE DE LA SAL, CABANÉS

Der lange schmale *Salzturmstrand* liegt im Parque Natural del Prat de Cabanés-Torreblanca. Bohlenwege schützen das Feuchtgebiet und die Flora. Vogelbeobachter können sich auf Zwergrohrdommeln, Bussarde, Eisvögel, Seeregenpfeifer und Wanderfalken freuen.

→ Von Oropesa del Mar auf der N-340 für 5,5 km Richtung Nordosten, rechts auf die Vía Pista Richtung *Playa de Torre de la Sal*, beim Kreisverkehr geradeaus und die zweite Ausfahrt auf die Avinguda Colada del Pou Nou/Vía Pista, nach 350 m links auf die Vía Pista, links am Strand parken, gegenüber vom Instituto de Acuicultura. Zu Fuß Richtung Meer und links über den Bohlenweg zum Strand.
Parken 40.1382, 0.1658.

Leicht 5 Min 40.1418, 0.1707

15 PLATJA DE LA VÍA VERDA, OROPRESA DEL MAR

Kleine Sandbucht zwischen rostroten Felsen mit Wiesen-Labkraut und Kaffeewicke. Schöner Weg an der stillgelegten Bahnlinie Vías Verdes del Mar entlang, zwischen Pinien, Johannisbrot- und Olivenbäumen. Einige hundert Meter weiter nördlich findet man einsamere Felsbuchten.

→ Von Benicàssim auf der Av. Barcelona/ Calle Termalismo für 1,6 km Richtung Osten, dann beim Kreisverkehr auf den Carrer Posidonia, dann auf den Carrer Roca Roja und den Carrer Sector la Renegà bis zum Parkplatz unter Pinien. Links auf den *Vías Verdes del Mar*, nach 600 m links ab und durch einen Tunnel zur Platja Pesca Santi, dann links 130 m die Calle Sector la Renegà entlang bis zum Strand. Oder zu Fuß oder mit dem Rad auf dem *Vías Verdes del Mar* von Benicasim (2,8 km) oder Oropesa del Mar (2,5 km).
Parken 40.0608, 0.1117

Leicht 15 Min. 40.0623, 0.1198

16 PLATJA DEL RIU MILLARS, ALMAZORA

Kieselstrand an der Mündung des Riu Millars, versteckt unter Orangenhainen und umgeben von Schilf. Man kann sowohl im Meer als auch im Fluss baden, wo Angler darauf warten, dass Wolfsbarsche und Seebrassen anbeißen. In dieser trockenen, salzigen Umgebung gedeihen gelber Hornmohn, europäischer Meersenf, Meerfenchel, Salzkraut, Stranddisteln und Feigenkakteen. Camping San Vicente (campingsanvicente.com): sauberer Campingplatz am Strand mit freundlichen Betreibern und guter Bar/Restaurant.

→ Von Burriana auf der CV-1850 für 5 km Richtung Osten, dann rechts Richtung *El Coso Burriana* auf den Camí del Palaciet/ CV-1850 und nach 1,4 km am Strand parken. Zu Fuß 250 m nach links zur Flussmündung.
Parken 39.9063, -0.0142

Leicht 5 Min. 39.9085, -0.0119

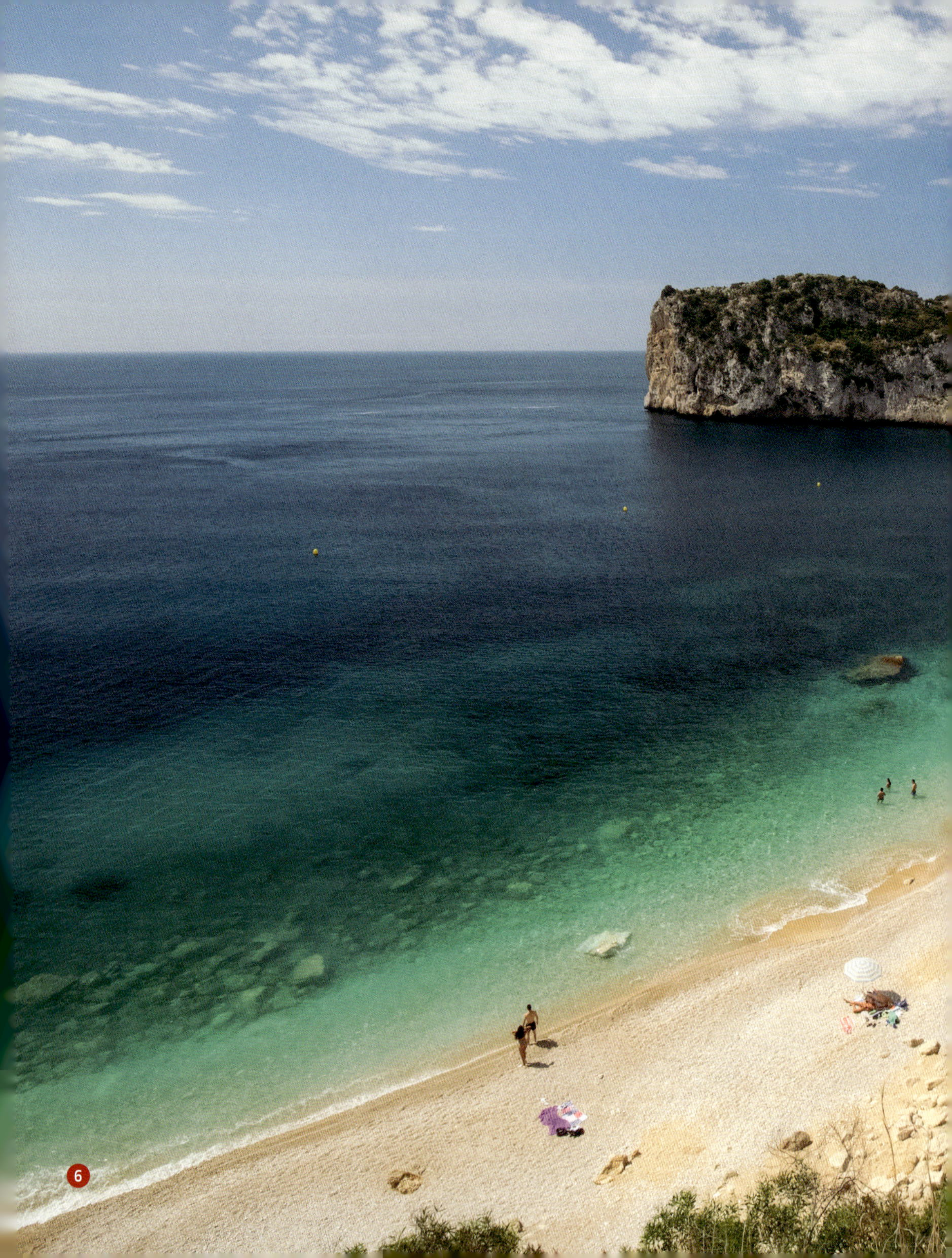
6

Costa Blanca

Feine Sand- und weiße Kieselstrände mit klarem, tiefblauem Wasser, Naturparks mit Flamingos und Salzwiesen, alte Burgen, Wachtürme und Festungen – all das finden Sie an Spaniens *weißer Küste*.

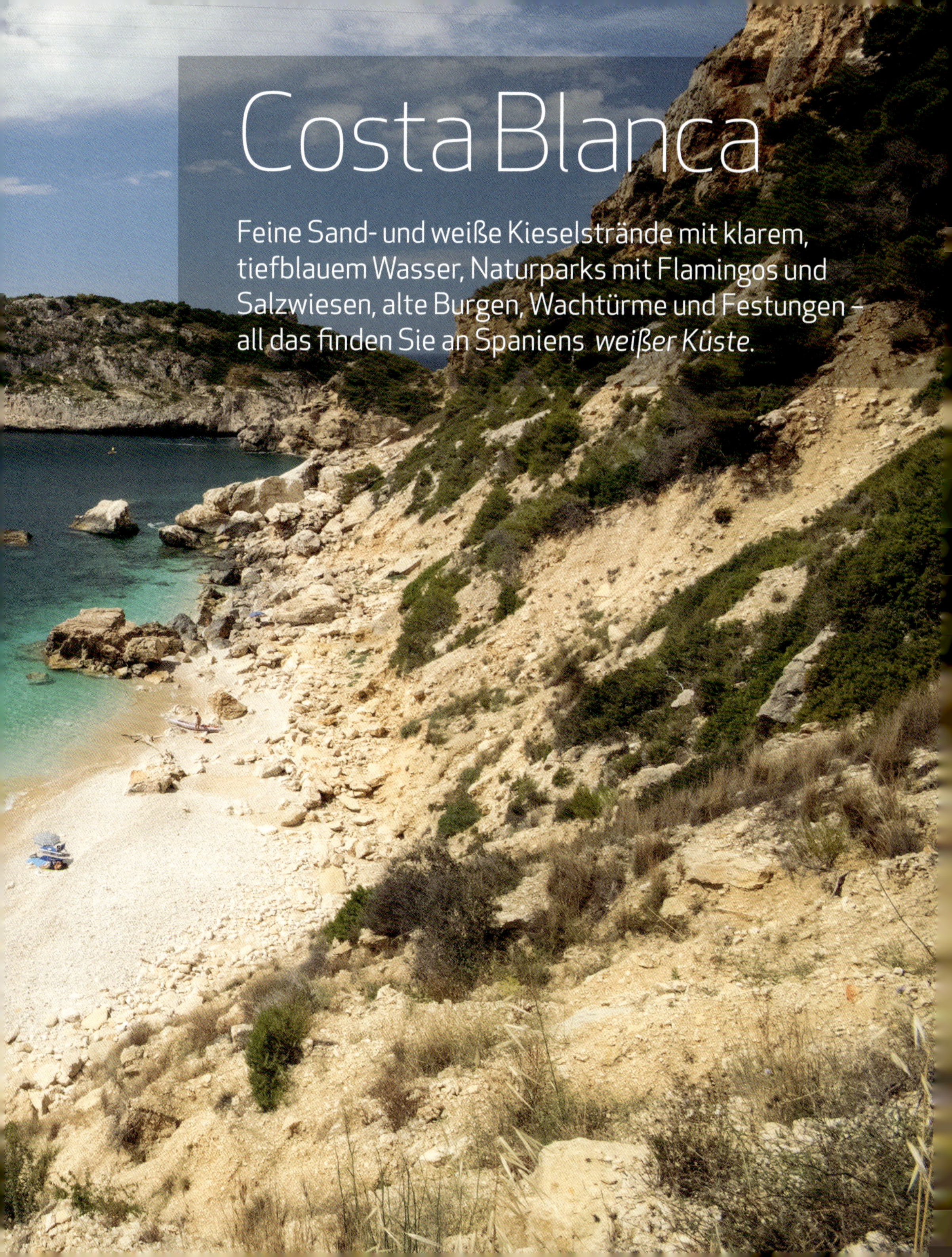

Highlights Costa Blanca

Unsere Lieblingsstrände:

1 La Cova Tallada – tempelartige Höhle und Felsen zum Sonnenbaden

5 Cala Sardinera – wilder Strand zwischen Rosmarin und Küstenblumen

6 Cala de Ambolo – malerischer FKK-Strand mit weißen Felsen und blauem Meer

12 Dunes de Pinet – über zwei Kilometer goldener Sandstrand

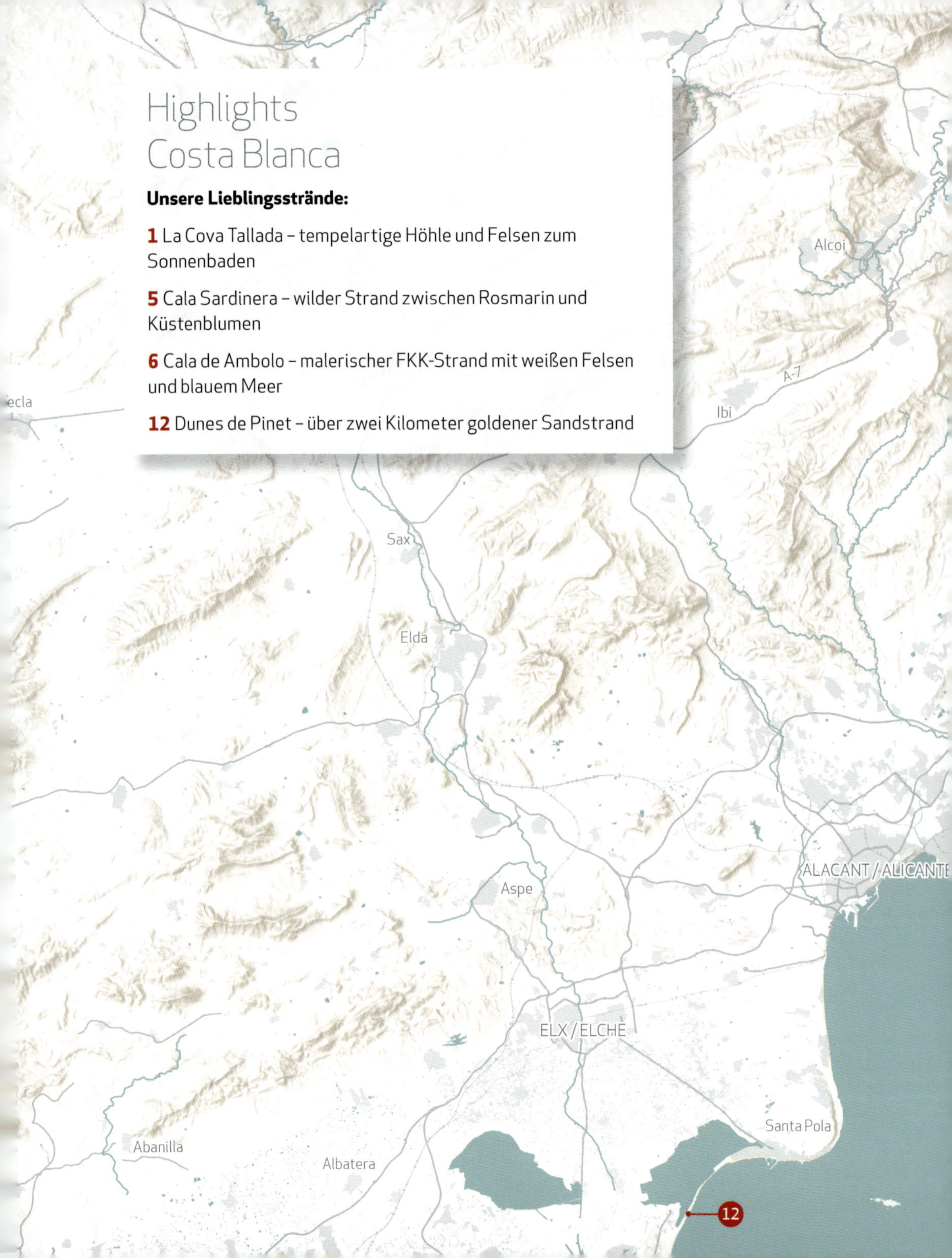

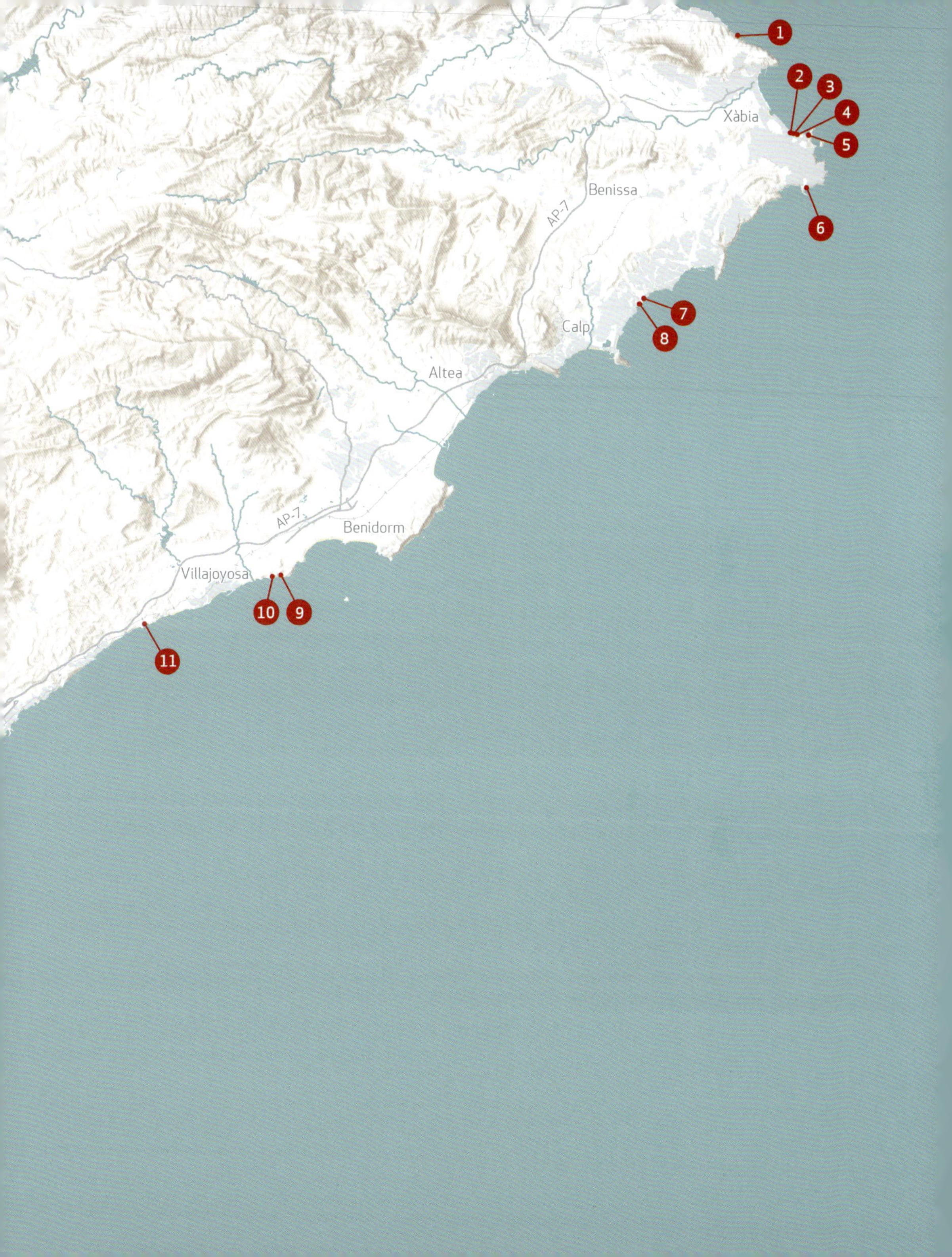

Xàbia
Benissa
AP-7
Calp
Altea
Benidorm
AP-7
Villajoyosa
1
2
3
4
5
6
7
8
9
10
11

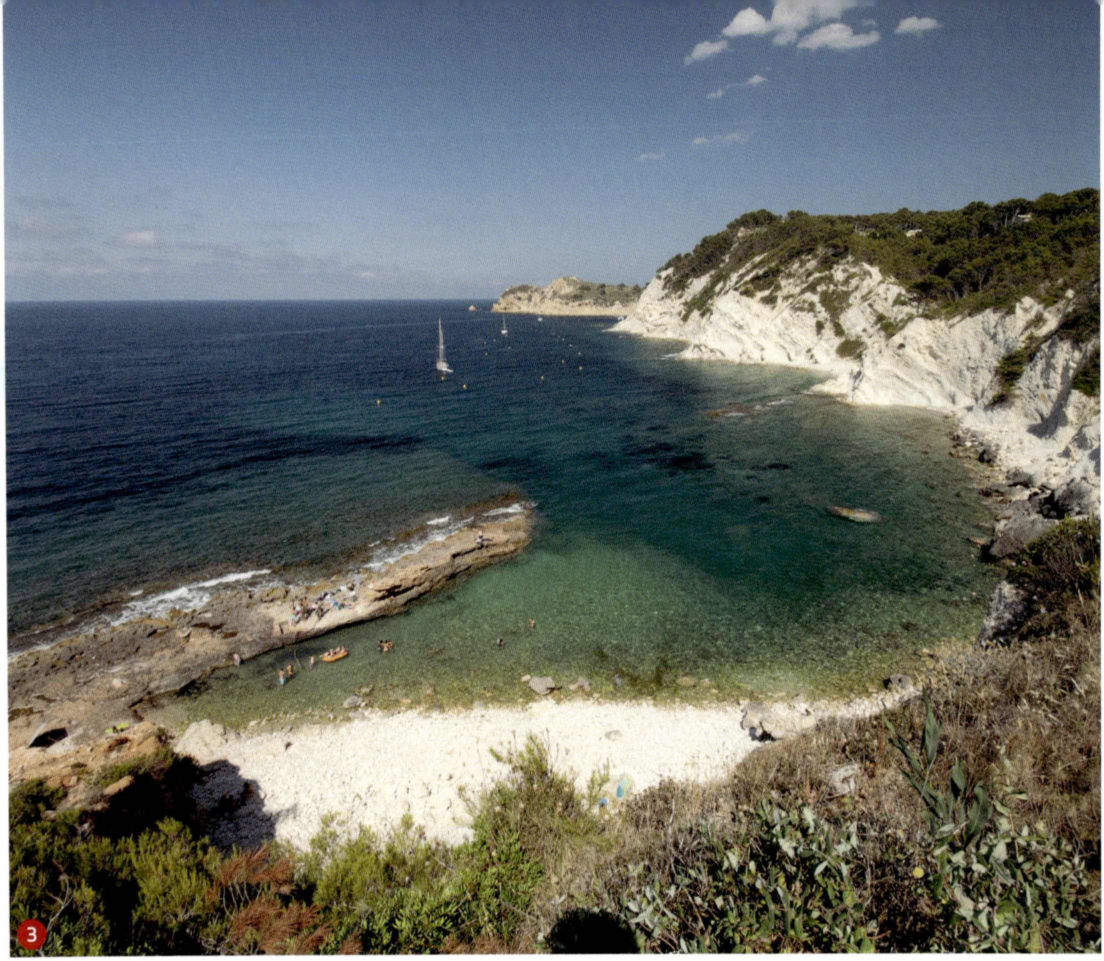

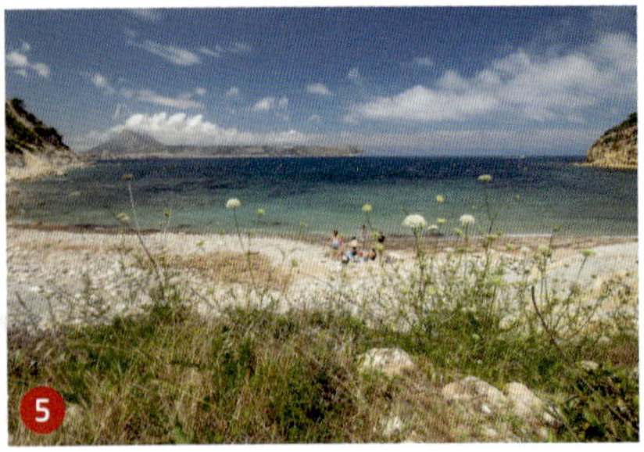

Sandstrände, klares Wasser und ein verlässlich warmes Klima machen die *Weiße Küste* zu einem der beliebtesten Urlaubsziele Spaniens. Zwar sind viele Küstenabschnitte sehr touristisch, dennoch entdecken wir noch unberührte Strände, und die Region bietet zudem Naturparks, Meeresschutzgebiete und Küstengebirge mit unglaublicher Flora und Fauna.

Südlich von der Hafenstadt Dénia wandern wir auf dem Küstenweg Montgó zur Cova Tallada (1), eine riesige Höhle, die aus den Klippen des Cabo de San Antonio geschlagen wurde. Die Kammern ähneln alten Tempeln, und eine lateinische Inschrift verewigt einen Besuch von Philipp III. 1599. Ein flacher Felsen vor der Höhle eignet sich perfekt zum Sonnen. Die hier abgetragenen Steine wurden für das Castell de Dénia verwendet, das während der islamischen Besetzung zwischen dem 11. und 12. Jahrhundert erbaut wurde. Bei Führungen erfährt man ▶

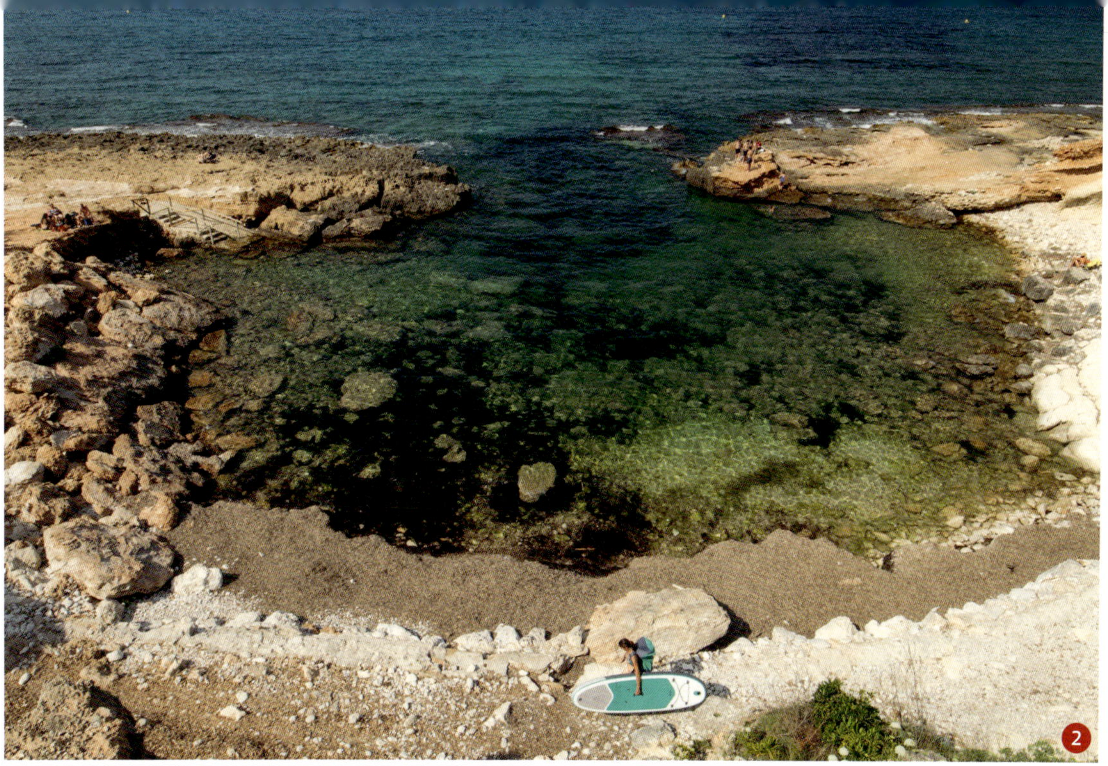

Von Dénia bis Xàbia 1

1 LA COVA TALLADA, DÉNIA

Die kathedralenartige Höhle liegt am Ende eines langen gewundenen Klippenwegs oder kann mit dem Kajak/SUP-Board erreicht werden. Sie ist teils natürliche Höhle, teils Steinbruch, und sowohl ihre Ausmaße als auch ihre Schönheit haben uns den Atem verschlagen. Casa Babel (casababel.com): landeinwärts in den Bergen, im ländlichen Villalonga. Rustikale Einrichtung, Himmelbetten, gesundes Frühstück und freundliches Personal.

→ Irgendwo in Les Rotes, südwestlich von Dénia, parken, dann (wenn man dem Meer zugewandt steht) rechts den Carrer de la Vía Lactea hoch und dem Küstenweg zu Höhle folgen. Oder mit dem Kajak/SUP-Board von der Playa les Rotes rechts die Küste hinunter. Parken 38.8229, 0.1594

Mittel 45 Min. 38.8175, 0.1673

2 CALA BLANCA, XÀBIA

***Weiße Bucht*. Runde Bucht, umgeben von niedrigen hellen Klippen, die sich farblich von den dunkleren Klippen drumherum abheben. Einheimische Kids springen mit akrobatischen Einlagen von den Felsen ins Meer. Schön für Familien. Rechts gelangt man durch einen natürlichen Felsbogen zur Cala de Dins (3). Bar Las Olas (barlasolas.degustodigital.com): günstiges Tagesmenü, auch vegetarische Optionen.**

→ Vom Parkplatz am südwestlichen Ortsrand von Xàbia über den Steinweg (Passeig de l'Escala-Empúries) 200 m nach rechts zur Bucht. Parken 38.7633, 0.2045

Leicht 5 Min. 38.7616, 0.2065

3 CALA DE DINS, XÀBIA

Idyllische Bucht mit Calcit-Formationen, umgeben von hohen weißen Klippen. Die Landspitze ist ideal zum Sonnenbaden und die schmale Einbuchtung daneben schön zum Schwimmen und Schnorcheln. Junger, local Vibe.

→ Wegbeschreibung siehe Cala Blanca (2), aber rechts um die Bucht herum, durch den natürlichen Felsbogen und weitere 150 m.

Leicht 10 Min. 38.7611, 0.2088

4 CALA DEL FRANCÉS, XÀBIA

***Franzosenbucht*. Die von Xàbia am weitesten entfernte Bucht in diesem Trio.**

→ Wegbeschreibung siehe Cala Blanca (2), vorbei an der Cala de Dins, weitere 150 m, dann über die Felsen rechts zur Bucht klettern.

Schwer 15 Min. 38.7604, 0.2116

5 CALA SARDINERA, XÀBIA

***Sardinenbucht*. Wilder Strand mit einer Mischung aus grobem Sand und Steinen, den man nach einer herrlichen Wanderung durch Pinien und Mastixbäume, Rosmarinsträucher, rosa Tausendgüldenkraut und gelbe Strand-Astern erreicht. Am südlichen Ende der Bucht von Xàbia, zur einen Seite vom Cap Prim geschützt.**

→ Von Adsubia, Xàbia auf der Ctra. del Portitxol/Partida Camino Cap Martí nach Südosten Richtung Carrer de la Flor de la Neu, nach 2,5 km links auf den Carrer Illa, nach 700 m links beim Denkmal Creu del Portitxol parken. Rechts geht ein mit grün-weißen Streifen markierter Weg ab. Den Wegweisern zum *Mirador del Portitxol* folgen, bis man das Ende der Landspitze erreicht. Es gibt drei Wege: Folgen Sie dem schmalen ganz links und dann den Stufen zum Strand. Parken 38.7565, 0.2188

Mittel 30 Min. 38.7602, 0.2200

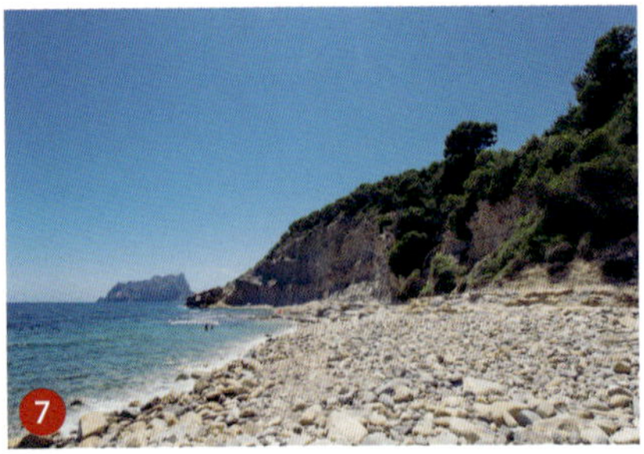

7

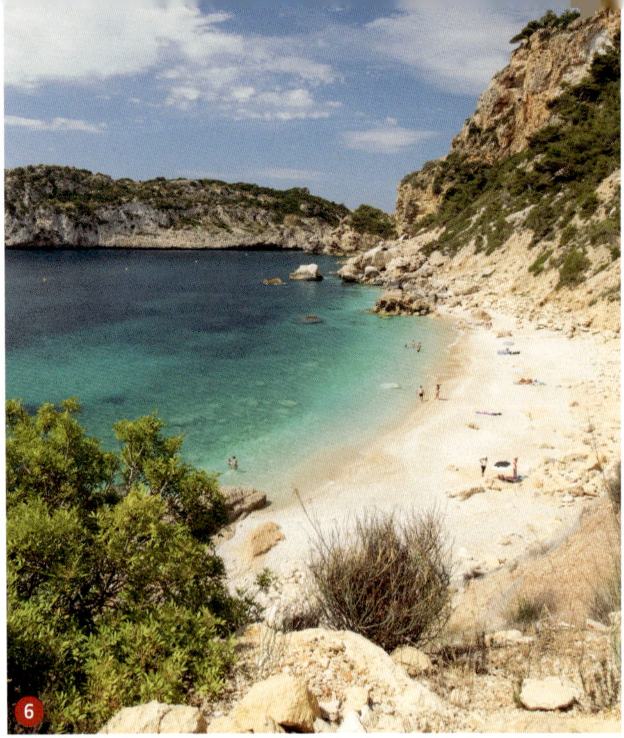

6

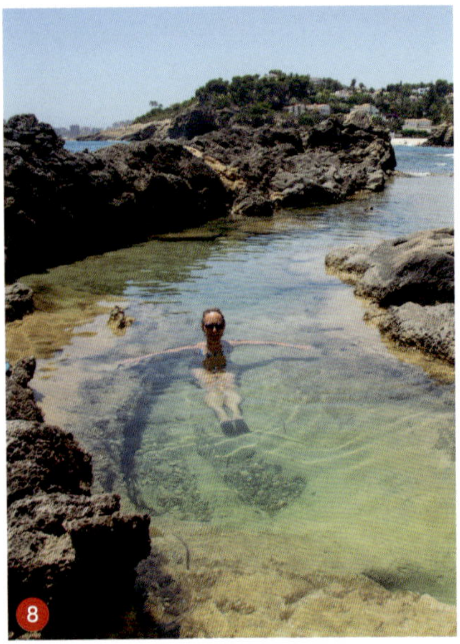

8

etwas über die dramatische Geschichte von Dénia (von den Römern benannt nach Diana, der Göttin der Jagd) und hat gleichzeitig einen spektakulären Blick auf die Küste. Entlang der Costa Blanca findet man mindestens hundert Burgen, Wachtürme und Paläste, erbaut von westgotischen Königen, arabischen Herrschern und christlichen Monarchen, z. B. die Burg Santa Barbara in Alicante auf dem Benacantil. Besucher bekommen hier nachgestellte Szenen der 1000-jährigen Geschichte geboten. Ursprünglich von den Mauren in Terrassen angelegte Obstgärten schmücken die Hänge, und überall gibt es Palmen, die einst aus Nordafrika hergebracht wurden. Und es gedeihen Mandelbäume, aus deren gerösteten Kernen mit Honig das köstliche *turrón* hergestellt wird – die weiche Variante, *blando*, sieht aus wie Erdnussbutter, die harte (*duro*) ist eher nougatähnlich – eine spanische Weihnachtsspezialität.

Unter den hohen Klippen des Cabo de la Nau stoßen wir auf die Cala de Ambolo (6), deren weiße Kiesel einen wunderschönen Kontrast zum tiefblauen Meer mit den dunkelgrünen Seegraswiesen (*Posidonia*) bilden. Ein langer Marsch über einen steilen Serpentinenweg, gefolgt von einer Kletterpartie über herabgestürzte Felsen wird mit einem perfekten Nachmittag an einem der schönsten Strände der Costa Blanca belohnt. ▶

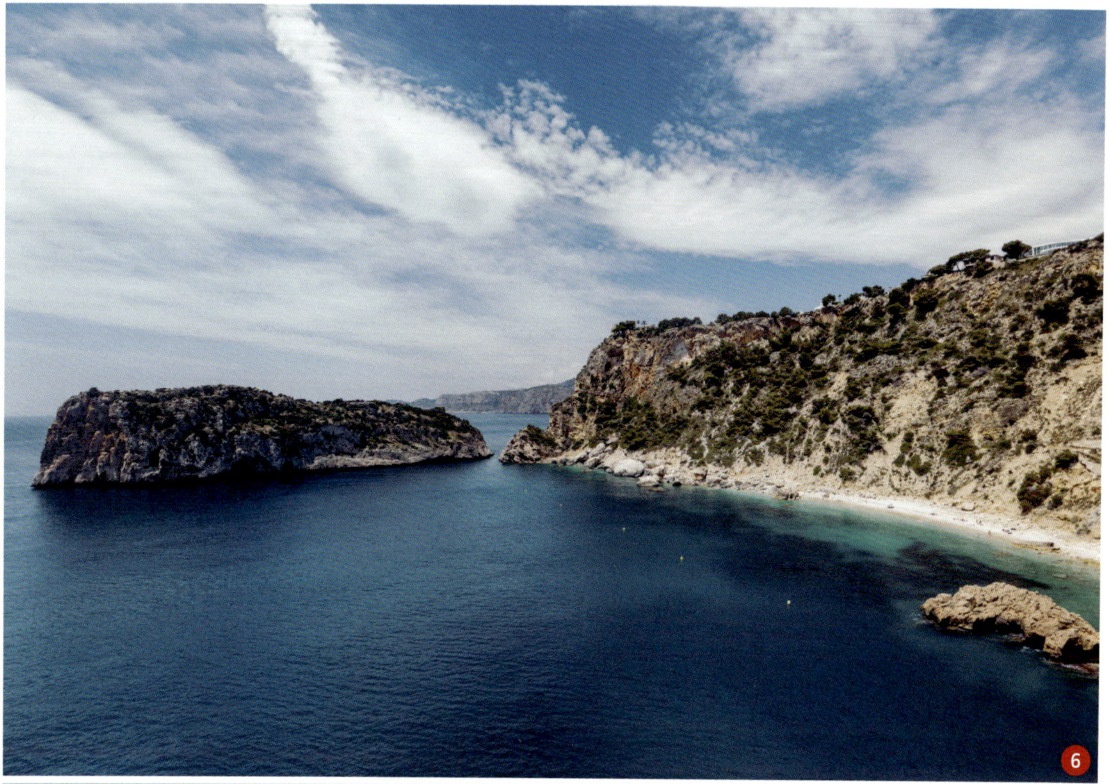

Von Xàbia 2 bis Benissa

6 CALA DE AMBOLO, XÀBIA

Unberührte Bucht, eine der schönsten an der Costa Blanca, mit weißem Kieselstrand, Felsbrocken und tiefgrünblauem Wasser. Die Isla del Descubridor (Entdeckerinsel) schirmt die Bucht vor Wind ab. Bei unserer Ankunft warnten große Schilder, der Strand sei wegen Steinschlägen gesperrt, doch das konnte die Sonnenanbeter, denen wir unterwegs begegneten, nicht schrecken. Beachten Sie jedoch, dass das Baden hier auf eigene Gefahr erfolgt. Als FKK deklariert, aber manche Badegäste trugen Textil. Bringen Sie Wasserschuhe mit, und sehen Sie den Kormoranen zu, die hier nach Fischen tauchen.

→ Von Balcó al Mar auf dem Carrer Cap Negre Richtung Südwesten und nach 400 m bei der T-Kreuzung rechts auf die Calle Igor Stravinsky, dann wieder rechts auf die Calle Giuseppe Verdi, rechts halten auf die Calle Richard Wagner und oben auf dem Berg parken (danach ist die Straße kaum noch befahrbar). Die steile Serpentinenstraße ca. 500 m bergab gehen, dann links über 120 Betonstufen mit Geländer, unten rechts und 300 m über herabgestürzte Felsbrocken zum Strand kraxeln. Parken 38.7317, 0.2198

Mittel 30 Min. 38.7303, 0.2179

7 CALA LLOBELLA, BENISSA

Unberührter Strand mit flachen Felsen zum Sonnen, klarem Wasser zum Schnorcheln und fantastischem Blick auf den Felsen Penyal d'Ifac. Wir haben von hier auf dem Küstenweg *Paseo Ecológico* einen gemütlichen Spaziergang zur Cala Pinets (8) gemacht.

→ Vom Cap Blanc auf der CV-746/Avgda. de la Marina 2,3 km Richtung Südwesten, dann links auf den Carrer la Camamirla, rechts halten bis zum Parkplatz links am Fuß des Berges (für ältere Wohnmobile nicht zu empfehlen, wir sind kaum wieder raufgekommen). 50 m auf dem schmalen Weg, dann rechts über flache Felsen zum Strand. Parken 38.6713, 0.0939

Leicht 5 Min. 38.6696, 0.0941

8 CALA PINETS, BENISSA

Urbaner, grober Sandstrand in schöner Umgebung. Ungehinderter Blick auf den Penyal d'Ifac, der wie ein großer weißer Hai aus dem Meer ragt. Links über den Strand gelangt man zur Mar Morta i Roques Negres, einem beeindruckenden, 50 m langen Gezeitentümpel, in dem Kinder sicher schwimmen und baden können. Cala Pinets liegt am nördlichen Abschnitt des Paseo Ecológico, einem zweistündigen Wanderweg (4 km), der an der Küste von Benissa entlangführt und in Calpe endet.

→ Von Moraira auf der CV-746 für 7 km Richtung Westen, links auf den Carrer des Pinets Richtung Cala Pinets, und rechts bergab zum Parkplatz rechts. Der Straße zu Fuß 50 m folgen bis zum Strand. Parken 38.6671, 0.0903

Leicht 2 Min. 38.6662, 0.0906

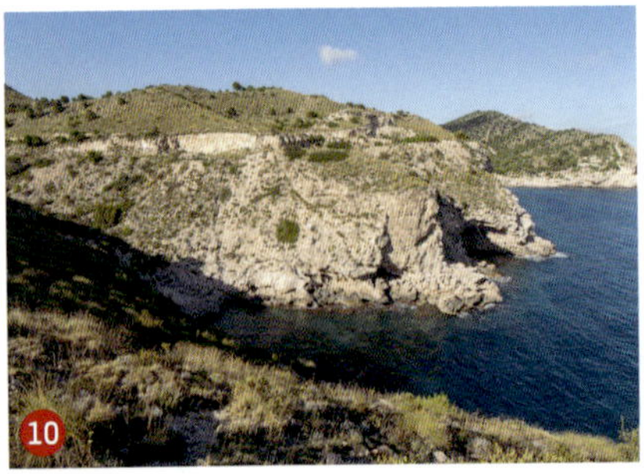

10

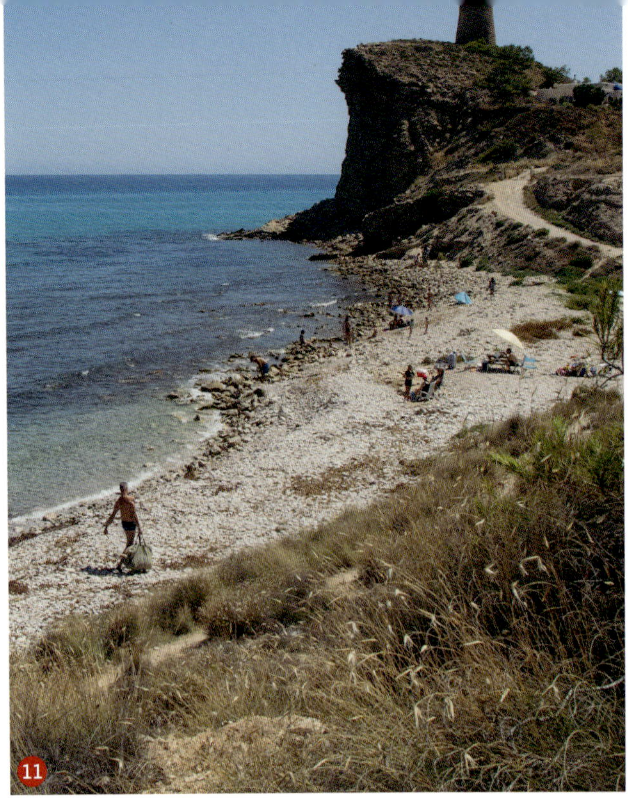

11

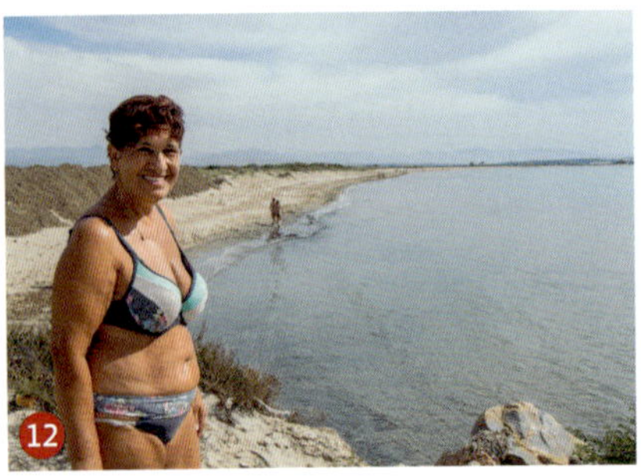

12

Südlich vom beliebten Urlaubsort Alicante entdecken wir den Parque Natural de las Salinas de Santa Pola mit einem Streifen aus feinem Sand vor weiten Pinienwäldern. Nachdem wir die Flamingos in den Salzwiesen hinter einem der einsamen Strände der Dunes de Pinet (12) beobachtet haben, kommen wir mit einer rüstigen Siebzigjährigen mit dichterischer Ader ins Gespräch, die uns ihre Ode an die Bucht vorträgt:

Bonita esta la bahia,
Serena, tranquila y clara
El sol al tocar sus olas
Le da ese brillo de plata....

Schön ist die Bucht
Ruhig, friedlich und klar
Die Berührung der Sonne
Verleiht ihr Silberglanz ...

Aus *El Rayo Que No Cesa* (Der Strahl, der nie endet),
Miguel Hernándes Gilbert (1910–1942)

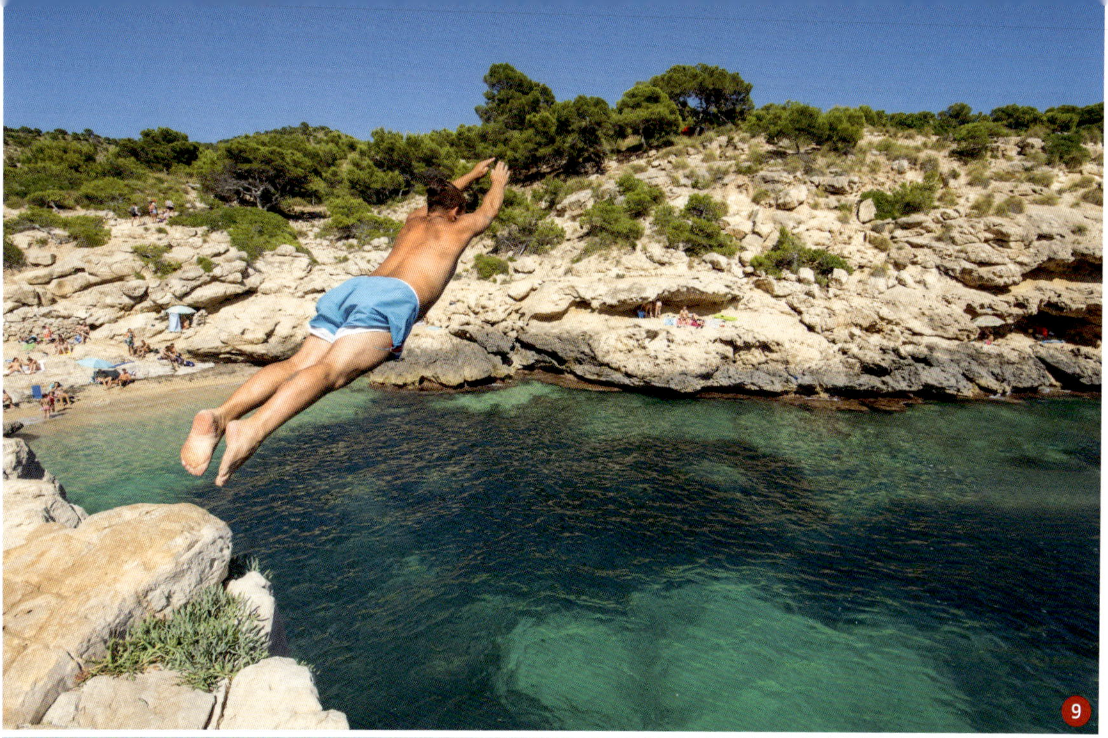

Von Villajoyosa bis Elche

9 PLATJA RACÓ DEL CONILL

In der Nähe von Benidorm, ein bisschen schwul, ein bisschen FKK und entspannte Atmosphäre. Schön zum Schwimmen und Springen, und obwohl es im Sommer voll ist, ein echter Spaß. Hotel Abaco (hotelabaco.es): hübsch eingerichtetes Boutiquehotel in der Altstadt von Altea. Freundliches Personal, Dachterrasse, gutes Frühstück. Unser Tipp!

→ Von Villajoyosa 7,1 km auf der N-332 nach Osten, dann auf die N-332a und nach dem dritten Kreisverkehr rechts auf den Polígon Pla P Sector 19, dann links auf den Polígono Talades Pp 26 und der steilen, gewundenen Straße 2,3 km bis zu einem Parkplatz folgen. Zugang zum Strand am Ende vom Parkplatz. Parken 38.5174, -0.1782

Leicht 5 Min. 38.5164, -0.1793

10 CALA FONDA, VILLAJOYOSA

Die *Tiefe Bucht* hat flache Felsen und, wie der Name schon sagt, klares, tiefes Wasser. Herrlicher Spaziergang auf dem Küstenwanderweg Sendero de la Costa.

→ Wegbeschreibung siehe Platja Racó del Conill (9), aber auf der Bergspitze parken. Gegenüber vom Parkplatz weist ein Schild zum *Sendero de la Costa*. Diesem 1,2 km Richtung Westen folgen, weiter um die Landspitze rechts von der Bucht und über einen schmalen, steinigen Weg die Klippen hinunter. Parken 38.5180, -0.1803

Mittel 25 Min. 38.5157, -0.1855

11 CALA DEL XARCO, VILLAJOYOSA

Wilde, bei Einheimischen beliebte Bucht zwischen Alicante und Benidorm. Über dem Strand thront stolz der alte Wachturm Torre del Xarco. Hinter der Landspitze befindet sich eine weitere Bucht.

→ Von Villajoyosa auf der N-332 für 5 km nach Südwesten, vor Barranc del Xarco links, dann die erste rechts und unter der Eisenbahnbrücke hindurch, weitere 420 m, das Schild zur *Cala de Xarco* ignorieren. Die erste rechts und nach 90 m an der Straßengabelung links hinunter zum Parkplatz am Strand.
Parken 38.4897, -0.2819

Leicht 2 Min. 38.4902, -0.2809

12 DUNES DE PINET, ELCHE

Zwischen Alicante und Torrevieja liegt ein kleines Naturparadies. Der 2 km lange goldene Sandstreifen grenzt an Sanddünen und Feuchtgebiete mit Flamingos. Auf den Dünen wogen lange Gräser im Sommerwind, und es blühen rosa Meersenf, Salzkraut und gelber Hornklee. Im Schatten eines Pinienhains, der vor 100 Jahren gepflanzt wurde, um die Salinen zu schützen, gedeihen Mastixsträucher und phönizischer Wacholder, und Schlehenbüsche liefern die tödlichen Stacheln, mit denen der Iberienraubwürger seine Beute aufspießt. Das Restaurante Galicia an der nahe gelegenen Playa de Pinet besitzt eine der schönsten Terrassen der Costa Blanca. Freuen Sie sich auf einen *aperitivo* mit Meerblick.

→ Von Santa Pola 6 km auf der N-332 Richtung Südwesten, dann bei der Ausfahrt Richtung La Marina/Playas auf die N-332A. Beim Kreisverkehr Richtung El Pinet abfahren und weiter bis zur Platja de Pinet (3,2 km). Dem Meer zugewandt nach links gehen, um zu den Dunes de Pinet und zum Strand zu gelangen, der sich 5 km bis Santa Pola erstreckt.
Parken 38.1544, -0.6273

Leicht 5 Min. 38.1597, -0.6228

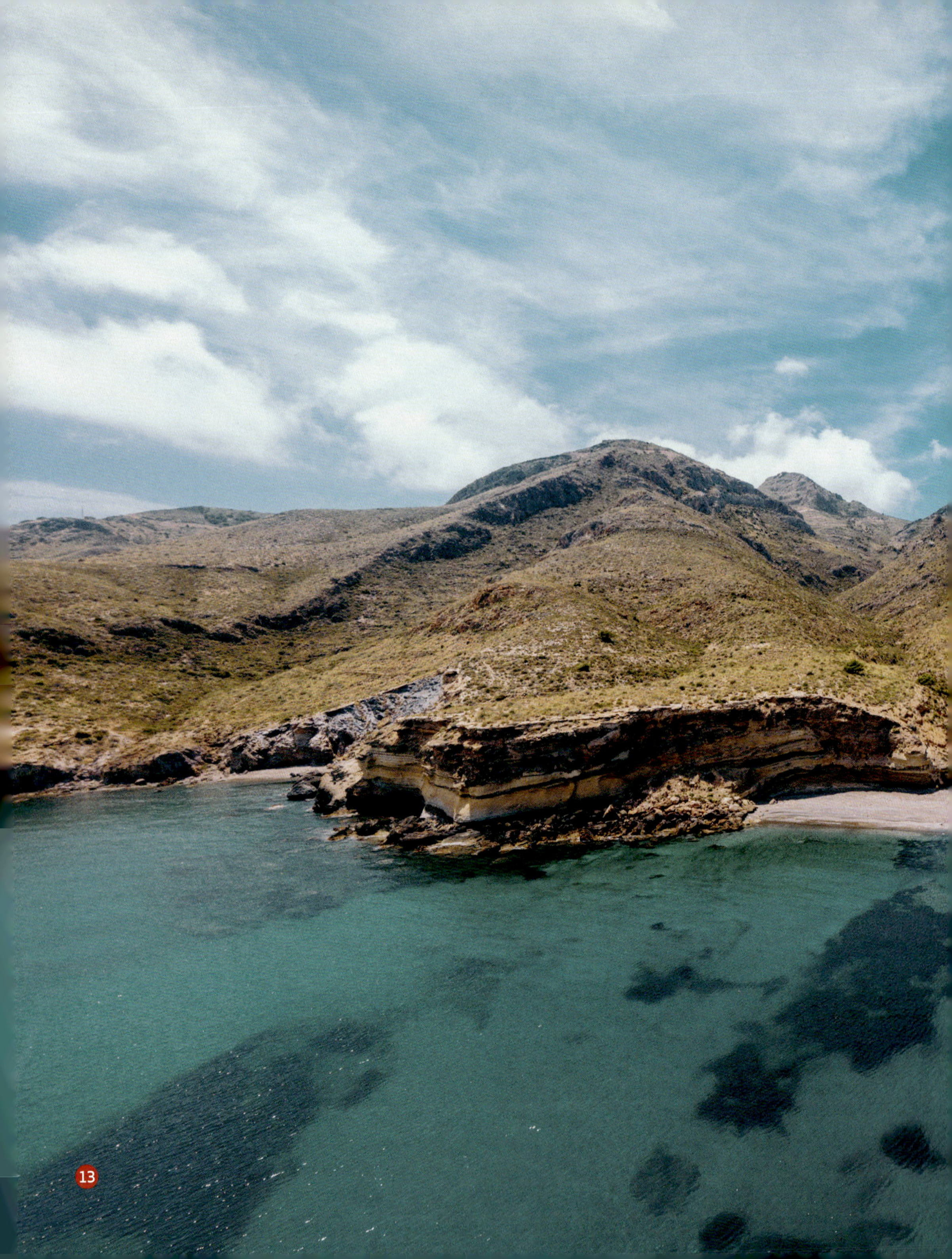
13

Costa Cálida

Kalksteinklippen, versteinerte Dünen und Sandbuchten säumen die *Warme Küste*. Wandern Sie über Wege, die nach Rosmarin duften, zu einsamen Stränden unterhalb zerklüfteter Berge, über denen Adler kreisen.

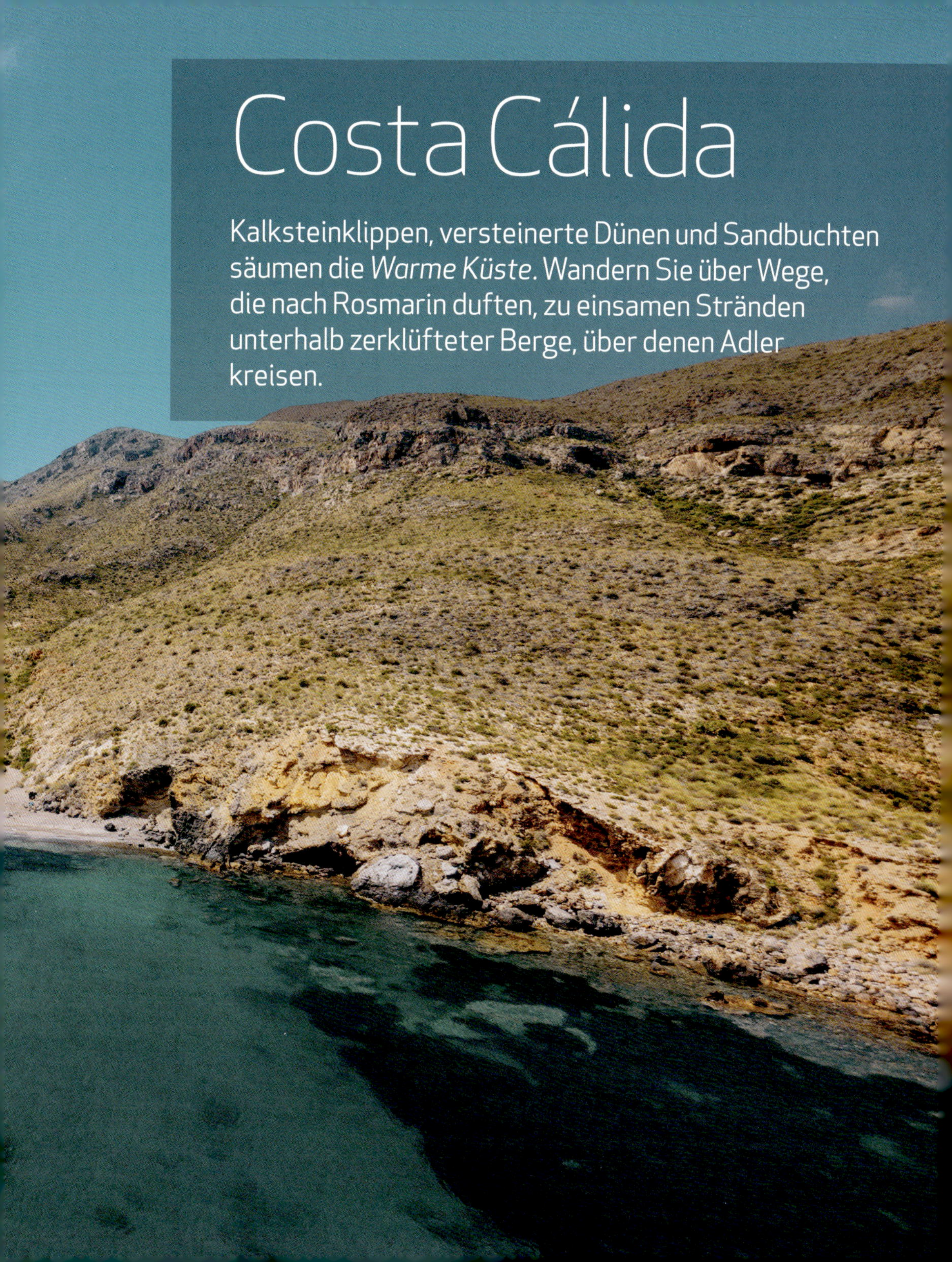

Highlights Costa Cálida

Unsere Lieblingsstrände:

3 Cala de los Dentoles – entlegene Bucht mit orangefarbenem Sand

5 Playa de Calblanque – langer Sandstrand im Naturschutzgebiet

12 Cala Salitrona – wilde, einsame Bucht unterhalb einer Burg

17 Playa del Baño de las Mujeres – feine Sandbucht mit imposanter Bergkette

19 Cala Blanca – dramatische Bucht unter weißen Klippen aus versteinerten Dünen

30 Playa del Arroz – entspannte, familienfreundliche Bucht mit Pinien für eine Siesta im Schatten

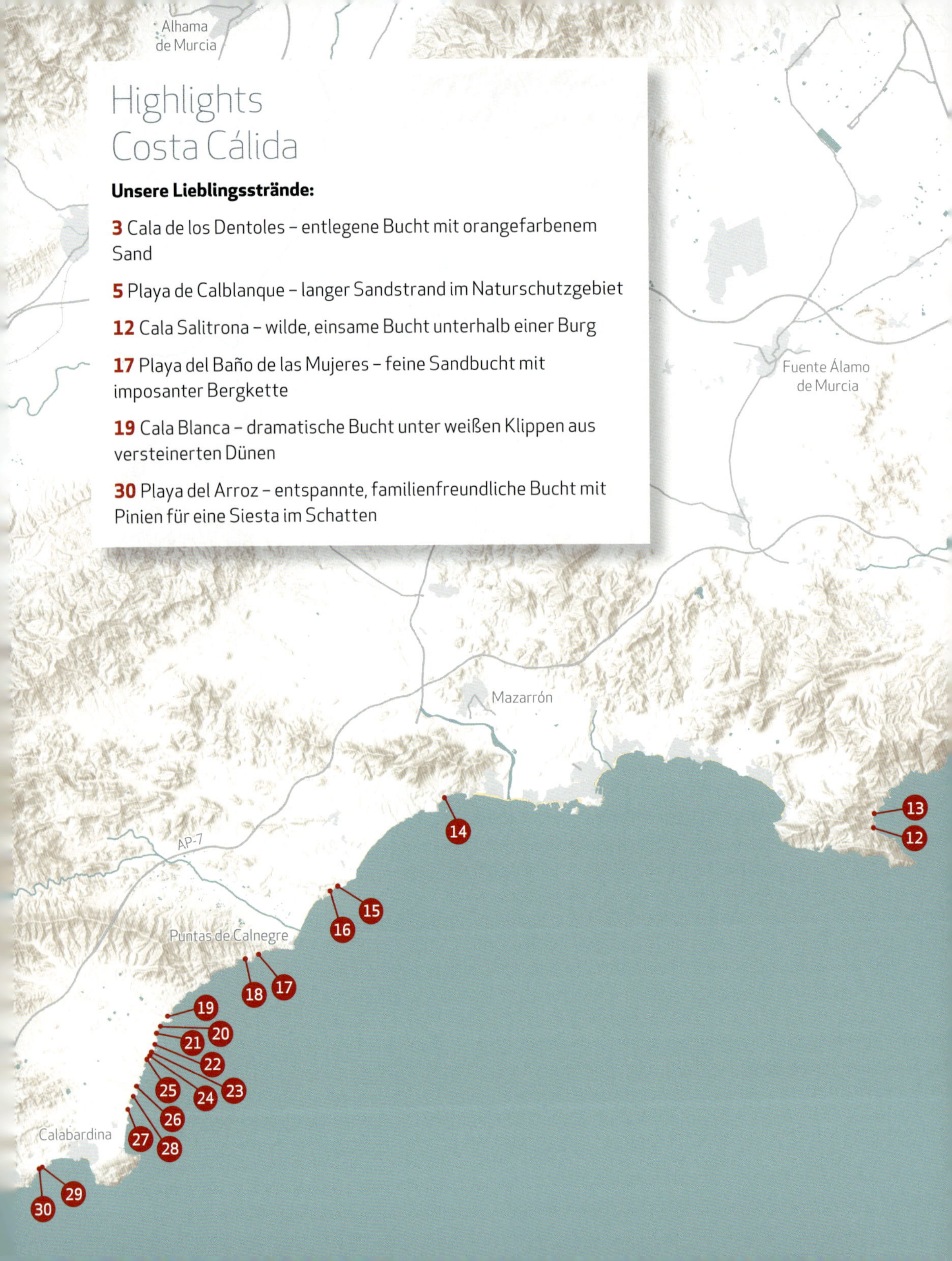

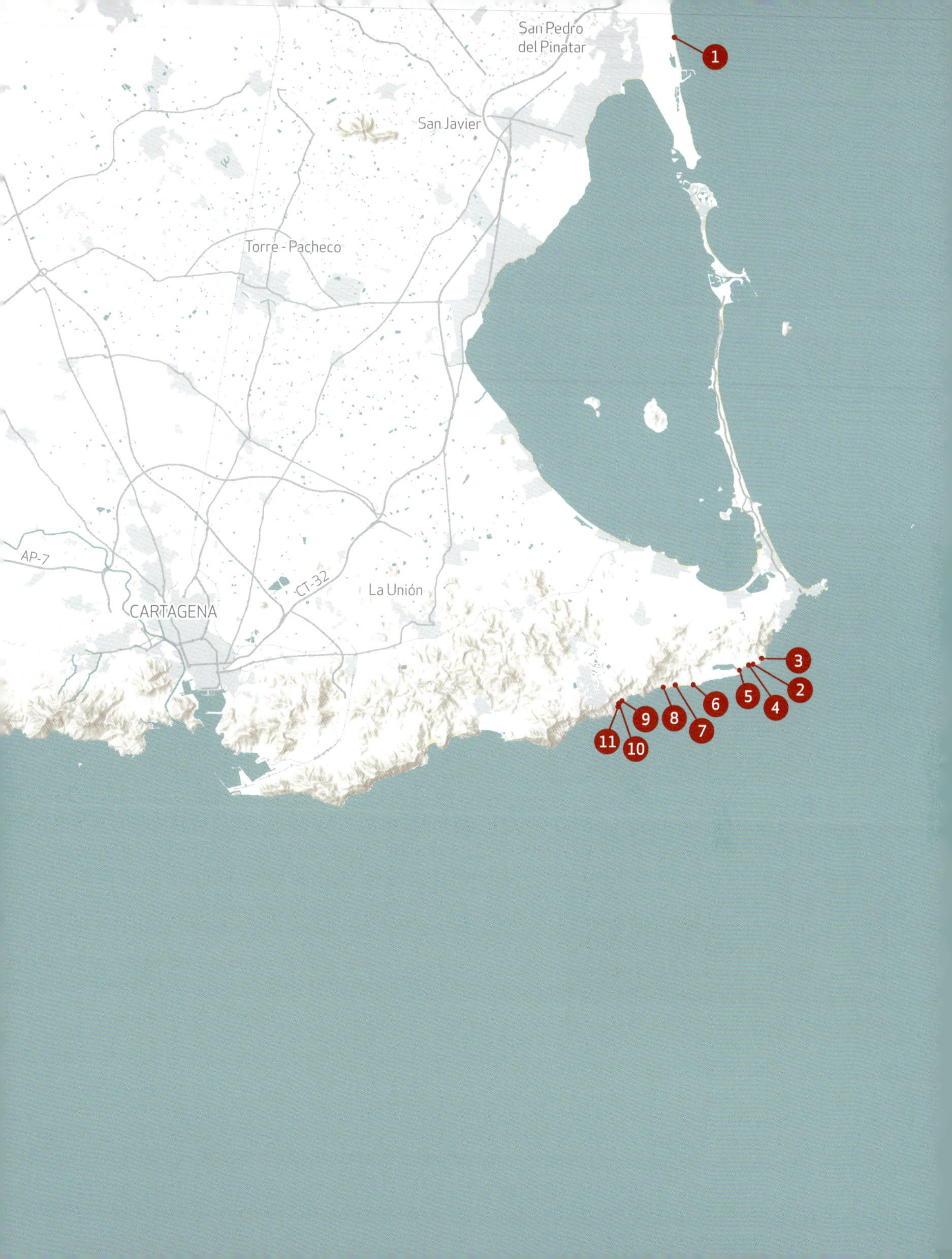
San Pedro del Pinatar
San Javier
Torre - Pacheco
AP-7
CT-32
La Unión
CARTAGENA
1
2
3
4
5
6
7
8
9
10
11

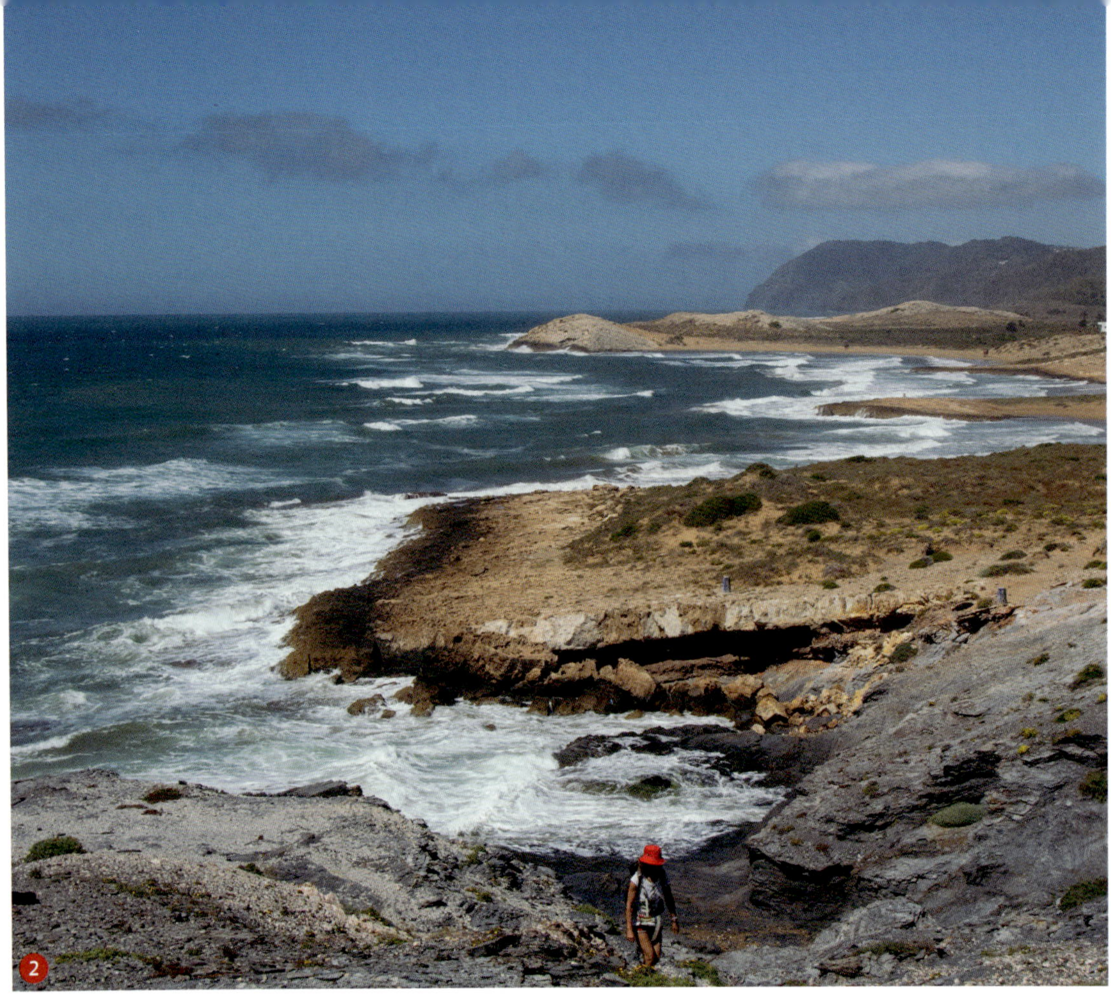

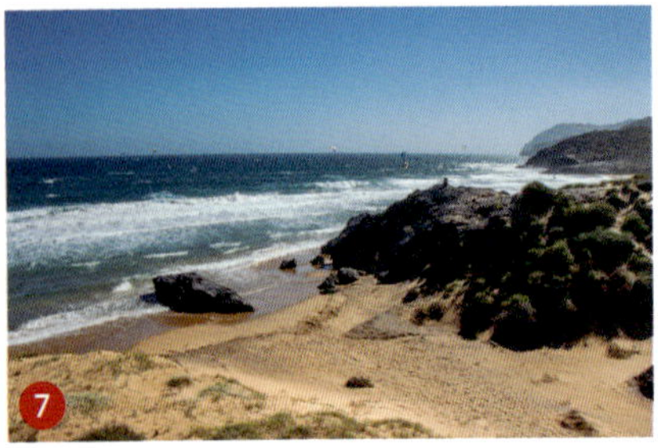

Das Wasser an Spaniens *Warmer Küste* ist durchschnittlich fünf Grad wärmer als in anderen Teilen des Mittelmeers, und das Mikroklima der Gegend sorgt dafür, dass die Temperaturen an Land das ganze Jahr über selten unter 18 Grad fallen. Am Anfang der Costa Cálida liegt das Mar Menor (das kleinere Meer), die größte Salzwasserlagune Europas, geschützt durch eine lange Landzunge aus Sand. Der Großteil der Küste liegt in Murcia, eine Region mit fruchtbarer Küstenebene, halbtrockenem, bewässertem Land und Bergen. Weite Küstenabschnitte mit Klippen aus Kalk- und Vulkangestein und versteckten Buchten wie La Muela, Cabo Tiñoso und Roldán am Golf von Mazarrón stehen unter Naturschutz. Die zerklüfteten Felswände sind ideale Nistplätze für Raubvögel, darunter auch Steinadler, Habichtsadler und Wanderfalken. ▶

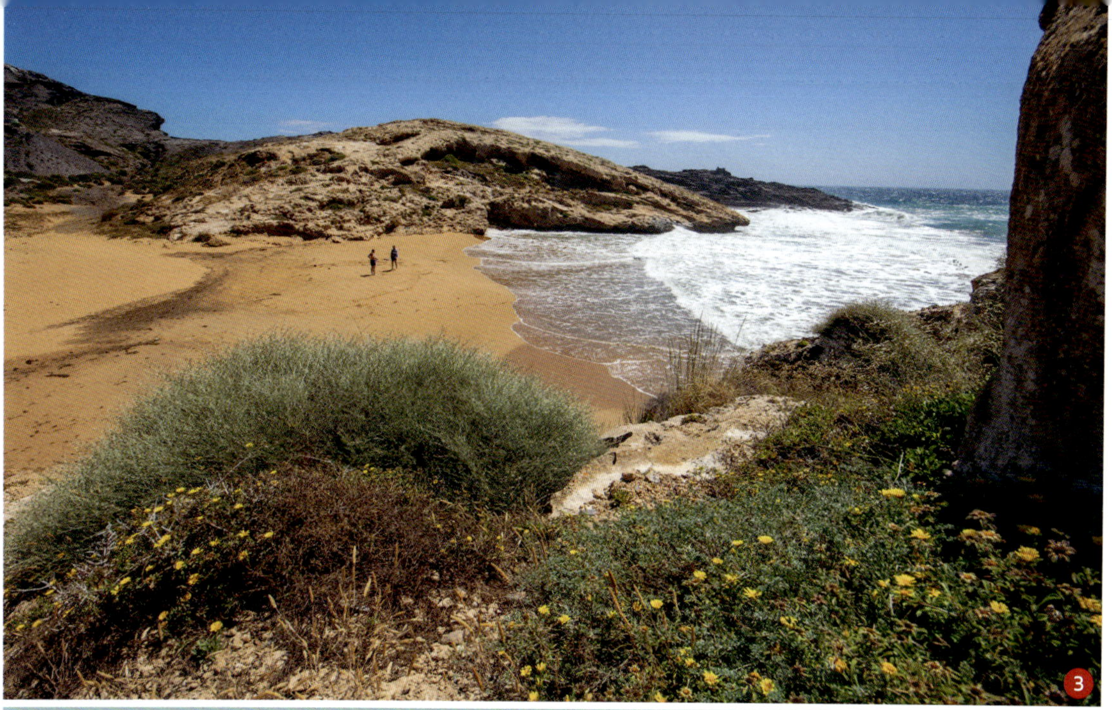

3

San Pedro de Pinatar, Parque Regional Calblanque

1 PLAYA TORRE DERRIBADA, SAN PEDRO DE PINATAR

Oft sieht man Flamingos in den Salinen hinter diesem weiten Sandstrand.

➔ Von San Pedro del Pinatar auf der Av. del Puerto 1 km Richtung Norden, beim Kreisverkehr die erste Ausfahrt und 1 km die Av. de las Salinas entlang, dann links parken. Den Wegen zum Strand folgen. Parken 37.8328, -0.7664

Leicht 10 Min. 37.8347, -0.7606

2 CALA MAGRE, CALBLANQUE

Sandstrand, der an flache Dünen mit Ginster und gelben Strand-Astern grenzt.

➔ Von Los Belones auf der RM12 für 1,8 km nach Osten, rechts halten und auf die Zufahrtsstraße (*vía servicio*) nach Calblanque, rechts Richtung *Calblanque*, nach 1 km links Richtung *Calblanque, Arturo, Magre*. Nach 240 m in der Nähe vom Tor parken. Den Weg links bis zur Cala Magre (3 km). Parken 37.6113, -0.7503

Leicht 45 Min. 37.6054, -0.7242

3 CALA DE LOS DENTOLES, CALBLANQUE

Orangefarbener Sand und weitab vom Treiben der Menge.

➔ Wegbeschreibung siehe Cala Magre (2), aber (dem Meer zugewandt) nach links weiter, auf dem GR92 (markiert mit rot-weißen Streifen) um die Landspitze und bergab zum Strand.

Leicht 60 Min. 37.6074, -0.7200

4 CALA ARTURO, CALBLANQUE

Kleiner, flacher Sandstrand.

➔ Wegbeschreibung siehe Cala Magre (2), aber 2,2 km vom Parkplatz rechts Richtung *Area Playa Calblanque*. Über die Stufen zum Strand.

Leicht 45 Min. 37.6051, -0.7265

5 PLAYA DE CALBLANQUE

Großer Sandstrand, umgeben von versteinerten Dünen, wildem Thymian und Rosmarin. Im Sommer möglicherweise voll.

➔ Wegbeschreibung siehe Cala Magre (2), aber (dem Meer zugewandt) 400 m nach links bis Calblanque.
Parken 37.6113, -0.7503

Leicht 50 Min. 37.6031, -0.7309

6 PLAYA LARGA, CALBLANQUE

Eigentlich mit dem Auto leicht zu erreichen, aber im Sommer darf im Parque Regional de Calblanque möglicherweise nur der Shuttlebus aus Los Belones fahren. Hotel La Estancia del Rincón (laestanciadelrincon.es): schöne Zimmer und Pool.

➔ Von Los Belones auf der RM12 für 1,8 km nach Osten, rechts halten auf die Zufahrtsstraße (*vía servicio*) nach Calblanque, rechts Richtung *Calblanque*, nach 1 km rechts Richtung *Playa Larga y Playa Negrete* und der ausgeschilderten Straße 2,5 km bis zum Parkplatz folgen. Über den Bohlenweg zum Strand.
Parken 37.6009, -0.7528

Leicht 3 Min. 37.5980, -0.7531

7 PLAYA NEGRETE, CALBLANQUE

Sandstrand mit Wind- und Kitesurfern.

➔ Wegbeschreibung siehe Playa Larga (6), dann entweder zu Fuß rechts am Strand entlang oder vom Parkplatz den Schildern folgen (1 km).

Leicht 15 Min. 37.5980, -0.7616

8 PLAYA PARREÑO, CALBLANQUE

FKK-Strand, den man nach einer tollen Wanderung über Schieferberge mit wildem Rosmarin und Zwergkiefern erreicht.

➔ Wegbeschreibung siehe Playa Larga (6), den Parkplatz nach rechts verlassen, dem Wanderweg GR92 für 30 Min. folgen, bis man links den Strand sieht, dann über die Felsen hinunterklettern.

Mittel 30 Min. 37.5971, -0.7675

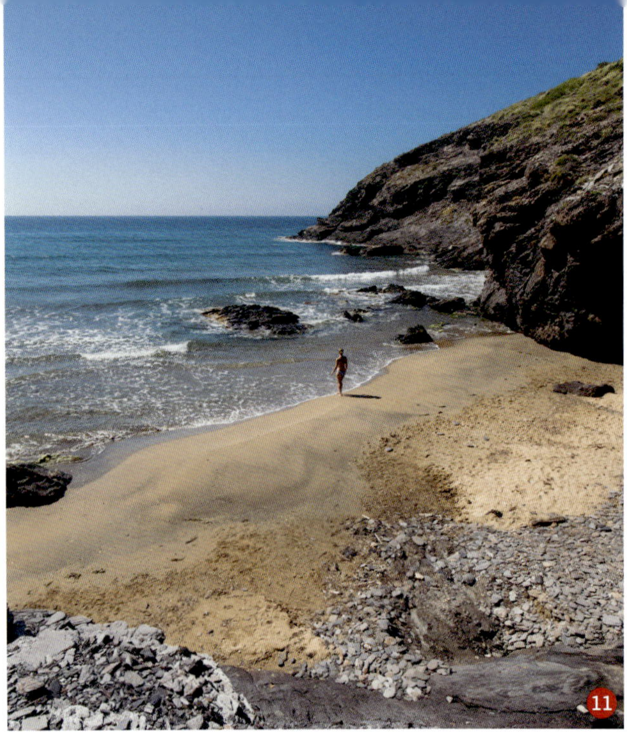

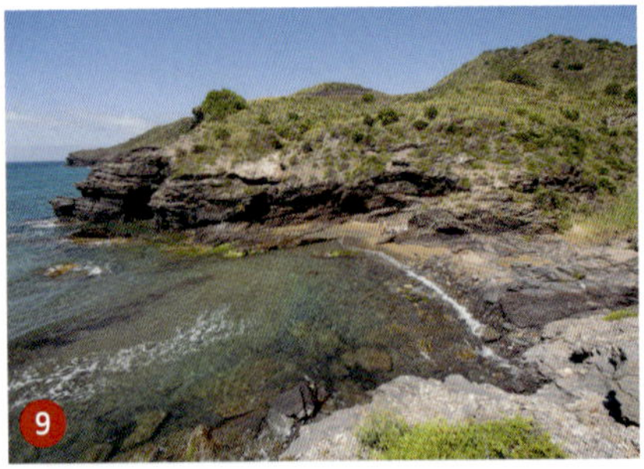

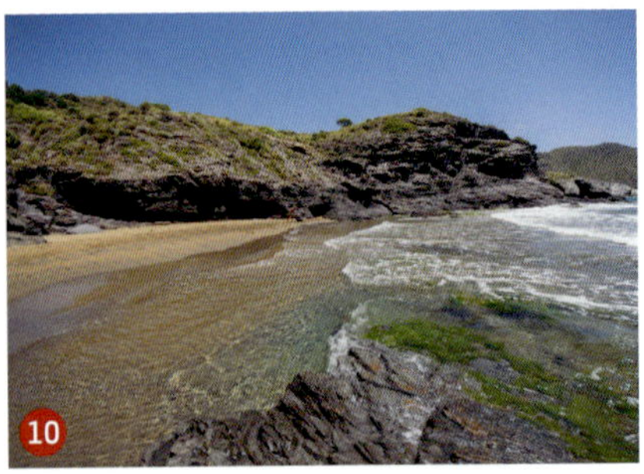

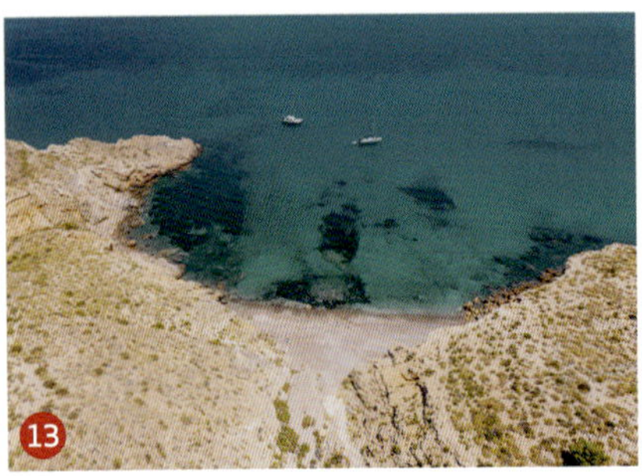

Zur Cala Salitrona (12) folgen wir einem herrlichen, von Lavendel, gelben Strand-Astern und goldenen Disteln gesäumten Küstenwanderweg. Unser Soundtrack ist das melodische Summen der Bienen, und wir genießen den unglaublichen Blick über die Bucht zum Cabo Tiñoso.

An der Küste des Parque Regional de Calblanque reihen sich makellose goldene Strände aneinander wie Perlen an einer Kette. Im Naturschutzgebiet Salinas de San Pedro beobachten wir Flamingos und Reiher, die hier auf ihrer Durchreise Station machen. Bei einer nachmittäglichen Wanderung verschlägt es uns an den einsamen Strand der Cala de los Dentoles (3) am Fuß des Cerro de Atalayón, wo wir uns in die schäumenden Wellen werfen. Über versteinerte Dünen wandern wir weiter zur verlassenen Playa de Calblanque (5), dann weiter über Berghänge mit Zwergpalmen, wildem Rosmarin und gelben Zistrosen. An der Playa Negrete (7) staunen wir über die geballte Wucht des Windes und die Unermüdlichkeit der Kitesurfer, während FKKler an den entlegenen Stränden im Naturpark die Einsamkeit genießen.

Als wir zu den Buchten von Atamaría unterwegs sind, dirigiert uns das Navi zu unserer Verblüffung direkt zum ▶

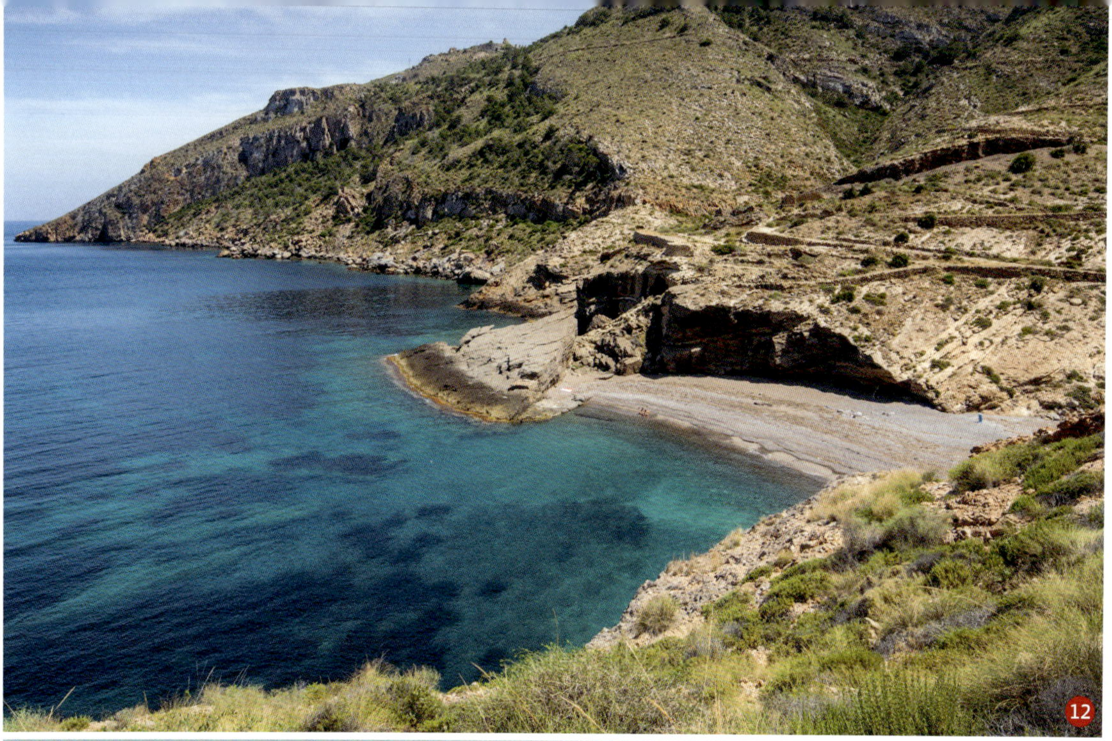

Von Atamaría bis Campilla de Adentro

9 CALA DEL CUERVO, ATAMARÍA

Die einsame *Krähenbucht* erreicht man nach einer anstrengenden Wanderung über von wildem Rosmarin, Ginster und Zwergkiefern gesäumte Wege. Schön zum Nacktbaden.

➔ Von Belones auf der RM-314 für 2,6 km Richtung Südwesten, beim Kreisverkehr die dritte Ausfahrt und nach 350 m links in den La Manga Club (eventuell muss man sich beim Wachdienst ausweisen). Der Straße 850 m folgen, dann links auf die Calle Estrella, nach 1,2 km links auf die Calle la Zorrera, nach 450 m links parken. Richtung Westen gehen, ungefähr zu dem Schild, das Campen verbietet, und den steilen Schieferweg 300 m bergab (rot-weiße Wegweiser), am Fuß des Hangs vor der Cala Golera (11) wieder links und nach 100 m vorbei an der Cala de las Cañas (10). Weitere 300 m, dann rechts durch eine Erosionsrinne und über Felsen zum Strand. Parken 37.5913, -0.7924

Mittel 40 Min. 37.5923, -0.7867

10 CALA DE LAS CAÑAS, ATAMARÍA

Kleine Sandbucht, umgeben von dunklem Schiefer.

➔ Wegbeschreibung siehe Cala del Cuervo (9). 100 m hinter der Cala Golera (11) über einen Trampelpfad zum Strand.

Mittel 30 Min. 37.5913, -0.7882

11 CALA GOLERA, ATAMARÍA

***Geierbucht*. Kleine Sandbucht, perfekt für zwei.**

➔ Wegbeschreibung siehe Cala del Cuervo (9), aber nicht links, sondern weiter den Hang hinunter und ganz unten über die Felsen zum Strand.

Mittel 25 Min. 37.5902, -0.7887

12 CALA SALITRONA, CAMPILLA DE ADENTRO

Unglaublich wild. Nehmen Sie ein Picknick mit, verbringen Sie den ganzen Tag hier, und schwimmen Sie zur Cala de las Chapas (links). Camping Los Madriles (campinglosmadriles.es): sehr empfehlenswert, mit Salzwasserpool.

➔ Von Azohia 2 km nach Osten Richtung Passaje la Azohia, rechts auf die RM-E23 (7 km). Wenn die Burg näher kommt, in der Nähe des Tors vor der Batería de Castillitos parken. Vom Parkplatz Richtung Festung gehen, beim Betonunterstand links, die Stufen hinunter, durchs grüne Metalltor und dem *Camino a Cabo Tiñoso* folgen (rot-grün-weiße Wegmarkierungen). Nach 3,6 km bei der Markierung auf einem Felsen rechts zum Strand. Parken 37.5411, -1.1258

Mittel 50 Min. 37.5487, -1.1268

13 CALA DEL POZO DE LA AVISPA, CAMPILLA DE ADENTRO

***Wespenbrunnenbucht*. Ziel einer schönen Wanderung übers Cabo Tiñoso y Roldán mit weitem Blick über die Bucht und die Sierra de la Muela. Packen Sie Proviant ein, und folgen Sie einem von Zwergpalmen, Wildblumen und Rosmarin gesäumten Weg, während Sie dem melodischen Summen der Bienen lauschen. Diese einsame Bucht vor gelben versteinerten Dünen hat klares blaues Wasser, und man kann zur Cala de las Chapas schwimmen.**

➔ Wegbeschreibung siehe Cala Salitrona (12), aber weitere 1,4 km auf dem Weg und links dem Trampelpfad über die Landspitze folgen bis zu einer Pinie (links). Parken 37.5411, -1.1258

Mittel 70 Min. 37.5539, -1.1264

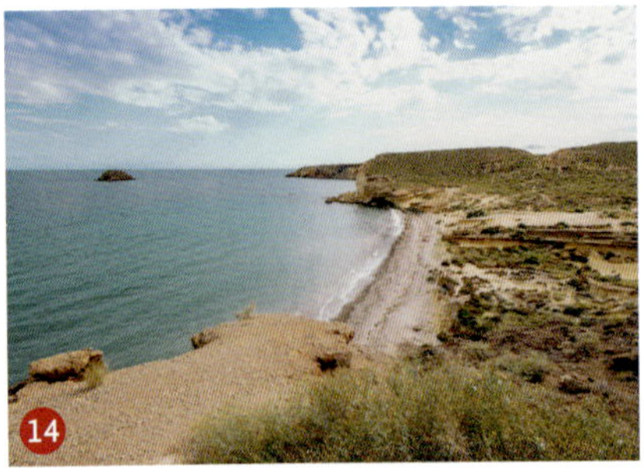

14

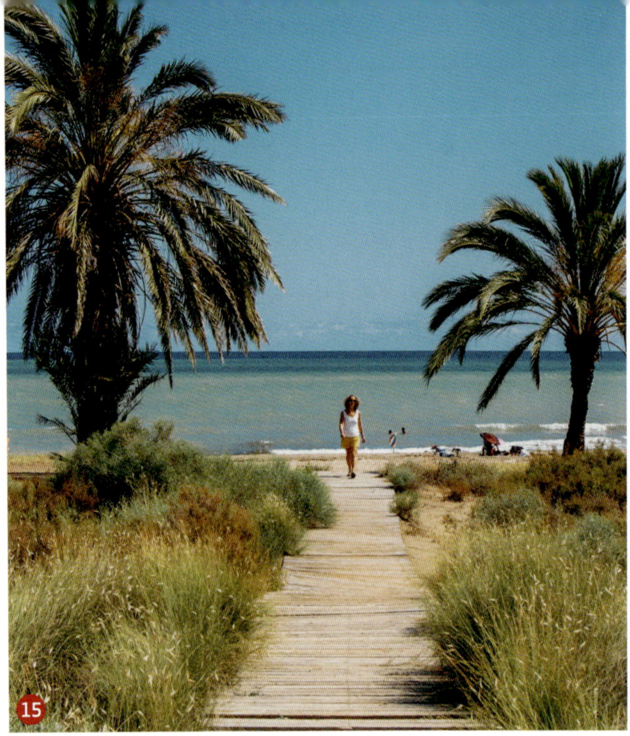

15

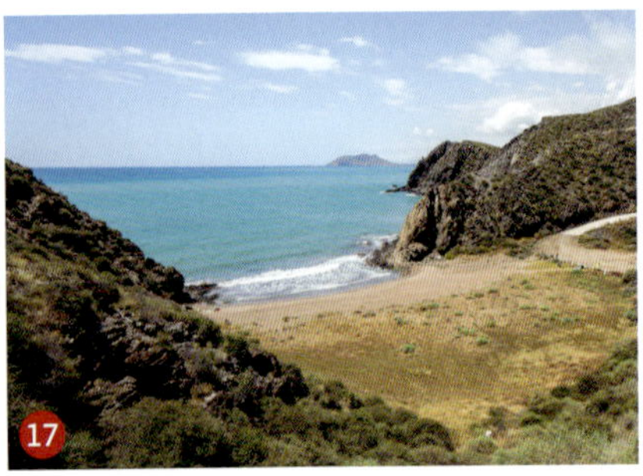

17

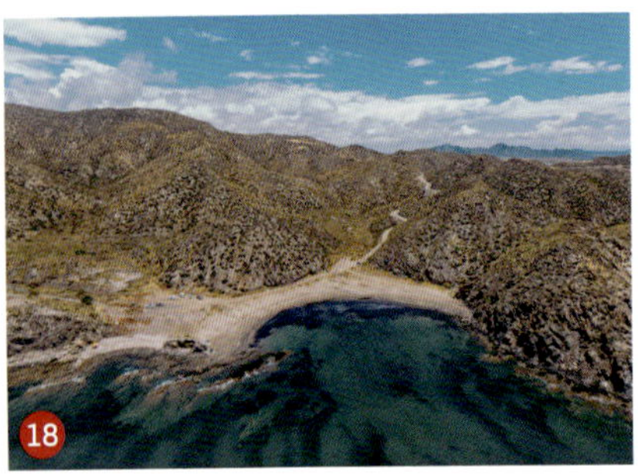

18

Sicherheitstor des La Manga Club, ein exklusives Golfhotel, berüchtigt für Skandale mit berüchtigten Fußballern. Ein uniformierter Wachmann beäugt misstrauisch unser 25 Jahre altes Gefährt, und wir sehen ihn mit hochgezogenen Brauen an, während uns ein mulmiges Gefühl beschleicht. Hinter uns stauen sich Luxusschlitten, die ungeduldig die Motoren aufheulen lassen. „Wollen Sie zum Strand?". „Ist das denn erlaubt?", fragen wir eingeschüchtert. „Natürlich", erwidert er zu unserer Überraschung freundlich. Das spanische Ley de la Costa (Küstengesetz) von 1989 sollte die Küste vor Erosion und übertriebener Urbanisierung schützen. Es verbot die Privatisierung einzelner Küstenabschnitte und machte die gesamte Länge der Öffentlichkeit zugänglich. Der Wachmann kontrolliert unsere Ausweise, und wir setzen unsere Reise fort, vorbei an opulenten Villen, um die Nacht in unserem eigenen Penthouse zu verbringen – ein leerer Parkplatz mit Blick auf die Küste. Am nächsten Morgen entdecken wir ein Buchten-Trio – Cuervo (9), Cañas (10) und Golera (11) (Rabe, Schilf und Geier) – alle unberührt und menschenleer. Wir ziehen uns aus und baden im kristallklaren Wasser.

Die herrlich unberührte Küste des Parque Regional De Cabo Cope mit ihren dunklen Sandbuchten erstreckt sich über ▶

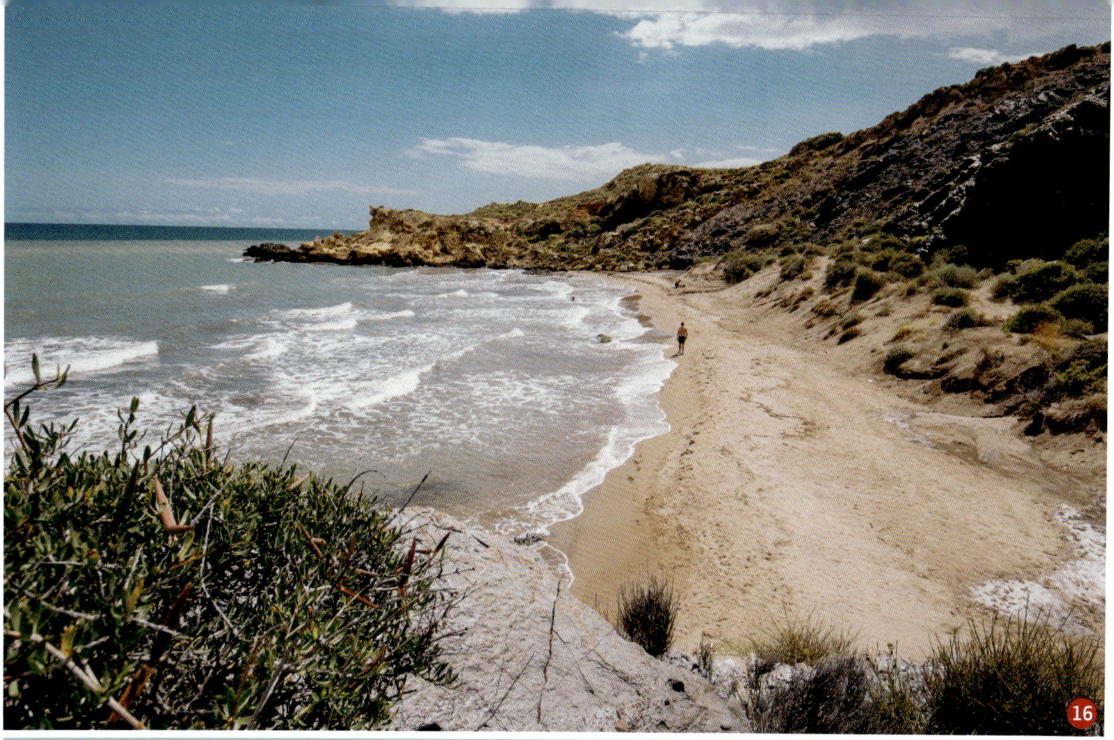

16

Von Mazarrón bis Puntas de Calnegre

14 PLAYA DE PIEDRA MALA, MAZARRÓN

Strand mit gelbem Sand und Steinen vor versteinerten Dünen und Felshängen mit wegerichblättrigem Natternkopf und Fußangelspornblumen. Camping Los Madriles (campinglosmadriles.es): ausgezeichneter Campingplatz mit Salzwasserpool.

→ Von Bolnuevo auf der Av. Pedro López Meca 400 m die Küste entlang Richtung Osten, beim Kreisverkehr die zweite Ausfahrt, um auf der Av. Pedro López Meca zu bleiben, nach 1,2 km links Richtung *Calas Nudistas*. Bergab und irgendwo parken, dann dem Küstenweg 800 m Richtung Osten folgen und links zum Strand. Parken 37.5633, -1.3199

Leicht 15 Min. 37.5617, -1.3289

15 PLAYA DE PERCHELES, MAZARRÓN

Rollstuhlgerechter Sandstrand in einer weiten Bucht zwischen Hügeln und Palmen. Schön für Familien. Nach rechts über die Felsen gelangt man zur Playa de las Minas (16).

→ Von Cañada de Gallego auf der Calle Antonio Saura Richtung Südwesten, dann links auf die RM-D21 und nach 140 m rechts zurück auf die Calle Antonio Saura für 300 m und weiter auf der Ctra. Mazarrón für 1,4 km. Links auf die Ctra. Percheles, nach 1,2 km links bis zum Parkplatz rechts (140 m). Über den Bohlenweg zum Strand. Parken 37.5308, -1.3802

Leicht 1 Min. 37.5299, -1.3805

16 PLAYA DE LAS MINAS, MAZARRÓN

Kleiner Strand mit Sanddünen, aber ohne Minen (*minas*). Eigentlich FKK.

→ Wegbeschreibung siehe Playa de Percheles (15), aber vom Parkplatz nach rechts, vorbei am runden, natürlichen Pool und über die Felsen zum Strand.

Mittel 10 Min. 37.5281, -1.3840

17 PLAYA DEL BAÑO DE LAS MUJERES, PUNTAS DE CALNEGRE

Der *Frauenbadestrand* liegt in schöner wilder Umgebung am Fuß von Hobbit-Bergen, die mit Ginster, Gräsern und Mittagsblumen gesprenkelt sind. In der Ferne liegt Cabo Cope und erinnert uns an einen liegenden Drachen. Die schwarzen Schieferplatten mit Silberglanz und Rostflecken verweisen auf das Eisenerz, das hier einst abgebaut wurde. Strandbar an der Playa Calnegre Guapa in der Nachbarbucht.

→ Von Puntas de Calnegre auf der RM-D21 für 1 km Richtung Nordwesten, dann links und der gewundenen Bergstraße 1,3 km folgen (bei der Straßengabelung rechts). Der Weg zum Strand ist steil, weshalb wir oben auf dem Berg geparkt haben. Parken 37.5057, -1.4191

Leicht 3 Min. 37.5054, -1.4185 P

18 PLAYA DEL SISCAL, PUNTAS DE CALNEGRE

Herrliche, flache, runde Sandbucht in den dunklen Calnegre-Bergen. Halten Sie Ausschau nach Schildkröten und Delfinen, und erkunden Sie den kleinen steinigen Strand und die Gezeitentümpel rechts. Behindertenparkplatz neben dem Strand.

→ Wegbeschreibung siehe Playa del Baño de las Mujeres (17), aber weiter, die sehr steile Schotterstraße hoch und über den Berg, nach 650 m unten am Strand parken (für ältere Fahrzeuge nicht empfehlenswert). Parken 37.5043, -1.4243

Leicht 2 Min. 37.5038, -1.4249 P

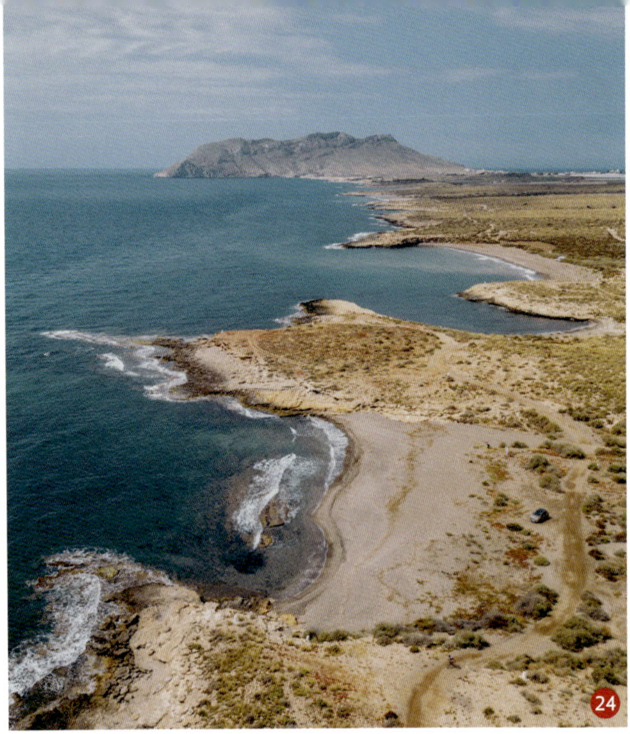

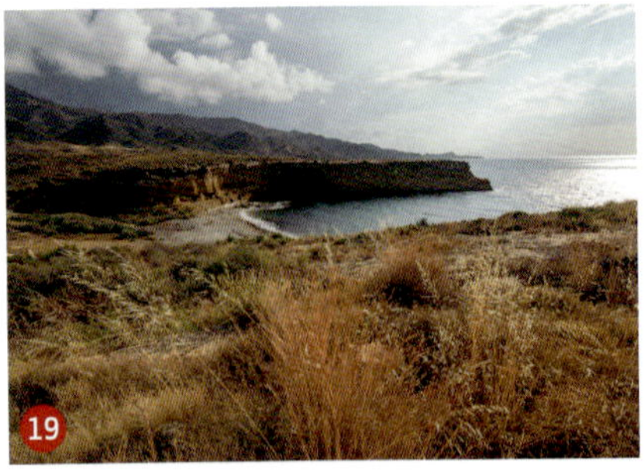

19

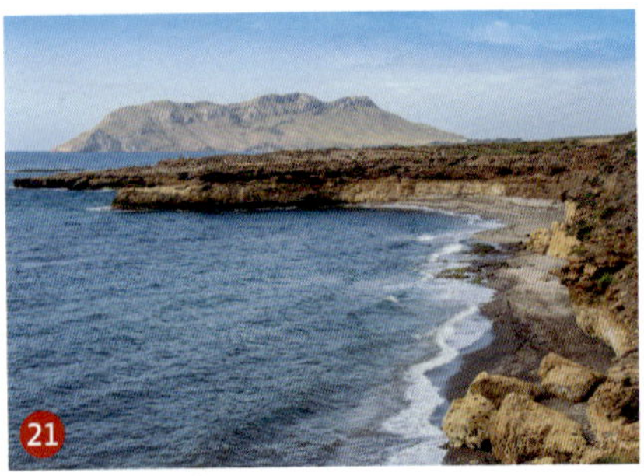

21

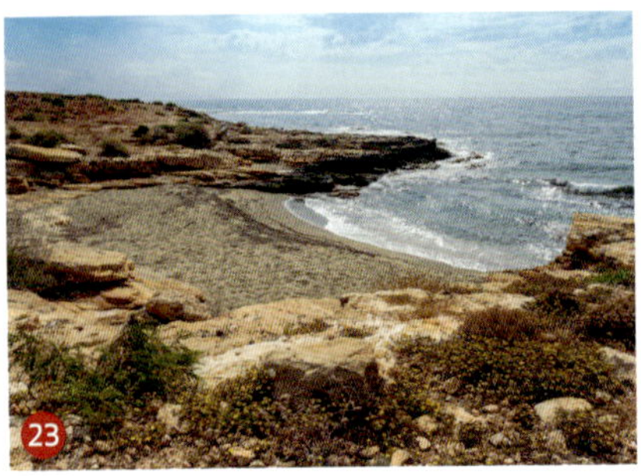

23

24

17 Kilometer von Puntas de Calnegre bis zum drachenähnlichen Kap. Als wir auf einer Bergstraße unterwegs sind, kommt plötzlich ein Gewitter auf – um uns herum prasselt der Regen auf die dunklen, zerklüfteten Berge, begleitet von Sturmböen und Blitzen. Schließlich geben wir auf, und als wir es am nächsten Tag erneut versuchen, badet die Landschaft in Sonnenschein und die Playa del Baño de las Mujeres (Frauenbadestrand) (17) sieht wunderschön und einladend aus. Cala Blanca (19) ist ein verwilderter Strand zwischen hohen weißen Klippen, auf denen man Vögel wie Blassbürzelsegler, Mauersegler, Dohlen und Felsentauben entdecken kann, die in den Löchern im Felsen ein- und ausfliegen. Die Region ist seit 1,5 Millionen Jahren besiedelt, und in kleinen Museen wie dem Museo Arqueológico Municipal de Águilas sind faszinierende historische Funde ausgestellt. Am südlichen Ende der Costa Cálida liegt Águilas mit schönen Stränden und Spuren von Römern und Phöniziern. Die Entdeckung von Silber und Eisenerz im frühen 19. Jahrhundert lockte Spekulanten und ein britisches Bergbauunternehmen an. Es wurde eine Bahnlinie zwischen Lorca und Águilas gebaut, um das Erz zu transportieren, sowie ein Anleger – das für Besucher geöffnete Embarcadero del Hornillo. Die Touristeninformation bietet kostenlose Führungen an.

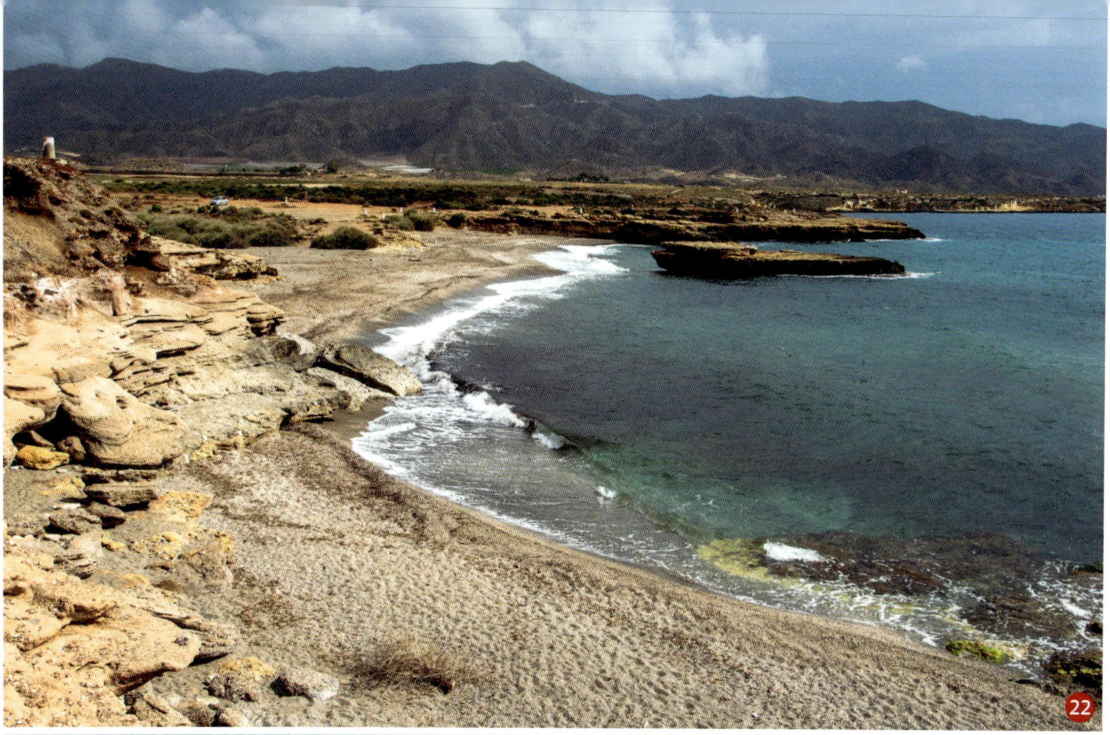

Parque Regional de Cabo Cope 1

Im Naturschutzgebiet des Cabo Cope in Murcia findet man jede Menge versteckte Strände und unberührte Buchten. Dieser 17 km lange Küstenabschnitt ist auch Vogelschutzgebiet, halten Sie also Ausschau nach Wanderfalken, Habichtsadlern, Wüstengimpeln und Korallenmöwen. Die Pflanzen haben sich an die salzigen Bedingungen angepasst, und hier gedeihen u. a. Sanddorn, Tamarisken, Strand-Sode, iberischer Gamander, Lavendel, weißer Spargel, gelbe Strand-Astern, Ginster, Salzkraut und Mittagsblumen. Mit Glück entdeckt man im Meer eine schwarze Schildkröte oder auf den Felsen eine Erzschleiche. Südwestlich von der Cala Blanca (19) findet man eine ganze Reihe unberührter Buchten. Der *Paseo Mediterráneo* GR92 führt an allen Stränden des Parks vorbei und ist beliebt bei Wanderern, Joggern und Mountainbikern.

19 CALA BLANCA

Dramatische Bucht mit Klippen, die aus versteinerten Dünen entstanden sind. Durch die Wellen sind am Fuß der Felsen eine große und diverse kleinere Höhlen entstanden. Aus den Hunderten kleinerer Löcher und Nischen hoch oben in den Klippen dringt Zwitschern und Zirpen, und man sieht Mauerschwalben, Dohlen und Felstauben ein- und ausfliegen.

➔ Von Águilas auf der RM-D14 für 2,8 km Richtung Osten, dann links Richtung *Cuesta de Gos*, um auf der RM-D14 zu bleiben, dann nach 5,4 km rechts Richtung *Camino El Cantar* (an der Bar El Pocico). Weitere 3,9 km, rechts halten Richtung Küste und nach 2,2 km links oberhalb der Bucht parken. Dem Weg zum Strand folgen. Oder von Chiringuito La Tortuga Mora 5 km dem Küstenwanderweg GR92 Richtung Nordosten folgen.
Parken 37.4827, -1.4631

Leicht 2 Min. 37.4833, -1.4623

20 PLAYA CANINA

***Hundestrand*. Der lange dunkle Sandstrand liegt unter gelben versteinerten Klippen.**

➔ Wegbeschreibung siehe Cala Blanca (19), dem GR92 für 400 m Richtung Südwesten folgen, dann links zum Strand.

Leicht 3 Min. 37.4796, -1.4658

21 PLAYA LARGA

Wild, ruhig und beliebt bei Wanderern.

➔ Wegbeschreibung siehe Cala Blanca (19), auf dem GR92 weiter Richtung Südwesten, vorbei an der Playa Canina und nach 500 m links zum Strand.

Leicht 10 Min. 37.4772, -1.4678

22 PLAYA DE LA GALERA

Unberührter Strand mit einem großen flachen Felsen namens Chapa de los Pàjaros, auf dem Kormorane und Möwen sich nach dem Fischfang trocknen.

➔ Wegbeschreibung siehe Cala Blanca (19), auf dem GR92 1,3 km weiter Richtung Südwesten.

Leicht 15 Min. 37.4731, -1.4686

23 CALA DE LAS PULGAS

***Flohbucht*. Winzige dunkle Sandbucht.**

➔ Wegbeschreibung siehe Cala Blanca (19), auf dem GR92 weitere 2 km Richtung Südwesten.

Leicht 25 Min. 37.4703,-1.4703

24 CALA DE LOS ABEJORROS

In der winzig kleinen *Hummelbucht* gibt es dunklen Sand und flache Landspitzen.

➔ Wegbeschreibung siehe Cala Blanca (19), weitere 2,1 km auf dem GR92 Richtung Südwesten.

Leicht 25 Min. 37.4689, -1.4711

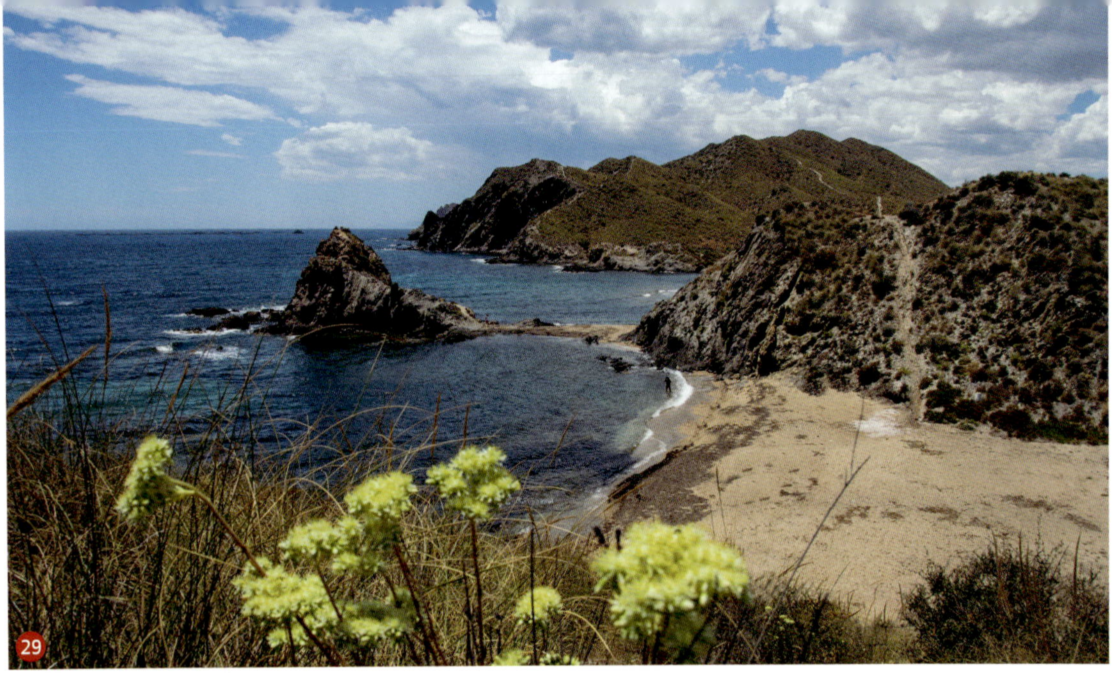

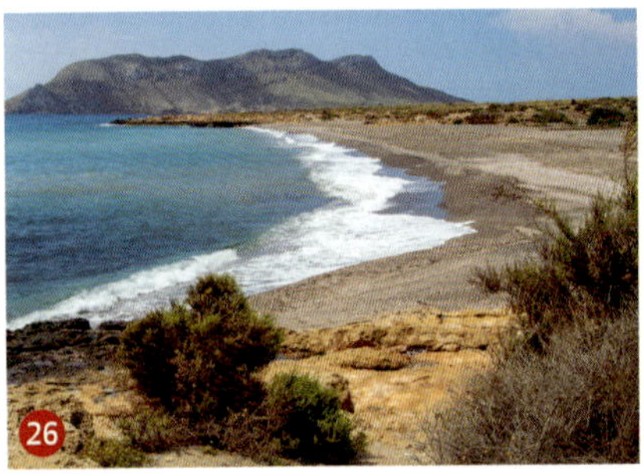

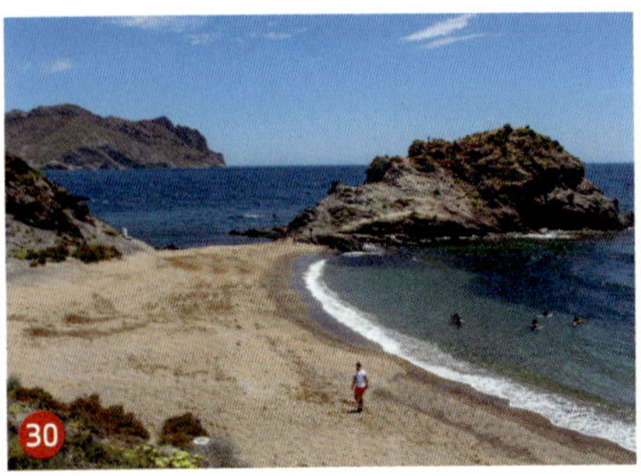

Bevor wir die Costa Cálida verlassen, besuchen wir Cartagena, eine historische Stadt mit einem natürlichen Hafen, die um 300 v. Chr. von den Karthagern gegründet und später von den Römern übernommen wurde.

Die Überreste eines Amphitheaters mit 6.000 Plätzen und das römische Forum im Cerro del Molinete sind gleichermaßen beeindruckend. Vom Castillo de la Concepción hat man einen fantastischen Blick auf die Stadt, und wir erfahren, dass die Einwohner von Cartagena im Spanischen Bürgerkrieg von Francos Truppen heftig bombardiert wurden, weil sie die republikanische Flotte mit Waffen versorgt hatten.

Me abandono en tu mar, me dejo tuya
como darse hay que hacerlo para serte.
Si cerrara los ojos quedaría
hecha un ser y una voz: ahogada viva.

Ich gebe mich deinem Meer hin, ich überlasse mich dir,
denn ich muss mich aufgeben, um du zu sein.
Schlösse ich die Augen, bliebe ich
als Wesen und als Stimme: lebendig ertrunken.

Aus *Ante ti* (Vor dir),
Carmen Conde Abellán (1907–1996)

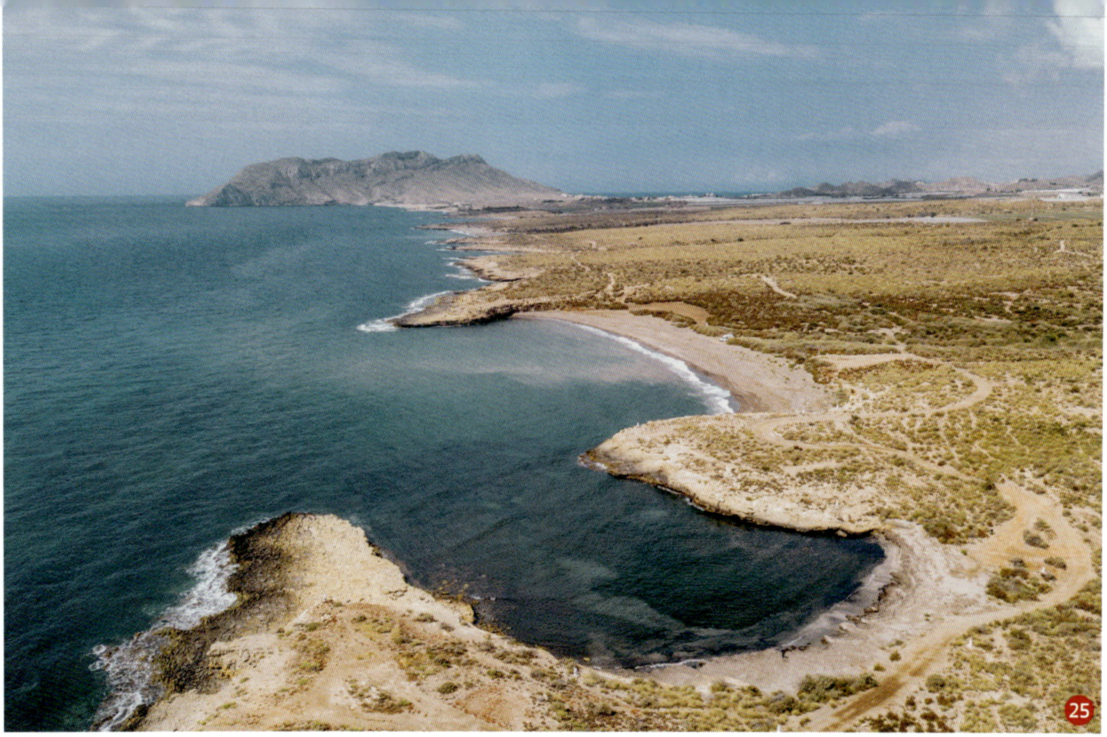

Von Parque Regional de Cabo Cope 2 bis Águilas

25 PLAYA EL POZO DE LAS HUERTAS & CALA DEL POCICO DE LAS HUERTAS

Zwei benachbarte Strände mit dunklem Sand. Der „Arm" der Bucht ist wahrscheinlich ein von den Römern gebauter Anleger, von dem die in den Bergen abgebauten Mineralien exportiert wurden.

→ Wegbeschreibung siehe Cala Blanca (19), dann weitere 2,4 km auf dem GR92 Richtung Südwesten. Cala del Pocico de las Huertas liegt auf der anderen Seite der kleinen Landspitze: 37.4662,-1.4739.

Leicht 30 Min. 37.4678, -1.4724

26 PLAYA DE RAMBLA ELENA, CABO COPE

Langer, dunkler Sandstrand zwischen flachen Landspitzen. Rechts ragt in der Ferne Cabo Cope auf, und es wächst blaugrüner Tabak.

→ Wegbeschreibung siehe Cala Blanca (19), dann weitere 3,7 km auf dem Küstenwanderweg GR92 Richtung Südwesten.

Leicht 45 Min. 37.4578, -1.4776

27 PLAYA DEL CHARCO, CABO COPE

Halbrunder, von Felsen flankierter FKK-Strand. Mit Glück sieht man Schildkröten, die im Sand ihre Eier legen.

→ Von Águilas auf der RM-D14 für 3 km Richtung Nordosten, rechts auf die RM-D15, nach 5,7 km rechts und irgendwo parken. Den Schildern zur Playa del Charco folgen. Oder von der Cala Blanca (19) für 5 km auf dem Küstenweg GR92 Richtung Südwesten. Parken 37.4489, -1.4825

Leicht 5 Min. 37.4494, -1.4819

28 PLAYA DE PIEDRAS NEGRAS, CABO COPE

Der abgeschiedene *Strand der schwarzen Steine* wird von versteinerten Dünen umschlossen, die durch Wellenerosion geformt wurden. Camper Park Tortuga Mora: günstiger, entspannter Wohnmobilstellplatz mit einfacher, aber sauberer Anlage. In der Bar gibt es kalte Getränke, gute Musik und eine fantastische Aussicht auf Cabo Cope.

→ Wegbeschreibung siehe Playa del Charco (27), dann 800 m auf dem GR92 Richtung Nordosten und über marode Holzstufen zum Strand.

Leicht 30 Min. 37.4542, -1.4792

29 PLAYA DEL PINO, ÁGUILAS

***Pinienstrand.* Einsamer Sandstrand zwischen zwei mit Nizza-Mauerpfeffer bedeckten Bergen. Interessante Landenge und Insel, schön zum Schnorcheln. Fest in der Hand einheimischer Familien. Behindertenparkplatz neben dem Strand.**

→ Von Águilas auf der RM-D14 für 3 km Richtung Nordosten, dann rechts auf die RM-D15 Richtung Calabardina und nach 800 m rechts auf einen nicht ausgeschilderten Weg bergab zum Strand.
Parken 37.4293, -1.5235

Leicht 1 Min. 37.4290, -1.5236 P

30 PLAYA DEL ARROZ, ÁGUILAS

***Reisstrand.* Friedliche, halbrunde Bucht in der Hand einheimischer Familien. Wegen eines Felsriffs in der Mitte ist der Einstieg ins Wasser an den Rändern der Bucht leichter. Die Bäume hinter dem Strand bieten Schatten für die Siesta nach der Paella. Behindertenparkplatz praktisch am Strand. Keine Gastronomie.**

→ Wegbeschreibung siehe Playa del Pino (29), aber nach nur 450 m rechts auf den ersten nicht ausgeschilderten Weg und hinunter zum Strand.
Parken 37.4286, -1.5254

Leicht 1 Min. 37.4284, -1.5252 P

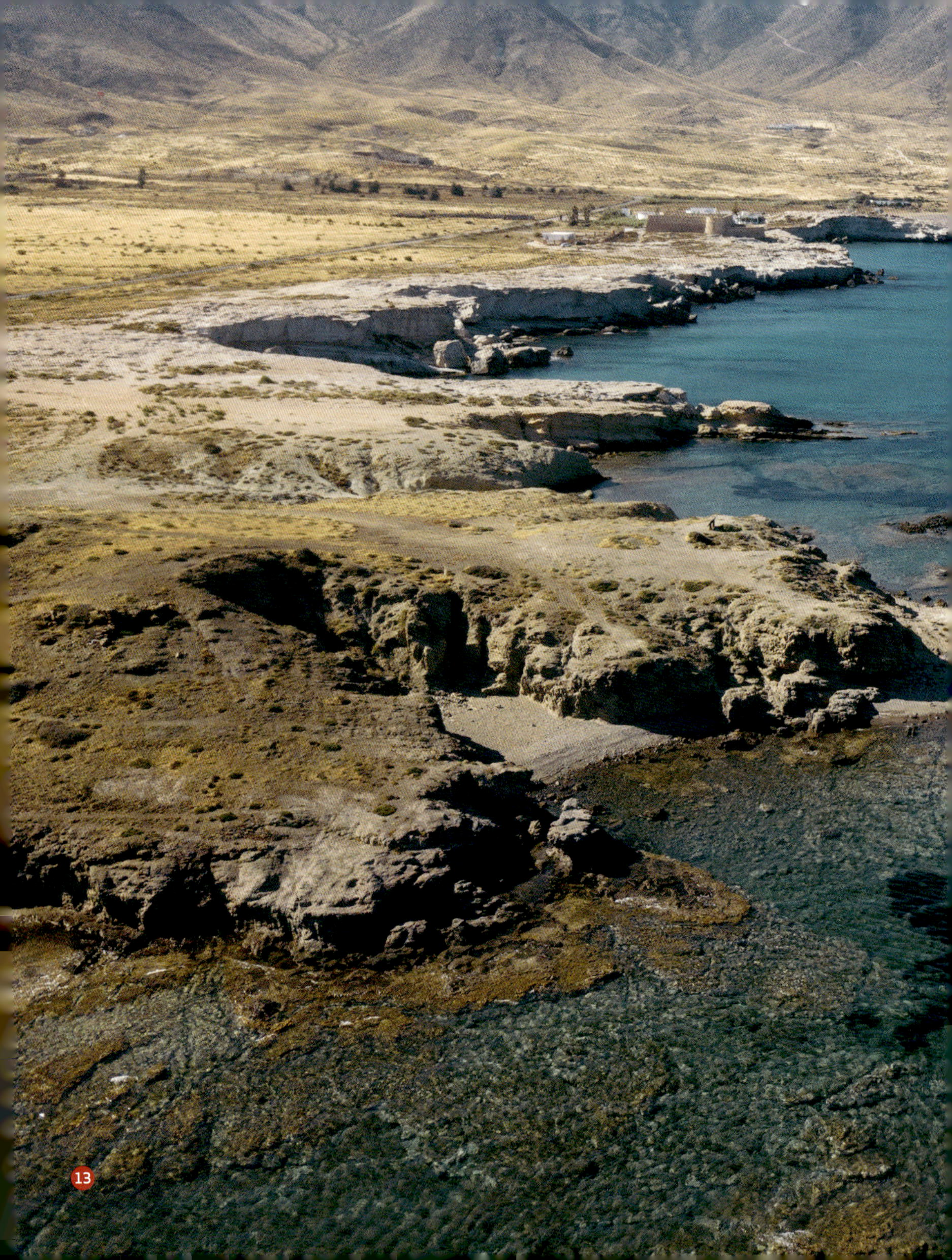
13

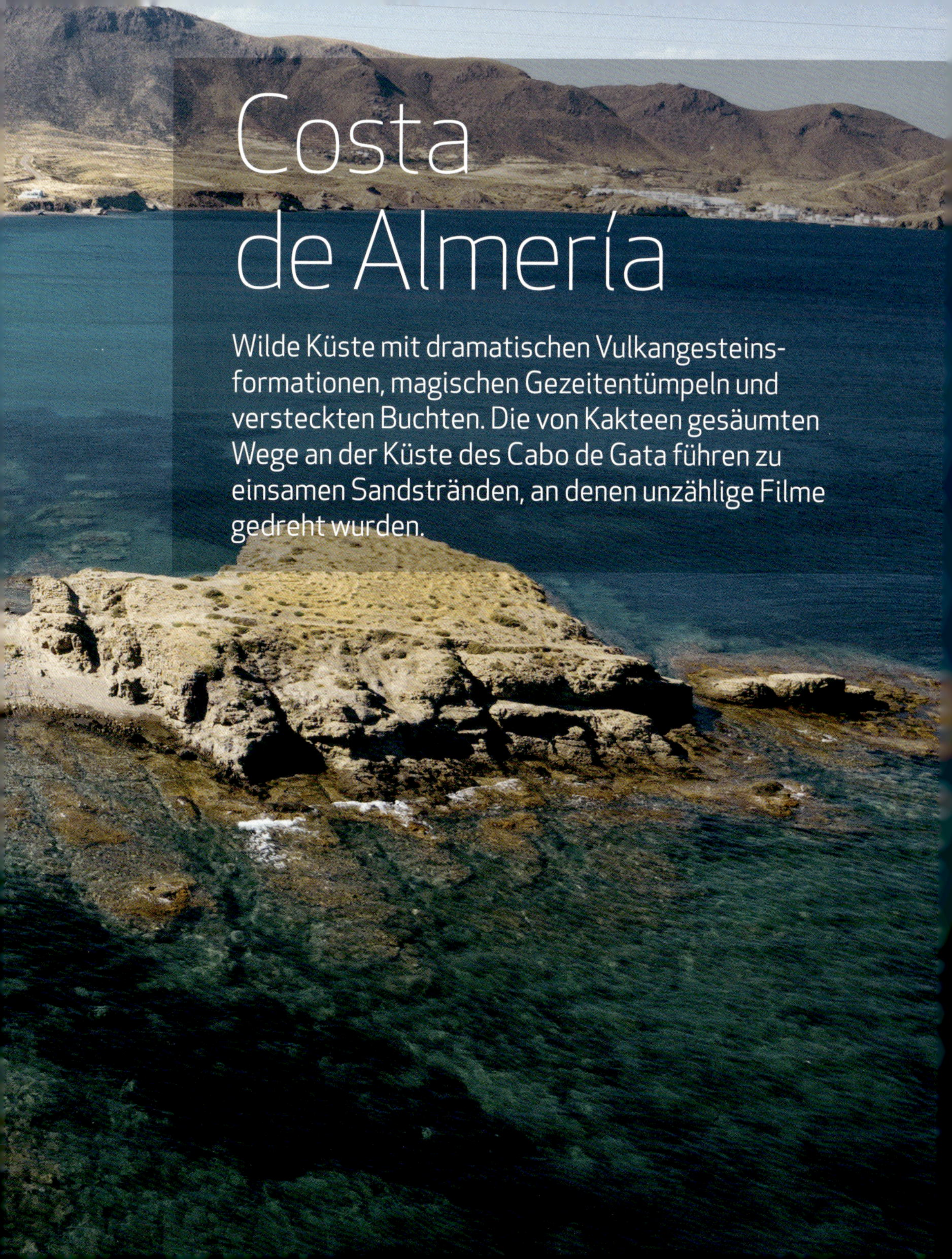

Costa de Almería

Wilde Küste mit dramatischen Vulkangesteinsformationen, magischen Gezeitentümpeln und versteckten Buchten. Die von Kakteen gesäumten Wege an der Küste des Cabo de Gata führen zu einsamen Sandstränden, an denen unzählige Filme gedreht wurden.

Highlights Costa de Almería

Unsere Lieblingsstrände:

1 Playa de las Palmeras – versteinerte Dünen und ein natürlicher Meerwasserpool

6 Cala del Elefantito – hübsche Bucht mit Felsbänken, Gräsern und Lavendel

8 Playa de la Hoya – wilder Strand unter Sandsteinklippen am Ende eines Flussbetts

9 Playa de los Muertos – riesiger Sandstrand mit Aussichtspunkt

12 Cala del Plomo – außergewöhnliche Bucht, versteckt in einem Tal mit Palmen und Zypressen

17 Playa del Barronal – FKK-Paradies im Herzen des Naturparks Cabo de Gata

21 Arrecife de las Sirenas – sensationelle geschlossene Bucht mit Lavaformationen

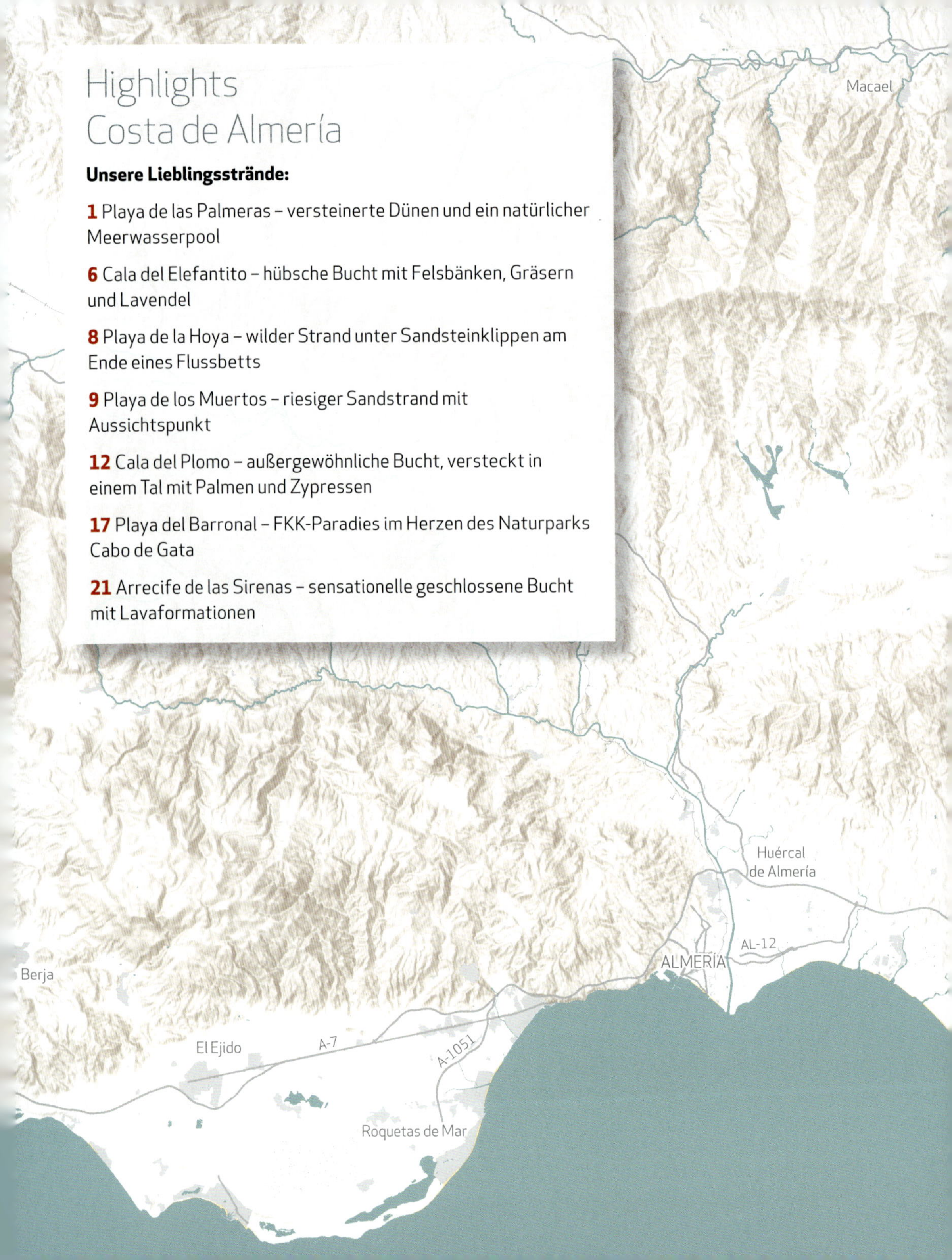

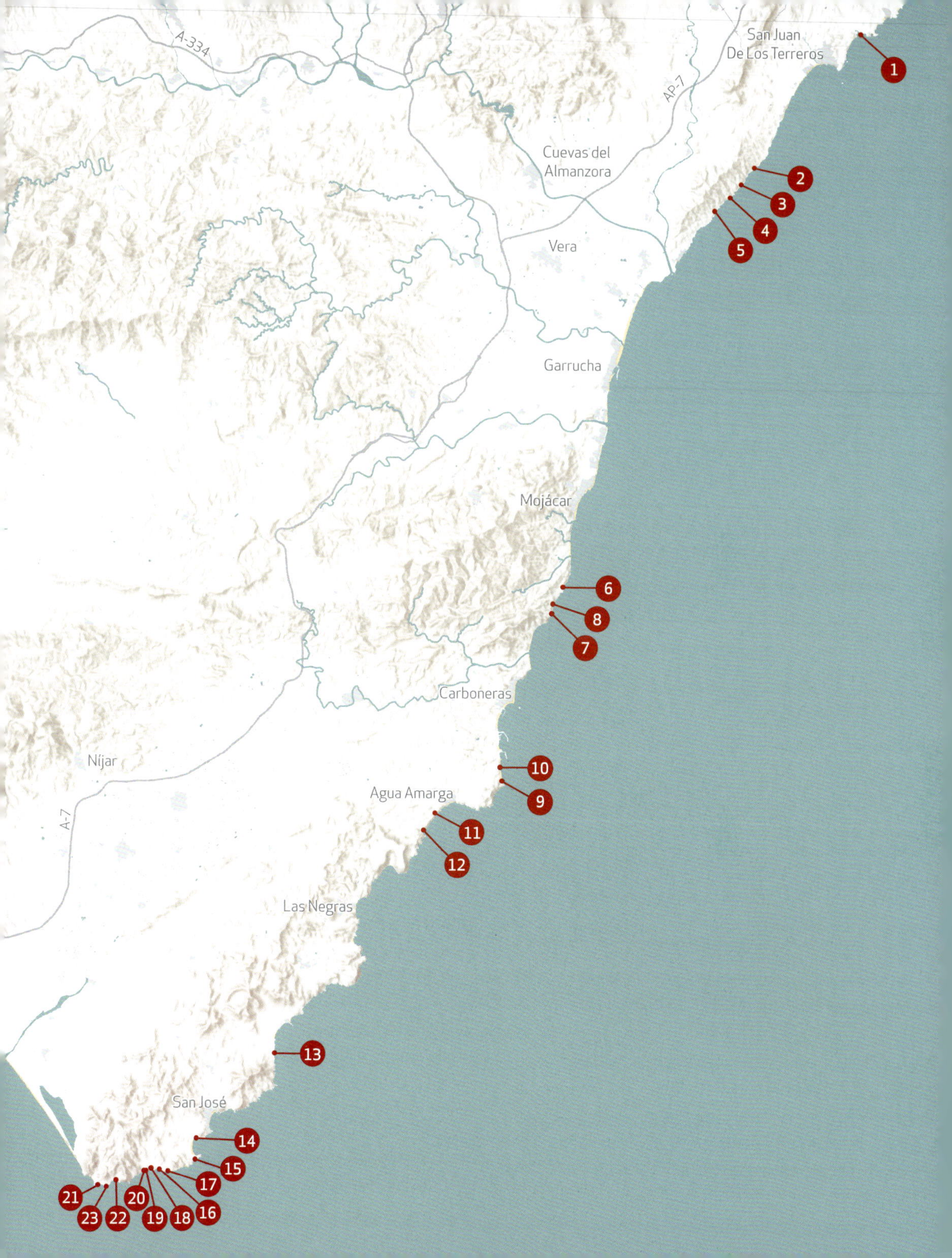

San Juan De Los Terreros
A-334
AP-7
Cuevas del Almanzora
Vera
Garrucha
Mojácar
Carboneras
Níjar
A-7
Agua Amarga
Las Negras
San José
1
2
3
4
5
6
7
8
9
10
11
12
13
14
15
16
17
18
19
20
21
22
23

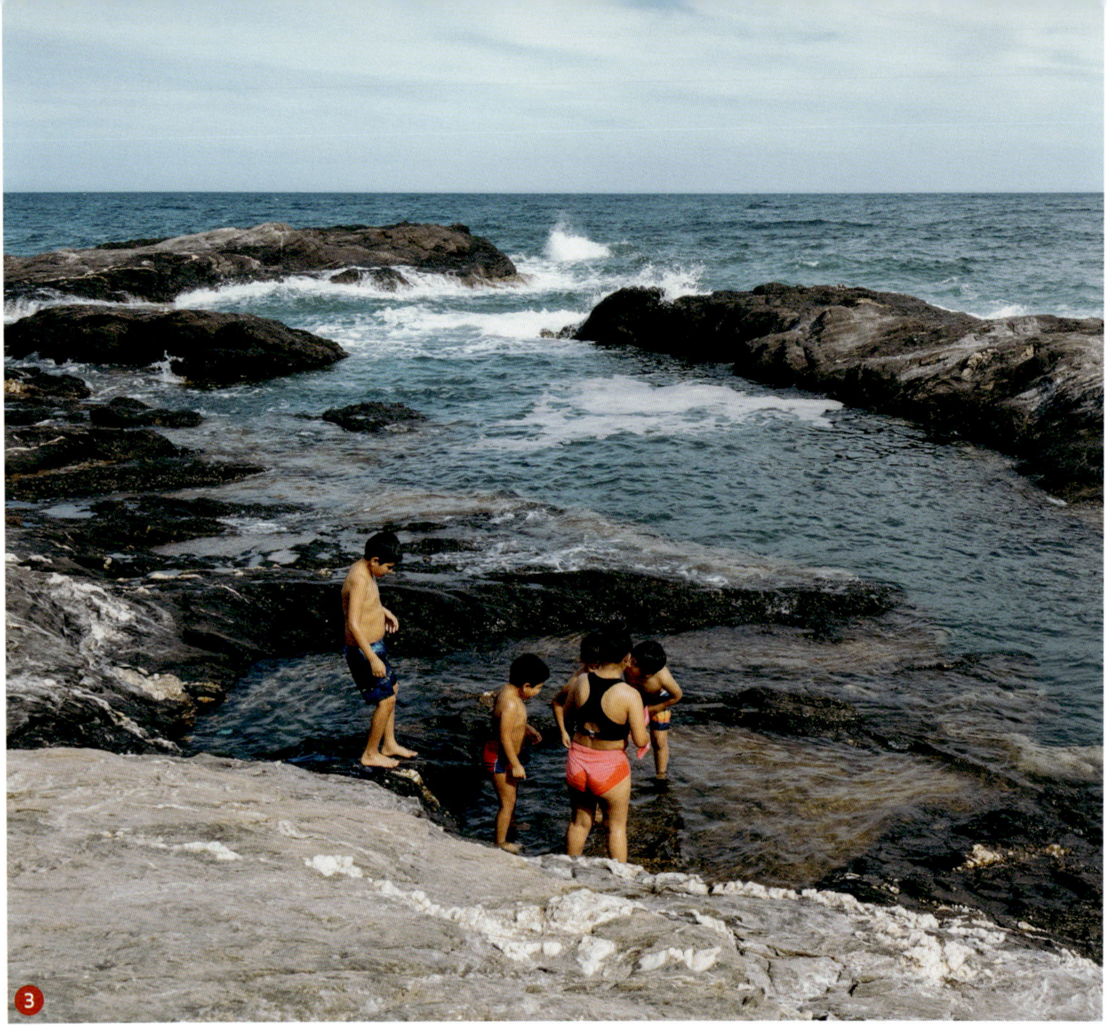

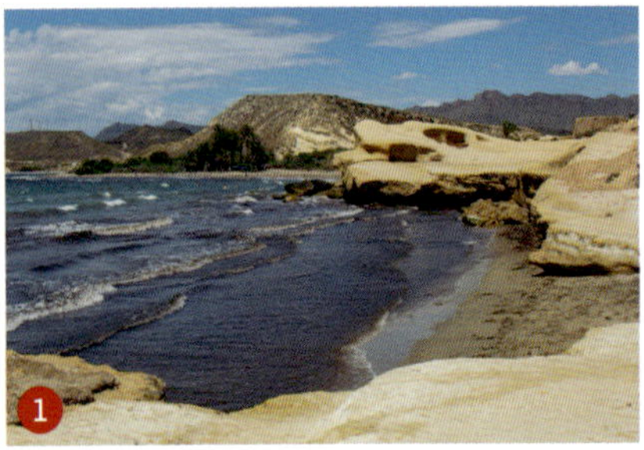

Almerías wilde Küste ist gespickt mit unzähligen einsamen Stränden und Sandbuchten, deren natürliche Schönheit durch ihre abgeschiedene Lage und den Status als Naturschutzgebiet Parque Natural Cabo de Gata-Níjar geschützt ist und die nur darauf warten, entdeckt zu werden. Die karge Halbwüstenlandschaft der Provinz Almería diente als Kulisse zahlreicher Filme, vor allem für Paella-Western. Drei Filmsets sind noch erhalten, und für ein Handvoll Euros kann man sich in Spaniens Mini-Hollywood die Originalschauplätze und nachgestellte Wild-West-Szenen ansehen. Als wir in den mit Kakteen bedeckten Bergen des 38.000 Hektar großen Naturschutzgebiets unterwegs sind, rechnen wir jeden Moment damit, einen berittenen Revolverhelden mit Cowboyhut am Horizont auftauchen zu sehen.

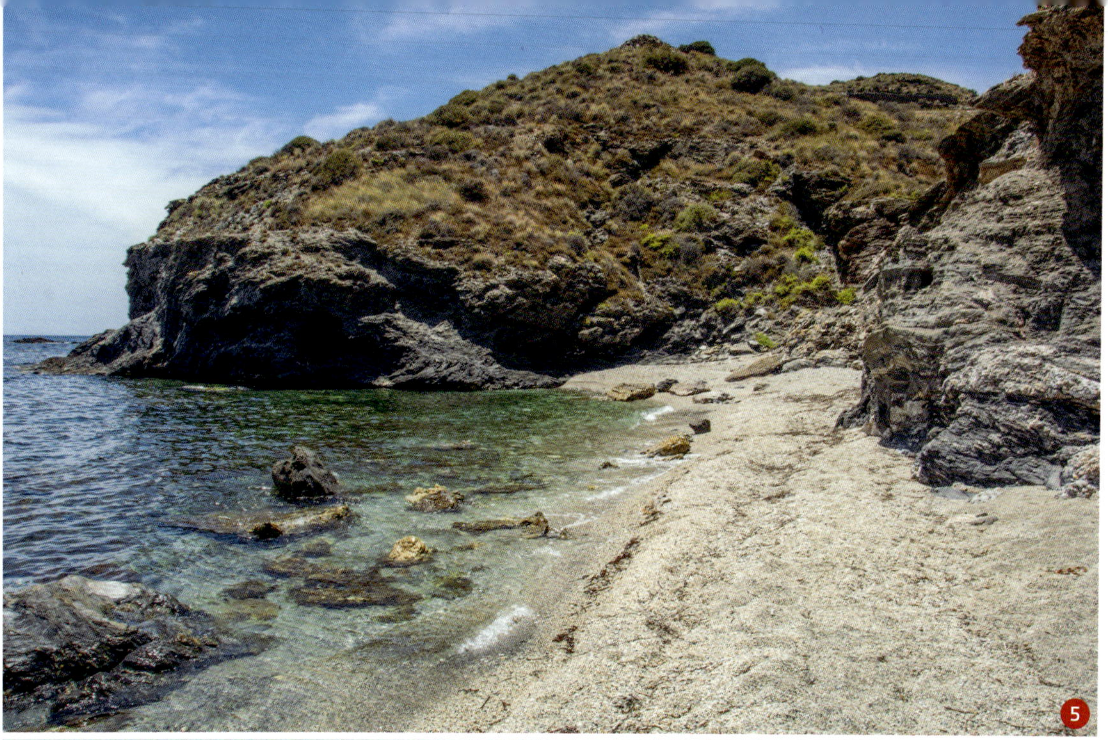

5

Cuevas del Almanzora

1 PLAYA DE LAS PALMERAS

Am nördlichen Ende des weiten Sandstrands, auch Cala Taray genannt, haben Wind und Wellen die versteinerten Dünen geformt. Unterhalb der Landspitze befindet sich ein natürlicher Pool.

➔ Von Águilas auf der RM-333 für 6 km Richtung Osten, beim Kreisverkehr die Ausfahrt Camino Playa de las Palmeras nehmen und der unbefestigten Straße 350 m bis zum Strand folgen.
Parken 37.3753, -1.6371
Leicht 1 Min. 37.3744, -1.6384

2 CALA CRISTAL

In der *Kristallbucht* gibt es zwei Sandstrände mit Gezeitentümpeln. Am Hang wachsen wilde Gräser, und eine Seegraswiese (*Posidonia oceanica*) bietet Lebensraum für allerlei Getier.

➔ Von Villaricos auf der AL-7107 für 7 km Richtung Nordosten, rechts beim Schild zur Cala Cristal parken. Über den steilen Weg zum Strand.
Parken 37.2995, -1.7162
Leicht 2 Min. 37.2987, -1.7162

3 CALA DEL PIRATA

Die Gezeitentümpel in der *Piratenbucht* sind der perfekte Abenteuerspielplatz für Kinder. Einheimische Sporttaucher schwärmen von den vielen bunten Fischen in den Unterwasserhöhlen. Fürs Schwimmen sind wegen der Seeanemonen zwingend Wasserschuhe nötig. Links von der Bucht gibt es große Gezeitentümpel und einen weiteren kleinen Strand. An den Klippen gedeihen wollblütiger Nachtschatten und Heidekraut.

➔ Von El Calón auf der AL-7107 für 3 km Richtung Südosten und links von der Straße parken. Über eine schmale Schotterstraße zum Meer.
Parken 37.2907, -1.7251
Leicht 5 Min. 37.2891, -1.7259

4 CALA PEÑÓN CORTADO

Ruhige Bucht mit Kieseln und grobem Sand zwischen zerklüfteten Klippen, die an einen riesigen Kieferknochen erinnern.

➔ Wegbeschreibung siehe Cala del Pirata (3), aber auf der AL-7017 noch 1 km weiter und entweder auf der gegenüberliegenden Straßenseite parken oder die steile Straße hinunter zu einem weiteren Parkplatz. Vom unteren Parkplatz dem ausgetrockneten Flussbett zum Strand folgen. Die letzten 50 m sind eine Herausforderung, Flipflops also nicht empfehlenswert.
Parken 37.2814, -1.7378
Mittel 10 Min. 37.2817, -1.7343

5 CALA DEL MAL PASO

Versteckt zwischen Bergen, die mit gelben Strand-Astern, rosa Baldrian und Salzkraut bedeckt sind. Unterwasser reiche Flora und Fauna für Schnorchler. Wir sind nach links zur nächsten Bucht geschwommen, mit steiler Felsbank und starker Brandung. Oder man geht zu Fuß nach rechts zu einer weniger besuchten Bucht. Mal Paso ist der letzte Stopp auf der *Ruta de las Fundiciones*, einem Wanderweg durch ein historisches Minengebiet.

➔ Von El Calón auf der AL-7107 für 6 km Richtung Südosten, beim kleinen Holzschild zur Cala del Mal Paso links und der staubigen Schotterstraße 280 m bis zum kleinen Parkplatz (rechts) folgen. Vom Parkplatz der Straße zum Strand folgen. Der zweite Parkplatz etwas weiter bergab ist nicht für Wohnmobile geeignet.
Parken 37.2734, -1.7466
Leicht 2 Min. 37.2740, -1.7455

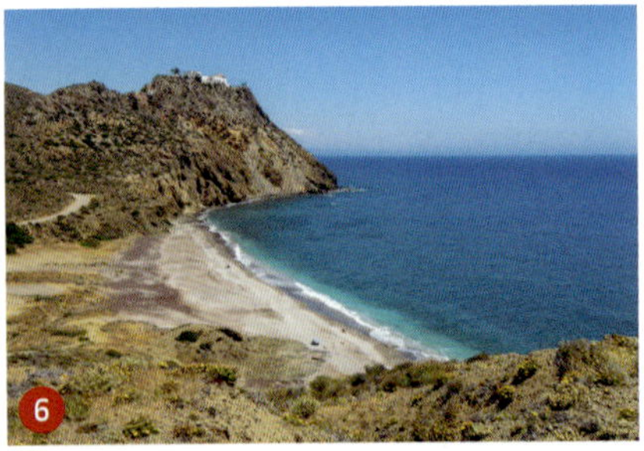
6

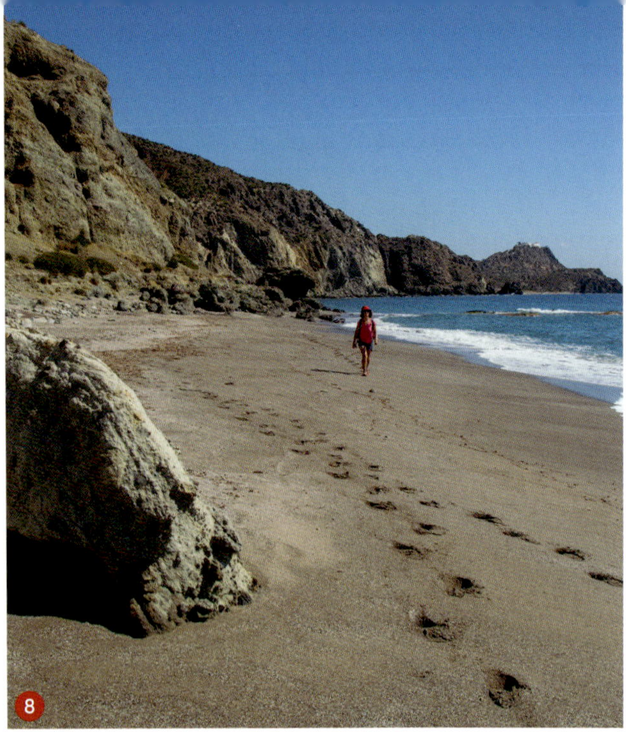
8

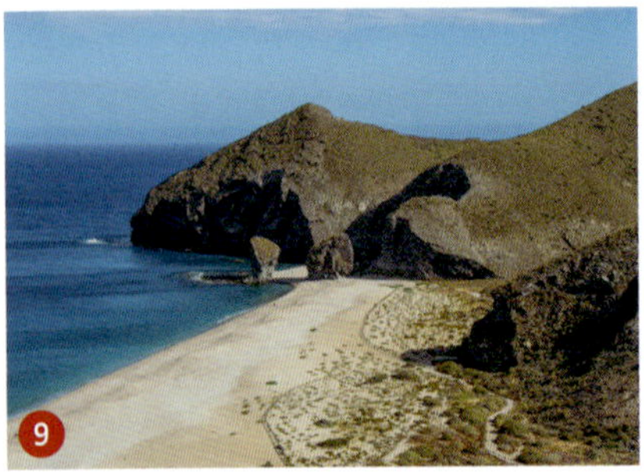
9

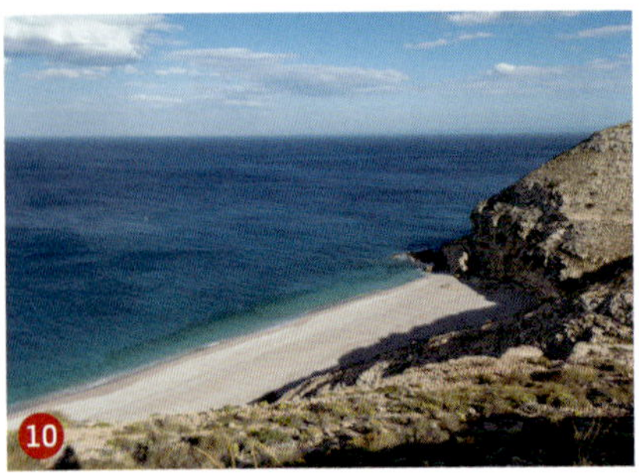
10

Die flachen, quadratischen Häuser im Fischerdorf San Miguel am südlichen Ende des Cabo de Gata wecken Erinnerungen an Mexiko. Fischerboote erholen sich im Sand von den nächtlichen Mühen, während sich die Touristen in den Restaurants und Bars an der Uferpromenade stärken. Auch der Leuchtturm am Cabo de Gata ganz in der Nähe lohnt einen Besuch, vor allem bei Sonnenuntergang.

Die Küste am Cabo de Gata besticht durch auffällige Vulkangesteinsformationen. In Arrecife de Las Sirenas (21) baden wir früh am Morgen zwischen hohen Lava-Zacken, die schwarzen Hexenhüten ähneln. Die Legende besagt, dass einheimische Seeleute die Rufe der Mönchsrobben für den Gesang von Meeresnymphen hielten. Ganz in der Nähe, in der Cala Rajá (22), tanzen und entspannen die Einheimischen auf feinem Sand unter Klippen aus Vulkangestein. Wir schwimmen derweil durchs blaue, glasklare Wasser zum Riff El Dedo, dessen dunkler Felszeigefinger für immer und ewig gen Himmel zeigt. An der dreiseitigen Playa de Mónsul (16) hat Lavagestein große, überquellende Muffins geformt, ein dramatischer Felsen ragt aus dem Mittelmeer wie ein gewaltiges Seeungeheuer, und eine gigantische Sanddüne rundet das Bild ab. Kein Wunder, dass Steven Spielberg Mónsul als Drehort ▶

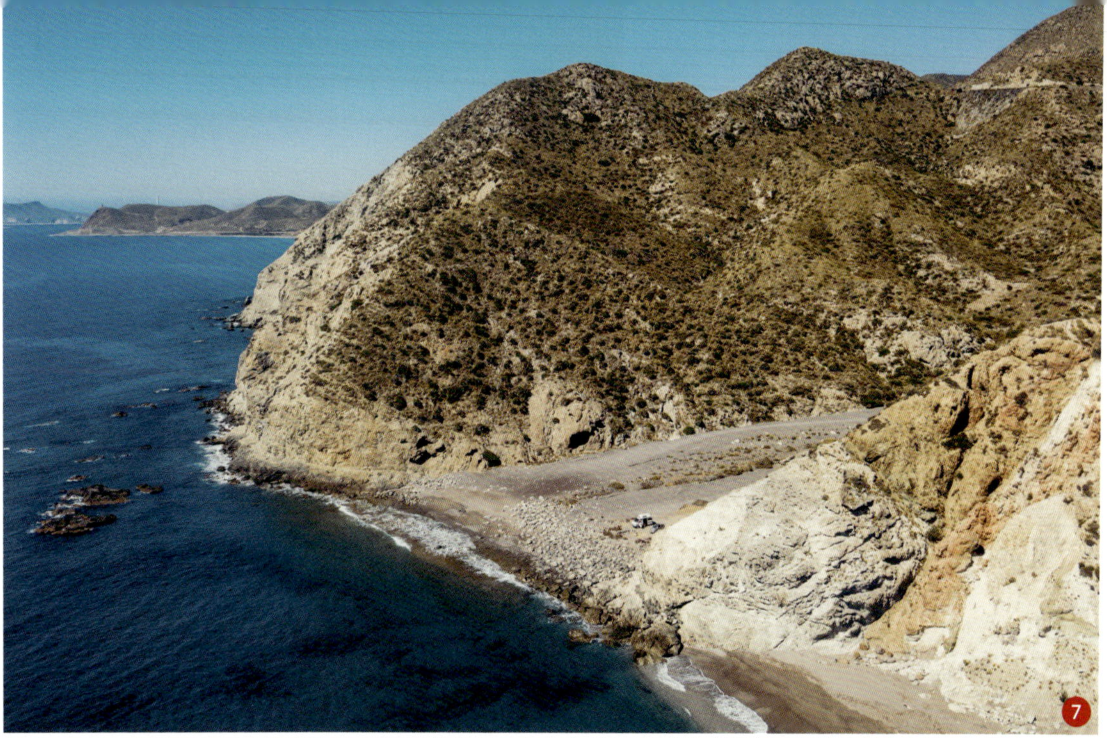
7

Von Mojácar bis Carboneras

6 CALA DEL ELEFANTITO (ODER BORDENARES), MOJÁCAR

Elefantenbabybucht. Mischung aus Sand und kleinen Kieseln mit flacher Felsbank zwischen flachen Bergen mit Gräsern, Ginster, Strandflieder, gelben Strand-Astern und Mauerpfeffer. FKK optional. Über den Berg rechts geht es mit schöner Aussicht zu einer Bar. Diverse Szenen der _Schatzinsel_-Verfilmung mit Orson Welles wurden 1972 hier gedreht.

➔ Von Ventanicas-el Cantal auf der AL-5107 Richtung Süden, nach 3 km beim Kreisverkehr die dritte Ausfahrt und 3 km die Küste entlang bis zum Strand. Parken 37.0605, -1.8557

Leicht 1 Min. 37.0609, -1.8551

7 PLAYA DEL BARRANCO DE SOPALMO, MOJÁCAR

Sandstrand am Ende von einem ausgetrockneten Flussbett, das von Oleander, Zwergpalmen und Johannisbrotbäumen gesäumt ist. Unterwegs begegnet man Kaninchen und Ziegen. An der Küste wachsen Strandflieder und gelbe Strand-Astern. Bei Regen Vorsicht vor Überflutungen.

➔ Am südlichen Ortsrand von Sopalmo die letzte Abfahrt von der AL-5107 nach links nehmen und dem unbefestigten ausgetrockneten Flussbett des Barranco de Sopalmo 2,5 km bis zum Strand folgen. Parken 37.0464, -1.8635

Leicht 1 Min. 37.0460, -1.8630

8 PLAYA DE LA HOYA, MOJÁCAR

Eine Reihe wilder, einsamer Strände vor mit Salzkraut gespickten Sandsteinklippen.

➔ Wegbeschreibung siehe Playa del Barranco de Sopalmo (7). Vom Parkplatz zum linken Strandende, in Wassernähe über die Felsen klettern und weitere 600 m den Strand entlang.

Mittel 15 Min. 37.0515, -1.8621

9 PLAYA DE LOS MUERTOS, CARBONERAS

Vor vielen Jahrhunderten war dieser weite, von Klippen gesäumte Sandstreifen von Gräsern und Blumen bedeckt und letzter Ruheort zahlreicher schiffbrüchiger Seeleute, daher der makabre Name. Heute ist der _Strand der Toten_ einer der schönsten Spaniens (im August kann es voll werden), und das klare blaue Wasser ist ideal zum Schnorcheln. Oberhalb vom Strand gibt es einen Aussichtspunkt mit Panoramablick. Der Strand fällt im Wasser steil ab.

➔ Von Agua Amarga auf der AL-5106 für 3 km Richtung Osten und auf einem der Parkplätze zu beiden Straßenseiten parken. Durch die Lücke in der niedrigen Mauer und dem Weg 500 m bis zum Strand folgen. Parken 36.9537, -1.9042

Leicht 10 Min. 36.9510, -1.8980

10 CALA ROMERO, CARBONERAS

Die schöne _Rosmarinbucht_ liegt am Fuß hoher Vulkanhügel. Wegen des schwierigen Abstiegs spärlich besucht. Festes Schuhwerk tragen.

➔ Wegbeschreibung siehe Playa de los Muertos (9). Vom nördlichen Ende des Parkplatzes auf der Küstenseite der Straße rechts dem Weg zum Aussichtspunkt folgen. Nach 400 m an der Weggabelung links bis zur Küste und über die Felsen zum Strand.

Schwer 25 Min. 36.9587, -1.8994

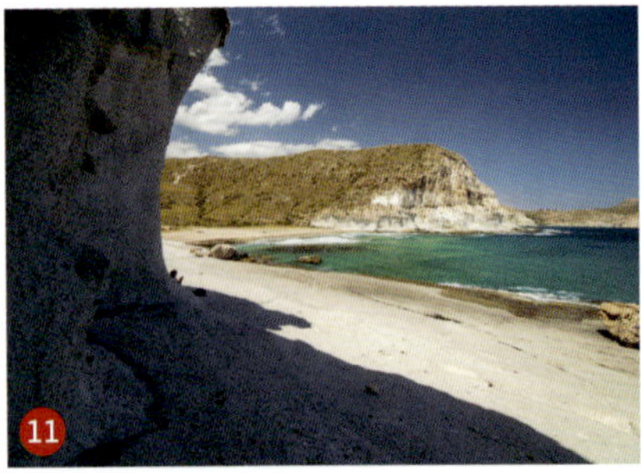

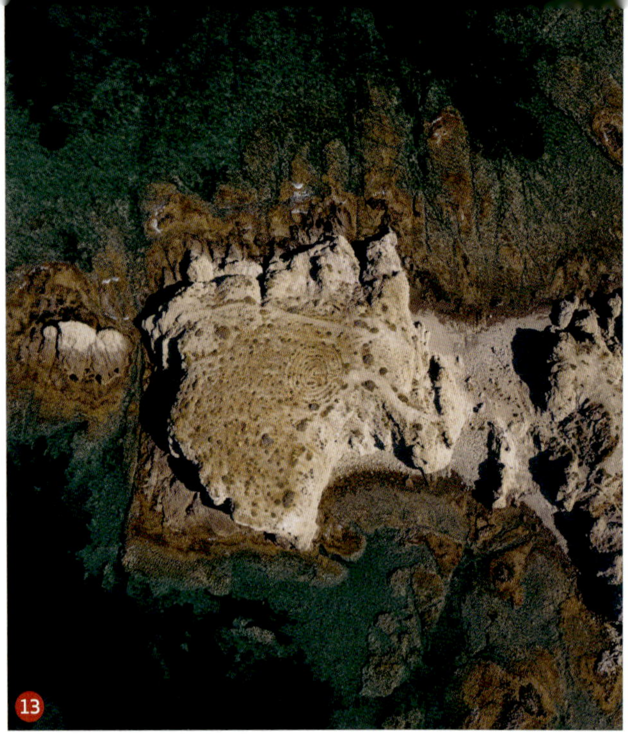

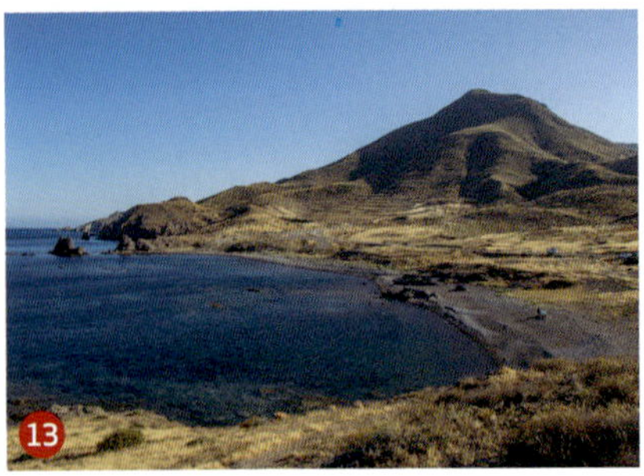

für *Indiana Jones und der letzte Kreuzzug* gewählt hat. Weiter nördlich entdecken wir die Cala de los Amarillos (15), eine entlegene Bucht, wo die Dünen im Lauf der Zeit zu gelben Klippen versteinert sind, die dem Strand seinen Namen geben. Nach einer mühsamen Kletterpartie über steile Felsen haben wir den Strand ganz für uns allein.

Im Norden des Parque Natural de Cabo de Gata-Níjar thront auf dem erloschenen Vulkan Mesa Roldán ein historisch wichtiger Küstenwachturm. Der Torre de Mesa Roldán wurde 1497 erbaut, um vor der Invasion der Mauren zu warnen und 1766 wieder aufgebaut, um die Küste gegen Korsaren zu verteidigen. Später wurde er als Leuchtturm genutzt, dann als Festung für die Carabineros, aus denen später die Guardia Civil wurde. Zuletzt diente der Turm als Festungsanlage von Meereen, der Pyramidenstadt in *Game of Thrones*.

Ein Vielzahl an Tieren und Pflanzen hat sich an das trockene Klima des Cabo de Gata angepasst. Von den mehr als tausend Pflanzenarten, die es hier gibt, ist die Agave (*pita*) wohl die beeindruckendste. Sie wurde von den spanischen Eroberern aus Amerika mitgebracht, um Sisal für die Textilindustrie anzubauen. Ihre Blütenstände wachsen rasch bis zu 10 Meter, ▶

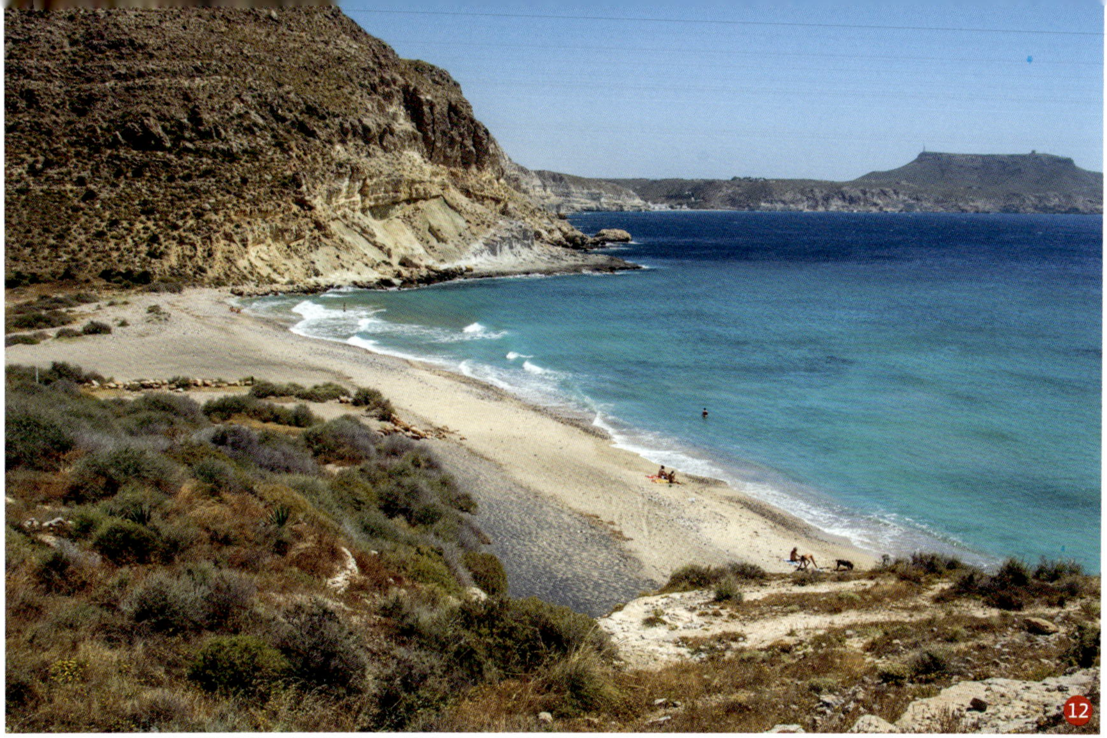

Cabo de Gata - Níjar 1

11 CALA DE ENMEDIO

Idyllischer Sandstrand zwischen zwei Landspitzen, die durch Jahre der Erosion zwei großen Wellen ähneln. Eine flache weiße Felsbank auf der rechten Seite der Bucht sorgt nachmittags für angenehmen Schatten. Die atemberaubende Kulisse muss man sich mit einem mühsamen Weg über schmale Wege erst hart verdienen - wir finden, es lohnt sich! Fantastischer Ort für einen Strandtag (genug Wasser mitnehmen). Vorsicht vor Strömungen.

➔ Vom Eingang zum Parkplatz in Agua Amarga 400 m rechts die Calle Depósito entlang und den blau-weißen Wegweisern folgen, dann beim Betongebäude rechts dem steilen Steinweg Richtung *Sendero San Pedro* folgen. Nach 2 km an der Weggabelung links und bergab, bis man den Weg zum Strand erreicht. Ausschau nach kleinen roten Pfeilen halten. Wenn Sie keine roten Pfeile sehen, zurückgehen. Man erreicht die Cala de Enmedio auch über die Cala del Plomo (12).
Parken 36.9397, -1.9367

Schwer 50 Min. 36.9328, -1.9465

12 CALA DEL PLOMO

Die abgeschiedene *Bleibucht* liegt versteckt in einem Tal mit Palmen und Zypressen am Ende einer langen Schotterstraße. Gut zum Schwimmen und Schnorcheln, weil der Strand im Wasser sanft abfällt, aber Vorsicht vor den vielen Felsen unter Wasser und vor der Strömung bei starker Brandung. Rechts vom Strand liegt eine kleine einsame Bucht, zu der ein kleiner steiniger Weg führt (oder man schwimmt).

➔ Von Agua Amarga auf der AL-5106 Richtung Nordwesten, nach 4,3 km links Richtung Fernán Pérez, nach 700 m wieder links Richtung Cala del Plomo, auf der staubigen, unbefestigten Straße 7 km bis zum Parkplatz links und noch vor dem Strand parken. Nicht direkt neben dem Strand parken, sonst bekommt man einen Strafzettel oder wird abgeschleppt.
Parken 36.9232, -1.9556

Leicht 2 Min. 36.9231, -1.9548

13 CALA DEL EMBARCADERO

Steiniger Strand unter dem Cerro de los Frailes. Die Bucht ist trotz ihrer Kargheit wunderschön und durch eine Landspitze geschützt. Wegen des kristallklaren Wassers und diversen Riffen ideal zum Schnorcheln und ausgiebigen Schwimmen. Hier gedeihen gelber Ginster, Mauerpfeffer, Salzkraut und gelbe Strand-Astern. Rechts vom Strand findet man die Cala Escondida (*Versteckte Bucht*) und möglicherweise verliebte Pärchen. Links sieht man Punta del Esparto, eine Landspitze mit ein paar kleinen Stränden für abenteuerlustige Kinder.

➔ Von La Isleta del Moro auf der Ctra. Noria 650 m Richtung Norden, links auf die AL-4200, nach 1,9 km links und nach 1,1 km auf der linken Straßenseite parken. Der Strand liegt vor Ihnen.
Parken 36.7959,-2.0632

Leicht 5 Min. 36.7964, -2.0620

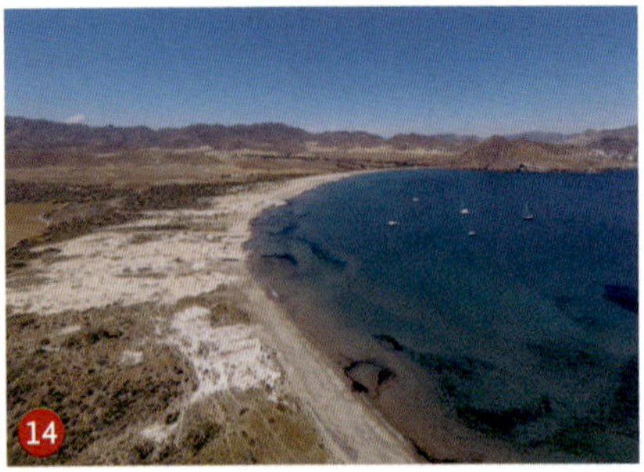

14

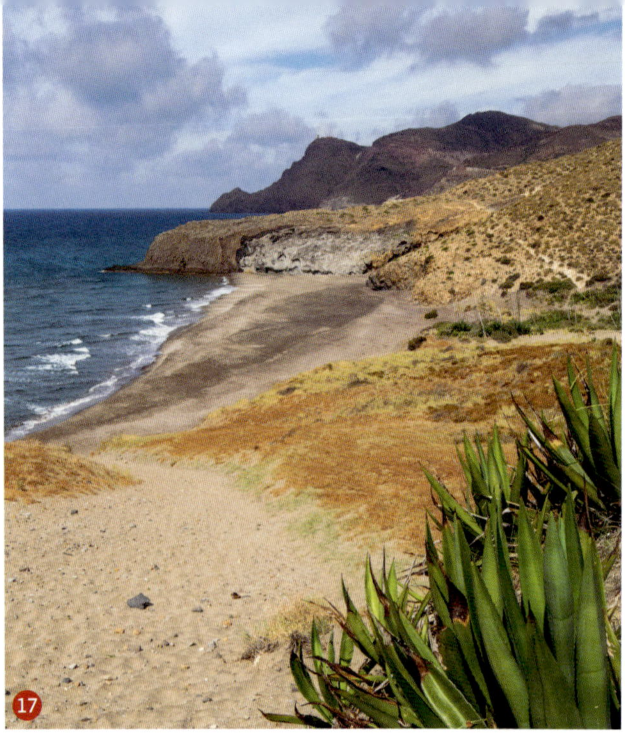

17

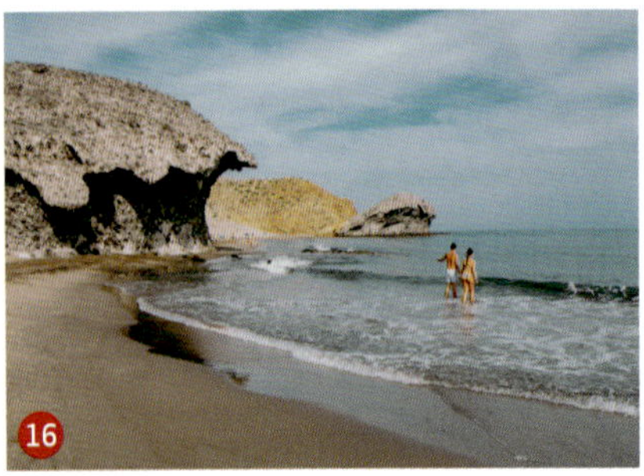

16

dann stirbt die Pflanze mit einem letzten Hurra. Zwischen den Felsen spähen gelbe Strand-Astern, Ginster und Löwenmäulchen hervor, während wilder Thymian und Rosmarin die Bienen erfreuen. Im Meer gedeihen Seegraswiesen mit Neptungras (*Posidonia oceanica*), gewöhnlichem Seegras (*Zostera marina*) und Tanggras (*Cymodocea nodosa*) und sorgen für eine reiche Unterwasserwelt – fantastisch zum Schnorcheln.

Die Salinen neben dem Strand Las Salinas produzieren nicht nur 40.000 Tonnen Salz pro Jahr, sondern bieten auch Lebensraum für über hundert Vogelarten, darunter Seeregenpfeifer, Säbelschnäbler und eine Vielzahl an Zugvögeln, wie Störche und rosa Flamingos. Auch viele Eidechsenarten leben im Park und kreuzen regelmäßig unseren Weg, als wir die Küste entlangwandern – mit genug Wasservorräten, denn in dieser ungezähmten Wildnis gibt es weder Läden noch Strandbars. Die kuriose Playa del Barranco de Sopalmo (7) entdecken wir auf eine Empfehlung hin. Unsere Fahrt beginnt in einem Bergdorf und führt durch ein trockenes Flussbett zum Meer, vorbei an leuchtenden Oleandersträuchern, Zwergpalmen und Johannisbrotbäumen. Um weitere einsame Buchten zu erreichen, muss man Richtung Norden über die Felsen klettern. ▶

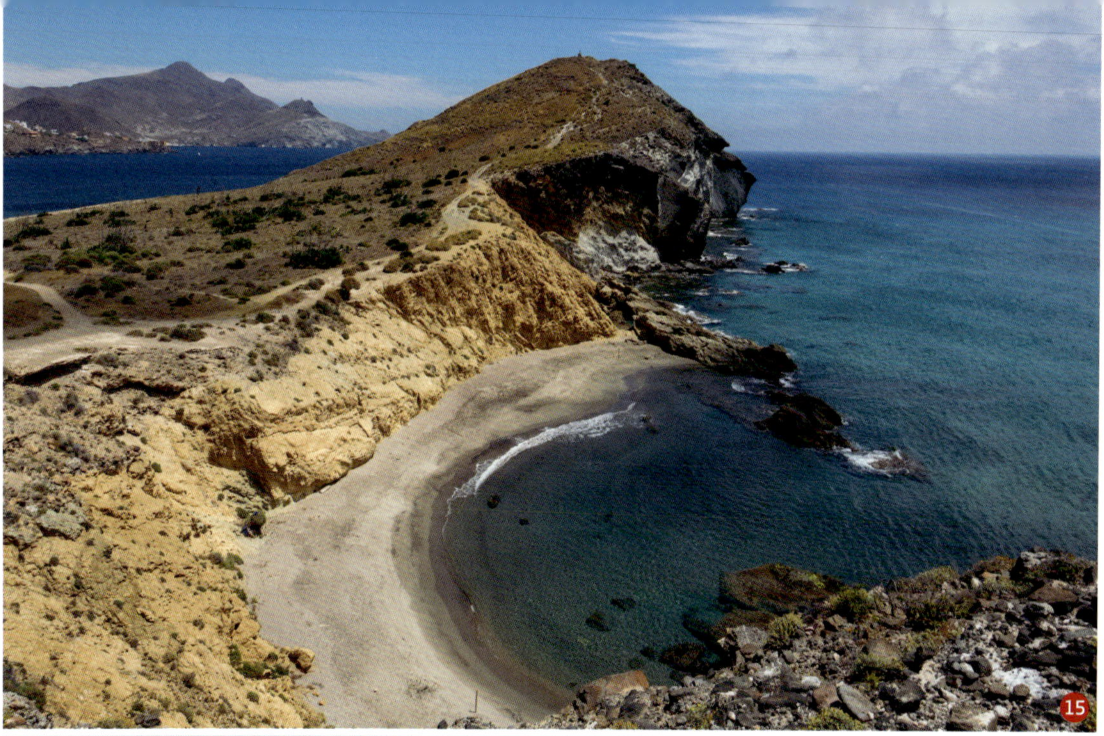

Cabo de Gata - Níjar 2

14 PLAYA DE LOS GENOVESES

Weiter, unberührter, goldener Sand in einer halbmondförmigen Bucht. Kann in der Hauptsaison voll werden, sodass der Parkplatz kostenpflichtig ist oder ein Shuttle-Service verkehrt. Toll für Familien.

→ Von San José auf der ALP-822 Richtung Westen, vorbei an der Calle Cerro Gordo, nach 1,8 km an der Straßengablung links Richtung Küste und nach 400 m parken. Das letzte Stück zum Strand zu Fuß. Parken 36.7453, -2.1250

Leicht 15 Min. 36.7449, -2.1218

15 CALA DE LOS AMARILLOS

Atemberaubender Strand unter Klippen aus gelben versteinerten Dünen und Lava. Kleine Felsinseln und ginklares Wasser machen das Bild komplett. Links vom Strand haben wir zwischen den Felsen eine schmale Einbuchtung entdeckt für Sprünge mit spektakulärem Blick aufs Meer. Wegen des schwierigen und gefährlichen Abstiegs garantiert wenige Besucher – nichts für schwache Nerven, aber einer unserer Lieblingsstrände.

→ Wegbeschreibung siehe Playa de los Genoveses (14). Vom Parkplatz (dem Meer zugewandt) dem Weg nach rechts folgen, nach 80 m links, bis man nach 1,2 km die Klippen oberhalb vom Strand erreicht. Vorsicht beim Abstieg über die Felsen.

Schwer 30 Min. 36.7364, -2.1193

16 PLAYA DE MÓNSUL

Sandbucht mit dramatischen Vulkangesteinformationen, genannt Lavadom. Apropos dramatisch: Dieser Strand war einer der Drehorte für *Indiana Jones und der letzte Kreuzzug* – genauer gesagt die Szene, in der Henry Jones Sr. (Sean Connery) mit einem Regenschirm einen Schwarm Vögel aufschreckt und so ein deutsches Flugzeug zum Abstürzen bringt. Links bietet eine gewaltige Sanddüne den perfekten Ort für Kinderabenteuer. Keine Gastronomie.

→ Von San José auf der ALP-822 für 4,2 km Richtung Westen und beim Parkplatzschild rechts abfahren. Die Straße 150 m zurückgehen, bis rechts ein Weg zum gut sichtbaren Strand führt. Parken 36.7337, -2.1478

Leicht 10 Min. 36.7307, -2.1454

17 PLAYA DEL BARRONAL

Flacher, weiter FKK-Strand – ohne Kompromisse – vor einer großen Sanddüne, flankiert von Vulkangestein mit einem Teppich aus wildem Rosmarin, Espartogras und Kakteen. Halten Sie auf dem Weg zum Strand Ausschau nach Walzen-Wolfsmilch und Agaven. Kaum Schatten und Vorsicht vor Brandungsrückstrom.

→ Wegbeschreibung siehe Playa de Mónsul (16), aber vom Parkplatz 600 m die Straße zurückgehen bis zur Bushaltestelle mit Holzunterstand auf der gegenüberliegenden Straßenseite. Beim Warnschild vor Brandungsrückstrom rechts, vorbei an einem Gebäude, dann links und dem Sandweg zum Strand folgen (650 m). Parken 36.7337, -2.1478

Leicht 20 Min. 36.7296, -2.1393

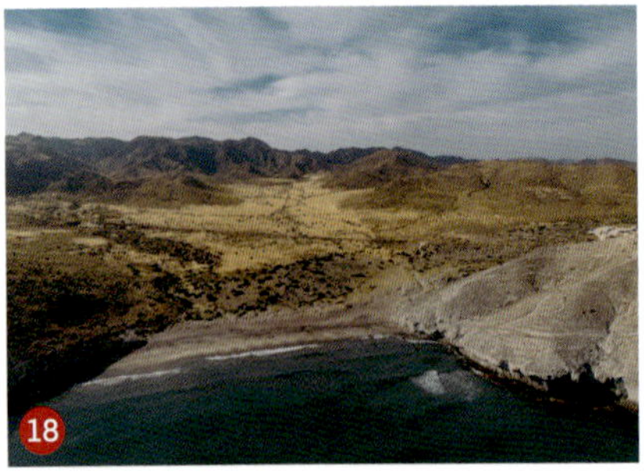

18

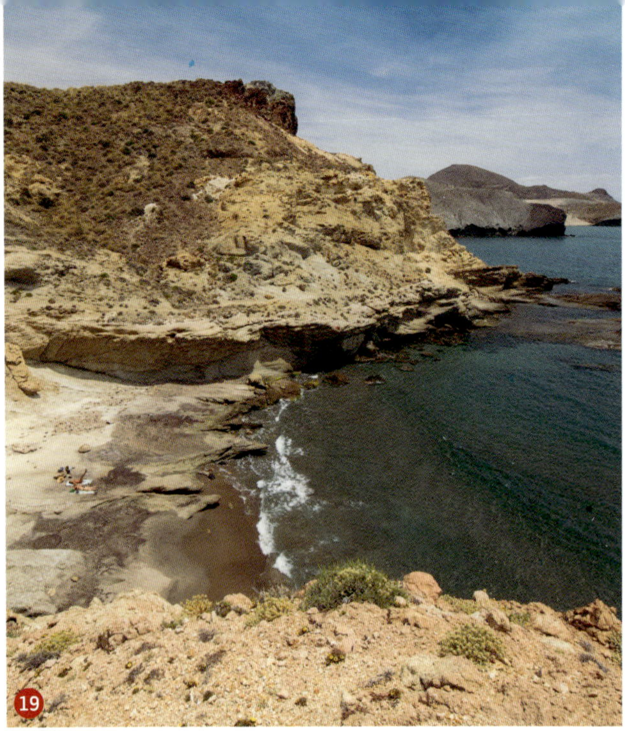

19

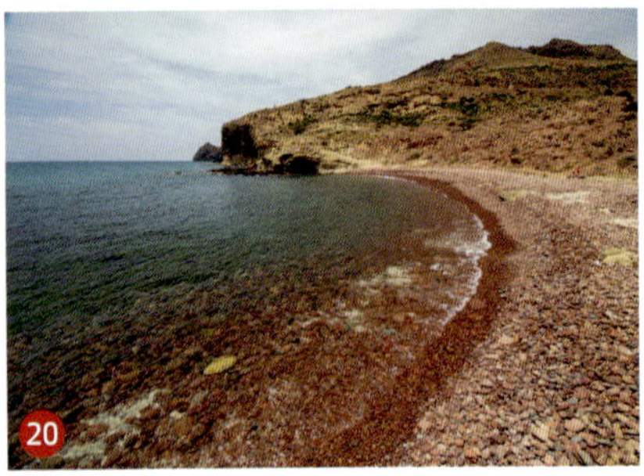

20

Einheimische Kids springen, klettern und spielen zwischen den Gezeitentümpeln in der Bucht mit dem aufregenden Namen Cala del Pirata (3), und wir begegnen einigen Sporttauchern, die von der reichen Tierwelt in den Unterwasserhöhlen schwärmen. Der Silberglanz der Felsen ist ein Hinweis auf die wertvollen Metallerze – Silber, Gold, Blei, Zink, Kupfer und Eisen –, die hier im Lauf der Geschichte gewonnen wurden. Die Ruinen der Silberminen, einst die größten Europas, kann man in Cuevas de Almanzora besichtigen, wo es auch eine permanente Ausstellung mit Goyas Kupferstichen gibt, ein modernes Museum mit Werken von Picasso, Solana und Miró, ein Museum, das dem hiesigen Dichter Álvarez de Sotomayor gewidmet ist, und das gut erhaltene gotische Castillo Marquez de los Velez. Die nahegelegenen Cuevas de Calguerín (mehr als 250 Höhlen) schlugen Syrer in die Klippen, die sich während der arabischen Besetzung vor Christen versteckten, und manche sind immer noch bewohnt. Ein Höhlenmuseum dokumentiert ihre Geschichte als Wohnraum von prähistorischen Zeiten bis zum Beginn des 20. Jahrhunderts. Das baufällige Cortijo del Fraile in der Nähe von Rodalquilar war Inspiration für Federico García Lorcas Tragödie *Bluthochzeit*. Almería, Provinzhauptstadt und im muslimischen Spanien strategisch wichtiger Hafen, ist nach der prächtigen Alcazaba (Festung) benannt, die der Kalif ▶

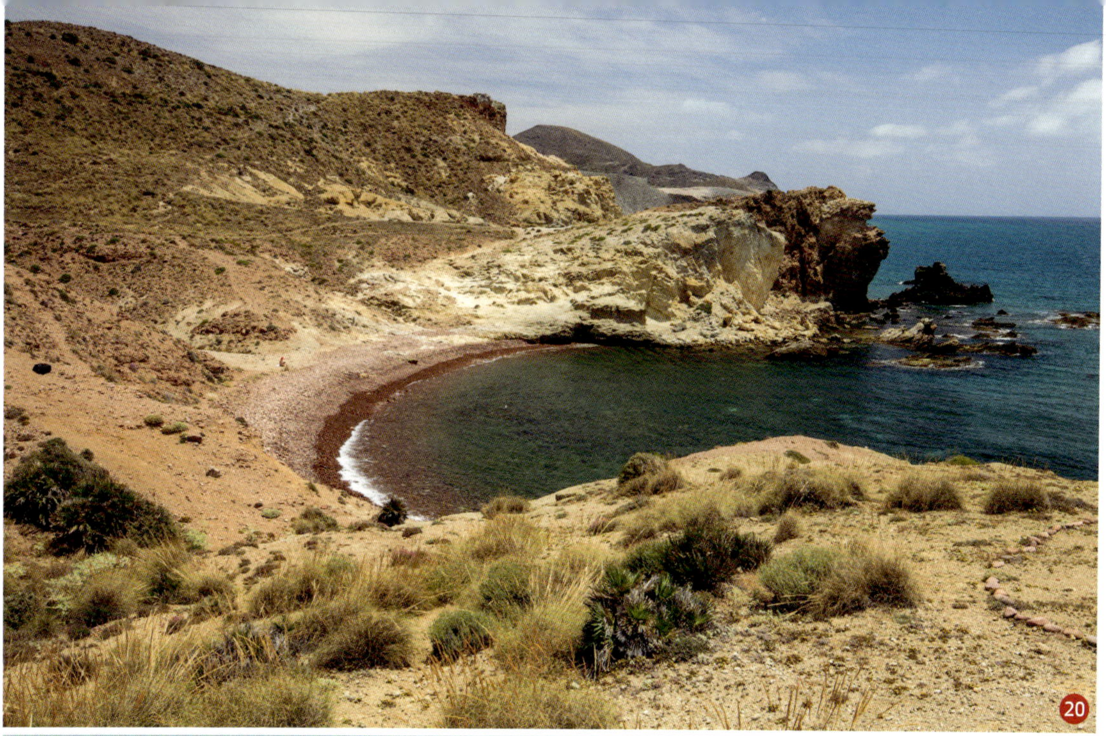

20

Cabo de Gata - Níjar 3

18 CALA DE LA MEDIA LUNA

Die abgeschiedene, sanft abfallende Halbmondbucht ist nach den Lavagesteinformationen benannt. Einige Szenen aus dem Film *Sindbad und das Auge des Tigers* von 1977 wurden hier gedreht. Im kristallklaren Wasser können Schnorchler das Neptungras bewundern. Keine Toiletten, aber perfekt für einen Familientag am Strand. Man kann zur benachbarten Cala Chicré (19) gehen.

→ Wegbeschreibung siehe Playa de Mónsul (16). Parken, Straße überqueren und rechts über den Weg mit Seilen zum Strand. Parken 36.7337, -2.1478

Leicht 10 Min. 36.7314, -2.1518

19 CALA CHICRÉ

Unberührte Bucht mit versteinerten Dünen. Bei Niedrigwasser feiner, goldener Sand, bei Hochwasser flache Felsbänke – ideal zum Sonnenbaden. Der Parkplatz ist gleichzeitig Start des Wanderwegs Sendero de Vela Blanca mit unglaublicher Aussicht auf die Küste des Parque Natural de Cabo de Gata. Auf dem Berg rechts thront der Torre de la Vela Blanca, ein Wachturm, den Philipp II. zum Schutz vor Piraten bauen ließ. Von der Cala Chicré kann man zum benachbarten Strand Cala de la Media Luna (18) gehen.

→ Wegbeschreibung siehe Playa de Mónsul (16), aber weitere 1,1 km auf der ALP-822 bis zum Parkplatz (rechts). Von hier (dem Meer zugewandt) auf den Weg links (nicht durchs Metalltor), bis man nach 450 m die Cala Carbón (20) vor sich sieht. Dann links zum ausgetrockneten Flussbett hinunter und den gegenüberliegenden Felshang hoch. Nach ca. 100 m sieht man unter sich die Cala Chicré. Über den Trampelpfad zum Strand hinunterklettern.
Parken 36.7333, -2.1601

Mittel 15 Min. 36.7299, -2.1552

20 CALA CARBÓN

Friedliche halbrunde Bucht, fernab der Zivilisation, mit marsrotem steinigen Strand, gelben versteinerten Dünen und klarem türkisblauen Meer. Schön zum Schwimmen und Schnorcheln. Wasserschuhe, Sonnenschirm und reichlich Trinkwasser mitnehmen. Einige Szenen aus dem Drama *Verschleppt* von 2003 mit Antonio Banderas und Emma Thompson wurden hier gedreht

→ Wegbeschreibung siehe Cala Chicré (19), aber den Weg geradeaus zum Strand weiter. Parken 36.7333, -2.1601

Mittel 5 Min. 36.7299, -2.1567

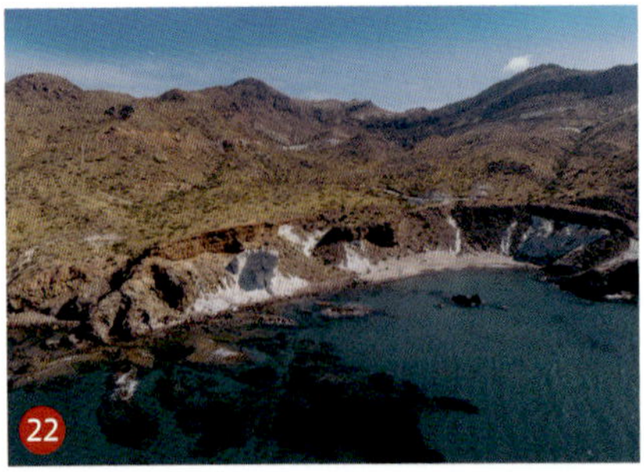

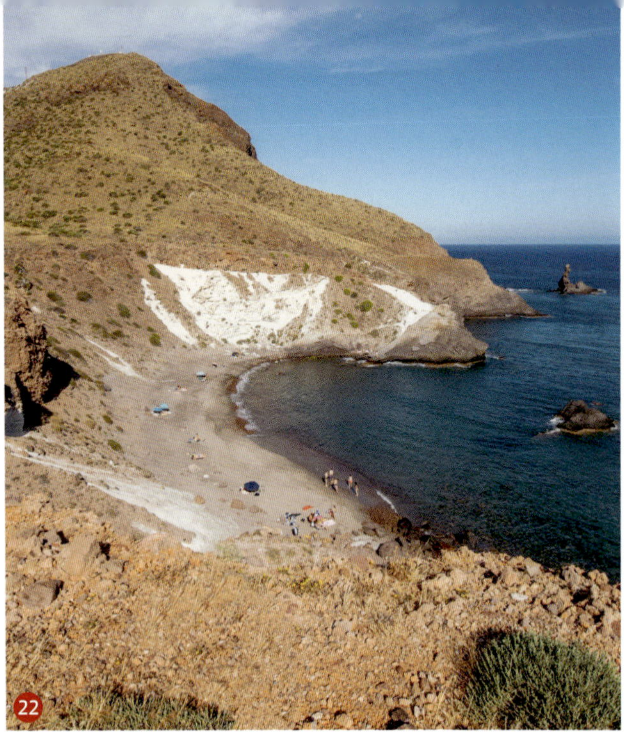

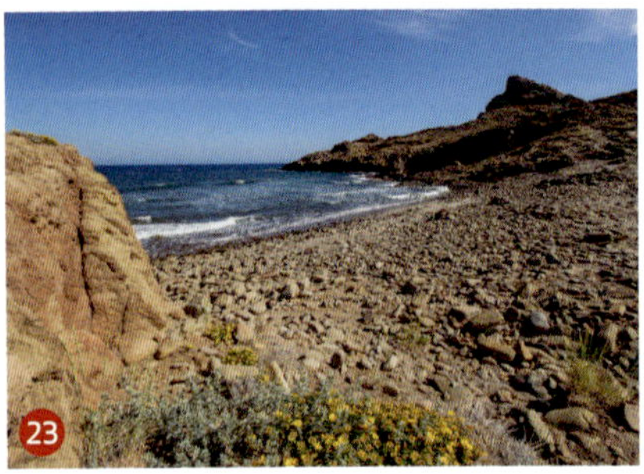

Abd ar-Rahman III. von Córdoba 955 erbauen ließ und Al-mariyat taufte. Außerdem gibt es eine mittelalterliche Burg, eine Stierkampfarena aus dem 19. Jahrhundert, ein Netzwerk unterirdischer Gänge aus dem Spanischen Bürgerkrieg und eine Kathedrale mit Stilelementen aus Gotik und Renaissance zu bewundern. Und wenn man genug Geschichte getankt hat, kann man sich bei leckeren Tapas in einem der lebhaften Straßencafés erholen.

En ti se mira el mar bella Almería.
Alma del mar que toca con sus dedos
entre los verdes pámpanos, viñedos
con que corona a Baco Andalucía.

In dir spiegelt sich das Meer, schönes Almería.
Des Meeres Seele, die mit ihren Fingern
die grünen Äste und Weinreben liebkost,
mit denen Andalusien Bacchus krönt.

Aus *Almería*, Juan Morales Rojas (1981–1991)

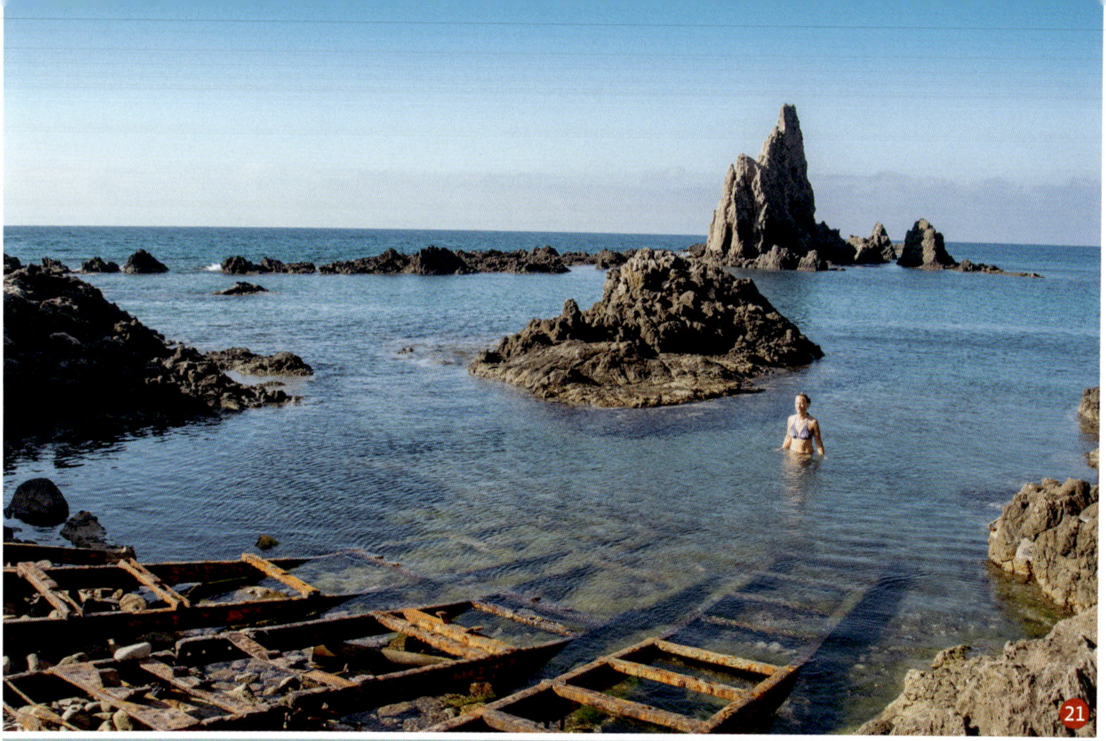

Cabo de Gata - Níjar 4

21 ARRECIFE DE LAS SIRENAS

Geschlossene Felsbucht, umgeben von spitzen Lavanadeln, die an schwarze Hexenhüte erinnern. Das *Meerjungfrauenriff* hat ruhiges, kristallklares Wasser und ist perfekt für ein meditatives Bad am frühen Morgen. Wegen der Seeanemonen und der Felsen unter Wasser unbedingt Wasserschuhe tragen. Auch mit Kajak, Kanu oder SUP zugänglich. Ganz in der Nähe befindet sich der Faro del Cabo de Gata am südlichsten Punkt Spaniens.

Camping Cabo de Gata (campingcabodegata.com): sauberer Campingplatz mit fantastischem Pool, guten Toiletten und freundlichen Mitarbeitern.

→ Vom Ort Cabo de Gata auf der AL-3115 die Küste entlang Richtung Süden, nach 8 km links auf die ALP-822 und nach 270 m beim Schild zur *Aula del Mar* parken. Dem Serpentinenweg bergab folgen, bis man die Bootsrampen aus Metall sieht.
Parken 36.7236, -2.1908

Leicht 10 Min. 36.7216, -2.1904

22 CALA RAJÁ

Sandbucht, umgeben von rostroten Bergen mit weißen Felsen. Rechts liegt die Klippe Vela Blanca (*Weißes Segel*) aus Ignimbritgestein, entstanden aus abgekühlter Vulkanasche und von unten durch das Meerwasser erodiert, sodass sie jetzt aussieht wie das Maul eines prähistorischen Wesens. In der Mitte der Bucht befindet sich eine dunkle Insel und links ein hoher, phallischer Felsen, den die Einheimischen Dedo de Dios (*Finger Gottes*) nennen. Schwimmen sie links um die Felsen, um sich auf einer Felsplattform zu sonnen. Durch den kniffligen Abstieg (Flipflops nicht empfohlen) frequentieren hauptsächlich die einheimischen Jugendlichen den Strand. Sonnenschirm und reichlich Trinkwasser einpacken.

→ Wegbeschreibung siehe Arrecife de las Sirenas (21), aber weitere 1,4 km auf der ALP- 822 (Schotterstraße) Richtung Osten bis zum Parkplatz rechts von der Straße. Weiter auf der Schotterstraße bis zum Plateau. Rechts führt ein Weg durch die Schlucht (Barranco del Negro) und weiter zum Strand.
Parken 36.7270, -2.1771

Mittel 10 Min. 36.7245, -2.1770

23 CALA ARENA

Versteckt in einer Felsspalte am Ende der Berge des Cabo de Gata. Klares Wasser mit reicher Tierwelt, ideal zum Schnorcheln. Auf der bunten Wiese hinter dem Strand wachsen lila Strandflieder, gelbe Strand-Astern, Gräser und Salzkraut.

→ Wegbeschreibung siehe Arrecife de las Sirenas (21), aber weitere 750 m auf der ALP-822 und gleich hinter der Kurve rechts von der Straße parken. Dem Weg an der Straße Richtung Südwesten bis zum Strand folgen. Der (nähere) Parkplatz Cala Arena war bei unserem Besuch wegen Straßenschäden nicht zugänglich.
Parken 36.7240, -2.1831

Leicht 10 Min. 36.7207, -2.1840

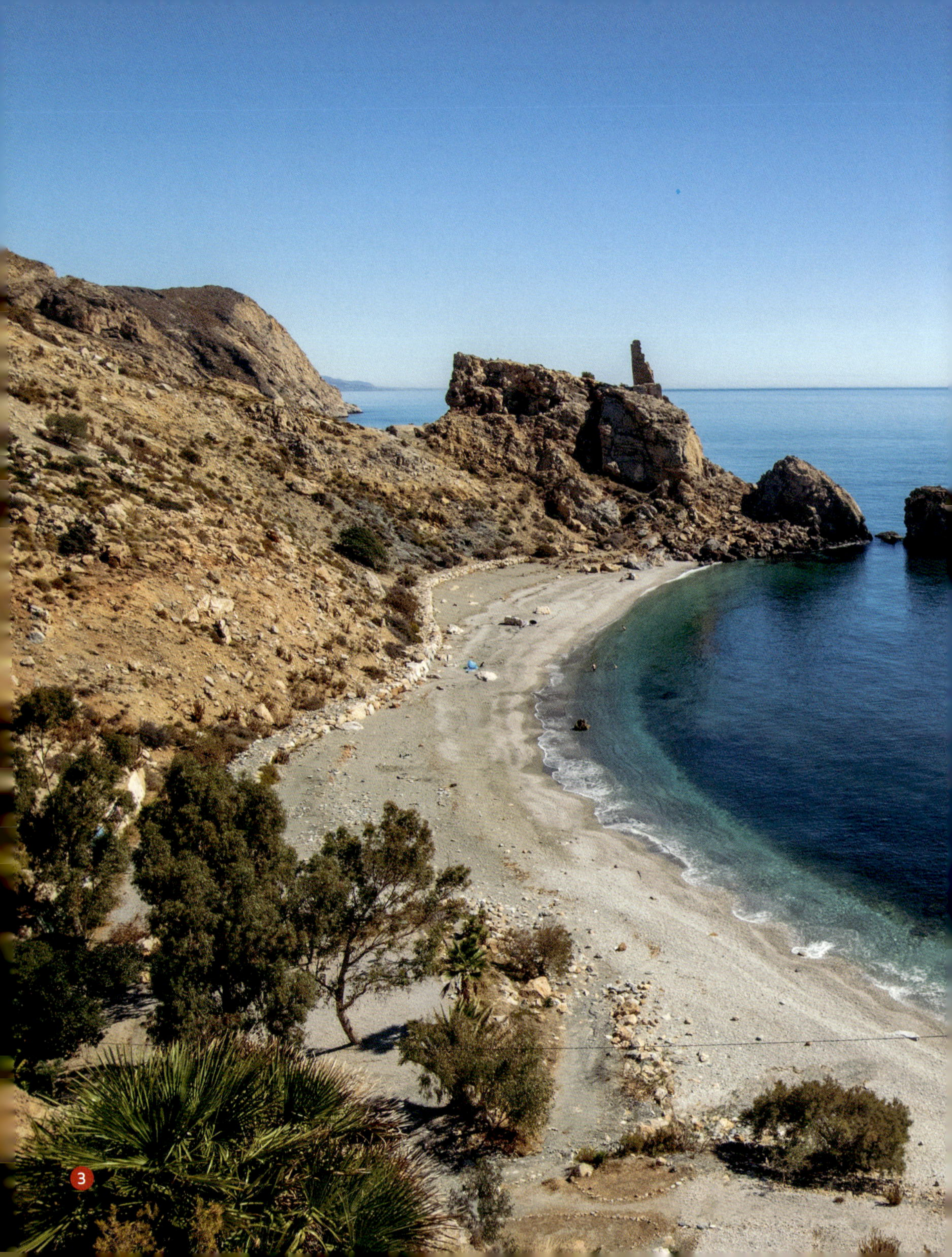
3

Costa Tropical & Costa del Sol

Unberührte Strände und verborgene Meereshöhlen liegen versteckt zwischen Urlaubsorten. Gehen Sie tauchen, beobachten Sie Delfine und Wale, und genießen Sie dann rosafarbene Sonnenuntergänge über dem silbernen Meer mit Blick bis nach Afrika.

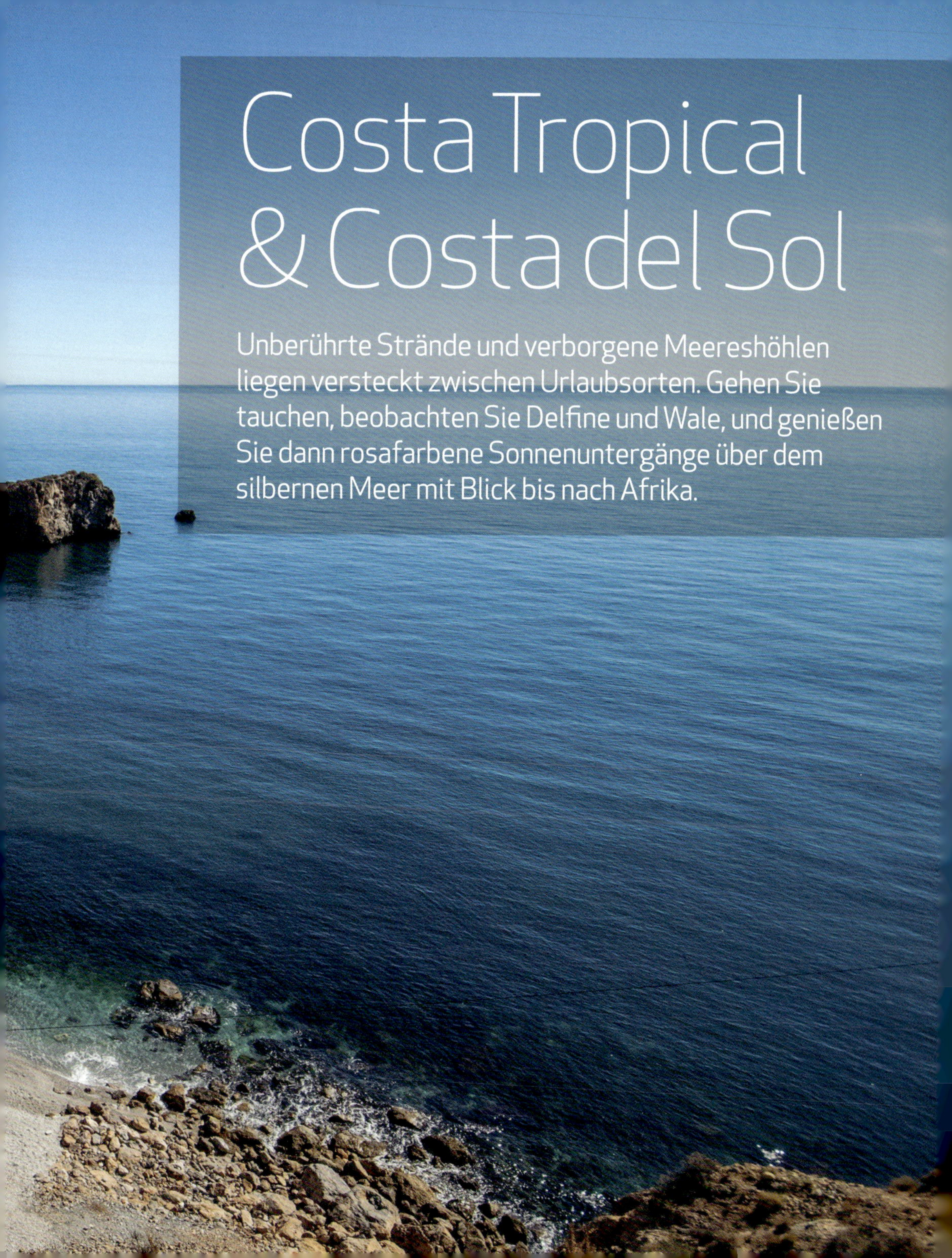

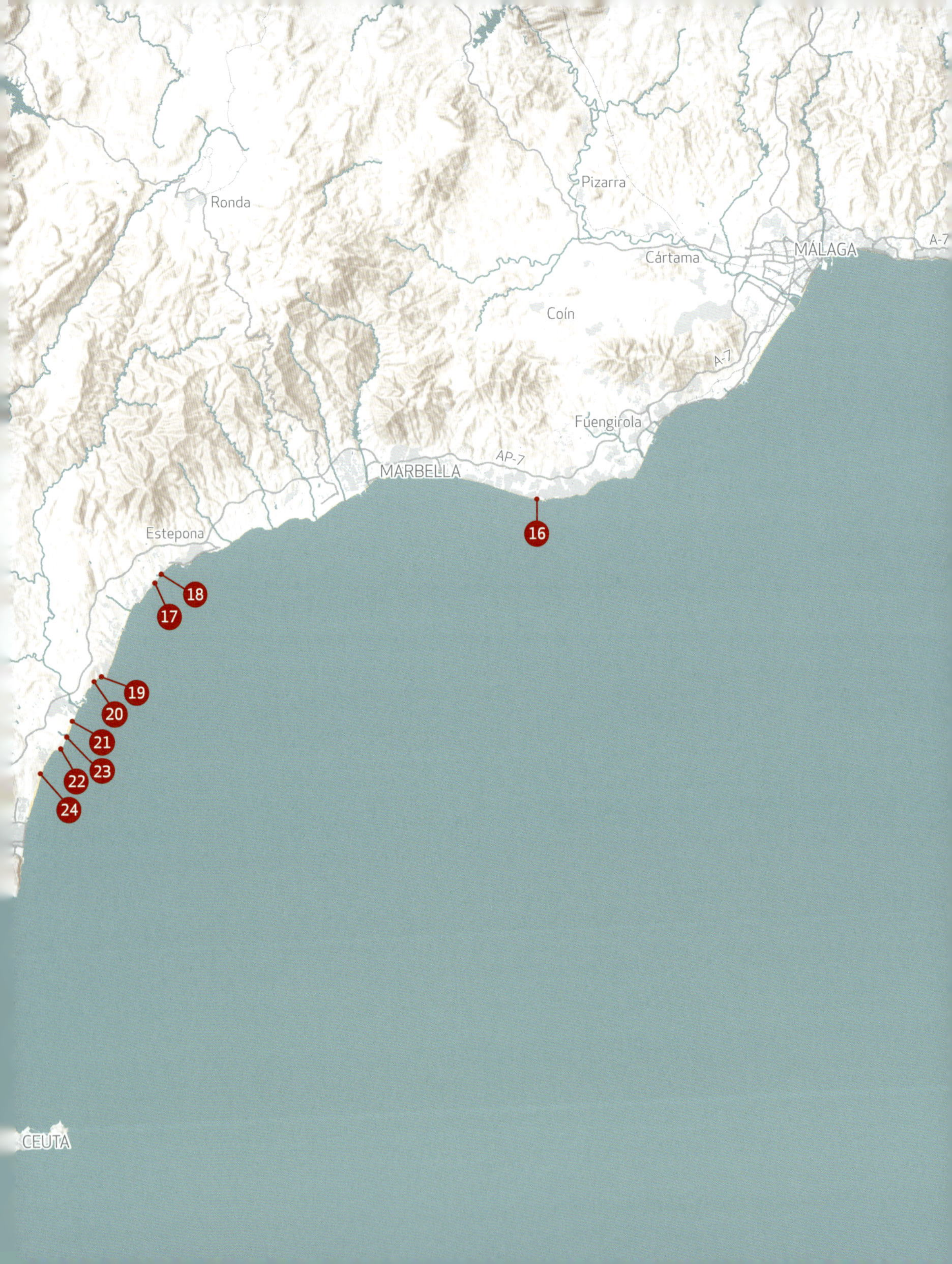

Ronda
Pizarra
Cártama
MÁLAGA
A-7
Coín
A-7
Fuengirola
AP-7
MARBELLA
16
Estepona
18
17
19
20
21
23
22
24
CEUTA

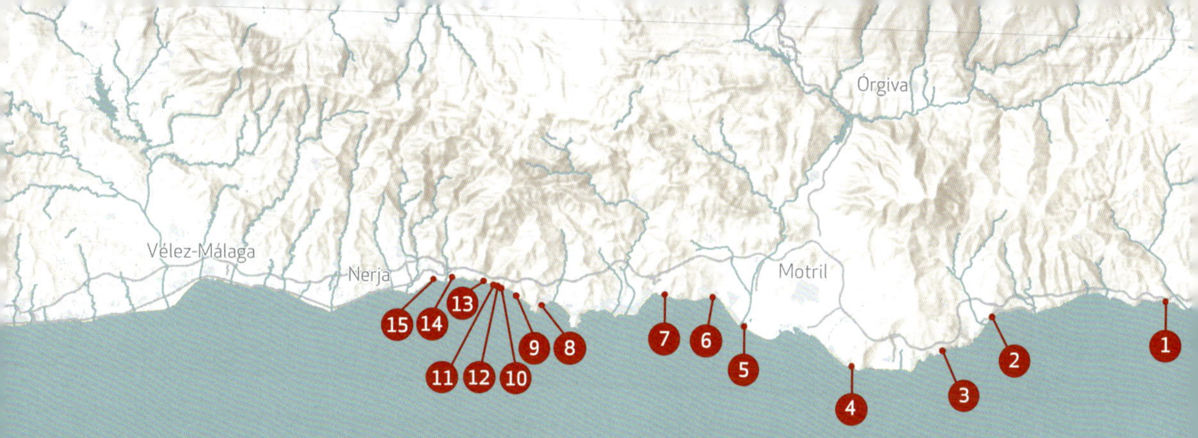

Highlights
Costa Tropical & Costa del Sol

Unsere Lieblingsstrände:

3 Playa la Rijana – ruhige Kiesbucht, perfekt, um Steine hüpfen zu lassen

9 Cala Doncella – verborgene Bucht unter den Klippen von Maro

14 Playa de la Caleta – einsamer Strand, herrlich zum Schnorcheln

20 Playa de Cala Milla de Plata – Wildblumen zieren diesen versteckten Strand

23 Playa del Guadalquitón – an klaren Tagen kann man bis Marokko und Gibraltar sehen

24 Playa de la Hacienda – perfekt für Strandspaziergänge und tiefsinnige Gespräche

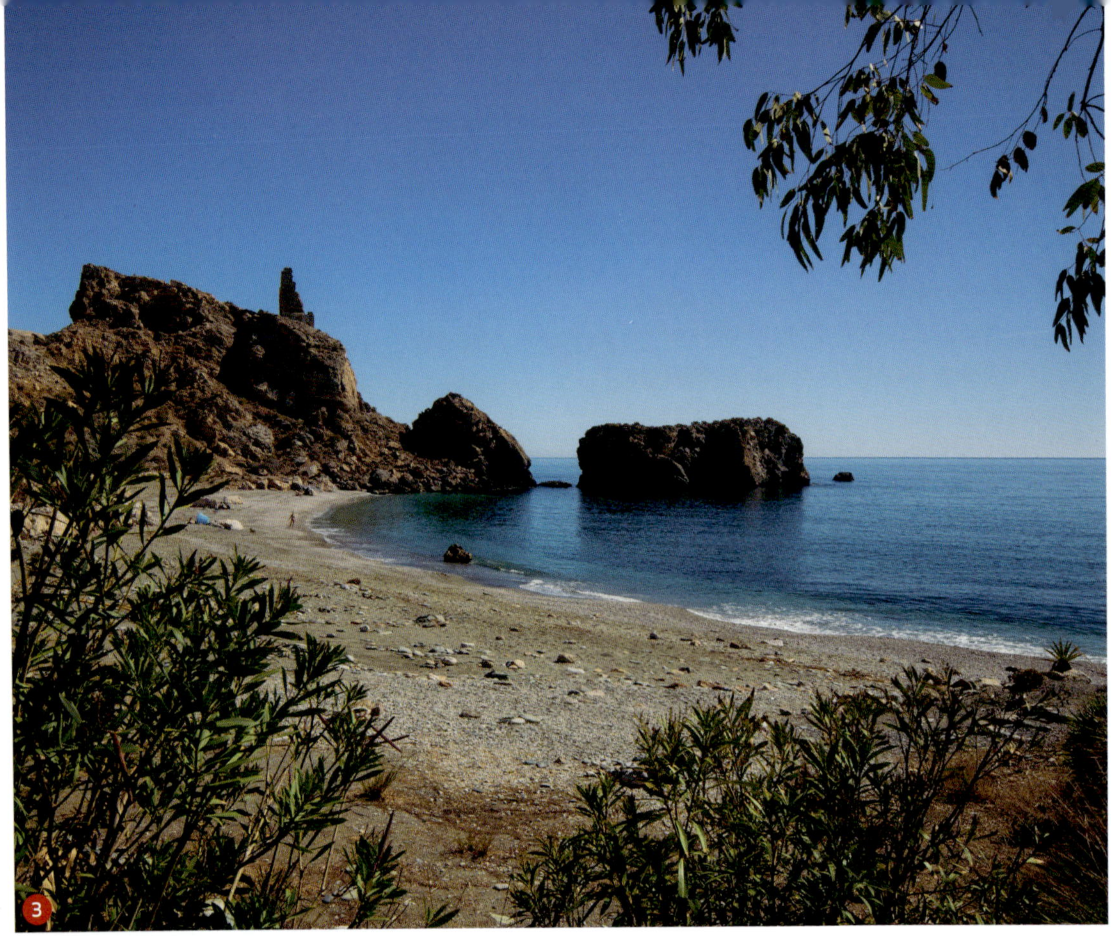

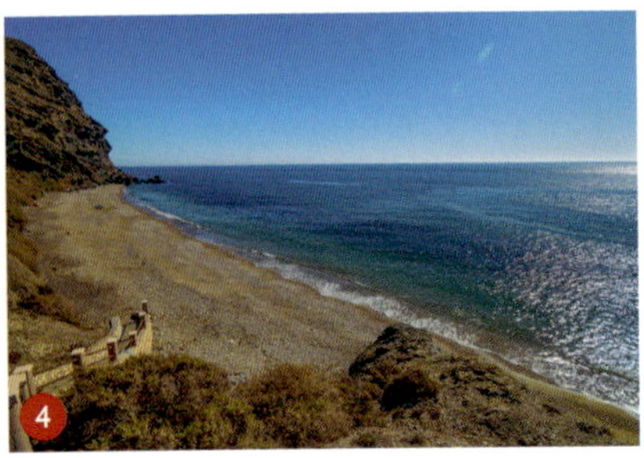

Mit 320 Sonnentagen und dem perfekten Klima für den Anbau von Oliven, Weintrauben, Zitronen und Walnüssen tragen die Costa del Sol und die Costa Tropical ihre Namen zu Recht. Hier wächst die exotische Bougainvillea in freier Natur. Die gewaltige Sierra Nevada schützt effektiv vor den kalten Winden aus Spaniens Landesinnern, der *poniente* bringt derweil warmes, klares, trockenes Wetter aus Nordafrika. Zwischen den Ferienorten ist die Küste mit einsamen Stränden, versteckten Buchten und Höhlen gespickt, darunter auch die berühmte Tropfsteinhöhle Cueva de Nerja mit Steinzeitmalereien.

Wenn an windstillen Abenden die Dämmerung hereinbricht und der Himmel die letzten Tropfen Orange des Sonnenuntergangs ins mar de plata (silberne Meer) gepresst hat, kann man kaum noch erkennen, wo der Himmel endet und das Meer beginnt. An klaren Tagen, wenn der poniente weht, ist die nordafrikanische Küste gut zu sehen. ▶

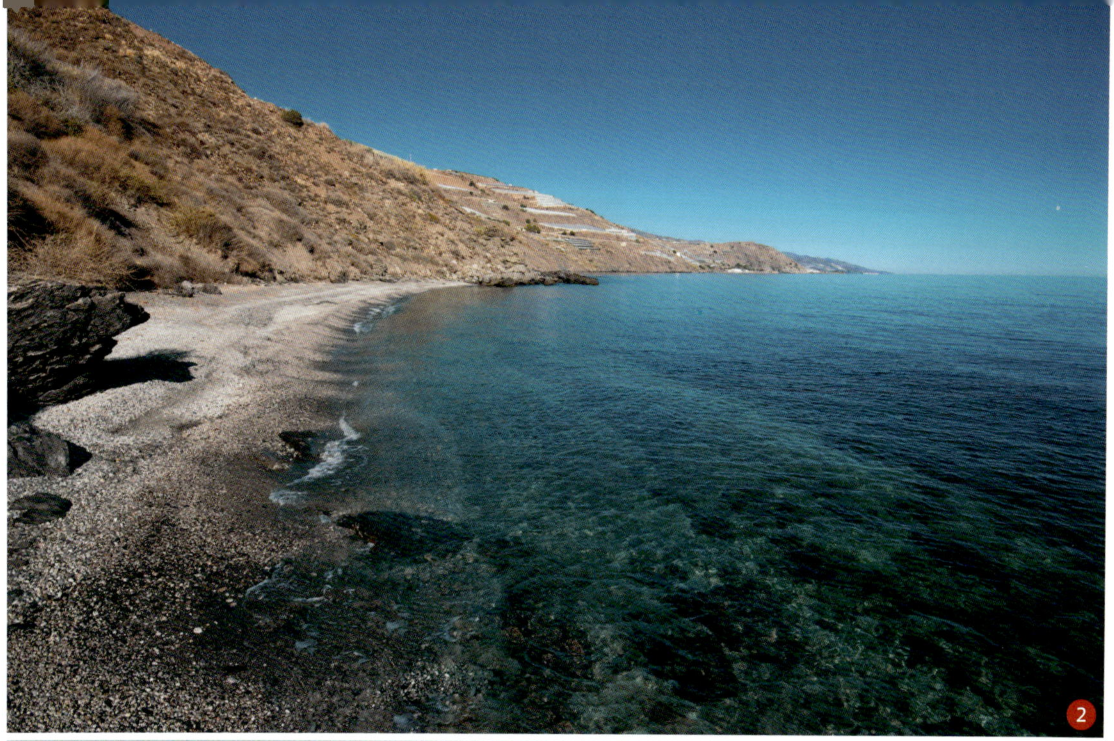

Von Albuñol bis Motríl

1 PLAYA EL RUSO, ALBUÑOL

Russenstrand. **Langer dunkler Sandstrand unter steilen Klippen mit türkisblauem Wasser. Benannt nach einem russischen Lieutenant, der 1921 desertierte, um sich in der Bucht niederzulassen. Er half, die natürliche Umgebung und den Frieden dieses geologischen Paradieses zu erhalten, und befestigte den Weg zum Strand. Die kleine Bucht zur Rechten ist eine FKK-Enklave.**

➔ Von Castell de Ferro auf der Ctra. de Almería/N-340 Richtung Westen. Nach 20 km rechts Richtung *La Rabita* abfahren, bergab, vorbei am Haus auf der Landspitze und irgendwo an der Straße parken. Bergauf zurückgehen, am Haus vorbei bis zum handgemalten Schild zur *Playa el Ruso*. Dem Weg über die steilen Klippen folgen, der auf halbem Wege zu verschwinden scheint (nichts für schwache Nerven). Dann vorbei an einem kleinen Wasserfall (rechts), durch einen dunklen Tunnel aus Schilf und Aloe Vera und weiter zum Strand.
Parken 36.7496, -3.1802
Mittel 10 Min. 36.7492, -3.1821

2 CALA DE CAMBRILES, LÚJAR

Strand mit grobem, dunklen Sand und Kieseln, fernab der Menge am Hauptstrand. Hinter der Cala de Cambriles soll es Richtung Osten weitere Strände und Buchten geben, falls Sie in Abenteuerlaune sind oder Einsamkeit suchen.

➔ In der Calle Puerto Excelso in Castell de Ferro parken, dann ganz ans linke Ende vom Strand gehen und über die Felsen klettern. Parken 36.7324, -3.3498
Mittel 10 Min. 36.7346, -3.3449

3 PLAYA LA RIJANA, GUALCHOS

Einsame Bucht mit klarem Wasser und Kieselstrand in einer landwirtschaftlich genutzten Ecke der Costa Tropical. Hunde verboten.

➔ Von Castell de Ferro auf der Ctra. de Almería E-15/N-340 nach Osten Richtung Motríl/Málaga. Nach 3,4 km erreicht man den Parkplatz an der Playa la Rijana. Am Ende vom Parkplatz den Hang hinunter, unten angekommen, eine 180-Grad-Drehung machen, unter einer Steinbrücke hindurch und durch den Tunnel zum Strand (75 m). Parken 36.7103, -3.3927
Leicht 5 Min. 36.7096, -3.3912

4 PLAYA DE LA JOYA, MOTRÍL

Juwelenstrand. **220 m grober Sand und Kieselsteine, umgeben von steilen Klippen. Ein fantastischer Sonnenuntergang hat uns für den mühsamen Rückweg mehr als entschädigt. FKK optional.**

➔ Von Torrenueva auf der Ctra. de Almería N-340 für 1,5 km Richtung Osten, dann rechts Richtung *Casa de la Joya*. Irgendwo parken und den Schildern zur Playa folgen: kurzer Weg, 20 Stufen, weiter auf dem Weg, 100 Stufen.
Parken 36.6978, -3.4735
Leicht 10 Min. 36.6966, -3.4747

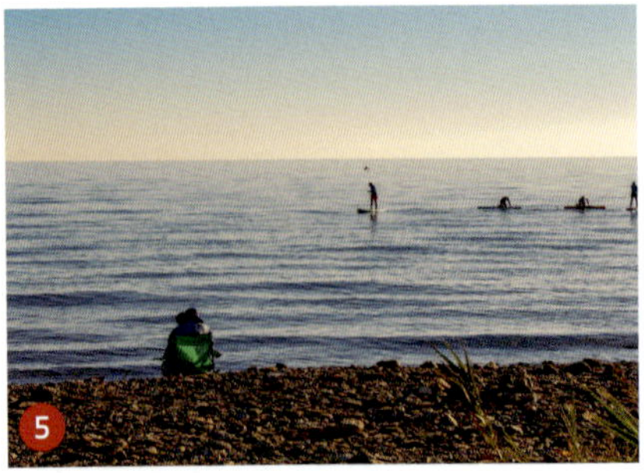

5

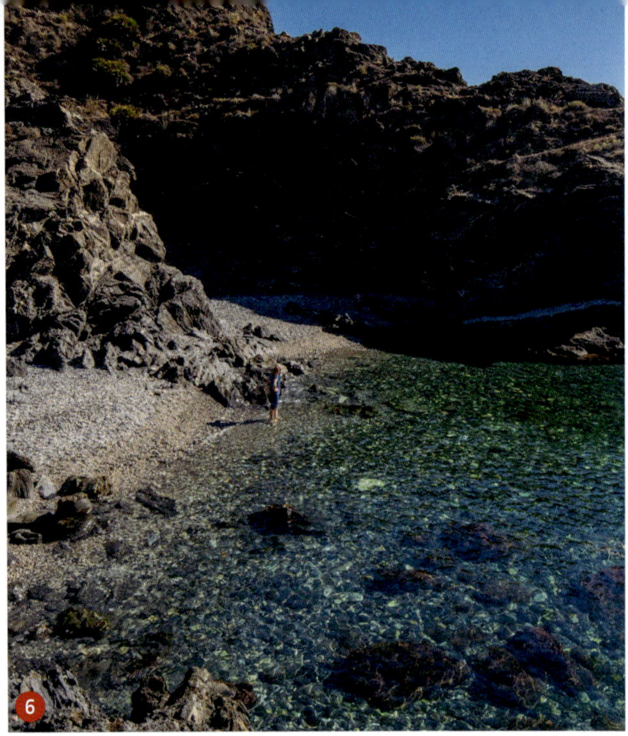

6

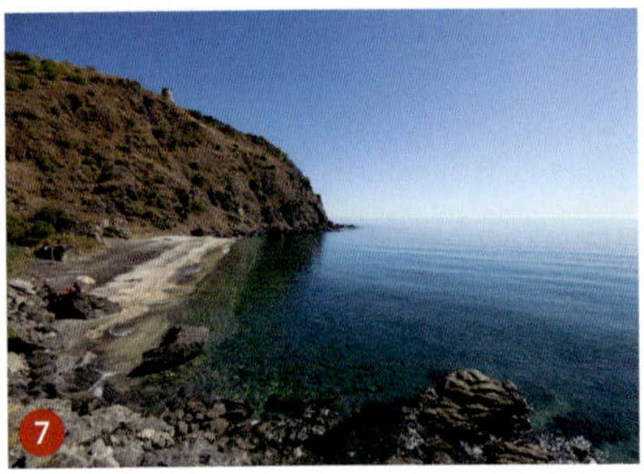

7

Málaga, die größte Stadt der Region, liegt an der Flussmündung des Guadalhorce. Der geschäftige Hafen, dessen Geschichte bis zu den Phöniziern zurückreicht, hat die Überreste eines römischen Amphitheaters vorzuweisen, die maurische Festung Alcazaba, eine Kathedrale sowie traditionelle Fischerhäuschen. Málaga ist außerdem der Geburtsort von Picasso, und das Museo Picasso umspannt sein gesamtes künstlerisches Werk.

An der Küste reihte sich einst ein Fischerdorf ans andere, bis um die Jahrhundertwende ausländische Touristen Torremolinos entdeckten. Der Spanische Bürgerkrieg und der Zweite Weltkrieg unterbrachen die touristische Erschließung. Im Jahr 1935 wanderte der englische Dichter Laurie Lee von Algeciras nach Almuñécar – damals noch ein kleines Dorf. Er half den Republikanern, Francos Truppen standzuhalten, bevor er von der British Navy gerettet wurde – so erzählt er es im letzten Kapitel von *An einem hellen Morgen ging ich fort*. Hollywood-Ikonen wie Audrey Hepburn, Cary Grant, Brigitte Bardot und Frank Sinatra brachten in den 1950ern Glamour an die südlichen costas, die immer mehr an Beliebtheit gewannen. Europäische Adelsfamilien zog es nach Marbella, während Gerald Brenan, der englische Historiker und Anthropologe, Ernest Hemingway, Ava Gardner und Laurence Olivier in seinem Haus in Málaga empfing.

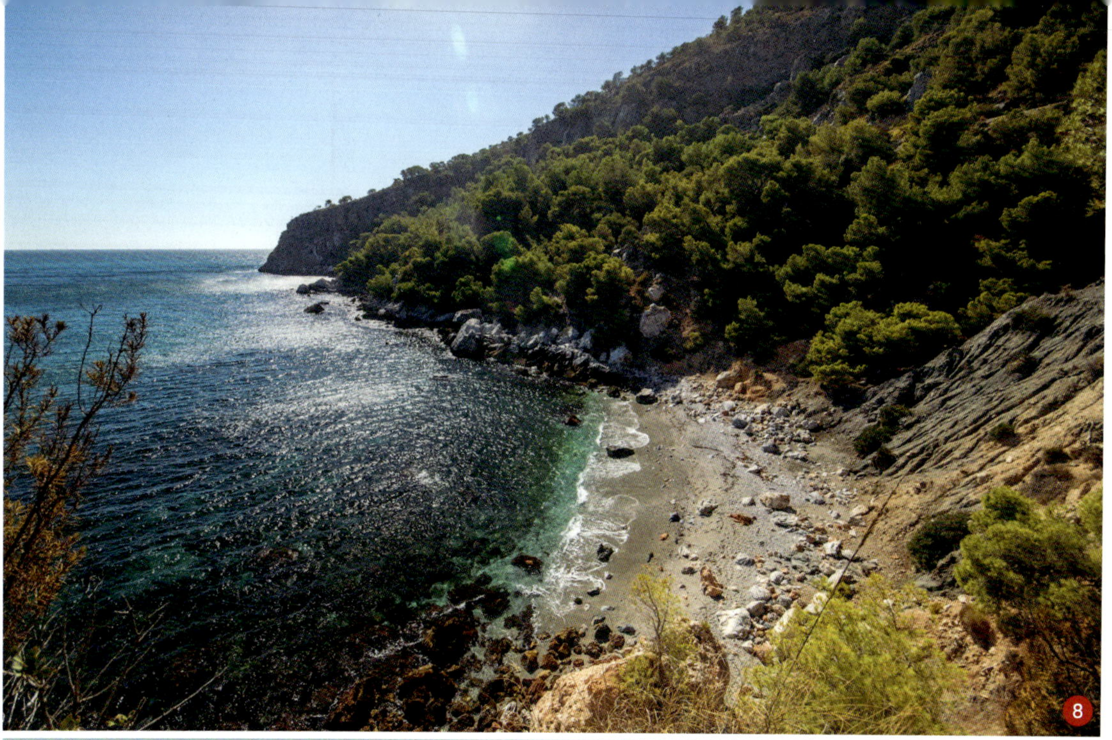

Von Salobreña bis Almuñécar

5 PLAYA CABO GILLA, SALOBREÑA

Dunkler Sandstrand mit Riesenschilf, das bis ans Ufer reicht. Toller Blick auf die Berggipfel in der Ferne. Der Surfclub 18 Nudos (18nudos.com) befindet sich ganz in der Nähe. Gelegentlich starten Segelflugzeuge hinter dem Strand, und manchmal begegnet man dem hiesigen Ziegenhirten mit seiner großen Herde. Machen Sie einen gemütlichen Abendspaziergang bis zum Rand des Golfplatzes und zurück. Herrliche Sonnenuntergänge von der Playa Punta del Río.

→ Von der Strandpromenade in Salobreña auf der Av. de Andalucía 3 km Richtung Osten, dann beim Kreisverkehr geradeaus weiter. Über die Brücke, beim Kreisverkehr die erste Ausfahrt und beim zweiten Kreisverkehr wieder die erste Ausfahrt. Weiter, bis man bei der nächsten Abfahrt links einen Parkplatz sieht. Zu Fuß zum Strand, vorbei am Surfcenter und weiter die Küste entlang.
Parken 36.7245, -3.5777
Leicht 10 Min. 36.7237, -3.5752

6 PLAYA DEL CALETÓN, ALMUÑÉCAR

Kleine Bucht mit Strand aus Schiefer und Quarz unter paläozoischen Klippen. Klar wie eine Gebirgsquelle, perfekt für ein Bad am frühen Morgen. Der Weg führt noch weiter, wird jedoch immer unwegsamer und glatter, ohne weitere Bademöglichkeiten. Leckerer Kaffee in der Bar Manolo am Strand von Salobreña.

→ In Salobreña bis zum rechten Ende der Strandpromenade (dem Meer zugewandt) und dem schmalen Steinweg zum Strand folgen. Parken 36.7444, -3.5974
Leicht 10 Min. 36.7441, -3.6053

7 PLAYA CURUMBICO, ALMUÑÉCAR

Ein alter Wachturm thront über diesem 200 m langen Kieselstrand mit kristallklarem Wasser. Keine Annehmlichkeiten außer einer einzelnen Dusche, um Salz und Sand abzuwaschen. Im nahen Almuñécar wurde ein Denkmal zu Ehren des *gran escritor* Laurie Lee errichtet. Er lebte hier 1935/36 und erzählt davon in zwei seiner Bücher, *An einem hellen Morgen ging ich fort* und *Eine Rose für den Winter*.

→ Von der Playa de Cabria links am Restaurante Tito Yayo vorbei bis zum Ende des Strands, von wo ein gewundener Weg um die Landspitze führt. Von hier dem Weg 1 Min. folgen und über einige große Felsen zum Strand.
Parken 36.7466, -3.6527
Leicht 10 Min. 36.7449, -3.6493

8 PLAYA DE CALAIZA, ALMUÑÉCAR

Kleine, versteckte Bucht inmitten üppiger Vegetation. Klares, türkisblaues Wasser. Von den großen Felsbrocken links kann man gut angeln.

→ Von Osten auf der Ctra. de Almería/N-340 nach Almuñécar, links auf die Calle las Palomas, nach 1 km rechts auf die Calle Enebro. Nach 450 m an der Straße parken und 2 Min. zu Fuß weiter, vorbei am Aussichtspunkt, dann weitere 5 Min. die unbefestigte Straße entlang bis zum Kreisverkehr. Links von der Informationstafel mit einer Karte von der Küste führt ein schmaler Weg zum Strand.
Parken 36.7377, -3.7621
Mittel 10 Min. 36.7350, -3.7621

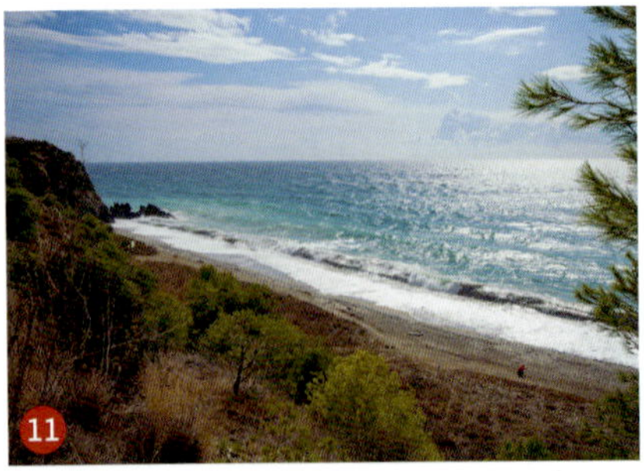

11

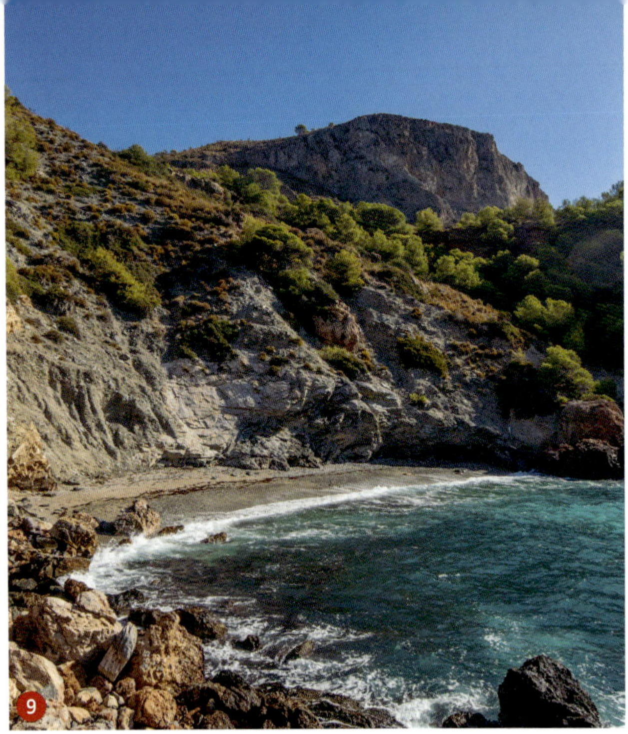

9

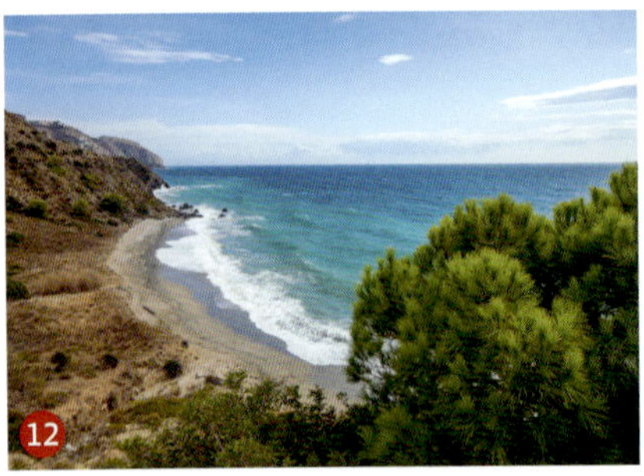

12

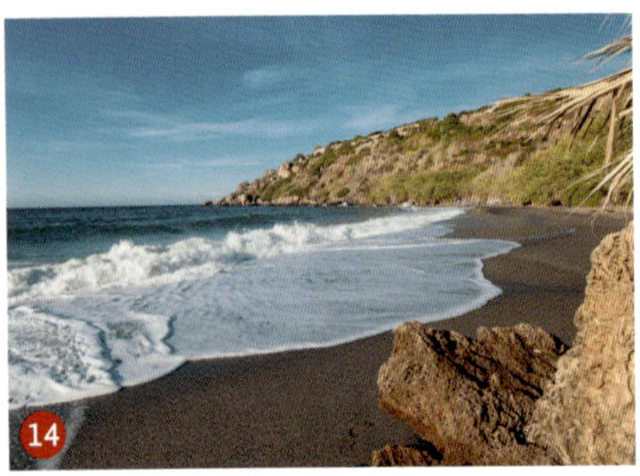

14

In den 1970ern landeten scharenweise britische Touristen am Flughafen von Málaga, um dem nordeuropäischen Wetter zu entfliehen, angelockt von sonnigen Stränden, mediterraner Kultur, Tapas und spanischem Wein. Marbella und Torremolinos haben sich bis zur Unkenntlichkeit verändert, ihren Glamour jedoch bewahrt.

Heute bietet dieser Abschnitt der andalusischen Küste immer noch reichlich unberührte Strände für Naturliebhaber, Abenteurer, Ökotouristen und Slow Travellers. An der Costa Tropical befinden sich auch Europas erstes Meeresschutzgebiet und einige von Spaniens beliebtesten Tauchrevieren. Man bekommt Tintenfische, Meeraale und Muränen, Hummer, Zackenbarsche, Drachen- und Skorpionsfische zu sehen. Das Naturschutzgebiet Acantilados de Maro-Cerro Gordo, ein 12 Kilometer langer, unberührter Küstenabschnitt, bietet prächtige Klippen, abgeschiedene Strände und einsame Buchten. Bei den Calas del Pino (10) schloss sich uns eine Rehfamilie an, und an der Playa de los Cañuelos (12) wird man von Wildziegen begrüßt. Besonders begeistert waren wir von der wilden Cala Doncella (9), ein schwer zugänglicher und deshalb einsamer Strand unter einem alten Wachturm.

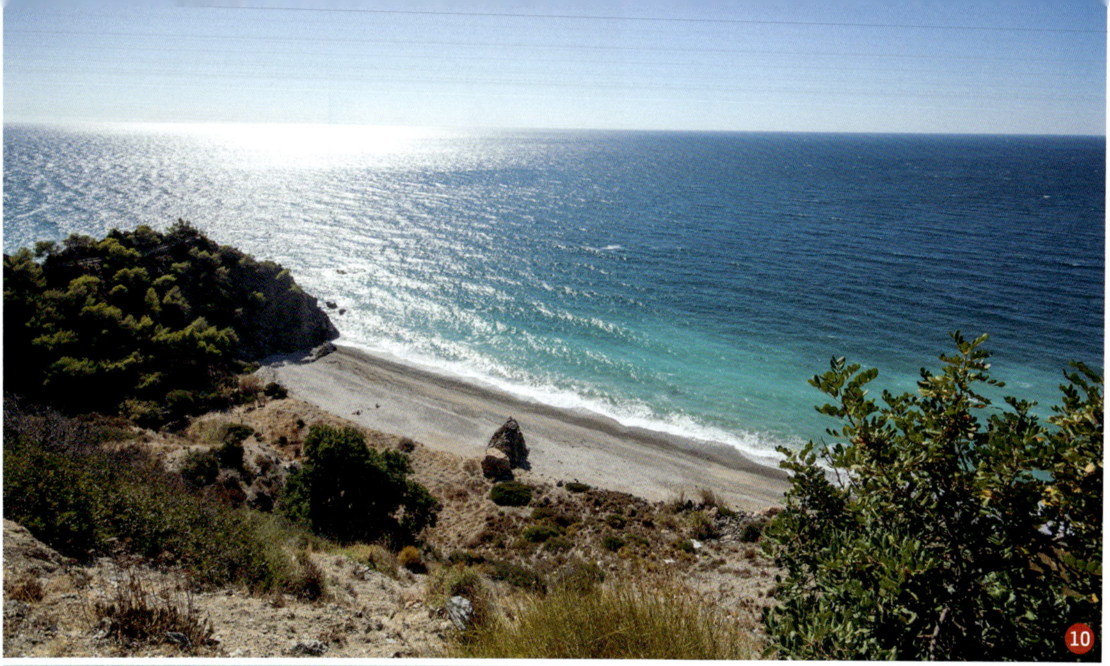

Nerja

9 CALA DONCELLA

Schon der Weg zum *Zofenstrand* ist ein kleines Abenteuer.

➜ Von Nerja auf der N-340 für 9 km Richtung Osten, beim Kreisverkehr Richtung *Playa del Cañuelo* abfahren und den Schildern zum Parkplatz folgen. Zu Fuß die Straße entlang Richtung Strand, nach 250 m links auf einen nicht ausgeschilderten Weg. Beim Betonplateau an der verlassenen Mühle 150 m weiter dem Weg an der rechten Seite der Schlucht hinunter folgen, dann links halten zur gegenüberliegenden Seite der Schlucht und Rückseite eines verlassenen Hauses. Den Felshang neben der Landspitze hinunter und über die Felsen zum Strand. Parken 36.7491, -3.7839

Schwer 40 Min. 36.7417, -3.7860

10 LAS CALAS DEL PINO

Unberührter Strand unter dem Torre del Pino (*Pinienturm*). Das letzte Stück ist FKK.

➜ Von Nerja auf der N-340 für 7,5 km Richtung Osten, dann rechts Richtung Cala del Pino bis zum Parkplatz. Der Weg bergab wird sehr steil und ist daher nicht für kleine Kinder geeignet.
Parken 36.7478, -3.7998

Schwer 10 Min. 36.7465, -3.7998

11 PLAYA DE LAS ALBERQUILLAS

Idyllischer Strand im Naturschutzgebiet.

➜ Von Nerja auf der N-340 für 7 km Richtung Osten und in der nicht beschilderten Abzweigung (rechts) parken. Bergab am Tor vorbei zum Strand.
Parken 36.7492, -3.8056

Leicht 10 Min. 36.7490, -3.8071

12 PLAYA DE LOS CAÑUELOS

Wilder, wenig besuchter Sandstrand.

➜ Wegbeschreibung siehe Playa de las Alberquillas (11), aber dem steilen Weg links vom Parkplatz folgen. Beim Tor links und dem Weg zum Strand folgen.

Leicht 10 Min. 36.7481, -3.8035

13 PLAYA DEL MOLINO DE PAPEL

***Papiermühlenstrand*. Dunkler Sandstrand, gespeist vom kristallklaren Wasser des Río de Miel (*Honigfluss*).**

➜ Von Nerja auf der N-340 Richtung Osten, nach 6 km rechts Richtung Paraje Natural. Der Schotterstraße 200 m folgen und beim Aussichtspunkt parken. Weiter bergab und um die Landspitze, wo die Straße bei der alten Papiermühle eine 180-Grad-Kurve macht. Weiter bis zum Straßenende und rechts auf den Weg zum Strand. Parken 36.7522, -3.8155

Leicht 15 Min. 36.7514, -3.8162

14 PLAYA DE LA CALETA

Nicht zu verwechseln mit La Caleta de Maro: Dieser Strand ist abgeschiedener und weniger voll. Schön zum Schnorcheln. Den Wasserfall Cascada de Maro weiter östlich erreicht man per Kajak oder schwimmend.

➜ Vom Parkplatz in Maro zu Fuß bergab und rechts Richtung, Playa la Caleta. Der Straße bis zur T-Kreuzung und dem Wegweiser zum Strand folgen. Geradeaus weiter, dann rechts die Betonschräge hinunter (25 m). Beim grünen Tor links und über die Stufen zum Strand.
Parken 36.7569, -3.8423

Leicht 30 Min 36.7535, -3.8453

15 PLAYA TARZAN Y PIEDRA

Grobkörniger Sandstrand, an dem die Einheimischen sich vom *Piedra de Tarzan* (Tarzanstein) ins Meer stürzen.

➜ Von der Playa de Burriana in Nerja ganz nach links bis ans Ende des Strands gehen. Die Stufen links vom Restaurante Rincón de Sol hoch und dem Kiesweg bergauf folgen. Bei der T-Kreuzung rechts und weiter auf die Klippen, dann links bergab und unten wieder links. Dem schmalen Weg durch die Kleingärten folgen, dann rechts und nach 5 m dem Schild Richtung Playa al Tarzan Mari bis zum Strand folgen.
Parken 36.7515, -3.8658

Mittel 10 Min. 36.7519, -3.8622

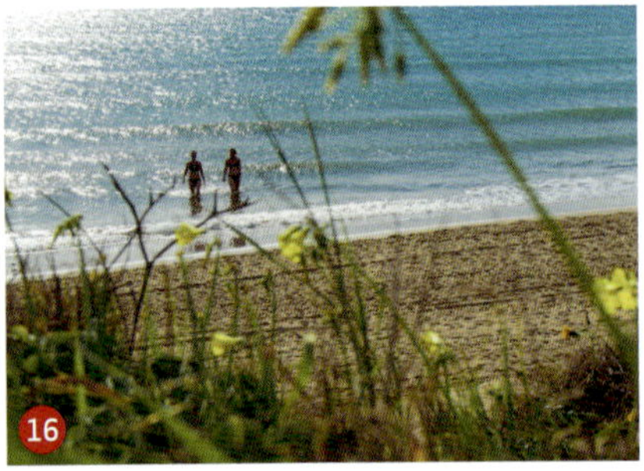

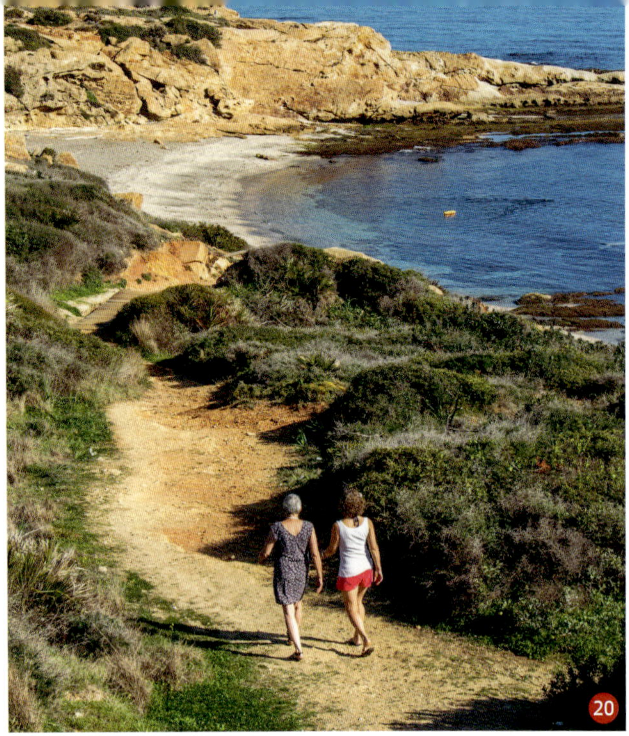

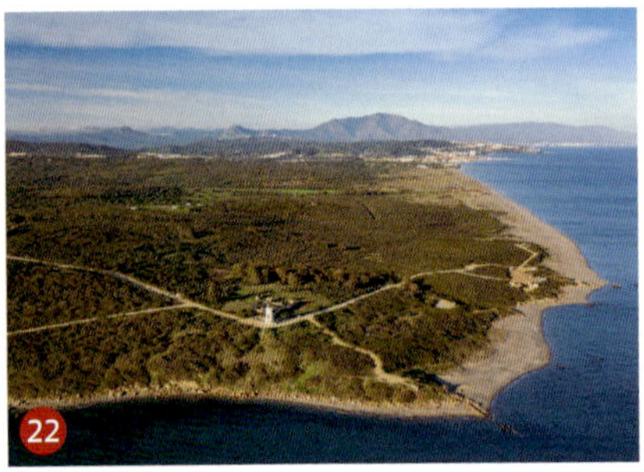

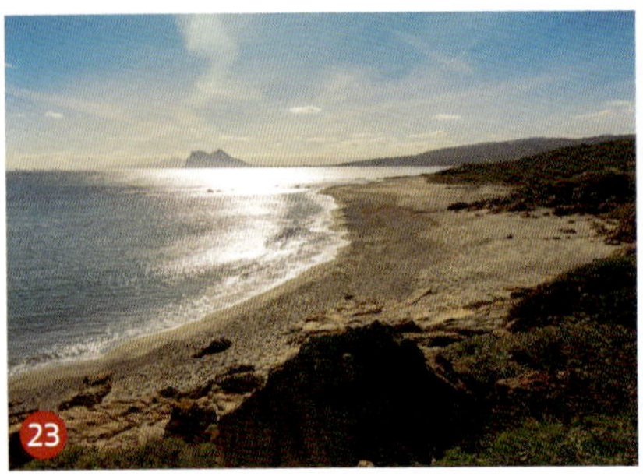

Wer Aktivurlaub bevorzugt, kann die Küste und die verborgenen Meereshöhlen mit Kajak, Kanu oder SUP-Board erkunden. Im Küstenort Nerja beginnt einer von Spaniens beliebtesten und schönsten Radwanderwegen, und an den hiesigen Stränden sieht man oft Reiter mit ihren Pferden. Für Wanderer gibt es den 200 Kilometer langen Küstenwanderweg El Senda Litoral von Nerja nach Manilva. Und auch Foodies zieht es wegen der gesunden mediterranen Küche und den weltberühmten Weinen an diesen Abschnitt der iberischen Küste.

El mar es el Lucifer del azul.
El cielo caído por querer ser la luz.
¡Pobre mar condenado a eterno movimiento,
habiendo antes estado quieto en el firmamento!

Das Meer ist des Blaus Luzifer.
Der gefallene Himmel, der Licht sein will.
Armes Meer, zu ewiger Bewegung verdammt,
das einst am Himmel still gewesen!

Aus *Mar* (Meer), Federico García Lorca (1898–1936)

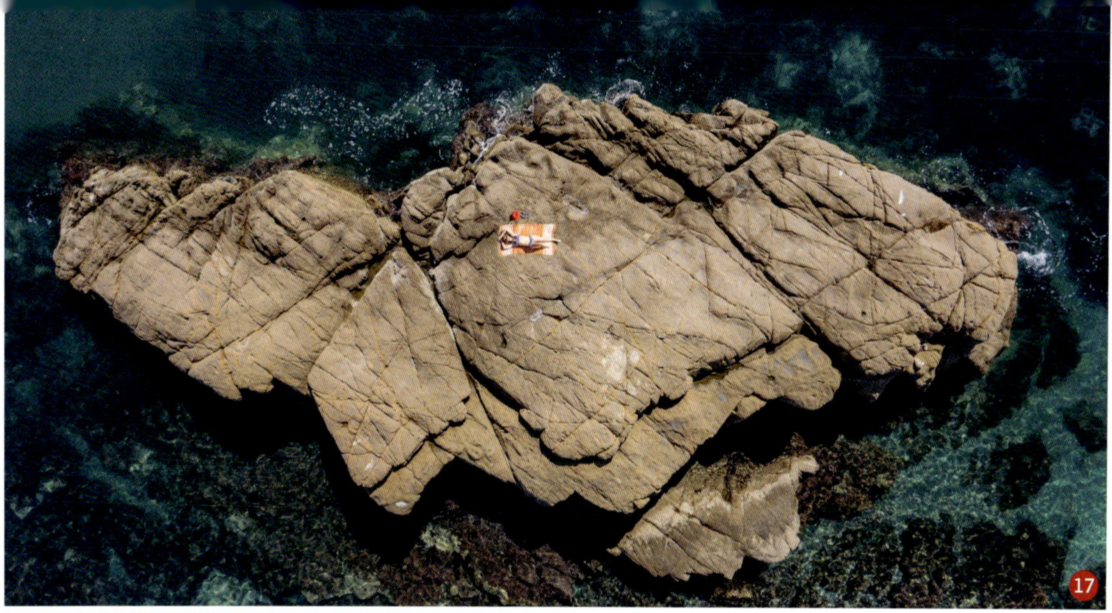

17

Von Marbella bis San Roque

16 PLAYAS/DUNAS DE ARTOLA

Naturgeschützte Dünen und schwuler FKK-Strand.

➔ Von Marbella auf der A-7 für 12 km Richtung Westen, Ausfahrt nach Cabopino. Rechts vom Parkplatz Wegweiser zum Strand. Parken 36.4867, -4.7437

Leicht 10 Min. 36.4851, -4.7497

17 PLAYA DE ARROYO VAQUERO

***Cowboybachstrand.* Auf den glatten Felsen kann man sich herrlich sonnen.**

➔ Von Sabinillas auf der A-7 für 5 km nach Osten Richtung Málaga, dann rechts. Beim Kreisverkehr rechts auf die Av. México. Bei der T-Kreuzung links und bis zum Parkplatz am Ende der Straße.
Parken 36.4007, -5.1928

Leicht 10 Min. 36.3983, -5.1938

18 PLAYA COSTA NATURA, ESTEPONA

FKK-Strand an der FKK-Ferienkolonie Costa Natura (costanatura.com): Gärten im andalusischen Stil, Pool und Restaurant.

➔ Von Sabinillas 6 km Richtung Osten, beim Kreisverkehr gegenüber von Aldo rechts und parken. Der Straße zum Meer folgen und rechts zum Strand.
Parken 36.4079, -5.1869

Leicht 5 Min. 36.4065, -5.1869

19 PLAYA DE LA CHULLERA, SAN ROQUE

Strand mit Doppelbucht. Auf der anderen Seite der Landspitze kann man im Meeresschutzgebiet herrlich schnorcheln.

➔ Von San Roque auf der A-7 für 15 km Richtung Osten, bei Torreguadiaro abfahren, um auf der A-7 zu bleiben. In Punta Chullera vor der Fußgängerüberführung rechts. Die Rampe hinunter, links parken und den Schildern zum Strand folgen.
Parken 36.3109, -5.2502

Leicht 3 Min. 36.3115, -5.2526

20 PLAYA DE CALA MILLA DE PLATA

Der *Silbermeilenstrand* ist von Nickendem Sauerklee und Narzissen bedeckt.

➔ Von Urbanización Playa Guadiaro auf der Ctra. Cádiz-Málaga Richtung Nordosten, nach 450 m links und beim Hotel parken. Ein Weg führt zum Strand.
Parken 36.3061, -5.2623

Leicht 3 Min. 36.3067, -5.2609

21 PLAYA DE SOTOGRANDE

Genießen Sie lange Strandspaziergänge mit Blick auf Nordafrika.

➔ Vom N-340-Kreisverkehr in Las Lomas Richtung Sotogrande abfahren und der Av. de Paniagua folgen. Beim Kreisverkehr die erste Ausfahrt zur Calle Enrique el Navegante, nach 450 m weiter auf den Paseo del Parque. Nach 1,6 km rechts parken. Die Straße 250 m zurückgehen und rechts zum Strand. Parken 36.2753, -5.2839

Leicht 5 Min. 36.2701, -5.2852

22 PLAYA DE TORRECARBONERA

Abgeschiedener FKK-Strand unter dem Faro de Carbonera.

➔ Vom Eingang der Ferienkolonie Alcaidesa auf der Av. del Golf 2,5 km nach Osten. Beim zweiten Kreisverkehr die zweite Ausfahrt auf die Alcaidesa und rechts halten. Nach 1,5 km beim Leuchtturm parken. Rechts zum Strand. Parken 36.2446, -5.3010

Leicht 3 Min. 36.2451, -5.2981

23 PLAYA DEL GUADALQUITÓN

Weiter Strand vor Dünen, Lagunen und Korkeichenwäldern.

➔ Wegbeschreibung siehe Playa de Torrecarbonera (22), aber dem Weg auf der Landspitze folgen oder am Strand entlang Richtung Norden.

Leicht 10 Min. 36.2559, -5.2915

24 PLAYA DE LA HACIENDA

Langer Sandstrand in der Nähe von Gibraltar. Camping Sureuropa: gemeinnütziger Campingplatz, der Menschen mit Behinderungen beschäftigt.

➔ Vom Parkplatz auf der Av. de la Hacienda 150 m Richtung Acceso Playa bis zum Strand, dann rechts und 1,5 km weitergehen. Parken 36.2332, -5.3171

Leicht 20 Min. 36.2214, -5.3210

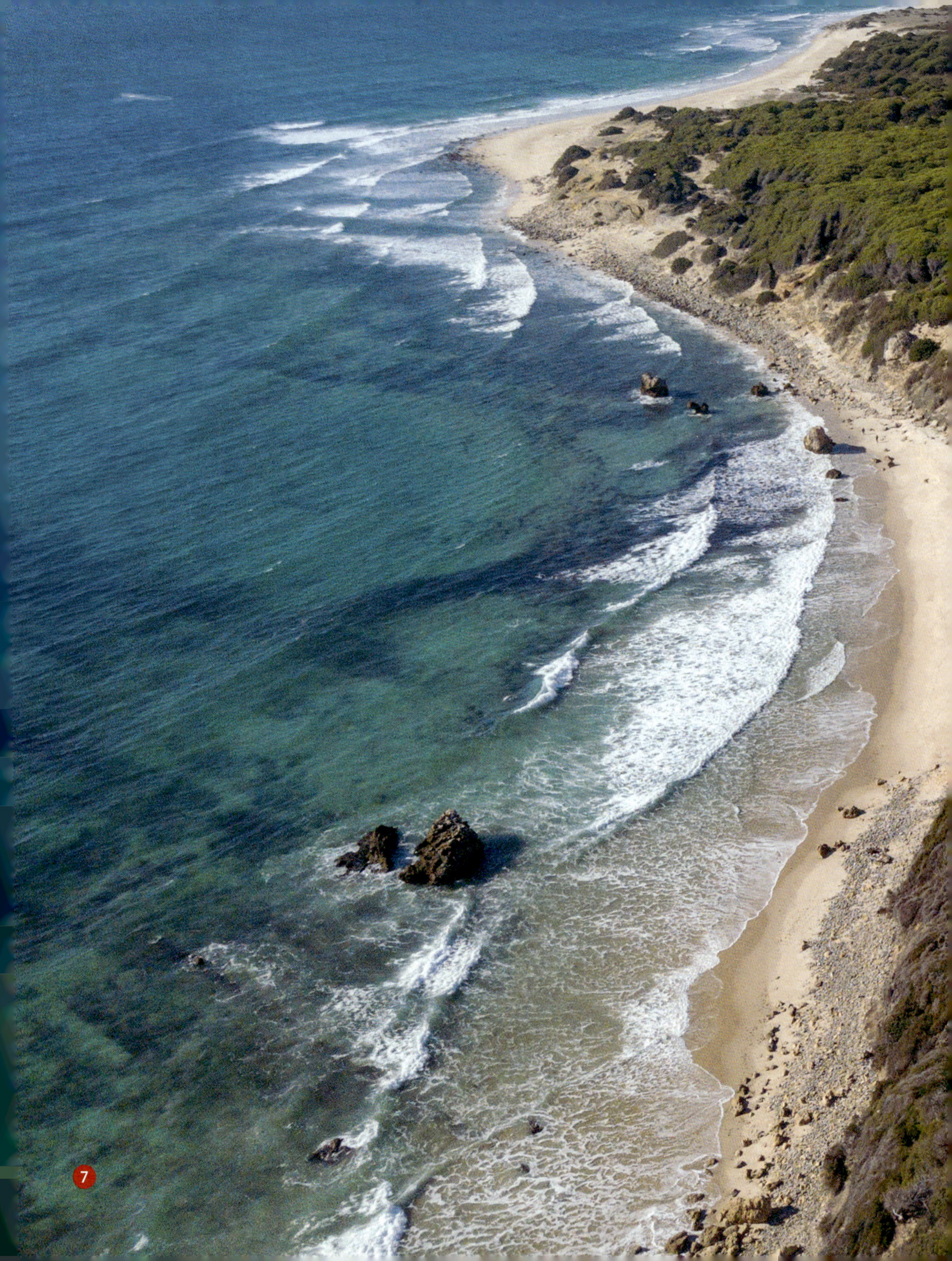
7

Costa de la Luz

Endlos lange Strände mit feinem goldenem Sand und weiße maurische Dörfer mit andalusischen Karnevalstraditionen. Reiten Sie auf Pferden die Küste entlang, steigen Sie aufs Surfbrett, oder sammeln Sie Muscheln am Strand.

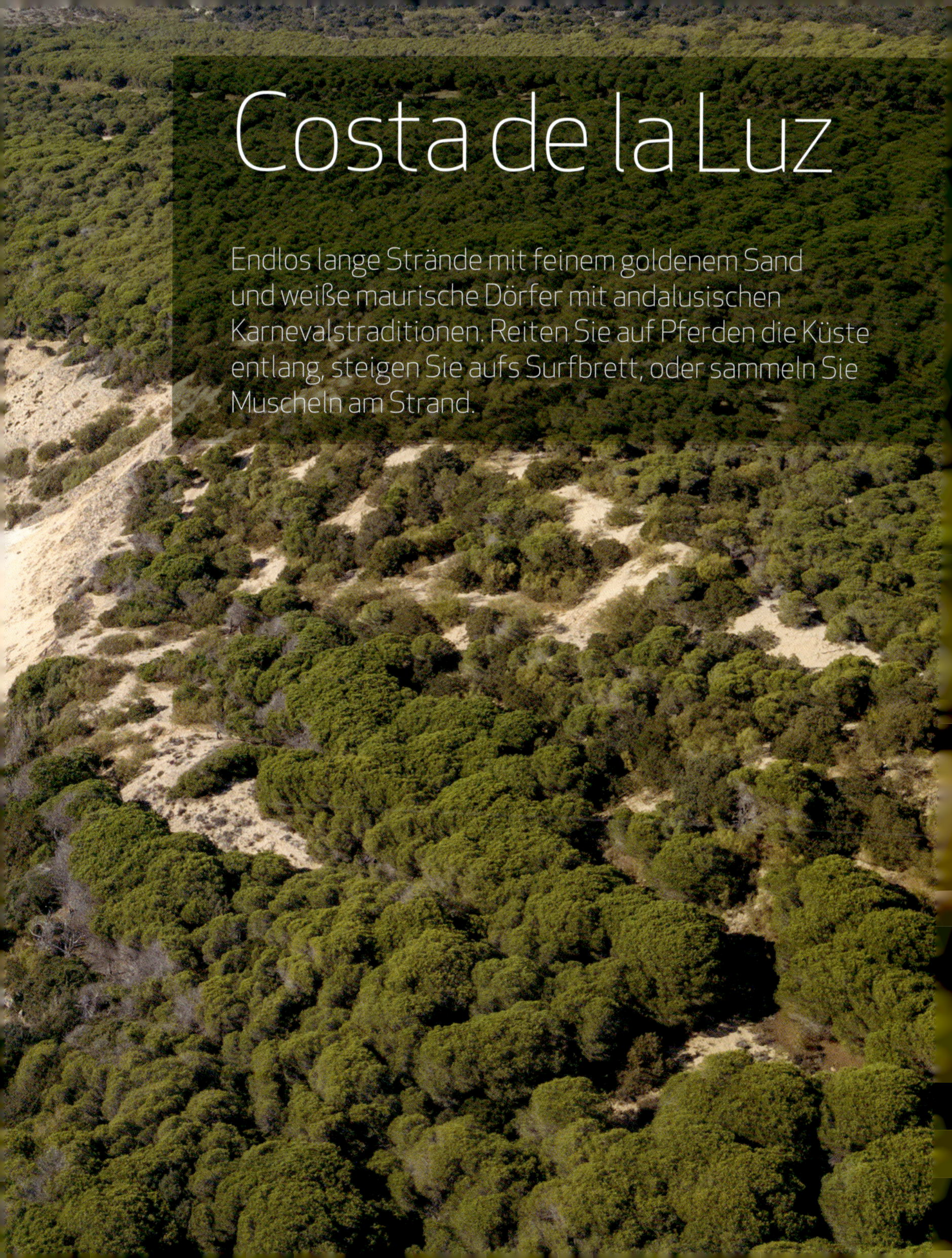

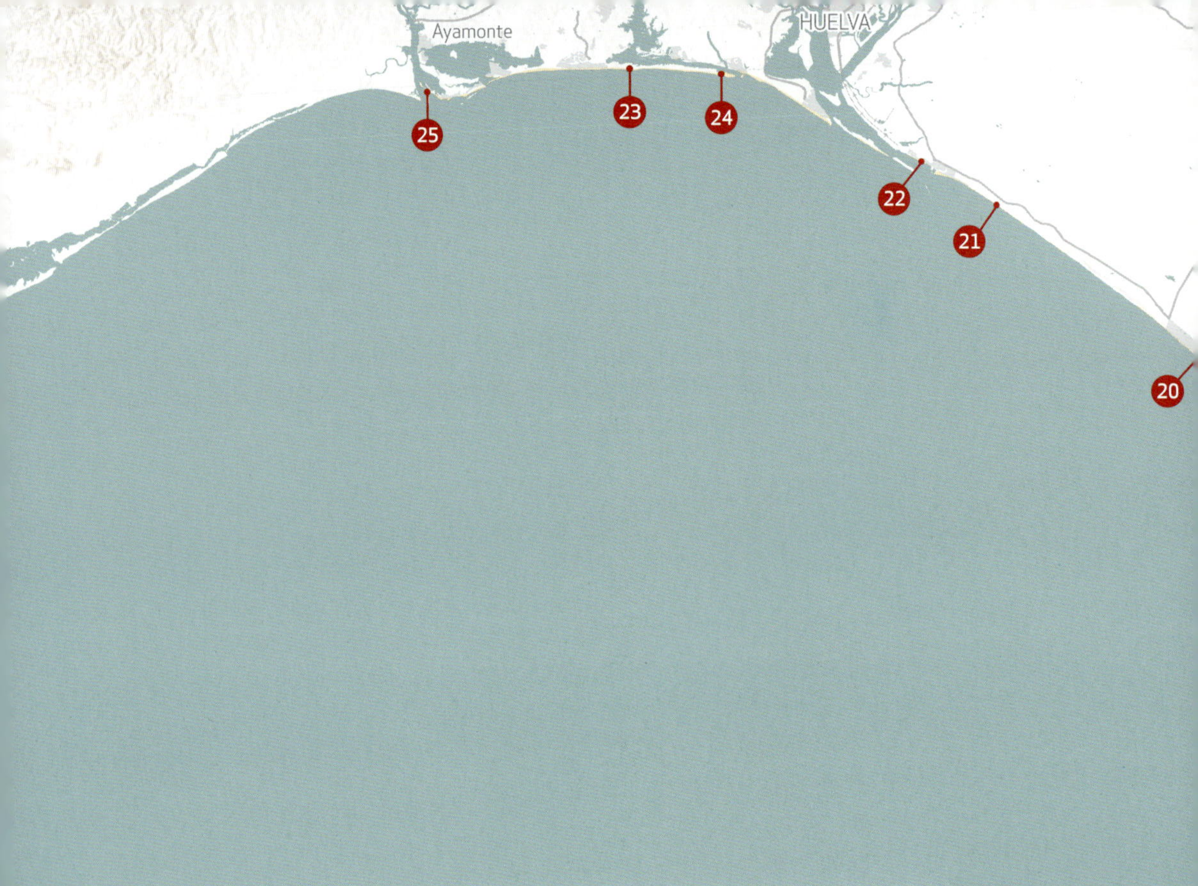

Highlights
Costa de la Luz

Unsere Lieblingsstrände:

3 Calas de Punto de Paloma – goldene Sandbuchten mit wundervoller Dünenflora

6 Playa de Bolonia #3 – Vulkangestein ragt majestätisch aus dem Meer

11 Playa Mangueta – abgeschiedener Strand mit Sanddünen und romantischen Sonnenuntergängen

17 Playa del Puerco – großer Strand für Familienpicknicks und Spaziergänge auf den Klippen

20 Parque Nacional de Doñana – 30 Kilometer unberührte Küste von atemberaubender Schönheit

24 Playa de la Flecha del Rompido – unendliche Sandbank parallel zur Mündung des Río Piedras

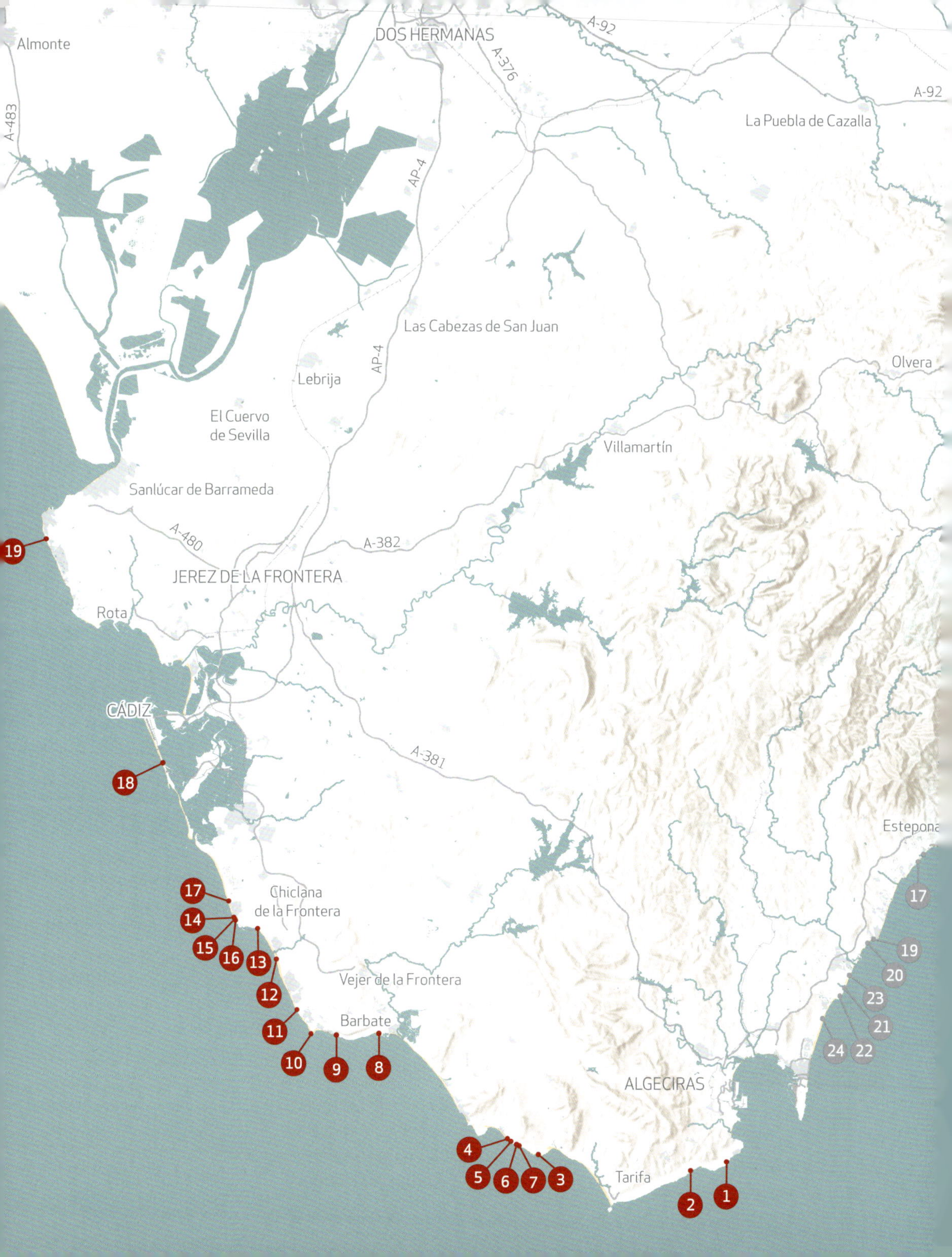

Almonte
DOS HERMANAS
A-92
A-376
A-483
A-92
La Puebla de Cazalla
AP-4
Las Cabezas de San Juan
AP-4
Lebrija
Olvera
El Cuervo
de Sevilla
Villamartín
Sanlúcar de Barrameda
A-480
A-382
19
JEREZ DE LA FRONTERA
Rota
CÁDIZ
A-381
18
Estepona
17
Chiclana
de la Frontera
17
14
15
16
13
19
12
20
Vejer de la Frontera
23
11
Barbate
21
10
9
8
24
22
ALGECIRAS
4
5
6
7
3
Tarifa
2
1

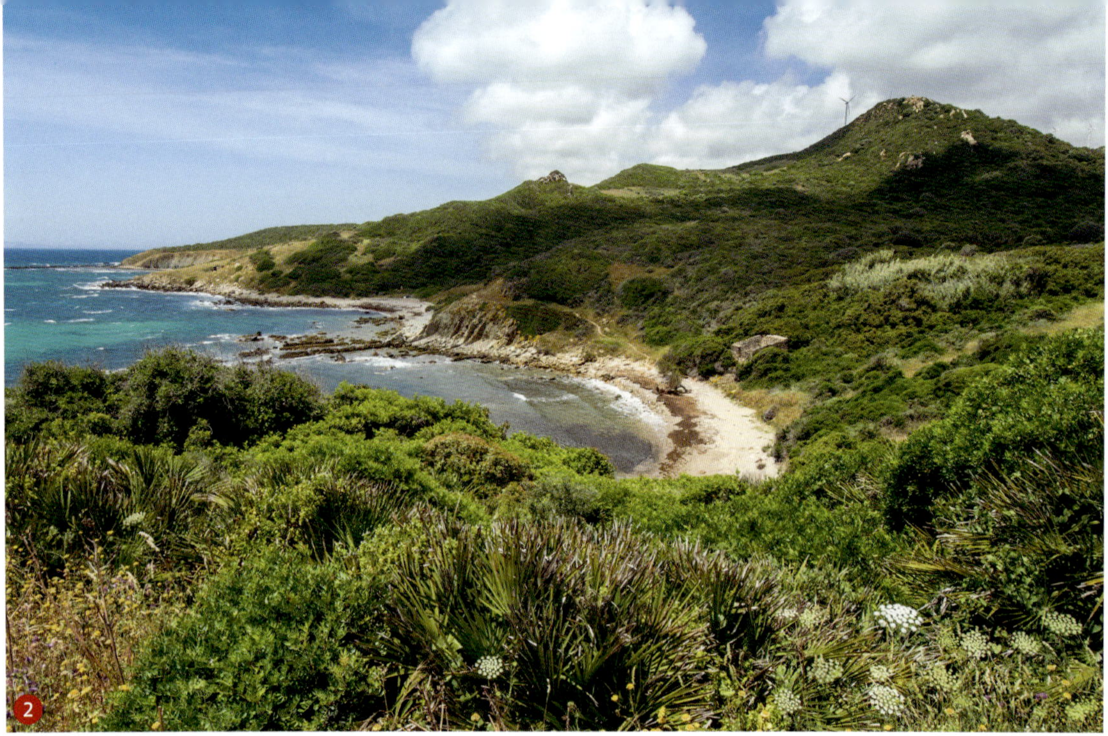

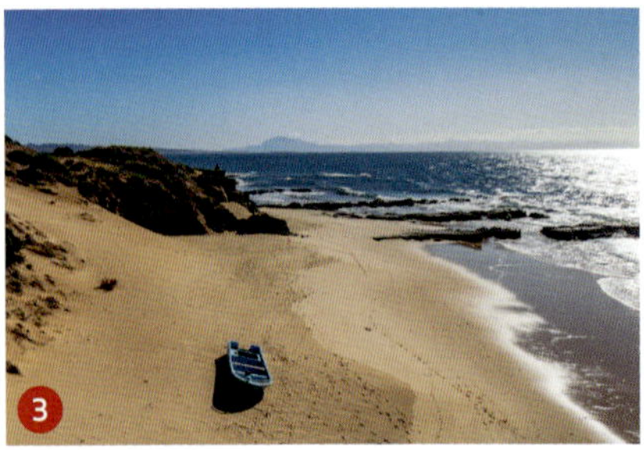

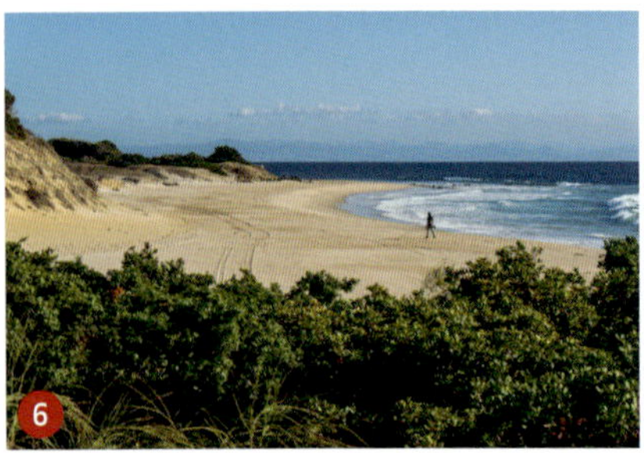

Die langen goldenen Sandstrände und riesigen Dünen erinnern uns an Norfolk, doch auf der anderen Seite der Straße von Gibraltar liegt Afrika, und dies ist der Golf de Cádiz, wo sich Delfine, Wale und Thunfische tummeln. Die *Küste des Lichts* ist von Pinienwäldern und Wildblumen gesäumt, und im Landesinnern sind Chamäleons, Hirsche und sogar Wildkatzen zu Hause. Warme Herbstwinde sorgen für Wellen und Brandung, die Flügel verleihen. Sherry (*Jerez*), für den die Region berühmt ist, kann eine ähnliche Wirkung haben ...

Die Costa de la Luz, die sich über 200 Kilometer vom Río Guadiana an der portugiesischen Grenze bis Gibraltar erstreckt, ist nach dem strahlenden Sonnenschein benannt, der die Strände an der Atlantikküste 300 Tage im Jahr küsst. Spuren der maurischen Besetzung finden sich überall, von den charmanten weißen andalusischen Dörfern, kunstvollen Kacheln und Burgruinen bis zur hiesigen Musik und Küche. Die Menschen aus dieser Region sind bekannt für ihre Herzlichkeit, ihre Großzügigkeit, ihr *duende* – das Temperament, das Gefühl, das gewisse Etwas des authentischen Flamencos. Diese kraftvolle und sinnliche Kunstform stammt ursprünglich aus Andalusien und wurde von arabischer, christlicher, sephardischer und der Musik der Roma beeinflusst. ▶

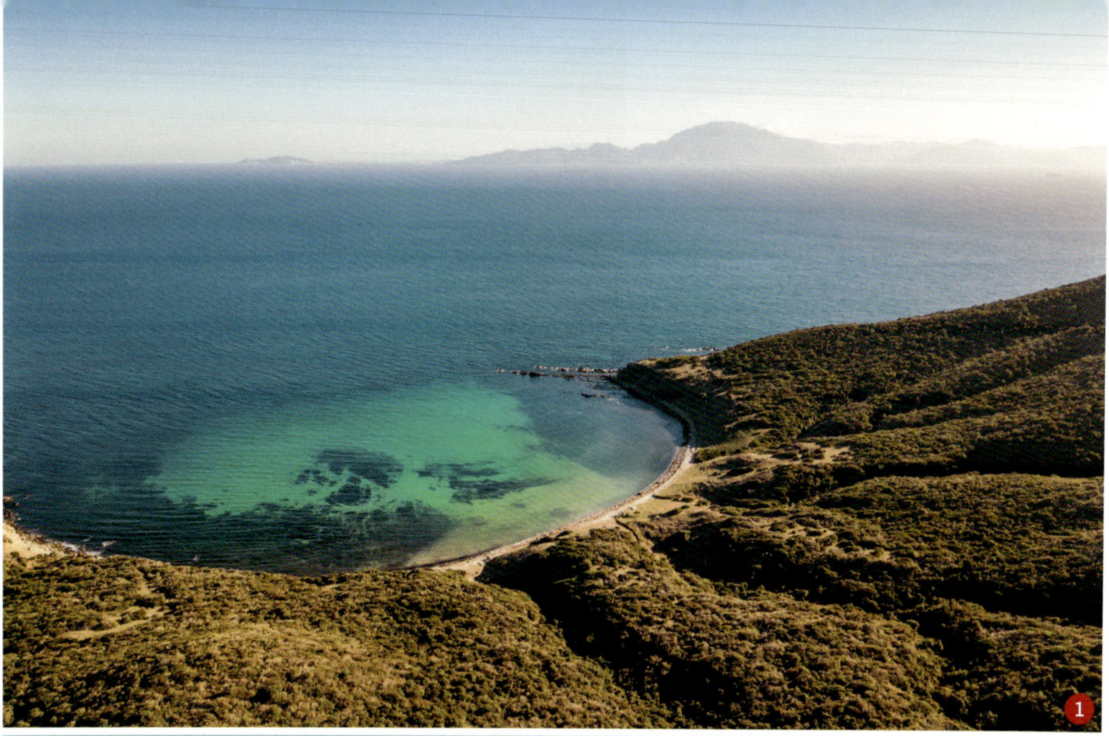

Von Algeciras bis Pelayo

1 CALA ARENAS, ALGECIRAS

Umgeben von den grünen Hängen des Parque Natural del Estrecho. Einsamkeit, Natur und Blick bis nach Nordafrika.

➔ In Punta Carnero parken, zu Fuß auf dem Küstenweg Richtung Osten. Bei der ersten weiten Bucht hinunter, über den Strand und auf der gegenüberliegenden Seite wieder hoch, über die Landspitze.
Parken 36.0681, -5.4386
Mittel 30 Min. 36.0603, -5.4486

2 PLAYA DE ARENILLAS, PELAYO

Im Sommer mit gelben Strand-Astern geschmückter, exquisiter Strand. Hotel Tarifa Lances (hoteltarifalances.com): gutes, bei Kite-Surfern beliebtes Hotel.

➔ Von Tarifa auf der N-340 für 5 km Richtung Osten, dann vor dem 50-km/h-Schild rechts auf die nicht beschilderte Straße. Rechts halten und die hinfälligen Militärwarnschilder ignorieren, dann rechts auf die Pista Colada del Camino de Alge und nach 1,8 km links Richtung Propidad Militar Tráfico Su Tránsito. Weitere 2,5 km, vorbei am Torre de Guadalmesí, und am Strand parken. Die Straße zwischen den Häusern hoch, dann rechts und dem Wanderweg GR92 für 3,2 km folgen bis zum Strand.
Parken 36.0373, -5.5203
Mittel 45 Min. 36.0490, -5.4985

3 CALAS DE PUNTO DE PALOMA

Taubenstrand. **Mehrere Buchten im Parque Natural del Estrecho. Genießen Sie den unglaublichen Blick über die Straße von Gibraltar bis nach Marokko. Chilimosa in Tarifa, unser vegetarisches Lieblingsrestaurant in Andalusien (chilimosa.com).**

➔ Von Tarifa auf der N-340 für 9,4 km nach Westen, links auf die A-2325 Richtung Punta Paloma und nach 2,6 km parken. Dem Weg auf der gegenüberliegenden Straßenseite 100 m folgen bis zum Strand. Parken 36.0629, -5.7122 oder an der Straße.
Leicht 5 Min. 36.0598, -5.7127

4 PLAYA DE BOLONIA #1

Die meisten Leute besuchen diesen Teil Spaniens wegen der berühmten Dunas de Bolonia – wir sind in die entgegengesetzte Richtung gefahren, um ebenso schöne, aber weniger volle Strände aufzuspüren. Besuchen Sie das nahe Freilichtmuseum Museo Arqueológico Baelo Claudia (museosdeandalucia.es).

➔ Von Tarifa 15 km nach Westen und links auf die CA-8202. In Lentiscal links auf El Lentiscal bis zum Parkplatz. 600 m links am Strand entlang oder den Wegen durch die Dünen folgen.
Parken 36.0808, -5.7593
Leicht 10 Min. 36.0760, -5.7558

5 PLAYA DE BOLONIA #2

Weiter, offener Sandstrand. Schön für lange Spaziergänge.

➔ Wegbeschreibung siehe Playa de Bolonia #1 (4) und weitere 500 m um die Landspitze.
Leicht 30 Min. 36.0728, -5.7512

6 PLAYA DE BOLONIA #3

Weite Bucht vor riesiger Sanddüne.

➔ Wegbeschreibung siehe Playa de Bolonia #2 (5), weitere 700 m an der Küste entlang. Bei Flut den Wegen durch die Dünen folgen.
Leicht 25 Min. 36.0701, -5.7436

7 PLAYA DE LOS BAÑOS DE CLAUDIA

Kleine Bucht und Gezeitenpools.

➔ Wegbeschreibung siehe Playa de Bolonia #3 (6), weitere 500 m um die Landspitze.
Leicht 40 Min. 36.0686, -5.7399

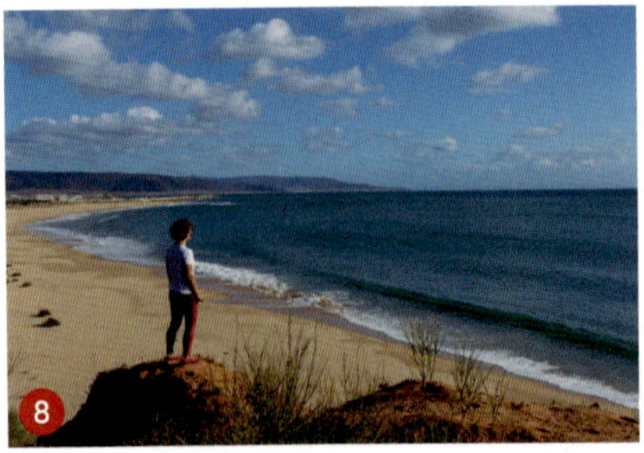

8

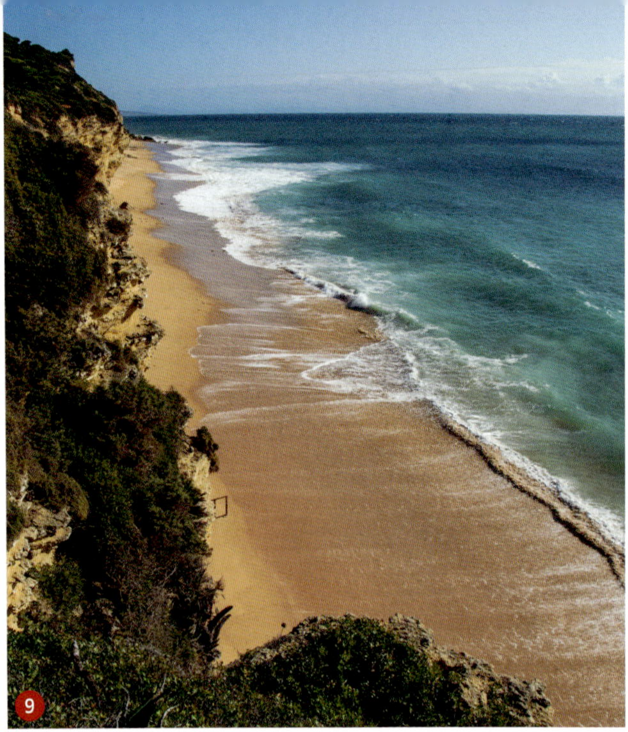

9

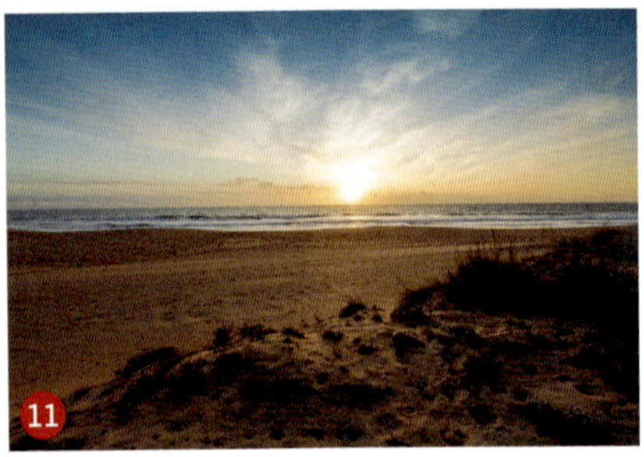

11

Die Andalusier feiern gern, und dafür ist ihnen jeder Vorwand recht. Am 6. Januar finden zur Ehren der Heiligen Drei Könige überall in der Region Umzüge statt, während in Cádiz und in anderen Küstenstädten im Februar vor der Fastenzeit Karneval gefeiert wird. Zu Ostern gibt es religiöse Prozessionen, und im Mai finden in Jerez und Vejer Frühlingsfeste mit Volkstänzen, Pferdeshows, Sportveranstaltungen, Aufführungen und Konzerten statt. Im Juni lockt die Romería del Rocío, eine berühmte Pilgerfahrt nach El Rocío, über eine Million Besucher an, darunter auch über hundert Bruderschaften, die in Kutschen oder zu Pferd reisen. Die Feierlichkeiten für die Schutzheiligen der Städte finden gewöhnlich zwischen April und September statt.

Die Costa de la Luz ist nicht nur ein Paradies für Sonnenanbeter, sondern auch für Wanderer und Spaziergänger. Im Herbst begegnet man Pärchen, die gemütlich an den einsamen Stränden entlangschlendern. Wir wandern die Küste des Parque Natural del Estrecho an der Südspitze Spaniens entlang, wo Afrika so nah ist, dass man fast meint, die Hand danach ausstrecken zu können. Gelber Ginster mischt sich unter wilde Zwergpalmen, Steineichen und wilde Olivenbäume. Im Landesinnern gedeihen dichte Korkeichenwälder. An der Küste zeugen gestrandete Boote von den verzweifelten Flüchtlingen, die ▶

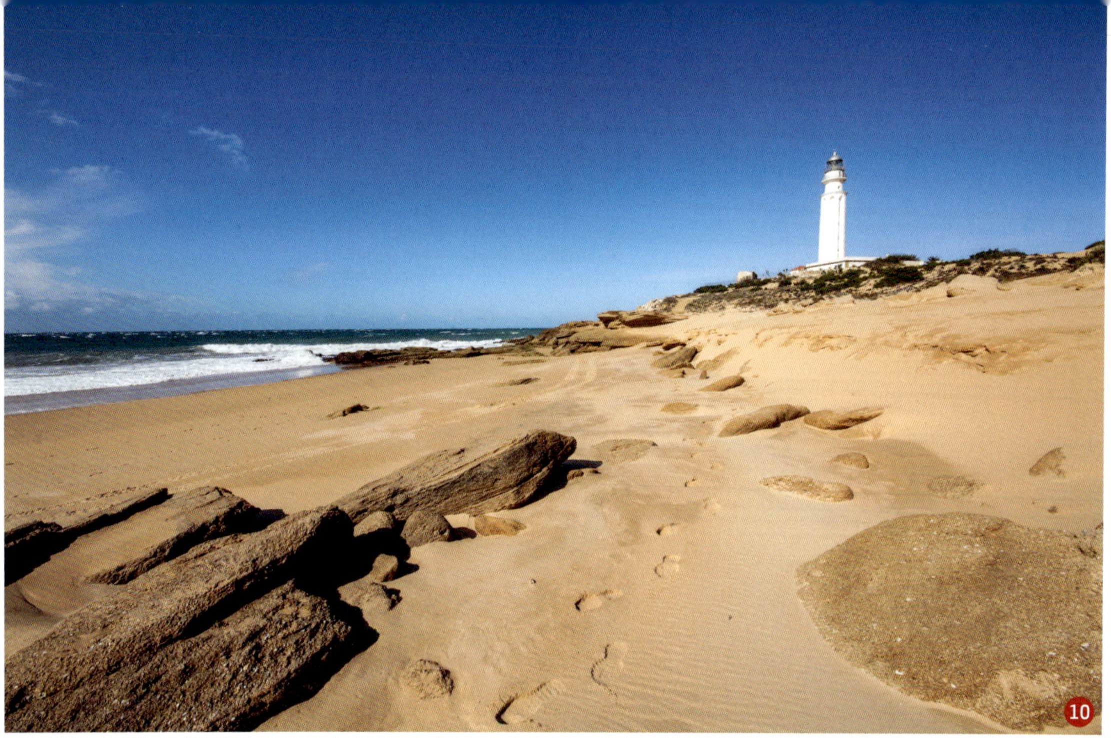

10

Von Barbate bis Conil de la Frontera 1

8 PLAYA DE LA HIERBABUENA

Der große *Minzstrand* mit spektakulärer Aussicht auf die Küste Nordafrikas liegt im Parque Natural de La Breña y Marismas del Barbate. Schöne Umgebung mit Dünen, Pinienwäldern und Wacholder und gut geeignet zum Windsurfen, Kitesurfen und für andere aufregende Windsportarten.

→ Von Barbate auf der A-2233 für 1,7 km nach Westen, dann links auf den Parkplatz am *Sendero del Acantilado*. Durch den Metallzaun und dem ausgeschilderten Weg bergab folgen, dann nach 830 m links auf den Weg, der in die andere Richtung führt bis man rechts einen schmalen Trampelpfad sieht. Diesem 350 m bis zum Strand folgen. Parken 36.1904, -5.9436

Leicht 20 Min. 36.1856, -5.9405

9 PLAYA DE LOS CASTILLEJOS

***Burgenstrand.* Hip und entspannt. Je weiter man die Küste entlanggeht, desto weniger Menschen begegnet man, und man entdeckt unterwegs interessante und geschützte Strände. Vorher einen Blick auf den Gezeitenkalender werden. Beliebt bei FKKlern.**

→ In Los Caños de Meca auf einem der gebührenpflichtigen Parkplätze parken. Am Ostrand der Stadt nach dem Schild zum *Sendero de los Acantilados* suchen, ein herrlicher 7 km langer Wanderweg über die Klippen nach Barbate. Rechts dem kleinen Weg folgen, über die Stufen zum Strand und nach Osten, so weit man möchte. Auf Gezeiten achten. Parken 36.1856, -6.0087

Leicht 15 Min. 36.1815, -5.9986

10 PLAYA DEL FARO, BARBATE

Der *Leuchtturmstrand* liegt vor dem berühmten Faro de Trafalgar. Gute Surfbedingungen an der Playa de los Caños de Meca links. Playa Faro de Trafalgar und Playa de Zahora liegen rechts, aber wegen der starken Strömung ist das Baden an diesen Stränden verboten. Die Schlacht von Trafalgar fand 1805 hier statt. Camping Pinar San José (campingpinarsanjose.com).

→ Von Los Caños de Meca zur Playa de los Caños de Meca und irgendwo parken (begrenzte Parkmöglichkeiten). Zu Fuß weiter zum Strand, Playa de los Caños de Meca links liegen lassen und weiter zum Leuchtturm.
Parken 36.188, -6.0269

Leicht 15 Min. 36.1819, -6.0337

11 PLAYA MANGUETA

Langer abgeschiedener Strand vor flachen, mit Gras bewachsenen Dünen an der Mündung des Arroyo de San Ambrosio. Bei Ebbe gibt es links Gezeitentümpel mit viel Getier. Man sieht von hier aus auch den berühmten Faro de Trafalgar. Hunde erlaubt. Gut zum Surfen. FKK optional.

→ Von Zahora auf der A-2233 für 350 m nach Norden Richtung Pago Zahora. Beim Kreisverkehr die zweite Ausfahrt, um auf der A-2233 zu bleiben. Beim nächsten Kreisverkehr links abfahren. 900 m geradeaus und irgendwo am Straßenrand parken. An der Kette vorbei, die über der Straße hängt, und weitere 800 m bis zum Strand. Parken 36.208, -6.0457

Leicht 10 Min. 36.2070, -6.055

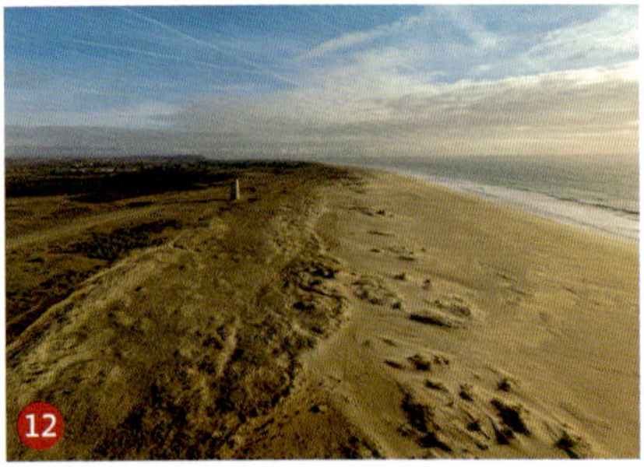

12

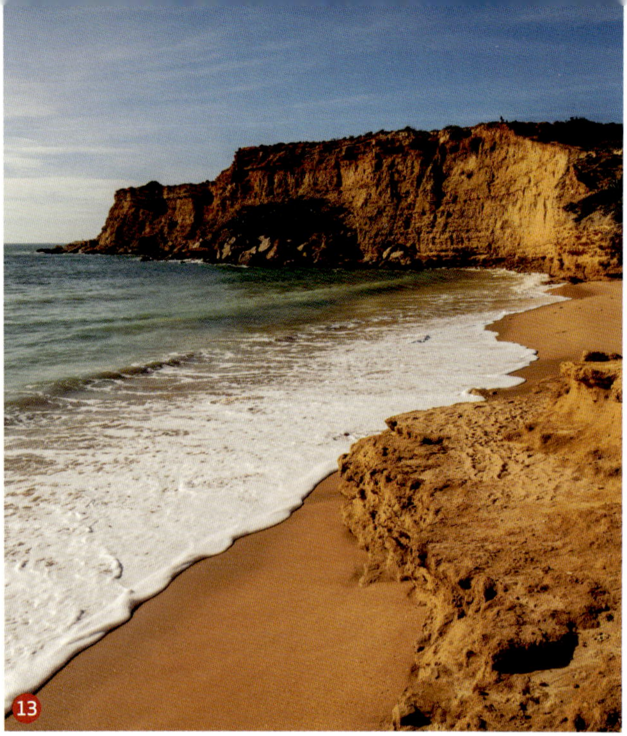

13

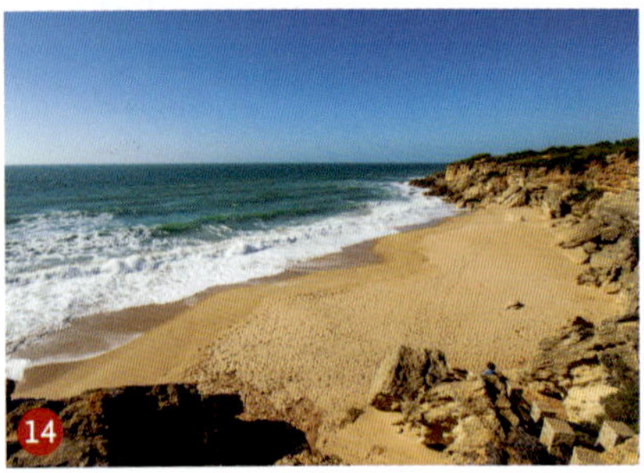

14

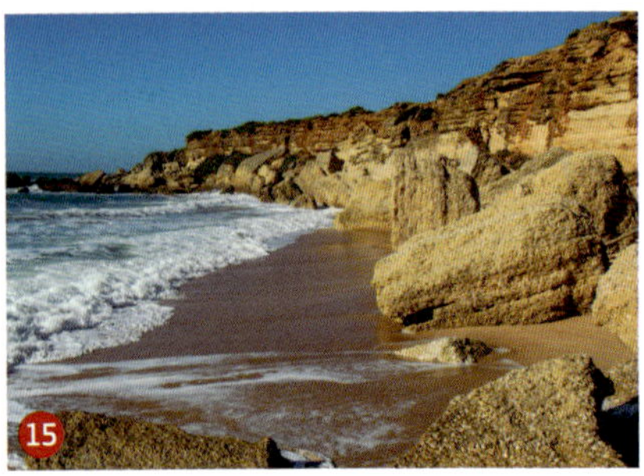

15

hier des Nachts landen. Einer der vielen Küstenwachtürme, der Torre de Guadalmesí aus dem 16. Jahrhundert, scheint die Straße von Gibraltar noch immer vor Piraten und feindlichen Schlachtschiffen zu bewachen.

Wenn Sie gern surfen – Windsurfen, Kiten, was auch immer –, ist Tarifa ganzjährig das Urlaubsziel in Europa, mit einem 7 Kilometer langen goldenen Sandstrand und lässigen Vibes. Die ummauerte Altstadt mit gepflasterten Straßen, mittelalterlicher Architektur und einer Burg aus dem 10. Jahrhundert ist eine wahre Pracht. Wir entdecken Chilimosa, das beste vegetarische Restaurant, in dem wir je gegessen haben, und gönnen uns Cocktails in einer der quirligen Bars. In den umliegenden Bergen machen sich große weiße Turbinen die Atlantikwinde zunutze.

Wacholdersträucher, Gräser und Wildblumen bedecken die für hier typischen Dünen (manche davon versteinert) der beiden Sandbuchten Calas de Punto de Paloma (3). Bei Ebbe entdecken wir weitere versteckte Buchten, die durch Steinreihen voneinander getrennt sind. Reiter galoppieren vorbei, und wir rennen durch die Sanddünen. Die Düne von Bolonia ist so groß, dass sie als Nationaldenkmal gilt – sie funkelt in der Sonne wie eine goldene Skipiste. Wir lassen die Bars und Restaurants hin- ▶

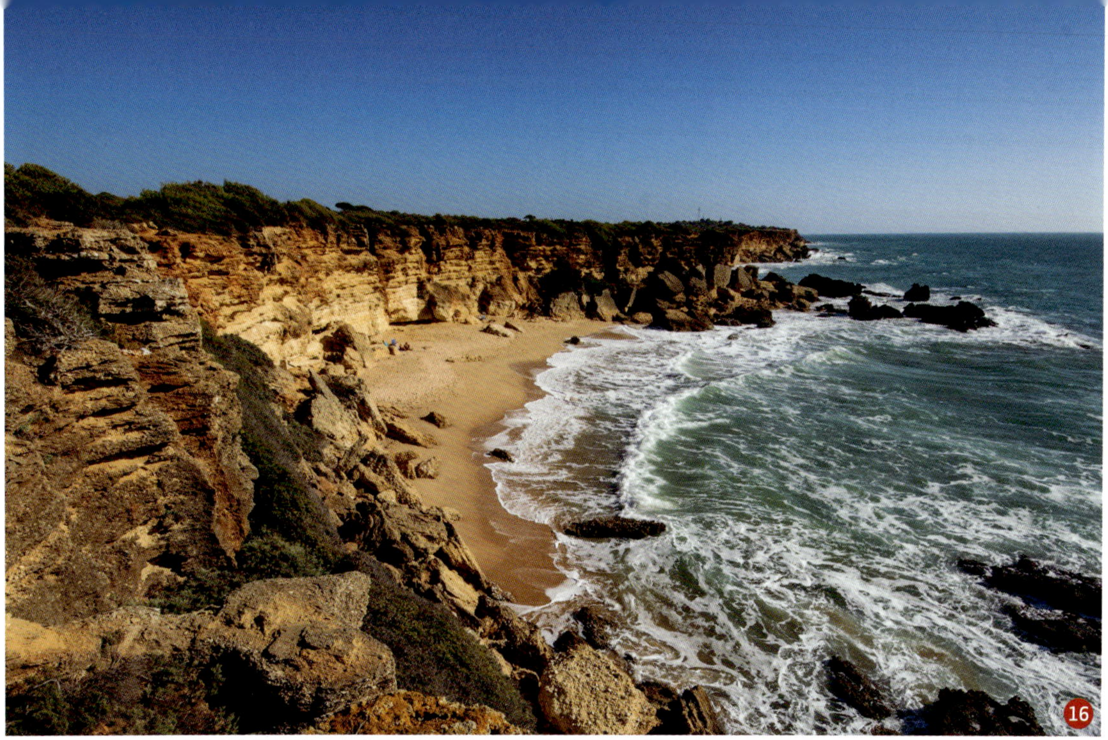

Conil de la Frontera 2

12 PLAYA DE CASTILNOVO

Riesiger, unberührter Strand. Romantischer Blick auf die weißen Häuser im maurischen Stil von Conil de la Frontera. Einer der schönsten Strände Andalusiens. Genießen Sie lange Strandspaziergänge nach El Palmar und Trafalgar. Castilnovo verdankt seinen Namen dem alten Wachturm aus dem 7. Jahrhundert.

→ In Conil de la Frontera parken, Parkplatz rechts vom Strand. Am Flussende vom Parkplatz über die Holzbrücke und dem Weg 1 km folgen, dann rechts zum Strand. Parken 36.2729, -6.0902

Leicht 20 Min. 36.2617, -6.0868

13 CALA DEL PUNTALEJO

Kleine, tiefe Bucht mit goldenem Sand und orangefarbenen Sandsteinklippen, an denen wilde Aloe Vera wächst. Am südlichen Strandende ist ein alter Bunker in die Felsen gebaut. Toll für ein romantisches Bad bei Sonnenuntergang, wenn die letzten Sonnenstrahlen die Sandsteinklippen beleuchten. Am Rundwanderweg *Las Calas* gelegen – von der Cala del Puntalejo oder Cala el Freilecillo (14) starten.

→ Von Conil de la Frontera auf der Calle Fuente Gallo 1 km Richtung Nordwesten. Beim Kreisverkehr erste Ausfahrt auf die Calle de Sevilla, nach 1,2 km, hinter der Playa Fuente del Gallo links auf die Av. de Extremadura. Über den Kreisverkehr und nach 400 m links parken. Am Ende vom Parkplatz rechts zum Strand. Wenn es bergab geht, links halten.
Parken 36.2945, -6.1141

Leicht 5 Min. 36.2944, -6.1153 3 P

14 CALA EL FREILECILLO

Die *Mönchsbucht* ist von niedrigen Sandsteinklippen und großen Felsbrocken geschützt, die aussehen wie Skulpturen. Außerhalb der Saison gelegentlich FKKler. Am schönsten bei Ebbe.

→ Von Roche auf der Av. de Europa Richtung Süden, beim Schild nach Calas de Conil rechts, dann rechts Richtung Monaco (=Straßenname) und nach 110 m links auf den Monaco. Nach 190 m rechts und parken. Dem Bohlenweg folgen, nach 170 m rechts und dem Bohlenweg die letzten 50 m folgen. Rechts, bis man nach wenigen Metern 40 Stufen erreicht, die zum Strand hinunterführen.
Parken 36.3069, -6.1498

Leicht 5 Min. 36.3057, -6.1499

15 CALA PRINCESA ALEJANDRA

Feiner goldener Sand und kristallklares Wasser.

→ Wegbeschreibung siehe Cala el Freilecillo (14), aber am Ende vom Bohlenweg links und 40 m um die Landspitze bis zu einer Steintreppe, die zum Strand führt (40 Stufen).

Leicht 10 Min. 36.3044, -6.1487

16 CALA DEL PATO

***Entenbucht*. Weiter Sandstrand mit großen Sandsteinfelsen und Gezeitentümpeln.**

→ Wegbeschreibung siehe Cala el Freilecillo (14), aber vom Parkplatz dem Bohlenweg folgen und nach 575 m beim Holzzaun rechts. Nach 25 m führen rechts 72 Steinstufen zum Strand.

Leicht 10 Min. 36.3026, -6.1473

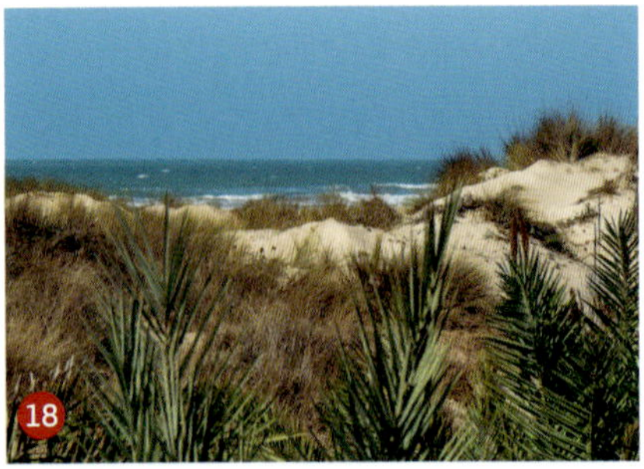

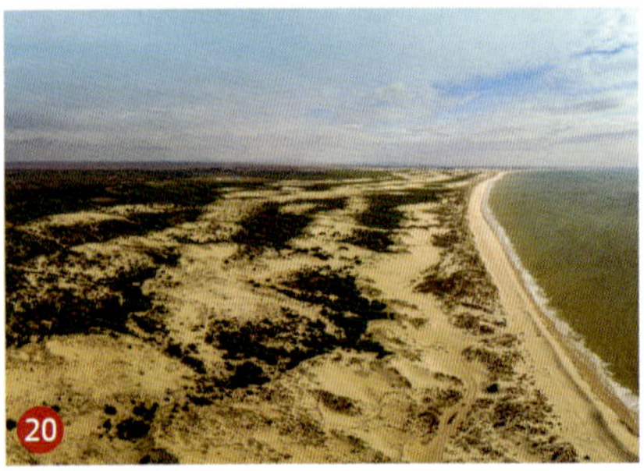

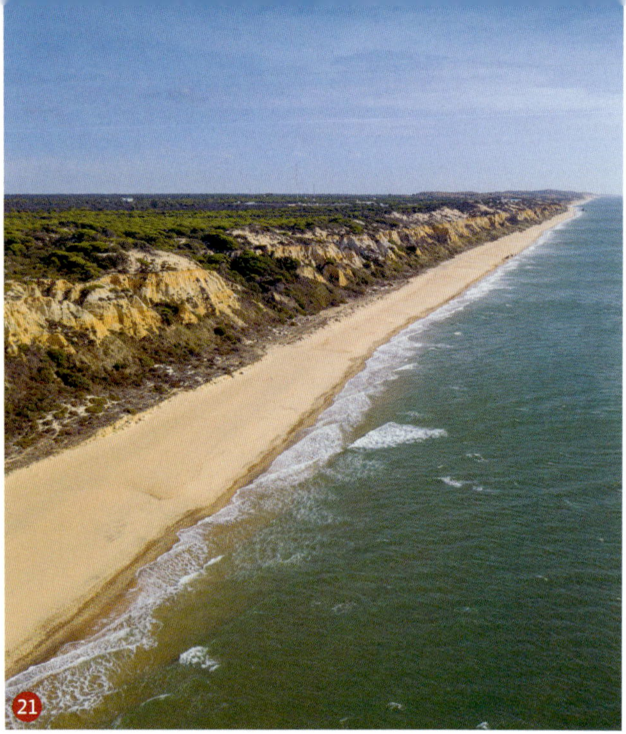

ter uns und folgen der Küste, um hinter einem weiten Pinienwald weitere einsame, verlassene Buchten zu entdecken. An der Playa de los Baños de Claudia (7) ragen zwei Reihen spitzer Steine aus dem Wasser wie die Lichter einer Landebahn.

Baelo Claudia wurde im zweiten Jahrhundert v. Chr. erbaut und ist eine der am besten erhaltenen römischen Ruinenstädte. Im dazugehörigen Museum finden wir ein maßstabsgetreues Modell mit detaillierten Erklärungen und Artefakten – eine gute Vorbereitung für die Besichtigung. Man sieht die Überreste eines Tempels, des Forums, einer Basilika, von Bädern, Aquädukten und Fischfabriken. Das ursprüngliche Amphitheater wurde neu bestuhlt, und im August finden hier Musik- und Theateraufführungen statt.

Die Klippen von Barbate im Parque Natural de La Breña y Marismas del Barbate ragen 100 Meter über dem Meeresspiegel auf. Wir gehen den 7 Kilometer langen Klippenwanderweg von Barbate bis Caños de Meca zur hippen Playa de los Castillejos (9). Wilde Strände umgeben den Faro de Trafalgar, wo einst eine gewisse berühmte Schlacht stattfand. Hier sollen auch Mittelmeer und Atlantik aufeinandertreffen, obwohl es keine sichtbare Grenze gibt. In Conil de la Frontera, ein typisches, ▶

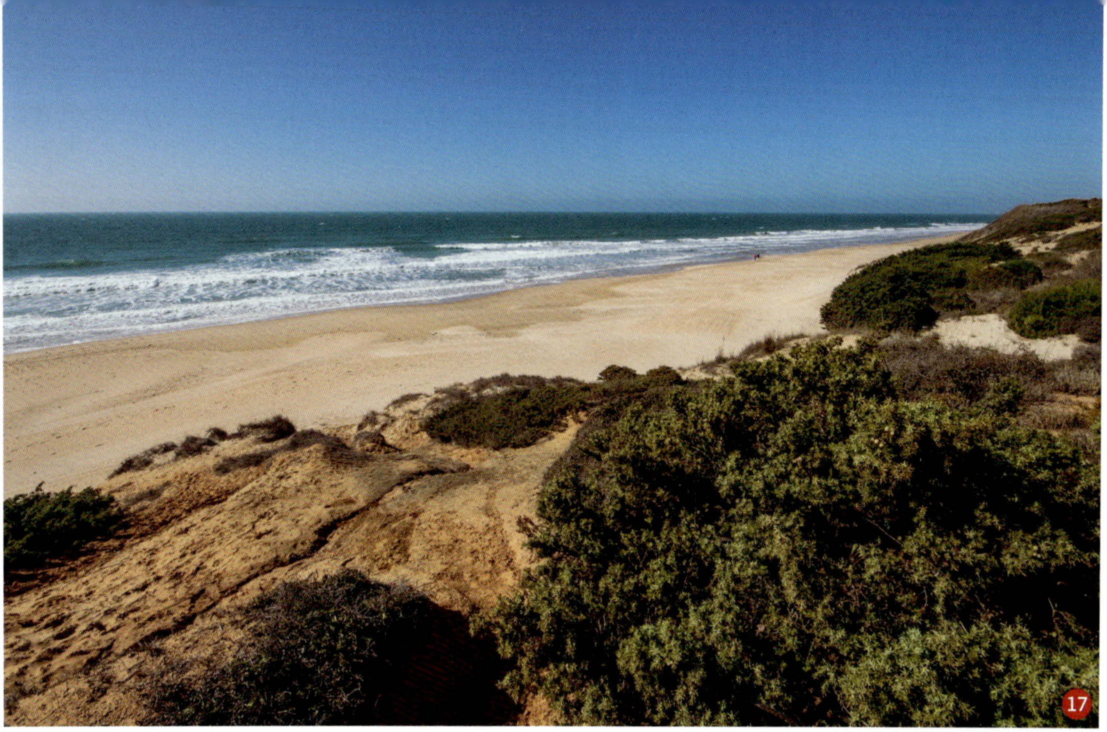

Von Chiclana de la Frontera bis Moguer

17 PLAYA DEL PUERCO, CHICLANA DE LA FRONTERA

Großer Sandstrand zwischen roten Klippen, auf denen Pinien und Wacholdersträucher wachsen. Am Torre del Puerco (*Schweineturm*), einem der zahlreichen Wachtürme an der Küste, beginnt der Wanderweg *El Puerco*. Beliebt bei Surfern.

➔ Von Roche 500 m auf der Av. España nach Norden, links zum *Coto Privado*, der unbefestigten Straße 400 m folgen und parken. Die letzten 50 m zum Strand zu Fuß gehen.
Parken 36.3259, -6.1583
Leicht 5 Min. 36.3233, -6.1582

18 PLAYA DE SANTIBÁÑEZ, CÁDIZ

Langer Sandstrand zwischen Cádiz und San Fernando, den man leicht übersieht. LGBTQ-FKK.

➔ Von Cádiz auf der Av. Vía Augusta Julia/ CA-33 für 3 km Richtung Südosten und rechts parken. Parken 36.4714, -6.2573
Leicht 2 Min 36.4714, -6.2586

19 PLAYA EL CAMALEÓN, CHIPIONA

Mit blauer Flagge ausgezeichneter Strand, umgeben von Sanddünen, in denen sich Chamäleons tummeln. Am Strand sieht man bei Ebbe traditionelle Fischwehre aus Stein, *corrales de Chipiona*, die noch immer genutzt werden. Im Sommer organisiert das Touristenbüro Führungen. Camping Playa de Aguadulce (playaaguadulce.com): grüner, freundlicher Campinglatz mit Supermarkt und Bar mit *petanca* (Boule).

➔ Am südlichen Rand von Chipiona in der Calle de las Veredas parken. Dem Bohlenweg Richtung Corredor Verde del Litoral 460 m folgen, dann rechts zum Strand (200 m). Parken 36.7154, -6.4334
Leicht 10 Min. 36.71106, -6.4339

20 PARQUE NACIONAL DE DOÑANA

Der Nationalpark Doñana (donanareservas.com) ist ein riesiges Feuchtgebiet (543 km²) und Zwischenstopp für Zugvögel. Man kann von Matalascañas ganze 30 km an diesem schönen, unberührten Küstenabschnitt entlangwandern. Sie werden kaum einer Menschenseele begegnen. Keine Gastronomie, deshalb genug Trinkwasser und Vorräte mitnehmen. Genießen Sie den Frieden.

➔ Vom Parkplatz in Matalascañas links am Strand entlang. Der Nationalpark beginnt hinter dem Holzzaun.
Parken 36.9857, -6.5300
Leicht 5 Min. 36.9817, -6.528

21 PLAYA DE ROMPECULOS, MOGUER

***Hinternbrecherstrand*. 20 km durchgehender Sandstrand am Rand des Parque Nacional de Doñana, ein beliebter Zwischenstopp für Zugvögel. Gesäumt von versteinerten Dünen mit wilder Vegetation. Diverse Anbieter für Pferdetrekking. Casa Halcon (booking.com/hotel/es/casa-halcon.en-gb.html): kosmopolitisches Agrotourismus-Hotel in einem alten Olivenhain.**

➔ Von Mazagón auf der A-494 nach Südosten Richtung Matalascañas und nach 6 km rechts auf den Strandparkplatz. Dem Bohlen- und Sandweg 650 m zum Strand folgen.
Parken 37.1091, -6.7536
Leicht 15 Min. 37.1050, -6.7586

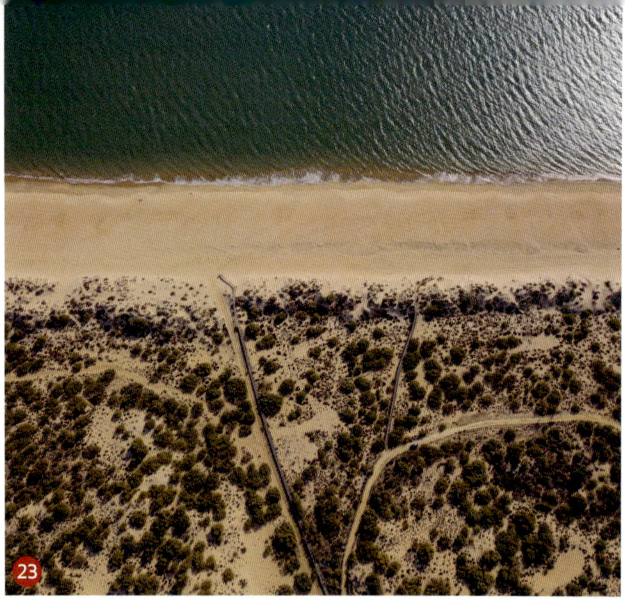

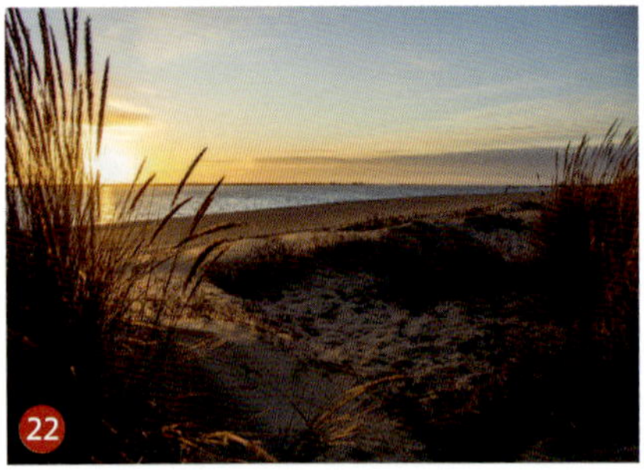

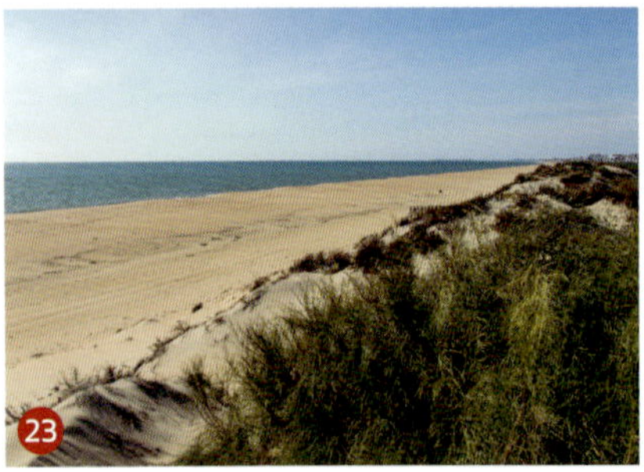

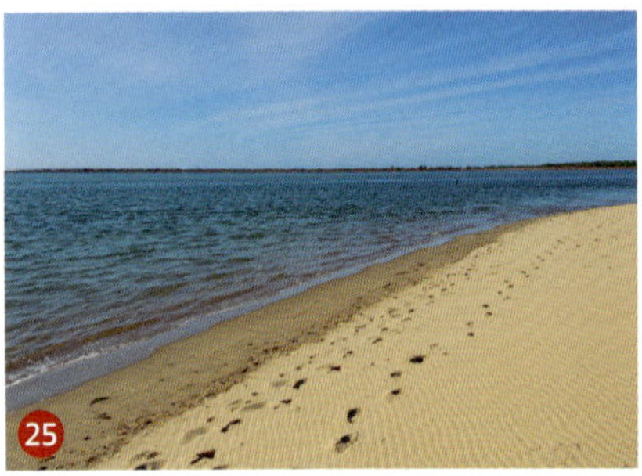

weißes Fischerdorf im maurischen Stil, gibt es jede Menge fröhliche Bars. Wir spazieren auf einem breiten, schattigen Weg Richtung Süden – mit Weiden, auf denen Pferde und Esel grasen, zur einen und einem Fluss zur anderen Seite –, um einen entspannten Nachmittag an der herrlichen Playa Mangueta (11) zu verbringen.

Die Sonnenuntergänge über dem Meer nach Westen sind überwältigend: nächster Halt Amerika. Es überrascht kaum, dass Christoph Kolumbus von Sanlúcar de Barrameda lossegelte. Die Stadt an der Mündung des Guadalquivir veranstaltet jedes Jahr im Mai ein Sherry-Festival und im August seit 1845 Pferderennen am Strand. Das kalte Atlantikwasser hält den Massentourismus von hier fern, und weite Küstenabschnitte sind Naturschutzgebiet. Bei einem Spaziergang durch die Sümpfe und Wälder der Marismas de Isla Cristina nah der portugiesischen Grenze sehen wir Pinien, Lavendel und phönizischen Wacholder, und wir beobachten Säbelschnäbler und Löffler. In den Marismas del Río Piedras y Flecha del Rompido entdecken wir derweil Austernfischer, rote Enten und Wasser, in dem es von Fischen, Schnecken, Muscheln und Krebsen nur so wimmelt, sowie eine Sandbank mit Panoramablick. Die einzigartige Landschaft des gewaltigen Nationalparks Doñana ist Heimat von Hirschen, Wildschweinen, Dachsen, Mungos, Zugvögeln und dem vom Aussterben bedrohten iberischen Luchs. Er grenzt an ganze 27 Kilometer unberührte Küste, wo Wildnis und Einsamkeit immer nur einen Katzensprung entfernt sind.

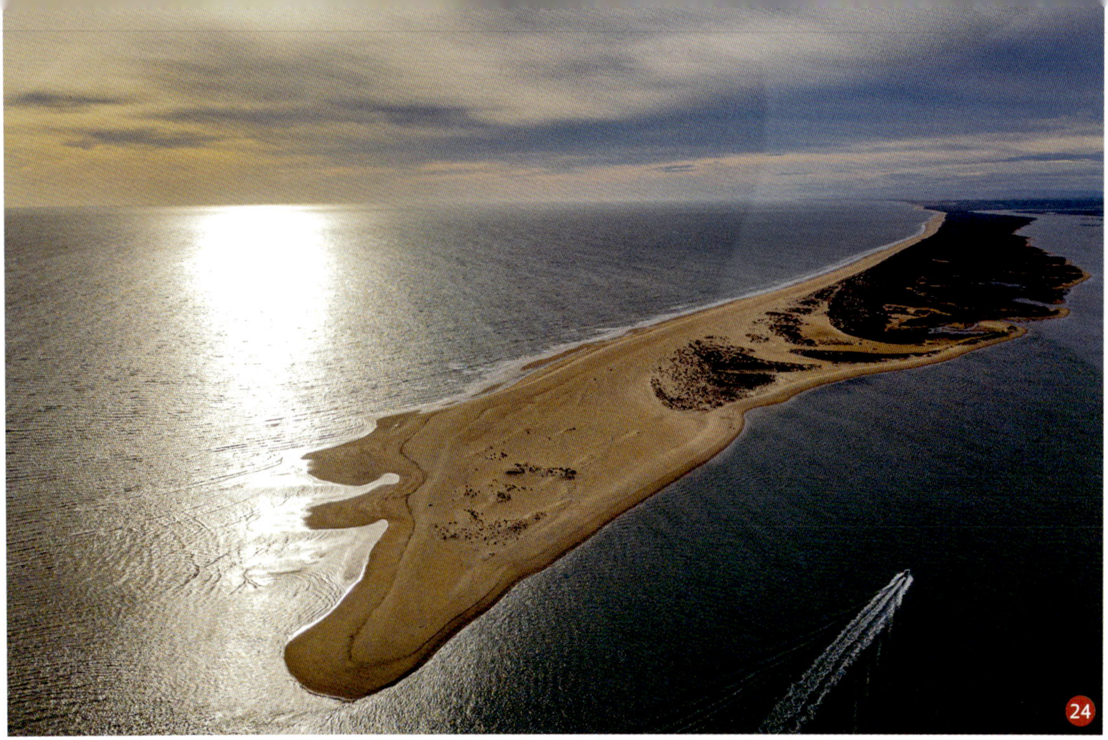

Von Palos de la Frontera bis Lepe

22 PLAYA CIPARSA MAZAGÓN

Langer, unberührter Strand in der Mündung des Río Odiel, vor Sanddünen und Pinien. Schöne Sonnenuntergänge. Für Familien, Kinder und Angler. Bei Ebbe matschig.

→ Von Mazagón auf der Calle Gran Almte Cristóbal Colón (gegenüber der Playa las Maravillas) 350 m Richtung Nordwesten, dann links, um auf der Straße zu bleiben, nach 500 m auf die Av. del Vigía und irgendwo parken. An der Av. del Vigía sieht man in regelmäßigen Abständen deutlich gekennzeichnete Wege zum Strand.
Parken 37.1399, -6.8440

Leicht 5 Min. 37.1389, -6.8448

23 PLAYA DEL TERRÓN & NUEVA UMBRIA

Flache goldene Sandstrände vor Dünen und Feuchtgebieten in Naturschutzgebiet. Am *Sendero Litoral de Nueva Umbría* und in den Sümpfen gibt es Naturpfade für Vogelbeobachter. FKK optional. Ruhe und Einsamkeit sind garantiert, aber die Zugangsstraße war bei unserem Besuch in einem katastrophalen Zustand.

→ Von El Terrón auf der A-5055 Richtung Südwesten und nach 200 m links auf die HV-4126, nach weiteren 1,7 km am Straßenende parken. Dem Bohlenweg zum Strand folgen.
Parken 37.2083, -7.1740

Leicht 3 Min. 37.2064, -7.1733

24 PLAYA DE LA FLECHA DEL ROMPIDO

Auffällige Sandbank, die parallel zur Mündung des Río Piedras verläuft. Verschont von Bars und Sonnenliegen und einer der schönsten Strände Andalusiens. Essen, Trinkwasser und Sonnenschirm mitnehmen. FKK optional.

→ Wegbeschreibung siehe Playa del Terrón (23), aber am Strand links die 8 km lange Sandbank entlang, so weit man mag. Oder von Mitte Juni bis Mitte September 10 Min. mit dem Boot (flechamar.es) vom Jachthafen in El Rompido.

Leicht 20 Min. 37.2057, -7.0716

25 ESTUÁRIO DEL RÍO GUADIANA

Weitläufiger, mit Muscheln übersäter Sandstrand. Der letzte Halt an der spanischen Südwestküste. Ganz in der Nähe liegen die naturgeschützten Marismas de Isla Cristina. Keine Hunde. Isla Canela Kite (islacanelakite.com): Surfschule, auch Angebote für Kinder.

→ Vom Strand auf Isla Canela Richtung Westen und rechts auf den Paseo de los Gavilanes/Calle de los Mirlos. Nach 100 m links auf die Calle de los Charranes und nach weiteren 100 m links gegenüber vom Strand parken. 1,5 km rechts am Strand entlang für mehr Ruhe und Privatsphäre und Blick nach Portugal auf der anderen Flussseite.
Parken 37.1740, -7.3839

Leicht 20 Min. 37.1768, -7.3963

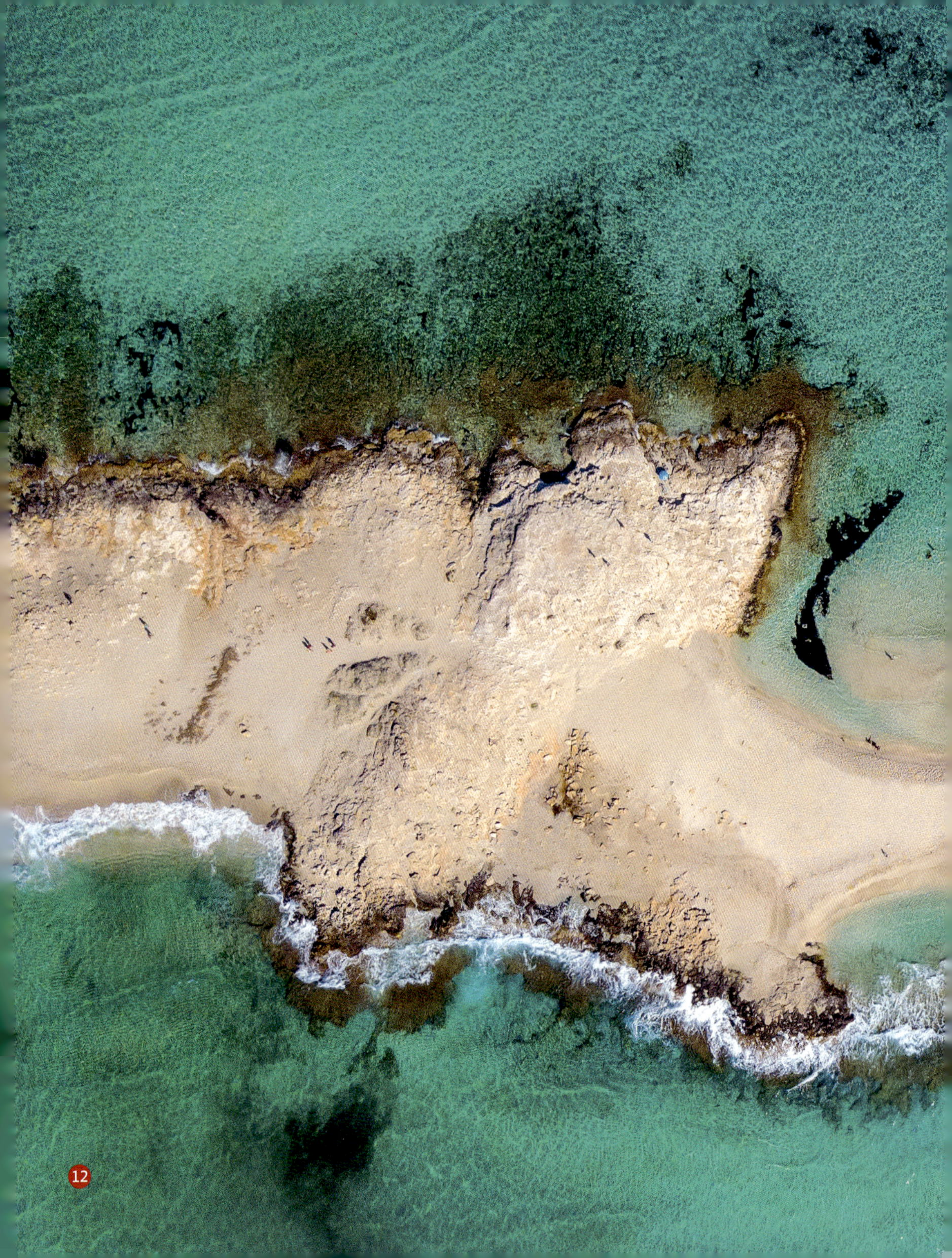

Ibiza & Formentera

In Ibiza führen wilde Küstenwege zu versteckten runden Buchten mit traditionellen Fischerhütten, reichen Meeresökosystemen und blaugrünem Wasser. Formentera hat den weichsten weißen Sand und herrliche Fahrradrouten.

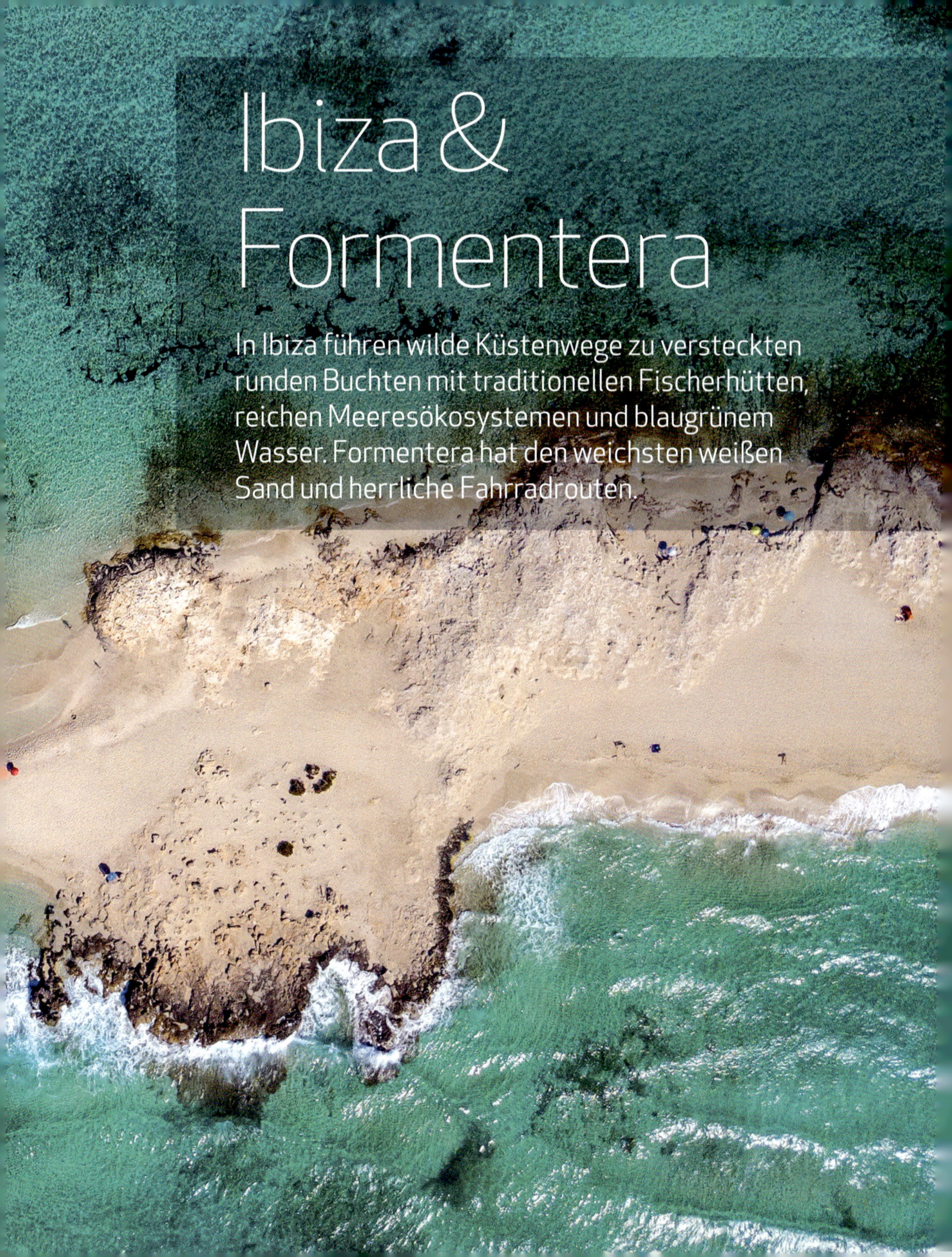

Highlights Ibiza & Formentera

Unsere Lieblingsstrände:

3 Cala Llentrisca – friedliche Bucht mit leuchtend türkisblauem Meer

4 Sa Pedreda (Atlantis) – himmlischer Ort, der die mühsame Wanderung lohnt

8 Es Portitxol – malerische Klippenwanderung zu einer spektakulären Bucht

11 Cala de s'Aigua Dolça – einzigartige Bucht zum Schwimmen und Schnorcheln

12 Platja de Ses Illetes – langgezogene Landenge, beliebt bei FKKlern

14 Platja de s'Alga – unbewohnte Strandinsel mit weißem Sand und tiefblauem Meer

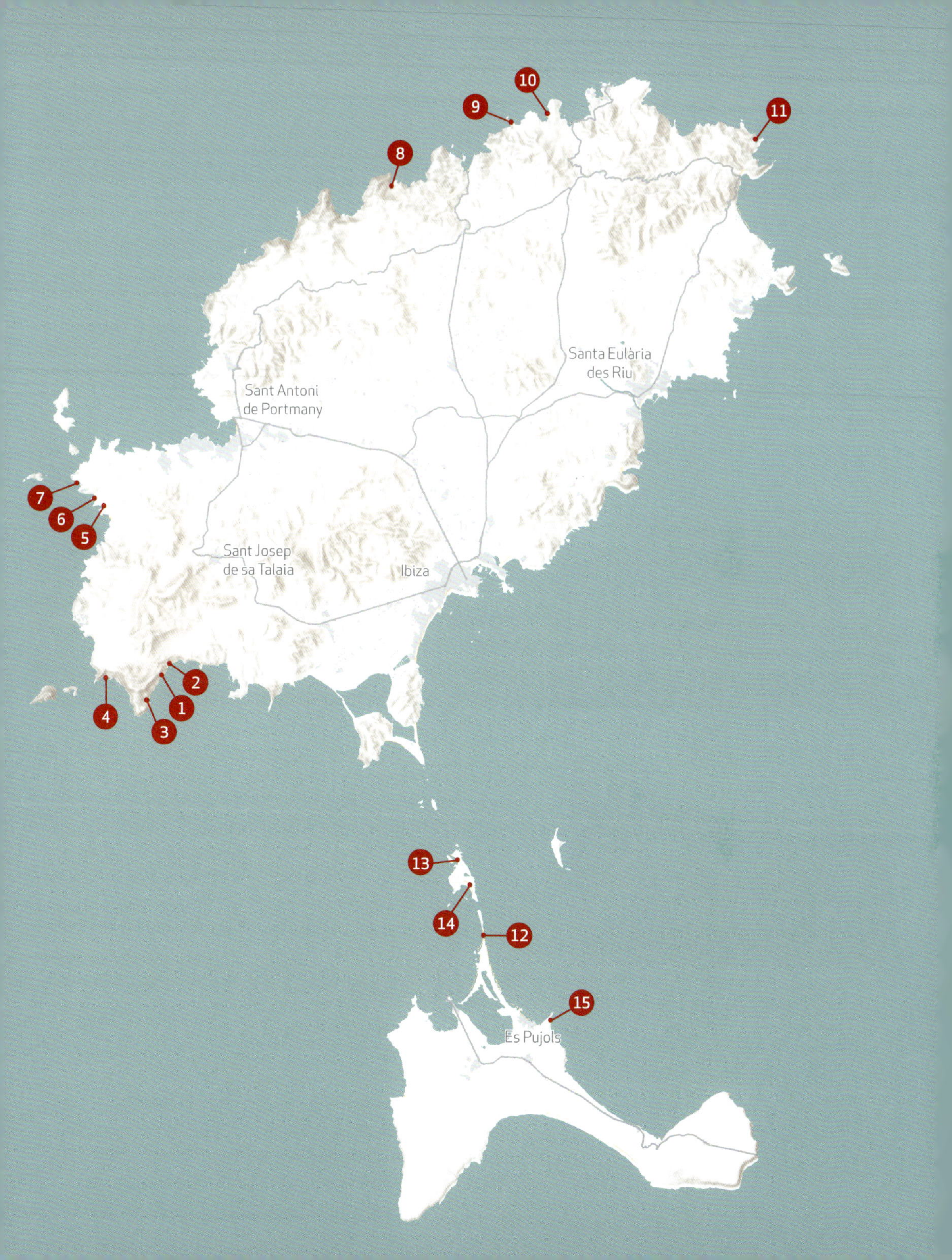

10
9
11
8
Santa Eulària
des Riu
Sant Antoni
de Portmany
7
6
5
Sant Josep
de sa Talaia
Ibiza
2
1
4
3
13
14
12
15
Es Pujols

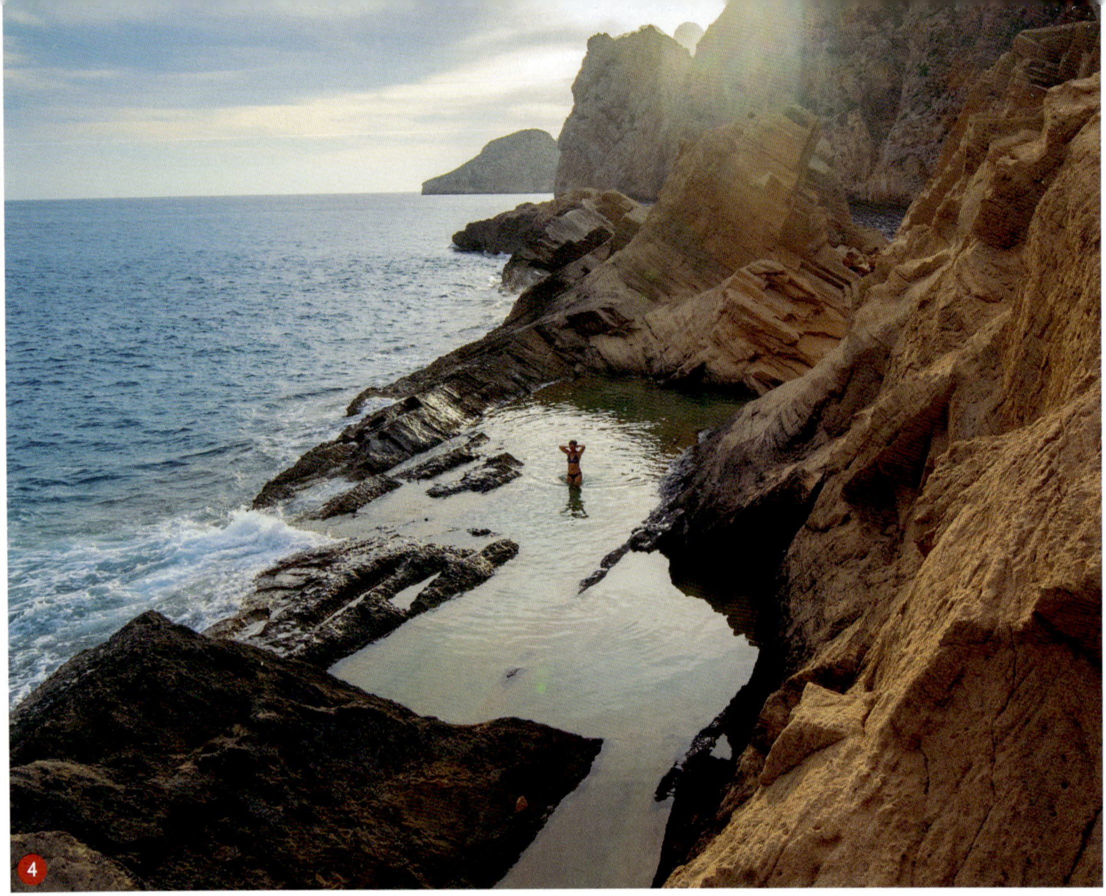

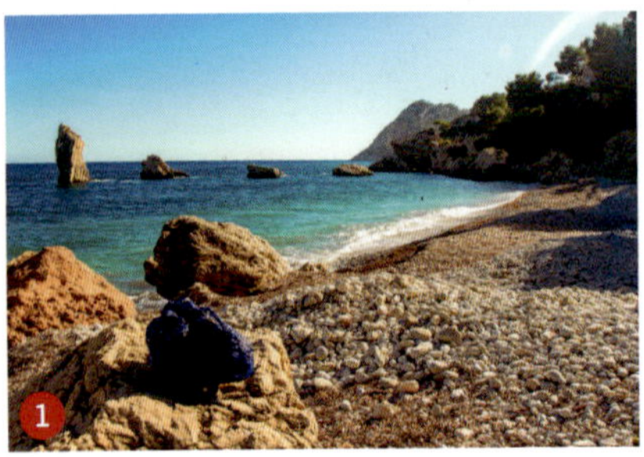

Wilde Küstenwege führen zu versteckten Stränden, Orangen- und Zitronenhaine gedeihen, und im klaren blauen Wasser sorgen weite Seegraswiesen mit *Posidonia oceanica* für eine vielfältige Meeresfauna. Abseits von Luxusvillen, des wilden Nachtlebens und der Touristenburgen wartet ein wilderes Ibiza. Im Lauf der Jahrhunderte war die Insel Ziel zahlreicher Invasoren – Römer, Wandalen, Byzantiner, Norweger und spanische Christen. Inzwischen ist sie ein Magnet für Filmstars, Models, Designer, Popstars, Hippies, DJs, Raver und Rucksacktouristen. Allerdings hat dieser Zulauf auch viel zerstört, und die Insel setzt heute auf Agrotourismus und nachhaltige Freizeitaktivitäten.

Der Fischfang hat auf Ibiza eine lange Geschichte. Die traditionellen Boote namens *llaüts* sind bis heute in Gebrauch, und in den abgeschiedenen Buchten, die um die Insel verstreut liegen, sieht man altmodische Fischerhütten, die *casetas varadero*. Zwischen Ibiza und Formentera liegt der Naturpark Ses Salines. ▶

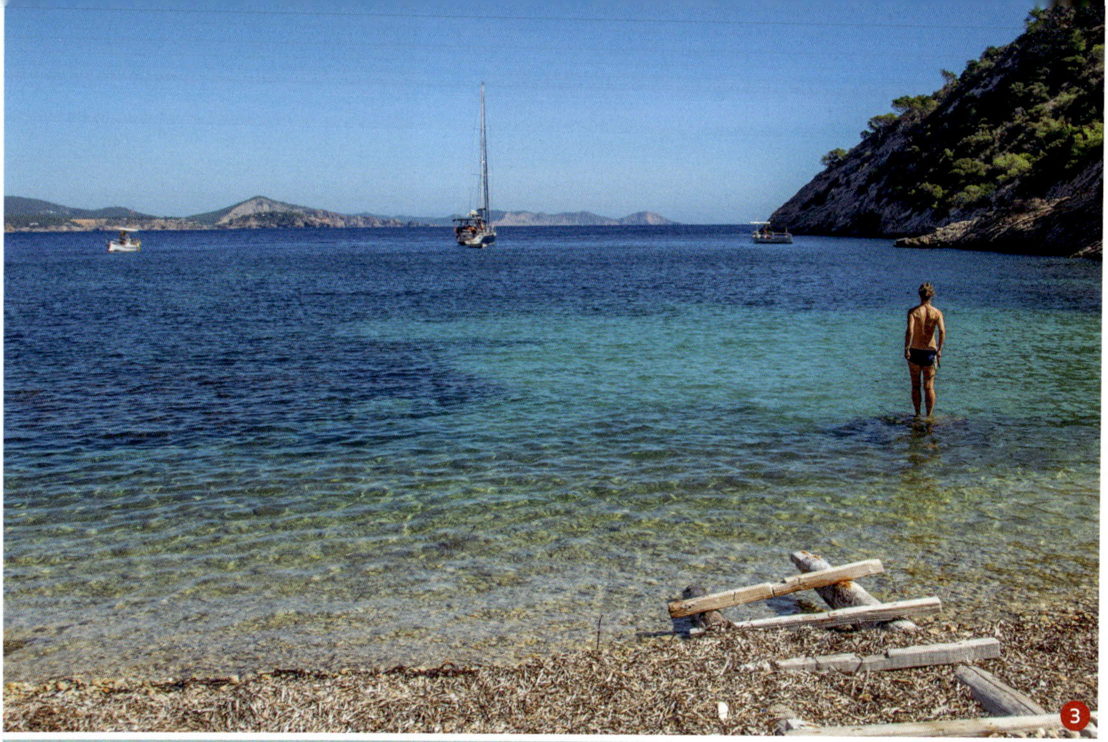

Sant Josep de sa Talaia 1

1 ES NIU DE S'AGUILA

Felsige Bucht mit leuchtend türkisblauem Wasser und, wegen der schweren Erreichbarkeit, wenig Menschen, (festes Schuhwerk!). Ein legendärer Raubvogel hat sein Nest auf der größten der vier Felsinseln vor dieser Bucht gebaut, daher der Name *Adlerhorst*. Agroturismo Can Jaume (canjaume.org): stylisches Hotel, das sein eigenes Obst und Gemüse anbaut, daher unglaubliches Frühstück, vor allem für Veganer und Vegetarier.

→ Von Es Cubells auf der Es Vedrà i es Vedranell 1,2 km Richtung Westen, dann links Richtung Ses Boques Beach Restaurant und irgendwo parken. Vom Restaurant (dem Meer zugewandt) rechts und der Küste folgen, um die kleine Landspitze herum bis zum Strand.
Parken 38.8770, 1.2643
Mittel 25 Min. 38.8730, 1.2622

2 PLATJA DE S'ULLASTRA ODER CALA DES CUBELLS

Kleiner Kieselstrand mit klarem Wasser. Perfekt zum Faulenzen, Schwimmen und Schnorcheln.

→ Wegbeschreibung siehe Es Niu de S'Aguila (1), aber bei Ses Buques links und über die Felsen klettern bis zum Strand (10 Min.).
Mittel 15 Min. 38.8777, 1.2667

3 CALA LLENTRISCA

Diese bezaubernde Kieselbucht mit traditionellen varadero-Fischerhütten ist ebenso abgeschieden wie schön. Genießen Sie ein wohlverdientes Bad im Meer nach dem langen Anmarsch über schmale, unsichere Wege (feste Schuhe tragen). In der zweiten Tageshälfte im Schatten vom Cap Llentrisca. Einer der besten Spots auf der Insel zum Schnorcheln.

→ Von Es Cubells auf Es Vedrà i es Vedranell 2,7 km Richtung Westen, bis es nicht mehr weitergeht. Sagen Sie der Wache am Tor, dass Sie zur Cala Llentrisca wollen. Die Straße wird dann steil und ist in einem schlechten Zustand, deshalb irgendwo legal parken. Dem Weg rechts vom letzten Haus folgen, hinter dem Haus rechts halten und um die Landspitze bis zum Strand (600 m). Parken 38.8669, 1.2553
Mittel 30 Min. 38.8629, 1.2534

4 SA PEDRERA (ATLANTIS)

Alter Sandsteinbruch und mythische Bucht. Mit den hier abgebauten Steinen sollen die Mauern des Weltkulturerbes Dalt Vila in Ibiza Stadt erbaut worden sein. Stellen Sie sich auf eine schweißtreibende 35-minütige Wanderung ohne Wegweiser über Felsen, Baumwurzeln und Sanddünen ein, nehmen Sie genug Trinkwasser mit, und tragen Sie feste Schuhe. Die Mühe lohnt sich, vor allem wenn man am späten Nachmittag kommt, um sich den hinreißenden, flammenden Sonnenuntergang über Es Vedrà anzusehen.

→ Von Sant Josep de sa Talaia auf der PMV-803-1 für 7,3 km Richtung Südwesten, rosa Wegweiser zum *Torre des Savinar* links. Nach 450 m auf der unbefestigten Straße irgendwo parken. Dem ausgeschilderten Weg nach *Sa Pedrera de Atlantis* bis zum Klippenrand folgen. Von hier führen mehrere Wege nach unten. Parken 38.8776,1.23140
Schwer 35 Min. 38.8728, 1.2310

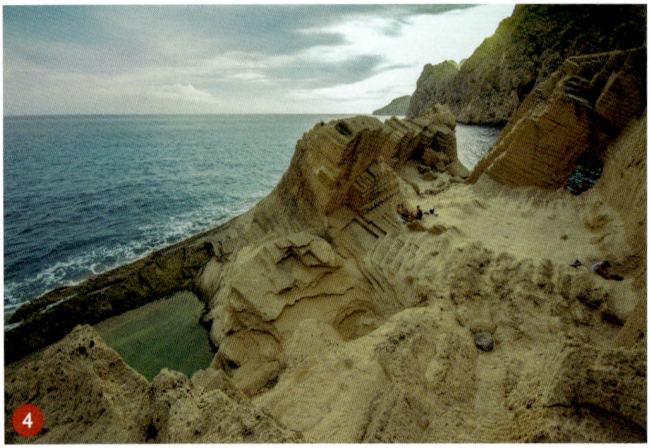
4

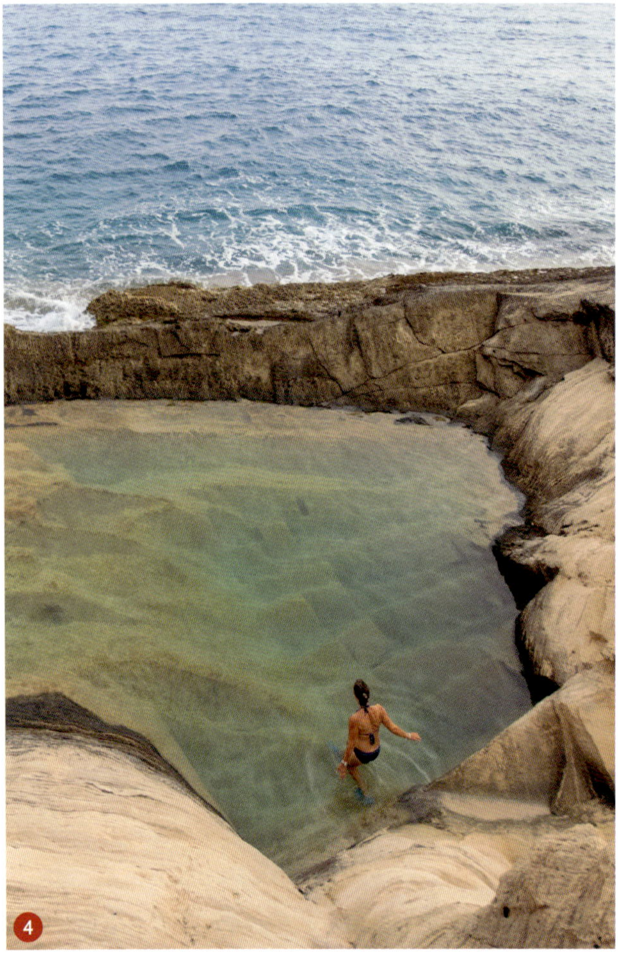
4

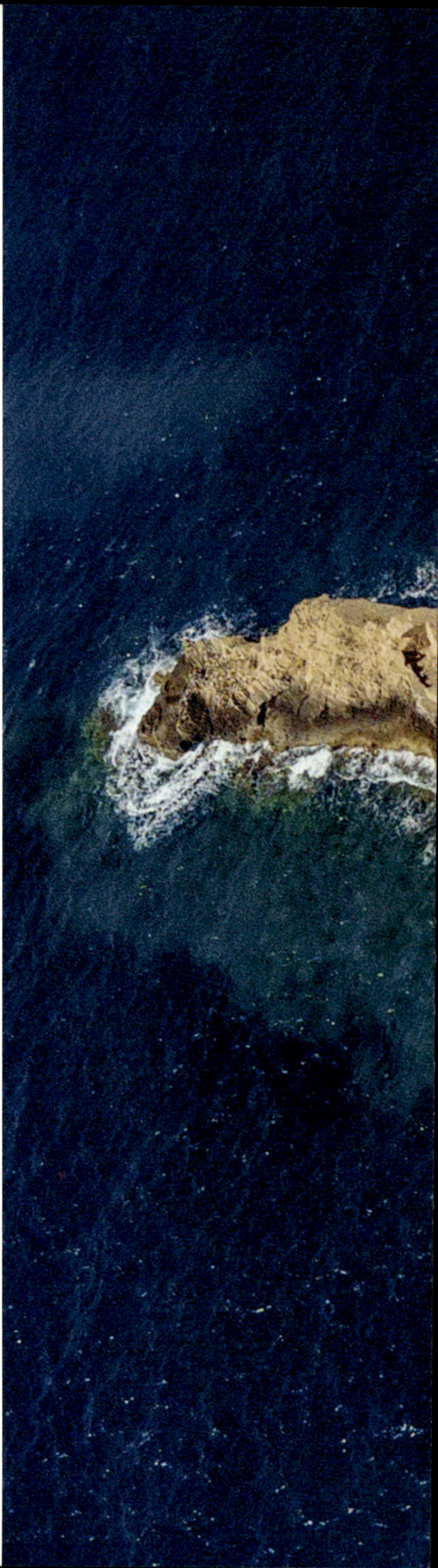

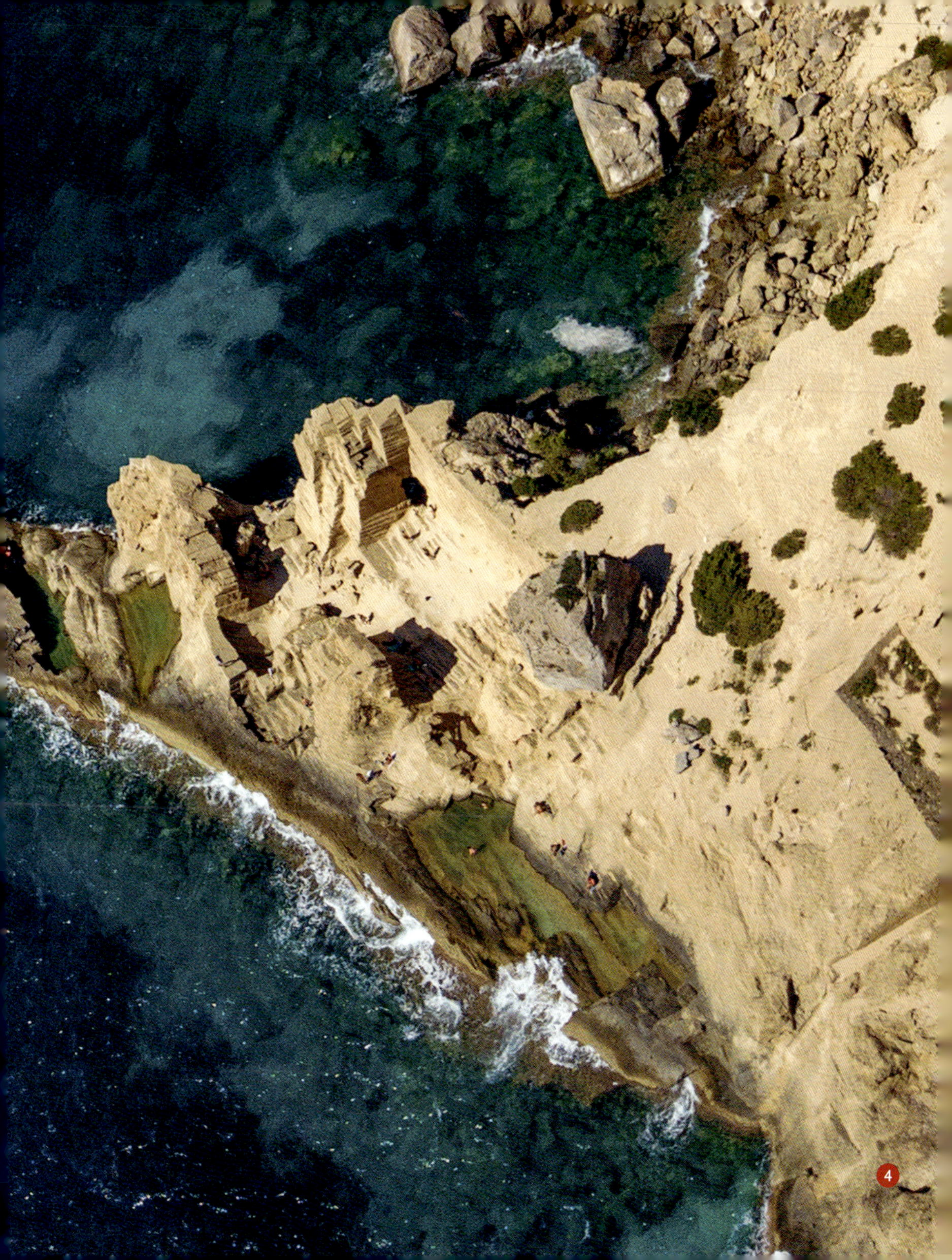
4

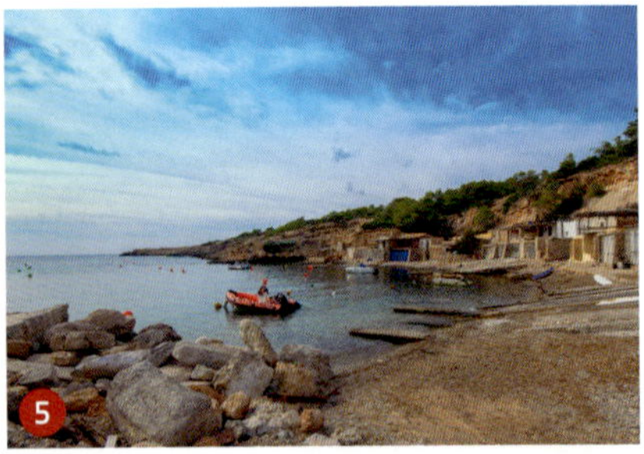

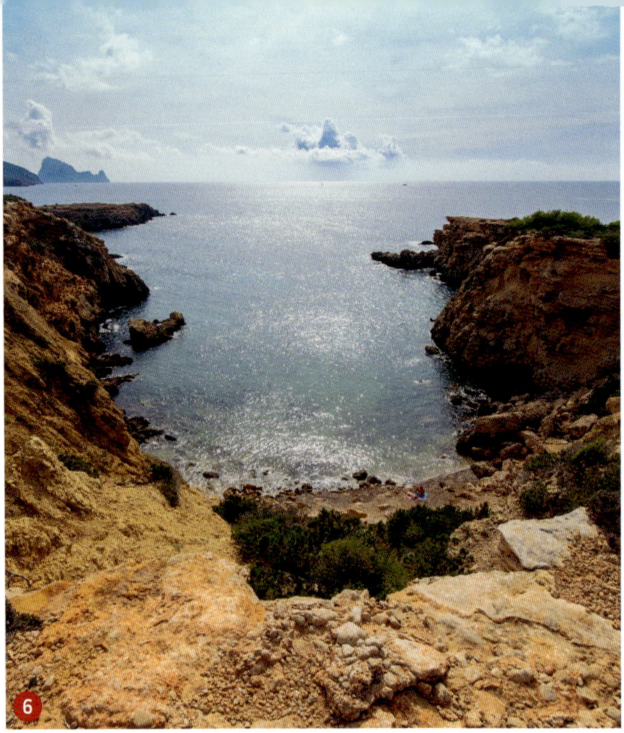

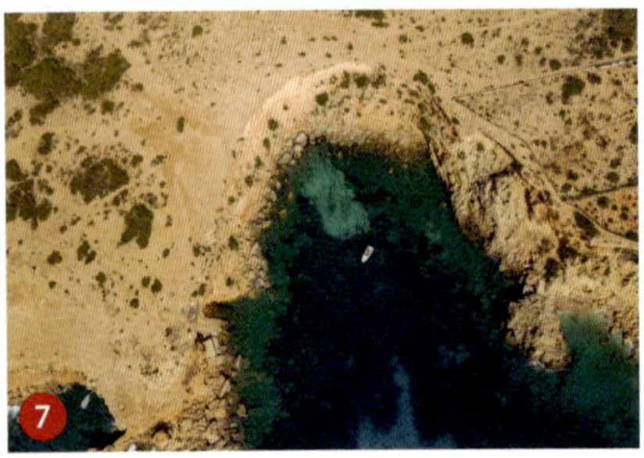

Seit Jahrhunderten wird in den flachen Becken Salz gewonnen, und die intensive Produktion hat eine einzigartige Landschaft geschaffen. In dem Naturschutzgebiet mit seinen weiten Stränden, Sümpfen, Dünen und Wäldern machen mehr als 200 Zugvogelarten Station – von August bis Oktober auch Flamingos –, und seine ausgedehnten Seegraswiesen wurden 1999 zum Weltkulturerbe ernannt.

Unser erstes Abenteuer ist ein Ausflug in Begleitung von Freunden nach Es Portitxol (8). Nach einer langen, verschlungenen Wanderung über Klippenwege und durch Wälder erreichen wir eine kreisrunde Bucht mit klarem blaugrünem Wasser. Wir schwimmen, schnorcheln und springen von Felsen, hingerissen von der Schönheit der Landschaft. Für unsere nächste Expedition verlassen wir das bezaubernde, weiß getünchte Dorf Es Cubells und fahren über eine marode Serpentinenstraße zur Cala Llentrisca (3), ein einzigartiger, steiniger Strand mit Fischerhütten, versteckt unter hohen Klippen. Außer uns haben nur drei andere Leute den Weg hierher gefunden, und wir verbringen einen herrlich entspannten Nachmittag, fernab vom Trubel der Läden, Bars und Clubs. Hier gibt es nichts zu kaufen. Lehnen Sie sich zurück, und genießen Sie die Umgebung. ▶

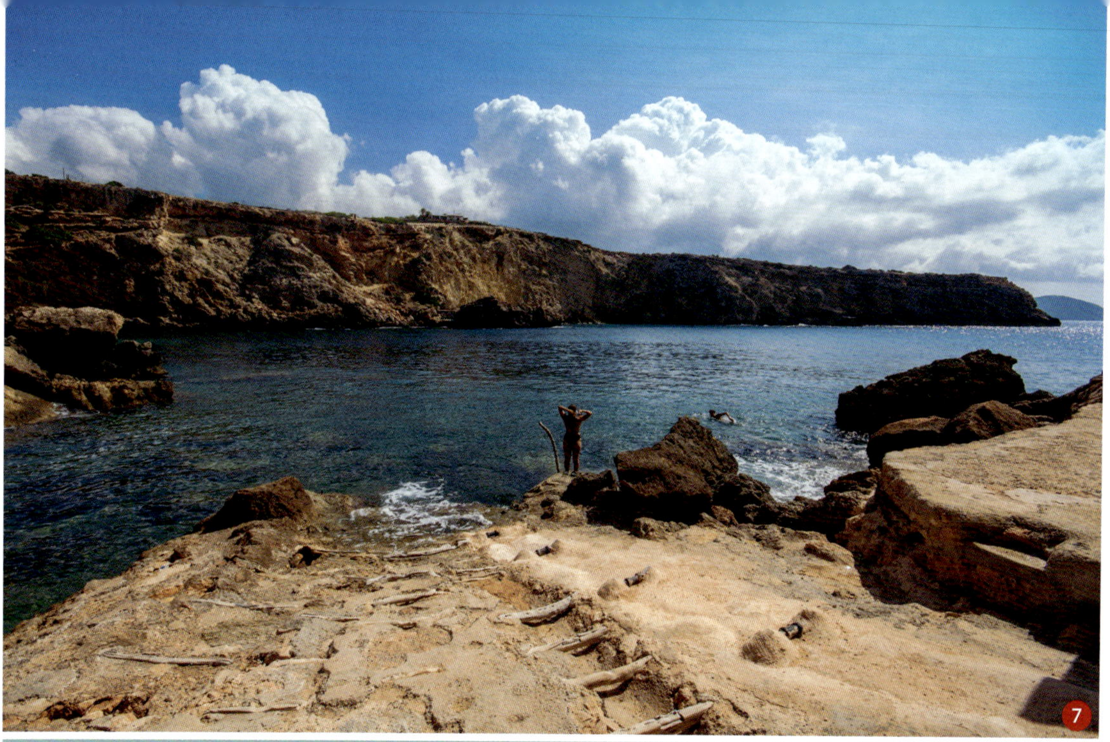

7

Sant Josep de sa Talaia 2

5 CALA CORRAL

Der kleine Hafen der Cala Corral (zwischen Cala Tarida und Cala Conta) ist von *varaderos*, den traditionellen Fischerhütten, gesäumt. Ihre Bootsrampen sind perfekt zum Sonnenbaden und bieten einen leichten Einstieg ins friedliche blaugrüne Meer. Nehmen Sie Ihren Schnorchel mit, um Flora und Fauna zu erkunden.

➔ Von Sant Josep de sa Talaia auf der Av. Cala Tarida Richtung Westen, dann rechts halten auf den Carrer de Sant Ferran und beim Kreisverkehr links auf den Carrer de Cala Tarida bis zum Parkplatz nach 800 m. Auf dem Carrer de Cala Tarida 130 m nach Osten gehen zum Carrer sa Barda, links auf den Carrer sa Barda, dann nach 250 m links auf den Carrer de Cala Tarida. Weitere 800 m bis zum Strand.
Parken 38.9429, 1.2358

Leicht 10 Min. 38.9450, 1.2329

6 CALA LLENTIA

***Linsenbucht*. Tiefe, hufeisenförmige Bucht mit Sand und Kieseln, umgeben von orangefarbenen Klippen. Das glasklare Meer ist perfekt zum Schnorcheln, und weil die Bucht schwer zu erreichen ist, verschlägt es nur wenige Besucher hierher. Wenn Sie schon mal hier sind, statten Sie auch *Ibizas Stonehenge* einen Besuch ab – 12 Basaltsäulen um eine weitere, 24 m hohe, mit Gold überzogene Säule, ein Werk des australischen Künstlers Andrew Rogers und Teil seiner internationalen Ausstellung *Rhythms of Life*.**

➔ Von Sant Josep de sa Talaia auf der EI-700/PM-803 Richtung Norden, nach 2,5 km links auf die Carr. de Cala Conta Richtung *Cala Tarida*. Beim Kreisverkehr die zweite Ausfahrt, auf der Carr. de Cala Conta bleiben und nach 850 m rechts auf die Ctra. Cala Tarida del Embarcador. Nach 1,2 km rechts, um auf der Ctra. Cala Tarida del Embarcador zu bleiben, nach weiteren 1,3 km links auf den Carrer Codola 15 und nach 1,3 km irgendwo parken. Zu Fuß über die Landspitze zur Cala Llentia, zur rechten Seite der Bucht und dann den Hang hinunter zum Strand. Parken 38.9486, 1.2294

Schwer 10 Min. 38.9482, 1.2279

7 SA FIGUERA BORDA

***Die wilde Feige*. Magische Bucht, umgeben von roten Klippen, und große versteckte Höhle mit Felsbogen. Makelloses türkisblaues Wasser mit leichtem Einstieg und viel Platz zum Sonnen auf den flachen Felsen oder auf den traditionellen Bootsschuppen. Toll zum Schwimmen und Schnorcheln. Schöner Blick auf den Sonnenuntergang vom westlichen Höhleneingang.**

➔ Wegbeschreibung siehe Cala Llentia (6), aber auf der Ctra. Cala Tarida del Embarcador bleiben, dann auf die Ctra. de Comte bis zum Parkplatz am Platges de Comte. Von hier 250 m die Straße entlang nach Südwesten, am Ende beim weißen Haus *Can Xuruyana* links halten und weiter bis zum Ende der Mauer. Am Transformatorhäuschen vorbei, dann dem Weg bergauf folgen zum Plateau. Das Plateau Richtung Südosten überqueren (das Meer zur Rechten), bis zu den Holzstufen. Parken 38.9608, 1.2217

Leicht 20 Min. 38.9549, 1.2183

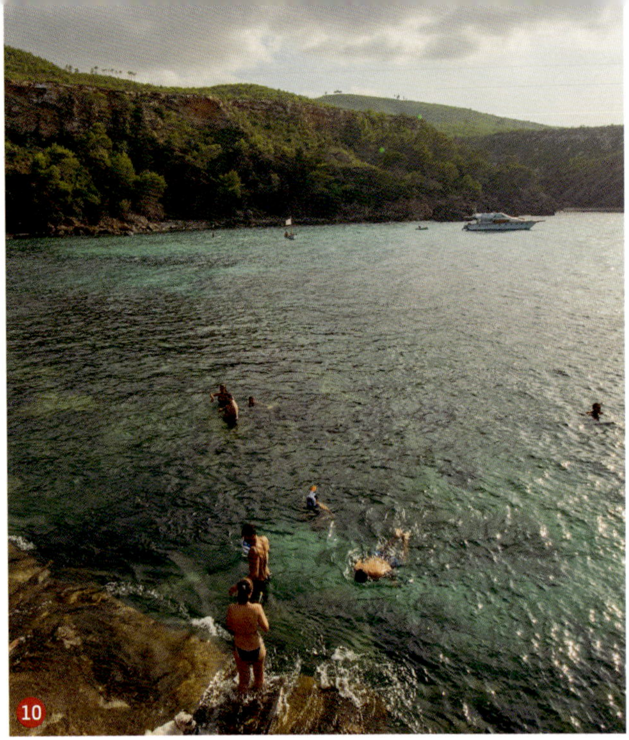

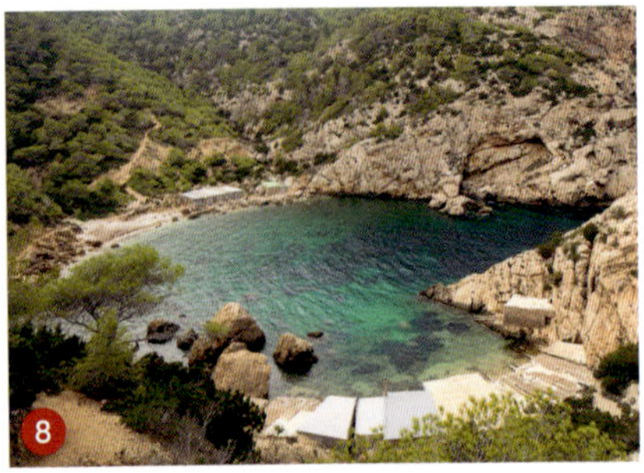

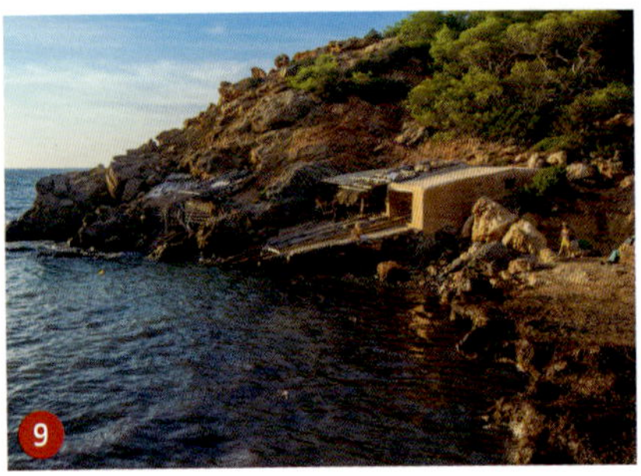

Als uns ein runzeliger alter Hippie von Ibizas mythischer, geheimer Bucht Atlantis (4) erzählt, begeben wir uns auf die Suche. Eine mühsame Wanderung führt uns zu einem verwunschenen Steinbruch, dessen Felsen mit Köpfen, Drachen und anderen mystischen Symbolen verziert sind. Ibiza gibt seine Geheimnisse nicht so leicht preis, und man braucht auf jeden Fall feste Schuhe und genug Wasser, um die Geheimtipps zu erkunden. Die unbewohnte Insel Es Vedrà, ein Felsriese, der im Südwesten aus dem Meer ragt, ist reich an Mythen und Legenden: die Göttin Tanit wurde hier angeblich geboren, Ulysses wurde in Homers *Odyssee* von Sirenen an Land gelockt, die versunkene Stadt Atlantis liegt angeblich unter den Wellen, und über dem höchsten Punkt hat man UFOs schweben sehen. Aber Seemannsgarn beiseite: Wir haben hier wundervolle Sonnenuntergänge erlebt, die unser Herz und unsere Seele noch in vielen kalten Wintern wärmen werden.

Die Römer nutzten die kleine Insel Formentera, um Weizen anzubauen, die Mauren führten Bodenbewässerung und Landwirtschaft ein, und eine Weile wurde sie von Piraten belagert. Heute zieht das warme, leuchtend türkisblaue Meer und der weiche weiße Sand – nur eine kurze Fährfahrt von Ibiza entfernt – Sonnenanbeter an. An der Platja de ses Illetes (12) kann es ▶

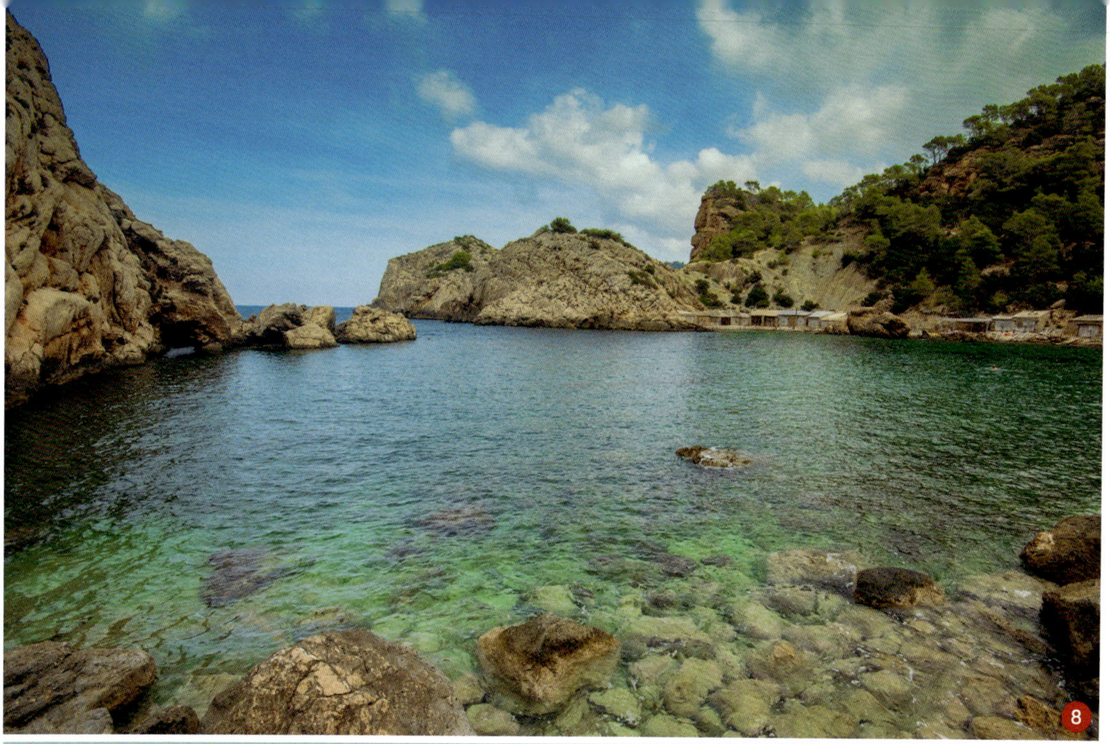

Sant Joan de Labritja 1

8 ES PORTITXOL

Portitxols fast kreisrunde Küste ist von traditionellen Fischerhütten gesäumt. Einer der besten Badespots auf der Insel mit stillem, türkisblauem Wasser und Felsen zum Springen. Kleine Wanderung über einen steinigen Weg (2,7 km), also feste Schuhe tragen und genug Wasser mitnehmen. Boathouse Bar 500 m weiter am Carrer Sn81 für Erfrischungen und einen spektakulären Blick.

➔ Von Sant Miquel de Balansat auf der SN-2 für 1,2 km Richtung Südwesten, dann rechts Richtung Portitxol und der Straße 4,8 km folgen bis zum Ende der *Urbanizacion Isla Blanca*. Links parken, weil die Straße ab hier voll von gefährlichen Schlaglöchern ist. Zu Fuß weitere 350 m die Straße entlang bis zu einer Bruchsteinmauer links mit einem aufgemalten Pfeil, der nach Portitxol zeigt. Weiter auf einem Kiesweg, der den Konturen der Klippen folgt, und hinunter zur Bucht. Parken 39.0714, 1.4068

Mittel 30 Min. 39.0746, 1.3978

9 CALÓ DE S'ILLA

Kleine Bucht, auch als *Mondbucht* bekannt, in den Bergen, in der man gelegentlich dem einen oder anderen nackten Hippie begegnet, der sich dort sonnt oder meditiert. Die Küste ist von einer Seegras-Matratze (*Posidonia oceanica*) gesäumt, auf der man sehr bequem liegt. Schwimmen kann man am besten von den Bootsrampen vor den traditionellen Fischerhütten. Schön zum Schnorcheln.

➔ Vom Parkplatz bei der Cala Xarraca 1,2 km Richtung Südosten fahren, dann scharf rechts Richtung Cala Xarraca (ausgeschildert) und nach 2,2 km parken: Ab hier ist die Straße in schlechtem Zustand. 450 m weiter die Straße entlang (wer ein geeignetes Fahrzeug hat, kann auch näher am Strand parken) bis zu einem runden Plateau, von dem man rechts unter sich die Bucht mit Fischerhütten sieht. Parken 39.0986, 1.4698

Leicht 15 Min. 39.0995, 1.4650

10 CALA ES CANARET

Große Bucht mit unbeschreiblich klarem blauen Wasser. Es gibt hier keinen Strand, aber über die Rampen vor den Fischerhütten gelangt man mühelos ins Wasser. Schön zum Schwimmen, Schnorcheln und Sonnenbaden auf den Dächern der Hütten. Am Weg zur Bucht erinnert ein Denkmal an das verheerende Feuer von 2010, das weite Flächen der Pinienwälder zerstört hat und die Einwohner ins Meer trieb.

➔ Vom Parkplatz bei der Cala Xarraca 800 m Richtung Südosten, die dritte rechts und nach weiteren 1,3 km am Straßenrand parken. Den Schildern zur *Cala es Caranet* folgen, weiter auf dem *Sendero público*, vorbei an Steinhütten, die Stufen hinunter und links zu den Bootsrampen. Parken 39.1017, 1.4885

Mittel 20 Min. 39.1026, 1.4851

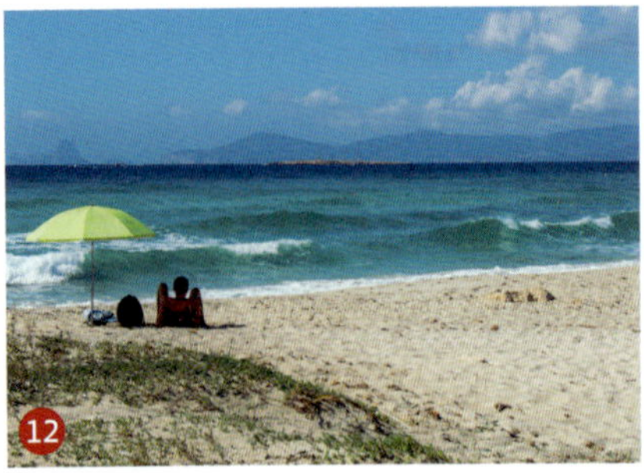

12

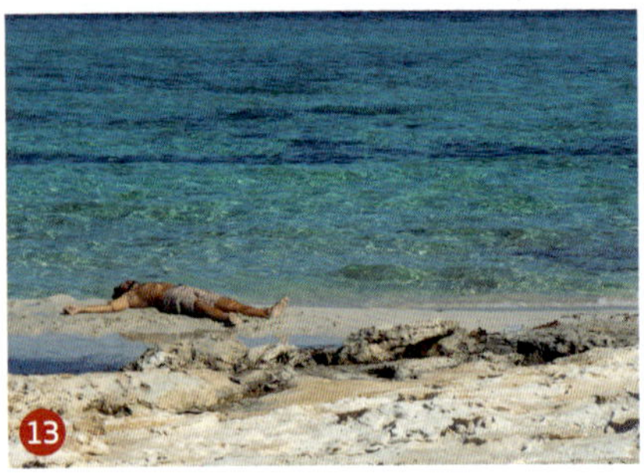

13

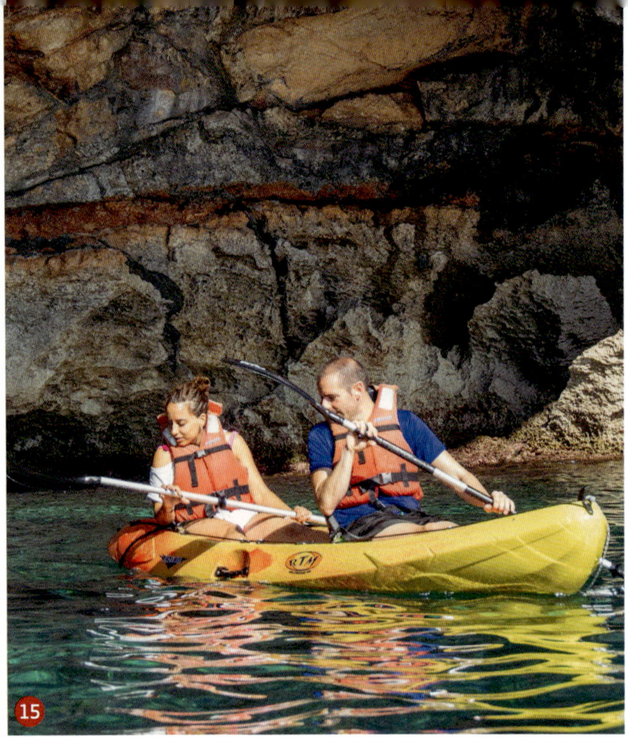

15

voll werden, aber auf der anderen Seite der Sandbank, in Richtung der traumhaften Insel Espalmador, findet man idyllische versteckte Winkel zum (nackt) Schwimmen. Die Insel ist flach, und viele nutzen Fahrräder oder Motorräder als Fortbewegungsmittel. Im Estany Pudent, einem Binnensee, sieht man von August bis Oktober Flamingos. Wir fahren mit dem Kajak um Punta Prima (15), um uns die Meereshöhlen unterhalb eines Wachturms anzusehen. Die hallende Stille in den größeren Höhlen hat eine hypnotisierende Wirkung.

¡En el blau distant, els crits s'apaguen:
merles esdevenen d'un cor que espera.
Per què tanta mar, tan poca illa, per què?

Im fernen Blau erlöschen die Schreie:
Amseln werden ein wartendes Herz.
Warum so viel Meer, so kleine Insel, warum?

Aus *Tanta Mar, Tan Poca Illa* (So viel Meer, so kleine Insel), Jean Serra (*1952)

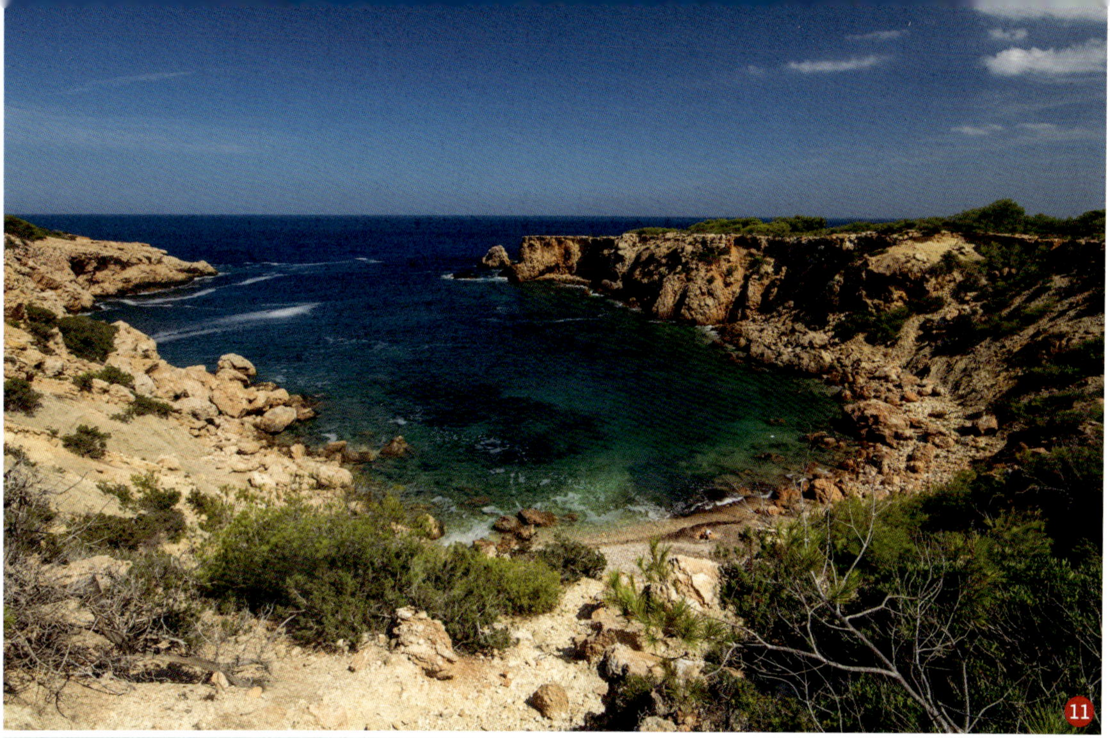

Sant Joan de Labritja 2 & Formentera

11 CALA DE S'AIGUA DOLÇA, SANT JOAN DE LABRITJA

Süßwasserbucht. Friedlicher Strand in einer abgeschiedenen Bucht mit blaugrünem Meer – der ideale Ort zum Schwimmen und Schnorcheln. FKK optional. Essen und Trinken mitbringen, da es meilenweit keine Läden oder Restaurants gibt, und der Weg ist weit. Wer Falafel mag, muss unbedingt zu Mr Kebap in Santa Eulària, der täglich 23 Stunden geöffnet hat.

→ Auf dem *Carrer Cala Sant Vicent* Richtung Cala de San Vicente, aber beim Kreisverkehr links Richtung *Allà Dins*. Den steilen Berg hoch und oben rechts vor der Rezeption parken (nicht bei den gelben Bordsteinen parken). Gegenüber von der Rezeption führt ein kleiner Weg in den Wald Richtung *S'Aigua Dolçe* (Holzschild in den Bäumen). Wenn der Weg sich dreiteilt, geradeaus weiter, und bei der nächsten Gabelung rechts halten. Wenn man die Landspitze mit Blick aufs Meer erreicht, den Felshang zum Strand hinunterklettern. Parken 39.0791, 1.5955

Mittel 50 Min. 39.0887, 1.6000

12 PLATJA DE SES ILLETES, FORMENTERA

Inselstrand. Unserer Meinung nach einer der schönsten Strände Spaniens mit weichem weißen Sand und ginklarem Wasser. Je weiter man am Strand entlanggeht, desto weniger Menschen begegnet man. Vom Ende der Insel sieht man Espalmador (13 & 14). Autos und Motorräder kosten Eintritt, Fußgänger und Radfahrer sind umsonst, Buslinie L3. Essen und Trinken einpacken: außer einem teuren Restaurant am Parkeingang gibt es keine Gastronomie. In der Hauptsaison voll.

→ Parken 38.7561, 1.4359.

Leicht 10 Min. 38.7594, 1.4356

S'ESPALMADOR

S'Espalmador ist eine kleine, unbewohnte Insel nördlich von Formentera. Machen Sie sich auf unberührte Karibikstrände gefasst, vor denen Jachten ankern. Von Ibiza gibt es eine regelmäßige Fähre, die ca. 40 Min. braucht (aquabusferryboats.com).

13 PLATJA DE LA TORRETA, S'ESPALMADOR

Türmchenstrand. Schöne einsame Bucht an der Nordwestspitze der Insel. FKK.

→ Regelmäßige Fähre von Ibiza (aquabusferryboats.com).

40 Min. 38.7912,1.4226

14 PLATJA DE S'ALGA, S'ESPALMADOR

Seetangstrand. Große halbrunde Bucht im Westen der Insel. Feinkörniger, weißer Sand vor Dünen. Den Disney Studios diente die Insel als Inspiration für Neverland in Peter Pan. FKK, aber nicht zwingend.

→ Fähre von Ibiza (aquabusferryboats.com).

40 Min. 38.7806, 1.4289

15 PUNTA PRIMA, ES PUJOLS

Wir haben die dreistündige Kajaktour über die Bucht von Platja des Pujols und um Punta Prima gemacht, um die großen Meereshöhlen an der Küste zu erkunden. Mit kleinen Zwischenstopps, um von den Klippen zu springen. WET4FUN (wet4fun.com): Höhlen, Klippenspringen, Picknick und Schnorchelausrüstung inklusive. Auch SUP-Yoga-Kurse im Angebot.

→ Kajaktour von der Platja des Pujols 38.7271, 1.4541

38.7228, 1.4707

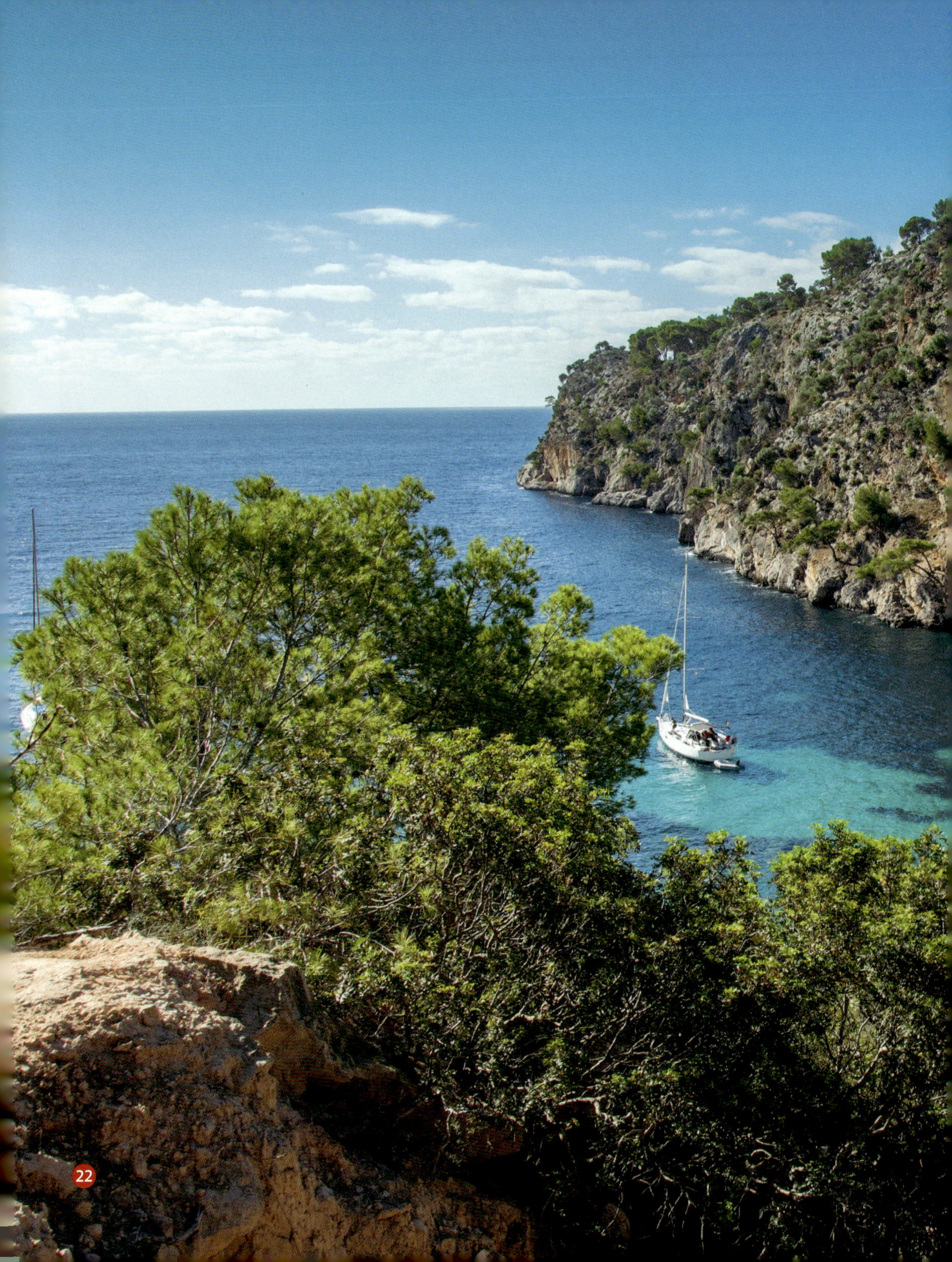

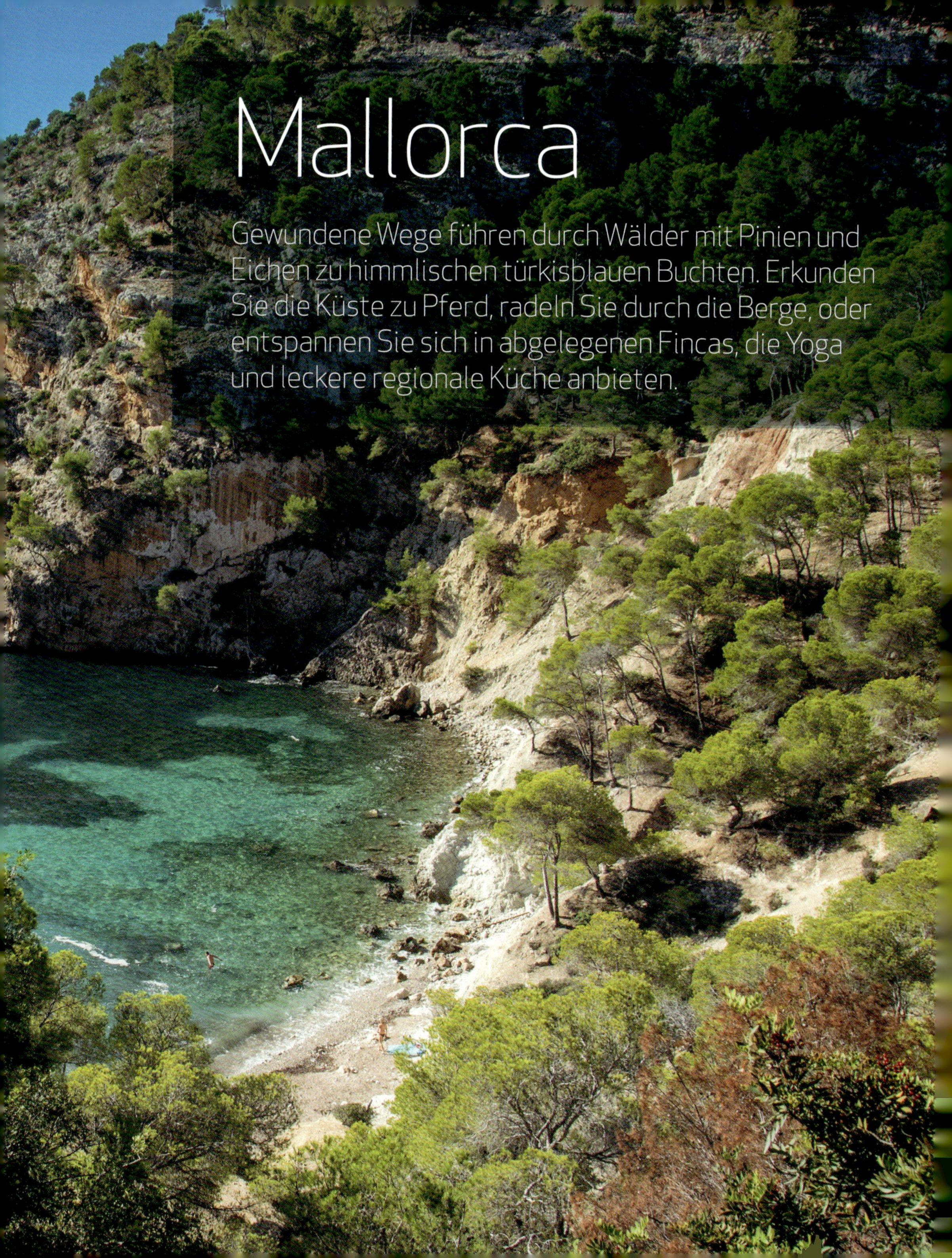

Mallorca

Gewundene Wege führen durch Wälder mit Pinien und Eichen zu himmlischen türkisblauen Buchten. Erkunden Sie die Küste zu Pferd, radeln Sie durch die Berge, oder entspannen Sie sich in abgelegenen Fincas, die Yoga und leckere regionale Küche anbieten.

Highlights Mallorca

Unsere Lieblingsstrände:

1 Platje Cala Camp Vells – klares Wasser und alte Bootsschuppen, die in die gelben Felsen geschlagen wurden

10 Cala Varques – Sandbucht, Felsbogen und Unterwasserhöhle

12 Cala Magraner – goldene Bucht zwischen roten Klippen, beliebt bei Kletterern

18 Caló es Caragol – in den Dünen hinter der unberührten Sandbucht wimmelt es von Schmetterlingen

19 Platja d'es Carbó – unser Lieblingsstrand auf Mallorca

27 Platja des Coll Baix – eine Bergwanderung führt zu dieser verborgenen balearischen Schönheit

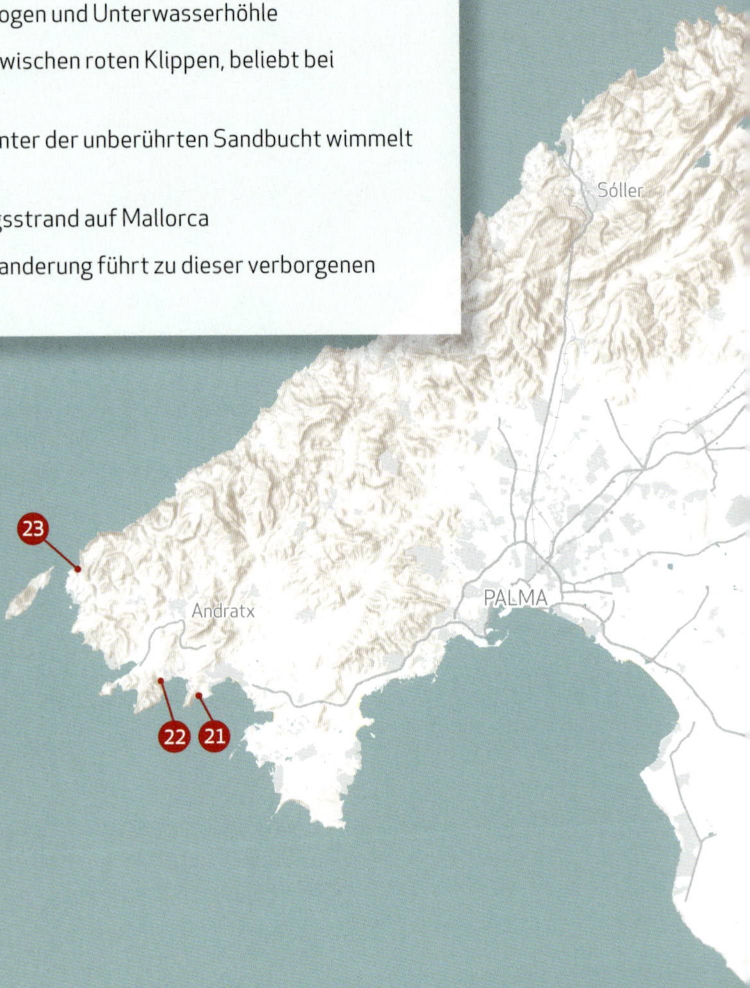

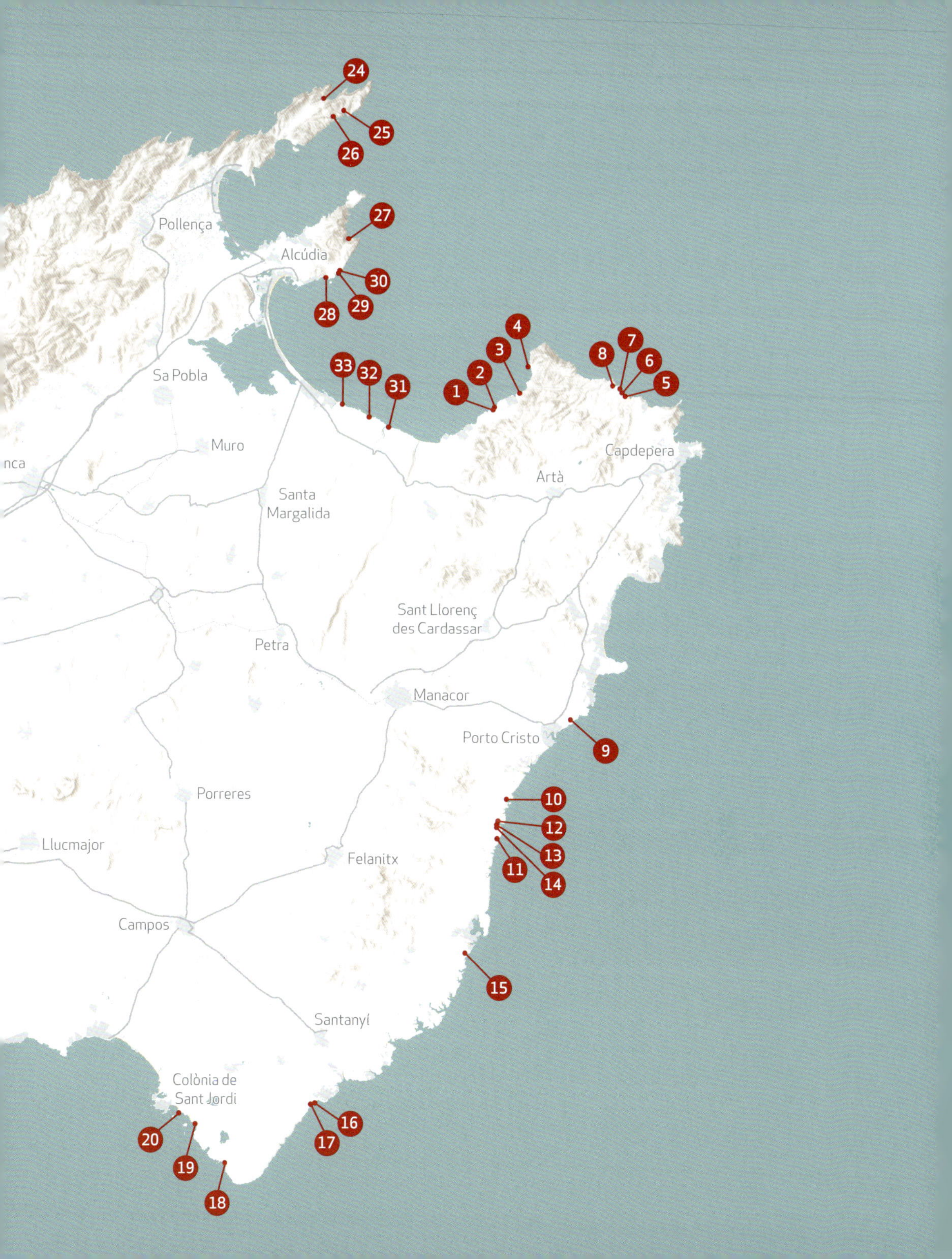

Pollença
Alcúdia
Sa Pobla
Muro
nca
Santa
Margalida
Artà
Capdepera
Sant Llorenç
des Cardassar
Petra
Manacor
Porto Cristo
Porreres
Llucmajor
Felanitx
Campos
Santanyí
Colònia de
Sant Jordi
1
2
3
4
5
6
7
8
9
10
11
12
13
14
15
16
17
18
19
20
24
25
26
27
28
29
30
31
32
33

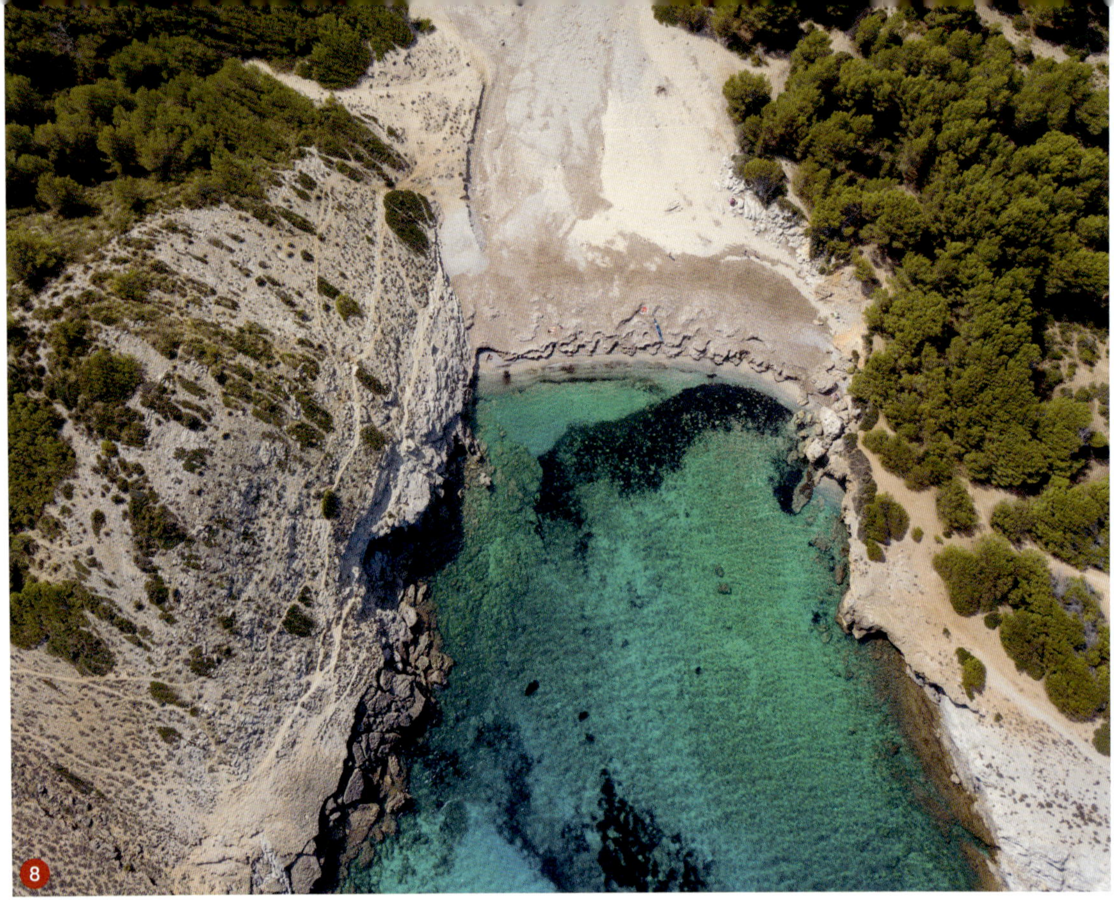

8

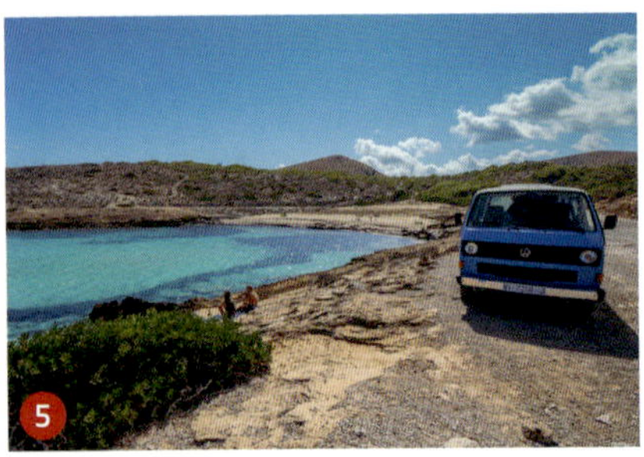

5

Mallorca ist eine Insel mit atemberaubender Vielfalt und endlosen Möglichkeiten – die beeindruckenden Gipfel der Serra de Tramuntana, Weinberge und Obstgärten, klares blaues Wasser mit bunter Fauna und eine Küste mit 300 Sonnentagen pro Jahr. Es gibt historische Fundstätten, Spuren der alten Römer, prächtige Kirchen und elegante Villen, und Künstler von Chopin bis Robert Graves und Joan Miró haben ein bleibendes kulturelles Erbe hinterlassen. Bei unserem Inselabenteuer entdecken wir versteckte Buchten und Strände im Überfluss und begegnen vielen bezaubernden Menschen.

Die Gegensätze der Landschaft sind verblüffend. Wälder aus Olivenbäumen, Pinien und Steineichen schmücken die Berge des Naturparks Llevant im Nordosten, wo wir über anspruchsvolle Wanderwege zu paradiesischen weißen Sandbuchten am türkisblauen Meer gelangen. Im Osten machen es weite und einsame goldene Strände leicht, den Alltag hinter sich zu lassen. Ein märchenhafter Weg führt zwischen wilden Oliven- ▶

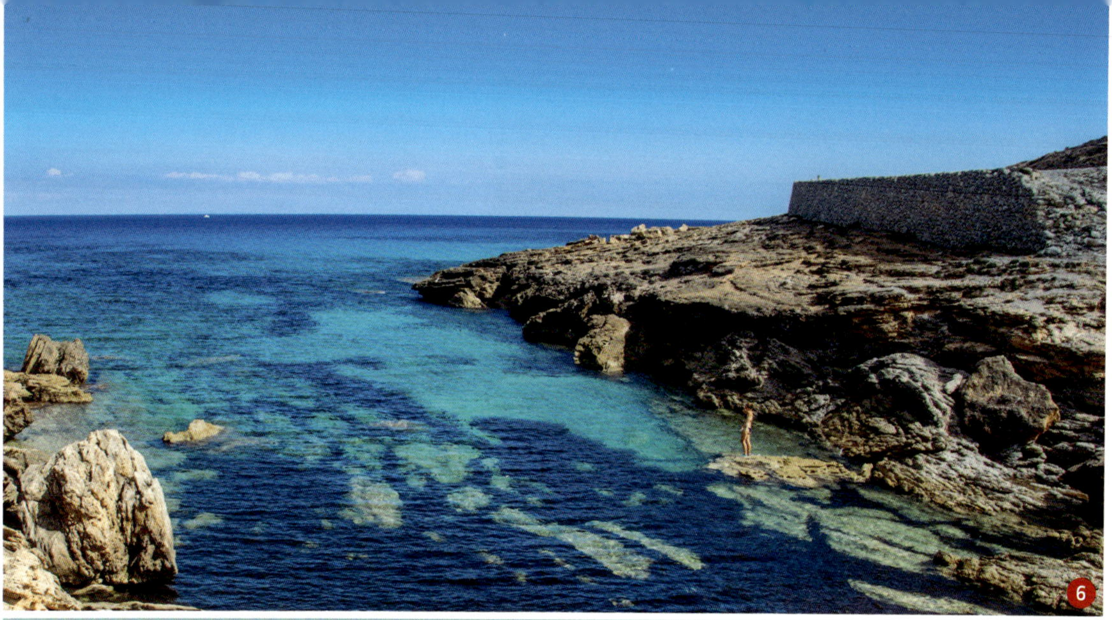

Artà

1 PLATJA CALA CAMPS VELLS

Traditionelle Bootsschuppen, *escars*, wurden in die gelben Sandsteinfelsen gehauen, die diese schöne Bucht flankieren. Sandstrand, Seegraswiesen und klares Wasser, in dem sich Fische tummeln – Schnorchel einpacken. Der Sonnenuntergang färbt die Felsen orange.

→ Von Colònia de Sant Pere auf der Ma-3331 für 1,3 km Richtung Nordosten, dann beim Ma-3331/KM6-Schild links. Nach 550 m rechts, nach weiteren 500 m rechts parken und zu Fuß weitere 300 m die Straße entlang. Der Strand liegt links.
Zwei Behindertenparkplätze.
Parken 39.7472, 3.2982
Leicht 2 Min 39.7481, 3.3013

2 CALÓ DELS ERMITANS

Die *Eremitenbucht*, benannt nach den früheren Bewohnern der Kapelle von Betlem, besteht aus einer Reihe von Felsbänken und Stränden.

→ Wegbeschreibung siehe Platja Cala Camps Vells (1), aber auf dem Weg über die Landspitze zum Strand.
Leicht 10 Min. 39.7499, 3.3029

3 CALA NA CLARA

Genießen Sie den Panoramablick und die Sonnenuntergänge über der Bucht von Alcúdia.

→ In Betlem so weit östlich wie möglich an der Avinguda Colon parken. Die Straße entlang bis links ein Weg abgeht, diesem 150 m folgen und über die Felsen zum Strand.
Parken 39.7548, 3.3206
Mittel 15 Min. 39.7577, 3.3245

4 PUNTA D'ES CALÓ/COSTA DELS PINS

Unberührte Strände, umgeben von ockerfarbenen Klippen, Pinienhainen und Palmen. Buchen Sie eine Kajaktour zu den Buchten und Höhlen des Naturparks Llevant und der *Pinienküste*.

→ Kayak Excursion Mallorca (kayakexcursionmallorca.com): ideal für Familien, Pärchen und Gruppen.
Leicht 45 Min. 39.7745, 3.3329

5 CALA MITJANA

Einsamer, unberührter Strand. Das klare Wasser eignet sich hervorragend zum Schnorcheln. Von hier gelangt man über den Wanderweg GR222 an der Küste entlang zur Cala Torta.

→ Von Artà auf dem Carrer de s'Abeurador/Ctr. Camidels Racó 2,5 km Richtung Nordosten, dann rechts halten auf die Ctra. Camide Cala Mitjana für weitere 5,4 km. Bei der Straßengabelung links Richtung *Cala Mitjana*. Der Strand liegt 1,5 km weiter, aber die Straße wird bergab immer schlechter, deshalb rechtzeitig irgendwo parken.
Parken 39.7477, 3.4051
Leicht 25 Min. 39.7521, 3.4138

6 CALA ESTRETA

Charmante, wunderschöne Bucht mit ruhigem, türkisblauem Wasser – perfekt zum Schwimmen und Schnorcheln.

→ Von der Cala Mitjana (5) zu Fuß fünf Minuten die Straße entlang zur nächsten Bucht links.
Mittel 30 Min. 39.7542, 3.4115

7 CALA DÉNTOL

Abgeschiedene Felsbucht.

→ Wegbeschreibung siehe Cala Mitjana (5), aber weitere 15 Min. auf dem Küstenweg (GR222), an der Cala Estreta (6) vorbei.
Mittel 45 Min. 39.7570, 3.4099

8 CALA DES MATZOC

Das klare, türkisblaue Wasser gewährt Einblick in die reiche Flora und Fauna des Meeres. Der Strand ist nach dem Verteidigungsturm aus dem 18. Jahrhundert benannt, dem *Torre de Matzoc*.

→ Wegbeschreibung siehe Cala Mitjana (5), aber weiter auf dem Küstenweg (GR222), vorbei an Cala Estreta (6) und Cala Déntol (7). Kegelförmige Steinhügel weisen den Weg.
Mittel 65 Min 39.7591, 3.4038

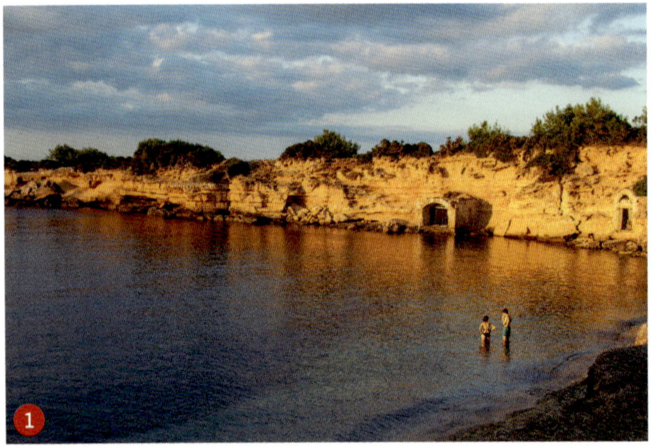

1

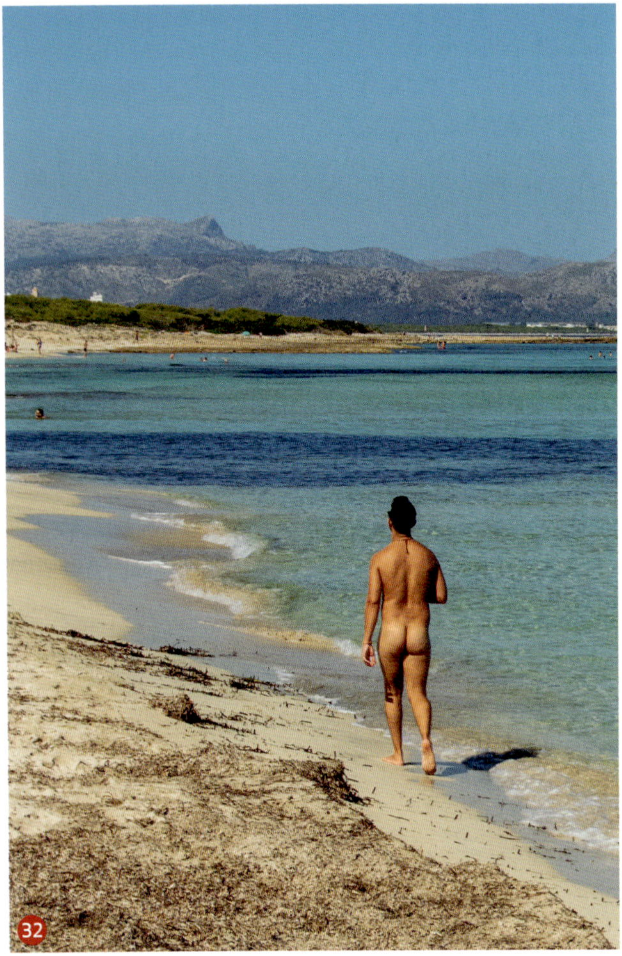

32

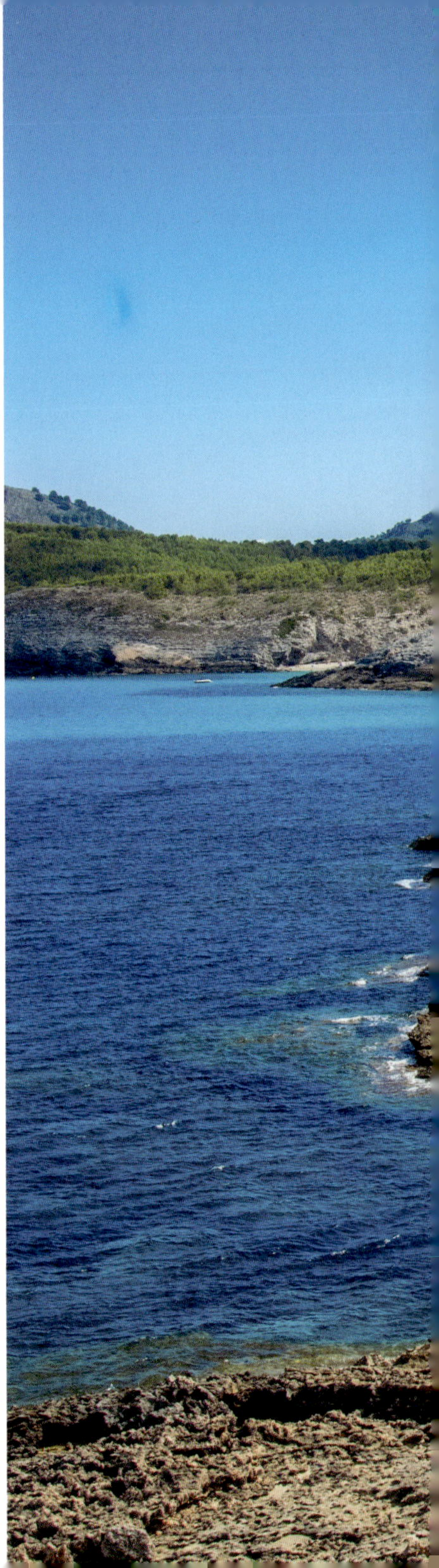

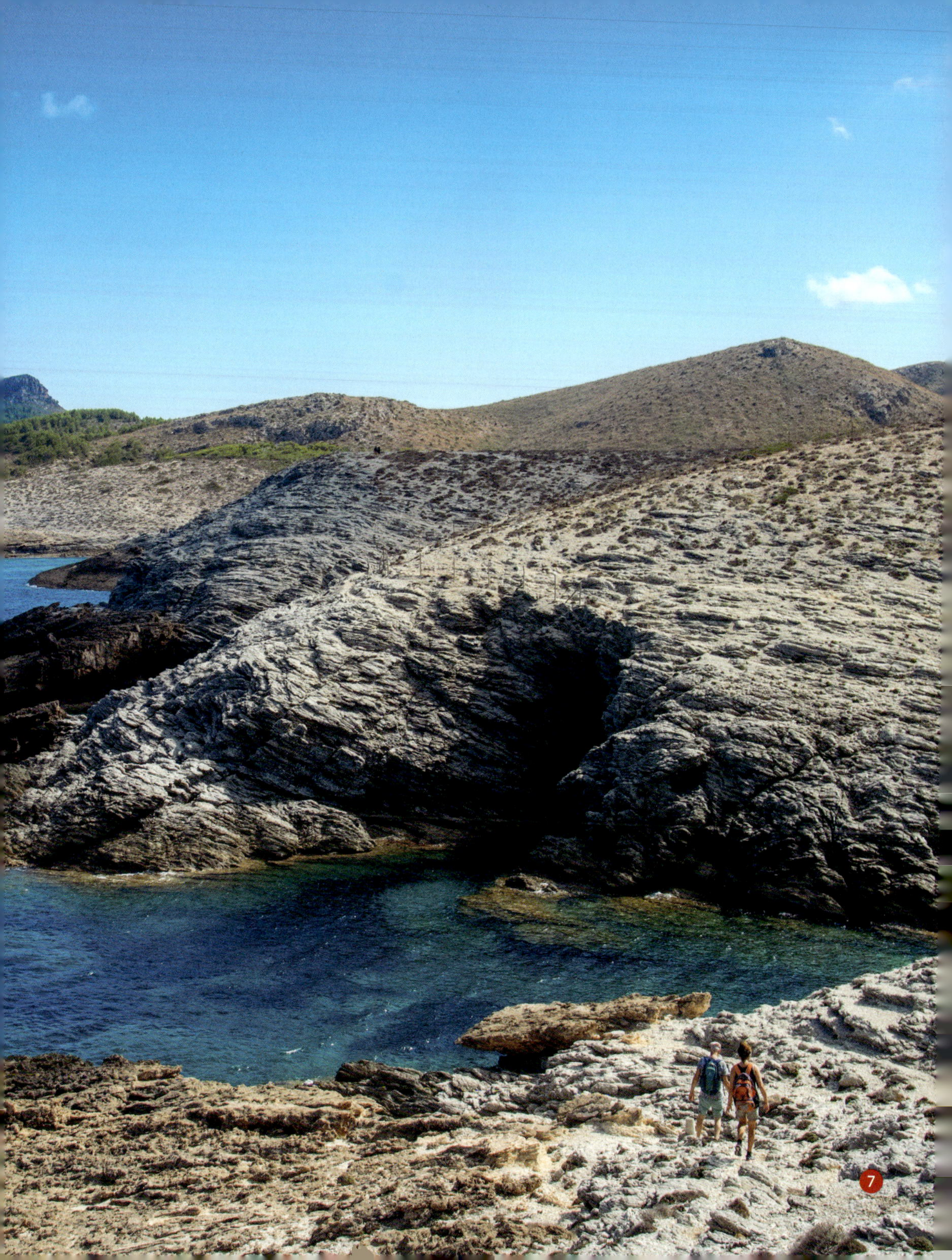
7

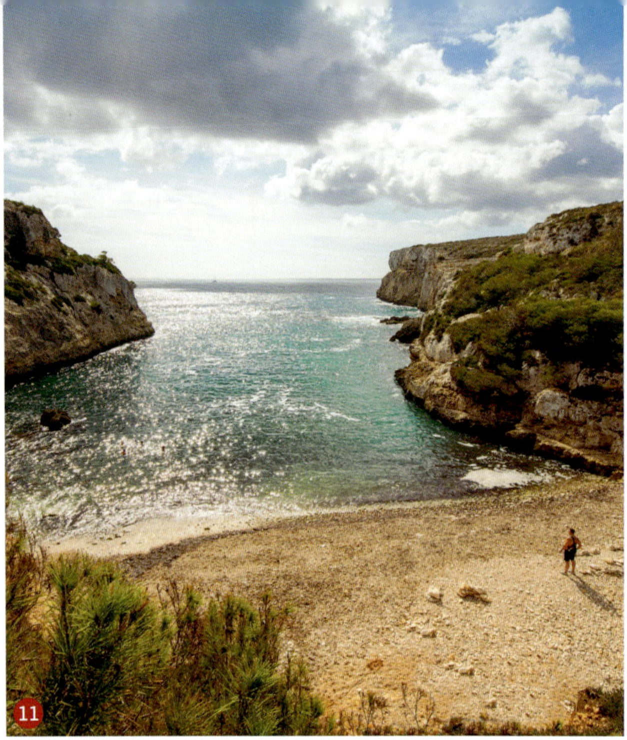

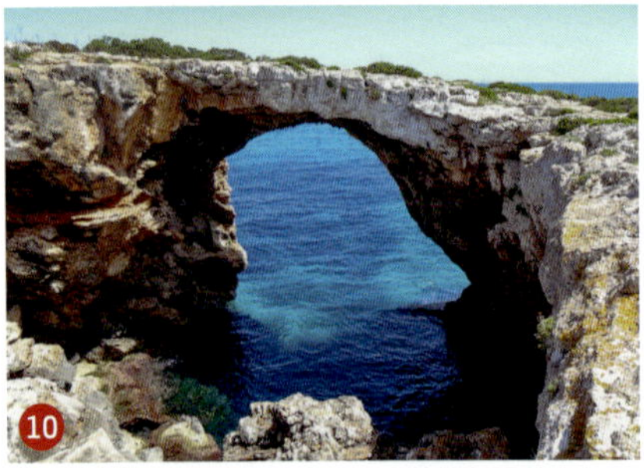

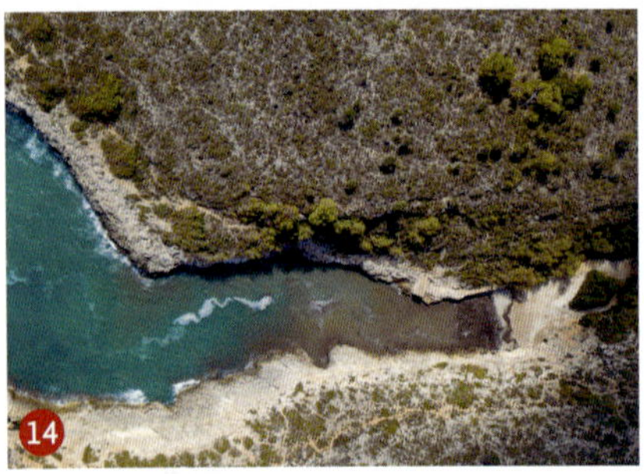

und Mastixbäumen zu vier unglaublichen Stränden zwischen steilen Klippen, weit zurückgesetzt vom offenen Meer. Cala Bota (11), Cala Virgili (14) und Cala Pilota (13) bieten friedliche Strände abseits der Menschenmengen, und an den roten Klippen der Cala Magraner (12) tummeln sich Kletterer. Durch das milde Wetter ist Mallorca auch in der Zwischensaison (Frühling und Herbst) ein ideales Reiseziel, vor allem für Vogelbeobachter, die wegen den Tausenden von Zugvögeln herkommen, darunter auch viele seltene und bedrohte Vogelarten.

Das Böse unter der Sonne, ein Film von 1982 nach Agatha Christie, mit Peter Ustinov als Hercule Poirot, wurde in Caló d'en Monjo (21) gedreht. Die Atmosphäre hier ist entspannt, und man kann herrlich auf den Felsen faulenzen oder im stillen Wasser schnorcheln. Seegraswiesen (*Posidonia oceanica*), die für die Bewahrung des Meeresökosystems wichtig sind, bedecken den Meeresgrund. Für einen Ausflug zu unserem Lieblingsstrand Platja d'es Carbó (19) wandern wir von der Platja d'es Port die Küste entlang, vorbei an beliebten Stränden mit Restaurants und Bars. Auf der Suche nach Schatten machen wir bei den verlassenen Fischerhütten am Platje de Can Curt (20) Rast, und je weiter wir gehen, desto weniger Menschen begegnen wir. ▶

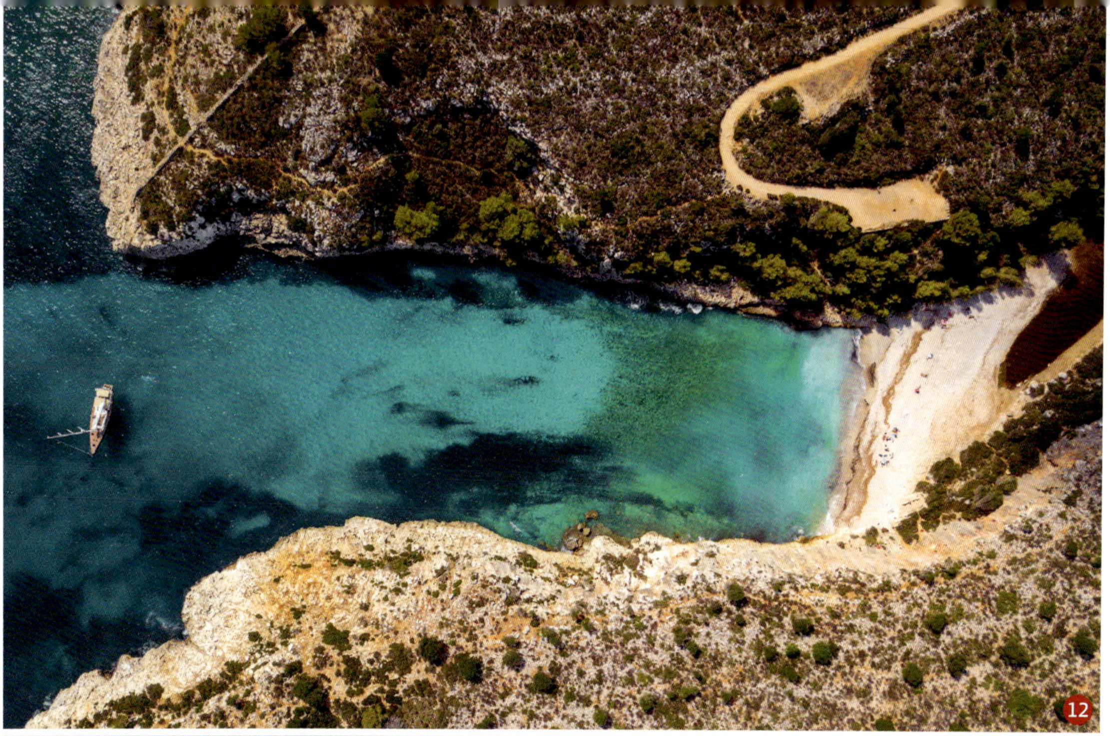

Manacor

9 CALA PETITA

***Kleine Bucht.* Ideal zum Schnorcheln. Beliebt bei FKKlern.**

➜ Von Porto Cristo 500 m bis zum Ende der Avinguda Cala Petita und parken. Der Bruchsteinmauer 500 m folgen (die Straße ist jetzt ein Weg), dann bei der Weggabelung links halten und die erste rechts, links halten, dann links und die erste rechts. Dem gewundenen Weg zum Meer folgen. Wenn der Weg steiniger wird, sieht man links die Stufen zur Bucht. Parken 39.5453, 3.3443

Leicht 15 Min. 39.5484, 3.3531

10 CALA VARQUES & PUENTE NATURAL

Weiße Sandbucht, die zum Bilderbuch-Felsbogen *Puente Natural* führt, mit einer Unterwasserhöhle, durch die man schwimmen kann.

➜ Von Manacor auf der Ma-4015 für 8 km Richtung Südosten, links Richtung *Porto Cristo* auf die Ma-4014. Nach 600 m links parken. Die Ma-4014 für 300 m zurückgehen bis zum roten Metalltor links (39.5104, 3.2760) und links die Straße entlang, bis sie bei Metalltoren endet (1,5 km). Den Waldweg entlang zum Strand (20 Min.). Zum Puente Natural dem Weg links vom Strand 20 Min. um die Landspitze folgen.
Parken 39.5127, 3.2789

Mittel 50 Min. 39.5000, 3.2959

11 CALA BOTA

Geschützte Bucht mit tiefem, blauem, klarem Wasser, flankiert von hohen, orangefarbenen Klippen. Zur *Stiefelbucht* gelangt man über einen märchenhaften Pfad.

➜ Wegbeschreibung siehe Cala Magraner (12), aber hinter dem Tor, wenn sich der Weg dreiteilt (39.4774, 3.2815), rechts halten (nicht gleich zu erkennen). Dem Weg 420 m zum Strand folgen.

Leicht 25 Min. 39.4754, 3.2860

12 CALA MAGRANER

***Granatapfelbucht.* Weiter Kiesstrand mit hohen roten Klippen – beliebt bei Schwimmern und Kletterern. Genug Wasser und Snacks einpacken, da es meilenweit keine Läden oder Restaurants gibt.**

➜ Von Porto Cristo auf der Ma-4014 für 9 km Richtung Südwesten, links auf die Carr. de Cales de Mallorca Richtung Cales de Mallorca. Nach 2,2 km links parken. Den Weg zum Tor Richtung *Platja/Beach/Playa* gehen, durch die Lücke rechts vom Zaun, dem Weg 3,2 km folgen, links halten (nach 1,7 km sieht man links eine terrakottafarbene Hütte). Der Weg macht eine 180-Grad-Kurve und führt auf ein flaches Plateau, von dem Stufen zum Strand hinunterführen.
Parken 39.4774, 3.2726

Lang 50 Min. 39.4865, 3.2874

13 CALA PILOTA

Cala Pilota verdankt ihren Namen dem Überfluss an *pilotes de mar* (Seegras), das eine wichtige Rolle im Meeresökosystem spielt, denn es hält das Wasser klar und sauber.

➜ Wegbeschreibung siehe Cala Magraner (12), aber nach 2,5 km auf dem Kiesweg rechts (39.4855, 3.2804) zum Strand (550 m).

Leicht 35 Min. 39.4842, 3.2862

14 CALA VIRGILI

Längliche, schmale Felsbucht mit verlassener Fischerhütte. Links gibt es eine Meereshöhle, also Schnorchel einpacken.

➜ Wegbeschreibung siehe Cala Magraner (12), aber nach 2 km rechts (39.4822, 3.2790) zum Strand (650 m).

Leicht 30 Min. 39.4825, 3.2863

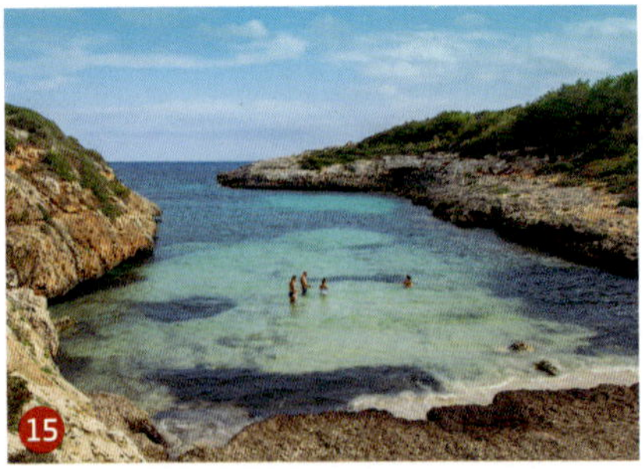

15

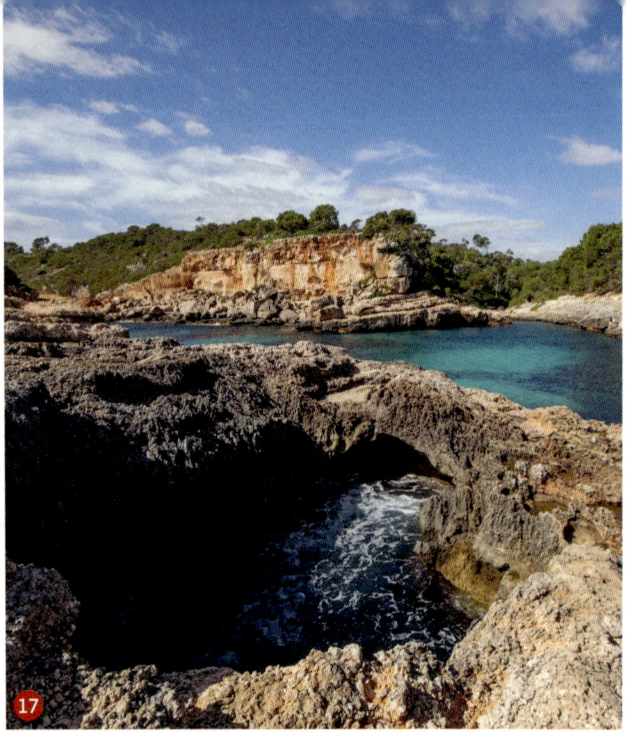

17

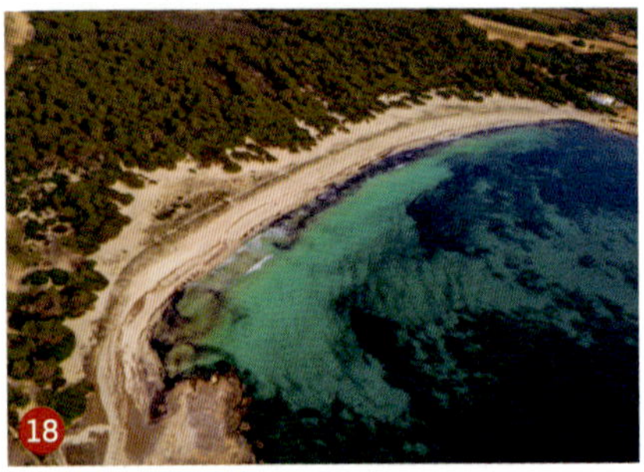

18

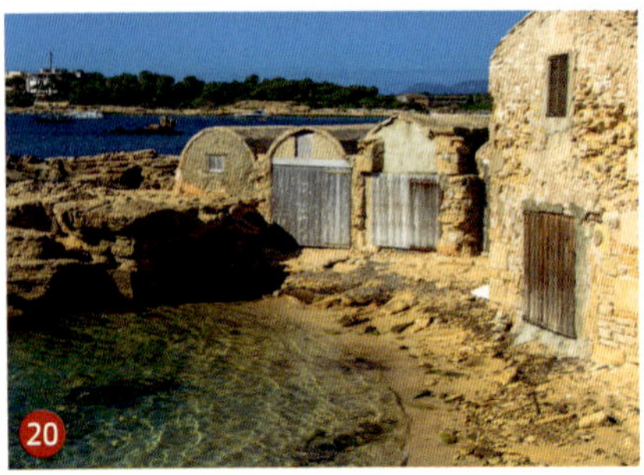

20

Endlich erreichen wir das verborgene Juwel in Mallorcas Krone – eine praktisch menschenleere 1400 Meter lange, halbrunde Bucht mit feinem weißen Sand und türkisblauem Wasser, gesäumt von großen Sanddünen mit Disteln und Schwertlilien. Drei Generationen spanischer Frauen baden, lachen und teilen sich *Ensaïmadas* (süßes mallorquinische Gebäck). Derweil tollt eine fünfköpfige Familie im Sand, splitternackt bis auf Papas Panamahut. Glücklich und zufrieden sitzen wir im Schatten einer Pinie und streuen selbst gepflückten Rosmarin auf unser Mittagessen.

Cap de Formentor ist ein Mekka für Radfahrer, die über die verschlungene, von Antonio Parietti gebaute Straße den Konturen der Serra de Tramuntana folgen, und wir genießen die atemberaubende Aussicht auf die Berge und das Meer und prächtige Sonnenuntergänge. Wir entdecken Wanderrouten zu versteckten Buchten, vorbei an traditionellen Dörfern und alten Wachtürmen, durch Täler mit goldenen Zitronenhainen. Auch zahlreichen wilden Eseln begegnen wir. Von Sollér fährt eine holzgetäfelte historische Bahn, die ursprünglich gebaut wurde, um Früchte nach Palma zu transportieren, eine malerische Strecke über Viadukte, Brücken und durch Tunnel. Und für Kulturinteressierte gibt es im Can Prunera Museu ▶

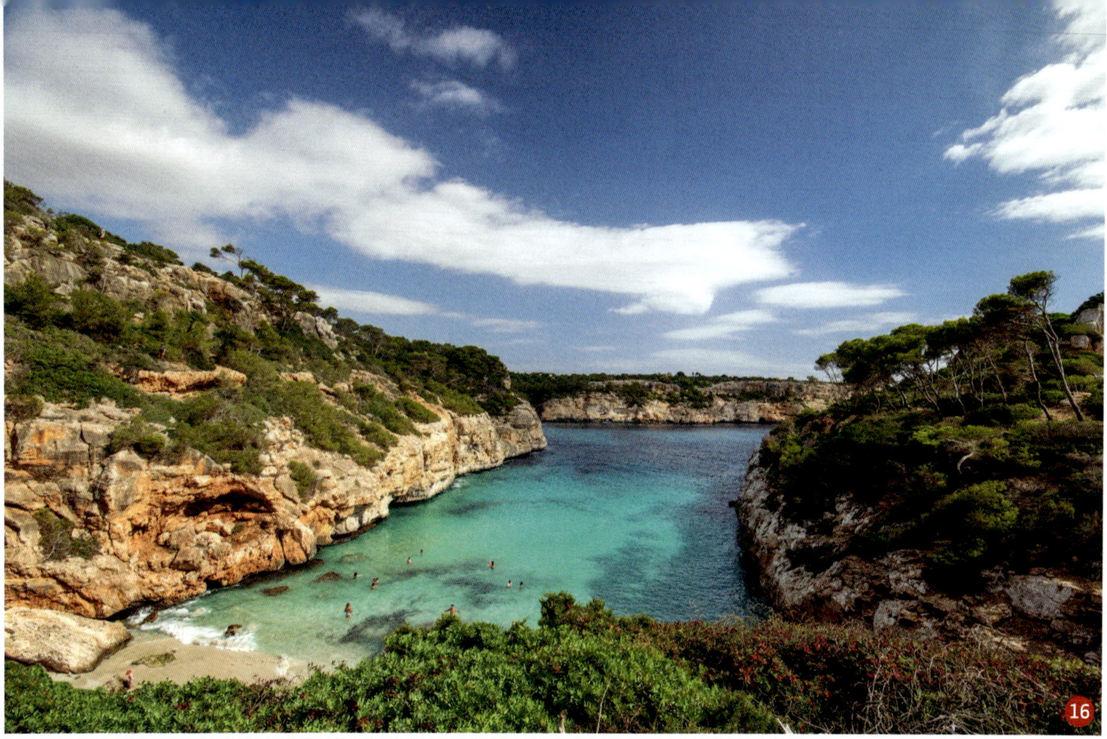

16

Von Felanitx bis Ses Salines

15 CALA BRAFI, FELANITX

Unberührte Sandbucht mit atemberaubend klarem, blauem Wasser, dahinter Wacholder, Olivenbäume und kleine Höhlen. Familienstrand, FKK optional.

➜ Von der Cala Marçal auf dem Carrer de la Fotja 120 m Richtung Südwesten bis zum Parkplatz. Zu Fuß weiter die Straße entlang bis zum Warnschild (kein Rettungsdienst), links auf den Weg zwischen Bruchsteinmauern, über eine niedrige Mauer klettern und dem Weg zum Strand folgen. Parken 39.4061, 3.2560

Mittel 10 Min. 39.4037, 3.2542

16 CALÓ DEL MORO, SANTANYÍ

***Maurenbucht*. Schöner Strand mit leuchtend türkisblauem Wasser und feinem weißen Sand. Kann voll werden. Schwer zugänglich und keine Gastronomie.**

➜ Von Santanyí auf der Ma-6100 für 1,3 km Richtung Südwesten. Beim Kreisverkehr die zweite Ausfahrt, nach 1,1 km links halten auf den Camí de Cala Llombards und 2,2 km bis zum Parkplatz (links). Zu Fuß weitere 110 m auf dem Camí de Cala Llombards, rechts auf den Carrer des Castellet, wieder rechts auf den Carrer des Llorer und nach 140 m links. Nach 400 m links auf den Carrer des Caló del Moro, bis man nach 50 m den Anfang eines Wegs sieht. An der Weggabelung rechts, an der nächsten links, um die Landspitze herum und über 20 steile Stufen zum Strand. Parken 39.3204, 3.1262

Mittel 30 Min. 39.3137, 3.1215

17 CALÓ DE S'ALMUNIA, SANTANYÍ

Sandstrand, makelloses, türkisblaues Meer, Felsbogen und Fischerdorf.

➜ Wegbeschreibung siehe Caló del Moro (16), aber weiter auf dem Carrer des Caló del Moro, vorbei am Weg zur Caló del Moro. Nach 350 m führen Stufen zum Strand.

Mittel 45 Min. 39.3131, 3.1181

18 CALÓ ES CARAGOL, SANTANYÍ

***Schneckenstrand*. Einsame, unberührte Sandbucht, perfekt für Familien. In den Dünen flattern Schmetterlinge herum.**

➜ Zum Faro de Cap Salines fahren und parken. Den Weg rechts vom Zaun Richtung Meer, dann rechts weiter um die Landspitze bis zum Strand (1,5 km). Parken 39.2659, 3.0529

Mittel 30 Min. 39.2789, 3.0431

19 PLATJA D'ES CARBÓ, SES SALINES

***Kohlestrand*. Langer weißer Sandbogen und türkisblaues, gesprenkeltes Wasser. Gegenüber liegt die Insel Na Moltona mit ein paar weiteren Stränden.**

➜ Parken in Colònia de Sant Jordi. Von der Platja d'es Port den Weg entlang nach links, vorbei an Platja d'es Dolç, weiter um die Landspitze und vorbei an Platja de Can Curt (20) und Playa Es Dofí. Hinter der nächsten kleinen Landspitze liegt der erste der Es-Carbó-Strände.
Parken 39.3207, 3.0005

Leicht 55 Min. 39.3047, 3.0193

20 PLATJA DE CAN CURT, SES SALINES

Halbrunde Sandbucht. Traditionelle Fischerhütten spenden in der Nachmittagssonne Schatten.

➜ Wegbeschreibung siehe Platje d'es Carbó (19). Der Strand ist der nächste nach Platja d'es Dolc.

Leicht 25 Min. 39.3123, 3.0059

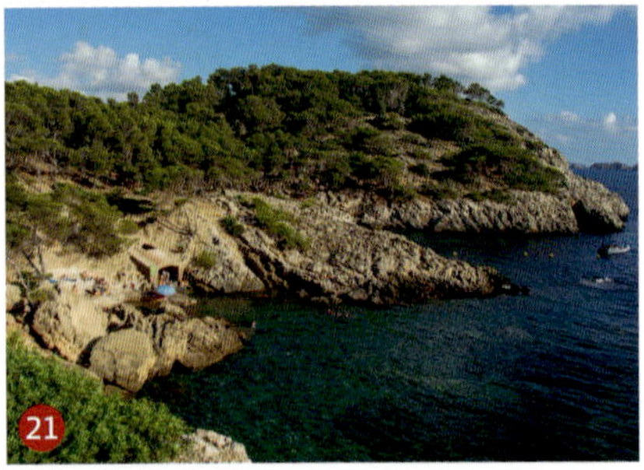

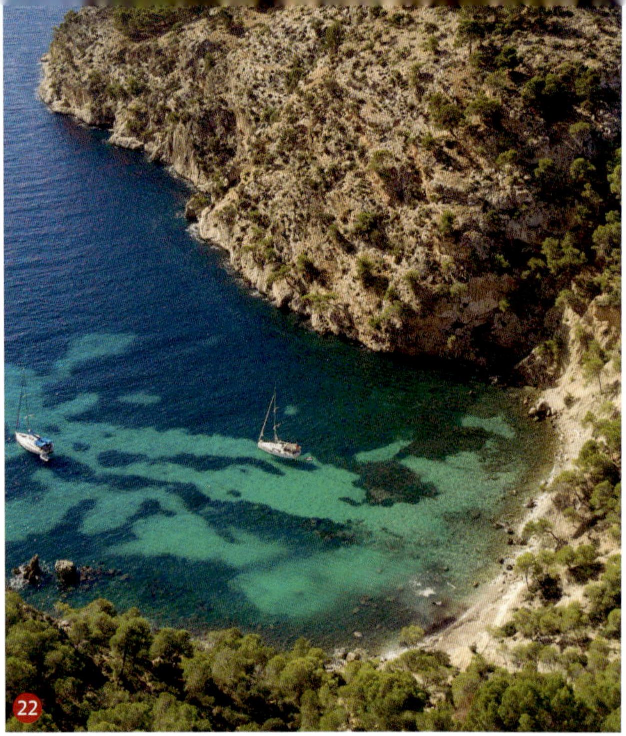

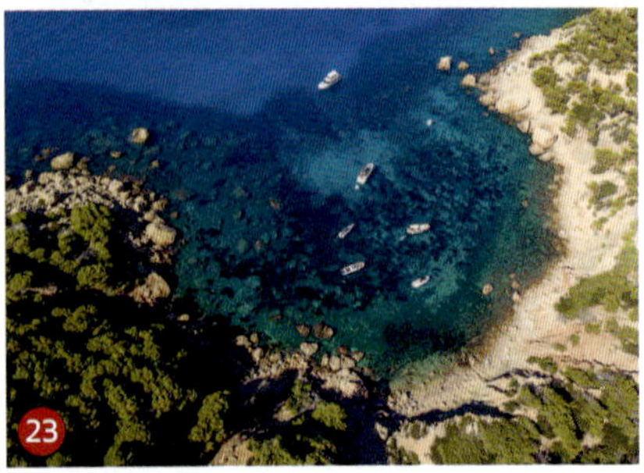

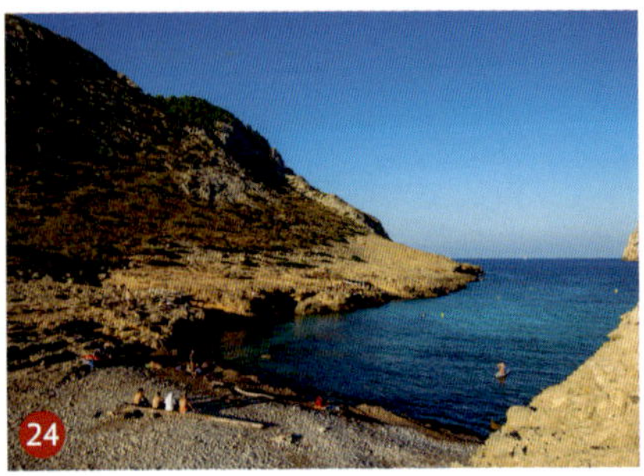

Modernista Werke international berühmter Künstler, viele mit mallorquinischen Verbindungen.

Agrotourismus ist auf Mallorca schwer angesagt, und viele Besitzer verwandeln ihre *Fincas* in Luxusunterkünfte. In der wilden Landschaft um Artà verbringen wir einige Tage in einer solchen inmitten von Pinien und Rosmarinsträuchern, die von Lizzie betrieben wird, einer wundervollen, herzlichen Person. Ihr Haus ist der ideale Ort, um zu malen, Yoga zu praktizieren oder einfach zu lesen, und die Gäste haben auch Zugang zu einem kleinen Pool. Pferde sind ein alltäglicher Anblick auf Mallorca, und Abenteuerlustige können die Küste auch zu Pferd erkunden und in den Wäldern zelten. Bei Sonnenuntergang ist es offiziell erlaubt, Hängematten zwischen den Bäumen aufzuhängen, aber bei Sonnenaufgang muss man wieder verschwinden. Um mit Lizzie und ihren Pferden den Sonnenaufgang an der Platja de Son Real zu erleben (31), reiten wir 5 Kilometer am Strand entlang. Als der nächste Morgen anbricht, wird bei Vogelgezwitscher Kaffee aufgesetzt, die Hängematten werden weggeräumt, und die Gruppe reitet ohne Sattel zum Meer, wo die Pferde ausgelassen im Wasser herumtollen. Wir bekommen eine Gänsehaut, als wir die Sonne über den Bergen aufgehen sehen. ▶

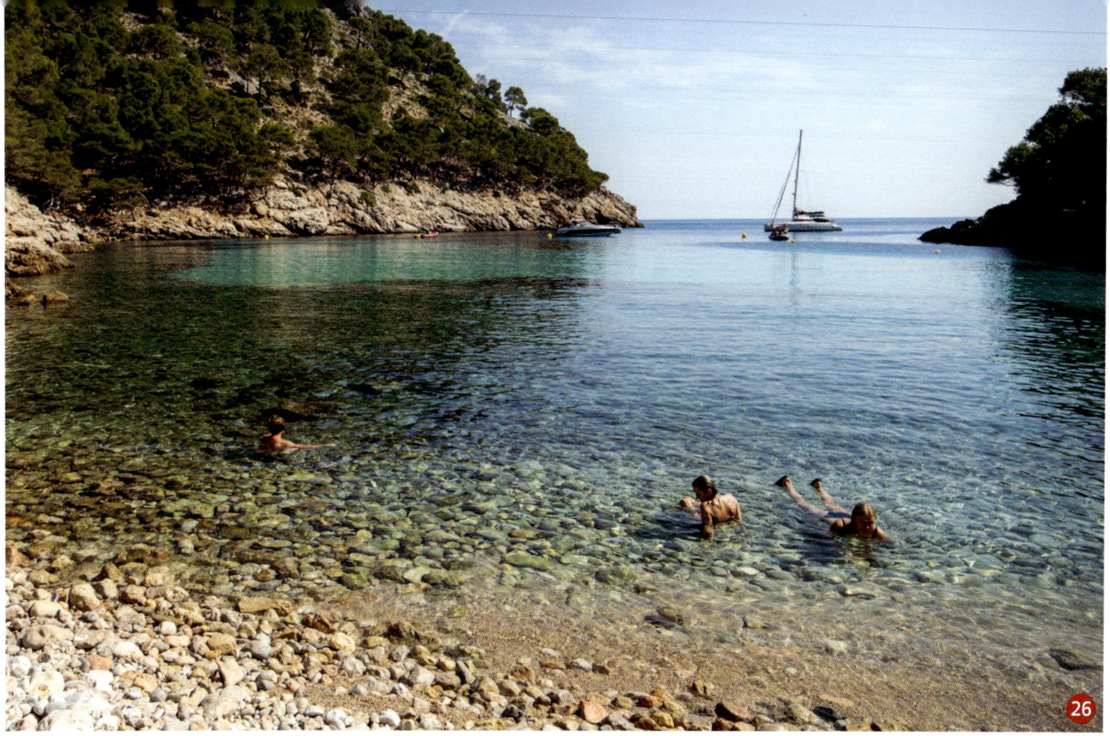

Von Calvià bis Pollença

21 CALÓ D'EN MONJO, CALVIÀ

***Mönchsbucht*. Der Film *Das Böse unter der Sonne* von 1982 nach Agatha Christie und mit Peter Ustinov als Hercule Poirot wurde hier gedreht.**

→ Vom Parkplatz hinter dem Hotel Cala Fornells dem Weg oben zwischen zwei baufälligen Mauern folgen, links halten Richtung Landspitze (700 m). Links FKK-Strand, rechts „Agatha-Christie-Strand". Parken 39.5312, 2.4362

Leicht 10 Min. 39.5286, 2.4303

22 CALA BLANCA, ANDRATX

***Weiße Bucht*. Kleiner steiniger Strand, umgeben von orangefarbenen Klippen.**

→ Von der Urbanització Biniorella auf der Ma-1020/Ctra. Camp de Mar Richtung Westen, nach 550 m beim Camí Cala Blanca links Richtung Cala Blanca. Nach 700 m am Ende der Straße parken.
Parken 39.5377, 2.4058

Mittel 5 Min. 39.5370, 2.4058

23 CALÒ EN BASSET, ANDRATX

Herrliche Felsbucht, umgeben von steilen, bewaldeten Klippen, aber schwer zu finden.

→ Von Sant Elm zu Fuß den Carrer de sa Punta Blanc entlang, beim Carrer De Na Popia rechts und der Straße bergauf folgen, die zur Schotterpiste wird. Bei der Kreuzung rechts (großer Pfeil zum Turm), wenige Minuten später bei der nächsten Kreuzung links (nicht den Weg mit dem Pfeil!). Von hier aus muss man dann seiner Intuition folgen und sich an Steinhügeln und Pfeilen orientieren, um in die Bucht zu gelangen. Parken 39.5846, 2.3487

Schwer 60 Min. 39.5957, 2.3544

24 CALA FIGUERA, POLLENÇA

***Feigenbucht*. Große halbrunde Bucht unter den beeindruckenden Gipfeln der Serra de Tramuntana. Der Abstieg zum Strand erfordert feste Schuhe.**

→ Wegbeschreibung siehe Cala Murta (26), aber dem Weg am nördlichen Ende vom Parkplatz (gegenüber vom Eingang) bergab folgen. Der Weg teilt sich manchmal, aber immer weiter bergab gehen, dann über Steinstufen und das letzte Stück klettern. Parken 39.9491, 3.1719

Mittel 15 Min. 39.9521, 3.1730

25 CALA EN GOSSALBA, POLLENÇA

Man braucht feste Schuhe für die lange Wanderung zu diesem steinigen Strand in einer wundervollen U-förmigen, unberührten Bucht. Die Belohnung ist ein erfrischendes Bad in smaragdgrünem Wasser, umgeben von Pinienhainen und prachtvoller mallorquinischer Landschaft.

→ Wegbeschreibung siehe Cala Murta (26), weitere 1,7 km bis zum kleinen Parkplatz links bei der Kurve am Aussichtspunkt. Straße überqueren, durch die Lücke in der Leitplanke und dem Weg durch den Pinienwald bergab folgen. Steinhügel und Fußspuren weisen den Weg. Die letzten 50 m muss man über die Felsen zum Strand klettern. Parken 39.9542, 3.1896

Mittel 45 Min. 39.9440, 3.1891

26 CALA MURTA, POLLENÇA

***Myrthenbucht*. Wunderschöne S-förmige schmale Bucht, flankiert von Eichen- und Pinienhainen. Perfekt zum Schwimmen und Schnorcheln. Spektakuläre Landschaft an der Küstenstraße zum Cap Formentor.**

→ Von Mirador Es Colomer auf der Ma-2210 nach Nordosten Richtung Cap de Formentor, nach 7,5 km links parken. Zu Fuß 450 m zurückgehen und links Richtung Cami de Cala Murta durchs Metalltor. Dem Weg 1,6 km zum Strand folgen. Parken 39.9491, 3.1719

Leicht 40 Min. 39.9404, 3.1801

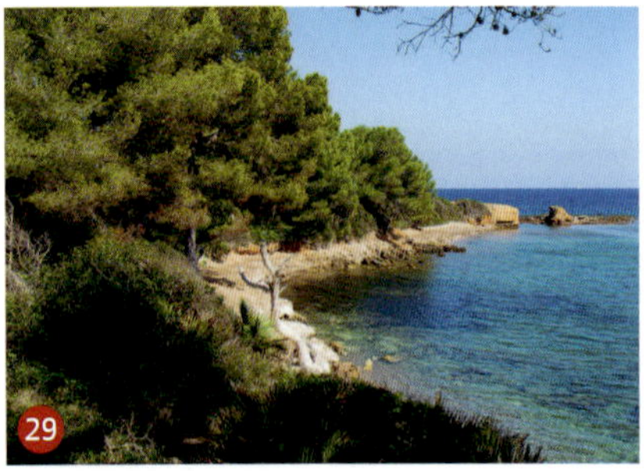

29

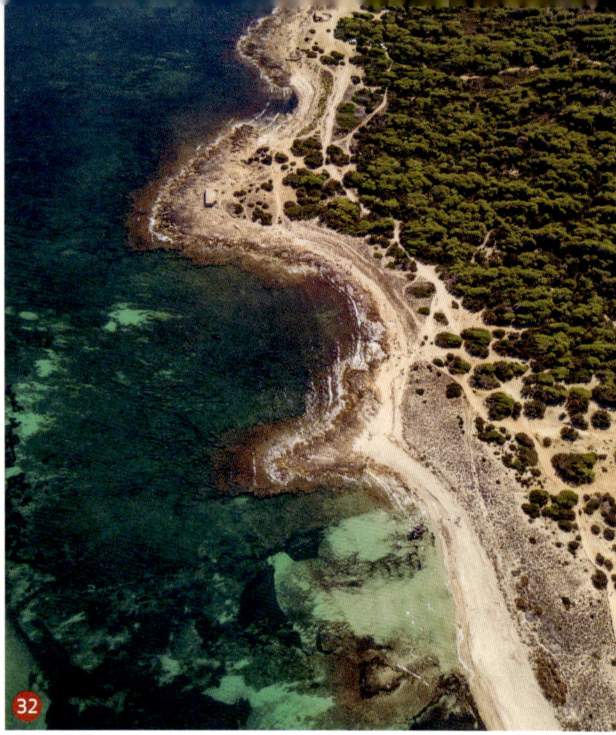

32

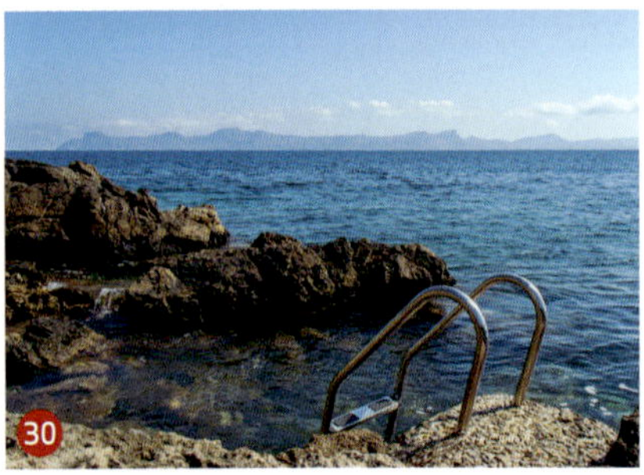

30

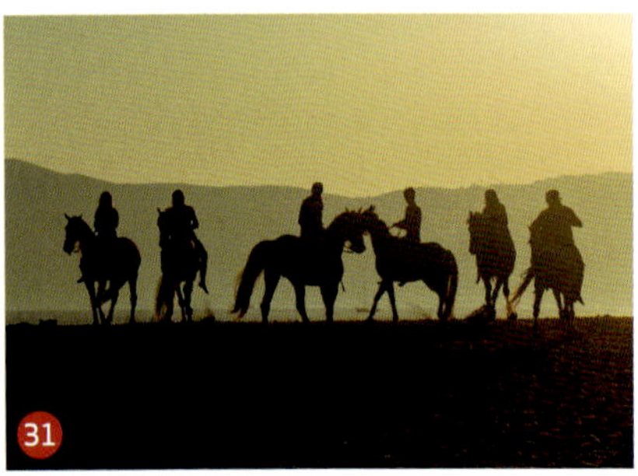

31

Als wir in Artà (abgeleitete vom arabischen *gertan*, dt. Garten) durch die schmalen Straßen mit den gelben Steinhäusern schlendern, stoßen wir auf einen kleinen Laden, der saisonale Erzeugnisse aus der Region verkauft – unförmiges Gemüse, wilde Waldpilze und mallorquinische *Sobrassada* (mit Paprika gewürzte Schweinewurst). Aus einem Fass wird wohlriechender Wein zu Softdrink-Preisen gezapft. In der Nähe liegen eine gut erhaltene Talayotic-Siedlung aus der Bronzezeit, eine gotische Kirche und die Tropfsteinhöhlen Cuevas de Artà.

El mar canta, lila, lila.
Malves, verdes, les penyes escoltant.
„Què me dius, mar lila, lila?"
„Penya malva, penya verda, què em diràs?"

Das Meer singt, lila, lila.
Mauve, grün, lauschen die Felsen.
„Was sagst du, lila, lila Meer?"
„Mauver Felsen, grüner Felsen, was erzählt ihr mir?"

Aus *Jocs Amorós* (Liebesspiele),
Blai Bonet Rigo (1926–1997)

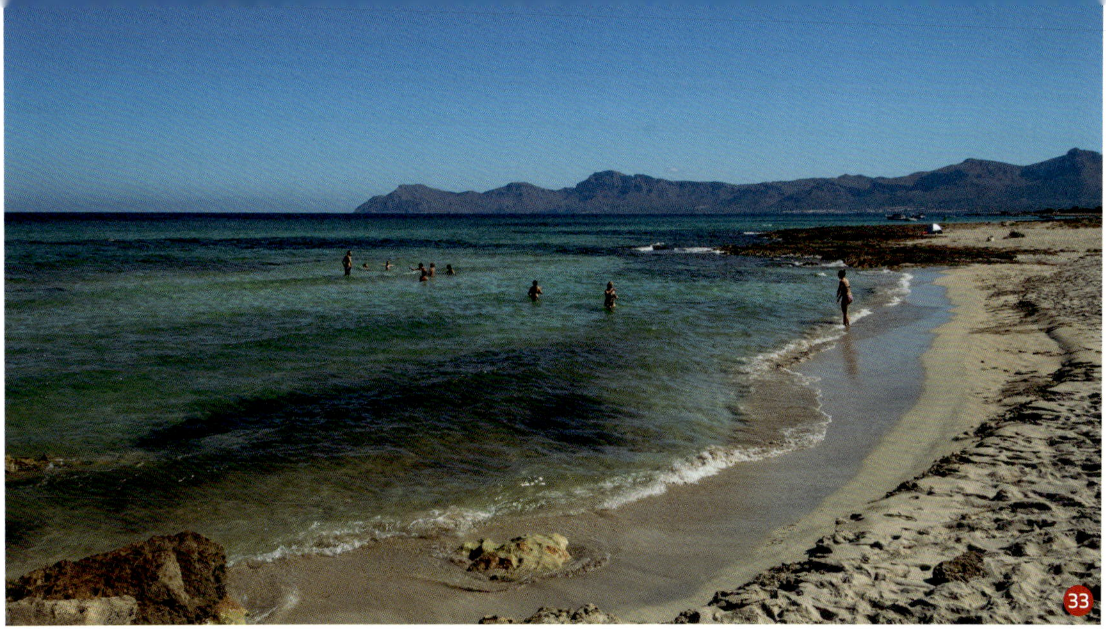

Von Alcúdia bis Santa Margalida

27 PLATJA DES COLL BAIX, ALCÚDIA

Umgeben von beeindruckenden Klippen. Am späten Nachmittag im Schatten.

→ Von Port d'Alcúdia auf dem Carrer de Pollèntia vom Kreisverkehr 500 m Richtung Nordwesten, bei der Repsol-Tankstelle rechts auf den Carrer de l'Estel. Nach 140 m rechts, um auf dem Carrer de l'Estel zu bleiben, dann nach 170 m links auf den Camí de S'Alou Richtung Osten. Nach 2 km bei der T-Kreuzung rechts auf den Carrer de la Muntaña. Nach 4 km in der Nähe des gelben Gebäudes (Refugi del Coll Baix) parken. Zu Fuß weiter, erst steil bergab, dann über die Felsen zum Strand.
Parken 39.8582, 3.1827

Mittel 15 Min. 39.8623, 3.1876

28 PLATJA D'ALCANADA, ALCÚDIA

Herrlicher Strand mit fantastischem Blick auf die Bucht von Alcúdia und den Leuchtturm Far d'Alcanada. An Wochenenden beliebt bei einheimischen Familien. Beobachten Sie die bunte Vogelwelt, oder schwimmen/waten Sie zur Illa d'Alcanada.

→ Vom Kreisverkehr im Osten von Port d'Alcúdia auf dem Camí d'Alcanada 2 km Richtung Südosten. Am Meer bei der Straßengabelung rechts und 100 m bis zum Parkplatz am Strand.
Parken 39.8393, 3.1653

Leicht 5 Min. 39.8384, 3.1666

29 PLATJE DES SECS, ALCÚDIA

Wenig besuchter Strand mit klarem Wasser und sanften Wellen.

→ Wegbeschreibung siehe Platja d'Alcanada (28), aber 350 m weiter auf dem Weg hinter dem Strand entlang, bei der Halbinsel links und um die Landspitze herum. Nach 120 m die Stufen hinauf zu einem Weg am Zaun entlang und dem Weg zum Strand folgen (500 m). Unterwegs kommt man an kleineren Stränden und Buchten vorbei.

Leicht 15 Min. 39.8409, 3.1775

30 ES FARALLÓ, ALCÚDIA

Zwei einsame Buchten unterhalb vom Museu Sa Bassa Blanca (msbb.org), ein Museum für moderne Kunst. Einstieg ins Wasser über eine Leiter.

→ Wegbeschreibung siehe Platje des Secs (29), aber weitere 500 m den Weg entlang.

Leicht 25 Min. 39.8422, 3.1788

31 PLATJA DE SON REAL, SANTA MARGALIDA

Am besten genießt man die 5 km lange unberührte Küste von Platja de Son Real bis Can Picafort zu Pferd (naturacavall.com): Bei Sonnenaufgang am Meer entlang zu reiten ist ein unvergessliches Erlebnis. Tolles Frühstück in der Bar Es Mollet de Son Serra de Marina.

→ In Son Serra de Marina am Jachthafen parken und die Küste entlang Richtung Westen bis zum Strand.
Parken 39.7392, 3.2195

Leicht 10 Min. 39.7411, 3.2129

32 S'ARENAL D'EN CASAT, SANTA MARGALIDA

FKK-Strand. Fernab von Läden, deshalb reichlich Wasser mitnehmen. Am Wanderweg GR222 Ruta Artà-Lluc.

→ Wegbeschreibung siehe Platja de Son Real (31), aber weitere 1,5 km Richtung Westen.

Leicht 25 Min. 39.7480, 3.1971

33 PLATJA NA PANTANA, SANTA MARGALIDA

Unberührter Strand mit Blick auf die Bucht von Alcúdia. Viele einheimische Familien. Man kann zur S'Illot des Porros hinüber schwimmen (oder kajaken), eine der wichtigsten prähistorischen Grabstätten auf den Balearen.

→ Wegbeschreibung siehe S'Arenal d'en Casat (32), aber noch 1 km weiter Richtung Westen oder von Can Picafort zu Fuß 1,5 km Richtung Osten.

Leicht 15 Min. 39.7574, 3.1752

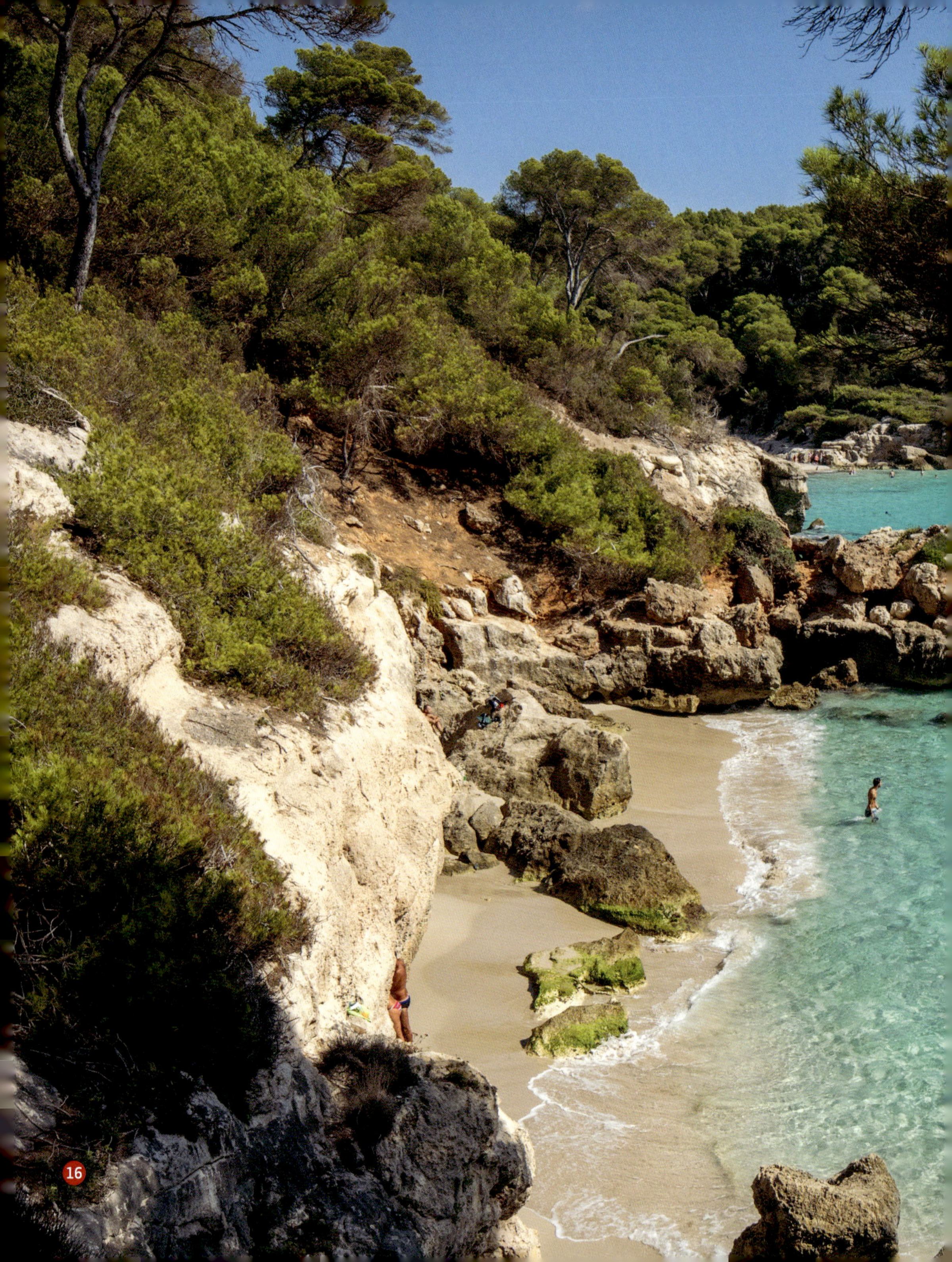
16

Menorca

Wandern Sie auf dem Reitweg von König Jakob II. zu weißen Karibikstränden. Springen Sie in roten Buchten von den Felsen in aquamarinblaues Wasser, oder schwimmen Sie durch einen majestätischen Felsbogen.

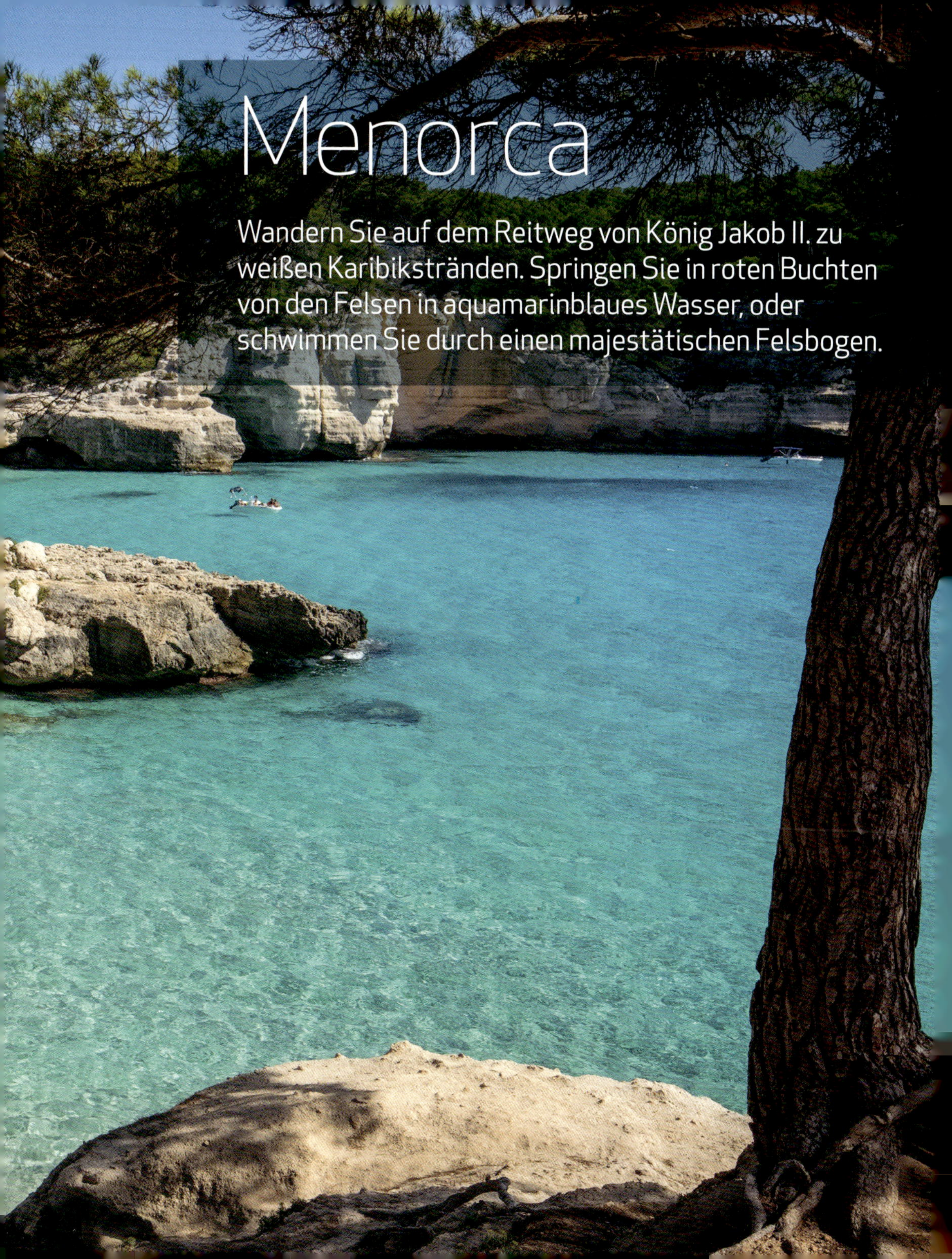

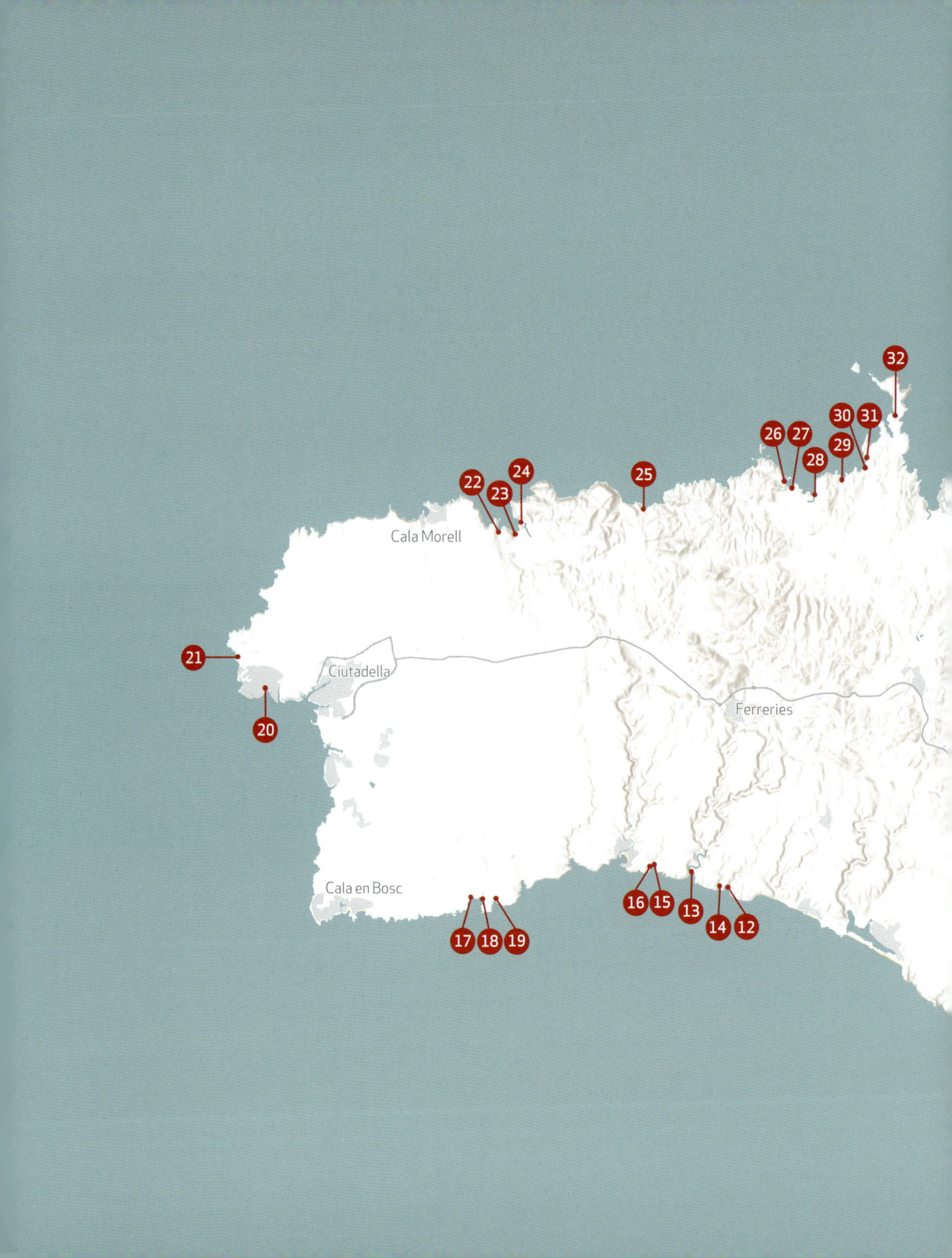
32
30
31
26
27
29
28
24
22
25
23
Cala Morell
21
Ciutadella
Ferreries
20
Cala en Bosc
16
15
13
14
12
17
18
19

Highlights Menorca

Unsere Lieblingsstrände:

2 Cala Tortuga – einsamer unberührter Strand im Parc natural de s'Albufera des Grau

6 Arenal d'en Moro – menschenleerer Strand auf einer unbewohnten Insel, nur für Abenteuerlustige

10 Calas Coves – natürlicher Hafen mit Grabhöhlen aus der Bronzezeit, super zum Schnorcheln

13 Cala Trebalúger – bezaubernde Bucht, die man über einen malerischen Küstenweg erreicht

25 Cala del Pilar – abgeschiedener Strand mit roten Klippen und orangefarbenem Sand

33 Cala Pudent – FKK-Strand in türkisblauer Bucht

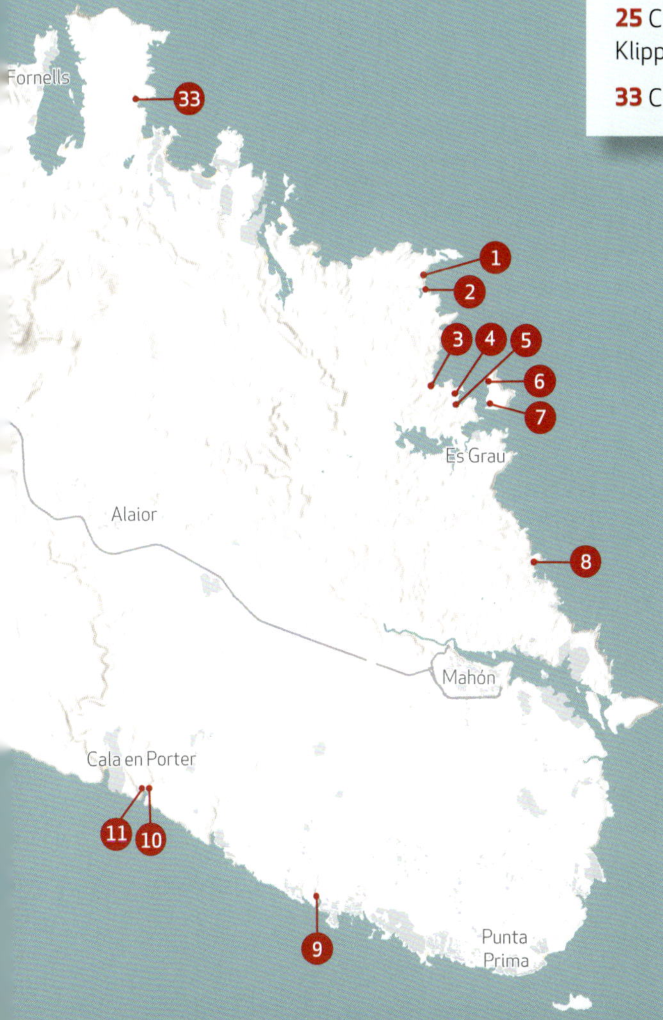

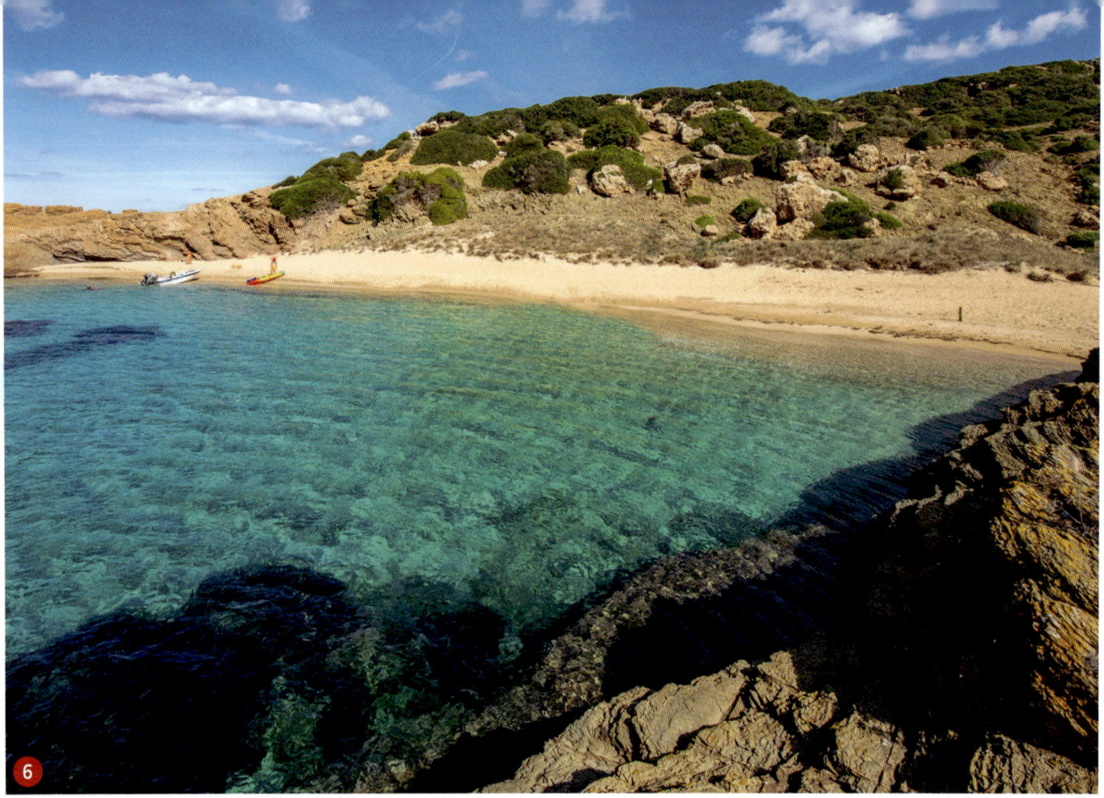

6

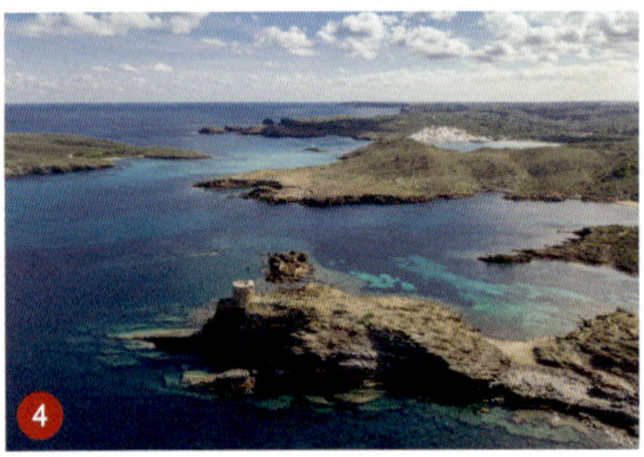

4

Menorcas Strände suchen ihresgleichen. Im Süden findet man herrliche weiße Sandbuchten mit leuchtend türkisblauem Wasser wie in der Karibik. Im Norden ist die Küste wild und windig, mit idyllischen Buchten im Schutz felsiger Landspitzen und bewaldeter Hänge. Obwohl es auf der Insel einige Touristenorte gibt, sind Strände ohne Gastronomie die Norm, und viele sind nur zu Fuß erreichbar. Menorcas nachhaltiger Tourismus hat dafür gesorgt, dass die Landschaft erhalten geblieben ist und die Insel selbst im Hochsommer meist beschaulich anmutet.

Der Reitweg *Cami de Cavalls* – 185 Kilometer lang und 1330 von König Jakob II. angelegt – führt um die ganze Insel. Er schlängelt sich durch Wälder und Täler, über sanfte Hügel, vorbei an Sandbuchten und steilen Klippen und ist für Reiter ebenso ein Highlight wie für Wanderer und Mountainbiker. Im Herbst ist das Wetter perfekt für Abenteuer zu Fuß, deshalb ziehen wir uns jeden Tag feste Schuhe an, bepacken uns mit Trinkwasser und *bocadillos* (Sandwiches) und nehmen uns den nächsten Küstenabschnitt vor. An jedem Strand verweilen wir, um zu schwimmen und mit Gleichgesinnten zu plaudern.

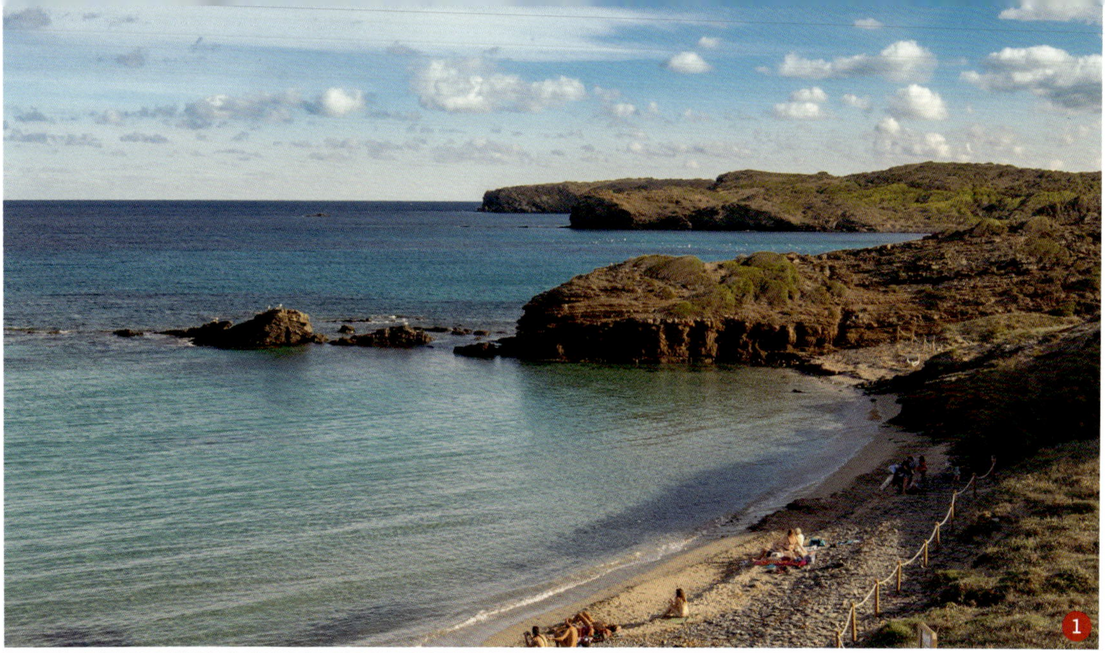

Maó (Mahón)

1 CALA PRESILI

Feiner, weißer Sandstrand im Naturschutzgebiet.

→ Von Maó auf die Me-7 und rechts auf die CF-1 Richtung Favàritx. Nach 6 km rechts halten, um auf der CF-1 zu bleiben, und nach weiteren 1,3 km beim Holztor parken. Dem *Camí de Cavalls* 570 m folgen, dann auf den unbeschilderten Weg links zum Strand (300 m). Parken 39.9968, 4.2570

Leicht 20 Min. 39.9923, 4.2548

2 CALA TORTUGA

Langer, unberührter Strand im Naturschutzgebiet, benannt nach den Schildkröten in der Lagune Bassa de Morella dahinter.

→ Wegbeschreibung siehe Cala Presili (1), aber weiter auf dem *Camí de Cavalls*, vorbei an der Abzweigung zur Cala Presili. Nach 360 m links zum Strand (600 m).

Leicht 30 Min. 39.9885, 4.2552

3 PLATJA DE SA TORRETA & SES MAMAES PRIMES

Zwei halbrunde, windgeschützte Buchten. Die Stille wird nur vom Summen der Bienen und Zirpen der Vögel unterbrochen.

→ Von Platja Es Grau mit dem Kajak (menorcaenkayak.com) oder Mountainbike oder zu Fuß auf dem *Camí de Cavalls* nach Norden.

Leicht 40 Min. (zu Fuß) 39.9636, 4.2547

4 CALA TAMARELLS DES NORD

***Nördlicher Tamariskenstrand*. Kleine einsame Bucht im Naturschutzgebiet, von der Punta des Colomar und dem Torre de Rambla vor Wind und Wellen geschützt.**

→ Von Platja Es Grau mit Kajak (menorcaenkayak.com) oder Mountainbike oder zu Fuß auf dem *Camí de Cavalls* Richtung Norden. Die Bucht liegt südlich, kurz vor der Platja de sa Torreta (3).

Leicht 35 Min. 39.9610, 4.2628

5 CALA TAMARELLS DES SUD

***Südlicher Tamariskenstrand*. Goldene Sandbucht südlich der Tamarells des Nord (4). Sonnige Aussicht auf Illa d'en Colom und Torre de Rambla. Zu Fuß, per Rad oder Kajak.**

→ Von Platja Es Grau mit dem Kajak (menorcaenkayak.com) oder Mountainbike oder zu Fuß auf dem Camí de Cavalls Richtung Norden.

Leicht 30 Min. 39.9581, 4.2629

6 ARENAL D'EN MORO, ISLA COLOM

Kleine Insel und romantische Kajaktour. Wenn man früh genug kommt, fühlt man sich auf der menschenleeren Insel wie Robinson Crusoe. Am besten bei leichtem Nordwind zu erreichen. D'en Moro ist der größere der beiden Sandstrände auf der Insel.

→ Kajakverleih in Es Grau (menorcaenkayak.com).

Leicht 35 Min. (mit dem Kajak) 39.9636, 4.2748

7 PLATJE TAMARELLS, ISLA COLOM

***Tamariskenstrand*. Der kleinere der beiden Sandstrände auf der Isla Colom.**

→ Kajakverleih in Es Grau (menorcaenkayak.com).

Leicht 25 Min. (mit dem Kajak) 39.9578, 4.2748

8 CALA MESQUIDA

Familienfreundlicher Strand unterhalb der Ruine eines Wachturms aus dem 18. Jahrhundert, Torre sa Mesquida. Der FKK-Kieselstrand Rinconada de Sa Mesquita Vella liegt gleich nebenan. Binia Nou (biniainou.es): familiengeführtes Agrotourismus-Hotel mit traditionellen Zimmern.

→ Von Sa Mesquida auf dem Carrer Gran de sa Mesquida 130 m Richtung Westen, dann rechts auf den Carrer sa Torre. Nach 450 m links parken und bergab zum Strand. Parken 39.9138, 4.2842

Leicht 2 Min. 39.9159, 4.2864

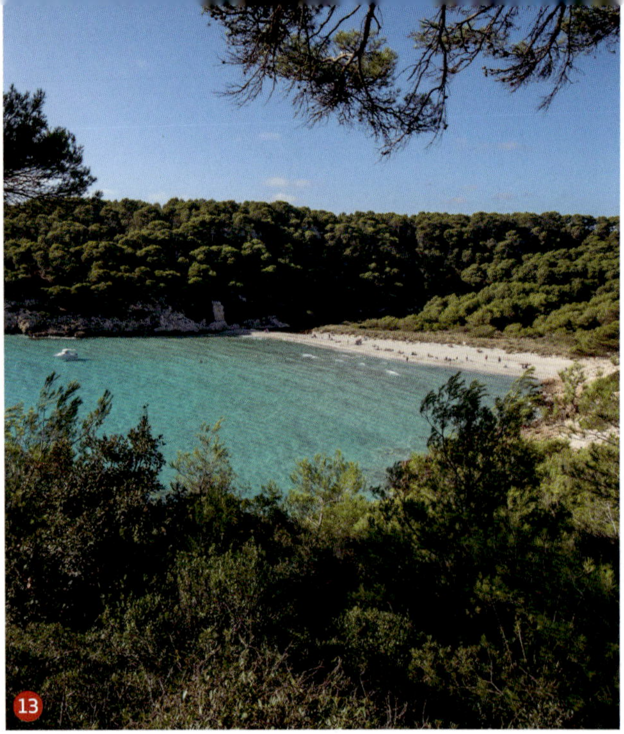

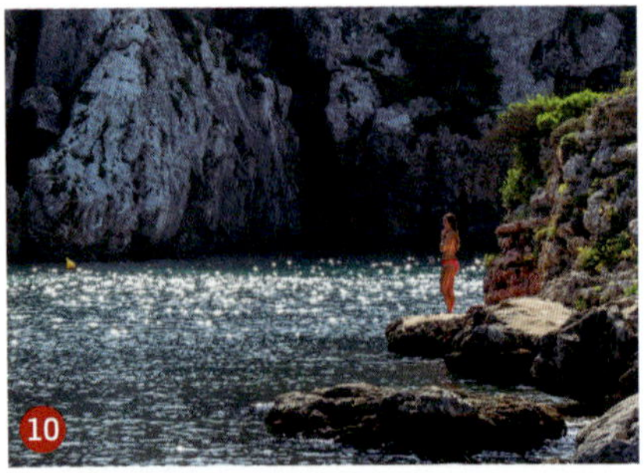

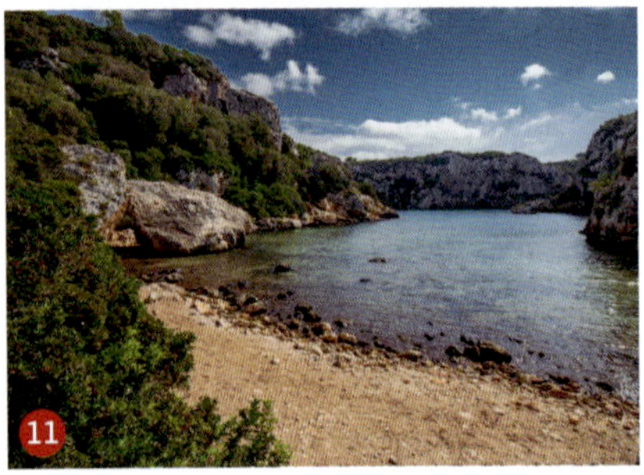

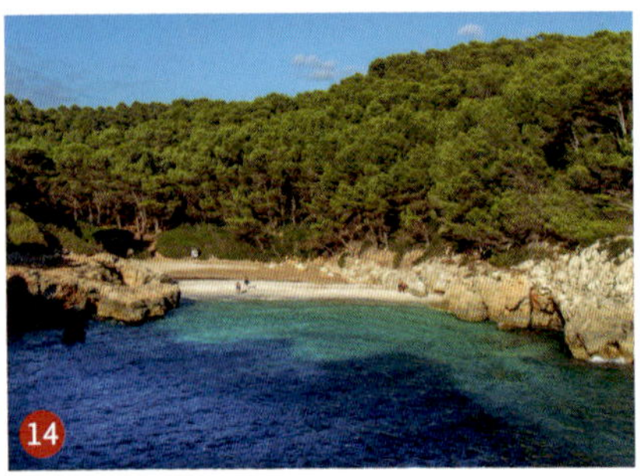

Unsere Lieblingsroute führt an vier unglaublichen Stränden mit feinem weißen Sand und türkisleuchtendem Wasser vorbei. Ein kleiner Spaziergang durch den Wald führt uns zur atemberaubenden Cala Mitjana (15) und ihrer bescheideneren Nachbarin, Cala Mitjaneta (16). Die ebenso bezaubernde Cala de Trebalúger (13) liegt nur 20 Minuten weiter. Der Weg über die Landspitze wird immer steiniger und schwieriger, je näher man der reizenden Cala en Fustam (14) kommt. Für alle mit genug Durchhaltevermögen und Proviant bietet die Cala Escorxada (12) Wildnis und Einsamkeit. Wandern Sie früh los, um der Mittagshitze zu entgehen, und bleiben Sie den ganzen Tag.

Die vielen Steinbauten und Höhlen, die über die Insel verstreut sind, zeugen von prähistorischen Siedlungen. Verpassen Sie nicht die Cales Coves (10), berühmt für ihre Grabhöhlen aus der Bronzezeit. Hohe Klippen mit Sträuchern, Pampasgras und Kakteen umschließen eine flache, windgeschützte Bucht. Wir sonnen uns auf glatten Felsplattformen, während Schmetterlinge um uns herumschwirren und das sanfte Schlagen der Wellen und Zwitschern der Vögel die friedliche Stimmung noch verstärken. Vom malerischen Fischerdorf Fornells machen wir eine Bootsfahrt zu weiteren unberührten Stränden am *Cami de Cavalls*, darunter die *perla del norte* (Perle des ▶

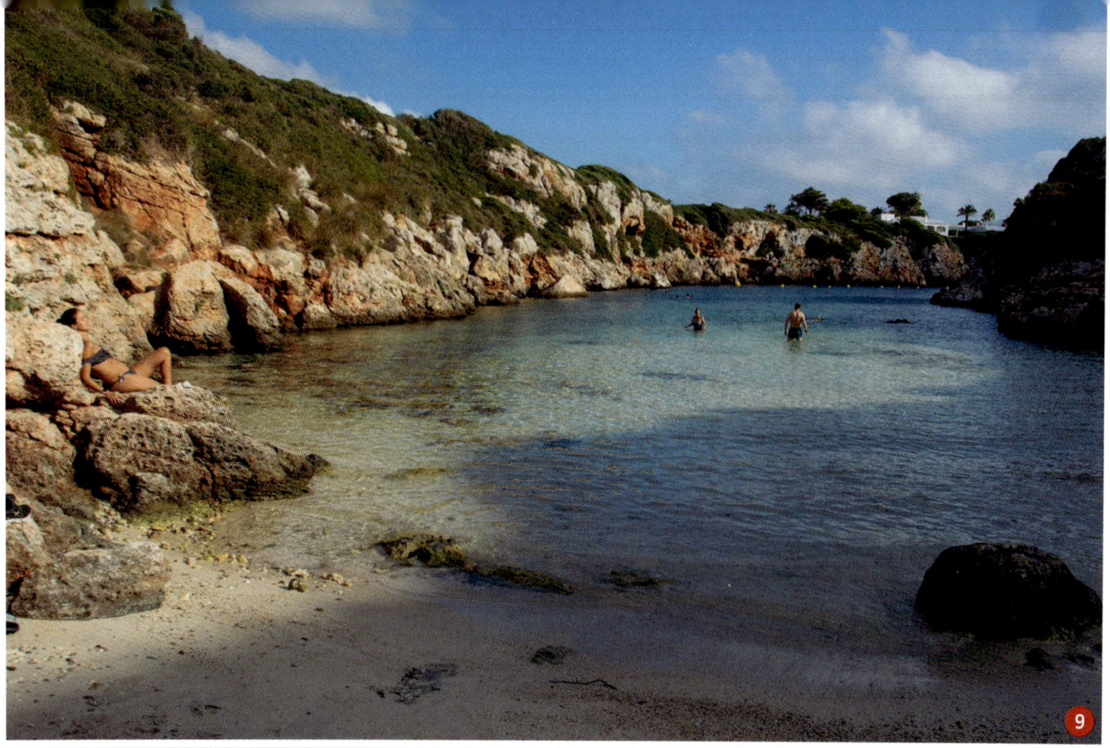

9

Von Sant Lluis bis Es Migjorn Gran

9 CALA DE BINIPARRATX, SANT LLUIS

Die perfekte Bucht zum Schwimmen, Schnorcheln und Sonnenbaden mit Grabhöhlen aus der Bronzezeit. Nachmittags im Schatten.

➔ Von Sant Climent auf der Cta de Binidalí 4,1 km Richtung Süden, dann noch vor Binidalí links auf den Carrer des Carritx. Nach 400 m weiter auf dem Carrer de sa Nastre, der nach 400 m zum Camí de Sant Climent wird, nach weiteren 350 m rechts parken. Dem Weg zum Strand folgen (350 m). Parken 39.8361, 4.2035

Leicht 5 Min. 39.8335, 4.2028

10 CALES COVES, ALAIOR

***Höhlenbucht*. Lange, schmale, flache Bucht mit Pampasgras, Rosmarinsträuchern und Grabhöhlen aus der Bronzezeit. Es gibt Felsplattformen zum Sonnen und einen Steg, über den man gut ins Wasser gelangt. Schön zum Schnorcheln. FKK optional.**

➔ Von Binixiquer auf der Me-12 für 1 km nach Westen, dann beim Kreisverkehr die zweite Ausfahrt auf den Camí de Cales Coves. Nach 230 m rechts halten Richtung *Necròpolis de Cales Coves* und nach 1,5 km parken. Zu Fuß 850 m weiter auf dem Camí de Cales Coves zum Strand. Parken 39.8709, 4.1519

Leicht 10 Min. 39.8648, 4.1469

11 PLATJA DE CALES COVES, ALAIOR

Zwei versteckte Strände mit herrlichem Blick auf die Bucht. Erkunden Sie auf dem Weg zum Strand die Pfade links, die zu abgeschiedenen Sonnenplätzen führen.

➔ Wegbeschreibung siehe Cales Coves (10), dann dem Weg rechts am Bootshaus vorbei um die Landspitze folgen. Nach 300 m links auf de Trampelpfad zum Strand.

Mittel 25 Min. 39.8650, 4.1444

12 CALA ESCORXADA, ES MIGJORN GRAN

Nach einer langen Wanderung von Cala Mitjana (15) gelangt man an einen der schönsten Strände Menorcas. Am besten bei Nordwind.

➔ Wegbeschreibung siehe Cala en Fustam (14) aber weitere 10 Min. den Küstenweg entlang.

Mittel 2 Std. 39.9254, 4.0045

13 CALA DE TREBALÚGER, ES MIGJORN GRAN

Herrlicher Sandstrand, den man über einen langen, aber malerischen Küstenweg von Cala Mitjana erreicht. FKK optional. Bei Südwind meiden.

➔ Wegbeschreibung siehe Cala Mitjana (15), dann links von der Bucht den Stufen auf die Klippen folgen und weiter den Weg entlang. Bei der Straße links, dann bei der nächsten Kreuzung rechts und dem Weg 40 Min. bis zum Strand folgen. Über die Felsen und durch einen Felsbogen zum Fluss hinunter, dann zum Strand waten oder über den großen Felsbrocken klettern. Von Cala Mitjana 30 Min.

Mittel 60 Min. 39.9313, 3.9890

14 CALA EN FUSTAM, ES MIGJORN GRAN

***Bucht im Wald*. Kompakter Sandstrand in einer tiefen Bucht mit Pinienwald. Keine Gastronomie, also genug Proviant mitnehmen.**

➔ Wegbeschreibung siehe Cala de Trebalúger (13), dann auf der linken Seite der Bucht über die Felsen und den Pfeilen bergauf folgen. Weiter auf dem steilen, steinigen Weg (45 Min., auf Steinhügel achten) und über die Felsen zum Strand.

Mittel 1 Std. 45 Min. 39.9260, 4.0009

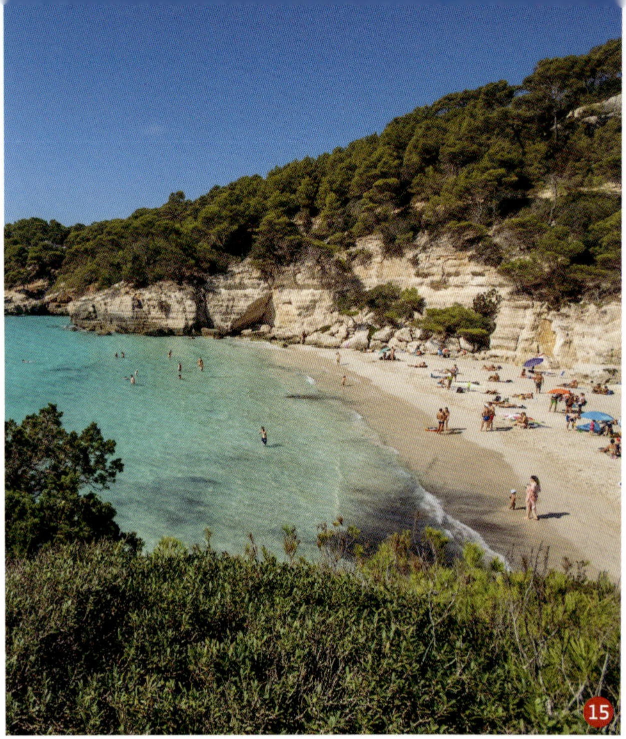

15

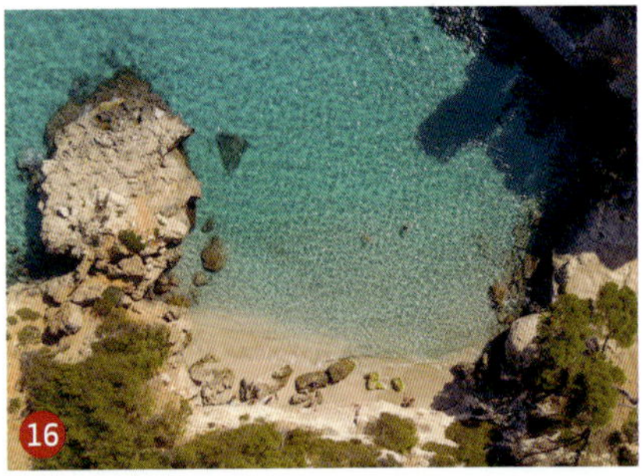

16

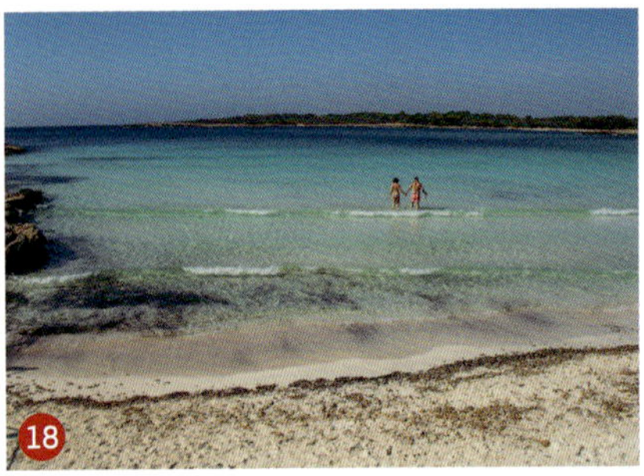

18

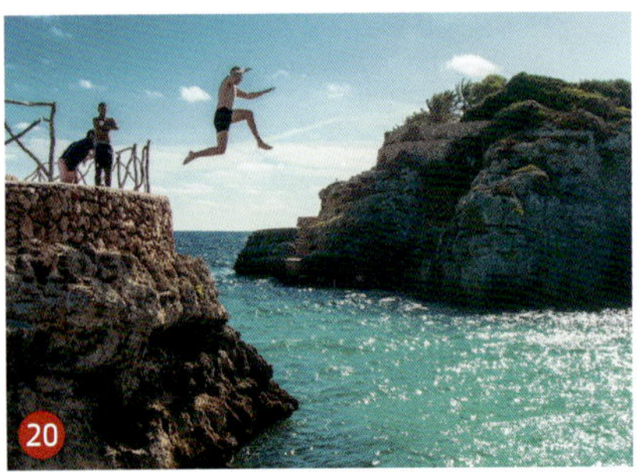

20

Nordens), Cala Pregonda (26), deren beide Strände einst die Cover zweier Mike-Oldfield-Alben zierten. Der leuchtend tiefrote Sand und die orangefarbenen Felsen sind das Ergebnis vulkanischer Aktivität. Das leuchtend türkisblaue Wasser der Bucht, geschützt von kleinen Felsinseln, ist ideal zum Springen, Schwimmen, Paddeln und Schnorcheln. Cala Pregonda ist ebenfalls nur zu Fuß erreichbar, und der 35-minütige Anmarsch sorgt dafür, dass hier wenig los ist. Für die beiden goldenen Sandstrände der Isla de Colom (6 & 7) lohnt es sich, ein Kajak zu mieten. In nur 20 Minuten gelangt man damit vom hübschen Fischerdorf Es Grau zu unberührten Stränden, an denen man sich zwischen wildem Thymian und Tamarindenbüschen sonnen oder die Fische unter Wasser beobachten kann. Die Gegend gehört zum Naturschutzgebiet Albufera des Grau, ein Paradies für Tiere wie den seltenen Atlantiksturmtaucher.

Die natürliche Ruhe der Landschaft wird in Menorca streng bewahrt. Die ganze Insel, einschließlich der Meeresschutzgebiete, Dünen und Ökosysteme, wurde 1993 zum UNESCO-Biosphärenreservat ernannt. Es gibt keine Autobahnen, und viele der größeren Touristenziele sind mit niedrigen, weißgetünchten Häusern im Stil traditioneller Fischerdörfer gehalten. Im Landesinneren findet man viele Bauernhöfe, die ihren ▶

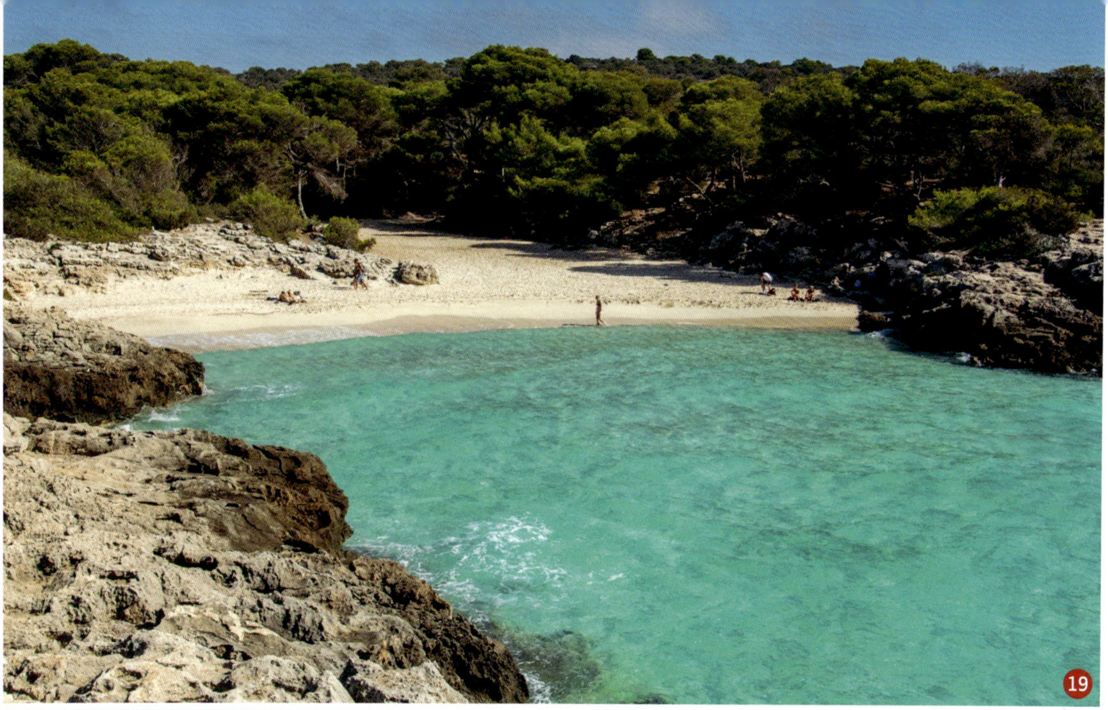

Von Ferreríes bis Cuitadella 1

15 CALA MITJANA, FERRERÍES

Feiner weißer Sand und türkisblaues Wasser. Im Sommer kann es voll werden. Wenn Sie durch Ferreríes kommen, besuchen Sie die Pizzería Bobby, ein familiengeführtes Restaurant mit fantastischer Steinofen-Pizza.

→ Von Ferreríes auf der Me-22 nach Südwesten Richtung Küste bis zum Parkplatz nach 6 km links (vor dem Kreisverkehr). Nach rechts (der Me-22 zugewandt) zum blauen Fußgängerschild und dem Weg 250 m folgen, dann rechts und nach 250 m bei der Kreuzung links halten Richtung Playa, Platja, Beach (900 m). Parken 39.9397, 3.9679

Leicht 30 Min. 39.9345, 3.9727

16 CALA MITJANETA, FERRERÍES

Abgeschiedene, bescheidene Schwester der Cala Mitjana (15).

→ Wegbeschreibung siehe Cala Mitjana (15) und entweder, wenn man sich der Cala Mitjana nähert, den Weg rechts oder an der Cala Mitjana hinten die Holzstufen hoch, oben links, dem Weg 230 m folgen und die Stufen links zum Strand hinunter.

Leicht 30 Min. 39.9339, 3.9706

17 PLATJA D'ES BANYUL, CIUTADELLA

Unberührter Strand mit ruhigem blauem Wasser. Der Wanderweg *Camí de Cavalls* führt ganz in der Nähe vorbei. Am Ufer findet man gelegentlich Seegras (*Posidonia oceanica*), das für Gleichgewicht und Sauberkeit des Wasser sorgt. Wenn man weiter die Küste entlanggeht, gelangt man zur romantischen Platja de Bellavista (18) und zur kleineren, aber genauso schönen Cala des Talaier (19). In der Hauptsaison lohnt sich frühes Kommen, da der Parkplatz sich schnell füllt.

→ Von Ciutadella de Menorca auf dem Son Encinar/Camí de Sant Joan de Missa Richtung Torre Saura (Süd-Südosten), links auf den Camí de Son Carla/Son Pau. Am Torre Saura rechts auf den Camí de Son Teri Vell und bis zum Parkplatz an der Platja de Son Saura (insgesamt 11 km). Zu Fuß Richtung Süden, wo ein Weg zum Strand führt. Parken 39.9280, 3.8899

Leicht 5 Min. 39.9278, 3.8920

18 PLATJA DE BELLAVISTA, CIUTADELLA

***Schöne Aussicht*. Ruhiges, klares, türkisblaues Wasser mit sanft abfallendem Strand. FKK optional. Hinter dem Strand führt der *Camí de Cavalls* vorbei.**

→ Wegbeschreibung siehe Platja d'es Banyul (17), aber links dem ausgeschilderten Weg in Parkplatznähe zum Strand folgen. Oder zur Landspitze links von der Platja d'es Banyul und dem Weg zur Platja de Bellavista folgen.

Leicht 10 Min. 39.9269, 3.8970

19 CALA DES TALAIER, CIUTADELLA

Herrliche weiße Sandbucht zwischen flachen felsigen Landspitzen. Das Meer ist leuchtend türkis. FKK optional.

→ Hinter dem Platja de Bellavista (18) führt ein Bohlenweg entlang. Auf halbem Weg links abbiegen und dem Weg nach rechts durchs Gebüsch folgen bis zu einer Bruchsteinmauer mit Stufen. Über die Mauer klettern und über die Felsen zum Strand.

Mittel 45 Min. 39.9268, 3.9028

20 CALA EN BRUT, CIUTADELLA

Klippenspringen von glatten Felsplattformen verschiedener Höhe. Kein Strand, aber jede Menge Spaß.

→ Parken in Torre del Ram, Av. Cala en Brut 40.0010, 3.8072.

Leicht 1 Min. 40.0008, 3.8067

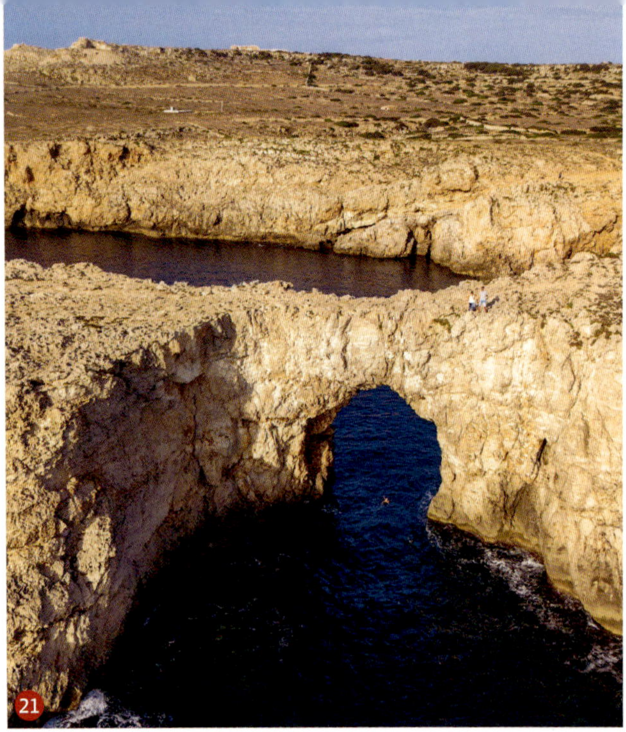

21

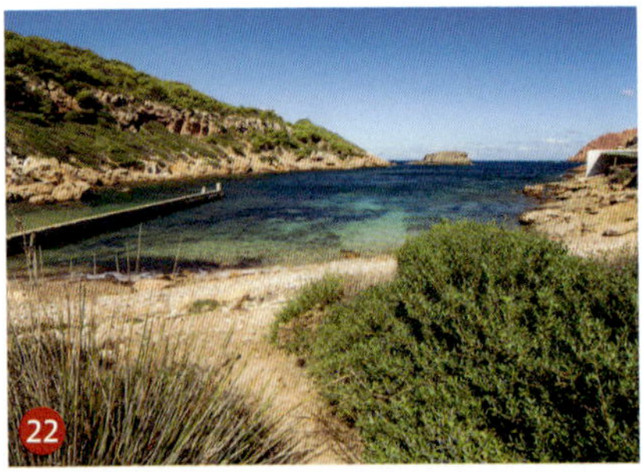

22

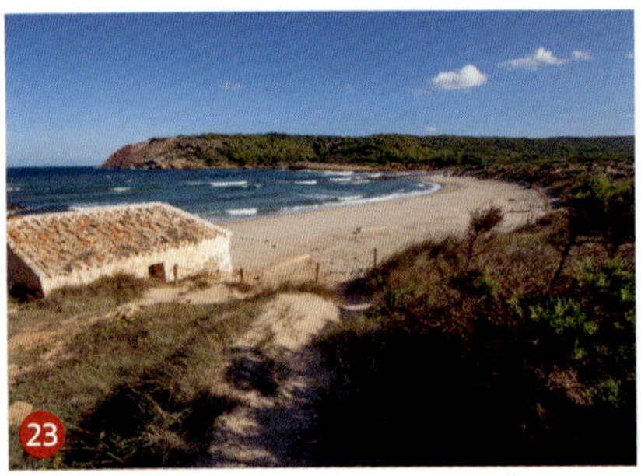

23

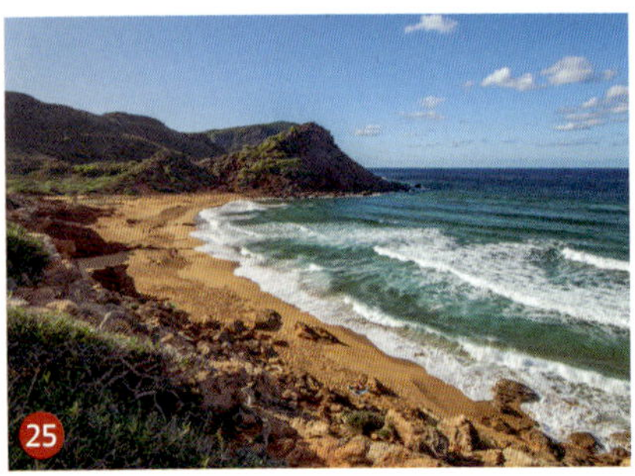

25

eigenen Käse herstellen und Unterkünfte im Agrotourismus-Stil anbieten, so z. B. die Rinderfarm Biniai Nou. Esel sehen uns zu, als wir im Pool schwimmen, und die rustikalen Zimmer sind bezaubernd. Hort Sant Patrici ist herrschaftlicher – ein großes weiß-gelbes Haus in einer Gartenanlage mit Henry-Moore-artigen Skulpturen und einem edlen Swimmingpool – und produziert traditionellen menorquinischen Wein und Käse.

Maó (auf kastilisch: Mahón), die Hauptstadt von Menorca, liegt an einem der längsten natürlichen Häfen der Welt und soll angeblich der Ursprungsort der Mayonnaise sein. Die bunten Kolonialhäuser zeugen von 100 Jahren britischer Herrschaft, ebenso wie *pomada*, ein beliebter Drink aus dem hiesigen Xoriguer-Gin mit Limonade, Eis und einer Scheibe Zitrone.

Ebenso charmant ist das historische Viertel Es Born in der westlichen Hafenstadt Ciutadella. Vom malerischen Hauptplatz mit seinen hohen Palmen, Brunnen und prächtigen Gebäuden blickt man über den Hafen. Auf der einen Seite reihen sich Privatboote aneinander, auf der anderen liegen die Fischerboote. Lebendige Cafés und Marktstände drängen sich auf der Plaça Llibertat, wo Lola einen teuren roten Sonnenhut erwirbt. ▶

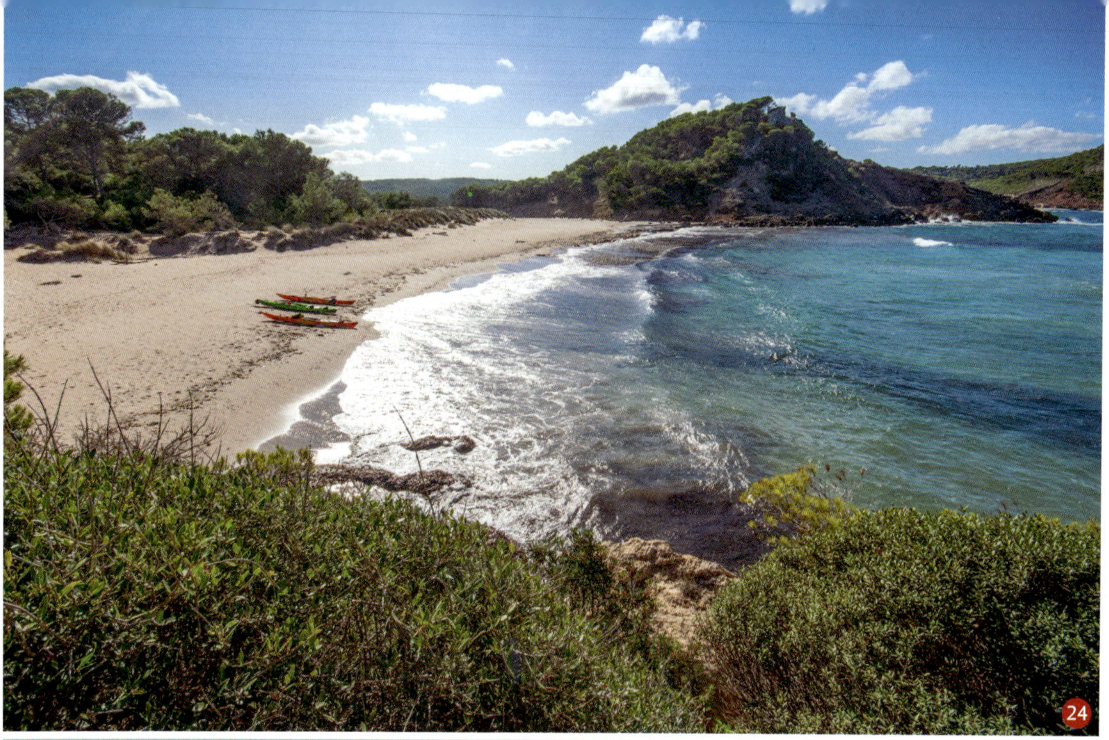

24

Ciutadella 2

21 PONT D'EN GIL

Beeindruckendes Felstor. Schön zum Schwimmen.

→ An der Bruchsteinmauer parken, durchs Tor gehen und weiter über die Landspitze, wo ein Schild zum Pont d'en Gil (GR-223) weist. Der Felsbogen liegt direkt vor Ihnen. Zum Baden dem Weg 80 m weiter nach Norden folgen und die Felsen hinunterklettern.
Parken 40.0083, 3.7965
Mittel 15 Min. 40.0115, 3.7954

22 CALA FONTANELLES

Bezaubernde, vor dem Tramontana-Nordwind geschützte Bucht mit halb verlassenen traditionellen Fischerhütten, casetas. Dieser Küstenabschnitt ist Europäisches Vogelschutzgebiet. Bei Nordwind meiden.

→ Von Ciutadella de Menorca auf der Ctra. Camí de Cala Morell 3,3 km Richtung Nordosten, dann rechts auf den Camí d'Algaiarens Richtung Algaiarens. Nach 3,1 km beim Ausweichparkplatz links halten bis zum Aparcamiento Cala Algaiarens nach 600 m. Am Ende vom Parkplatz durchs Tor zum *Camí de Cavalls*, rechts Richtung *Aljub de Cornelia* und dem Weg 750 m folgen. Durch das Tor in der Mauer gehen, dann rechts zum Strand.
Parken 40.0426, 3.9202
Leicht 20 Min. 40.0465, 3.9143

23 CALA ALGAIARENS

Feiner Sandstrand, bei den Einheimischen auch als Platja des Tancat bekannt. Ein halbrunder Felsen bildet einen kleinen Pool, der perfekt für Kinder ist. Windrichtung prüfen (windfinder.com): Wenn er aus Norden kommt, südlichen Strand wählen und umgekehrt. Kann im Sommer voll werden.

→ Wegbeschreibung siehe Cala Fontanelles (22), aber vom Parkplatz durch den Ausgang oben rechts auf den Sandweg durch den Wald. Oder vom Parkplatz rechts dem Weg Richtung *Camí de Cavalls* folgen und die erste links Richtung Algaiarens 0,6 km.
Leicht 15 Min. 40.0454, 3.9214

24 PLATJA DES BOT

Feiner weißer Sandstrand. Schöner Spaziergang zum Strand durch Feuchtgebiete, Dünen, Pinien- und Eichenwald.

→ Wegbeschreibung siehe Cala Algaiarens, dem *Camí de Cavalls* folgen, erste rechts Richtung *Algaiarens 0,6 km*, aber vor der Cala Algaiarens rechts und dem Weg um die Rückseite der Landspitze durch Gestrüpp folgen. Rechts liegt der Fluss, links geht es zum Strand.
Leicht 25 Min. 40.0493, 3.9244

25 CALA DEL PILAR

Die unberührte Schönheit der Cala del Pilar ist Sinnbild dafür, warum Menorca zum UNESCO-Biosphärenreservat ernannt wurde. Nach einer längeren Wanderung kommen die roten Klippen und der orangefarbene Sand in Sicht, und man fühlt sich, als wäre man auf dem Mars gelandet. Hort Sant Patrici (santpatrici.com): Agrotourismus mit menorquinischem Restaurant, Weinbergen, Käserei und Pool.

→ Von Ferreríes auf der Me-1 für 2 km Richtung Nordwesten, rechts auf den Camí de Tramuntana Richtung *Cami del Alocs*. Weitere 5,3 km, bis die Straße zur Schotterpiste wird, und parken. Dem Weg 4,5 km folgen, vorbei an Platja Ets Alocs und um die Landspitze zum Strand.
Parken 40.0379, 4.0005
Mittel 40 Min. 40.0510, 3.9780

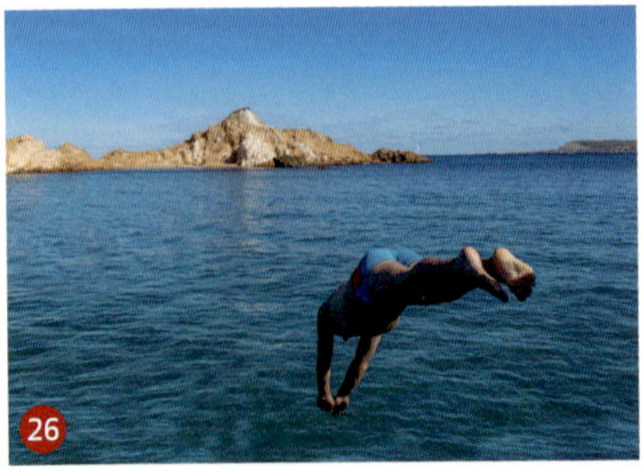
26

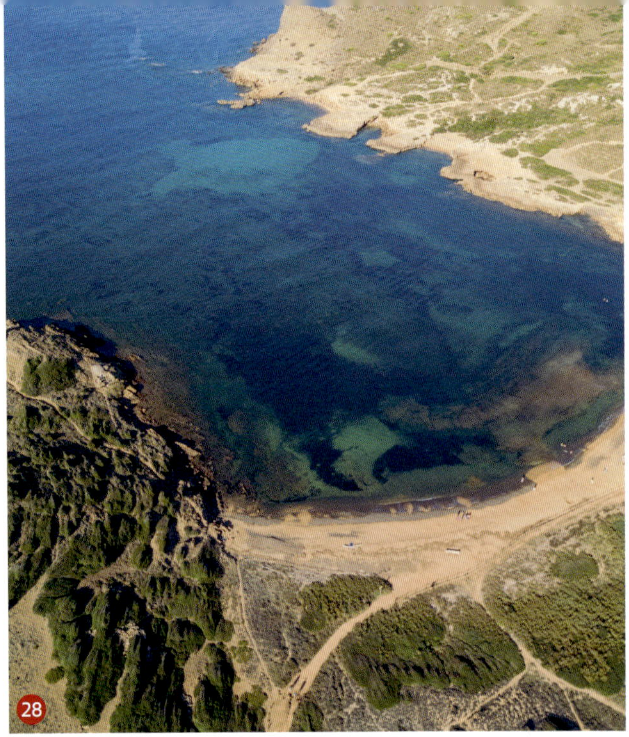
28

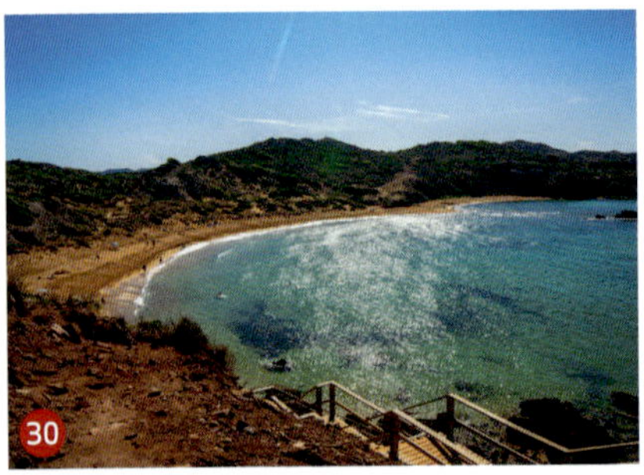
30

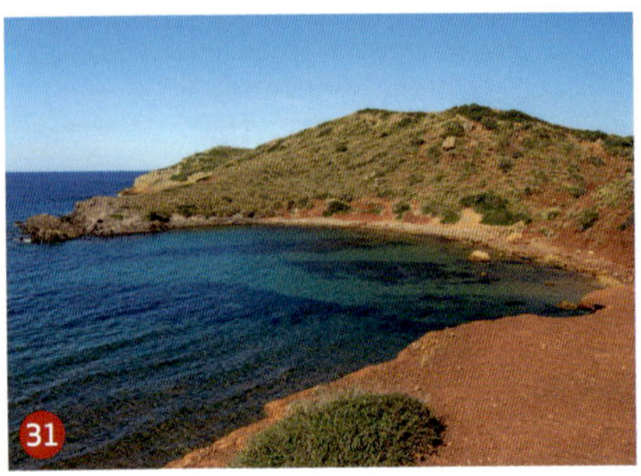
31

Bei unserer Fahrt durch die Mondlandschaft nördlich von Ciutadella, bestaunen wir das gewaltige Felsentor Pont d'en Gil (21). Hohe Klippen umschließen eine große Bucht, deren atemberaubende Sonnenuntergänge Einheimische ebenso anlocken wie Touristen. Wir klettern über die Felsen und springen ins Meer, fühlen uns klein und unbedeutend. Fischschwärme schießen wie orchestriert durch das kobaltblaue Wasser, und irgendwo tief unter uns erkunden Taucher die Unterwasserhöhle von Sa Cigonya.

Terra de mar.
Ja no hi ha ni horitzó.
Sent plorar les gavines.

Land des Meeres.
Es gibt keinen Horizont mehr.
Fühle die Möwen weinen.

Aus *Pedres Cremades* (Verbrannte Steine), Ponç Pons (*1956)

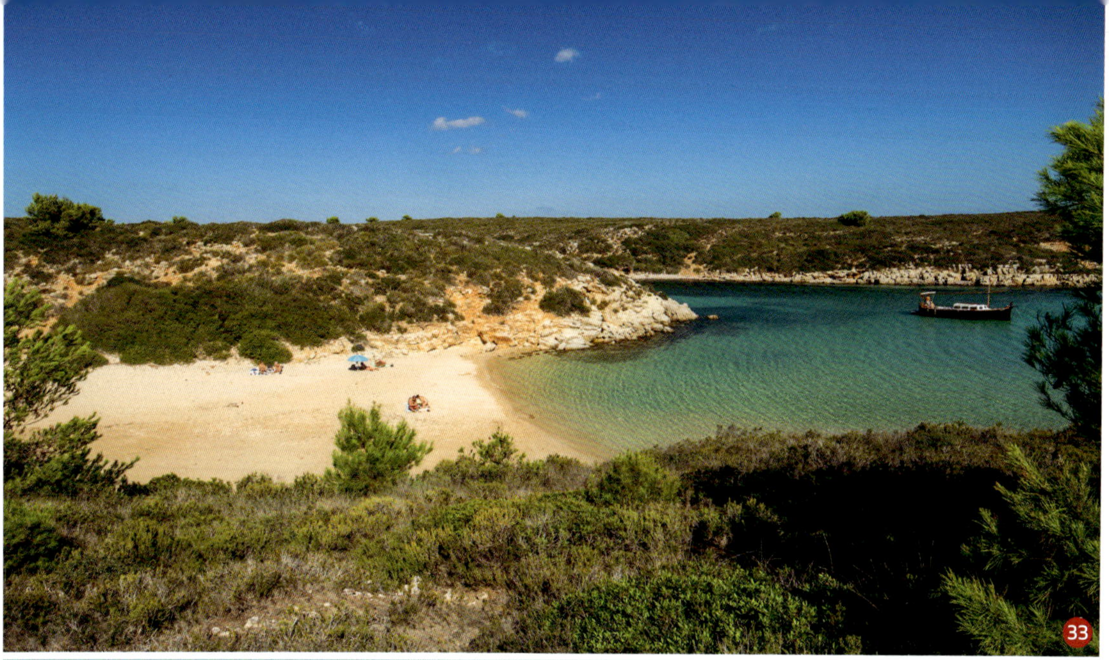

Es Mercadal

26 CALA PREGONDA

Roter Sandstrand, der auch *la perla del norte* (Perle des Nordens) genannt wird. Schwimmen Sie zur Insel, oder machen Sie eine Bootsfahrt mit Pachira Tours (pachira-tours.com) zur Cala Pregonda, Platje de Cavalleria und Cala Mica und nach Sa Nitja.

→ Wegbeschreibung siehe Cala Binimel-Lá (28), aber vom Parkplatz links auf den *Camí de Cavalls* und 10 Min. dem Weg zur Cala Pregonda folgen.

Leicht 40 Min. 40.0569, 4.0406

27 CALA PREGONDÓ

Ebenso schöne Schwester der Cala Pregonda (26).

→ Wegbeschreibung siehe Cala Pregonda (26), aber bei den Steinpfeilern 300 m vor der Cala Pregonda rechts.

Leicht 35 Min. 40.0546, 4.0439

28 CALA BINIMEL-LÁ

Unberührter roter Sandstrand

→ Von Es Mercadal auf dem Camí de Tramuntana 2 km Richtung Norden, dann links auf den Camí de Montpalau, der wieder auf den Camí de Tramuntana führt. Nach 4,5 km rechts auf den Camí de Binimel-là, nach 1,4 km links Richtung *Playa* und parken. Parken 40.0482, 4.0545

Leicht 10 Min 40.0519, 4.0538

29 CALA MICA

Kleine Bucht mit rotem Marssand.

→ Wegbeschreibung siehe Platjes de Cavallería (30), von Platje de Cavallería die Küste entlang Richtung Westen zum Felssporn, der die Grenze zur Platja de Ferragut bildet. Die Düne hinauf zum *Camí de Cavalls*, diesem 1 km folgen bis zum Strand.

Leicht 25 Min. 40.0562, 4.0659

30 PLATJES DE CAVALLERÍA & FERRAGUT

Sandstrand mit flachem Wasser, aber nicht bei Nordwind baden. Manche Besucher tragen den mineralienreichen Schlamm auf ihre Haut auf – bitte sehen Sie davon ab, weil es zu Erosion führt und die Vegetation zerstört. Im Sommer voll.

→ Von Es Mercadal auf dem Camí de Tramuntana 2,2 km Richtung Norden, dann rechts, um auf dem Camí de Tramuntana zu bleiben, nach 2,5 km an der T-Kreuzung links, um auf derselben Straße zu bleiben. Nach 1 km rechts auf die Ctra. Camides Far und nach weiteren 3 km links parken. Die Steigung zum Aussichtspunkt hoch und die Stufen hinunter zum Strand. Parken 40.0595, 4.0803

Leicht 10 Min. 40.0596, 4.0765

31 CALA ROJA

***Rote Bucht*. Mars-artiger Strand am Fuß halbrunder Klippen.**

→ Wegbeschreibung siehe Platjes de Cavallería (30), aber bei den Stufen rechts und über die Felsen zum Strand klettern.

Mittel 10 Min. 40.0630, 4.0774

32 CALA VIOLA

Herrlich für eine Abkühlung, wenn man eine Radtour zum Leuchtturm Faro de Cavalleria macht.

→ Wegbeschreibung siehe Platjes de Cavallería (30), aber am Parkplatz vorbei. Nach 1 km macht die Ctra. Camides Far beim Haus Santa Teresa eine Linkskurve. Der Straße 1,4 km folgen und links parken. Der Weg links führt zum Strand (150 m). Parken 40.0755, 4.0927

Leicht 3 Min. 40.0760, 4.0910

33 CALA PUDENT

Klares, türkisblaues Wasser, goldener Sand.

→ Vom Parkplatz am linken (westlichen) Ende von Arenal Son Saura, Son Parc. Zwischen zwei Steinpfeilern hindurch und dem steinigen Weg die Küste entlang folgen. Nach 200 m an der Weggabelung links. Nach 450 m an einem namenlosen Strand vorbei und weitere 220 m. Parken 40.0323, 4.1598

Leicht 30 Min. 40.0435, 4.1591

Strömungen, Gezeiten & Sicherheit

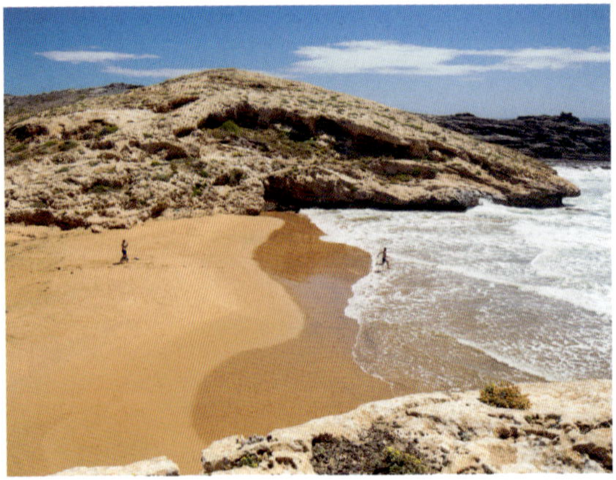

Strandflaggen gibt es in Spanien an allen beliebten Stränden: grün=Baden ungefährlich, orange=Baden erlaubt, aber Vorsicht, rot=Baden verboten: gefährliche Strömung oder Windbedingungen. An abgelegenen Stränden gibt es dagegen kein Warnsystem, deshalb Wasserbedingungen sorgfältig prüfen und niemals allein schwimmen.

Rippströmungen sind oberflächliche ablandige Strömungen (Brandungsrückstrom). Je stärker die Brandung, desto stärker der Rückstrom. Rippströmungen entstehen in natürlichen Kanälen: zwischen Sandbänken, in Flussmündungen oder an Molen, Stegen, Buhnen und Felsenadeln. In Buchten bilden sich Rippströmungen tendenziell an den Rändern. Achten Sie auf ruhigere, möglicherweise gekräuselte Kanäle in der Brandung. Manchmal ist dieser Kanal dunkelgrün oder trägt Schaum oder Abfälle, oder er wühlt den Boden auf. Die Wasserlinie am Ufer ist dort, wo die Rippströmung beginnt, auch ein wenig tiefer. Surfer nutzen sie oft, um gegen die Wellen anzuschwimmen.

Einer Rippströmung zu entkommen ist eigentlich einfach, wenn man ein guter Schwimmer ist und Ruhe bewahrt. Die Ursache für Ertrinken ist Panik, gefolgt von Erschöpfung, deshalb niemals gegen die Strömung ankämpfen. Behalten Sie das Ufer im Auge, um sich zu orientieren. Schwimmen Sie ca. 20 Meter parallel zum Strand. Sobald Sie aus der Strömung sind, schwimmen Sie mithilfe der Wellen zurück zum Strand. Wenn Sie zu erschöpft zum Schwimmen sind, heben Sie den Arm, um Aufmerksamkeit zu erregen, und legen sich auf den Rücken – oder aufs Board, falls Sie eins haben –, um Kraft zu sparen. Bedenken Sie, die Rippströmung reicht nie weiter als die Brandung, selten mehr als 100 Meter, oft weniger. Außerdem lässt sie nach, je weiter sie sich vom Ufer entfernt.

Parallelströmungen entstehen, wenn die Brandung schräg auf die Küste zuläuft. Sie ziehen einen nicht aufs Meer hinaus, sondern immer parallel zum Ufer; dagegen anzuschwimmen, lohnt auch hier nicht.

Dumper entstehen an steil abfallenden Stränden (vor allem an steinigen Stränden). Die Wellen brechen so schnell und heftig, dass sie einen umwerfen. Der folgende Brandungssog macht es schwer, wieder aufzustehen und sich aufrechtzuhalten, besonders wenn man erschöpft ist. Versuchen Sie, hinter der Welle zu landen oder einen sanfter abfallenden Strandabschnitt zu finden.

Springen bringt Spaß, birgt aber die Gefahr, sich schwer oder gar tödlich zu verletzen. Prüfen Sie vor jedem Sprung die Wassertiefe, und trauen Sie nie allein Ihren Augen – Wasser sieht immer tiefer aus, als es tatsächlich ist. Die Flut kann in einer Woche viele Meter flacher sein als in der Woche davor. Winterstürme können die Lage von Felsbrocken unter Wasser verändern. Beim Sprung die Beine zusammenhalten, den Kopf hoch und die Arme eng am Körper oder über der Brust verschränkt. Ein Sprung aus mehr als fünf Meter Höhe kann schmerzhaft und gefährlich sein. Weiter Informationen zur Sicherheit auf www.wildswimming.co.uk.

Gezeiten entstehen durch den Mond. Bei Flut steigt der Wasserstand, bei Ebbe fällt er. Die Stärke der Gezeiten variiert von Tag zu Tag und beeinflusst Tidenhub (Unterschied des Wasserstands zwischen Ebbe und Flut) und Strömungsgeschwindigkeit. Die Gezeiten sind vorhersagbar, aber veränderlich und ortsabhängig.

Zwölftelregel. Im Zweifelsfall die stärkste Strömung in der Mitte zwischen Hoch- und Niedrigwasser meiden. In der ersten Stunde nach dem Hochwasser bewegt sich ein Zwölftel des Wassers, in der zweiten Stunden zwei Zwölftel, in der dritten drei, und umgekehrt, wenn die Strömungsmenge wieder abnimmt.

Um wie viel Uhr ist Hochwasser? Gezeitenzyklen wiederholen sich alle 12 Stunden, wobei sich Ebbe und Flut täglich um eine Stunde nach hinten verschieben.

Springflut. Entgegen der landläufigen Meinung kommt es alle 14 Tage zu Springfluten (besonders großer Tidenhub), nämlich bei Neumond und Vollmond, unabhängig von der Jahreszeit.

Spring- und Nippflut, starkes bzw. geringes Hochwasser. Bei Vollmond und Neumond sind Sonne und Mond, astronomisch gesprochen, in einer Linie. So entsteht ca. alle 14 Tage die stärkste Anziehungskraft aufs Meer und dadurch ein größerer Tidenhub (Springflut). Bei Halbmond stehen sich Sonne und Mond gegenüber, sodass die Anziehungskraft aufs Meer gering ist, was zu einem niedrigen Tidenhub führt, Nipptide oder Nippflut genannt.

Buchten sind, anders als die offene Küste, vor Gezeitenströmungen geschützt (auch wenn sich der Wasserstand natürlich ändert). Strömungen werden in der Nähe von Widerständen wie Landspitzen oder Inseln oder in Fluss- und Hafenmündungen stärker. Bedenken Sie, dass die Strömung in einer Flussmündung Sie bei steigender Flut zur Küste zieht (relativ sicher), aber bei ablaufendem Wasser aufs Meer (potenziell sehr gefährlich).

Gezeiten Atlantik/Mittelmeer. An der Atlantikküste (Galicien, Costa da Morte, Costa Verde, Kantabrien und Costa de la Luz) sind die Gezeiten deutlich markanter als an der Mittelmeerküste. Abgesehen von wenigen Kilometern der Straße von Gibraltar, ist das Mittelmeer von Land umgeben, und obwohl es Ebbe und Flut gibt, ist der Tidenhub gering. Im Gegensatz dazu können sich manche Strände an der Atlantikküste mit Ebbe und Flut dramatisch verändern, und manche verschwinden bei Flut sogar ganz.

Quallen. Quallenstiche sind selten tödlich, aber dennoch unangenehm. Am besten 15 bis 30 Min. mit Meerwasser (kein Süßwasser) oder heißem Wasser abspülen oder mit Essig abtupfen und mit Eis kühlen. Tentakeln können mit einer Pinzette oder Kreditkarte entfernt werden. Bei allergischer Reaktion ab ins Krankenhaus.

Ausreichend trinken. An den meisten Stränden in diesem Buch gibt es keine Gastronomie, und viele davon sind schwer zu erreichen. Nehmen Sie deshalb immer reichlich Wasser mit, vor allem im Sommer.

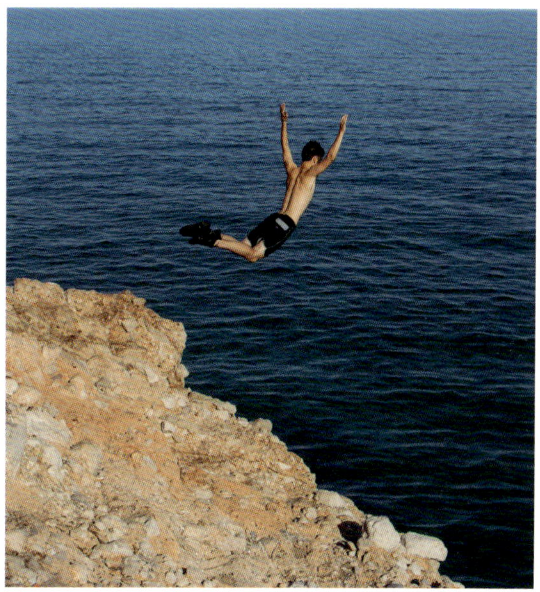

Boote, Boards & Tow Floats

Bodyboards (oder Boogieboards) sind ein ausgezeichneter Einstieg fürs Surfen und leicht zu transportieren. Die billigsten findet man in Strandläden. Sie sind aus Styropor, also leicht und relativ steif, können aber leicht zerbrechen, wenn Erwachsene sie benutzen. Die teureren aus Polyethylen sind stabiler, aber biegsamer, wodurch sie schwerer zu kontrollieren sind. Idealerweise sollte eine dicke Plastikschicht auf der Unterseite („Slick") das Board steifer machen. In den meisten Urlaubsorten kann man Boards und Neoprenanzüge leihen.

Flossen. Erwachsene können sich kurze Schwimmflossen anziehen, um besser zu beschleunigen und das kurze Board voll auszureizen. Im Atlantik sollte man sie wegen der Kälte über Neoprensocken tragen. Kurze steife Flossen sind effektiver, schräge Flossen eignen sich besser, wenn man lieber auf einem Knie hockt (drop-knee), als mit dem Bauch auf dem Board zu liegen. Natürlich kann man auch in großen Wellen bodysurfen, vor allem wenn man genug Tempo hat, bevor die Welle kommt. Wenn es keine Wellen gibt, bietet sich Skimboarden an. Die Boards sind flach und dünn wie ein Tablett, und man skatet damit über das flache Wasser am Ufer entlang.

Surfen. Spanien bietet einige der besten Surfregionen Europas mit Bedingungen für jeden Geschmack. Es gibt weltklasse Wind- und Kitesurfing-Locations, jede Menge Läden, die Boards verleihen, und Surfcamps mit vielsprachigen Lehrern.

Stand-up-Paddleboards (SUPs) eigenen sich hervorragend, um die Küste zu erkunden und unvergessliche Abenteuer zu erleben. Bei Anfängern am beliebtesten sind so genannte All-rounder, die Stabilität und Kontrolle bieten und für stundenlangen ungetrübten Spaß sorgen. Wave-SUPs sind dank ihrer schmalen, wendigen Form perfekt, um Wellen abzureiten. SUP-Boards gibt es in verschiedensten Größen, Materialien und Preisklassen, und man kann zwischen klassischen und aufblasbaren Boards wählen. Es lohnt sich, einen Blick in Online-Auktionen und Kleinanzeigen zu werfen.

Kajakfahren ist in Spanien eine beliebte Freizeitbeschäftigung. Die langen, dünnen Boote lassen sich leicht bedienen, man kommt damit schnell voran und kann große Strecken zurücklegen, aber sie erfordern Geschick und eine gute Kenntnis von Strömungen und Rettungstechniken. Für Anfänger eignen sich bei ruhiger See für kurze Ausflüge sogenannte „Sit-on-top" Kajaks. Sie sind stabil, unsinkbar, und man kann im Wasser ein-und aussteigen – perfekt, wenn man baden, schnorcheln oder tauchen möchte. Es gibt viele Bootsverleihe, die auch Gruppentouren anbieten.

Aufblasbare Kajaks sind ebenfalls prima, allerdings ist man damit langsamer. Außerdem können Sie von Wind und Strömungen abtreiben und an scharfen Felsen platzen. Achten Sie darauf, dass Ihr Kajak aus stabilem Material ist und mehrere Kammern hat, und planen Sie keine langen, anspruchsvollen Touren. Manche segeln auch gern in kleinen Jollen an einsame Strände.

Tow Floats. Mit Tow Float wird man als Schwimmer im Meer gesehen und man kann Kleider und Wertsachen trocken transportieren. Der RuckRaft® verwandelt jeden Rucksack in ein Tow Float.

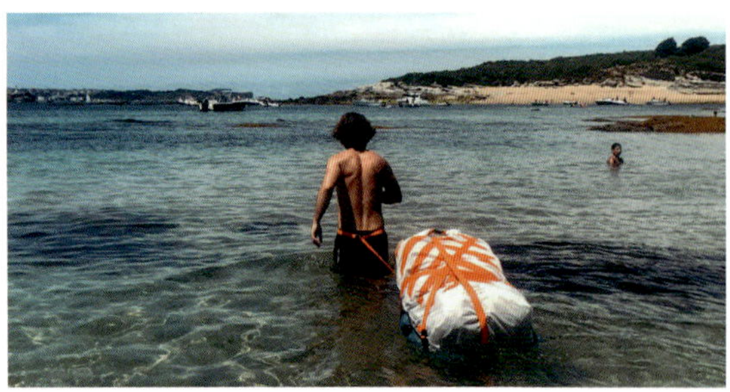

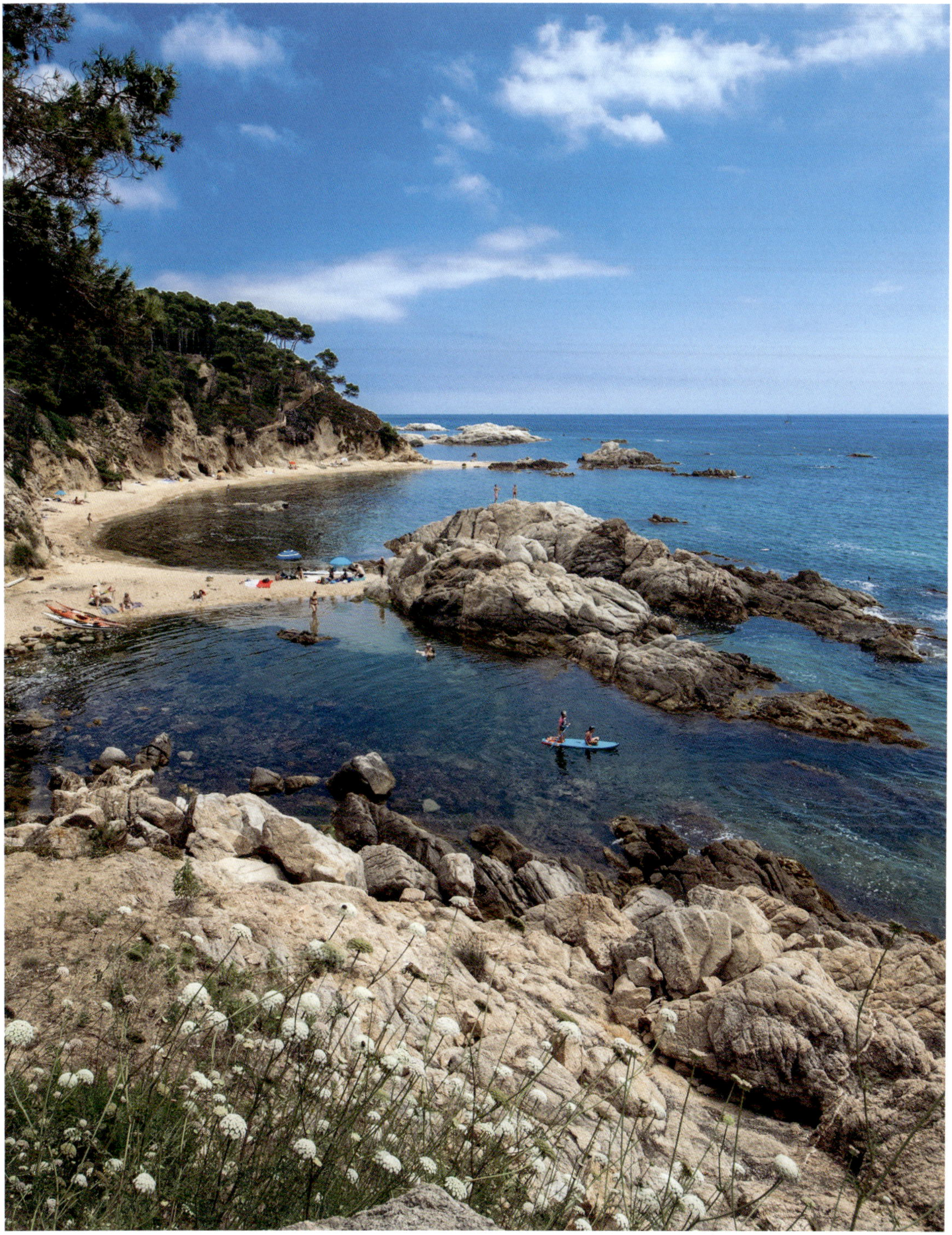

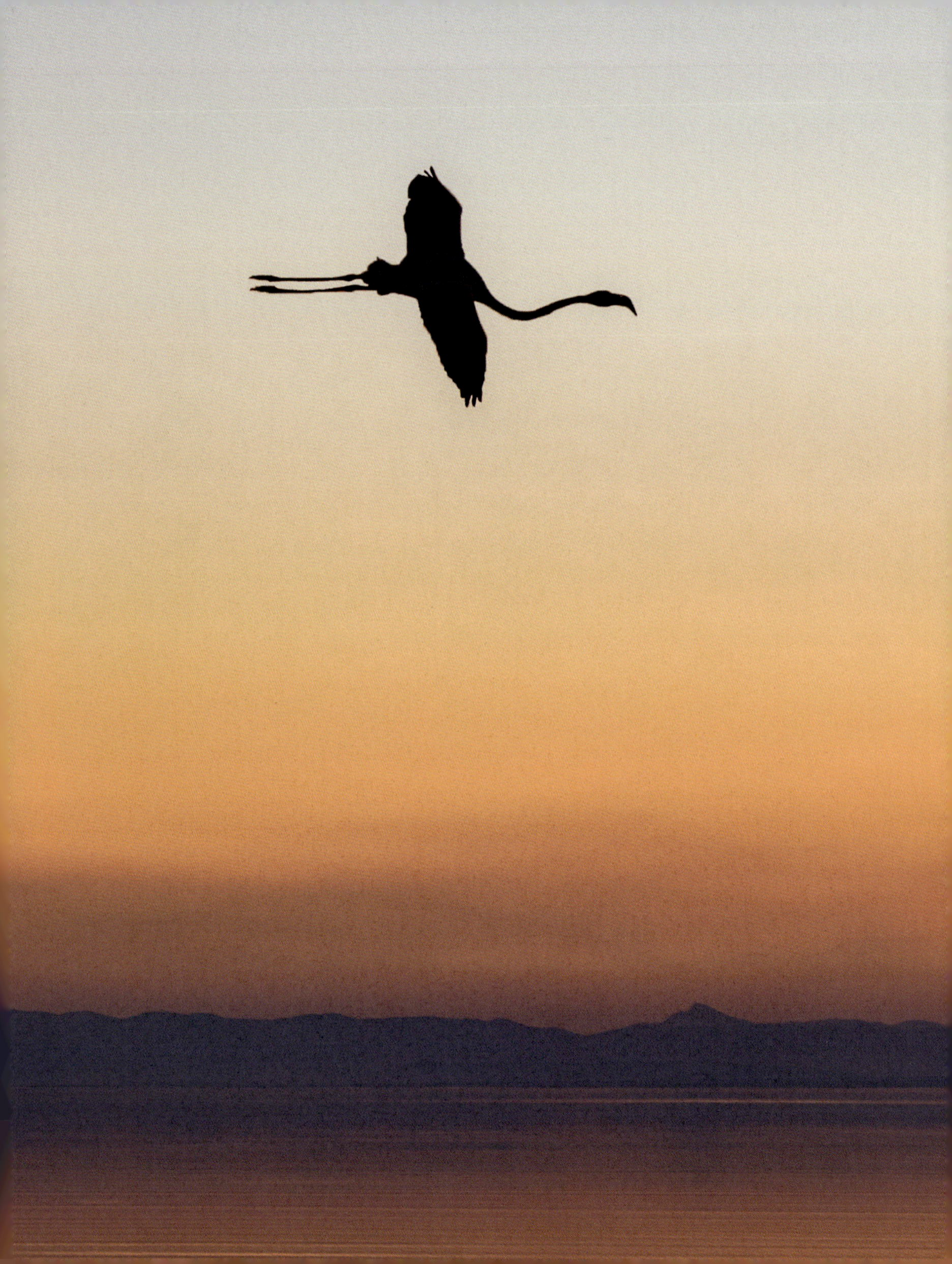

Hidden Beaches Spanien
450 versteckte Strände an Spaniens Küste und auf den Balearen

Haffmans & Tolkemitt
1. Auflage, März 2022

Text
Lola Culsán & John Weller

Fotos
John Weller

Lektorat
Anna Kruger, Paul Engles

Design und Layout
Tania Pascoe

Konzept
Daniel Start

Übersetzung
Juliane Zaubitzer

Lektorat der deutschen Ausgabe
Katharina Theml, Büro Z, Wiesbaden

Korrektorat
Redaktionsbüro Diana Napolitano, Augsburg

Satz
Linn Kleeberg

Druck & Bindung
Eberl & Koesel, Altusried-Krugzell
Printed in Germany

ISBN 978-3-942048-87-3

Die englische Originalausgabe ist 2021 unter dem Titel „Hidden Beaches Spain" bei Wild Things Publishing Ltd., Bath, erschienen.

www.haffmans-tolkemitt.de
www.wildund.cool

wildundcool
#wildundcool

Bildnachweis/Copyright

Dank

Lola: Mum, Dad, Denise und Familia Culsán, die mich zur Weltbürgern gemacht haben; Söhne Danny & Vincent; Schwestern Suzie, Elise, Marie und Anna; Fran, Mimi, Ronnie und Jesse; Diane, Hanan und alle Freunde, die mir zuhören und mich bei meinen Projekten und Plänen unterstützen. **John:** Mum & Tony; April, Caroline und Angela. Tom, Richard, Tat und Brett. Bobby, Rowan und Jody. **Außerdem:** Danny Weller, für seine Sprünge auf Befehl und jedes *ultimo baño*; Tía Lina Culsán; Marie-Mar, Fernando, Jose-Luis und Fernando Estevez, die uns bei sich aufgenommen und sich um Federica gekümmert haben; Juan-Pedro, Lola, Alicia, Hugo und Nico Culsán für ihre Güte, Großzügigkeit, Herzlichkeit und Unterstützung; Paul Engles für die Bearbeitung des ersten Entwurfs; Andy Small für seinen fotografischen Rat; Anna Kruger fürs unermüdliche Lektorieren; Lizzie Graham, die uns auf Mallorca Unterkunft gewährt hat; Carly & Kerry; Julia und Jaime für ihre Begeisterungsfähigkeit; Gudrun und Mimi – unsere deutschen *Ladies In The Van*; Stefan Saak, der Federica repariert hat; Yana, die tschechische Dame, die das Meer liebt; Sue, Attracta und Martina aus Irland. **Menschen, die wir unterwegs kennengelernt haben:** Esti und Dani; Lena und Fabi; Dean aus Middlesbrough; Maria Herranz; Pedro in der Bar Cabri; María Lassa; Piers und Alexandra Thompson; Manuel, der galicische Mechaniker; Tobi & Caro; Paul 'Topboy' Horton und Wendybird; Virginia Cleugh; Gemma Allan; Jose Antonio im Café Nenit; Lizzie Evangalista & Joe; Elena in Casares Costa; Monica aus Vittoria; Daniel Montoya von Deltaic; Álvaro auf dem Campingplatz Rianxo; George, der Klippenspringer; Sally und Shane Stewart; Steve in Sabinillas Bookshop; Kit und Penny Hogg bei Talk Radio Europe; Sasha und Josh; Vici, Tracey, Alex, Jo und Nicola in Ibiza; Pere & Duna. Und nicht zuletzt Daniel und Tania von Wild Things Publishing, die an uns geglaubt und unser zweites Buch möglich gemacht haben.

Um den CO2-Ausstoß durch die Recherchen zu diesem Buch zu neutralisieren, spenden die Autor*innen 10 Prozent ihres Gewinns an die spanische Umweltschutzorganisation Los Apicultores de Ajo (Die Imker von Ajo).

Gesundheit, Sicherheit & Verantwortung. Wie jeder Wassersport und jede Outdoor-Aktivität bergen das Baden im Meer und Erkunden der Küste Risiken und Gefahren, wie im Einzelnen auch beschrieben. Nur an wenigen der hier vorgestellten Strände gibt es Rettungsschwimmer, und an vielen besteht Gefahr durch Gezeiten, Strömungen oder Seegang. Autor*innen und Verlag haben sich bemüht, die Korrektheit der Informationen zu gewährleisten, können jedoch nicht für Unfälle, Verletzungen, Verluste oder Unannehmlichkeiten haftbar gemacht werden, die in Zusammenhang mit diesem Buch entstanden sind. Schwimmen, Springen, Tauchen und alle anderen Aktivitäten erfolgen auf eigene Gefahr.